ISBN 978-0-428-00293-0
PIBN 10385955

1 MONTH OF
FREE
READING

at

www.ForgottenBooks.com

By purchasing this book you are eligible for one month membership to ForgottenBooks.com, giving you unlimited access to our entire collection of over 1,000,000 titles via our web site and mobile apps.

To claim your free month visit:

www.forgottenbooks.com/free385955

English
Français
Deutsche
Italiano
Español
Português

www.forgottenbooks.com

Mythology Photography **Fiction**
Fishing Christianity **Art** Cooking
Essays Buddhism Freemasonry
Medicine **Biology** Music **Ancient
Egypt** Evolution Carpentry Physics
Dance Geology **Mathematics** Fitness
Shakespeare **Folklore** Yoga Marketing
Confidence Immortality Biographies
Poetry **Psychology** Witchcraft
Electronics Chemistry History **Law**
Accounting **Philosophy** Anthropology
Alchemy Drama Quantum Mechanics
Atheism Sexual Health **Ancient History**
Entrepreneurship Languages Sport
Paleontology Needlework Islam
Metaphysics Investment Archaeology
Parenting Statistics Criminology
Motivational

M. le Président rappelle quel douloureux événement, la mort de Vincent Durand, a motivé le renvoi à ce jour de la séance trimestrielle. Plusieurs membres ont écrit pour s'excuser de ne pouvoir assister aux funérailles. De ces lettres, exprimant toutes les plus vifs regrets, M. le Président donne lecture de deux.

De son Éminence le Cardinal Coullié :

Lyon, le 29 janvier 1902.

Monsieur le Vicomte,

Je partage bien vivement le deuil de notre chère Société de la Diana. Vous dites, en parlant de M. Vincent Durand, « le secrétaire à jamais regretté » ; ces paroles expriment la pensée de tous ceux qui ont connu et apprécié le dévouement de ce cher défunt.

Je ne pourrai assister demain aux funérailles, mais j'unirai mes prières à celles des membres de la Société, avec la confiance que Dieu a fait bon accueil au serviteur fidèle.

Veuillez, Monsieur le Vicomte, agréer et faire agréer à vos vénérés collègues l'expression de mes respectueuses condoléances et de mon religieux dévouement.

† PIERRE, CARDINAL COULLIÉ, archevêque de Lyon.

J'aurai le regret de ne pas assister à la séance trimestrielle du lundi 6 février.

De M. A. Héron de Villefosse, membre de l'Institut :

Palais du Louvre, 29 janvier 1902.

Monsieur le Président,

J'apprends à l'instant la mort de M. Vincent Durand. Permettez-moi de vous dire la peine que me cause cette nouvelle et toute la tristesse que j'en ressens. J'ose vous prier de vouloir bien être auprès des membres de la Diana, c'est-à-dire auprès de ses amis, l'interprète de mes sentiments de douloureuse condoléance. La Diana perd en lui un de ses

Vincent DURAND
SECRÉTAIRE DE LA DIANA
né à Saint-Martin-la-Sauveté le 9 mai 1831
décédé à Allieu le 28 janvier 1902.

E. BRASSART, Phot.

plus fidèles et de ses plus dévoués serviteurs, l'archéologie voit disparaître un de ses fervents adeptes, un des hommes qui depuis un demi siècle, en France, ont le plus contribué à ses progrès.

Je regrette vivement de ne pouvoir me rendre demain à Allieu. J'envoie à ce cher confrère, à cet excellent ami mon adieu le plus cordial.

Veuillez agréer, Monsieur le Président, l'expression de mes sentiments les plus distingués et les plus dévoués.

A. Héron de Villefosse.

M. le Président prend ensuite la parole en ces termes :

« Messieurs,

« La Diana est en deuil, elle a perdu celui qui la personnifiait. A l'intérieur de notre compagnie, Vincent Durand en était l'âme et la vie ; au dehors, il en faisait le crédit et l'honneur. Ainsi l'avions nous salué tous ensemble, lorsqu'il y a cinq ans, joyeux et fiers de lui, nous célébrions ses noces d'argent avec la Diana. Peut-être alors à notre satisfaction, à notre orgueil de le posséder, se mêlait-il un regret qu'il ne fût pas monté sur un théâtre plus retentissant et plus vaste, mieux proportionné à son talent, à son labeur, à son savoir. Il nous semblait qu'il n'avait pas rempli tout son mérite et, soit pour sa propre renommée, soit pour la renommée de son pays de Forez, nous pensions que ce Forézien aurait dû prendre, au regard de tous, une des premières places parmi les maîtres incontestés de l'érudition française. Aujourd'hui ce regret se confond avec tous ceux que nous laisse sa mort.

Le moment n'est pas venu d'énumérer et d'apprécier ses écrits ; à travers l'émotion qui nous étreint tous, nous en serions incapables. Ce qu'il a publié dans nos divers recueils est ce qui leur donne le plus de valeur. Et pourtant il laisse à publier après lui, et la Diana publiera prochainement, n'en doutez pas, des travaux plus importants et plus considérables.

Pourquoi donc gardait-il ses trésors enfouis et cachés de la sorte ? C'était d'abord par défiance de lui-même, parce qu'il ne savait point s'arrêter dans la poursuite trop inquiète d'une exactitude trop rigoureuse, d'une perfection trop achevée.

Mais c'était aussi par complaisance pour autrui. Vous connaissez la rare devise que Grollier, le célèbre bibliophile lyonnais inscrivait en tête de ses livres : *Grollier et amicis*. Quant à Vincent Durand, ce n'était pas seulement ses livres qui appartenaient à ses amis autant qu'à lui-même ; c'était son temps et son labeur ; c'étaient hélas ! ses pauvres yeux, prématurément usés. Nous le savions disposé constamment à répondre aux questions que nous lui adressions, toujours prêt à se détourner de ce qui l'intéressait pour s'appliquer à ce qui nous occupait, et nous en abusions. Aussi lorsque nous déplorons qu'il n'ait pas durant sa vie donné pleinement sa mesure, il en est bien peu parmi nous qui ne doivent en éprouver comme un remords.

Je touche là à l'une des formes, je dirais volontiers à l'un des excès de sa bonté. Ah ! la bonté de Vincent Durand ! elle se manifestait de mille manières et ce n'était pas au profit des érudits, apprentis ou émérites qu'elle s'exerçait davantage. Les braves gens qui l'entouraient, les bons paysans de sa commune et des communes voisines la connais-

saient mieux et l'éprouvaient plus encore. Content
de vivre au milieu d'eux, il partageait avec eux ses
ressources ; surtout il mettait à leur service les inépuisables ressources de son esprit et de son cœur ;
il s'associait à leurs pensées, à leurs labeurs, comme
s'il n'avait pas eu lui-même d'autres labeurs et
d'autres pensées. Aussi lui restaient-ils invariable-
ment attachés. Malade, infirme, aveugle, ils ont voulu le garder pour maire et le jour de ses funérailles
leur concours témoignait de leur douleur et de leur
respect qui d'ailleurs ont trouvé dans un de ses
voisins, notre confrère, le plus sincère et le meilleur
interprète.

Messieurs, dans cet asile de l'histoire et de l'archéologie foréziennes, ayant à rendre hommage au
type accompli de l'érudition parmi nous, il me semble que je vous parle de sa bonté plus que de son
savoir. Je ne m'en excuserai pas. Il n'est pas mauvais qu'initiés et profanes l'apprennent ou s'en sou-
viennent : les études, mêmes les plus arides en apparence, ne dessèchent point le cœur et, dans l'âme
des hommes voués aux recherches désintéressées et
difficiles, il y a place pour les élans généreux. On le
pressentait dès qu'on abordait Vincent Durand, on
s'en convaincra de plus en plus, à mesure que se
dévoilera sa vie entière, à travers les épreuves, les
dévouements, les sacrifices où s'est écoulée sa jeunesse
et consumé son âge mûr ; car il faut que cette vie soit
dévoilée. Plus elle est restée, jusqu'au terme, modeste
et simple, resserrée et cachée, plus il importe qu'elle
soit maintenant mise au jour. Elle le sera, j'en ai
la confiance, elle sera retracée par l'ami qui l'a le
plus approché et le mieux pénétré et nous verrons

alors ce que Lacordaire estimait, je m'en souviens,
l'un des plus beaux spectacles que l'humanité puisse
offrir : « Un grand cœur dans une petite maison ».

Pour moi je ne saurais à cette heure esquisser un
tel récit, non plus que passer en revue les ouvrages
de Vincent Durand. Je cherche seulement à le revoir,
à le représenter à cette place où il ne viendra plus,
tel que nous le voyions les uns et les autres, avec
la vaste neige qui encadrait son visage et descendait
de son front sur sa poitrine ; avec ses yeux si longtemps habiles à pénétrer les caractères les plus
indéchiffrables et dont la lumière s'était retirée,
sans que, ni la sagacité de son intelligence, ni la
vivacité de sa mémoire, ni la sérénité de son âme
parussent altérées ; avec son langage toujours clair
et précis et souvent pittoresque.

Ce qui frappait tout d'abord, dès qu'on l'entretenait avec quelque liberté, c'était la variété de ses
aptitudes et de ses informations. Les érudits ne sont
pas toujours exempts du défaut de quiconque se
complaît trop au métier qu'il exerce ; on les
accuse souvent de ne rien voir, rien entendre, ni
rien comprendre en dehors de l'objet spécial et parfois très étroit de leur érudition. Tel n'était pas, à
coup sûr, Vincent Durand. Il avait l'esprit ouvert à
toutes les connaissances, assoupli à tous les exerci-
ces de la pensée. Peut-être devait-il cette disposition
à la classe de philosophie qui avait couronné ses
études classiques. Il avait été l'élève, l'un des derniers élèves probablement, d'un maître qui, simple
professeur de collège et, n'ayant, si je ne me trompe,
rien écrit, a laissé, particulièrement dans nos contrées autour de Lyon, une trace lumineuse, éveillé,

dans les genres les plus divers, des esprits d'élite et mérité qu'on l'ait appelé quelquefois un Socrate chrétien : l'abbé Noirot. Dans ses recommandations dernières Vincent Durand se souvenait encore de son enseignement. Lui, qui n'était certes pas enclin à s'exagérer la valeur des choses auxquelles il avait mis la main, a pourtant écrit : « Il faudra éviter de mettre au rebut mes notes de philosophie prises au cours de l'abbé Noirot. Il y a là bien des choses bonnes à conserver ».

A côté de la philosophie, je viens d'apprendre qu'il avait aussi poussé très loin l'étude des mathématiques. Jusqu'à présent je ne m'en doutais pas. En revanche ce que je n'ignorais point c'était, chez lui, le sens, le goût et la culture littéraires, entretenus et développés par le commerce assidu des bons auteurs. Il suffisait de le lire pour s'en apercevoir. J'ai connu de près, Messieurs, l'un de vos présidents qui, déjà vieillissant, se délectait à lire Homère en grec. Vincent Durand son ami se donnait de son côté le même plaisir. L'Iliade et l'Odyssée animaient et charmaient ses longues soirées d'hiver à Daumois et, lorsqu'ensuite survenait un visiteur capable de l'écouter, il commentait son vieux poète avec un enthousiasme éloquent. Mais le croiriez-vous ? Il ne se contentait pas de lire des vers grecs ; il en composait. Il y a quelque part des poésies grecques de lui, notamment une églogue sur des fouilles gallo-romaines au Crêt-Châtelard. Après cela, faut-il rappeler qu'un savant italien, ayant voulu se mettre en rapport avec la Diana, Vincent Durand avait correspondu aussitôt et le plus aisément du monde avec ce confrère en Italien ? Enfin dans les dernières trouvait ici, pour l'accueillir et lui faire en quelque sorte hommage de notre province, un héritier des Ségusiaves. Et maintenant hélas les voilà, Bulliot et Vincent Durand, disparus ensemble et l'un et l'autre confient le soin de continuer leur travail et de perpétuer leur mémoire au même légataire, au même disciple, notre confrère, comme si la mort devait les rapprocher et les rejoindre plus encore que la vie.

Messieurs, puisque je suis conduit à rappeler les amitiés de Vincent Durand, comme ommettrais-je ses relations cordiales avec nos prêtres, dont il respectait profondément l'auguste ministère et qu'à son tour il initiait à l'archéologie sacrée, au respect intelligent des vieilles églises. Comment oublierais-je auprès de lui cet autre confrère que nous venons de perdre en même temps, l'abbé Vial, de douce, aimable et pieuse mémoire ? Après avoir débuté dans la carrière ecclésiastique à la manécanterie des Salles, puis au séminaire de Montbrison, il avait passé d'assez longues années dans le canton de Saint-Georges-en-Couzan, région peuplée entre toutes des débris et des souvenirs des vieux âges, et c'est là qu'il avait mis à profit le voisinage de Vincent Durand. Ils avaient même ensemble, si je suis bien informé, noué comme un complot pour attirer à la Diana des documents qui intéressent notre histoire et l'abbé Vial poursuivait encore, m'a-t-on assuré, l'exécution de ce projet, depuis qu'il avait été transplanté dans la paroisse de Saint-Just à Lyon où il est mort.

Vincent Durand était donc un Druide, mais un Druide devenu chrétien, comme il s'en rencontre un,

si je ne me trompe, dans les *Martyrs* de Chateau-
briant. Lui-même, d'ailleurs, dans un de ses plus
curieux mémoires, a pris soin de nous expliquer
comment les instincts religieux des Gaulois, comment la multiplicité de leurs sanctuaires, qu'il indui-
sait des noms de lieux recueillis autour de lui, pré-
disposaient nos ancêtres au christianisme.

Au surplus, Messieurs, voulez-vous connaître dans
leur intégrité les sentiments qui remplissaient son
âme ? Il les a déposés dans son testament et je suis
autorisé à vous le communiquer. Cette lecture ne
sera point déplacée ici ; vous croirez entendre un
document venu en droite ligne du moyen âge, vous
verrez l'ordre gardé par cet homme antique dans ses
affections : au sommet Dieu et la religion ; ensuite
la patrie, la petite et la grande patrie, et aussi ce
qui était pour lui encore comme une patrie, la
Diana ; enfin ses amis. Parmi les saints du Paradis,
il invoque, avec ses patrons, le patron de la France,
saint Michel et les patrons de sa paroisse ; puis il
essaie de désigner ses amis : aveugle et ne sachant
plus que tenir un crayon avec lequel il essayait de
tracer des lettres qu'il ne voyait plus, il a tenté
d'écrire leurs noms. De ces noms il en est plusieurs
qu'on ne peut déchiffrer; ceux d'entre nous qui se
voient inscrits sur cette page suprême en resteront à
jamais touchés et reconnaissants.

« Au nom du Père du Fils et du Saint Esprit,
Ainsi soit-il. . . . .

« Cejourd'hui deux avril dix-neuf cent.

. . . .

« Je remets mon âme entre les mains de Dieu

mon créateur, le suppliant de lui faire miséricorde par les mérites de Notre Seigneur Jésus-Christ. Je me recommande aux prières de la Sainte Vierge Marie, de saint Michel, de mon saint Ange gardien, de saint Etienne et de saint Vincent mes patrons, de saint Pierre et de saint Martin, de tous les Saints et Saintes du Paradis et de mes parents et amis. *Memento mei, saltem vos amici mei.* »

Suivent quelques legs parmi lesquels je relève celui-ci qui nous concerne. « Je désire que, les publications — des fouilles du Crêt Chatelard qu'il confie à M. Joseph Déchelette — terminées, les papiers y relatifs soient exposés à la Diana et le produit des fouilles partagé entre les musés de Roanne et de la Diana, la collection des vases peints étant attribuée à celle-ci ».

Et pour terminer ce qui regarde la Diana dans une lettre qui commente le testament se trouve encore ceci :

« Je désire que tu déposes à la Diana, tous mes papiers, à l'exception des papiers de famille et de propriété, en veillant à ce qu'ils soient classés et fixés en fascicules ou en volumes. Je tâcherai d'en faire l'inventaire... A la Diana encore les objets que j'ai recueillis çà et là et, si l'on juge qu'elles en vaillent la peine, mes médailles anciennes ».

Après les legs, vient cette disposition :

« J'institue pour mon héritier universel M. Louis Rony avocat à Montbrison mon cousin et, au cas de prédécès, M. Joseph Rony son frère, je leur recommande mes parents du côté paternel, mes amis et les habitants de ma commune, qu'ils trouvent toujours à Daumois bon accueil, aide et bons conseils ».

Disposition commentée dans la lettre que nous avons déjà citée et qu'il adressait à M. Rony :

« Tu trouveras à Daumois un air des plus salubres, une assez jolie chasse, une population sympathique et ce qui doit te tenter l'occasion de faire beaucoup de bien par l'exemple et les bons conseils. Ce n'est pas seulement pour toi que je te fais mon héritier ; c'est aussi par affection pour mon pays ».

« Je te prie de donner quelque souvenir de moi à mon curé, à l'abbé Godard, à Éleuthère Brassart. Celui-ci a eu pour moi l'affection d'un frère ».

Le testament s'achève en ces termes :

« Adieu, bons parents et chers amis que je ne puis tous nommer ici : de Viry, Eugène Gontard, de Chabert, de Neufbourg, Gonnard, Alexis et Alphonse de Saint-Pulgent, Testenoire, de Boissieu, abbés Marnat, Nesmes, Reure, Godard, — Rochigneux, de Meaux, Déchelette, Guillemot, Steyert, Chaffal, Crozet, Sachet et tant d'autres dont la Providence a bien voulu me ménager l'affection. Priez pour moi. Adieu, Adieu et au revoir en Paradis ».

Ensuite de ce discours, M. l'abbé Reure, inscrit pour une communication, se lève et demande si, étant donné l'émotion qu'éprouve l'assistance, il ne conviendrait pas de lever immédiatement la séance.

L'assemblée consultée se décide à continuer la séance, car c'est une manière de rendre hommage à la mémoire de Vincent Durand que de poursuivre les recherches et les études auxquelles il a consacré sa vie.

*Simple conjecture sur les origines paternelles de Fran-
çois Villon. — Communication de M. l'abbé Reure.*

Ce n'est qu'après bien des hésitations que j'abandonne ces notes à la publicité. Mais quand une
hypothèse est donnée avec toutes les réserves que
commande la prudence, il me semble que la critique n'a rien à y redire, surtout s'il y a, comme on
dit au palais, commencement de preuve.

Le livre récent de M. G. Paris (1) a de nouveau appelé l'attention sur Villon ; mais il n'a guère ajouté aux
recherches de M. Longnon (2) touchant les origines
obscures du pauvre hère, vagabond et voleur, grand
poète d'ailleurs, et presque le seul d'un âge prosaïque.

L'explication que je vais proposer ne résoudra pas,
il s'en faut, la question : ce n'est qu'une très modeste
conjecture, dont je n'exagère pas la valeur. Il suffit
qu'elle ait de la vraisemblance pour n'être pas négli-
gée ; et, peut-être, mettra-t-elle sur la voie de découvertes plus décisives que les miennes.

Ce qu'on sait jusque-là se réduit à peu près à
ceci : 1º François Villon est né à Paris « emprès
Pontoise ». — 2º Ses parents étaient de petites
gens, sa mère absolument illettrée. — 3º Villon
n'est pas son nom : il l'adopta probablement par

---

(1) *François Villon*. Paris, 1901.
(2) *Etude biographique sur Fr. Villon*. Paris, 1877. — M.
Longnon a publié depuis un article sur Villon dans la *Romania* (21e année, pp. 265 à 270), et une notice biographique en
tête de son excellente édition des œuvres du poète (Paris,
1892, in-8º). Mais, en ce qui touche aux origines de Villon,
ces deux études n'ajoutent rien de nouveau à celle que nous
citons ici.

reconnaissance envers Guillaume Villon, qui avait protégé sa besoigneuse jeunesse. — 4° Dans une lettre de rémission de janvier 1456 (n. st.), il est appelé « François des Loges, autrement dit de Villon ». — 5° Mais son nom véritable paraît être « François de Montcorbier ». « Des Loges » est une sorte d'appellation supplémentaire, que son père a dû lui laisser avec son nom patronymique (1).

D'où vient au poète ce nom de Montcorbier, d'allure assez aristocratique ?

M. Longnon a trouvé au hameau de la Rue-Neuve, entre les communes de Céron (2) et du Bouchaud (3), sur les limites de la Bourgogne et du Bourbonnais, l'ancien fief de Montcorbier, où on voit encore les derniers vestiges d'une motte féodale (4). D'autres pensent que Montcorbier a pu être aux Pelletiers (5) ; mais ce point n'a pas d'importance, car la Rue-Neuve et les Pelletiers sont dans le même pays. Tout près de là encore, dans la paroisse du Bouchaud, à 3oo mètres au nord des Pelletiers, était le château des Ponters ou des Pontères, démoli seulement vers 185o. (6)

En 1431, à l'époque même où naissait François

(1) Voy. Longnon, *ouvr. cité*, p. 10 et suiv.

(2) Canton de Marcigny (Saône-et-Loire). — Toutes les localités citées dans cet article, quoique appartenant à trois départements, sont confinées dans une étroite région, qui n'a guère plus de 20 kilomètres dans sa plus grande étendue.

(3) Canton du Donjon (Allier).

(4) Longnon, p. 28.

(5) G. E. Aubert de la Faige et R. de la Bouteresse, *Les Fiefs du Bourbonnais. Arrondissement de la Palisse*, Paris, 1896, p. 572 et 573.

(6) *Même ouvr.*, p. 571.

de Montcorbier, dit des Loges, surnommé Villon, le fief de Montcorbier et le château des Ponters appartenaient à une branche, — probablement la branche aînée, — de la noble maison de Montcorbier. M. Longnon, considérant la très humble condition du poète, hésite à le rattacher à une famille de noblesse authentique ; il lui semble plus sage de croire simplement que le premier de ses ancêtres qui porta le nom de Montcorbier était natif de ce canton reculé (1).

J'irai, pour mon compte, un peu plus loin. Mais il importe auparavant de bien établir la situation des Montcorbier qui possédaient, dans la première moitié du XVe siècle, les seigneuries de Montcorbier et des Ponters.

J'y suis aidé par divers documents conservés aux archives du château de Châteaumorand (2), et en particulier par le protocole de Jean Joly, notaire au Donjon. Je me contente de citer quelques-uns des actes qui concernent les Montcorbier. Le 27 décembre 1427, « noble damoyselle Agnette de Pierrepont, voyve de feu Girard de Montcorbier, jadiz escuier », passe quittance à Michel Gerbaut, curé de Sal (3), et à Hugues Gouthaudier, curé de Chenay (4). — Le 5 mai 1429, « Agnete de Pierrepont, voyve de feu Girart de Montcorbier, jadiz escuier,

---

(1) Longnon, p. 29.

(2) Commune de Saint-Martin-d'Estreaux, canton de la Pacaudière (Loire).

(3) Aujourd'hui Sail, ou Sail-les-Bains, canton de la Pacaudière.

(4) Chenay-le-Châtel, canton de Marcigny (Saône-et-Loire).

tant en son nom, comme tuteresse naturelle et légitime de Girart de Montcorbier, son filz et dud. feu Girart de Montcorbier », intrage à Jean Bon un mas et ténement en la paroisse de Sel (1). — Le 8 avril 1442, avant Pâques (1443, n. st.), la même Agnette de Pierrepont et Girard de Montcorbier, son fils, seigneurs de Montcorbier et des Ponters, font une convention avec Pierre Moignant, paroissien de Lenax (2) — Le 25 août 1447, noble Girard de Montcorbier, écuyer, seigneur des Ponters, intrage à Jean Jaillon un ténement dans la paroisse de Sel (3).

Il résulte clairement de ces titres que, de 1430 à 1450 environ, vivait un Girard de Montcorbier, fils d'un autre Girard et d'Agnette de Pierrepont, que Montcorbier et les Ponters étaient entre ses mains (4), et qu'il avait aussi des fonds à Sail.

Mais les Montcorbier, outre leurs terres de Sail, possédaient encore dans le Forez, à Saint-Martin-d'Estreaux, la petite seigneurie de Villars (5).

Le compte de la baronnie de Châteaumorand pour 1419-1421, porte, en tête d'un des chapitres : « Autre

---

(1) Sel, pour Sal, ou Sail.

(2) Canton du Donjon (Allier).

(3) Je passe sous silence d'autres actes analogues. — Dans un acte du 19 août 1435, figure comme témoin Robert de Corbier, écuyer, qui pourrait bien être de la même famille.

(4) Voy. aussi Béthencourt, *Noms féodaux*, au mot « Montcorbier » — Un arrêt fut rendu au parlement de Paris, en 1448, sur une contestation entre Catherine de Lespinasse, et Agnès ou Agnette, veuve de Girard de Montcorbier, et mère d'autre Girard de Montcorbier (d'après un inventaire ms. des titres de la maison de Lespinasse, qui est en ma possession).

(5) Près de Châteaumorand, sur la limite du Forez et du Bourbonnais, à deux pas du grand chemin de Paris à Lyon.

recepte de deniers de l'an IIII° XIX [1419] de la terre de Villars mouvant du fié de mondits., laquelle terre est en la main de mondits. l'an dessusd., pour deffault de ce que le sires dud. Villars a esté et est reffusant de faire son fié envers mondits., et autres choses et debvoir que led. sire est tenu de faire à mondits., et qu'il n'a point faites ». Je remarque en passant que « mondit seigneur » est l'illustre Jean de Châteaumorand, qui a joué sous le règne de Charles VI un rôle si considérable, et qu'on peut regarder comme l'auteur de la *Chronique du bon duc Loys de Bourbon*. Uu peu plus loin, une note du receveur nous apprend quel est ce sire de Villars, récalcitrant contre son suzerain féodal : « Des herbaiges de Villars ne compte rien, pour ce que Madame (1) les délivra et donna à Phelippe de Montcorbier, seigneur dud. Villars ». Dans le même registre, le receveur dit qu'il ne comptera rien de la recette de Villars pour 1420, parce que Mgr de Châteaumorand « en leva la main et donna joyssence à Phelippe de Montcorbier à troys ans, moyennant certaines convenances faites entre mondits. et Phelippe ». Il paraît que, le temps de ces *convenances* écoulé, on ne put se mettre définitivement d'accord, car, en 1423 et 1424, Jean de Châteaumorand saisit une seconde fois les revenus de Villars, et les fit lever par un de ses sergents.

Le compte de 1441-1442 contient cette rubrique : « Recepte de deniers appartenant à la terre de Villars, nouvellement par Monseigneur (2) acquise ».

---

(1) Marie de Frolois, femme de Jean de Châteaumorand.

(2) Brémond de Lévis, marié à Anne de Châteaumorand, fille et unique héritière de Jean de Châteaumorand.

En effet, le protocole de Jean Miard (1) nous informe que, le 26 avril 1441, noble homme Jean Sachet, seigneur des Bouloys, avait vendu à Brémond de Lévis, seigneur de Châteaumorand, la terre, chevance et seigneurie de Villars, en la paroisse de Saint-Martin-d'Estreaux, consistant en « place et pye de maisons, ousches, boys, boyssons, prés, paquis, garennes, foussés, estangs..., par la forme et manière que tenir et pourter la souloyt en son vivant feu Philippe de Montcorbier (2), jadiz sire dud. Villars, et comme par le déceps et trespassement [duquel] led. lieu et chevance de Villars sont escheutes et advenues à feu Girart Sachet, père dud. Jehan, pour raison et à cause de feu Alis de Guiardon (3), jadiz mère dud. Philippe [de Montcorbier] et tante dud. Girard [Sachet] ». Toutefois, Jean Sachet n'avait vendu à Brémond de Lévis que la plus grosse part de la seigneurie de Villars, celle qui venait de Philippe de Montcorbier et d'Alix de Guiardon, mère de celui-ci. Girard II de Montcorbier conservait encore quelques fonds de cette même terre de Villars, comme on le constate par les comptes de Châteaumorand, de 1448 à 1451.

On ne peut douter que Philippe et les deux Girard de Montcorbier ne fussent très proches parents. Je suis porté à croire, sans en avoir la certitude, que Philippe et Girard Ier étaient frères, tous les deux fils d'Alix de Guiardon ; on explique ainsi très natu-

---

(1) Aux archives de Châteaumorand.

(2) Il était mort avant le 27 décembre 1427, comme le prouve un acte, à cette date, dans le protocole de Joly.

(3) On peut lire aussi *Givardon*, ou *Ginardon*.

rellement qu'ils aient pu se partager la seigneurie de Villars. Et comme un Jean de Montcorbier avait été nommé un peu avant, en 1390, capitaine de la ville et château de Crozet (1), à peu de distance de Villars, on peut raisonnablement supposer qu'il était le père de Philippe et de Girard Ier de Montcorbier (2).

Nous aurions alors la filiation qui suit :

I. Jean de Montcorbier, capitaine de Crozet en 1390, marié (hypothétiquement) à Alix de Guiardon ; d'où (hypothétiquement) deux fils :

II. 1º Philippe de Montcorbier, seigneur de Villars, mort au plus tard en 1427.

2º Girard Ier de Montcorbier, seigneur de Montcorbier, des Ponters, de fonds détachés de Villars et de terres à Sail, mort aussi au plus tard en 1427, après avoir été marié à Agnette de Pierrepont ; d'où :

III. Girard II de Montcorbier, encore vivant en 1451.

Je suis d'avis, avec M. Longnon, qu'il est difficile d'admettre que François de Montcorbier, ou François des Loges, soit légitimement apparenté à une famille de médiocre noblesse, sans doute, mais qui cependant possédait de beaux biens au soleil, et qui même entretenait un capitaine en son château des

---

(1) La Mure, *Hist. des ducs de Bourbon*, t. II, p. 78, note 1. — Crozet, canton de la Pacaudière (Loire).

(2) Les *Noms féodaux* donnent d'ailleurs formellement un Jean de Montcorbier pour père à Girard ; mais comme il pourrait être différent du châtelain de Crozet, il y a lieu de faire prudemment quelques réserves.

Ponters (1). Mais il pouvait lui appartenir comme fils ou petits-fils d'un bâtard de la même famille. C'était presque alors une habitude, dans les nobles maisons, d'avoir un ou deux bâtards. Sans sortir du même temps et du même pays, j'en pourrais citer dix exemples.

A trois kilomètres et demi de Villars, et à peu près du côté où nous avons vu les Montcorbier conserver encore, au milieu du XVᵉ siècle, des fonds séparés de cette terre, est une petite ferme qu'on appelle les Loges (2). Elle a été en grande partie reconstruite ; cependant il reste de la première bâtisse une chambre couverte en chaume, évidemment très ancienne, encadrée entre une maison d'habitation et une grange plus récentes.

La métairie des Loges appartenait-elle aux Montcorbier de Villars et des Ponters ? A la vérité, je n'en sais rien ; mais le voisinage de leur domaine de Villars et de leurs terres de Sail suffit à montrer que ce n'est pas invraisemblable.

On peut supposer que Jean de Montcorbier, capitaine de Crozet, outre Philippe et Girard Iᵉʳ, ses enfants légitimes, nés d'Alix de Guiardon, eut un fils naturel, X. de Montcorbier, èt qu'il lui abandonna cette chétive locaterie des Loges, dont il prit le nom : on l'appelait « Montcorbier des Loges », pour le distinguer de ses frères, « Montcorbier de Villars » et « Montcorbier des Ponters ». Après s'être débarrassé, pour quelques écus sonnants, de sa maison

(1) « Girart de Bar, escuier, capitain des Ponters », d'après un acte du 24 mars 1424 (v. st.), dans le protocole de Joly. De même dans un acte de 1428.

(2) Commune d'Andelaroche, canton de la Palisse (Allier).

des Loges qui ne pouvait le faire vivre, il alla chercher à Paris une fortune qu'il n'y trouva pas. Il y
eut un fils auquel il transmit, faute de mieux, son
double nom, et qui fut François de Montcorbier, ou
des Loges, surnommé Villon.

On pourrait encore penser, en donnant un autre
tour à notre conjecture, que Jean de Montcorbier ne
possédait pas la métairie des Loges, mais qu'il eut
X. de Montcorbier, père de Villon, d'un commerce
illégitime avec une fille qui habitait aux Loges.
X. de Montcorbier y aurait été élevé par sa mère, et
en aurait porté le nom, selon un usage très commun
au moyen âge, avec celui de son père naturel.

Rien enfin n'empêcherait de croire, sans changer
le fond principal de l'une ou l'autre hypothèse, que
le père de Villon était seulement le petit-fils d'un
Montcorbier.

Tout cela n'est-il qu'un roman? C'est en effet trop
possible, et j'ai assez formellement déclaré que je ne
surfais pas le prix de mon idée.

Je ne veux pas dissimuler du reste que Villon
nous fournit, contre cette hypothèse, une sérieuse
objection. Il dit, dans la XXXVe strophe du *Grand
Testament* :

> Povre je suis de ma jeunesse,
> De povre et de petite extrace ;
> Mon pere n'ot oncq grant richesse,
> Ne son ayeul, nommé Orace (1).
> Povreté tous nous suit et trace ;
> Sur les tombeaulx de mes ancestres,
> Les ames desquelz Dieu embrasse,
> On n'y voit couronnes ne ceptres.

---

(1) *Erace*, dans l'édit. Prompsault, et dans l'édit. Jacob, de
la *Biblioth. elzévirienne*.

Voilà qui nous jette loin de toute noble origine, même par bâtardise, à moins de remonter à un passé très reculé. C'est bien, il semble d'abord, l'aveu d'une longue filiation de roturiers besoigneux.

Mais la question est de savoir si cette déclaration, très positive en apparence, doit être prise à la lettre. N'est-ce pas propos de poète, dont il ne faut pas trop presser le sens ? On remarquera d'abord que le prénom d'Orace (ou Erace) n'était guère usité en France au moyen âge, et que cet aïeul « nommé Orace » pourrait bien être amené là par la rime ou par une singulière fantaisie. Mais, pour aller au fond des choses, que veut dire Villon ? Tout simplement qu'il est né dans une très chétive fortune, de parents miséreux, et la « petite extrace » intervient seulement pour renforcer l'idée essentielle que le poète est de fort pauvre condition.

En somme, conjecture pour conjecture, celle que nous proposons en vaut une autre. On n'oubliera pas d'ailleurs que Villon eut avec le duc Jean de Bourbon, comte de Forez, des relations presque familières, qui pourraient bien être un indice de ses origines moitié bourbonnaises et moitié foréziennes.

Et maintenant, si roman il y a, qu'on me permette d'y ajouter un petit chapitre. On dit que Villon a fait un voyage à Roussillon en Dauphiné en traversant Sancerre (1), et certainement, dans ce cas, Moulins, Roanne et Lyon. Il passa à 1500 mètres de la métairie des Loges. Il me plait d'imaginer qu'il le savait, qu'il se fit montrer la maisonnette, qu'on

---

(1) Longnon, *ouvr. cité*, p. 83.

voit bien de la route (1), avant d'arriver en face de Villars, sur le coteau d'un joli vallon boisé, et que peut-être même François des Loges alla faire un pélerinage pieux à l'humble cabane qui lui avait donné son nom !

Les Montcorbier de la branche des Ponters et de Villars restèrent très longtemps encore dans la même région. On les trouve établis, au XVIe et au XVIIe siècle, à la Faige (2), près des Loges et de Villars, et un peu plus loin dans le Roannais, au château de Champagny (3). Je ne connais guère leur histoire ; mais le peu que j'en sais semblerait témoigner que ces Montcorbier, comme le bohême François Villon, étaient des irréguliers, des anormaux, en mauvaise intelligence avec l'ordre social. En 1562, Nicolas de Montcorbier faisait partie d'une bande qui saccagea les villes de Roanne, de Charlieu et de Marcigny. Luc de Montcorbier, seigneur de Champagny, fut condamné à mort, pour un fait dont j'ignore la nature, par une sentence du 7 décembre 1584 (4). En 1630, son frère Jean de Montcorbier s'installe de force dans une maison d'où il faut l'expulser. L'année suivante, Luc de Montcorbier, fils du premier Luc, est compromis dans une sanglante bagarre. En 1647, Pierre de Montcorbier a un bâtard à la Pacaudière. Ce

---

(1) L'ancienne route de Paris à Lyon, qui allait de la Palisse à Saint-Martin-d'Estreaux par Droiturier. Elle a été, vers 1830, un peu déviée au midi.

(2) Commune de Saint-Pierre-Laval, canton de la Palisse (Allier).

(3) Commune de Saint-Haon-le-Vieux, canton de Saint-Haon-le-Châtel (Loire).

(4) Elle ne reçut pas son exécution.

sont bien des aventures ! Mais, pour remonter plus haut, au siècle même de Villon, jusqu'à Philippe de Montcorbier, ses démêlés avec Jean de Châteaumorand, l'homme sage et prudent, accoutumé par la pratique des grandes affaires à traiter doucement les petites, ne sont-ils pas déjà un indice de cette humeur inquiète des Montcorbier ? Etait-ce le caractère de la race, et Villon aurait-il puisé dans le sang la turbulence et le goût des équipées ?

Armorial des bibliophiles du Lyonnais, Forez et Beaujolais. — *Communication de W. Poidebard.*

M. le Président, au nom de M. William Poidebard, dépose sur le bureau une brochure intitulée *Armorial des Bibliophiles du Lyonnais, Forez et Beaujolais. — Liste sommaire.* L'avis, placé en tête de ce recueil et reproduit ci-après, dira ce que les Bibliophiles Lyonnais attendent de leurs confrères de la Diana.

Sous le titre d'*Armorial des Bibliophiles du Lyonnais, Forez et Beaujolais,* la Société des Bibliophiles Lyonnais se propose de publier une notice généalogique, biographique et bibliographique sur tous les possesseurs de fer et d'ex-libris qui ont habité ou ont occupé des fonctions dans la province du Lyonnais et depuis dans les départements du Rhône et de la Loire. Autant que faire se pourra, ces notices seront ornées de la reproduction de tous les fers et ex-libris ainsi que de la reproduction des reliures pouvant intéresser l'art de la reliures à Lyon.

Afin de rendre ce travail aussi complet que possible, les auteurs font appel à Messieurs les bibliothécaires, bibliophiles, collectionneurs d'ex-libris et libraires pour les prier de vouloir bien leur communiquer les noms des possesseurs de fer ou d'ex-libris qui ne seraient point compris dans la présente liste sommaire.

Le tombeau de Claude de Saint-Marcel dans l'église Notre-Dame de Montbrison. — Communication de M. Eleuthère Brassart.

M. E. Brassart s'exprime ainsi :

Les très remarquables travaux de restauration entrepris à Notre-Dame de Montbrison par M. le curé Peurière, sous la direction de M. Sauvageot, architecte des monuments historiques, se sont poursuivis à l'intérieur de l'église pendant les mauvais jours d'hiver.

Le 10 janvier 1902, la réfection d'une moulure fortement ébréchée, dans le collatéral méridional, permettait pour quelques heures de jeter un coup d'œil dans la tombe de Claude de Saint-Marcel insigne bienfaiteur de notre collégiale. Ce tombeau se trouve engagé dans le pilier occidental du passage qui met en communication l'abside avec la chapelle Saint-Roch et les sacristies. Le sarcophage (1) en maçonnerie est au niveau du sol de l'église, une belle dalle sur laquelle se voient en haut relief les armes de Saint-Marcel, soutenues par des anges, le clot pardevant. Au dessus s'ouvre l'arcade en anse de panier, à nervures croisées, à clef armoriée, destinée à contenir la statue du défunt ; c'est, à l'heure qu'il est, un placard.

_____

(1) Voici ses dimensions à l'intérieur : longueur, 1m84 ; largeur, 0m685 ; hauteur, 0m74.

La vie de Claude de Saint-Marcel, ecclésiastique éminent dont le nom ne figure dans aucune liste de Foréziens dignes de mémoire, nous est cependant bien connue grâce aux divers travaux du chanoine de la Mure (1). Homme de grande modestie, il refusa le titre fort envié de doyen du chapitre de Lyon qui lui fut offert avec insistance, il préféra habiter notre pays : Saint-Marcel d'Urfé, Grezolles, l'Hôpital-sous-Rochefort dont il était prieur, Montbrison où il accepta d'être doyen du chapitre. Il combla ces diverses localités d'œuvres d'art les plus précieuses dont quelques-unes sont parvenues jusqu'à nous et font l'admiration des savants et des artistes (1).

Il collabora à une fondation religieuse qui a subsisté à Montbrison au temps et aux révolutions, je veux parler du monastère de Sainte-Claire. Il fut chargé en 1496, par une bulle du pape Alexandre VI, des formalités canoniques pour l'érection, sur la place actuelle de la Sous-Préfecture, de l'abbaye de Sainte-Claire, fondée et dotée par son parent Pierre d'Urfé.

---

(1) Cf., notamment, *Histoire du Forez*, p. 369 et suiv.

(2) A Saint-Marcel d'Urfé il bâtit et dota la chapelle de la Chirat, qu'il orna d'une très remarquable statue en albâtre. de la Sainte Vierge ; il y avait d'abord élu sa sépulture. A Grezolles, il fit élever la petite chapelle de la Chault, dédiée à sainte Anne et à sainte Barbe, on y voit de curieuses statues qui sont contemporaines de la fondation (Cf. Vincent Durand, *Excursion de la Diana à Saint-Germain-Laval, Grezolles* etc, dans *Bulletin de la Diana*, t. X, p 402 et suiv. ; p. 456 et suiv.). Dans l'église de l'Hôpital sous-Rochefort on conserve une fort belle statue en bois de la Sainte Vierge, grandeur nature, dont un moulage est exposé à la Diana ; c'est une œuvre de la fin du XVe siècle qui conséquemment peut-être regardée comme un don du prieur Claude de Saint-Marcel.

Né au château de Saint-Marcel d'Urfé, au milieu du XVe siècle, Claude de Saint-Marcel mourut à Montbrison le 23 août 1509 dans une maison qu'il habitait au Parc non loin du Cloître, assisté à ces derniers moments par un religieux de Saint-François confesseur des religieuses de Sainte-Claire.

Ses funérailles eurent lieu en grande pompe à Notre-Dame et son corps déposé dans le réduit où il nous a été permis de le voir quelques instants après quatre siècles. Cette sépulture n'avait subi aucune profanation ; le corps, long de 1m 79, y avait été déposé sans cercueil, revêtu de vêtements très simples et dont une légère poussière grise rappelait seule l'existence. Point de riches ornements dont les broderies métalliques seraient en partie parvenues jusqu'à nous ; en un mot l'humble et dernière vêture d'un tertiaire Franciscain. La tête, suivant le rituel, était tournée du côté de l'autel majeur. Aux pieds se voyaient des chaussures de cuir retenues par de modestes boucles qui nous ont paru être en fer. Ce détail vient corroborer les remarques de l'abbé Cochet (1) : que les sépultures contenant les squelettes ayant des chaussures aux pieds sont celles de religieux. « C'est, dit-il, une prescription liturgique et une forme symbolique : nos ancêtres croyaient que les chaussures signifiaient que l'on était prêt à se présenter au jugement de Dieu. C'est la raison qu'en donnent les liturgistes du XIIe et du XIIIe siècle : ....mortui.... habeant.... et soleas in pedibus qua significent ita se paratos esse ad judicium ».

_____

(1) *Notice sur des sépultures chrétiennes, trouvées à Saint-Ouen de Rouen*, p. 14.

Un regard avait suffi pour constater l'identité du corps de Claude de Saint-Marcel et aussitôt fut rescellée la pierre dont l'arrachement soudain avait mis en contact celui qui avait contribué aux transformations de cette partie de l'église, à la construction de son propre tombeau, et ceux, généreux donateur, ouvriers d'élite, qui, quatre cents ans après sa mort, manifestent leur amour, leur admiration pour cette même église en y consacrant, à leur tour, et des sommes importantes et leur habileté professionnelle afin de la rendre impérissable.

La séance est levée.

Le Président,
Vicomte DE MEAUX.

Le membre faisant fonction de secrétaire,
Éleuthère BRASSART.

MOUVEMENT DE LA BIBLIOTHÈQUE ET DU MUSÉE.

Dons.

Ont été offerts par MM. :

Gras (L.-J.), son ouvrage: *Code de l'armurerie. Recueil des lois et règlements concernant les armes, la poudre et la chasse.* Saint-Etienne, (J. Thomas et Cie), 1902, in-8°.

— *L'année forézienne 1901.* (Extrait du *Mémorial de la Loire*, 1er et 2 janvier 1902). Saint-Etienne, (J. Thomas et Cie), 1902, in-8°.

Lachmann (Emile), ses compositions musicales : *Aux bords du Léthé.* Chœur à quatre voix d'hommes, op. 244, paroles de P.-F. Teilhet. Lyon, « *Accord parfait* », s. d., in-8°.

— *La Yung-Frau,* chœur pour quatre voix d'hommes, op. 241, paroles de P.-F. Teilhet. Lyon, « *accord parfait* », 1901, in-8°.

— *Les chevaliers du progrès,* chœur à quatre voix d'hommes, op. 250, paroles de Edmond Lanoir. Lyon, « *Accord parfait* », 1901, in-8°.

— *Les guides du labeur,* chœur à quatre voix d'hommes, op. 251, paroles de Antoine Roule. Paris, V^{or} Lory, 1901, in-8°.

— *Vive l'Armée,* arrangement pour chœur à quatre voix d'hommes de la marche héroïque portant le même titre, paroles et musique de James Condamin. Transcription conforme à l'original pour piano seul. Lyon, « *Accord parfait* », 1901, in-8°.

Martin (abbé Jean-Baptiste), sa notice : *L'épiscopat de saint François de Sales* (Extrait du *Cosmos catholicos*, du 15 novembre 1901). Rome, 1901, in-4°.

Ministère de l'Instruction publique : *Journal des Savants*. Décembre 1901 à février 1902.

Neyron (Gabriel): Sceau et contre-sceau, appendus à une partie de membrane, d'Armand Th. Hue de Miromenil, garde des sceaux de France de 1774 à 1787.

Légende : AR [mand]. TH. HUE. MAR [quis] D[e] MIROMENIL. GARDE. D [es]. SCEAVX. D[e] FRANCE.

Ecusson *d'argent à trois huies de sangliers de sable* placé sur deux mains de justice, sommé d'une couronne de marquis surmontée d'un mortier de président de parlement [Rouen].

Sachet (chanoine). Ordo *du diocèse de Lyon pour les années 1875, 1877, 1878, 1880, 1882, 1884 à 1896, 1898 à 1901.* Lyon, Pélagaud fils et Roblot, Vitte et Perrussel, Vitte, 29 vol, in-8°.

Thiollier (Félix et Noël), leur notice : *L'ancien clocher de la cathédrale de Valence* (Extrait de la *Revue de l'art chrétien,* janvier 1902). Bruges, Desclée, de Brower et Cie, s. d., in-4°.

Echanges.

Académie delphinale. *Bulletin.* Tomes X et XIV. Années 1897 et 1901.

Prudhomme (A.), De l'origine et du sens des mots Dauphin et Dauphiné et de leurs rapports avec l'emblème du Dauphiné en Auvergne, en Dauphiné et en Forez.

— *Documents inédits relatifs au Dauphiné,* 2ᵉ série, tome Iᵉʳ. *Lettres du cardinal Le Camus, évê-que et prince de Grenoble (1632-1707).* Année 1892.

Académie des sciences, belles-lettres et arts de Clermont-Ferrand : *Bulletin historique et scientifique de l'Auvergne.*

Guillemot (Antoine), Notes et documents concernant l'histoire d'Auvergne. Famille de Chazeron. Etude généalogique.

Académie des sciences, belles-lettres et arts de Savoie : *Mémoires.* 4ᵉ série, tome IX. 1902.

Eloge de M. Alexis de Jussieu, prononcé par M. le général Borson, président.

Académie des inscriptions et belles-lettres. *Comptes-rendus des séances de l'année 1901.* Septembre-décembre.

Académie de Vaucluse. *Mémoires.* 2ᵉ série, tome Iᵉʳ, 1ʳᵉ à 4ᵉ livraisons. Année 1901.

Labande (L.-H.), Etudes d'histoire et d'archéologie romane. Provence et Bas-Languedoc. Eglises et chapelles des environs de Bagnols sur Cèze.

Académie du Var. *Bulletin.* LXIXᵉ année. 1901.

Chambre de commerce de Saint-Etienne : *Résumé des travaux de la Chambre de Commerce pendant l'année 1901.*

— *Supplément n° 3 au recueil des lois et règlements concernant la Chambre de commerce de Saint-Etienne et les œuvres qu'elle administre.* Saint-Etienne, (J. Thomas et Cie), 1902, in-8°.

Bulletin historique du diocèse de Lyon. 3e année, n°s 13 et 14. Janvier-avril 1902.

Institut de Carthage. *Revue tunisienne.* 9e année, n°s 33 et 34. Janvier-avril 1902.

Ministère de l'Instruction publique et des Beaux-Arts. Direction des Beaux-Arts. Bureau de l'enseignement et des manufactures nationales. *Bulletin du Comité des sociétés des Beaux-Arts des départements,* n° 19. 31 décembre 1901.

— — — *Réunion des sociétés des Beaux-Arts des départements, salle de l'hémicycle, à l'École nationale des Beaux-Arts, du 28 mai au 1er juin 1901.* Vingt-cinquième session. 1901.

Giron (Léon), Peintures murales du département de la Haute-Loire.

— Bibliothèque d'archéologie africaine. Fascicule IV. *Corpus des inscriptions arabes et turques de l'Algérie. Département d'Alger,* par Gabriel Colin.

Musée Guimet. *Annales. Bibliothèque d'études,* tome XIII. *Le théâtre au Japon, ses rapports avec les cultes locaux,* par Alexandre Bénazet.

— — *Revue de l'histoire des religions.* 22e année, tome XLIV, n° 3. Novembre-décembre 1901.

Revue épigraphique. Octobre-décembre 1901.

Revue d'histoire de Lyon. Etudes, documents, bibliographie. Ier fascicule. Janvier-février 1902.

Guigue (Georges), Notes sur la liste des doyens de l'église métropolitaine de Lyon du XV⁰ au XVIII⁰ siècle. *Renseignements complémentaires sur plusieures doyens d'origine foréʒienne : Amédée de Talaru, 1414-1415 ; Claude Gaste 1465-1485 ; Jean Mitte de Chevrières de Cuʒieu, 1525-1533; Claude d'Amanʒé, 1533-1540 ; Théodore de Vichy-Champrond, 1548-1569 ; Rolin de Semur de l'Aubépin, 1569 ; Pierre d'Epinac, 1569-1574; Claude de Talaru-Chalmaʒel, 1580-1611 ; Hector de Cremeaux, 1620-1639 ; Roger-Joseph Damas de Marillat du Rousset, 1677-1713 ; Louis-Joseph de Châteauneuf de Rochebonne, 1713-1721.* — Lambert d'Herbigny, Mémoire sur le gouvernement de Lyon, 1697, *avec deux introductions, et des notes par M. Chavannes sur la noblesse.*

Revue historique, archéologique, littéraire et pittoresque du Vivarais illustrée. Tome X, nᵒˢ 1 à 3. 15 janvier au 15 mars 1902.

Falgairolles (Prosper), La succession de la maison de Tournon au commencement du XVII⁰ siècle.

Semaine religieuse du diocèse de Lyon. 9ᵉ année, nᵒˢ 5 à 20. 27 décembre 1901 — 11 avril 1902.

Captier (J.), Le successeur de l'archiprêtre de Cuzieu.

Smithsonian institution. Report of. S. P. Langley, secretary of the Smithsonian institution, for the year ending jeune 30 1901.

Société archéologique de Tarn-et-Garonne. *Bulletin archéologique et historique.* Tome XXIX. 1ᵉʳ à 4ᵉ trimestres 1901.

Pottier (chanoine), Les clochers de briques polygonaux de l'école toulousaine dans le diocèse de Montauban (*et la région limitrophe*). *Excellent travail illustré de nombreuses phototypies.*

Société archéologique et historique de l'Orléanais. *Bulletin.* Tome XII, nᵒ 171. 1ᵉʳ trimestre 1901.

Société archéologique et historique de la Charente. *Bulletin et Mémoires.* 7ᵉ série, tome Iᵉʳ. 1901.

Société bibliographique et des publications populaires. *Bulletin.* 32ᵉ année, nᵒ 12, décembre 1901 ; et 33ᵉ année, nᵒ 1 à 3, janvier-mars 1902.

Société archéologique, scientifique et littéraire de Béziers. *Bulletin.* 3ᵉ série, tome IV, 1ʳᵉ livraison. 1901.

Société d'agriculture, industrie, sciences, arts et belles-lettres du département de la Loire. *Annales.* 2ᵉ série, tome XXI. Octobre-décembre 1901.

Thiollier (Félix), Arts et artistes foréziens.

Société d'agriculture, sciences, arts et commerce du Puy. *Bulletin,* 3ᵉ année, nᵒ 1 et 2. Novembre 1901 à février 1902.

Boudon, Histoire d'un vœu à Notre-Dame-du-Puy, et du meurtre dans cette église d'un sieur de Polignac, par Pierre Iᵉʳ de Mons.

Société d'archéologie lorraine et du musée historique lorrain. *Bulletin annuel.* 1ʳᵉ année, nᵒ 12, décembre 1901 ; 2ᵉ année, nᵒˢ 1, 2 et 3, janvier mars 1901.

— *Mémoires.* Tome LI, 4ᵉ série. 1902.

Boyé (Pierre), Etude historique sur les hauts chaumes des Vosges.

Société de Borda. *Bulletin.* 26ᵉ année. 4ᵉ trimestre 1901.

Société des amis de l'Université de Clermont-Ferrand. *Revue d'Auvergne.* 18ᵉ année, nᵒˢ 5 et 6. Septembre-décembre 1901.

Société de Saint-Jean : *Notes d'art et d'archéologie. Revue.* 13e année, n° 12, décembre 1901 ; 14e année, n°s 1 et 2, janvier-février 1902.

Société départementale d'archéologie et de statistique de la Drôme. *Bulletin.* 140e et 141e livraisons. Janvier-avril 1902.

Société des amis des sciences et arts de Rochechouart. *Bulletin.* Tome XI. n°s 3 à 5. 1901.

Société des Antiquaires de l'Ouest. *Bulletin.* 2e série, tome IX. Juillet-septembre 1901.

Société des Antiquaires de Picardie. *Bulletin.* 1er à 4e trimestres 1900, 1er 2e et 3e trimestres 1901.

Milvoy, A propos de la cathédrale d'Amiens. *Etude d'architecture (avec planches)*

Société des Antiquaires du Centre. *Mémoires.* 24e volume. 1900.

Toulgouet-Tréanna (comte de), Les recherches de noblesse en Berry.

Société des archives historiques de Saintonge et d'Aunis. *Bulletin-revue de Saintonge et d'Aunis.* Tome XXII. 1re et 2e livraisons. 1902.

Société des Bollandistes. Analecta Bollandiana. Tome XXI, fascicule 1er. 1901.

Société des études historiques. *Revue.* 67e année. 1901.

Société des sciences et arts du Beaujolais. *Bulletin.* 2e année, n° 8. Octobre-décembre 1901.

Société des sciences historiques et naturelles de Semur en Auxois. *Bulletin.* 2e série, n° 8. Année 1894.

— — *Table générale, par ordre alphabétique, des noms d'auteurs de tous les articles et mémoires contenus dans les bulletins de la Société depuis l'année 1864 jusqu'à celle de 1897 incluse,* par M. Creuzé.

— *Bulletin.* 3e série, no 1. Année 1898.

— — Année 1901.

Société des sciences, lettres et arts du canton de Rive-de-Gier. *Bulletin. no 4.* Décembre 1901.

Vachez (A), Les Roussillon dans le Jarez.

Société des sciences naturelles et d'archéologie de l'Ain. *Bulletin.* No 25. 4e trimestre 1901.

Société des sciences naturelles et d'enseignement populaire de Tarare. *Bulletin.* 6e année, nos 11 et 12; 7e année, no 1, 15 janvier 1902.

Société d'études des Hautes-Alpes. *Bulletin.* 21e année, 3e série, no 1. 1er trimestre 1902.

Société d'études scientifiques et archéologiques de la ville de Draguignan. *Bulletin.* Tome XXII. Année 1898-1899.

Société Eduenne. *Mémoires.* Nouvelle série, tome XXIX. 1901.

Déchelette (Joseph), L'inscription autunoise de l'Ichthys, par Otto Pohl, traduction de l'allemand. — Montarlot (Paul), Les accusés de Saône-et-Loire aux tribunaux révolutionnaires. *(accusés originaires du Forez).*

Société nationale des Antiquaires de France. *Bulletin et Mémoires.* 6e série, tome X. *Mémoires.* 1899.

Blanchet (Adrien), Etude sur les figurines de terre cuite de la Gaule romaine. Supplément.

Société des lettres, sciences et arts de la Haute-Auvergne. *Revue de la Haute-Auvergne.* 3ᵉ année, 4ᵉ fascicule. 1901.

Université de Lyon. *Annales.* Nouvelle série. II. *Droit. Lettres.* Fascicule VII. *Histoire de l'enseignement secondaire dans le Rhône de 1789 à 1900,* par MM. Chabot et Charlety.

— — — Fascicule VIII. *Notes critiques sur quelques traductions allemandes de poèmes français au moyen-âge,* par J. Firmery.

Abonnements.

Bibliothèque de l'École des Chartes. Tome LXII, 5ᵉ et 6ᵉ livraisons. Septembre-décembre 1901.

Polybiblion. Revue bibliographique universelle. Partie littéraire. 2ᵉ série, tome LV, 1ʳᵉ, 2ᵉ et 3ᵉ livraisons. Janvier-mars 1902.

Revue archéologique. 3ᵉ série, tome XXXIX, novembre-décembre 1901.

Revue du Lyonnais. 5ᵉ série, tome XXXII. Nᵒˢ 191-192. Novembre-décembre 1901.

Bonnardet (E.), Les Julliaciens au siège de Lyon.

Revue forézienne. 12ᵉ année, 2ᵉ série, nᵒˢ 49 à 52.

Prajoux (abbé), Etudes historiques sur le Forez : le nouveau canton de Firminy et ses communes. Le canton actuel du Chambon. — Création du département de la Loire.

— Supplément hebdomadaire. 1ʳᵉ année, nᵒˢ 1 à 3, 5 à 15. 11 janvier-19 avril 1902.

Répertoire des sources historiques du moyen-âge, par M. Ulysse Chevalier. *Topo-bibliographie.* 5e fascicule N-S.

Noms cités intéressant le Forez :

Ouche, Pagan seigneurs d'Argental, Paparin, Planelli la Valette (bibliothèque), Pommiers, La Rajasse près St-Nizier-sous-Charlieu, Retourtour, Rive-de-Gier, Roannais (pays de) Roanne, Robertet, Roche-la-Molière, Rochebaron, Rozier-Côtes-d'Aurec, Rostaing, Sail-sous-Couzan, Saint-André-d'Apchon.

Acquisitions.

Bégule (Lucien) : *L'œuvre de Charles Dufraine, statuaire lyonnais, reproduit et décrit* par L. B., *précédé d'une notice biographique,* par M. Auguste Bleton. Lyon, Emmanuel Vitte, 1902, gr. in-4°.

Rochemonteix (Ad. de Chalvet de) : *Les églises romanes de la Haute-Auvergne.* Paris, A. Picard et fils, 1902, in-4°.

MOUVEMENT DU PERSONNEL

Membres titulaires

M. l'abbé Pallière, curé de Saint-Bernard, à Lyon, reçu le 25 janvier 1902.

M. l'abbé Bathias, curé de Saint-Michel (Loire), reçu le 1er avril 1902.

Membres décédés.

M. Bulliot (J. B.), président de la Société Éduenne, à Autun, membre titulaire.

M. le comte Desvernay, au château de Chenevoux, à Néronde, membre titulaire.

M. Vincent Durand, membre fondateur et secrétaire de la Société, à Allieu.

M. l'abbé Claude Peurière, curé de Notre-Dame-d'Espérance à Montbrison, membre titulaire.

M. Jean Rondard, au château de la Grille, à Sainte-Foy-Saint-Sulpice, membre titulaire.

M. l'abbé Vial, curé de Saint-Just, à Lyon, membre titulaire.

Démissionnaires.

M. le baron de Boërio, au château du Périer, à Sainte-Agathe-la-Bouteresse, membre titulaire.

M. Ferdinand Dolliat, négociant à Charlieu, membre titulaire.

M. Yvan Dugas, au château de Rilly, par Roanne, membre titulaire.

M. Fortier-Beaulieu, négociant à Roanne, membre titulaire.

M. l'abbé Godard, professeur au collège du Sacré-Cœur, à Annonay, membre titulaire.

M. l'abbé Vermorel, curé de Chamelet, membre titulaire.

AVRIL — JUIN 1902.

BULLETIN DE LA DIANA

I.

PROCÈS VERBAL DE
L'ASSEMBLÉE GÉNÉRALE DU 3 JUIN 1902.

PRÉSIDENCE DE M. LE VICOMTE DE MEAUX, PRÉSIDENT.

Sont présents : MM. Achalme, docteur Alix, Baldit, Beauverie, abbé Bégonnet, de Boissieu, A. Brassart, E. Brassart, Broutin, abbé Buer, comte de Charpin-Feugerolles, Chassain de la Plasse, du Chevalard, L. Coste, Coudour, Crépet, Crozier, J. Déchelette, J. Desjoyaux, C.-N. Desjoyaux, abbé Duclos, Dugas de la Catonnière, L. Dupin, P. Dupin, A. Durand, Durel, abbé Epinat, E. Faure, Ferran, comte de la Forest-Divonne, H. Gonnard, Granger, abbé Grimaud, Guilhaume, Jacquet, Lachèze, Lacroix, Lafay, Leriche, vicomte de Meaux, Monery, de Montrouge, Morel, docteur Perdu, Pichon, abbé Planchet, abbé Plantin, Populus, Pradier, Richard,

Rochigneux, F. Rony, J. Rony, L. Rony, Rousse, A. Roux, abbé Saignol, de Saint-Genest, A. de Saint-Pulgent, J. Thevenet, abbé Versanne.

Se sont fait excuser : S. E. le cardinal Coullié, M. le Préfet de la Loire, M. le Sous-préfet de Montbrison, MM. le marquis d'Albon, Bertrand, Boulin, capitaine Didier, Jamot, Poidebard, abbé Sachet, C.-P. Testenoire-Lafayette.

M. le Président a ouvert la séance en ces termes :

« Messieurs,

« Notre compagnie est véritablement décimée. A notre dernière séance, nous portions le deuil de Vincent Durand, et nous déplorions la perte de deux autres confrères. Depuis, trois mois seulement se sont écoulés et nous en avons encore perdu cinq.

M. l'abbé Peurière, chanoine honoraire de Lyon, curé archiprêtre de Notre-Dame d'Espérance à Montbrison, Messieurs Francisque David, Rondard, le comte Desvernay et le comte de Neubourg.

Ce n'est pas ici en ce moment qu'il convient d'apprécier les vertus sacerdotales de M. Peurière, le zèle et la charité déployés par lui dans l'exercice de son ministère, d'abord à Lyon, ensuite pendant près de quarante années à Montbrison. Un jour, lorsque nos neveux écriront l'histoire de Notre-Dame d'Espérance à travers le siècle qui vient de se clore, il y tiendra grande et bonne place. Aujourd'hui, nous avons à rappeler avec reconnaissance l'affection qu'il a gardée toujours, témoignée en toute occasion à notre Société et qu'atteste le précieux souvenir, l'objet d'art laissé par lui à notre musée. Nous devons signaler aussi les réparations de son église qu'il a entreprises vers la fin de sa carrière et qu'il ne lui a pas été donné de voir achevées. Elles restituent au chevet de cette église son vrai caractère architectural.

M. David avait introduit à Boen-sur-Lignon la fabrication du ruban, pratiquée par lui avec honneur et habileté à Saint-Etienne. Tout auprès à Sainte-Foy-Saint-Sulpice, M. Rondard appliquait au progrès agricole les ressources que lui avait procurées la même industrie. C'était une autre industrie la fabrication des crayons que M. Desvernay, avec une habileté et un succès supérieurs à toute rivalité, dirigeait près de Roanne, à Régny. Non loin de là, dans le canton de Néronde, à Chenevoux, il avait restauré ou plutôt reconstruit la demeure des Coton, placé dans cette demeure un beau portrait du Père Coton, l'un des foréziens dont nous devons être fiers, et, par les bienfaits répandus par les traditions conservées, sa famille et lui semblaient faire revivre la vieille et bonne race. Ces trois confrères savaient joindre aux soucis, aux labeurs de l'industrie et de l'agriculture le goût des souvenirs et des investigations historiques ; leur présence dans notre Société et l'intérêt constant qu'ils prenaient à ses travaux en témoignent.

A côté de son château de Beauvoir, M. de Neubourg avait acquis aussi une demeure historique, la plus historique, la plus illustre de notre province, la Bâtie d'Urfé et plût au ciel qu'il l'eût possédée plus tôt ! Il en aurait empêché la dévastation. Il a du moins conservé tout ce qui pouvait encore être sauvé. Il était l'un des anciens de notre Compagnie ; il avait longtemps siégé dans notre Conseil ; il met-

tait volontiers à notre disposition ses riches archives
et nous faisait profiter des fouilles entreprises sur
ses terres ; son concours et sa sympathie ne nous
ont jamais fait défaut.

Vous le voyez, Messieurs, pour réparer nos pertes,
nous avons grand besoin de nouvelles recrues. J'ose
compter sur chacun de vous pour les attirer.

En même temps, nous garderons fidèlement les
mémoires qui nous sont chères et qui nous honorent.
Le jour même des funérailles de Vincent Durand,
on nous demandait de placer son buste à la Diana.
Un tel projet répondait à tous nos sentiments ; nous
avons recherché sans retard dans quelles conditions
il pourrait s'accomplir et dès aujourd'hui nous ou-
vrons ici une souscription pour le réaliser.

Vincent Durand gardera sa place au milieu de
nous d'une autre manière encore. Vous le savez il
nous a légué ses manuscrits ; son digne héritier s'est
empressé de nous les transmettre. Mais pour obéir
à ses recommandations formelles, nous devons les
classer, en dresser la table, et les relier ensemble de
telle sorte qu'ils ne risquent point de s'égarer. De
là un certain délai avant qu'il nous soit permis de
les mettre à la disposition des travailleurs. Dès à
présent toutefois, Messieurs, vous commencerez à
profiter des œuvres posthumes de Vincent Durand.
Nous nous proposons de publier un volume de ses
promenades archéologiques à travers notre province,
le texte nous en paraît prêt à paraître.

Enfin vous vous souvenez que parmi les mémoires
qui ont répondu à notre questionnaire quatre nous
ont été signalés comme méritant les félicitations et

les remerciements de notre Société. Conformément
à votre décision des diplômes d'honneur ont été
dressés et vont être décernés à leurs auteurs : **MM.**
l'abbé Valendru, curé de Chalain-le-Comtal ; Rey-
nard, instituteur à Montchal ; Brocard, instituteur
à la Chapelle et l'abbé Bathias, curé à Saint-Michel.
Les trois premiers recevront en outre, l'un une
médaille et les deux autres un des ouvrages illustrés,
publiés par la Diana.

Comptes.

M. le Trésorier présente le compte pour l'année
1901. Il est approuvé à l'unanimité (v. annexe 1).

Budget additionnel 1902 et budget primitif 1903.

M. le Président donne ensuite lecture du budget
additionnel pour 1902 et du budget ordinaire pour
1903. Ces deux budgets mis aux voix sont adoptés
à l'unanimité (v. annexes 2 et 3).

Excursion pour 1902.

Dans une précédente séance du Conseil, un projet
d'excursion à Montrond et Bellegarde avait été mis
en avant ; mais depuis le Conseil a été informé que
le château de Bellegarde ne pourrait pas être visité
cette année ; ce projet a donc été abandonné.

Les deux dernières excursions ayant eu lieu dans
l'arrondissement de Montbrison, il serait désirable,
qu'en 1902, la Société visite une localité soit de
l'arrondissement de Saint-Etienne, soit de l'arrondissement de Roanne,

MM. J. Déchelette et Monery proposent une excursion à Vougy, Briennon, la Bénisson-Dieu.

M. Roux propose une excursion à Néronde et lieux circonvoisins.

Ensuite d'un vote de l'assemblée, le projet de MM. Déchelette et Monery a la préférence. L'excursion se fera donc à Vougy, Briennon, la Bénisson-Dieu vers la fin du mois de juin.

Sur la demande de M. Roux, l'excursion à Néronde est choisie, en principe, pour l'année 1903.

Découvertes gallo-romaines dans la ville de Roanne. — *Communication de M. Joseph Déchelette.*

Au commencement du mois de mars de cette année, des fouilles entreprises sur un emplacement situé au nord de Roanne, dans le quartier de la Livatte, pour la construction d'un établissement scolaire, le collège Saint-Joseph, ont donné lieu à quelques découvertes archéologiques intéressantes.

On sait que l'ancienne *Rodumna* s'étendait précisément sur cette partie de la ville actuelle. C'est là, qu'en 1820, avait été rencontrée la seule inscription romaine recueillie jusqu'à ce jour à Roanne. En 1895, l'établissement d'une manufacture, bâtie dans le voisinage de l'emplacement de ce collège, avait procuré au musée municipal une série intéressante de vases peints et sigillés. Les tranchées pratiquées pour les fondations avaient mis à découvert des aires d'habitations en béton grossier et des débris de tuiles romaines. Mais comme aucune substruction maçonnée n'a encore été reconnue on peut en conclure que les habitations de la ville antique étaient bâties pour la plupart en matériaux légers, bien que pourvues de toitures en tuile.

La situation topographique du nouveau chantier d'où l'on devait extraire un déblai d'environ 1800 mètres cubes pour l'établissement des caves de l'immeuble, semblait promettre à l'archéologie de nouveaux profits. Cette attente n'a pas été déçue. Dès les premières fouilles, près de l'extrémité est du bâtiment nord, les ouvriers rencontraient à environ un mètre de profondeur un pavement grossier se composant simplement d'un rang de cailloux roulés. Ce pavement recouvrait une épaisse couche de terre noire renfermant de nombreux débris céramiques, fragments de cruches en terre blanche, d'amphores et de tuiles, de vases sigillés et de vases peints à décor géométrique. Trois monnaies gauloises et un petit bronze d'Auguste (Cohen, *Monn. imp.*, 29) ont été retirés des déblais. Les trois monnaies gauloises, très oxidées, sont· des bronzes coulés au taureau cornupète (1), type commun non seulement chez les Ségusiaves, mais chez les Éduens, les Séquanes et plusieurs autres peuples gaulois pendant la période qui a précédé et suivi immédiatement la conquête. Les vases peints à décoration géométrique rectilinéaire se rencontrent fréquemment à la même époque et surtout dans la première moitié du premier siècle après notre ère sur le sol de *Rodumna*, tant à la

---

(1) Cf. Joseph Déchelette, *Inventaire général des monnaies antiques recueillies au mont Beuvray, de 1867 à 1898.* Extr. de la *Revue Numismatique*, 1899, p. 129 (n° 34 de l'inventaire).

Livatte que dans le cimetière antique de la rue de la
Berche (1). Le style des autres échantillons céramiques,
sans parler de la monnaie d'Auguste, achevait de
démontrer que l'enfouissement de ces objets dans le
déblai sur lequel reposait le pavage antique ne saurait être postérieur à l'époque de cet empereur ou
de ses premiers successeurs. Les fragments de poterie sigillée, d'ailleurs nombreux, appartiennent tous
· sans exception aux fabriques d'Arezzo. Aucun spécimen des officines arvernes, particularité bien rare
dans le centre de la Gaule, ne se trouvait associé à
ces produits italiques, dont l'origine se reconnaît
nettement soit au profil des vases, soit à leur décoration, soit à leurs marques.

Voici le relevé de ces dernières.

On retrouve les mêmes estampilles dans le tome
XIII (3me partie, fasc. I) du *Corpus,* où M. Bohn les
a cataloguées parmi les *Vasa arretina.*

1° | ANNI *couronne* | Haut. 0,009. Larg. 0,017.
    | SEX *palme* | Fond d'assiette. *C.I.L.,*
XIII, 3, 10009, 23 (Reims, Neuss, Vechten).

2° | ATEI | Haut. 0,006. Larg. 0,014. Fond
de tasse. Deux exemplaires. *C.I.L.,* XIII, 3,
10009, 43. Marque très connue dans toute la
Gaule.

---

(1) Sur l'aire de dispersion de ces vases, cf. Joseph Déchelette, *Les vases peints gallo-romains du musée de Roanne,*
ext. de la *Revue archéol.,* 1895, tom. I, par 396 ; — Joseph
Déchelette, *Le Hradischt de Stradonic en Bohême et les
fouilles de Bibracte,* extrait du *Congrès archéologique de
Mâcon,* 1899.

3° | PHILE / AVII... | L et E liés. A et V liés. Haut 0,008. Larg. 0,010.

Fond de tasse, *Phile(mo) Avili.* C.l.L., XIII, 3, 10009, 69 (Poitiers, Neuss).

4° | M· PVPI | Hàut. 0,006. Larg. 0,015. Sur fond de plateau ou d'assiette, C.I.L., XIII, 3, 10009, 209 (Vechten).

5° | RASINI | Le premier I et l'N liés. Deux exemplaires. Haut. 0,006. Larg. 0,011. C.l.L., XIII, 3, 10009, 212 (Bordeaux, Moulins, Rheinzabern, Mayence, Neuss, Monterberg, Vechten).

6° | RVFI / RASI | Haut. 0,006. Larg. 0,011. Fond de tasse, *Rufi(o) Rasi(ni).* C.I. L., XIII, 3, 10009, 214 (Xanten, Vechten).

7° | L· TYRSI | TYR liés. Haut. 0,005. Larg. 0,012. Fond de tasse ou de soucoupe, *L. Thyrsi.* C.I.L., XIII, 3, 10009, 273 (Trion, Mayence, Weisenau, Heddernheim, Neuss, Vechten).

8° | L· VMBICI / HOSPITIS | Les trois premières lettres de Umbici liées. Haut. 0,008. Larg. 0,013. Fond d'assiette. C.I.L., XIII, 3, 10009, 305. Cette marque ne s'était pas encore rencontrée en Gaule en dehors de Trion (musée de Lyon). L'exemplaire de Trion étant incomplet, MM. Allmer et Dissard avaient proposé [A]mbici [H]ospitis. M. Oscar Bohn rejetant cette lecture ajoutait : [L] *Umb(r)ici legendum esse putamus* ; **vide in exemplis urbanis XV,** 5770 *a* et 5781*b* *litteras* VMB *eodem modo contignatas.* La nouvelle marque recueillie à Roanne, est nettement lisible et confirme la leçon du *Corpus.*

La série des vases ornés d'Arezzo, fort rares en Gaule et d'ailleurs peu communs même en Italie, est représentée non point malheureusement par des pièces entières, mais par deux intéressants fragments. C'est d'abord la partie inférieure d'une belle coupe en terre rouge très fine (Dragendorf, *Terra sigillata,* forme 11) dont la décoration se compose d'attributs dionysiaques (pl. II, fig. 1 et 2). On y voit deux tables chargées d'offrandes, l'une, de forme arrondie, soutenue par des pieds d'animaux, porte une nébride, un masque tragique vu de face, un canthare, un tympanum et une double flûte (?). Une panthère debout appuie ses pieds de devant sur le rebord de cette table. On distingue au-dessous une ciste. L'autre *mensa* de forme rectangulaire a pour supports de simples pieds droits ; elle est recouverte en partie d'une draperie chargée de trois masques scéniques et d'un *lituus* ; au-dessous, une panthère se tient accroupie.

Entre les deux tables, on voit un large cratère décoré d'une guirlande de lierre, un hermès drapé dont le buste manque et au pied duquel repose une lyre, enfin un coffret à quatre faces dont le couvercle est surmonté d'un grand masque tragique. Toutes ces représentations se distinguent comme la plupart des produits d'Arezzo par la délicatesse du modelé et la finesse des détails.

On sait que les reliefs des vases d'argile sigillés sont étroitement apparentés avec ceux de la vaisselle métallique et notamment de certains vases d'argent.

2

3

II. — VASES ORNÉS, D'AREZZO
trouvés à Roanne en 1902.

XIII. — p. 5o.

C'est ainsi que les emblèmes dionysiaques de ce bol d'Arezzo offrent une assez grande similitude avec ceux qui décorent la célèbre Coupe en sardonyx, dite *des Ptolémées*, conservée au cabinet des médailles et dont le style semble inspiré par l'imitation d'un travail de torentique (E. Babelon, *Catal. des Camées de la Bibl. Nat.*, pl. xliii, fig. 368, et page 201).

Un second fragment de vase d'Arezzo de même forme (pl. II, fig. 3) présente une très élégante décoration ornementale à larges rinceaux en volutes, terminés par de riches fleurons. Au milieu de ces tiges sinueuses, agrémentées de vrilles légères s'ébattent des oiseaux. Le style ornemental de ce bol procède de l'art augustéen et ses rinceaux présentent des analogies frappantes avec ceux des bas-reliefs de l'*Ara Pacis Augustae* (1).

On a encore recueilli quelques menus objets en différents autres points de la fouille, en même temps que quelques rares fragments de bols sigillés ornés, de fabrique arverne et d'un décor trop commun pour qu'il y ait lieu d'en donner ici la description. Ces fragments se classent tous à la période du Haut Empire : un fond de soucoupe porte la marque
| MATERNIM | M et A liés.

Voici l'inventaire des monnaies :

Auguste. Revers à l'autel de Rome et d'Auguste. (Cohen, 240). Deux exempl. Moy. bronze.

Titus (Cohen, 129). Moy. br. Belle conservation ;

Domitien (Cohen, 3). Moy. br. Bel exemplaire.

Une demi-monnaie romaine de bronze, coupée intentionnellement (exemplaire oxydé).

_____

(1) Cf. Dragendorf, in *Bonner Jahrb.* c. 103, p. 93.

En résumé, presque tous les objets appartiennent exclusivement au premier siècle après J.-C. Ce n'est pas la première fois que les fouilles du sol de *Rodumna* permettent de constater ce fait. D'autres observations antérieures, notamment les fouilles que j'ai pratiquées dans le cimetière de la rue de la Berche, m'avaient déjà permis de reconnaître que la période la plus active de l'occupation de cette ville gallo-romaine se place au premier siècle de notre ère.

Une autre particularité mérite encore de fixer l'attention, c'est l'abondance relative des vases d'Arezzo. Non loin de l'emplacement des dernières fouilles, on a trouvé, au cours de la construction des casernes, un beau bol presque entier, de la même forme que les précédents. D'autres fragments sont conservés au musée de Roanne.

Il est fort possible qu'il y ait une certaine connexité entre les deux faits que je viens de signaler. On sait par des documents d'archives qu'au moyen âge et durant les derniers siècles, les marchandises venant de la côte occidentale de l'Italie remontaient la vallée du Rhône jusqu'à Lyon et suivaient ensuite la voie de terre de Lyon à Roanne. A partir de cette ville, où la Loire devient navigable, elles pouvaient descendre par voie d'eau le cours du fleuve. Cette route commerciale était sans doute déjà fréquentée par les importateurs italiens dès l'antiquité. Il n'est nullement téméraire d'admettre que la ville de *Rodumna*, après la conquête, ait servi d'entrepôt à certains produits de la péninsule notamment aux poteries d'Arezzo. Vers la fin du premier siècle, quand l'industrie gauloise eut réussi à se développer,

J. DÉCHELETTE, phot.

III. — STATUETTE DE MINERVE
trouvée à Roanne en 1902.
Bronze, hauteur avec le socle: 0ᵐ 188.

lorsque, par exemple, les céramistes du midi et du centre de la Gaule, eurent tout d'abord accaparé la clientèle indigène et bientôt après exporté leurs produits jusque sur les marchés étrangers (1), les importations italiques cessèrent, au grand détriment de la petite corporation de mariniers et de négociants qui formaient la population de *Rodumna* et tiraient profit de ce commerce extérieur. De là, l'origine probable de la décadence anormale que nous constatons dans cette ville gallo-romaine à une époque de prospérité générale et de pleine sécurité.

Les fouilles étaient achevées et le petit lot d'objets antiques constitué à l'aide de ces découvertes ne paraissait pas devoir s'accroître, quand je fus informé que les deux trouvailles les plus intéressantes avaient été détournées par des ouvriers. De ces deux pièces que l'on réussit à faire entrer au musée de Roanne, et dont les photographies sont jointes à ce mémoire, l'une est une jolie statuette en bronze de Minerve (pl. III), l'autre une fibule de même métal d'un type qui me semble nouveau. La statuette mesure 123 millimètres de haut sans le socle et 188 millimètres avec le socle. Sa conservation est tout à fait exceptionnelle et ne laisserait rien à désirer, si la déesse n'avait pas perdu le bouclier sur lequel devait appuyer sa main gauche. La lance, les doigts, les détails du visage et les parties fragiles du casque sont demeurées intactes. Minerve est représentée debout, le poids du corps portant sur la jambe gauche, la

---

(1) Je démontrerai prochainement que les vases ornés, fabriqués vers l'an 70 environ dans les officines de la Graufesenque (Aveyron) se retrouvent à Pompéi, à Rome et à Carthage.

jambe droite légèrement rejetée en arrière. Elle est vêtue d'un double chiton talaire, serré à la taille. La tête est surmontée d'un casque corinthien à haute *crista*. Sur la poitrine est attachée l'égide à laquelle est fixé le *gorgoneion*. La main droite, élevée à la hauteur du casque, s'appuie sur la lance. La statuette est fixée par deux solides rivets non pas à la partie centrale mais à l'arrière d'un beau socle à six pans, orné de moulures très correctement profilées. Le bronze semble avoir été argenté ou du moins recouvert d'un métal blanc qui s'est conservé par endroits. Ouvrage d'une exécution assez ordinaire cependant et assurément bien inférieure en valeur artistique aux bronzes de style grec trouvés à Feurs, cette Minerve n'en est pas moins la plus intéressante statuette qui se soit, jusqu'à ce jour, rencontrée à Roanne.

La fibule (pl. IV) que les ouvriers avaient dérobée en même temps est au contraire d'une exécution excellente. Ce petit bijou de bronze ne mesure en longueur que 21 millimètres. L'arc de la fibule est formé par deux protomes symétriques de lions adossés et exactement semblables. Chacun de ces lions a les pattes posées sur l'un des deux appendices cylindriques dont le premier constitue la charnière de l'ardillon tandis que l'autre sert à en loger la pointe. La crinière des fauves est indiquée par de fines gravures au burin. Enfin, détail curieux, chaque lion serre entre ses pattes une tête de taureau. Je ne me souviens pas d'avoir vu parmi les collections de fibules zoomorphiques quelque autre exemplaire de ce modèle. Faut-il attribuer une signification symbolique à ce type du lion associé à une tête de

IV. — FIBULE

Trouvée à Roanne en 1902.

Bronze, largeur : 0^m 021.

taureau ? On le trouve à l'époque romaine sur un certain nombre de monuments funéraires, bas-reliefs et ronde-bosses, en particulier dans la Vénétie et les régions avoisinantes. La tête de l'animal, posée entre les pattes du lion, est quelquefois celle d'un taureau, plus souvent celle d'un bélier. Le musée d'Aquilée possède plusieurs spécimens de ces représentations dont le caractère précis n'a pas encore été bien déterminé. J'indique ce rapprochement sans en tirer aucune conclusion. Il ne s'agit ici que d'un simple objet de parure, et la fantaisie de l'artiste pouvait se donner librement carrière sans avoir à s'inspirer, comme les sculpteurs de monuments funéraires, de la symbolique iconographique.

Les travaux de déblai, qui ont donné lieu à ces intéressantes découvertes, sont maintenant terminés, mais il y a lieu d'espérer que de nouvelles recherches, cette fois méthodiques, pourront être tentées ultérieurement dans la partie encore non bâtie du même immeuble.

Epitaphe récemment découverte au chevet de l'église de Notre-Dame de Montbrison. — Communication de M. E. Brassart.

Ce printemps, la reprise des travaux de restauration de Notre-Dame d'Espérance a amené, à l'extérieur, dans la partie sud-est de l'abside, sous un crépis, la découverte d'une inscription tumulaire. Contrairement à ce que l'on a observé jusqu'à ce jour, cette inscription n'a pas été gravée sur une pierre rapportée après coup, mais à même la muraille, sur un moellon qui a subi une légère retaille, le creusant sur presque toute sa longueur d'environ 0ᵐ02. On lit dans un cadre formé d'un simple chanfrein (1) :

| : HIC : IACĒT : DO : GIRAUD DEL PO |
| IET : QI : LEGAVIT ROGATŌNES : |
| UNBᵗTUS DE MUSON CAN⁹ AR |
| NULPH⁹ GLLV⁹ GARNERII PSBRI |

Hic jacent domini Giraud del Poiet qui legavit Rogationes, Unbertus de Muson, canonici ; Arnulphus, Guillelmus Garnerii, presbiteri.

Aucune date, la forme des caractères est celle du XIII° siècle, c'est vague ; mais le chanoine de la Mure, dans son *Histoire du Forez*, p. 350, nous fournit un point de repert. Dans sa notice sur le cinquième doyen de Notre-Dame, Hugues de Boissonnelle, qui mourut en 1294 constituant la collégiale son héritière, nous lisons : « Cet exemple fut suivy par un prestre de ladite Eglise, son contemporain, nommé Giraud du Poyet natif de Moind-lès-Montbrison, qui employa tout ce qu'il avait pour la fondation de quelques commissions de messes, spécialement de celle qui en cette église est commu-

---

(1) Capitales onciales, hauteur moyenne des lettres, 0ᵐ031. — Cette inscription, y compris le cadre à chanfrein, fourni pour trois côtés par les pierres voisines, mesure 0ᵐ32 de hauteur sur 0ᵐ88 de largeur.

nement appelée la prébende des Rogations ». C'est donc dans les six dernières années du XIIIe siècle ou les premières du XIVe que mourut Giraud du Poyet (1).

Le chanoine Humbert de Muson nous est totalement inconnu (2).

Arnulphe et Guillaume prêtres semblent être proches parents, car le nom de famille Garnier (*Garnerii*) qui suit ces deux prénoms paraît être mis au pluriel comme *presbiteri* et non au génitif et alors s'appliquer à tous les deux.

Mais quatre sépultures d'ecclésiastiques faites au même lieu, on dirait presque les unes sur les autres ; une épitaphe sommaire inscrite par des procédés économiques, en hâte ; autant de circonstances qui semblent nous révéler quelque événement facheux. Surtout qu'il s'agit parmi les défunts d'un bienfaiteur insigne dont les fondations résistèrent au temps et aux hommes et étaient encore florissantes au XVIIe siècle, même au XVIIIe (3).

Ne serait-ce pas à une peste, dont le souvenir ne nous est pas parvenu, qu'il faudrait attribuer la mort de ces quatre ecclésiastiques ? Peste qui aurait forcé le comte Jean Ier à quitter Montbrison pour Sury-le-Comtal, où naquit en 1299 son fils Guy VII.

---

(1) Cf. dans le *Cartulaire des francs fiefs*, p. 270, un acte de juillet 1270 qui doit concerner le même Giraud du Poyet.

(2) La lecture de ce nom est certaine, il n'y a pas de doute possible.

(3) Inv. des archives du chapitre de N.-D., 1753 (fragment), mss. aux archives de la Diana.

Le dôme du tribunal, à Montbrison. — Communication de M. E. Brassart.

Il court à Montbrison une légende sur le dôme du tribunal, l'ancienne chapelle de la Visitation ; cette gracieuse toiture qui s'harmonise si bien avec la silhouette de la butte Montbrisonnaise serait, dit-on, l'œuvre de Souflot.

La moindre étude sur l'architecture du monument fait voir ce que vaut cette fable, c'est tout le style du règne de Louis XIV et Souflot mourut en 1780 (1). Mais allez donc combattre une légende avec des raisonnements et des déductions scientifiques.

Heureusement il y a un document (2), le marché passé le 24 mars 1701 entre les Visitandines et leur architecte Martin de Noinville, marché qui nous donne la description de l'état primitif, tel que la vue de Montbrison en 1732 (3) nous en a conservé le souvenir.

« ... Sera fait un dôme sur le sanctuaire ; iceluy élevé de seize pieds et demy au-dessus de la corniche ; avec maçonnerie, savoir les huit croisées et les corniches de pierre de taille et entre les croisées remplie de brique. Lesdites croisées de six pieds et demi de large et de dix pieds de haut garnies de fer peint noir et des panneaux de verre attachés

---

(1) Souflot naquit en 1713.
(2) Bibliothèque de la Ville de Montbrison, n° 43 bis.
(3) Le dessin original est à la Bibliothèque de Montbrison; il a été reproduit en tête du t. I de l'*Histoire des ducs de Bourbon*.

avec des verges de fer. Le dessus du dôme qui formera la calotte sera de charpente comme aussi la lanterne et l'amortissement au-dessus. Les couverts entre les côtes seront d'ardoise et les côtes de plomb doré. Et sera fait sur chaque pan du couvert, entre les côtes, des lucarnes couvertes de plomb doré. Icelles pour donner air à la charpente. La lanterne sera couverte de plomb comme aussi la terrasse de la lanterne, et l'amortissement au-dessus de plomb doré ».

Les plombs dorés dont il est question dans ce marché ont tous été enlevés pendant la Révolution ; les lucarnes détruites ; mais on peut aisément se figurer de quel éclat, dans son état primitif, devait briller cette toiture.

Martin de Noinville, moins connu dans nos régions que Souflot, fut un éminent architecte. Elève et collaborateur du célèbre Jules Hardouin Mansart, il dirigea, après la mort du maître, les travaux laissés inachevés. Architecte des Etats de Bourgogne, il résida plus spécialement à Dijon où il érigea plusieurs monuments encore très appréciés (1).

Il serait donc tout à fait regrettable que les réparations que le Conseil général va faire entreprendre au dôme du tribunal pussent apporter la moindre modification à l'œuvre du· maître primitif, en en dénaturant le style et l'harmonie. Il serait au contraire désirable que l'architecte, s'inspirant de mo-

---

(1) *Mémoires de la commission des Antiquités de la Côte-d'Or*, t. XIII, *passim*

numents similaires, restituât les lucarnes qui devaient être du plus charmant effet (1).

En suite de cette communication et sur l'initiative du Président, l'assemblée, à l'unanimité, émet le vœu que tous les travaux à exécuter au dôme du tribunal soient effectués avec le plus absolu respect du plan de Martin de Noinville, que, conséquemment, les seules modifications apportées à l'état actuel soient la restitution des lucarnes détruites pendant la période révolutionnaire et la dorure des parties métalliques de la couverture (2).

La séance est levée.

Le Président,
Vicomte DE MEAUX.

Le membre faisant fonction de secrétaire,
Éleuthère BRASSART.

---

(1) Les travaux de reconstruction du dôme du tribunal ayant été exécutés sur des données absolument nouvelles et sans tenir compte de l'état ancien, il a paru nécessaire de donner la planche ci-jointe (pl. V).

Il sera précieux, croyons-nous, pour l'histoire de l'Art d'avoir la figuration d'une œuvre du père des dômes en France ou tout au moins d'un de ses collaborateurs, œuvre de proportion restreinte, exécutée avec des procédés modestes, mais n'ayant subi que la perte de certains détails d'ornementation. Ainsi, l'esthétique des maîtres du XVIIᵉ siècle pourra être comparée à celle des architectes du XXᵉ siècle.

(2) Ce vœu a été transmis dans la huitaine à la Préfecture ; il n'en a pas été accusé réception.

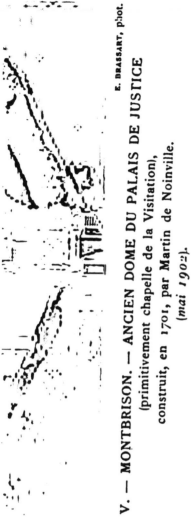

V. — MONTBRISON. — ANCIEN DOME DU PALAIS DE JUSTICE

(primitivement chapelle de la Visitation),

construit, en 1701, par Martin de Noinville.

(mai 1902).

ANNEXE Nº 1

COMPTE DE GESTION DE L'EXERCICE 1901.

BUDGET ORDINAIRE.

Recettes.

	Recettes prévues au budget primitif	Recettes à effectuer après vérification	Recettes effectuées	Restes à recouvrer
1. Cotisations à 30 f.	4260 »	4290 »	4200 »	90 »
2. Cotisations à 15 f.	1605 »	1695 »	1665 »	30 »
3. Subvention de la ville de Montbrison	200 »	200 »	200 »	» »
4. Vente de publications éditées par la Société..........	10 »	10 »	10 »	» »
Totaux........	6075 »	6195 »	6075 »	120 »

Dépenses.

	Dépenses prévues au budget primitif	Dépenses à effectuer après vérification	Dépenses effectuées	Restes à payer
1. Traitement du bibliothécaire.......	1200 »	1200 »	1200 »	» »
2. Frais de bureau, ports d'imprimés.	400 »	463 35	333 35	130 »
3. Entretien de la salle et de ses annexes............	100 »	98 75	98 75	» »
4. Chauffage........	100 »	100 »	100 »	» »
5. Indemnité au concierge............	120 »	120 »	120 »	» »
6. Impressions......	3000 »	3000 »	1456 70	1543 30
7. Achat de livres, abonnements, reliures.............	450 »	137 60	137 60	» »
8. Fouilles et moulages...............	200 »	65 »	65 »	» »
9 Frais d'encaissement...	150 »	100 45	100 45	» »
10 Achat de jetons...	200 »	» »	» »	» »
11 Imprévu	155 »	155 »	155 »	» »
Totaux........	6075 »	5440 15	3766 85	1673 30

BALANCE

Recettes effectuées..............	6.075 »
Dépenses effectuées..............	3.766 85
Excédent de recettes............	2.308 15

BUDGET ADDITIONNEL
Recettes

	Recettes prévues au budget additionnel	Recettes à effectuer après vérification	Recettes effectuées	Restes à recouvrer
1. Restes à recouvrer sur les cotisations arriérées.........	30 »	60 »	60 »	» »
2. Restes à recouvrer sur la vente des publications......	200 »	547 90	487 90	60 »
3. Intérêts de fonds en dépôt.........	5 »	45 20	45 20	» »
Totaux.........	235 »	653 10	593 10	60 »

Dépenses

	Dépenses prévues au budget additionnel	Dépenses à effectuer après vérification	Dépenses effectuées	Restes à payer
1. Excédent de dépenses de l'exercice 1900..........	501 »	501 »	501 »	» »
2 Acquisition des objets provenant de la découverte de Limes	400 «	420 »	400 »	20 »
3. Frais d'impression	500 »	500 »	» »	500 »
4. Indemnité supplémentaire au bibliothécaire..........	300 »	300 »	300 »	» »
5. Imprévu	104 »	176 40	176 40	» »
Totaux..........	1805 »	1897 40	1377 40	520 »

BALANCE

Recettes effectuées................ 593 10
Dépenses effectuées.............. 1.377 40

Excédent de dépenses 784 30

Résultats généraux de l'exercice 1901

Recettes du budget ordinaire....... 6.075 » } 6.668 10
Recettes du budget additionnel .... 593 10 }

Dépenses du budget ordinaire...... 3.766 85 } 5.144 25
Dépenses du budget additionnel ... 1.377 40 }

Excédent de recettes à reporter au budget additionnel de 1902............ 1.523 85

ANNEXE N° 2

BUDGET ADDITIONNEL DE 1902

Recettes

1. Excédent de recettes de l'exercice 1901......   1.523 85
2. Restes à recouvrer sur les cotisations arriérées   120 »
3. Restes à recouvrer sur la vente de publications
   éditées par la Société....................   460 »
4. Intérêts de fonds en dépôt ....   10 »

                    Total..................   2.113 85

Dépenses

1. Restes à payer sur les frais de bureau ....   130 »
2. Restes à payer sur les frais d'impression 2.043 30
3. Réfection du coin de la Société et fabrication
   d'une médaille.........................   170 »
4. Solde de l'acquisition du trésor de Limes....   20 »
5. Indemnité supplémentaire au bibliothécaire...   300 »
6. Imprévu ....   100 »

                    Total..................   2.763 30

BALANCE

Recettes 2.113 85
Dépenses 2.763 30

            Excédent de dépenses......   649 45

ANNEXE N° 3

BUDGET ORDINAIRE DE 1903

Recettes

1. Cotisations à 30 francs...................... 4.000 »
2. Cotisations à 15 francs...................... 1.650 »
3. Subvention de la ville de Montbrison........ 200 »
4. Vente de publications éditées par la Société.. 10 »

TOTAL .... 5.860 »

Dépenses

1. Traitement du bibliothécaire .... 1.200 »
2. Frais de bureau et ports d'imprimés .... 400 »
3. Entretien de la salle et de ses annexes....... 100 »
4. Chauffage.................................... 100 »
5. Indemnité au concierge .... 120 »
6. Impressions................................. 3.000 »
7. Achat de livres, abonnements, reliures........ 350 »
8. Fouilles et moulages......................... 150 »
9. Frais d'encaissement .... 100 »
10. Achat de jetons .... 200 »
11. Imprévu .... 140 »

TOTAL.................. 5.860 »

II

EXCURSION ARCHÉOLOGIQUE A VOUGY, BRIENNON, LA BÉNISSON-DIEU.

Le 24 juin 1902

Commissaires : MM. R. Chassain de la Plasse, du Chevalard, Joseph Déchelette, E. Leriche, L. Monery.

PROGRAMME

VOUGY.

Eglise paroissiale construite d'après les plans de M. Corroyer. On a conservé l'ancienne chapelle seigneuriale, fondée en 1488 par Henri de Molles, seigneur de Vougy et Claudine de la Palu, sa femme. Parements d'autel. Retable en pierre de style gothique et retable peint de l'école florentine — Château. Demeure seigneuriale du XVIIIe siècle. Mobilier Louis XV. Portrait de Henri IV, provenant de la Bastie d'Urfé. Portrait de Cinq-Mars. Sarcophage antique.

BRIENNON.

Sanctuaire roman de l'église paroissiale (XIIe siècle). Chapiteaux historiés. Sur le pignon de la façade principale, statue de la Vierge.

LA BÉNISSON-DIEU.

Eglise cistercienne fondée en 1138. Le grand comble du vaisseau, recouvert de tuiles émaillées polychromes, et la tour quadrangulaire de l'entrée sont des ouvrages de la fin du XVe siècle, dus à l'abbé commendataire Pierre de la Fin. Chapelle des Nérestang (XVIIe siècle).

Le mobilier de l'église renferme de nombreuses richesses d'art et d'archéologie. — Dans la nef, crucifix en bois (les vitraux sont actuellement en réparation). — Dans le bas côté

gauche, cinquième travée, autel en pierre du XIIᵉ siècle. —
Dans le bas côté droit, première travée, reste d'une peinture
murale, représentant la *Crucifixion* (XVᵉ siècle). Petite collection lapidaire : Sarcophage d'Alix de Suilly, comtesse de
Forez (XIIIᵉ siècle) ; Dalle tumulaire du chevalier Humbert
de Lespinasse et de sa femme (1323) ; Statue de Dieu le Père
(XVIᵉ siècle). — Même bas côté, troisième travée : Siège
abbatial à cinq places (fin du XIVᵉ siècle) ; Piscine gothique.
— Cinquième travée : Chapelle de Sainte-Marguerite ; Autel
en maçonnerie (fin du XVᵉ siècle) ; Statues de Sainte Anne
et de la Vierge Mère. — Dans le chœur : retable en menui-
serie (XVIIᵉ siècle) ; *Le Frappement du rocher* et *Moïse sauvé
des eaux*, anciennes copies d'après Nicolas Poussin ; *Le
Christ au tombeau*, ancienne copie d'après Nicolas Mignard.
— Dans la sacristie, restes de peintures murales du XVIIᵉ
siècle, avec une vue de la Bénisson-Dieu (1646) ; — Ornements :
1º Parements pour cérémonies mortuaires, 1667 ; 2º Parement
brodé de soie aux armes des Nérestang ; 3º Deux autres
parements brodés ; 4º Magnifique chasuble brodée, aux armes
des Nérestang ; Petite sculpture sur bois du Calvaire (XVᵉ
siècle).

Le trésor conserve trois reliquaires anciens en argent et
une pyxide : 1º Reliquaire cylindrique portant l'inscription
SCA MARGARETA (XIIIᵉ siècle) ; 2º Reliquaire de forme
pyramidale, donné par l'abbesse Françoise de Nérestang
(1634) ; 3º Reliquaire en forme de diptyque (XVIIᵉ siècle).

Dans la chapelle des Nérestang, peintures murales de l'école
italienne (?) ; Inscriptions tumulaires ; Statue de la Vierge,
sculptée à Gênes et donnée par Jean-Claude de Nérestang.

MUSÉE DE ROANNE.

Parmi les accroissements récents figurent les objets céramiques composant l'ancienne collection Constancias, de
Lezoux (Puy-de-Dôme).

III

MOUVEMENT DE LA BIBLIOTHÈQUE ET DU MUSÉE.

Dons.

Ont été offerts par MM. :

Aulagnier (Claude), sa notice : *Les anciennes familles du canton de Saint-Galmier (Loire)*. (Extrait de la *Revue forézienne*). Saint-Etienne, (J. Thomas et Cie), 1902, in-8°.

Catalogue du musée de la ville de Carpentras, avec note historique, par J.L., Carpentras, J. Brun et Cie, 1900, pet. in-4°.

Chaize (Hippolyte) : *Arrêts du Conseil d'État du Roi des 12 janvier et 7 février 1765, portant inféodation des étangs d'Uzore en Forez, en faveur de Pierre Challaye, écuyer, conseiller au parlement de Dombes, et contrat passé à son profit en exécution de l'arrêt du Conseil*. S. l. (Paris), Alex. le Prieur, 1765, in-4°.

Compte rendu du congrès marial, tenu à Lyon les 5, 6, 7 et 8 septembre 1900, sous le patronage de S. E. le Cardinal archevêque de Lyon. Tomes I et II. Lyon, Emmanuel Vitte, 1900-1901, 2 vol. in-8°.

Dangibeaud (Charles), sa notice : *Le vieux pont de Saintes*. Saintes, (A. Hus), s. d., in-8°.

Forest-Divonne (Capitaine de la) : Poitevin (M.),

Historique du 16e régiment d'infanterie (stationné dans le département de la Loire). Paris, L. Baudoin et Cie, 1888, in-8°.

Fréminville (J. de), sa notice: *Rapport de l'archiviste du département à M. le Préfet de la Loire. Conseil général. Session ordinaire d'août 1901.* Saint-Etienne, 1901, in-8°.

Gonnard (Henri): *Tables de comparaison des anciennes mesures locales en usage dans le département de la Loire avec les mesures nouvelles qui les remplacent. — Arrêté préfectoral du 27 brumaire an X de la République.* (Extrait de l'*Annuaire du département de la Loire*, 1898). S. l. n. d., in-8°.

Guillemot (Antoine), sa notice : *De Chazeron. Etude généalogique.* (Extrait du *Bulletin historique et scientifique de l'Auvergne*, novembre 1901). Clermont-Ferrand, Louis Bellet, 1902, in-8°.

Haller (Gustave), *Le Salon. Dix ans de peinture.* Tomes I et II. Paris, Calmann-Lévy, 1902, 2 vol. in-8°.

Héron de Villefosse (Antoine), sa notice : *Le grand autel de Pergame sur un médaillon de bronze trouvé en France.* (Extrait des *Comptes-rendus des séances de l'année 1901 de l'Académie des inscriptions et belles-lettres*). Paris, Alphonse Picard, 1901, in-8°.

Jamot (Claudius), sa brochure : *Commission municipale du vieux Lyon, compte rendu de ses travaux depuis sa création, adressé le 5 février 1902 à M. le maire de Lyon et à MM. les conseillers municipaux,* par son rapporteur. Lyon, 1902, in-8°.

Lascombe (Adrien) : *Le Puy et ses environs. Guide indicateur illustré*, avec le concours artistique de MM. Beauverie, Noirot, F. Thiollier, Tardieu, Grangier, baron Reynaud, Vazeille. Le Puy, (Régis Marchessou), 1898, in-8°.

Martin (abbé Jean-Baptiste), son ouvrage : *Catalogue de l'exposition de l'art et du culte de la Sainte Vierge, ouverte à l'occasion du couronnement de Notre-Dame de Fribourg et du congrès marial (18-21 août 1902): Documents exposés par le musée marial de Fourvière, à Lyon.* Fribourg, 1902, in-16.

— *Inventaire méthodique des manuscrits conservés dans diverses bibliothèques privées (Bourges, Nevers, Orléans, Sens, Montbrison, etc.)* Paris, Emile Bouillon, 1902, in-8°.

Maxime (Frère), son ouvrage : *Monographie des communes des arrondissements de Roanne, Saint-Etienne, Montbrison.* Roanne, Mugnier-Rabany ; Saint-Etienne, Chevalier ; Montbrison, Faure ; 1901-1902, 3 vol. in-8°.

Monery (Louis) : Levistre (Louis), *Les monuments de pierre brute de la région du Montoncel (Allier) et les pierres Jomathres (Creuse).* Moulins, (E. Auclaire), 1902, in-8°.

Peurière (abbé Claude) : Email représentant la cueillette de la manne dans le désert, attribué à Limousin ou à son école.

2ᵉ moitié du XVIᵉ siècle. Cadre bois doré, hauteur, 0ᵐ 45 ; largeur 0ᵐ 35.

Plantin (abbé) : *Nouvelles étrennes spirituelles contenant les vêpres de toute l'année et les messes des principales fêtes, en latin et en français, à l'usage de Paris et de Rome, ornées de figures et augmentées de prières et de méditations chrétiennes.* Paris, Dehansy, 1770, in-16.

Relave (abbé Maxime) : *Code rural ou maximes et règlements concernant les biens de campagne, notamment les fiefs, franc-aleux, censives, droits de justice, seigneuriaux et honorifiques,* etc. Tome Ier. Paris, Prault père, 1749, in-12.

— *Ordonnances de Louis XIV, roi de France et de Navarre, données à Saint-Germain-en-Laye, au mois d'avril 1667 et d'août 1669 et 1673* (relatives à la réformation de la justice, etc.). Recueil factice. Paris, 1667-1673, in-4°.

Reure (abbé), sa notice : *Simple conjecture sur les origines paternelles de François Villon.* Paris, H. Champion, 1902, in-8°.

Reynaud (Jean), *Philosophie religieuse. Terre et ciel.* Paris, Combe et Cie, s. d., in-8°.

Saint-Pulgent (Alphonse de) : Vases antiques en terre cuite trouvés en 1902 au cours d'un défoncement de vigne, près du bourg de Marcilly-le-Pavé.

— Monnaie de Gallien (et autres frustes), épingle, débris de fibule et anneau en bronze, trouvés en 1902 au cours d'un défoncement, au lieu dit les Sarrazins, à Saint-Paul d'Uzore.

Simon (A.), son travail : *La deuxième au peuple français. Statistique des élections législatives de 1898. De la réforme électorale par la représentation proportionnelle.* Lyon, Waltener et Cie, 1901, in-4°.

Tardieu (Ambroise), sa notice : *Histoire illustrée du bourg de Royat en Auvergne, ornée de portraits, monuments, vues, antiquités, curiosités.* Clermont-Ferrand, Paul Raclot, 1902, in-8°.

— *Sources du nobiliaire d'Auvergne.* Saint-Amand Destenay-Bussière frères, 1892, in-8°.

Valendru (abbé) : Flèche barbelée, en silex, trouvée en 1901 au cours de fouilles sur l'emplacement de l'ancien château de Chalain-le-Comtal.

Echanges.

Académie delphinale. *Bulletin*, 4ᵉ série, tome XVᵉ, année 1901.

Académie de Mâcon. *Annales*, 3ᵉ série, tome V, année 1900.

Déchelette (Joseph), Visites pastorales des archiprêtrés de Charlieu et du Rousset en 1744-46 (1ʳᵉ partie, *suite*).

Académie des inscriptions et belles-lettres. *Comptes-rendus des séances de l'année 1902. Bulletin*, janvier-avril 1902.

Académie des sciences, belles-lettres et arts de Besançon. *Procès-verbaux et mémoires*, année 1901.

— *Table générale des Bulletins de 1805 à 1900*, par MM. J. Gauthier, J. de Sainte-Agathe et R. de Lurion.

Académie des sciences, belles-lettres et arts de Clermont-Ferrand. *Bulletin historique et scientifique de l'Auvergne*, 2ᵉ série, nᵒˢ 2, 3, 4 et 5, février-mai 1902.

Bagès (capitaine), Histoire de l'école royale militaire d'Effiat.

Pensionnaires de l'école nés en Forez ou de familles originaires du Forez : Jean-Louis de Luzy de Cousan, de Roanne (1777) ; — Jérôme Goyet de Livron, de Roanne, né en 1774 (1782) ; — Louis-Stanislas-Xavier de Livron (1748-1789) ; — Jean-François-Marguerite-Lucien du Rozier, né en 1773 (1782-1786) ; — Christophe de Saint-Hilaire, né en 1769 (1784) ; — Louis de Rochefort, de Feurs, né en 1775 (1784) ; — Joseph de Rochefort, de Feurs, né en 1773 (1784) ; — Jean-Louis-René Michon de Vougy, de Roanne, né en 1772 ; — Abraham de la Combe, de Feurs, né en 1772 ; — Pierre Puy de la Bastie, de Montbrison, né en 1772 (1782) ; — Jean-Pierre Montagne de Poncins (1785-1791) ; — Camille du Périer de Meaux, de Montbrison, né en 1771 (1786-1789) ; — Jean-Baptiste-Antoine Coste, de Feurs, né en 1776 (1786-1791) ; — Etienne-Edme-François Pluvinet, de Roanne, ne en 1768 (1778).

Elèves du Roi : de Mallet de Vandègre ; de Marcilly, de Montbrison ; de Girard de Vaugirard, de Montbrison.

Académie des sciences, belles-lettres et arts de Lyon. Section des sciences et lettres. *Mémoires,* 3e série, tome VI, année 1901.

Dubreuil (A.), Le procès intenté par le traitant de la recherche des faux nobles contre les avocats et les médecins de Lyon.

Académie de Vaucluse. *Mémoires,* 2e série, tome II, 1re livraison, année 1902.

Labaude (L.-H), Etudes d'histoire et d'archéologie romaine. Eglises et chapelles des environs de Bagnols-sur-Cèze (nord-est du diocèse d'Uzès, 2e partie).

Bulletin historique du diocèse de Lyon, 3e année, nos 15, 16 et 17, mai-octobre 1902.

Fahy (abbé F.), Documents historiques sur Saint-Genest-Lerpt (Loire).

Chambre de commerce de Saint-Étienne. *Situation générale des industries de la région en 1901.*

Comité de l'art chrétien du diocèse de Nîmes. *Bulletin*, tome VII, n° 45, année 1902.

Institut de Carthage. *Revue tunisienne*, 9ᵉ année, n° 35, juillet 1902.

Ministère de l'Instruction publique et des Beaux-Arts. *Annuaire des bibliothèques et des archives pour l'année 1902.*

— *Bibliothèque d'archéologie africaine*, fascicule V. Corpus *des inscriptions arabes et turques de l'Algérie, Département de Constantine*, par Gustave Mercier, 1902.

— Comité des travaux historiques et scientifiques. *Bulletin archéologique*, 3ᵉ livraison, année 1901, et 1ʳᵉ livraison, 1902.

Poulaine (abbé), Les souterrains-refuges de Naours (Somme). — Guigue (Georges), Les méreaux ou palettes de l'église de Lyon, du XIIIᵉ au XVIᵉ siècle. — Prou, Rapport sur un document relatif aux reliques de Saint-Porchaire à Montverdun communiqué par M. l'abbé J.-B. Martin.

— — *Bulletin historique et philologique*, nᵒˢ 3 et 4, année 1901.

— — *Bibliographie des travaux historiques et archéologiques publiés par les Sociétés savantes de la France sous les auspices du ministère*, tome III, 4ᵉ livraison, année 1901.

— — *Liste des membres titulaires, honoraires et non résidants du Comité, des correspondants honoraires et des correspondants du ministère de l'Instruction publique, des sociétés savantes de Paris et des départements*, 1902.

— — Section des sciences économiques et sociales, *Bulletin*, année 1901.

— Congrès des Sociétés savantes à Paris. *Discours prononcés à la séance générale le samedi 5 avril 1902 par M. Vidal de la Blache, vice-président de la section de géographie historique et descriptive du comité des travaux historiques et scientifiques, et M. Bouquet de la Grye, membre de l'Institut, président de la section de géographie historique et descriptive dudit comité,* 1902.

— Direction des Beaux-Arts. Bureau de l'enseignement et des manufactures nationales. Comité des sociétés des Beaux-Arts des départements. *Bulletin,* n°ˢ 20 et 21, avril-mai 1902.

Musée Guimet. *Annales,* tome XXX, 1ʳᵉ partie: *L'aile nord du pylone d'Aménophis III à Karnak,* par MM. Georges Legrain et Edmond Naville; — 2ᵉ partie: *L'exploration des nécropoles gréco-bysantines d'Antinoë et les sarcophages de tombes pharaoniques de la ville antique,* par Al. Gayet, 1902.

— — *Bibliothèque de vulgarisation. Conférences au Musée Guimet,* 1898-1899, par L. de Milloué, préface par M. Emile Guimet, 1902.

— — *Revue de l'histoire des religions,* 23ᵉ année, tome XLV, n°ˢ 1 à 3, janvier-juin 1902.

Revue d'histoire de Lyon. Etudes, documents, bibliographie, 2ᵉ, 3ᵉ et 4ᵉ fascicules, mars-août 1902.

Lambert d'Herbigny, Mémoire sur le gouvernement de Lyon, 1697 *(suite).*

Revue épigraphique, 24ᵉ et 25ᵉ années, n°ˢ 104 et 105, janvier-juin 1902.

Revue historique, archéologique, littéraire et pitto-

resque du Vivarais illustrée, tome X, n°⁵ 4 à 8, avril-août 1902.

Semaine religieuse du diocèse de Lyon, 9ᵉ année, n°ˢ 21 à 42, 18 avril au 12 septembre 1902.

Société archéologique du Midi de la France. *Les établissements gallo-romains de la plaine de Martres-Tolosanes*, par M. Léon Joulin, membre de la Société. (Extrait des *Mémoires présentés par divers savants à l'Académie des inscriptions et belles-lettres*, 1ʳᵉ série, tome XI, 1ʳᵉ partie), 1902.

Société archéologique et historique de l'Orléanais. *Bulletin*, tome XII, n°ˢ 172 et 173, 2ᵉ, 3ᵉ et 4ᵉ trimestres 1901, et n° 174, 1ᵉʳ trimestre 1902.

— *Mémoires*, tome XXVIII, année 1902.

Société bibliographique et des publications populaires. *Bulletin*, 33ᵉ année, n°ˢ 4 à 8, avril-août 1902.

Société d'agriculture, industrie, sciences, arts et belles-lettres du département de la Loire. *Annales*, 2ᵉ série, tome XXII, 1ʳᵉ et 2ᵉ livraisons, janvier-juin 1902.

Société d'agriculture, sciences, arts et commerce du Puy. *Bulletin*, 3ᵉ année, n° 3, mars-avril 1902.

Mariage de Pierre Vaneau, fils d'autre Pierre, sculpteur.

Société d'archéologie lorraine et du musée historique lorrain. *Bulletin mensuel*, n°ˢ 4 à 7, avril-juillet 1902.

Société de Borda. *Bulletin*, 27ᵉ année, 1ᵉʳ et 2ᵉ trimestres 1902.

Société d'émulation et d'agriculture de l'Ain. *Annales,* 55ᵉ année, janvier-juin 1902.

Société d'émulation et des beaux-arts du Bourbonnais. *Bulletin-revue,* année 1901.

Société départementale d'archéologie et de statistique de la Drôme. *Bulletin,* n° 142, juillet 1902.

Société de Saint-Jean. *Revue, Notes d'art et d'archéologie,* 14ᵉ année, nᵒˢ 3 à 8, mars-août 1902.

Société des amis de l'Université de Clermont-Ferrand. *Revue d'Auvergne,* 19ᵉ année, nᵒˢ 1 et 2, janvier-avril 1902.

Société des amis des sciences et arts de Rochechouart. *Bulletin,* tome XI, n° 6, 1901 ; et tome XII, n° 1, 1902.

Société des Antiquaires de l'Ouest. *Bulletin,* 2ᵉ série, tome 9, 4ᵉ trimestre 1901, 1ᵉʳ trimestre 1902.

Société des Antiquaires du Centre. *Mémoires.* XXVᵉ volume, 1901.

Société des archives historiques de la Saintonge et de l'Aunis. *Bulletin-revue de Saintonge et d'Aunis,* XXIIᵉ volume, 3ᵉ, 4ᵉ et 5ᵉ livraisons, mai-septembre 1902.

Société des Bollandistes. Analecta Bollandiana, tome XXI, fascicule IV, année 1902.

Société des lettres, sciences et arts de la Haute-Auvergne. *Revue de la Haute-Auvergne,* 4ᵉ année, 1ᵉʳ et 2ᵉ fascicules 1902.

Société des sciences et arts du Beaujolais. *Bulletin,* 3ᵉ année, nᵒˢ 9 et 10, janvier-juin 1902.

Société des sciences naturelles et d'archéologie de l'Ain. *Bulletin*, nᵒˢ 26 et 27, 1ᵉʳ et 2ᵉ trimestres 1902.

Société des sciences naturelles et d'enseignement populaire de Tarare. *Bulletin*, 7ᵉ année, nᵒˢ 2 à 6, 15 février au 15 juin 1902.

Société d'études des Hautes-Alpes. *Bulletin*. 21ᵉ année, 3ᵉ série, nᵒ 2, 2ᵉ trimestre 1902.

Société d'histoire, d'archéologie et de littérature de l'arrondissement de Beaune. *Mémoires*, tome **XXV**, année 1900.

Bergeret (Emile), Briques et pavages émaillés. L'atelier d'Argilly sous les ducs de Bourgogne (2ᵉ partie) (*Nombreuses planches*).

Société nationale des Antiquaires de France. *Bulletin*, année 1901.

— *Mémoires et documents. Mettensia, III. Remarques chronologiques et topographiques sur le cartulaire de Gorze*, par P. Maréchal, 1902.

Société neuchâteloise de géographie. *Bulletin*, tome **XIV**, 1902-1903.

Société philomatique de Paris. *Bulletin*, tome III, 1900-1901.

Abonnements.

Bibliothèque de l'Ecole des Chartes, tome LXIII, 1ʳᵉ à 4ᵉ livraisons, janvier-août 1902.

Polybiblion. Revue bibliographique universelle.

Partie littéraire. 2ᵉ série, tome LV, 4ᵉ, 5ᵉ et 6ᵉ livraisons, avril-juin 1902 ; et tome LVI, 1ʳᵉ et 2ᵉ livraisons, juillet-août 1902.

Revue archéologique, 3ᵉ série, tome XL, mai-juin 1902, et tome XLI, juillet-août 1902.

Déchelette (Joseph), L'esclave à la lanterne.

Revue forézienne illustrée, 12ᵉ année, 2ᵉ série, nᵒˢ 53 à 57, mai-septembre 1902.

Prajoux (abbé), Etudes historiques sur le Forez, Saint-Victor-sur-Loire.

Acquisition.

Mâle (Emile), *L'art religieux du XIIIᵉ siècle en France, étude sur l'iconographie du moyen-âge et sur ses sources d'inspiration.* Paris, Armand Colin, 1902, in-4°.

IV.

MOUVEMENT DU PERSONNEL.

Membres titulaires.

M. le comte Jean de la Forest-Divonne, capitaine de recrutement à Roanne, reçu le 6 février 1902.

M. l'abbé Jean-Baptiste Jarry, professeur au petit séminaire de Verrières, reçu le 16 avril 1902.

M. l'abbé Louis Serre, curé de Bellegarde, reçu le 17 mai 1902.

M. l'abbé Claude Duclos, vicaire à Moind, reçu le 3 juin 1902.

M. Francisque Bourge, notaire à Montbrison, reçu le 17 juin 1902.

M. l'abbé Désiré Brébant, professeur, 10, rue Sainte-Hélène, à Lyon, reçu le 30 juillet 1902.

Décès.

M. le comte Jean de Neufbourg, au château de Beauvoir, à Arthun, membre titulaire.

M. William Poidebard, 11, rue de Jarente, à Lyon, membre titulaire et membre du conseil d'administration.

M. Georges Frèrejean, 4, place Leviste, à Lyon, membre correspondant.

M. Antoine Guillemot, archiviste honoraire de la ville de Thiers, membre correspondant.

JUILLET — DÉCEMBRE 1902.

BULLETIN DE LA DIANA

I.

PROCÈS VERBAL DE LA RÉUNION
DU 17 NOVEMBRE 1902

PRÉSIDENCE DE M. LE VICOMTE DE MEAUX, PRÉSIDENT.

Sont présents : MM. l'abbé Bathias, abbé Bégonnet, de Boissieu, E. Brassart, abbé Chazal, abbé Chevrolat, Desjoyaux, abbé Duclos, Dugas de la Catonnière, H. Gonnard, Jacquet, Jordan de Sury, Lachmann, Lafay, E. Le Conte, vicomte de Meaux, de Montrouge, docteur Perdu, abbé Planchet, abbé Relave, abbé Reure, Rochigneux, J. Rony, L. Rony, A. de Saint-Pulgent, abbé Versanne.

Ont écrit pour s'excuser de ne pas assister à la séance: S. E. le cardinal Coullié, MM. l'abbé Brun, abbé Buer, Chassain de la Plasse, J. Déchelette, C.-N. Desjoyaux, abbé Faugier, Leriche, Monery, abbé Sachet, Vachez, abbé Valendru.

En ouvrant la séance, M. le Président s'exprime ainsi :   .

Messieurs,

« C'est un triste privilège de la place où m'ont appelé vos suffrages que d'avoir à compter nos morts. Aujourd'hui la liste en est vraiment trop longue ! Les uns M. Raoul d'Assier, M. François Rony ne participaient guère à nos travaux ; mais leur amour héréditaire et vivace pour la petite patrie les attachait à notre Société les intéressait à ses investigations.

Le marquis de Poncins ne s'occupait pas beaucoup non plus de l'ancienne histoire du Forez ; il laissait ce soin à son frère. Mais il a marqué sa place dans l'histoire à venir. A lui sera rapportée l'initiative du progrès agricole dans notre plaine, qu'Honoré d'Urfé voyait d'avance et comme en un songe prophétique « capable de tout ce que peut désirer le laboureur ».

Il faut bien d'ailleurs que ce pays de Forez ait quelque attrait pour ceux même qui n'y sont point enracinés : témoin les deux membres correspondants dont nous déplorons la perte. L'un M. Frèrejean nous venait du Lyonnais et de la Savoie ; l'autre M. Guillemot, de l'Auvergne et tous deux se plaisaient aux aspects et aux souvenirs de notre province. M. Frèrejean s'associait volontiers à nos excursions ; il en augmentait l'intérêt et le charme. C'était son étroite amitié pour Vincent Durand qui avait rapproché de nous M. Guillemot, non que les deux amis se fussent livrés toujours aux mêmes études. Avant de se vouer à l'érudition, M. Guillemot s'était adonné.

à la principale industrie de Thiers, la coutellerie. Ensuite il était devenu botaniste, entomologiste et, sur le tard seulement, généalogiste, explorant ainsi successivement ce qu'il trouvait à sa portée, les prés et les bois autour de sa ville et, dans sa ville même, les archives de notaire, observant tour à tour la croissance des plantes et la croissance des familles.

Enfin, Messieurs, nous devons un hommage particulier à la mémoire de M. William Poidebard. Il était de nos anciens, il faisait partie de notre conseil, depuis des années il n'y paraissait plus, cloué qu'il était par un mal cruel sur son fauteuil à Lyon ; mais il se rendait présent parmi nous par ses écrits. Vous avez ici sous la mains ses *Notes généalogiques sur les familles du Lyonnais Forez et Beaujolais* et sa belle publication de la *Correspondance entre M. de Saint-Fons et le Président Dugas*. Vous pouvez donc apprécier avec quelle vaillance patiente il se dédommageait par le travail de l'immobilité où il se voyait réduit. Jadis il avait été soldat : en 1867, il s'était engagé dans les zouaves pontificaux ; en 1870, il avait servi dans l'armée de l'Est, en qualité d'abord de lieutenant des mobiles de la Loire, puis d'officier d'Etat major ; il avait pris part aux combats livrés entre Lyon et Belfort. Ensuite, comme M. Guillemot à Thiers, il avait à Lyon et à Saint-Etienne pratiqué des fouilles dans les études de notaires et il en avait tiré ses *Notes généalogiques*. Dès qu'on ouvre cet ouvrage, on lui reconnaît selon moi deux mérites : — ne vous méprenez pas messieurs je vous en prie et ne considérez pas comme une critique ce que j'ose dire en toute sincérité à titre d'éloge — il est incomplet et il ne renferme rien de rare. Oui je sais gré pour ma part à notre confrère de n'avoir pas attendu, comme d'autres érudits, pour publier ses recherches qu'elles lui parussent achevées, ce qui nous en aurait privés, et de n'avoir pas non plus, comme certains écrivains, tenté d'en combler les lacunes par des phrases vides ou des conjectures hasardées, ce qui leur oterait leur valeur. Je le félicite et le remercie également de ce qu'au lieu de décrire, à la suite de la plupart des généalogistes, l'étonnante fortune de quelques races hors de pair, il a fidèlement représenté dans nos provinces, durant deux ou trois siècles, la condition commune et le progrès ordinaire des familles honnêtes, avec les blasons, sans éclat mais non pas sans honneur, qui leur étaient attribués fréquemment, avant même qu'elles parvinssent à la noblesse. Il nous a ainsi donné en raccourci une vue d'ensemble de l'ancienne société française et de sa hiérarchie. C'était comme une longue pente où les générations se suivaient et s'élevaient d'étape en étape par un effort ininterrompu. Au commencement de la pente se trouvaient les arts et métiers, comme on disait alors, les corporations ouvrières; au-dessus, les professions libérales; puis les charges municipales ; enfin les offices judiciaires et militaires. A chaque étape se rencontraient des distinctions et des privilèges variés ; les familles travaillaient d'abord pour elles-mêmes en vue de leurs propres besoins et lorsque, par ce labeur perpétué de père en fils, elles parvenaient à l'indépendance, elles étaient appelées à servir l'Etat et la Patrie. Sur cette pente continue, pourquoi faut-il que les préjugés contraires, la sotte vanité des uns, l'aveugle jalousie des autres aient cru voir ou tenté de creuser des fossés ou des abîmes ? Les *Notes* de M. Poidebard attestent que ces fossés et ces abîmes étaient plus imaginaires que réels et le dernier livre que nous lui devons la *Correspondance du président Dugas* nous montre les familles, qui montaient lentement, arrivées et s'épanouissant proche du sommet. Il nous introduit dans les demeures de la riche, intègre et bienfaisante bourgeoisie lyonnaise, nous initie à son esprit, son genre de vie, ses goûts et ses mœurs, à la veille de la Révolution et nous apprend à la respecter » (1).

Notes sur le Forez. — Communication de M. l'abbé Reure.

M. l'abbé Reure prend la parole en ces termes :

Voici, Messieurs, trois petits documents relatifs à notre province, et que j'ai recueillis dans les collections manuscrites de la Bibliothèque nationale.

I. LETTRES DE NOBLESSE POUR PIERRE VERNIN 1448. — Cette pièce est en latin, très longue, surchargée, comme tous les actes semblables de la chancellerie royale, de formules protocolaires qui n'apprennent absolument rien. Il suffit donc de traduire en quelques lignes ce qu'elle contient d'essentiel. Par lettres patentes données à Paris, au mois de juillet 1448, le roi Charles VII, prenant en considération « la vie louable, l'honnêteté de mœurs, la fidélité et

---

(1) V. plus loin, p. 132, l'allocution prononcée par M. Léon Galle aux funérailles de M. W. Poidebard.

autres vertus qu'il a reconnues dans la personne de maître Pierre Vernin, de Saint-Germain en Forez (1), licencié ès-lois, l'annoblit avec toute sa postérité née ou à naître de lui en légitime mariage, et le rend habile à jouir des mêmes privilèges que les autres nobles de son royaume, etc ». (2).

II. LETTRE DES HABITANTS DE MONTBRISON A CATHERINE DE MÉDICIS. 1562. — Ce document est d'un très grand intérêt, car il se rapporte à la page la plus tragique des annales de Montbrison. Sans doute, il n'apprend rien de nouveau sur les terribles journées du 14 et du 15 juillet 1562, si ce n'est que les malheureux Montbrisonnais étaient encore menacés d'un retour offensif des Huguenots ; mais il peint avec force le désespoir que ces tristes événements avaient laissé au cœur des survivants. Environ quarante jours après le massacre, les habitants de Montbrison, à peine remis de leur stupeur et de leur épouvante, écrivent la lettre suivante à la reine Catherine de Médicis, comtesse douairière de Forez.

Madame, ce seroit follie à nous de vous cuyder faire entendre par lectres le malheur qui est advenu à vostre pauvre ville de Montbrison, car il seroit impossible de le declairer si grand et si execrable qu'il est ; mais vostre majesté pourra assés considerer en quel estat peult estre une ville massacrée, pillée et saccagée à oultrance, avec meurtre de plus de huit cens personnes (3), et encore menassée d'estre du tout extirpée, bruslée, et de n'y laisser hommes, femmes, ny enfans, ce que certainement aist desja esté executé sans l'ordre que

---

(1) Saint-Germain-Laval.

(2) Mscrits de la Biblioth. nationale. Collection Decamps, volume CXV, ff. 327-330 : *Nobilitatio pro Mro Petro Vernini.*

(3) 863, d'après Gabriel de Saconay, *Genealogie et fin des Huguenaux* ; — 860, selon Etienne du Tronchet.

Monseigneur le mareschal, nostre gouverneur (1), a commencé d'y donner. Et pource, Madame, que cest inconvenient nous est advenu pour avoir esté, comme nous sommes encores, et serons, opiniastres au service de Dieu et du Roy, nous sommes contrainctz d'envoyer devers vostre dicte majesté ce porteur expres pour la supplier treshumblement que, pour nous donner moyen de continuer en ceste bonne volonté et de comencer à recevoir quelque solagement de noz pertes inestimables, son bon plaisir soit d'avoir esgard aux remonstrances, supplications et requestes que nous avons chargé ce porteur de faire à vostre dicte majesté, laquelle autrement pourra croire que la ville capitalle de vostre conté de Forestz s'en va du tout abandonnée, et sera beaucoup qu'elle puisse avoir titre et apparence de bon village.

Madame, nous avons si bonne esperance en vostre singuliere et royalle bonté, que desja ce peuple commence à se resjouir et consoler au retour de ce porteur, qu'il ne pence point povoir estre sans en recevoir quelque bien, suport et consolation. Et en ceste bonne esperance, nous supplions tous le Créateur vous donner,

Madame, en tresbonne santé, treslongue et tresheureuse vie. A Montbrison, ce XXVII° jour d'aoust 1562.

Vos treshumbles, tresobeissans et tresfidelles serviteurs et subjetz les chastell., consulz et habitans de Montbrison.

BERAULT, secretaire (2).

Le recueil imprimé des lettres de Catherine de Médicis ne contient pas la réponse de la reine à cette requête éplorée. Mais, dès le 2 août 1562, elle avait écrit à M. de Sommerive : « Je vous prye vous joindre avecques les forces qui viennent d'Italye et de Savoye, affin que tous ensemble vous puissiez

---

(1) Le maréchal de Saint-André, gouverneur du Lyonnais, Forez et Beaujolais.

(2) Mscrit 15876 du fonds franç. de la Bibl. nation., f. 474.

avoyr moyen de faire désamparer ce baron des Adretz sa retraicte, et recouvrer au Roy monsieur mon filz ce pays la (1) ».

Le fameux « saut de Montbrison » a été représenté dans deux dessins du temps (2) ; mais on sait moins peut-être que cette barbarie fut chantée dans une sorte de complainte populaire :

A Mont - Brison

Forte maison,

que j'ai d'ailleurs inutilement cherchée (3).

III. DESCRIPTION DU FOREZ PAR PAPIRE MASSON. AVANT 1575. — François de Belleforest, préparant une édition française et fort augmentée de la *Cosmographie* de Sébastien Munster, eut l'idée de demander à notre compatriote Papire Masson des renseignements sur le Forez. Masson lui répondit par ce petit mémoire en forme de lettre ; on pourra le comparer avec la description plus complète qu'il nous a donnée de sa province natale dans la *Descriptio flumi-*

---

(1) *Lettres de Catherine de Médicis*, publiées par Hector de la Ferrière, tome Ier. 1533-1563. Paris, 1880, in-4°, p. 368. — Dans une note de la même page, l'éditeur cite un extrait d'une lettre du roi de Navarre à Catherine, du 22 juillet 1562 ; il lui donne avis que le baron des Adrets est parti avec 18 enseignes de gens de pied et 200 chevaux, « pour s'en aller du costé du Forest, et que jà il avoit priens la ville de Montbrison d'asseult ».

(2) Dans les estampes de Jean Tortorel et de Jacques Perrissin, et dans le *De tristibus Franciæ*, publié par L. Cailhava (Lyon, 1840, in-4°).

(3) J'ai vu, à la Biblioth. nationale, de rarissimes recueils de chansons, publiés à Lyon par Benoît Rigaud. Mais ils sont tous un peu postérieurs à la prise de Montbrison, et la complainte que j'y cherchais ne s'y retrouve plus.

num Galliæ, publiée après sa mort par son frère Jean-Baptiste (1).

Foresiens sont ainsi appellez *a Foro oppido*, qui est Feurs, encores aujourdhuy appellé *Forum*. Ptolemée les appelle *Segusiani*, et nomme deux villes, l'une *Forum*, qui est Feurs, l'autre *Rodumna*, qui est Roane, toutes les deux sur la riviere de Loire. Forest est comté ancienne, comme le sieur Bellefory (*sic*) verra par l'epitaphe latine contenue au discours de Beaujolois, et entre ceux qui allerent avec Geoffroy de Bologne (2) à la Terre Sainte, y est nommé Guillaume, comte de Forestz. Il y a aud. comté quarante villes closes, trente sept bourgs. Les principales sont Montbrison ou est le balliage, illustré du renom de Jean Papon, grand jurisconsulte ; Feurs, qui est comme un *emporium* (3) du pays ; S. Estienne de Furan, ou l'on fait les armes, y estant la commodité tant pour l'eau propre, comme pour les mines de charbon naturel, les plus belles de la France ; S. Galmier, ayant en ses faulx-bourgs une fontaine alumineuse ditte la font forte ; Saint Germain Laval, qui est situé en pays de vignoble bien fertile, de laquelle ville celuy qui vous envoye ce memoire est natif ; S. Bonet le Chastel, renommé pour le traffic des forces a drap, car il n'y a lieu en chrestienté ou l'on en face plus grand nombre et de meilleures. Le pays est arrousé de la riviere de Loire, et n'y a sur icelle audit pays que le pont Saint Rambert, qui est beau et le premier sur ledit fleuve. Le pays est suffisant, et a pour soy tant de bled, vins, forestz, la plus part de sapin, bestail qu'autres choses ; le peuple est industrieux et de gentil esprit. Les principales maisons sont celles d'Urfé et de Cosan. Urfé est un fort ancien chasteau situé en lieu si hault, qu'on le veoit presque de tout le pays. Cosan appartient à ceulx de Levy, maison ancienne. De fleuves n'en y a point que Lignon (4), l'un des rapides

---

(1) Paris, Jacques Quesnel, 1618, in-8o (1re édit.).
(2) Godefroy de Bouillon.
(3) Marché.
(4) La Loire exceptée, bien entendu.

torrens et dangereux qu'on sçauroit trouver.

Vostre tres affectionné pour vous obeir.

PAPIRIUS MASSON (1).

Nous retrouvons tous ces détails, rendus à peu près en mêmes termes, dans l'édition de la *Cosmographie* publiée en 1575 par Belleforest (2). Avec une délicatesse littéraire assez rare en ce temps-là, l'auteur n'a pas caché la source des renseignements qu'il avait sur le Forez, et il a profité de l'occasion pour glisser dans son livre un petit éloge de Masson : « De ceste-cy — dit-il en mentionnant la ville de Saint-Germain-Laval — est natif Papirius Maçon, ornement des siens, et un jour une lumière de nostre France (3), duquel j'ay retiré ces mémoires de la description particulière de son pays, et la genealogie de quelques comtes de Forests et des seigneurs de Beauioullois ». Belleforest a cependant ajouté au mémoire de Papire quelques réflexions assez curieuses sur les habitants du Forez : « Le peuple Foraisien est simple, sans grandes paroles, subtil, accort, de bon esprit et ingénieux... aymant le gaing, mais charitable à son prochain (4).

---

(1) Mscrit 16661 du fonds français de la Bibl. nationale, ff. 546 v° et 547 .r°.

(2) *La Cosmographie universelle*... Auteur en partie Munster, mais beaucoup plus augmentée... par François de BelleForest. Paris, Nic. Chesneau, 1575, 2 vol. in-f° (t. I°r, 2° partie, col. 317).

(3) En 1575, Papire Masson avait déjà publié quelques-uns de ses innombrables opuscules, mais rien encore d'important.

(4) Notons encore dans un autre endroit (t. I°r, 2° partie, col. 246) ce passage : « Forests, pays ainsi renommé pour l'abondance des boys et boscages qui y sont, ayant ce pays d'assez bonnes villes, et le territoire fertil, et les hommes bons mesnagers et subtils, et qui endurent beaucoup pour faire quelque proffit ».

Un portrait d'Anne d'Urfé. — *Communication de M. l'abbé Reure.*

M. l'abbé Reure dit que la bibliothèque municipale de Caen possède un petit manuscrit sur parchemin, intitulé *Emblèmes de Anne comte d'Vrfé.* Sur un des premiers feuillets se voit un portrait en miniature d'Anne d'Urfé, le seul connu à ce jour. M. l'abbé Reure en fait circuler une photographie.

Il a été demandé, par la voie administrative, communication avec déplacement du manuscrit en question, pour pouvoir commodément l'étudier. Si les démarches aboutissent, M. l'abbé Reure reviendra sur ce sujet (1).

Chartes de mariage au XVIIe siècle. — *Prise de possession des bénéfices autrefois et aujourd'hui.* — *Notes généalogiques et biographiques sur les notaires de Sury.* — *Les la Veuhe à Sury au XVIe siècle.* — *Communication de M. l'abbé Relave.*

I.

CHARTES DE MARIAGE.

Quel est le ministre du sacrement de mariage ? Les théologiens se le sont demandé longtemps ; ils se le demandaient encore dans les temps hélas ! déjà lointains où je faisais ma théologie au grand séminaire de Lyon. Ils étaient, à leur ordinaire, partagés

---

(1) Par décision ministérielle, le manuscrit de la bibliothèque municipale de Caen, *Emblèmes de Anne comte d'Vrfé,* a été envoyé pour quinze jours en communication à la bibliothèque de la Diana.

en deux camps. Les uns estimaient que ce ministre ne pouvait être que le prêtre, dont la bénédiction, tombant sur le consentement mutuel des deux fiancés, constituait le sacrement. Les autres, considérant que le mariage est un contrat, voyaient dans les contractants eux-mêmes les ministres du sacrement ; pour eux le prêtre n'était plus qu'un témoin, un témoin indispensable, mais seulement un témoin. Tel était l'état de la controverse il y a quelque trente ans. Aujourd'hui, l'une des opinions, la seconde, a prévalu ; on l'enseigne seule, et on la donne comme certaine.

Je n'ai pas à exposer ici les raisons que les maîtres actuels ont pu avoir de prendre parti, mais en compulsant les vieux papiers de ma paroisse, j'ai rencontré un document qui, en fait, paraît leur donner raison. C'est une charte de mariage délivrée en 1615 à Pierre Gérentet par un de mes prédécesseurs, Mʳᵉ Mathieu Léonard. Il est ainsi libellé :

✝ *In nomine Sanctæ et individuæ Trinitatis Patris et Filii et Spiritus Sancti : Ego Petrus Gérentet duco te Toussaincte Chavanon cum his annulo et charta : sicut Deus dixit, Sanctus Paulus scripsit, et lex romana confirmat. Tibique committo, sive commendo, omnes eleemosinas meas. Quod Deus conjunxit homo non separet. In nomine Patris* ✝, *et Filii, et Spiritus Sancti. Amen. Actum et datum Suriaci comitalis, die martis sœcunda Junii : anni millesimi sexcentesimi decimi quinti : ante fores Ecclesiæ parochialis, præfati loci, per me rectorem præfatæ Ecclesiæ, subsignatum. M. Léonard* (1).

---

(1) Archives de la Diana, fonds Gérentet. — La pièce est tout entière de la main de Mʳᵉ Léonard.

Je traduis. — Au nom de la Sainte et une Trinité, Père, Fils et Saint-Esprit : Je Pierre Gérentet prends pour femme toi Toussainte Chavanon avec cet anneau et cette charte : ainsi que Dieu l'a dit, que Saint Paul l'a écrit, et que la loi de Rome le confirme. Et je te confie, je te recommande, toutes mes aumônes. Ce que Dieu a conjoint, que l'homme ne le sépare pas. Au nom du Père, et du Fils, et du Saint-Esprit. Amen. Fait et donné à Sury-le-Comtal, le mardi deux juin mil six cent quinze : devant les portes de l'église paroissiale dudit lieu par moi recteur de ladite église soussigné. M. Léonard.

La rédaction de cette pièce est curieuse et inattendue. Il y est parlé à la première personne ; celui qui parle affirme expressément, solennellement, ou pour mieux dire canoniquement, qu'il a, lui, un tel, pris une telle pour épouse ; on s'attend naturellement à trouver sa signature au bas de l'acte, et point du tout, celle qu'on y trouve, c'est la signature du curé. Le curé n'a rien dit, rien écrit en son propre nom ; il signe cependant ; sa signature, la rédaction de l'acte aux portes de l'église, indiquent qu'il a joué un rôle essentiel, mais puisqu'il se borne à signer, il semble bien que ce rôle n'a été que celui d'un témoin. Quoi qu'il en soit, et sans qu'il y ait à tirer de ces singularités de forme des conclusions rigoureuses, il faut reconnaître que si l'on eût voulu signifier que le fiancé était le ministre du sacrement et le curé seulement un témoin nécessaire, on ne s'y fût pas pris autrement.

Cette formule, qui n'était évidemment point particulière à Sury, ne l'était même pas au diocèse de Lyon. Quatre autres chartes de mariage, que nos

distingués collègues MM. Brassart et Henri Gonnard ont bien voulu me communiquer, établissent
qu'elle était au moins commune aux deux diocèses
de Lyon et de Vienne. Ces curieuses pièces, qui
sont toutes du XVIIe siècle, présentent, en français,
avec des variantes insignifiantes, le texte même de
la charte de Sury, et ce qui prouve qu'elles étaient
d'un usage courant, c'est qu'elles sont gravées et,
comme on dirait aujourd'hui, illustrées.

La première en date est de 1652. Elle était délivrée à Lyon, à Saint-Nizier, le 28 mai de cette année-là par un prêtre nommé Lacoux ; les deux
époux s'appellent Jean Souchon et Anne Chirat. Le
texte, qui est gravé sur cuivre, s'y trouve entouré
d'un encadrement d'assez grandes dimensions (1),
gravé de même, qui nous présente aux quatre
angles les figures allégoriques des quatre évangélistes;
au milieu, en haut, le Père éternel qui a dit : Crois-
sez et multipliez, en bas la chaste fécondité de la
Sainte Vierge figurée par son Annonciation ; de chaque côté, saint Pierre à gauche et saint Paul à
droite tiennent chacun un cartouche en forme d'é-
cusson pour recevoir les noms des deux époux. L'estampe, assez grossièrement exécutée, était éditée à
Lyon, chez Louis Pinchart, rue Ferrandière, à l'enseigne du Purgatoire (2).

M. Gonnard a eu l'obligeance de me donner la
description suivante des trois autres.

---

(1) L'estampe est en largeur et mesure 29 centimètres sur 21.
(2) On n'en demeura pas à cette estampe rudimentaire dans
la paroisse de Saint-Nizier : une charte de mariage y était
délivrée en 1654, qui était gravée par un des Audran.

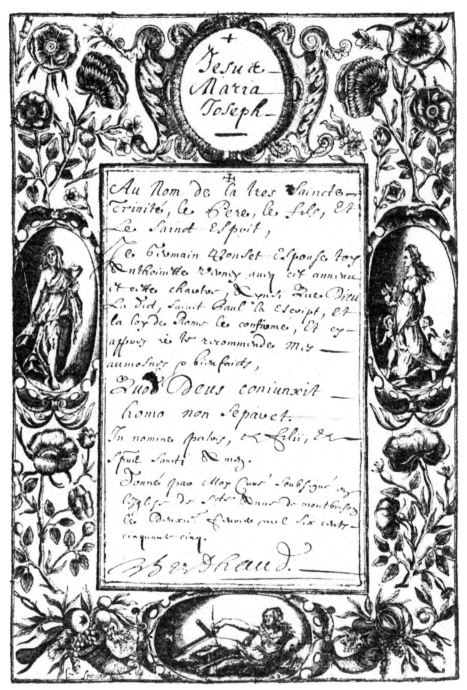

VI. — CHARTE DE MARIAGE.
XVIIIe siècle.
(*Hauteur, 0. 26 ; — largeur, 0, 18*).
Cabinet de M. Henri Gonnard.

Le premier spécimen est en hauteur, de format petit in-folio (pl. VI). Il comporte un large encadrement de fleurs et fruits, avec dans le haut un cartouche ovale, et dans les marges latérales et inférieure trois médaillons, également ovales, encadrant les figures allégoriques des vertus théologales, le tout gravé au burin et signé : *L. Spirainx fecit* (1). Dans le cartouche de la marge supérieure est écrite *à la main* l'invocation † *Jésus, Maria, Joseph,* et la formule consacrée, écrite également à la main, occupe l'intérieur du cadre. Les deux époux s'appelaient Germain Ponset et Antoinette Verney, auxquels la pièce était délivrée « en lesglise de Saincte Anne de Montbrison (2) le deuxie° feurier mil six cents cinquante cinq » par le curé de la paroisse Mre Berthaud.

Le deuxième est une estampe en largeur de 0^m41 sur 0^m32, également gravé au burin, mais sans nom d'auteur. Une large guirlande de roses et de lys alternés encadre la composition où l'on voit dans le haut les trois personnes de la sainte Trinité dans une gloire, assises sur des nuages et entourées des 4 évangélistes avec leurs attributs. Les deux angles inférieurs sont occupés par deux petits médaillons ovales représentant le Mariage de la Vierge et l'Annonciation. Dans la partie centrale saint Pierre et saint Paul debout soutiennent une pancarte rectangulaire contenant le texte gravé, avec les noms et la

---

(1) **Cette** pièce ne figure pas dans le catalogue de l'œuvre de Louis Spirinx, donnée par Natalis Rondot, *Les Spirinx graveurs d'estampes à Lyon au XVIIᵉ s.*, dans la *Revue du Lyonnais*, 5ᵉ série, tome XIV, février et mars 1893.

(2) Annexe de Moind. L'église de Sainte-Anne était la chapelle actuelle de l'hôpital.

date seulement écrite à la main. Ces noms sont ceux de Joseph Ramel et de Catherine Charron. L'acte est « donné à Lion dans lesglise de Saint Saturnin (1) ce 11e novembre 1674 par moy vicaire soubsigné Banillier vic. »

Le troisième est analogue au précédent mais d'un format un peu plus petit (0m36 × 0m27) avec la Trinité et les Evangélistes dans le haut de la planche. Dans le bas un cartouche encadré de lauriers et accompagné à droite et à gauche des figures du Roi et de la Reine assis, couronnés et le sceptre en main. La pièce, donnée « A Saint-Julien-Molinte le 4e septembre 1690 », présente cette particularité qu'elle ne porte pas de signature de prêtre, et qu'elle est signée par les deux époux (Louis) Bonnet et (Ursule) Odoux. C'est elle aussi qui représente le diocèse de Vienne, auquel Saint-Julien-Molin-Molette a appartenu jusqu'à la Révolution (2).

Il serait intéressant de savoir si cette formule singulière était d'un emploi général en France, et dans quelle mesure l'usage de faire de ces chartes de petits tableaux y était répandu. Je me plais à espérer que quelqu'un des nombreux correspondants de la Diana voudra bien nous renseigner sur ces deux points.

---

(1) L'église paroissiale de Saint-Saturnin était immédiatement au midi de l'église actuelle de Saint-Pierre.

(2) Saint-Julien-Molin-Molette, archiprêtré de Bourg-Argental, département de la Loire, appartient aujourd'hui au diocèse de Lyon.

II.

PRISES DE POSSESSION DES BÉNÉFICES
AUTREFOIS ET AUJOURD'HUI.

La prise de possession a toujours été une condition requise pour que le nouveau titulaire d'un bénéfice quelconque pût en percevoir le produit, *faire les fruits siens*, suivant l'expression consacrée. Avant la Révolution, elle ne se distinguait pas de l'installation canonique, et elle consistait en une cérémonie de caractère essentiellement et exclusivement ecclésiastique. Le récipiendaire était reçu sur le seuil de l'église où était le siège du bénéfice par un prêtre — n'importe lequel — choisi et requis par lui-même, auquel il exhibait ses lettres de « provision ». Ce dernier, après avoir reconnu leur authenticité et teneur, le prenait par la main et l'introduisait dans l'église, au son de la cloche. Conduit au maître-autel s'il s'agissait (je parle pour Sury) du prieuré ou de la cure, et, s'il s'agissait d'une simple prébende, à l'autel où la fondation en avait été faite, le nouveau prieur, curé ou prébendier faisait une prière au pied de l'autel, l'aspergeait d'eau bénite, puis y montait et le baisait « en signe de vraie possession » ; si, après cela et quelques cérémonies complémentaires qui variaient suivant la nature du bénéfice, il pouvait sortir de l'église « sans contradiction ni opposition quelconque », la prise de possession ou l'installation canonique — je répète que c'était tout un — se trouvait achevée et définitive. Un notaire, celui qui était désigné dans la circonscription pour les affaires ecclésiastiques, dressait simplement procès-verbal du tout.

XIII. — 8.

C'était ainsi avant la Révolution. Depuis, la prise de possession et l'installation canonique sont essentiellement distinctes, et voici en quoi consiste aujourd'hui la prise de possession. L'ecclésiastique qui vient d'être nommé curé ou vicaire d'une paroisse prévient de sa nomination le bureau des marguilliers, qui est une délégation permanente du conseil de fabrique ; le bureau des marguilliers se réunit au presbytère, et le récipiendaire, se présentant devant lui, lui donne communication de ses lettres de nomination. Leur authenticité reconnue, un procès-verbal de la prise de possession est dressé sur le registre des délibérations, et deux expéditions de ce procès-verbal sont immédiatement envoyées, l'une à l'Evêché pour qu'il sache que ses ordres sont exécutés, et l'autre à la Préfecture pour que les émoluments du nouveau titulaire prennent date de ce jour-là. Il est à noter que tout cela se fait très simplement ; c'est une formalité nécessaire, mais une simple formalité. Je noterai aussi que les vicaires, n'étaient point assujettis sous l'ancien régime à la prise de possession, parce qu'alors leur titre ne constituait pas un bénéfice, et qu'ils étaient rétribués directement par le curé. Aujourd'hui leurs émoluments proviennent de la même source que ceux du curé lui-même, ils sont donc assujettis comme ce dernier à la prise de possession.

Telle est la prise de possession actuelle ; toute autre va nous apparaître l'installation canonique. Celle-ci, qui relève exclusivement de l'ordre ecclésiastique et dont il n'est pas question pour les vicaires, consiste dans une cérémonie religieuse qui ne va pas sans un certain apparat, et qui fait une véritable solennité de l'un des dimanches qui suivent la prise de possession. Ce jour-là un dignitaire ecclésiastique, vicaire général, chanoine titulaire, ou au moins archiprêtre, vient dans la paroisse, et c'est lui qui reçoit à la porte de l'église, avant la grand'messe, le nouveau curé qui y arrive précédé de la croix, des enfants de chœur, des vicaires et des membres du conseil de fabrique... Je n'entrerai pas dans le détail de la cérémonie, qui ne présente évidemment aucun intérêt archéologique. J'ajouterai seulement que cette installation, d'où ne découle aucune conséquence pratique — j'entends aucune conséquence autre que l'édification des fidèles —, n'est en aucune façon obligatoire. Elle n'a pas lieu dans les paroisses de peu d'importance, et elle est remplacée alors par une simple profession de foi que le nouveau curé va faire, dans une visite toute intime, entre les mains de son archiprêtre.

J'ai dit que, sous l'ancien régime, les titulaires des bénéfices ecclésiastiques se faisaient installer par qui bon leur semblait parmi leurs confrères prêtres. J'ai eu la curiosité de rechercher quels avaient été au XVIIIe siècle les *installateurs* des prieurs et curés de Sury, et aussi de quelques curés du voisinage. Je vais donner ici les noms et les dates ; cela n'a pas une grande importance, mais c'est quand même une petite contribution à l'histoire locale.

Mre Abraham-Sébastien Majoux de Ferrière, clerc du diocèse de Paris, prieur de Sury-le-Comtal et de Magnieu-Haute-Rive, est installé le 6 juillet 1741 par Mre Jean-Tristan Reymond curé du lieu ; et son successeur, Mre Jean Gay, prêtre du diocèse de Lyon supérieur du séminaire de Saint-Charles à Lyon,

l'est par Mre François Sourd prêtre directeur et professeur de théologie audit séminaire, le 23 août 1764.
Mre Jean-Tristan Reymond, prêtre de Sury, est installé curé de la paroisse par son prédécesseur démissionnaire Mre François Forest le 10 octobre 1731 (1);
Mre Léonard Pinand, prêtre de Sury, qui lui succède, l'est par Mre François Cochard prêtre et curé
de Chazelle-sur-Lyon dont il avait été le vicaire, le
25 février 1760. Mre Dominique Farge, curé de Saint-
Marcellin, qui succède à Mre Pinand, est installé par
deux prêtres résidant à Sury, M^res Jean Marcou et
Claude Ronat vicaire de la paroisse, le 15 septembre 1784 ; son successeur, Mre Jean Denis, prêtre
du diocèse de Lyon, vicaire de la paroisse d'Ancy
en Lyonnais annexe de la paroisse de Saint-Romain
de Popey, l'est par Mre Georges Demontrond curé de
Saint-Julien-sur-Bibost et de Bibost, le 18 janvier 1785 (2). Enfin le dernier curé de l'ancien régime à Sury, Mre Jean-Claude Ronat, prêtre du diocèse du Puy en Velay et jusque là vicaire de la
paroisse, est installé par Mre André Fraisse, curé
de la paroisse de Saint-Pal-en-Chalancon, le 26 mars
1789 (3).

Dans les environs, Mre François Moncigny prêtre

---

(1) Entre autres témoins, Mre Louis Duchon prêtre de Saint-
Etienne en Forez vicaire dudit lieu

(2) Entre autres témoins, Mre Guerpillon curé de Montrot-
tier.

(3) Entre autres témoins, M^res Jean-François Lagnier curé
de Bonson, et Antoine-Joseph Ducoing curé de Saint-Cyprien
et Andrézieux. — On trouvera à la fin de ce travail la procuration *ad resignandum* par laquelle son prédécesseur le
désigna pour la cure de Sury. Au moyen de cette sorte
d'actes, les curés choisissaient en somme leur successeur.

sociétaire et vicaire de Saint-André en Forez (1), nommé curé de Boisset et Saint-Priest par « Illustre seigneur Mre Claude-Marie de Saint-Georges prévôt de l'église comte de Lyon seigneur prieur commendataire du prieuré de Saint-Romain-le-Puy en cette qualité patron et nominateur de ladite cure », est installé par le curé de Sury Mre Reymond, le 11 mars 1735. Il a pour successeur Mre François Michaud, lequel, étant en même temps curé de Saint-Christôt et Valfleury, donne sa démission de curé de Boisset et Saint-Priest en 1752. En conséquence de cette démission, « Illustre seigneur Mre Hector de Lévis précenteur de l'église comte de Lyon seigneur prieur commendataire du prieuré de Saint-Romain-le-Puy » nomme à sa place Mre Jacob Devaux, prêtre sociétaire de Sury résidant à Curis diocèse de Lyon annexe de Saint-Germain au Mont d'Or, et, celui-ci est installé par son prédécesseur démissionnaire le 5 novembre 1752.

A Saint-Romain-le-Puy, Mre Antoine Bernard prêtre du diocèse de Lyon, vicaire de la paroisse de Saint-Martin-d'Ainay, était installé comme curé le 29 novembre 1780 par Mre Dominique Farge curé de Saint-Marcellin (2) ; il avait été nommé par Mre Jean Joseph de Maubou, chanoine de l'église collégiale et paroissiale de Saint-Martin-d'Ainay, prieur de Saint-Benoît-de-Veyssieu et de Saint-Romain-le-Puy, demeurant à Lyon au cloître d'Ainay. Démissionnaire quatre ans plus tard, il avait pour successeur Mre Antoine

---

(1) Saint-André d'Apchon.
(2) Entre autres témoins, Mre Joseph Barou, vicaire de Saint-Jean-Soleymieu.

Chazelier vicaire de Sury, et ce dernier était installé le 12 mars 1784 par le curé qu'il quittait, Mre Léonard Pinand (1).

C'est encore un prêtre résidant à Sury, Mre Jean-Baptiste Marcou, qui devenait au commencement de 1790 curé de Craintillieu. Nommé par Mre Jean Gay supérieur du séminaire de Saint-Charles de Lyon auquel est uni le prieuré de Montverdun, « la nomination et présentation de ladite cure de Craintillieu appartenant audit séminaire de Saint-Charles », il était installé le 4 février de cette année-là par Mre Antoine Michalon curé de Saint-André-le-Puy. Parmi les témoins figuraient M^res Jean-François Lagnier curé de Bonson, Jean-Claude Ronat curé de Sury, Antoine Chazelier curé de Saint-Romain-le-Puy, et Benoît-Robert Bernard prêtre du diocèse de Lyon, maître des petites écoles de Sury.

Je n'ai pas à mentionner les installations des prébendiers de l'église de Sury, car ces bénéficiers étaient toujours, ainsi qu'il convenait, installés par le curé de la paroisse. Et lorsque le curé lui-même avait à prendre possession d'une prébende, il se faisait, non moins convenablement, installer par un des prêtres-sociétaires (2).

Le droit canonique a toujours été rigoureux sur l'observation de ces règlements, destinés à empêcher toute intrusion, et il les complétait de diverses pénalités dont il frappait les intrus. La première de ces

---

(1) Entre autres témoins, M^res Jean-Baptiste Savattey curé de Saint-Cyprien et Etienne David curé de Saint-Georges-Haute-Ville.

(2) Procès-verbaux de prise de possession, mss.

pénalités consistait à les exclure de plein droit et impitoyablement du bénéfice usurpé : on comprend qu'elle fût redoutée entre toutes. J'en ai trouvé une preuve curieuse dans une aventure que relatent les registres paroissiaux de Sury. Ce n'est qu'un trait, mais il ne manque pas de piquant ; il nous montre qu'aucun temps et aucun milieu n'échappent au travail sournois des petites passions humaines. C'était au printemps de 1694, Mre Reynaud curé de Sury était mort au mois de décembre précédent, après avoir résigné sa charge à Mre Desforges. En attendant que la résignation fût régularisée et reçut son plein effet par des lettres de provision, ce dernier avait été chargé à titre provisoire des fonctions de curé. Il s'en acquittait de son mieux sans penser à mal, et avait été même fermement et définitivement nommé, quand, à la fin d'avril, il fit une découverte qui le stupéfia. Ce n'était rien moins qu'une falsification des registres paroissiaux destinée à le faire passer pour intrus. L'acte notarié suivant, dressé immédiatement par ses soins, et inséré avec ses signatures authentiques dans le registre à la fin des actes de l'année, dira mieux que je ne pourrais le faire ce qui s'était passé.

« Jean-Léon Desforges ptre et curé de Sury-le-Comtal sçavoir faisons que le jour dhier vingt neuf-vième avril mil six cent nonante-quatre feuilletant les registres des actes baptistaires mariages et mortuai-res par nous tenus en lad qualité et à nous remis par le s^r Forest ptre sociétaire dud Sury nous avons aperçu que certains quidams par une surprise évidente et manifeste ayant capté le temps que nous faisions nos fonctions à baptizer quelques enfans à

l'effet de quoy nous aurions sorti lesd registres et
interposé sur le banc de la fabrique dud Sury lieu
accoutumé à enregistrer lesd actes auroient adjouté
à nos signatures étant au bas de plusieurs de nosd.
actes faits pendant que nous avons eu la commise de
lad cure dud Sury par l'approbation de Monsieur le
grand vicaire le mot de curé, se jactans après telle
action lesd. quidams que nous étions intrus et par
conséquent inhabile à posséder lad cure et pour faire
voir clairement lad. surprise il n'y a qu'à prendre
lecture desd actes dans lesquels nous n'avons pris
aucune qualité que de ptre ou ptre sociétaire ou ptre
commis, et pour montrer plus évidemment la faus-
seté desd quidams, c'est que dans un mariage du
sixième febvrier entre Annet Roux et Marie Ennoy-
eux il est porté dans un desd registres formellement qu'ils ont été conjoints au mariage par nous
ptre commis à la cure de Sury et dans l'autre lesd.
quidams ont raye lesd mots de *commis à la* et mis
un accent sur le mot de *cure* pour produire celuy de
curé dont et du tout nous avons dressé notre présent
verbail que nous attestons véritable pour iceluy remettre à Monsieur le promoteur pour prendre telles
conclusions qu'il advisera bon être, sans entendre
que notre verbail serve que pour l'intérest civil seulement, et lequel verbail, pour que faute ne nous
soit imputée, nous avons incessamment notifié à M^{re}
Etienne Granjard ptre et notre vicaire, à Me Georges
Delosme advocat en Parlement juge civil et criminel
et châtelain en la jurisdiction dud. Sury, et Grégoire
Pital no^{re} royal et lieutenant en lad jurisdiction
auxquels nous avons exhibez lesd registres où ont
été faites lesd surprises lesquels ont signé avec nous.

Fait aud Sury ce trentième avril mil six cent nonante quatre ». Suivent les signatures : Granjard
ptre Delosme juge chain susd. Pital lieutenant susd.
Desforges curé.

On ne voit pas trop ce qui aurait pu résulter de
la machination, qui paraît plutôt naïve, mais, c'est
égal, l'intention y était.

III.

NOTES GÉNÉALOGIQUES ET BIOGRAPHIQUES SUR LES NOTAIRES DE SURY.

Aux temps lointains des origines de la France,
les chefs de notre pays avaient auprès d'eux des scribes
chargés de coucher par écrit [*notare*] tous les documents de quelque importance. Ce furent les premiers notaires. Ils appartenaient naturellement à
l'Eglise, qui alors était seule à savoir lire et écrire.
Plus tard, lorsque l'organisation féodale eut atteint son
plein développement, chaque circonscription administrative et judiciaire, chaque châtellenie, dut nécessairement être pourvue d'un certain nombre de
ces officiers, indispensables pour toutes transactions
et toutes transmissions de propriété, pour la rédaction et la conservation de tous actes authentiques.
Ils relevaient de la cour de justice [*curia*] de la province et étaient reçus par son chancelier entre les
mains duquel ils prêtaient serment (1).

Un notaire, dans notre province, est jusqu'au
XVIᵉ siècle régulièrement qualifié *clericus* ; cela ne
signifie pas qu'il soit dans les Ordres, car si quel-

(1) Chaverondier, *Invent.*, II, p. 82.

ques prêtres étaient notaires — j'en ai rencontré un à Sury au XIVᵉ siècle, Philippe de Leyziries —, le cas était exceptionnel. Mais les notaires étaient toujours des personnages considérables. C'est d'eux, de leur science et de leur conscience, que dépendait la possession paisible de toute propriété ; leurs fonctions les mettaient en rapport direct et immédiat avec le chef suprême de la province, le comte de Forez, dont ils faisaient les affaires, et auxquels ils avaient l'occasion de rendre d'importants services : de là une situation exceptionnellement avantageuse, qui se traduisait pour plus d'un par les honneurs et par la fortune. A Sury certains notaires ont formé en se succédant de père en fils de véritables dynasties qui ont duré un siècle et davantage ; d'autres sont devenus, lorsque le Forez a cessé d'être une province comtale, de hauts fonctionnaires de l'Etat ; tous ont été les vrais chefs et administrateurs de la commune, en des temps où, infiniment plus que nous ne serions portés à le croire aujourd'hui, les communes s'administraient elles-mêmes.

Dans la première moitié du XIVᵉ siècle, je rencontre à Sury, en même temps que Philippe de Leyziries (...1321-1350...), Etienne Espéron qui rédigeait en 1337 le terrier de la châtellenie de Saint-Victor et Grangent (1). Etienne Espéron fut le notaire du comte Guy VII, et c'est en faveur de sa veuve, Jeanne des Sorbières, que Renaud de Forez constituait en 1367 la rente noble d'Aubigny. Sa fille, Catherine, épousa Pierre de Rochefort damoiseau, et comme le couple n'eut pas d'enfants, le fief

---

(1) *Bull. de la Diana*, III, p. 387 n.

revint dès les premières années du XVᵉ siècle à
honnête homme Jean Duchet, de Sury, légataire de
Pierre de Rochefort, qui était encore un notaire.
Je ne ferai que mentionner Jean de Bonson
[de Bonçƶone] (1333-1361...) et Mathieu le Prévost
[Præpositi] (1344-1391...) reçus en 1333 et en 1344
par le chancelier Mathieu Régis, pour en venir de
suite à la grande famille des notaires de Sury au
XIVᵉ siècle, les Pagani, ou Pagan, ou Payen,
suivant que l'on latinise (comme faisaient les notaires
eux-mêmes) ou que l'on francise, ou que l'on
traduit le nom.

L'église de Sury doit à cette famille une prébende
importante dont le terrier était dressé en 1453-1454
par le notaire Gabriel du Saix ; et je lui dois, moi,
un renseignement très précieux sur la société de
prêtres de ma paroisse. Bertrand Payen établissait
en effet dès 1381 un terrier de la rente des sieurs
curé et prêtres de Sury. Bien que ce terrier dût être
peu considérable, son existence n'en établit pas moins
que la société de Sury, pour avoir ainsi été l'objet
d'un certain nombre de fondations antérieurement
à l'année 1381, n'en était pas alors à ses débuts.
Avec ce document, il ne me paraît pas téméraire de
rapporter sa fondation au commencement du XIVᵉ
siècle, aux temps prospères du comte Jean Iᵉʳ. C'est
une belle ancienneté pour une société de prêtres, et
je ne sache pas qu'aucune autre en Forez, le chapitre de Notre-Dame de Montbrison excepté, puisse
revendiquer la pareille.

J'ai retrouvé deux notaires de Sury du nom de
Payen, Grégoire et Bertrand. Etaient-ils frères ?
étaient-ils père et fils ? Je n'en sais rien. Je sais seu-

lement que Grégoire était notaire en 1361 et qu'il exerçait encore en 1400 ; je sais aussi que Bertrand, qui rédigeait en 1381 le terrier dont je viens de parler, nous conduit jusqu'en 1415. A cette date la famille qui allait prendre la succession des Payen, peut-être en se greffant sur eux (1), celle des du Saix se trouvait établie à Sury depuis une cinquantaine d'années. Les du Saix de Sury, issus sans doute de Jean du Saix, de Bellegarde, prévôt de Sury en 1375 (2), paraissent avoir appartenu à une famille déjà puissante, puisque Jean du Saix de Sury-le-Comtal faisait en 1409 l'office de témoin pour noble messire François du Saix chevalier, et ils firent dans la petite ville comtale une rapide fortune. Jean du Saix, notaire en 1427, eut un fils aîné qualifié en 1456 noble Jean du Saix, écuyer seigneur du Poyet, et deux autres fils qui lui succédèrent comme notaires : Bertrand marié à Blanche Metton, que je vois reçu en 1432, et Grégoire, que je trouve exerçant en 1454 (3). Ce n'était même point là toute la famille. Un troisième du Saix, Gabriel, dont j'ignore la filiation, était aussi notaire de Sury ; c'est lui qui rédigeait en 1453-1454 le terrier de la prébende des Payen dont j'ai parlé tout-à-l'heure, et il est également l'auteur du premier terrier de la rente noble du château de Sury qui soit parvenu à ma connaissance (...1450-1455...)

De tous ces du Saix, qui abondaient à Sury au XVᵉ siècle, c'est Bertrand (... 1432-1455 ...) qui m'in-

---

(1) Je remarque les mêmes prénoms dans les deux : Bertrand et Grégoire.

(2) La Mure-Chantelauze, II, p. 58.

(3) Cf. *Bull. de la Diana*, I, p. 438 *n.*

téresse le plus. Outre qu'il est le père de Barthélemy, autre notaire, reçu en 1471, il est l'auteur du
premier grand terrier de la rente des sieurs curé et
prêtres, un terrier qui, ne comprenant pas moins
de 92 pages, atteste la prospérité de la société de
Sury à la date de 1434 ; mais surtout il me fournit
une précieuse indication relativement à la date de
mon église. L'église de Sury est du XVe siècle :
cela n'a jamais fait un doute que pour M. du Mesnil.
Mais de quelle époque du XVe siècle ? Divers indices,
un legs de 1427, une tuile de faîte datée 1437, et
surtout le dessin de Guillaume Revel (1), m'ont de
bonne heure fait pencher pour la première moitié.
Ce n'était qu'une forte présomption : grâce à Bertrand du Saix, c'est maintenant une certitude. Car
Bertrand du Saix m'a fourni la preuve que la famille
qui a le plus contribué à l'édification de l'église
puisque ses armes y sont à la place d'honneur, que,
pour le nommer par son nom, Louis de la Bastie,
qui était à Sury à la veille de 1450 (2) pour y recevoir Guillaume Revel, au lendemain de cette date
n'y était plus. Un de nos jeunes collègues, M. l'abbé
Bégonnet, a rencontré en 1461 Louis de la Bastie
à Chandieu où sa maison allait briller du plus
vif éclat avec son fils le prieur Pierre de la Bastie :

---

(1) Il paraît étonnant que ce dernier indice puisse exister
sans être suffisant, car rien n'est parlant et probant comme
une figure. Mais Guillaume Revel, rigoureusement exact
quand il dessine des fortifications, l'est infiniment moins dans
tout le reste. S'il reproduit les églises, c'est simplement à
titre de points de repère, de notes d'art ; il veut qu'on les
reconnaisse, mais il ne se soucie point de les faire ressembler.

(2) Châtelain en 1449. — Voir *Bull. de la Diana*, I, p.
435, et IX, p 368.

il n'y a pas à s'étonner qu'il fût à Chandieu à cette date, car depuis 1455 au moins il n'était plus à Sury, il n'y possédait plus de maison. Sa résidence familiale, cette maison qui portait les armes des la Bastie au fronton de sa porte et au manteau de ses cheminées, était devenue la propriété et l'habitation de Bertrand du Saix (1). Ce fait matériel ne permet pas de douter que l'église qui existait à Sury en 1450, achevée sauf son clocher, ne fût l'église actuelle. On ne voit pas les la Bastie faisant trôner leur blason dans un édifice qui n'aurait été construit qu'après leur départ.

Bertrand du Saix transmit sa maison et sa charge à son fils Barthélemy, « clerc de Sury-le-Comtal », qui renouvelait (2) l'année même de sa réception (1471) le terrier de la rente noble des sieurs curé et prêtres de la paroisse. Marié à Jeanne Mijarde dont il eut un fils, François, Barthélemy du Saix était mort à la date de 1500, mais il y avait alors encore à Sury deux notaires de son nom, Jean (...1500-1531...) et Gabriel. C'était pourtant le déclin, et le sceptre des du Saix, car c'en était vraiment un, allait tomber en quenouille. Gabriel du Saix mourut sans postérité ; François n'eut qu'une fille, Catherine, qui épousa Jean Massard ; Jean n'eut également qu'une fille, qui s'appelait aussi Catherine et qui épousa honorable homme Maurice Paparin marchand de Sury. Le premier de ces deux couples, qui occupait en 1535 la belle habitation des la Bastie, n'a fait

---

(1) Terrier de la rente noble du château de Sury, reçu et signé Gabriel du Saix (1455).

(2) Avec G. Favetti.

souche que d'inconnus, mais son domaine, situé au nord de la paroisse, existait encore il y a cinquante ans, et il a conservé le nom du gendre de François du Saix : le groupe d'habitations qui a remplacé les bâtiments de l'exploitation primitive s'appelle les Massards (1). Quant aux Paparin, je n'en trouve plus de trace à Sury dès le milieu du XVIe siècle, et leur domaine devenait la propriété de Jacques de la Veuhe au commencement du XVIIe.

Lorsque j'ai commencé à parler des du Saix, j'ai conjecturé une alliance entre leur famille et celle des Payen, qui les avait précédés : entre les du Saix et les Rostaing qui vont les suivre, l'alliance n'est plus conjecturale, elle est certaine. Nous trouvons dans le P. Anselme que Gaston Rostaing épousait en 1453 Jeanne du Saix, fille de noble Louis du Saix, seigneur d'Ampuis *près Lavieu*. Je ne sais ce que pouvait bien être cet Ampuis, et s'il n'y a pas eu là quelque erreur d'écriture, mais il suffit de se rappeler que noble Jean du Saix, seigneur du Poyet également près Lavieu en 1456, était le frère de Bertrand et de Grégoire du Saix de Sury, pour ne point douter que la jeune épousée de Gaston Rostaing n'appartînt à la même maison. J'ai eu l'honneur de vous faire précédemment une communication assez développée sur les Rostaing. Je n'y ajouterai rien, sinon qu'il faut se méfier plus que je n'ai fait du P. Anselme, non point pour l'exactitude des filiations et des noms, mais pour la physionomie qu'il prête aux ascendants

---

(1) Ces bâtiments comprenaient un moulin, appelé anciennement de la Seauve ou d'Azieu, qui a été détruit par un incendie en 1896 et n'a pas été rétabli.

de ses personnages illustres. Il est certain que les
Rostaing n'ont rien eu du grand seigneur avant l'extraordinaire fortune de Tristan, vers 1540. Gaston
(...1453-1476...), Antoine Iᵉʳ et ses fils Jacques et
Jean (...1476-1518...), Antoine II fils de Jean
(...1515-1564...) capitaine-châtelain de Sury en
(...1530-1534...) étaient, malgré leurs titres honorifiques et leurs diverses fonctions, une lignée de purs
et simples notaires.

Le P. Anselme, après nous avoir dit fastueuse-
sement que Antoine épousa en 1476 Marguerite de la Chambre, fille de Claude de la Chambre
en Roannais, nous laisse ignorer que, sa première
femme étant morte, il se remaria très bourgeoisement
vers 1500 avec Marie Chaney, nièce de Mʳᵉ Jean
Chaney, prêtre sociétaire de Sury, et très probablement fille du notaire de ce nom, qui renouvelait en
1493 le terrier de la rente noble du prieuré de Sury.
C'est Antoine Iᵉʳ qui établit, avec ses fils Jacques
et Jean, le premier terrier vraiment complet de la
seigneurie de Sury, qui leur coûta près de trente ans
de travail (1490-1518). Son petit-fils Antoine II, le
futur seigneur de Veauchette, était notaire à Sury
en 1534 lorsque François Iᵉʳ, roi magnifique et
besogneux par excellence, désireux de savoir quelles
redevances étaient attachées à la nouvelle seigneurie,
lui en demanda le terrier. C'était le roi qui commandait ; on avait d'ailleurs le terrier Rostaing qui
ne remontait qu'à une vingtaine d'années ; le travail
fut achevé en un an (1534-1535). Pour l'exécuter,
Mᵉˢ Antoine Rostaing et Barthélemy Myet, qui se
qualifient dans le préambule de « notaires et prati-
ciens pour la châtellenie de Sury » s'adjoignirent un

de leurs jeunes collègues, M⁰ Jean Bessonnet, reçu en 1530.

J'ai nommé bien des notaires de Sury au XV⁰ siècle ; j'en ai omis plus encore. Voici la dynastie des Chirat, qui durera, sauf quelques intervalles, plus de cent cinquante ans : Pierre (...1455-1478...), Grégoire son fils (...1461-1496...), Jacques (...1493-1535...), Gabriel (...1496-1527...), Robinet fils de Jacques (...1530-1562...), Pierre fils de Robinet (...1561-1580...), qui fut le chef de la branche montbrisonnaise des Chirat, seigneurs de Montrouge, enfin Antoine (...1588-1618...). Gabriel Chirat avait épousé Claudine, fille de Jacques Myet, notaire à Sury de 1465 à 1500... C'était une alliance entre dynasties, car après Jacques, je trouve Barthélemy (....1514-1554...) l'un des auteurs du grand terrier de 1535 dont il est demeuré le principal signataire, et encore un autre Myet, qui était notaire de... 1561 à 1577... La famille Myet donnait vers ce temps-là un curé à Chandieu, M⁰ᵉ Jacques Myet (...1580...). (1)

Je continue, pour le XVI⁰ siècle : Pierre Ravel (... 1493-1506...) ; Antoine Demergues fils de Pierre (... 1500 ...) ; Jacques Rouchon (... 1526-1555 ...), dont la famille après avoir donné un curé à Saint-André de Montbrison, M⁰ᵉ Antoine Rouchon (... 1579 ...) (2), se renouvellera dans les Delosme, personnages considérables de Montbrison et de Sury au XVII⁰ siècle ; Jean Bessonnet, puis Aubin marié à Benoîte Gérentet (1530-1589...), puis François (... 1603 ...) d'où sortiront les Bessonnet, Claude

(1) Registres paroissiaux de Sury.
(2) *Ibid.*

et Jean, notaires de Saint-Etienne au XVIIe siècle, dont j'aurai à reparler tout-à-l'heure ; Jean Morier (... 1531-1535 ...) ; Jean Mirail marié à Marguerite de la Veuhe (... 1574-1586 ...) ; Jean Fournier (... 1580-1586...) ; et j'arrive à une nouvelle dynastie qui, sauf peut-être quelques intervalles, n'a pas duré moins de cent vingt ans, celle des Gérentet. Thomas Gérentet était notaire à Sury en ... 1563 ..., en même temps que son neveu François (... 1559-1563...), puis c'est Pierre, marié à Marthe Souchon (... 1575-1594 ...), autre Pierre (... 1618-1635 ...), qui après avoir été clerc de Me Ennemond Chavanon (... 1606 ...) épousait sa fille Toussainte en 1615 (1), enfin Mathieu (... 1650-1684), avec lequel se clôt la lignée, à Sury, des notaires de cette famille (2). Je viens de nommer Ennemond Chavanon : fils d'un notaire du XVIe siècle, François, il a fait la transition d'un siècle à l'autre (... 1589-1611 ...).

Au XVIIe siècle, un nom nouveau apparaît avec Claude Granjard (... 1632-1645 ...) ; son fils Barthélemy lui succède pour peu de temps (... 1651-1653), puis un second Claude probablement aussi son fils (... 1652-1687). La veuve de Barthélemy, Marie Du-

---

(1) On a vu plus haut sa charte de mariage.

(2) Antoine, fils de Mathieu, se fit médecin, épousa Marie Balton sœur du notaire de Sury François Balton, et eut pour fils François aussi médecin qui vint dans la première moitié du XVIIIe siècle résider à Montbrison où il mourut en 1772 (pl. VII). Les Gérentet étaient fort nombreux. Antoine Gérentet était notaire royal et procureur du roi en la châtellenie royale de Saint-Galmier en 1684; il vint à Sury cette année-là pour y être parrain d'Antoine Pasquier, le futur prêtre-sociétaire dont j'ai parlé plus d'une fois, qui était son neveu. La famille a continué d'être florissante, notamment à Saint-Rambert, jusqu'à la Révolution.

MONSIEUR,

VOUS êtes prié de la part de M. GERENTET, Avocat, de lui faire l'honneur d'assister au Convoi de M. FRANÇOIS GERENTET, Conseiller du Roi, & son Médecin ordinaire en cette Ville, son Pere, Qui se fera cejourd'hui Vendredi 22 Mai 1772, sur les neuf heures du matin, dans l'Eglise des Dames Religieuse de Ste. Claire de cette Ville.

Un De Profundis

VII. — BILLET DE FUNÉRAILLES.
Montbrison, XVIIIe siècle.
(Hauteur, 0. 20 ; — largeur, 0. 26),
Archives de la Diana.

mondé, épouse en 1658 un Poitevin amené à Sury par M. de Sourdis, François Balton, et leur fils, autre François Balton devient notaire (... 1684-1707). Mathieu Delosme, notaire pendant près de quarante ans (... 1640-1677), nous ramène aux anciens noms du pays. Il avait de qui tenir, étant le petit-fils par son père de Jacqueline Rouchon, et par sa mère, Catherine Grégoire, fille elle-même de Toussainte Chavanon, l'arrière-petit-fils du premier des Chavanon, François. Mᵉ Delosme fut, à l'ordinaire des notaires de Sury, revêtu de divers titres honorifiques et de diverses magistratures locales tant de l'ordre civil que de l'ordre judiciaire ; il était conseiller du roi, et, en 1665, capitaine-châtelain et juge de Sury. Je note ce détail à son propos parce que, en 1643, il avait dû « subir » (c'est son expression) une charge assez singulière, celle de « directeur de « la santé... lorsque la maladie contagieuse était au « quartier de Saint-Chaulmont et Saint-Etienne (1) ». Ce sont encore des rejetons d'anciennes souches du pays que Jérôme Clépier marié à Renée Relogue (... 1668-1688), les Relogue, Jean (... 1641-1667), et Benoît (... 1678-1722), et les Pital, Guillaume marié à Louise Relogue (... 1657-1683), Grégoire (... 1683-1694 ...), et Mathieu son fils (... 1694-1710).

J'ai réservé Mᵉ Léon Desforges (...1655-1665) qui

---

(1) *Réclamation* dudit Delosme à Mᵉ Nicolas Prévost procureur fiscal en la juridiction de Sury, « lequel en lad. qualité de procureur fiscal doit établir et avoir soin de la police nécessaire en lad. ville », *à l'effet d'être déchargé de la charge de marguillier*, du 23 avril 1656, mss. — Il y fait valoir les divers services qu'il a rendus, notamment qu'il a été consul.

mérite de nous retenir un peu, car il a donné à Sury un curé et un presbytère. Sury n'avait plus de presbytère depuis que les huguenots avaient saccagé et détruit la vieille maison prieurale; les curés se logeaient chez eux s'ils étaient du pays, prenaient une maison à loyer s'ils n'en étaient pas (2). Quand Mre Jean-Léon Desforges, missionnaire de S. Joseph à Lyon, fils de Me Léon Desforges, devint curé de Sury en 1694, il se logea naturellement chez lui, dans la maison paternelle devenue sa propriété depuis la mort de sa mère dame Marie Reynaud en 1684. Mais il fit mieux que s'y loger, il la laissa comme presbytère à ses successeurs; il fit mieux

---

(1) Assez souvent les curés étaient de Sury : on en jugera par la liste suivante, malheureusement très incomplète.

Jehan Cordier,... 1400 ..., de Sury, était prêtre-sociétaire en 1376.

Guillaume de Ceyssac,... 1479 ..., neveu du prieur Jean de Bourbon, étranger.

Jean Ancillon,... 1516 ..., probablement étranger.

Etienne Verdier, ... , de Sury.

Hercule Jacquet,... 1577-1586 ..., de Sury.

Antoine Chomarat,... 1603-1606 ..., de Sury, était curé de Craintillieu en 1581.

Jean Lisle, 1606 ..., de Sury.

Mathieu Léonard,... 1614-1615 ..., de Sury, était prêtre-sociétaire et fermier du revenu de l'église en 1603.

Jean de Tournon, 1632-1651, étranger.

Daniel Gayardon, 1651-1662, étranger.

Claude Reynaud, 1662-1694, de l'Hôpital-sous-Rochefort.

Jean-Léon Desforges, 1694-1709, de Sury.

N. Delesgallery, 1710, étranger.

Claude Puy, 1711-1717, étranger.

François Forest, 1717-1731, de Sury.

Jean-Tristan Reymond, 1731-1760, de Sury.

Léonard Pinand, 1760-1784, de Sury.

Dominique Farge, 1784-1785, étranger.

Jean Denis, 1785-1789, étranger.

Jean-Claude Ronat, 1789 ..., étranger, du diocèse du Puy.

que la leur laisser telle quelle, il en agrandit les
dépendances. Un prêtre sociétaire qui venait de
mourir (1689), Mre Tristan Bertrand, avait légué
tous ses biens aux petites écoles de Sury; parmi
eux se trouvait un jardin contigu à celui de M^re
Desforges. Le curé, faisant un échange, donna aux
petites écoles plusieurs terres lui appartenant, et
adjoignit le jardin de Tristan Bertrand à celui de
la cure. La maison de Mre Desforges et le jardin
ainsi formé sont encore aujourd'hui le presbytère
de Sury et son jardin. En face d'une libéralité
ainsi faite, avec autant de sollicitude et de générosité, on est tenté de trouver parlantes les armes de
Mre Desforges, qui étaient d'or *au cœur enflammé*
de gueules, au chef d'azur chargé de trois étoiles
d'or (1).

J'ai dit plus haut que je reviendrais aux Bessonnet
notaires de St-Etienne au XVIIe siècle. Ils vont en

---

(1) D'Hozier, *Armorial de la généralité de Lyon*. — Selon
toute vraisemblance, voici comment les choses se passèrent.
Mre Desforges occupa sa maison telle qu'elle était, en jouis-
sant simplement de l'agrandissement du jardin à partir de
1697 (année de l'échange fait avec Mre Bedien Morange,
vicaire général de Lyon, légataire universel de Mre Tristan
Bertrand), et c'est seulement après sa mort, arrivée fin
décembre 1709, qu'on dut éprouver le besoin d'approprier à
sa nouvelle destination la maison qu'il laissait. Ce qui confirme cette hypothèse, c'est que son successeur immédiat,
Mre Delesgallery, paraît avoir pris logement, pour son éphémère séjour à Sury, chez Me Rambert Dumondé, alors procureur du roi en la juridiction, dans la maison duquel on a
retrouvé un panneau sculpté portant les armes des Lesgallery.
(V. *Bull. de la Diana*, IX, p. 367 n, et XI, p. 34). Le presbytère actuel de Sury, qui existait dans tous les cas en 1715,
aurait donc été construit en 1710, et probablement encore par
la munificence de Mre Desforges, dont le testament était tout
en bonnes œuvres.

effet nous donner la précieuse preuve que l'auteur de la chaire de Notre-Dame, Claude Désiré, après avoir quitté Sury pour St-Etienne, demeura toujours fidèle au modeste théâtre de ses débuts. On baptisait le 26 août 1658 dans l'église de St-Etienne son premier enfant, sa fille Agathe. La marraine, Agathe Crupisson, était fille de Guillaume Crupisson forgeur et d'Antoinette Verney, de Sury, sœur aînée de la femme de Désiré, et il y avait entre autres témoins les deux notaires Bessonnet (1), sûrement originaires, très probablement natifs de Sury, et tous les deux encore propriétaires à Sury. C'était Sury qui se retrouvait à St-Etienne autour du grand artiste, et je puis ajouter à cela que Désiré lui-même possédait encore à Sury, à la date de 1677, une vigne, et que cette vigne, sise au lieu d'Autachin, était voisine de celle de Germain Baudoin, le sculpteur champenois qui avait été son maître à Sury, et qui, lui, n'avait jamais quitté la petite ville (2).

Dans les dernières années du XVIIe siècle arrivait à Sury comme « intendant de la maison des seigneur et dame de Rochebaron », un jeune Champenois, qui après avoir épousé en 1699 Marie Clépier petite-cousine du notaire mort dix ans plus tôt, devenait notaire lui-même en 1701. Il y était prédestiné par son nom : il s'appelait Loyauté (3). Quand il mourut, en 1721, son étude passa à Georges Morel (1722-1750...). Il y eut, au cours de ce siècle, Jean-

---

(1) J.-B. Galley, *Simon-Claude Désiré et la chaire de Notre-Dame à Saint-Etienne*. Saint-Etienne, 1892.

(2) Cf. *Bull. de la Diana*, XI, p. 50-51.

(3) Louis, fils de Nicolas Loyauté juge de Saint-Maurice-sur-Vingenne au diocèse de Langres.

Baptiste Barjon et Hugues son fils (...1743-1812...);
Jean-Baptiste Boyron (...1747-1777...) dont une fille,
Jeanne-Marie, religieuse hospitalière à Sainte-Anne
de Montbrison fut arrêtée sous la Terreur (1);
Joseph Privat (...1756-1790...); et Tristan Batet
(...1777-1815) qui fut maire de Sury à la Révolution. Mais la palme de la notoriété et de la durée
revient incontestablement aux Laforest, qui n'ont
été que deux, le père et le fils, mais qui, à eux deux,
ont exercé plus de quatre-vingt-dix ans : Jean-François, successeur de Benoît Relogue, de 1723 à
1755, et Jean de 1755 à 1815. Ce dernier a connu
toutes les vicissitudes de la politique : il était notaire
royal depuis près de quarante ans lorsqu'il devint
notaire public, puis notaire impérial, et c'est encore
notaire royal qu'il est mort (2).

IV.

LES LA VEUHE A SURY AU XVIᵉ SIÈCLE.

On vient de voir que la plupart des grandes familles qui ont pris naissance ou se sont développées à
Sury ont passé par le tabellionage. La règle n'é-
tait pourtant pas générale, et les la Veuhe notamment y ont fait exception.

Cette famille, évidemment originaire du lieu dit

---

(1) *Mémorial de la Loire*, du 20 octobre 1896. — Elle avait
été baptisée à Sury le 30 janvier 1768.

(2) J'ai puisé à peu près tous les éléments de cette étude
dans un terrier du château de Sury (reçu et signé Barjon
1752) qui m'a été obligeamment communiqué par M. A.
Jordan de Sury.

la Vue dans la paroisse de Précieu (1), était à Sury dès la première moitié du XVᵉ siècle. Un terrier de la rente du prieuré de Saint-Rambert me donne « honneste » Baptiste de la Veuhe comme résidant à Sury en 1454 ; M. du Mesnil d'autre part a rencontré « honneste homme Jehan de la Veuhe *le vieux* » marchand de Sury en 1473 (2) : c'étaient là sans doute le grand-père et le père de la nombreuse famille qui se partagea dès la seconde moitié du siècle entre Sury et Lyon. Je trouve à Lyon en 1500 Jacques marié à Catherine Reynod, Jeanne mariée à Michel Roux, Marguerite mariée à Jacques Costa (3) ; sont restés à Sury Jean marié à Aubine Pital, Antoine, Bertrand marié à Catherine Raphaël, Sibylle mariée à Gonin Peyrolier et Baptiste, tous frères et sœurs (4). Je

---

(1) Et non de Saint-Romain-le-Puy, comme le dit M. Vachez (*Un procès criminel à Lyon au XVIIᵉ siècle*, p. 6), et après lui M. Testenoire-Lafayette (*Histoire de Saint-Etienne*, p. 202). M. Vachez a suivi la Tour-Varan, qui est un guide dangereux, qui notamment a commis de graves erreurs dans sa généalogie des la Veuhe (*Généalogies des familles du Forez*, p. 32). La Tour-Varan suit, sans le dire, le P. Anselme, qui est assurément, lui, un guide excellent ; mais il n'est si bon cheval qui ne bronche, et, dans les la Veuhe qu'il donne pour alliés aux Rostaing, le P. Anselme a omis Geoffroy de la Veuhe, ou plutôt, ce qui est pis, il l'a confondu avec son fils Jacques. Ces choses là sont grosses de conséquences en matière de généalogie.

Le minuscule hameau de la Vue (en patois, *la Veuio*) existe encore aujourd'hui. Il figure même dans la carte d'Etat-major, à un kilomètre environ au sud-ouest du bourg de Précieu. La carte ne porte qu'une maison ; c'est une légère inexactitude : il y réside actuellement cinq ménages.

(2) *Bull. de la Diana*, I, p. 422.

(3) *Mazures de l'Ile-Barbe*, nouv, édit., suppl., I, p. 612.

(4) Terrier Barjon, 1752.

laisserai de côté tous les Lyonnais, n'ayant rien à ajouter aux documents publiés par Le Laboureur (1).

De ceux même de Sury je ne retiendrai que Jean, qui est le seul dont je puisse parler avec quelque détail. En 1531, ce Jean de la Veuhe, qui était marchand de Sury, attribue par une donation entre vifs les trois-quarts de ses biens à son fils *unique* honorable Baptiste de la Veuhe, marié à Madeleine du Puy, à la condition qu'il continuera de demeurer avec lui et de l'assister ; il donne en même temps à chacune des trois filles de Baptiste son frère germain, Philiberte, Marguerite (2) et Madeleine 150 livres tournois pour le jour de leur mariage, et à Isabelle Peyrolier fille de sa sœur Sibylle et de Gonin Peyrolier 200 livres tournois également pour sa dot à venir. L'acte est passé à Sury dans la maison du donateur le 15 novembre 1531 pardevant Pierre Odin, clerc de Saint-Bonnet-le-Château notaire public juré de la cour de Forez en présence de noble Antoine Rostaing châtelain de Sury, honorables hommes Jean Paparel, Maurice Paparin, Claude Souchon, marchands de Sury, et Me Jacques du Puy lieutenant de Saint-Galmier (3). Pour le dire en passant, cet acte est libellé au nom de François Ier, contrairement à ce qui avait encore lieu l'année précédente, ce qui indique que la procédure relative à la confiscation du comté de Forez par la couronne venait de prendre fin.

---

(1) Ouvrage cité, I, p. 612, 669 et 670.

(2) Une Marguerite de la Veuhe épousa Me Jean Mirail notaire royal et mourut à Sury lors de la « contagion » de 1586 : c'est vraisemblablement celle-là.

(3) Archives du château de Sury. — Expédition authentique, un feuillet parchemin.

Baptiste de la Veuhe paraît avoir pleinement justifié les espérances de son père. Il est demeuré à Sury, et, visiblement, il y a prospéré. En 1549, le 16 mars, il achetait à « noble et puissant seigneur Charles baron de la Roue et Montpeloux, seigneur d'Aurec, Oriol et la Chapelle, Dunières, Empuraignes, la Fara, Maragde et Etables, Usson et de la rente appelée de Gothollent » qui désirait « subvenir au mariage de demoiselle Jeanne sa sœur laquelle il espérait fiancer avec le seigneur de Pierrefort... les rentes cens et servis domaines garennes droit de directe seigneurie et autres droits et devoirs seigneuriaux audit seigneur appartenant pour raison de la rente communément appelée de Gotholent et Prolanges, joints aux droits et devoirs seigneuriaux étant dus par les emphytéotes et ténementiers nommés ès terriers dudit seigneur... tant ès juridictions et mandements de Saint-Romain-le Puy, dudit Sury-le-Comtal, Monseut, Senzieu et autres lieux circonvoisins... » Le marché était fait au prix de 1400 livres tournois, et l'acte était passé « au lieu d'Aurec dans le château dudit seigneur... en présence de vénérable noble Pierre de Montaigniac (1) curé de Tence, noble Jean de Chazaulx écuyer et honorables personnes Mᵉˢ Antoine Fornel bachelier en droit châtelain dudit Aurec et Robinet Chirat notaire royal de Sury-le-Comtal » pardevant Mᵉˢ Pierre de Motines et Pierre Guilhon le jeune, notaires royaux d'Aurec (2).

---

(1) Ce nom est à remarquer. La belle-fille de Baptiste de la Veuhe, Anne Iʳᵉ de Rostaing, deviendra quelque vingt ans plus tard dame de Montaigniac.

(2) Expéd. authent. — Un feuillet parch.

L'acheteur est appelé dans l'acte « honorable homme le sire Baptiste de la Veuhe marchand habitant de la ville de Sury le Comtal ». Il sera qualifié bourgeois de Sury dans quelques actes postérieurs, en 1553 notamment ; mais je le trouverai seigneur de Laval en 1555 (1). Baptiste de la Veuhe est mort entre 1562 et 1569 ; sa femme Madeleine du Puy, dame de Laval, devait lui survivre d'une vingtaine d'années (2). Il laissait cinq enfants, deux fils, Geoffroy et Jacques, et trois filles, Charlotte, Claude et Jeanne.

Je rencontre Geoffroy de la Veuhe pour la première fois en 1561. Il est élu de Forez et bourgeois de Sury. L'acte où il figure — c'est un achat qu'il fait au nom de son père — assez insignifiant par ailleurs, est curieux en ce qu'il nous révèle l'existence d'une société de prêtres à Boisset-lès-Montrond et qu'il nous donne les noms de quelques-uns d'entre eux : « vénérables maîtres Thomas Borganel prêtre vicaire dudit lieu, Regnauld Durand et Antoine Raclo, prêtres desserviteurs » ; il est passé à Boisset le 26 mars 1561, par-devant Me Michel Serralier habitant à Saint-Galmier, notaire royal juré au bailliage de Forez, en présence de Me Barthélemy Charbonnier notaire et greffier de Boisset ; et un troisième notaire est encore mentionné, Me De-

---

(1) Cabinet de M. le vicomte de Meaux, fonds Boys, cote provisoire n° 761.

(2) Elle mourut à Sury le 13 juillet 1586. La ville était alors décimée par une terrible « contagion », mais on peut attribuer la mort de la dame de Laval à son âge, car elle devait avoir alors environ quatre-vingts ans.

nys Décosu notaire et procureur d'office de Saint-Galmier (1).

Geoffroy de la Veuhe avait épousé Anne de Rostaing fille d'Antoine, premier seigneur de Veauchette. Il devait mourir prématurément, avant 1574, et c'est sans doute à cause de cela que son nom a échappé jusqu'ici aux généalogistes, mais sa carrière, pour avoir été courte, n'en a pas moins été brillante ; il a continué lui aussi les acquisitions qui allaient faire de son fils unique, Jacques, l'un des plus riches seigneurs de la région à la fin du XVIᵉ siècle. C'est ainsi qu'en 1569 il achetait au prix de *douze vingt livres* la rente que le prieuré de Saint-Romain-le-Puy percevait « tant en la ville de Sury-le-Comtal que villages dudit lieu appelés d'Espeluy, le Mont, les hauts Monts, Amancieu, Senzieu, Azieu et Craintillieu »... Cette rente mise en vente par Etienne de Rivoire prieur de Saint-Romain était adjugée à la chandelle éteinte, en l'audience du siège présidial au palais de l'archevêché de Lyon, à noble Geoffroy de la Veuhe seigneur de Laval et de Nives (2) le 20 août 1569 (3). Geoffroy de la Veuhe avait donc hérité de la seigneurie de Laval. Il ne la transmit pas à son fils et héritier Jacques de la Veuhe, et je ne la trouve plus mentionnée nulle part après sa mort (4).

Le second fils de Baptiste de la Veuhe, Jacques, premier du nom à Sury, fut plus heureux que son

---

(1) Expéd. auth. — Un feuillet parch.

(2) Nines, Niues, Mues (?).

(3) Expéd. authent. — Deux ff. parch.

(4) Sinon quand il est fait mention de sa mère, qui sera toujours qualifiée dame de Laval.

père Geoffroy, car sa fortune ne fut pas moindre et elle dura plus longtemps. De marchand de Sury qu'il était au moment de son mariage avec Germaine de Murat en 1555 (1) je le rencontre d'abord seigneur de Collonges et l'Estra (2) et procureur d'office en la juridiction de Saint Rambert en 1571, et bientôt après, en 1575, avec le même titre seigneurial, élu et trésorier général de Forez (3). Quand il mourut, dans les dernières années du siècle, il transmit ses titres et ses charges à son fils aîné Jean, qui a vécu et qui est mort à Saint-Rambert (4). Son second fils, Claude, vint s'établir à Montbrison ; d'abord avocat au bailliage, il se pourvut ensuite d'une charge de conseiller du roi lieutenant particulier au bailliage de Forez. Marié à Colombe Tynel, il eut d'elle deux filles, Germaine en 1586 et Madeleine en 1588 (5). Je rencontre dans les registres paroissiaux de Sury un troisième enfant de Jacques I de la Veuhe et de Germaine de Murat, leur fille Madeleine, à la date de 1584 : alors adolescente, elle y résidait sans doute auprès de sa grand'mère paternelle, la dame de Laval, fort âgée et près de mourir. Germaine de Murat avait survécu à son mari. En 1599, elle érigeait à

---

(1) Cabinet de M. le vicomte de Meaux, fonds Boys, cote provisoire nº 761.

(2) Seigneuries situées dans la paroisse de Saint-Just-sur-Loire, où elles sont encore connues par leur nom.

(3) Archives de l'Hôtel-Dieu de Saint-Rambert. — Analyse et extraits communiqués par M. l'abbé Signerin curé-archiprêtre de la paroisse, ms.

(4) Il y fut enterré dans l'église ; son épitaphe, qu'on y voit encore, porte la date du 19 février 1638.

(5) Biblioth. de la Diana, analyse et extraits des registres paroissiaux de Montbrison par M. Périer, mss.

Saint-Rambert, sur le chemin de Saint-Marcellin, une belle croix de pierre sur le piédestal de laquelle on peut encore lire son nom ; elle testait le 13 septembre 1607 par-devant Mᵉ François Dubreuil notaire royal à Saint-Rambert (1).

J'ai dit que Baptiste de la Veuhe avait laissé aussi trois filles, Charlotte, Claude et Jeanne. Charlotte épousa honorable homme Claude Souchon marchand de Sury qui était mort avant 1577 et elle ne cessa pas de résider à Sury ; je ne sais rien de Claude ; Jeanne, la plus jeune, épousa Noël de Châtillon seigneur du Soleillant, qui eut d'elle Agathe de Châtillon mère de l'abbé de Marolles, et Balthazar de Châtillon, seigneur de Montarboux, père d'Annet de Châtillon (2).

Je reviens à la veuve de Geoffroy de la Veuhe, Anne Iʳᵉ de Rostaing. A défaut de la seigneurie de Laval, elle était dès 1577 dame de Montaignac, et le titre de seigneur de Montaignac sera toujours porté par son fils unique Jacques de la Veuhe, deuxième du nom. Elle n'a pas cessé de résider à Sury, où elle est morte au commencement du XVIIᵉ siècle. Pendant la longue période de son veuvage, elle agrandit elle aussi par plus d'une acquisition le futur domaine de son fils. L'une de ces acquisitions m'a paru mériter d'être notée. C'est celle de la rente du prieuré de Sury. L'acte passé à Sury, « maison de ladite damoiselle » par-devant Mᵉ Aubin Bessonnet notaire royal, est du 4 mars 1578. Il porte que « messire Pierre de Ros-

---

(1) Notes et documents inédits, communiqués par M. l'archiprêtre Signerin.

(2) Documents inédits, communiqués par M. T. Rochigneux.

taing, chevalier de l'ordre du roi, son échanson ordinaire, seigneur de Veauchette et Rivas... vend... à damoiselle Anne de Rostaing veuve (de) feu noble Geoffroy de la Veuhe en son vivant l'un des élus pour le roi en Forez et seigneur de Laval... la rente de cens et servis portant droits de lods vendes et autres de directe seigneurie censive ci-devant acquis par feu noble homme Antoine de Rostaing père desdits sieur vendeur et de ladite damoiselle, de feu maître François Vallentin lors prieur dudit Sury... (1), laquelle est due par plusieurs emphytéotes tenanciers de divers fonds et héritages situés et assis tant audit Sury que autres lieux circonvoisins, franche et quitte de toutes charges anniversaires fondations et autres quelconques de tout le passé jusques à ce jour d'huy date des présentes, et ce moyennant le prix et somme de soixante-six écus d'or au soleil et deux tiers d'autre écu... (2) »

Il se faisait vraiment en ces temps-là des trafics bien singuliers. Des particuliers font par testament une fondation en faveur du prieuré de Sury. C'est-à-dire qu'ils établissent qu'une redevance déterminée sera servie chaque année par leurs héritiers au prieur du lieu à la condition qu'un anniversaire sera célébré pour le repos de leur âme. J'ai dit par leurs héritiers ; il serait plus exact de dire par les possesseurs des fonds sur lesquels ils ont assis la redevance par eux fondée. Or, après un certain laps de temps, le prieur de Sury vend contre argent comptant le droit

_____

(1) L'acte avait été passé par-devant M⁰ du Four notaire et tabellion royal et citoyen de Lyon.

(2) Expéd. authent. — Deux ff. parch.

de percevoir ces redevances annuelles, ou, suivant la formule usitée, vend la rente du prieuré de Sury, et le fils de l'acquéreur la revend ensuite *franche et quitte de toutes charges anniversaires, fondations et autres quelconques...* Sans doute il avait dû trouver un moyen d'assurer les services dont ces redevances représentaient les honoraires, mais franchement, on ne serait pas fâché de savoir lequel.

Jacques II de la Veuhe, fils de Geoffroy et d'Anne Iere de Rostaing, était né à Sury vers 1562, mais il y résida peu. Les registres paroissiaux qui, de 1577 à 1586, mentionnent fréquemment sa mère, ne le mentionnent qu'une seule fois, le 8 juillet 1578. Il est vrai que ces registres font défaut à partir de 1586, mais divers actes passés en son nom par sa mère d'abord, puis par Me Pierre Ronzault, son maître d'hôtel et procureur à Sury, de 1578 à 1603, le donnent expressément comme absent. En 1603, au lendemain de la mort de sa mère, il est qualifié seigneur de Montaignac et d'Aulnoy, et capitaine des gardes de M. le comte de Soissons (1).

Il épousait l'année suivante la plus jeune des filles de Tristan de Rostaing, qui était par conséquent la cousine-germaine de sa mère, et s'appelait Anne comme elle. Cette Anne de Rostaing, deuxième du nom, était veuve du marquis de Sourdis, René d'Escoubleau, dont elle n'avait pas eu moins de

---

(1) Fils de Louis Ier de Bourbon prince de Condé, le grand chef protestant, le comte de Soissons était cousin issu de germain du roi Henri IV et fut un de ses lieutenants. Il avait quelque chose du talent militaire des Condé, mais aussi leur esprit d'intrigue et leur penchant plus ou moins secret pour la Réforme. Né en 1566, il mourut en 1612.

sept enfants, et elle résidait, au moment de son second mariage, au château de Courtry, qui était l'apanage de Jacques-René son troisième fils. Le mariage se fit à Paris. Le contrat y fut passé le 15 septembre 1604 par-devant Mes Libaut et Bergion, notaires au Châtelet. Le nouveau couple, qui, je crois, ne résida guère à Sury, n'eut qu'un enfant qui mourut jeune (1) et en la personne duquel s'éteignit cette branche des la Veuhe.

Les possessions considérables de Jacques de la Veuhe et d'Anne de Rostaing, qui comprenaient depuis 1609 les seigneuries de Sury, St-Marcellin, Montsupt et St-Romain-le-Puy, acquises par eux de Gabrielle d'Allonville dame de Rochechouart, allèrent, à la mort de Jacques de la Veuhe en 1625, au quatrième fils de sa femme, Pierre d'Escoubleau. Celui-ci résida fidèlement à Sury, il en reconstruisit le château, et il en fut le grand personnage au XVIIe siècle.

APPENDICE.

Procuration *ad resignandum* par laquelle Mre Jean Denis désigne pour son successeur à la cure de Sury Mre Jean-Claude, Ronat, à la date du 9 janvier 1789.

Par devant le notaire royal au bailliage de Forez réservé pour la ville de Sury-le-Comtal soussigné et en présence des témoins ci-après nommés fut présent Mre Jean Denis curé de la ville et paroisse de Sury-le-Comtal y demeurant dans la maison curiale au faubourg de la Farge, lequel détenu de maladie depuis environ quatre mois, néanmoins sain de tous ses sens, de son plein gré et libre volonté et dans la vue de la mort a fait et constitué pour son procureur général, sincère et irrévocable M.

---

(1) Claude Henrys, *Œuvres*, éd. Bretonnier, II, p. 583.

auquel il a donné comme par ces présentes il donne plein et entier pouvoir et puissance de, pour et au nom dudit sieur constituant, résigner et céder entre les mains de Notre-Saint-Père le Pape, Monseigneur son vice chancelier ou autres ayant à ce pouvoir, la cure de cette ville et paroisse de Sury-le-Comtal dont ledit sieur constituant est pourvu et paisible possesseur, suppliant sa Sainteté d'admettre ladite résignation au nom et au profit de M⁣ʳᵉ Jean-Claude Ronat prêtre du diocèse du Puy en Velay dont il connaît parfaitement la doctrine et les mœurs pour lui avoir servi de vicaire et à ses prédécesseurs pendant nombre d'années et lui servant encore de vicaire, et non d'autres ni autrement, consentir que toutes lettres de provision à ce nécessaires lui en soient expédiées et délivrées, jurer et affirmer en la foi et conscience dudit sieur constituant comme il a fait présentement pardevant le notaire et témoins soussignés qu'en ladite résignation il n'y aura ni n'y a aucun dol fraude simonie ni aucune convention illicite promettant avoir le tout pour agréable obligeant soumettant etc... Lecture faite des présentes audit M⁣ʳᵉ Denis toujours en présence des témoins après nommés a déclaré y persister et être sa volonté. Fait et passé dans la maison curiale dudit Sury dans la salle où est couché ledit M⁣ʳᵉ Denis et au devant de son lit l'an mil sept cent quatre-vingt-neuf et le neuf janvier après-midi en présence de M⁣ʳᵉ Jacques Cherbuet curé de la ville de Saint-Marcellin et de M⁣ʳᵉ Antoine Joseph Ducoing curé de la paroisse de Saint-Cyprien témoins résidants auxdits lieux se trouvant casuellement dans cette ville qui ont signé avec ledit M⁣ʳᵉ Denis.

DENIS curé, CHERBUET curé, DUCOING curé, LAFOREST notaire royal.

Le fief de la Valette, à Pélussin. — Communication de M. l'abbé Bathias.

M. l'abbé Bathias enumère et analyse de vive voix les documents qu'il a recueillis concernant le fief de la Valette à Pélussin. Ce fief, appelé primitivement la Grange de Pélucins, doit son nom de la Valette aux Rochefort, seigneurs de la Valette près Saint-Etienne, qui le possédèrent du XVe au XVIIe siècle.

La séance est levée.

Le Président,
Vicomte DE MÉAUX.

Le membre faisant fonction de secrétaire,
Éleuthère BRASSART.

II.

ALLOCUTION PRONONCÉE AUX FUNÉRAILLES DE
M. WILLIAM POIDEBARD A DAVÉZIEUX (ARDE-
CHE), LE 25 JUIN 1902, PAR M. LÉON GALLE.

Messieurs,

Avant que ce tombeau ne se referme sur celui
qui fut votre parent ou votre ami, également cher
à tous, laissez-moi, au nom de la Société des Bibliophiles Lyonnais, au nom de la Diana, au nom de
ceux qu'une même communauté de goûts avait unis
à William Poidebard, laissez-moi lui adresser un
dernier adieu.

.D'autres que moi rediront plus longuement ce
que fut ce parfait honnête homme, ce chrétien
aux fortes convictions, cet ami si sûr, cet érudit si
modeste. Mais en attendant qu'une biographie plus
étudiée et plus complète vienne honorer sa mémoire,
je voudrais, en quelques mots, retracer sa vie et
rappeler quels furent ses principaux travaux.

William Poidebard naquit, le 22 mai 1845, à
Saint-Paul-en-Jarez, dans ce doux pays de Forez,
pépinière de poètes, d'artistes, d'érudits, pays de
l'Astrée, patrie des Jean-Marie de la Mure, des
Laprade, des Chantelauze, tout endeuillé encore de
la perte d'un de ses plus grands érudits, Vincent
Durand, secrétaire de la Diana.

Il fit de brillantes études au collège de Mongré
et vint ensuite à Paris, où il suivit, en auditeur

libre, les cours de la Faculté de Droit, de l'École des Chartes et de la Sorbonne. Déjà le goût des études historiques et généalogiques s'était manifesté chez lui et Poidebard, comme on le voit, occupait studieusement ses loisirs d'étudiant.

Les événements de Rome de 1867 vinrent interrompre ses études. Avec cette belle fougue de la jeunesse, épris de toutes les grandes et nobles causes, il s'engagea dans la petite phalange des zouaves pontificaux. Son séjour à Rome fut de peu de durée; il était de retour en France lorsque éclata la guerre de 1870.

Nommé lieutenant aux Mobiles de la Loire, il fut attaché ensuite à l'Etat-Major de l'armée de l'Est, et prit une part active à toutes les opérations qui eurent lieu entre Dijon et Belfort.

C'est vers 1872 que Poidebard, qui habitait le château de La Bastie, en Forez, à proximité de Lyon, commença ses longues et patientes recherches dans les archives départementales et municipales et surtout dans les archives notariales de cette ville, alors qu'une règlementation vexatoire de la Chambre des notaires ne les avait point rendues impraticables aux travailleurs. Il poursuivit ces recherches avec une persévérance et une assiduité qui ne se démentirent pas pendant plus de vingt ans. De là, cette merveilleuse récolte de matériaux et de documents qui devaient servir de base à de nombreuses publications. Aussi, lorsque en 1885 fut fondée la Société des Bibliophiles Lyonnais, il en devint un des premiers membres, ainsi qu'un des plus précieux collaborateurs. Bien avant cette époque, Poidebard très attaché à son pays d'origine, le Forez, faisait

partie de la Diana ; il siégeait au conseil d'administration de cette compagnie en qualité de délégué de
l'arrondissement de Saint-Etienne.

Après avoir habité La Bastie et Oullins, Poidebard se fixa définitivement à Lyon, rue Jarente, 11,
en 1890. C'est là qu'il reçut, pendant les longues
années de sa maladie, les nombreuses visites de ses
amis, de ses collègues des Bibliophiles et toujours
on le trouvait également affable et accueillant.

En 1889, parut l'*Ode de l'Antiquité et Excellence
de la ville de Lyon*, par Charles Fontaine, réimpri-
mée d'après la rarissime édition de 1557. Ce petit
volume, un des premiers publiés par la Société des
Bibliophiles Lyonnais, se compose de poésies adressées
à des personnages occupant de hautes fonctions dans
l'administration de la cité. Poidebard fut l'éditeur de
ce volume ; ses très curieuses notes mettent en lumière
tous ces personnages, nous initiant ainsi à la vie
lyonnaise au XVIe siècle. Vint ensuite le très beau
volume des *Notes héraldiques et généalogiques concernant les pays de Lyonnais, Forez et Beaujolais*
(1896) qui complète si heureusement les armoriaux
lyonnais parus à ce jour. Cet ouvrage qui comprend
environ cinq cents blasons inédits, est une des plus
intéressantes publications sur l'histoire des familles
lyonnaises. Les dessins des blasons qui accompagnent le texte ont été éxécutés, en partie, d'après les
croquis de Poidebard. Poidebard, bibliophile délicat
et paléographe avisé, était aussi un dessinateur de
talent. Il avait surtout un goût exquis et le sentiment de l'art héraldique poussé à l'extrême.

Plusieurs années après, la *Correspondance de Monsieur de Saint-Fonds et du Président Dugas* venait

apporter une notable contribution à l'histoire littéraire de Lyon au XVIIIᵉ siècle. Dans une très
substantielle notice sur les deux correspondants,
Poidebard nous trace un magistral portrait de ces
deux belles figures de la grande bourgeoisie lyonnaise. Mieux que personne, il savait apprécier leurs
brillantes qualités intellectuelles jointes à une haute
probité, à un rare bon sens et à des mœurs
exemplaires.

Ces importantes publications étaient entremêlées
de travaux de moindre envergure et plusieurs char-
mants petits recueils de généalogies vinrent tour à
tour prendre place sur les tablettes des heureux
privilégiés à qui les rares exemplaires étaient distribués.

Pour être un paléographe et un chercheur, William
Poidebard n'en était pas moins un lettré aimable et
délicat. En ces dernières années surtout il n'était pas
d'événement de famille, mariage ou baptême, qui ne
fut l'objet d'une pièce de vers. Dans ces poésies,
destinées à un cercle intime et familial, notre ami
mettait le meilleur de son cœur, les fleurs les plus
gracieuses de son esprit. Et pourtant la Providence
ne lui ménagea pas les épreuves ! En 1893, jeune
encore, il était atteint d'un mal subit, imprévu, qui
le clouait sur son fauteuil. Pendant ses longues
années de claustration, sa sérénité ne se démentit
pas un seul jour ; plein de courage et d'entrain, il
ne cessait de travailler. Mais une épreuve plus douloureuse encore l'attendait : en 1897, il perdait sa
fille, une douce et pure enfant, enlevée dans tout
l'épanouissement de ses seize ans.

Le coup était rude ; le courage de notre ami n'en

fut pas abattu. C'est avec la plus touchante résignation chrétienne qu'il supporta cet irréparable malheur.

Et, peu à peu, il se reprit au travail, aidé et soutenu par l'abnégation, le dévouement de sa compagne, de sa vaillante épouse qui, toujours à ses côtés, sans une défaillance, devait jusqu'au bout lui adoucir les derniers pas de la route.

Il laisse inachevé un ouvrage sur les ex-libris lyonnais, très important travail de généalogie, de biographie et d'histoire littéraire. Cet ouvrage, dont tous les matériaux sont réunis, verra le jour prochainement, grâce au concours d'amis dévoués, ses collègues de la Société des Bibliophiles.

Le 21 juin 1902, à Oullins, William Poidebard s'éteignait doucement, sans souffrance, sans agonie, âgé de 57 ans.

Ami, adieu !

Avec le souvenir de votre chère affection que nous garderons toujours, vous nous laissez aussi des exemples. Votre vie, toute de simplicité et de modestie, se passa loin du bruit. Vous fûtes, outre le travailleur qui honore son pays, l'ami toujours fidèle, le conseiller discret et pour beaucoup un généreux appui. Jamais il ne sortit de vos lèvres que des paroles de bienveillance et de charité.

Adieu, allez donc retrouver dans l'éternité bienheureuse le repos et la paix que vous réserve l'infinie miséricorde de Dieu !

JANVIER — MARS 1903.

BULLETIN DE LA DIANA

I.

PROCÈS VERBAL DE LA RÉUNION
DU 26 FÉVRIER 1903.

PRÉSIDENCE DE M. LE VICOMTE DE MEAUX, PRÉSIDENT.

Sont présents : MM. Achalme, d'Alverny, F. Balay, Baldit, abbé Bégonnet, de Bonand, E. Brassart, abbé Brosse, Chaize, Charvet, abbé Chazal, abbé Chevrolat, Coudour, Crozier, J. Déchelette, J. Desjoyaux, N. Desjoyeaux, Dèzes, capitaine Didier, abbé Duclos, Durand, H. Gonnard, Granger, abbé Forestier, Jacquet, Lachèze, Lachmann, Lafay, Leriche, abbé Marsanne, vicomte de Meaux, Monery, abbé Penel, docteur Perdu, abbé Planchet, abbé J. Rey, Rochigneux, J. Rony, L. Rony, E. Rousse, abbé Saignol, A. de Saint-Pulgent, abbé Signerin, Ph. Testenoire, F. Thiollier, N. Thiollier, baron de Vazelhes, abbé Versanne.

Sur le bureau se trouvent déposées les lettres de divers membres qui ont écrit pour s'excuser de ne pouvoir assister à la séance. De ce nombre, il convient de signaler la lettre de S. E. le cardinal Couillé. M. le Président en donne lecture.

ARCHEVÊCHÉ
    DE   Lyon le 15 février 1903.
LYON

Monsieur le Vicomte et Cher Président,

Que ne m'est-il permis d'aller le jeudi 26 février assister à l'assemblée de notre chère Diana. Je serai ce jour-là sur la route de Rome pour aller représenter le diocèse de Lyon aux solennités du Jubilé Pontifical de Léon XIII, et prendre part à une Congrégation des Cardinaux dans laquelle on doit traiter une question qui intéresse la cause de Notre Jeanne d'Arc. Je suis certain que tous les membres de notre Compagnie m'accompagneront pendant ce voyage de leur sympathie et de leurs prières.

Je veux de loin, cher Président, vous dire la part que j'ai prise au deuil causé par la mort du vénéré M. Testenoire.

Ce grand chrétien, travailleur infatigable jusqu'à son dernier jour, en nous laissant son ouvrage sur Saint-Etienne a prouvé une fois de plus combien est douce et féconde l'harmonie de la Foi et de la Science. Il laisse une mémoire bénie, *In memoria æterna erit Justus.*

Je serais bien ingrat si je ne vous remerciais pas du volume consacré à Saint-Galmier et aux souvenirs recueillis dans votre excursion. Récit et illustration forment un tout d'un grand intérêt. Je vous remercie de cet envoi qui trouvera noble place dans nos archives diocésaines.

Veuillez, Monsieur le Vicomte et Cher Président, agréer et faire agréer à tous les membres de la Diana l'expression de mes sentiments de respect et d'affectueux dévouement.

    † Pierre, Cardinal Coullié, archevêque de Lyon.

P.T.ESTENOIRE
LAFAYETTE
1812-1903

Ensuite M. le Président se ... et
termes ... membres ... ...

« Messi... :

« Je su... donc ... ... d...
...nèbre devoir ... ... ns de ...
c... qui, d... ... ... qui
... fait n...tre ou ... ...,
... unée de ... ...
... son ... ...

... ...

... année, ... terme d... ...
... près ... ...lai.., ...
... ..., ... second f... ...
plus, ... de ...
... ...,
... des ... ... et de ...
... D... ... ...
... p... ... ... pour ... ...
... ...
... ...
... ... à ... ...
... dite ... ...
... ...
... ...
... ...

... ... à M. ... ...,
... ...
... ... tr... ...
...me ... ... de...

Ensuite M. le Président se . lève et parle en ces termes des membres récemment décédés :

« Messieurs,

« Je suis donc destiné d'année en année à rendre un funèbre devoir aux anciens de notre compagnie, à ceux qui, durant le siècle qui vient de se clore, l'ont fait naître ou l'ont fait vivre.

L'année dernière elle portait le deuil de Vincent Durand son secrétaire perpétuel, son guide et son organe.

Cette année, au terme d'une vie toujours pleine et pure et presque séculaire, s'éteint sans avoir décliné, son doyen, son second fondateur, l'homme qui avait fait plus, pouvons-nous dire, que lui donner naissance ; car il l'avait ressuscitée. Aussi bien quand il s'agit des hommes et des choses de la Diana, c'est à Vincent Durand qu'il faudra longtemps encore se référer et puisqu'un jour remontant à nos origines, il a fait dans notre histoire la part de chacun, excepté la sienne, je répèterai après lui que M. de Persigny avait donné à la Diana un corps, et que M. Testenoire-Lafayette lui a donné une âme. Puisse donc cette âme, émanée de notre doyen, rester en effet à jamais comme était la sienne, comme elle s'est jusqu'à la fin reflétée sur ses traits réguliers et fins : empreinte de sérénité et d'aménité, en même temps que pénétrée de l'amour du travail et de la vérité !

La Diana avait dû à M. de Persigny la restauration magnifique de l'édifice qui l'abrite, l'acquisition des livres, ses instruments de travail, enfin le programme de sa tâche et de sa destinée. Autour de lui, l'ami de César, s'étaient rassemblés, à côté des Foréziens curieux de l'histoire de leur pays, ceux qu'attirait César et sa fortune. La Diana compta de la sorte 240 membres qui lui apportèrent d'abondantes ressources, mais qui ne travaillaient, ni ne conféraient ensemble. Elle n'avait ni assemblées, ni publications régulières ; aucune mesure n'était prise pour ouvrir ses collections soit aux sociétaires, soit au public. Aussi, faute de sentir y circuler la vie, nombre de membres l'abandonnaient déjà avant 1870. Languissante alors, elle semblait, comme son premier fondateur, ne pas devoir survivre à l'année terrible. M. Testenoire la ranima. Estimant sans doute que plus la patrie était malheureuse et paraissait ruinée, plus il importait de ne rien laisser perdre du trésor de ses antiques souvenirs, il adressa un appel à ce qui restait des anciens membres de la Diana. Dix-huit seulement répondirent à ce premier appel, dix-huit se rencontrèrent dans la salle depuis deux ans au moins désertée et, sous l'inspiration de M. Testenoire, décidèrent que la société de la Diana revivrait. Présidée et dirigée par lui, elle se releva ; lorsqu'en 1873 elle recommença à dresser la liste de ses membres, elle en avait 93. Bien peu de ceux qui figuraient sur cette liste s'y retrouvent aujourd'hui ; mais la plupart y sont restés jusqu'à leur mort et beaucoup sont maintenant représentés parmi nous par leurs fils. Tant que M. Testenoire demeura à sa tête, notre Société ne cessa de croître ; en 1879 quand, retenu par d'autres devoirs, il renonça à la présider, elle comptait 168 membres et, grâce à l'impulsion donnée par lui, elle n'a pas décliné ensuite ; nous sommes 270 aujourd'hui. Je rapporte à son impulsion la croissance qui se continue encore, parce que tout ce qui entretient et manifeste l'activité de la Diana remonte à son initiative. Sous lui, les livres et les documents que nous possédons ont été mis à la disposition des sociétaires, des habitants de Montbrison, des travailleurs accrédités et vous pouvez voir aujourd'hui cette bibliothèque et ces archives foréziennes, gardées qu'elles sont par un conservateur obligeant et assidu, fréquemment consultées ; en dehors des études que nous publions, elles ont contribué à plus d'une recherche savante. Sous M. Testenoire également ont été tenues régulièrement nos séances trimestrielles et inaugurées nos excursions archéologiques à travers le vieux Forez. Plus d'un vestige oublié du passé a été de la sorte remis en lumière ; plus d'un édifice vénérable, disputé tantôt à une mutilation, tantôt à une restauration qui menaçait de le défigurer. La première de nos excursions a eu lieu le 1ᵉʳ juillet 1873 à Montverdun et à la Bâtie. Déjà rien n'y manquait : ni un questionnaire soulevant à chaque pas un problème historique et trop vaste sans doute pour être complètement rempli, ni un repas, excellent peut-être, en tout cas assaisonné par la joie des convives à se retrouver ensemble, ni même au dessert une chanson qui a mérité d'être conservée dans nos annales. Pourquoi faut-il que cette visite à la Bâtie ait précédé de si peu la dévastation de la merveilleuse chapelle, *mirabile sacellum*, selon Fodéré, exemplaire unique de la renaissance italienne en Forez, en même temps que monument de la foi catholique sauvegardée par les d'Urfé dans notre province. Cet acte de vandalisme était fait pour désoler le président de la Diana ; associé alors à ses démarches, je lui dois ce témoignage qu'il n'a rien épargné pour l'empêcher et du moins lui a-t-il été donné de trouver ensuite auprès de lui celui qui devait, autant qu'il dépendait d'une main humaine, nous en consoler, celui qui, employant avec le talent d'un artiste les plus ingénieux procédés de la photographie, nous a restitué la Bâtie.

Sous M. Testenoire enfin, ont commencé à paraître nos volumes de *Mémoires* et nos *Bulletins* périodiques : les volumes contenant les travaux de longue haleine que la Compagnie confie aux plus érudits et laborieux de ses membres ; les bulletins renfermant le compte rendu de nos séances, communiquant à tous, à mesure qu'elles nous sont apportées, les recherches et les découvertes d'un grand nombre. Ainsi s'est établi et perpétué parmi nous au profit de l'histoire de notre province, entre les plus habiles et les plus modestes, un cordial échange d'informations, un commerce intellectuel qui entretient et développe l'amour de la petite patrie.

Si les nouveaux venus ici me demandent comment M. Testenoire-Lafayette provoquait ces efforts inégaux et variés, comment il obtenait de chacun ce que chacun pouvait donner, je leur dirai que c'était à force de bienveillance ; qu'en estimant toujours ceux qu'il abordait capables de bien faire, il les amenait à bien faire en effet et je suis persuadé qu'une réponse pareille serait donnée dans toutes les sociétés qu'il a dirigées. Car la Diana, même quand il la ressuscitait, n'était ni l'unique ni le principal objet de ses soins. Son temps se partageait d'abord à Saint-Etienne entre les œuvres charitables dont il était l'âme et les affaires des familles dont il avait gagné la confiance étant notaire et, qu'après avoir cédé son étude, il assistait encore de ses conseils. Aussi bien le jour même de ses funérailles, sa vie a été esquissée tout entière par un témoin, un ami des derniers jours, initié aux vieux souvenirs. Je ne saurais rien ajouter, si ce n'est en ce qui concerne la Diana et ce qui l'occupe, à la page écrite par M. Tezenas du Montcel et, lorsque j'essaie, en m'inspirant de cette page, de représenter, telle que je l'entrevois, la carrière de notre aimable et vénérable doyen, je rencontre une parole empruntée par lui à un de ses collègues à qui il rendait hommage, et je la lui applique à lui-même en la modifiant : « La vie de l'honnête homme — disait ce devancier de M. Testenoire — est divisée comme une pièce de théâtre en cinq actes : au premier l'innocence ; au second les études de la jeunesse ; au troisième les travaux d'un état ; au quatrième les honneurs et les emplois ; au cinquième, la piété et le repos qui conviennent à la vieillesse » (1). Telle a été en effet la vie qui vient de finir, avec cette différence toutefois que les cinq actes n'y furent pas divisés ; de même que vers le terme, nous avons vu cette vie garder en quelque sorte l'innocente fraîcheur du premier âge, de même aussi la piété n'avait certes pas attendu la vieillesse pour s'y manifester.

Enfin cette vieillesse s'est-elle accordé le repos ? Il est difficile de l'admettre en lisant sur le seuil de l'histoire de Saint-Etienne achevée six mois avant la mort de son auteur cette date assurément digne de

---

(1) C.-P. Testenoire-Lafayette, *Notaires de l'arrondissement de Saint-Étienne — Notices*, p. 8.

remarque : *16 août 1902, quatre-vingt-douzième anniversaire de ma naissance.* C'était son premier livre : fait sans exemple, si je ne me trompe, dans l'histoire littéraire. Le bon Rollin, après une carrière vouée à la culture et à l'enseignement des belles lettres, avait publié son premier ouvrage à soixante-cinq ans et cette fécondité tardive étonna son siècle. M. Testenoire en ce point a de beaucoup dépassé Rollin, puisqu'après s'être habitué durant vingt-deux ans dans l'exercice de sa profession aux recherches exactes et aux formules précises, il a attendu quarante-deux ans de plus, jusqu'à quatre-vingt-douze ans pour enfanter un volume. A ce volume si lentement préparé, avaient préludé d'ailleurs les opuscules semés à travers nos divers recueils, la monographie de Valbenoîte, de son abbaye et de son église, le récit sur pièces authentiques de la querelle sanglante des seigneurs de Saint-Priest et des seigneurs de Roche-la-Mollière, la biographie du curé Léonard Janier, et du curé Guy Colombet. Enfin la notice insérée dans le *Forez pittoresque* avait résumé d'avance au sujet de Saint-Etienne ce qu'une critique exempte d'illusion devait plus tard définitivement établir, et l'avait résumé en laissant discrètement entrevoir l'attachement modeste et tenace du plus âgé des historiens pour sa ville natale, la plus jeune des grandes villes de France.

« Saint-Etienne, — a écrit M. Testenoire — a toujours été peuplé d'artisans et d'industriels et n'a jamais conservé beaucoup de rentiers dans ses murs.

« C'est cette population travailleuse, calme, modérée, attachée à sa foi religieuse, choisissant les meilleurs pour en faire ses consuls, c'est cette population qui a fait d'un hameau la septième ville de France comme nombre d'habitants, la première de celles qui ont conservé le nom du patron de leur vieille église berceau du centre primitif de la cité. »

A quoi il ajoutait :

« L'ancien type stéphanois s'est altéré par l'invasion des innombrables étrangers qu'a attirés l'accroissement de l'industrie. Au commencement de ce siècle on trouvait souvent encore de vieux forgeurs, d'anciens passementiers, simples, gais, un peu narquois, travaillant tôt et tard, pendant six jours, se délassant un moment le matin et plus longtemps le soir, après le labeur, assis alors sur le seuil de leur porte, un gros *bichon* de soupe à la main, et échangeant, dans leur patois imagé, des conversations entremêlées de gros rires ; puis le dimanche après vêpres, allant avec leur famille, souvent nombreuse, boire une écuellée de lait vers une ferme, sur le bord d'un pré. »

Voilà le Saint-Etienne qu'a tout d'abord aimé M. Testenoire, que sa pensée et son cœur n'ont guère cessé d'habiter. L'histoire qu'il a composée s'arrête au début du dix-neuvième siècle. Dans les dernières pages seulement, il évoque à côté des documents authentiques la tradition orale, les souvenirs qu'il avait recueillis quand il était jeune de la bouche des vieillards, et vous penserez sans doute, Messieurs, que ces pages qui rappellent, à travers les excès révolutionnaires, les actes généreux de quelques braves gens ne sont pas les moins intéressantes. Vous y verrez par exemple que, durant la réaction thermidorienne qui fut assez violente en cet endroit, un jour que les terroristes étaient traqués par une bande furieuse, l'un d'eux, voisin d'un Testenoire-Lafayette, vint effrayé et tremblant chercher asile dans la maison d'où, peu de temps auparavant, il avait voulu expulser le légitime propriétaire et vous ne vous étonnerez pas d'apprendre qu'il y fut reçu avec bonté, vous savez bien que tel aurait été l'accueil qu'aurait fait à son ennemi, le Testenoire que nous avons connu, si pourtant il est possible de se le figurer en nos jours ayant un ennemi.

A la lecture de ces dernières pages peut-être regretterez-vous que l'auteur n'ait pas poussé plus loin son récit et qu'arrivé au siècle qui fut le nôtre, il n'ait pas fait succéder à ses recherches érudites ses mémoires personnels. Peut-être vous joindrez vous à moi pour adresser un appel à sa famille, afin qu'au moyen des papiers qu'il lui a laissés et des entretiens qu'elle n'a pas oubliés, elle continue et complète l'œuvre à laquelle elle a déjà participé. Cette œuvre en effet, telle que nous l'avons maintenant entre les mains, est due au concours de trois générations : l'aïeul l'a composée, le gendre l'a illustrée, le petit-fils en a vérifié le texte et surveillé l'impression.

Ainsi a-t-il été donné à M. Testenoire, en transmettant aux siens ses sentiments et ses principes, de les associer à ce qui l'occupait lui-même. Jusqu'à la fin, il n'a pas été seul dans la vie et, par une enviable faveur de la Providence, il n'a pas été seul non plus dans la mort. Vers le terme de l'année dernière, son inséparable compagne et lui demandaient à Dieu, chacun de leur côté, on l'a su plus tard, de ne pas se survivre l'un à l'autre. Dieu n'a pas tardé à les exaucer. Le 21 janvier, selon une coutume de deuil et d'expiation, à laquelle après un siècle et plus ils restaient fidèles, déjà éprouvés par l'hiver, ils étaient allés ensemble à la messe. Ce fut leur dernière sortie, la dernière messe qu'ils entendirent. Ensemble, trois semaines après, leurs deux cercueils entraient dans la même église, trop étroite pour contenir la foule émue et recueillie qui les accompagnait. Ensemble ils s'étaient éteints sous le même toit, sans que chacun vit mourir l'autre. Ensemble, ils venaient de se retrouver, avec une mutuelle et joyeuse surprise, dans un séjour meilleur, assurés de vivre à jamais réunis.

Messieurs, je n'ai pas fini de compter nos morts.

Depuis notre dernière réunion, nous avons encore perdu M. Pierre Lachèze, M. Etienne Gautier.

Il y a peu de temps M. Lachèze nous quittait pour employer dans l'industrie les connaissances qu'il avait acquises à l'Ecole centrale, par un labeur couronné de succès. Nous espérions alors qu'il reviendrait plus tard dans un pays, dans une cité où, durant le siècle maintenant écoulé, sa famille avait tenu une place considérable et rendu d'importants services. Il devait y rentrer bientôt, mais pour y mourir presque soudainement.

M. Gautier appartenait à la fois au Roannais, à Lyon, à Paris. Ailleurs on a déjà dit, on redira longtemps encore ses vertus aimables et généreuses, ses grandes œuvres et ses actes innombrables de charité, sa vaillance durant la guerre, son dévouement infatigable et toujours délicat et modeste à ses amis, aux pauvres, à son pays. Ici il convient de rappeler son goût et son talent pour les arts. Car ce goût

n'était pas étranger à l'archéologie : s'il était capable
de peindre lui-même de beaux tableaux, un Saint-
Georges, une Sainte-Cécile, pourtant selon la pente
de son caractère il s'intéressait davantage à ce que
les autres avaient fait et, s'éprenant tantôt d'une
époque tantôt d'une autre, il en étudiait curieuse-
ment les monuments, il en rassemblait les ouvrages.

Ce talent se mêlait aussi à ses bonnes œuvres. Il
y a quelques années la Diana visitait Charlieu et
dans cette ville, où nous avaient attirés les monuments
du moyen âge, les restes imposants de l'abbaye
romane, et le cloître où s'était épanoui le style ogival ,nous rencontrions un édifice moderne aux vastes
et harmonieuses proportions, qui ne déparait pas
la vieille cité, loin de là. Il était pour elle et pour
toute la contrée à la fois un ornement et un bien-
fait. C'était une école de frères Maristes (que va-t-
elle devenir aujourd'hui ?) construite avec les ressources de M. Gautier et sur ses dessins.

Excursion pour 1903.

M. le Président dit qu'il serait peut-être bon
de désigner dès aujourd'hui le but de l'excursion
archéologique de la Société en 1903, plutôt qu'à
l'Assemblée générale de mai ou de juin. Les commissaires auraient ainsi plus de temps pour l'organiser.

M. J. Déchelette rappelle que l'année passée, à la
demande de M. Roux, on avait désigné Néronde
pour l'excursion de 1903. Cependant, de l'avis de
quelques membres, l'Assemblée doit rester souveraine
et choisir une autre localité si elle le croit préférable.

MM. Gonnard et Brassart proposent une excursion dans la partie du département avoisinant le Rhône, le Forez-Viennois, Malval, Lupé, Chavanay. Mais ce serait une excursion qui durerait deux jours, il faudrait coucher à Vienne.

M. Crozier fait observer que, dans la séance du 3 juin dernier, la Société s'étant engagée envers **M.** Roux à visiter Néronde en 1903, il n'est guère possible de revenir sur cette promesse sans l'assentiment de **M.** Roux.

Il est décidé qu'il sera demandé à **M.** Roux son programme pour en être délibéré à la prochaine réunion.

Construction d'un réseau d'égouts à Feurs. — Communication de M. J. Ory, maire de Feurs.

M. le Président informe l'assemblée que **M.** J. Ory, maire de Feurs, est venu ce matin prévenir le conseil de la Diana de l'exécution, au cours de l'année, de grands travaux dans le sous-sol de la ville de Feurs, occasionnés par la construction d'un réseau d'égouts.

Dans le cahier des charges, dressé pour l'adjudication de ces travaux, il a été spécifié que tous les débris, tous les objets qui seraient rencontrés au cours des fouilles resteraient la propriété de la ville ; que, s'il survenait la découverte de substructions dignes d'être dégagées, d'être relevées avec soin, l'administration municipale pourrait faire arrêter les travaux pendant tout le temps nécessaire aux constatations, aux recherches.

M. Ory a demandé à ce que la Société de la Diana veuille bien aider la commission municipale chargée de la surveillance des travaux dans le sauvetage et le classement des objets antiques que l'on pourrait découvrir.

Le conseil a félicité M. le Maire de Feurs d'avoir fait insérer dans le cahier des charges des travaux de la ville de Feurs des clauses aussi profitables à l'archéologie et à l'histoire, dignes d'être données en exemple. Il l'a remercié de vouloir bien inviter la Diana à constater les découvertes qui pourraient se produire et lui a dit que MM. E. Brassart et T. Rochigneux se tiendraient à sa disposition pendant toute la durée des travaux et se rendraient à Feurs à son premier appel.

Sépulture du Moyen âge trouvée dans la commune de Bonson ; l'église de Notre-Dame de Bonson. — Communication de M. l'abbé Signerin, curé archiprêtre de Saint-Rambert.

La parole est donnée à M. l'abbé Signerin, curé archiprêtre de Saint-Rambert-sur-Loire. Il entretient la réunion de la découverte récente d'une sépulture, probablement chrétienne, faite dans la commune de Bonson, au lieu de la Tuilière, près du village de Bechet.

Des travaux agricoles ont mis à jour, à une faible profondeur, un cercueil orienté, plus large à la tête qu'aux pieds, formé de dalles justaposées sans mortier et renfermant un squelette dont la tête seule n'était pas tombée en poussière. Aucun objet, aucun vase ne furent recueillis au milieu des cendres humaines. Les dalles, d'une seule pièce, qui formaient les côtes et le couvercle de ce cercueil sont du calcaire particulier à cette partie de la plaine du Forez. Calcaire dont la couche est assez épaisse à Sury pour être exploitée par les chaufourniers ; mais qui, dans les régions avoisinantes, se présente par banc de quelques centimètres d'épaisseur.

Une discussion s'engage entre plusieurs membres, sur l'âge probable de cette tombe. Sa forme, l'absence de tout mobilier funéraire paraissent indiquer le XIIe siècle, comme l'âge le plus reculé.

M. l'abbé Signerin donne ensuite lecture des quelques pages de son livre sur Notre-Dame de Bonson, consacrées à l'architecture de cette église remaniée au cours des siècles. Il résulte des constatations de l'auteur que la porte d'entrée, et le campanile appartiennent à la construction primitive, au XIIe siècle.

Anciens usages religieux du Velay. — Communication de M. l'abbé Prajoux.

M. Gonnard donne lecture d'une note de M. l'abbé Prajoux concernant certains usages religieux encore suivis au cours du XIXe siècle dans certaines paroisses du Velay avoisinant le Forez. Usages concernant : les croix des confréries, la couleur du voile qui ornait chaque croix, couleur qu'arboraient dans leur costume, les jours de cérémonie, les membres des confréries ; les repas de funérailles.

M. l'abbé Prajoux conclut, toutefois sans en

fournir la preuve, que des pratiques semblables devaient être aussi en usage dans le Forez.

La séance est levée.

Le Président,
Vicomte DE MEAUX.

Le membre faisant fonction de secrétaire,
Eleuthère BRASSART.

———

MOUVEMENT DE LA BIBLIOTHÈQUE

Dons.

Ont été offerts par MM. :

Anonyme: Plan terrier, coté et numéroté, de la ville, château et environs de Saint-Just-en-Chevalet.

Deuxième moitié du XVIIIᵉ siècle. — Longueur 0ᵐ 66, hauteur 0ᵐ 47.

— Plan de l'église paroissiale de Saint-Thibaud de Saint-Just-en-Chevalet et ses abords portant l'indication des agrandissements projetés.

Première moitié du XIXᵉ siècle. — Echelle de 0ᵐ 004 par mètre. — Hauteur 0ᵐ 30 ; largeur 0ᵐ 33.

Bertrand (Alfred), sa notice : *Rapport du conservateur du musée départemental de l'Allier. La cheminée du doyenné.* Moulins, (Auclaire), 1902, in-8°.

Biron (Joseph), sa notice nécrologique : *M. Louis de Lapala, chef de division honoraire de la Préfecture de la Loire, secrétaire-archiviste de la Société d'agriculture, industrie, sciences, arts et belles-lettres du département de la Loire.* Saint-Etienne, (J. Thomas et Cⁱᵉ), 1902, in-8°.

Germain de Maidy (Léon), sa notice: *Une ancienne cloche de Bussières (Haute-Saône), 1660.* (Extrait des *Mémoires de l'Académie de Stanislas*, 1899-1900). Nancy, Berger-Levrault et Cie, 1900, in-8°.

Gontard (Eugène) : Transaction passée entre noble Guillaume de Mars, seigneur de Sainte-Agathe, d'une part, et Jean de l'Olme, alias Rejod, dudit lieu, d'autre part, au sujet de servis dus par ce dernier (1446, 3 mai).

Expédition authentique, parchemin barlong.

— Cession, en présence et sous l'autorisation d'Arthaud Moriet, châtelain de Cousan, d'un emplacement confiné de trois brassées de long sur deux de large, dans l'intérieur de l'enceinte de Sauvain, au profit de divers habitants y dénommés des environs, à l'effet d'y construire une maison de refuge, sous la charge d'aider à la défense de la place et de contribuer à la réparation et entretien des fossés, fortifications et autres ouvrages militaires dudit lieu de Sauvain, reçu Pierre Boucher, notaire royal (1448, 18 février).

Expédition authentique, parchemin carré.

— Documents divers concernant les familles Morand *alias* Montrond, Morin, Mollin, Mallet et alliances, de Saint-Didier-sur-Rochefort, etc (1527-1647).

Accord et partage de biens à Saint-Didier-sur-Rochefort et environs, entre Jean de Montront et ses ayant droit d'une part, et les héritiers Chavarent de l'autre, reçu Pastural, notaire royal (1527). — Contrat de mariage portant donation entre Antoine du Mollin et Marie de Montrond, reçu Josset ou Fosset, notaire royal (1548). — Réponse de Jean de Montrond, au terrier de la rente de Cousan, reçu Colongy, au profit de Claude de Lévis (1549). — Transaction au sujet de biens-fonds entre Jean de Montrond et consorts d'une part, et Jean et Louis Georges, d'autre part (1550). — Transaction entre

Didier et Marie Montrond, reçu la Barge, notaire royal (1580).
— Quittance de la dot de Marguerite Chaffal, épouse de
Blaise Morin, portant règlement de diverses créances antérieures, reçu Randin, notaire royal (1583). — Contrat de
mariage portant donation entre Jean Mallet de Montrond
(Morand) et Marguerite de Perret, reçu Randin, notaire royal
(1592). — Contrat de mariage entre Jean Gorinand (Gorand?)
de Dovézy, paroisse de Lérignieu et Claude Mallet de Montrond, reçu Randin, notaire royal (1599). — Obligation gagée
sur fonds sis à Saint-Didier, passée par Jean Combes-Suchet
au profit d'Antoine Suchet, reçu Dumolin, notaire royal
(1600). — Contrat de mariage entre Pierre Montagny, de
Saint-Sixte, et Antoinette Chavanerin, de Saint-Didier, reçu
Forissier, notaire royal (1619). — Transaction et accord entre
les consorts Durand et Jean Morand au sujet de biens suc-
cessoraux (1637). — Contrat de mariage entre Antoine Mallet
et Jeanne Chavanerin la jeune, reçu Poyet, notaire royal
(1647).

12 pièces sous forme d'expédition authentique,
papier et parchemin, de tous formats.

— Documents divers concernant l'église et
plusieurs familles de Boën et environs (1600-1613).

Quittance du principal d'une rente de 100 livres passée
au profit de Claude Baulme, marchand de Boën, par les curé
et prêtres desserviteurs de l'église de Boën (1606). — Quittance
passée par Théophile Perrinet, curé de Saint-Sixte, au profit
de Jean Mallard, marchand de Boën, substitué aux droits
de Claude Baulme (1606). — Transaction et accord entre
Gabriel Cheurier, marchand de Boën et les consorts François père et fils, marchands dudit lieu, au sujet d'une prise
d'eau pour l'irrigation de prés sis en la Goutte-Lanet près de
Boën, reçu Grozelier, notaire royal (1608). — Transaction
entre Antoine Michon de Boën et Claude Baulme, marchand
dudit lieu, au sujet d'un prêt sur gage mobilier, reçu Grozelier,
notaire royal (1613). — Jugement de l'élection de Forez au
profit de Nicolas Baille, procureur d'office d'Uzore, deman-
deur en décharge de tailles contre les consorts François
(1621). — Testament nuncupatif de Marguerite Gueynard,

veuve de Pierre Boyer, greffier de Cousan et son héritière testamentaire, au profit de Catherine Poyet, sa petite nièce, reçu Gaudin, notaire royal (1682).

6 pièces sous forme de copie ou expédition authentique, papier, formats divers.

Gras (L.-J.), sa notice : *L'année foréζienne 1902.* (Extrait du *Mémorial de la Loire* du 1er janvier 1903). Saint-Etienne, (J. Thomas et Cie), 1903, in-8° (deux exemplaires).

Institut de France. Académie des inscriptions et belles-lettres. *Rapport fait au nom de la commission d'antiquités de la France sur les ouvrages envoyés au concours de l'année 1901* par Paul Violet, lu dans la séance du 25 juillet 1901. Paris, Firmin-Didot et Cie, 1901, in-4°.

Jamot (Claudius), son *Compte-rendu du congrès archéologique de Troyes, année 1902.* (Extrait du *Bulletin mensuel de la Société académique d'architecture de Lyon,* novembre 1902). Lyon, (Waltener et Cie), 1902, in-8°.

Jourda de Vaux (comtesse) : l'abbé de la Rousselière, *La poèsie du ciel, Le paradis de Dante Alighieri, Traduction inédite. Symbolisme, art chrétien, histoire.* Paris, Périsse frères, s. d. (1901), gr. in-8°.

Lachmann (Emile), ses œuvres musicales : *Les verriers,* chœur pour quatre voix d'hommes, op. 256, paroles d'Antoine Roule. Lyon, « Accord Parfait », 1903, in-8°.

— *L'Algérie,* chœur à quatre voix d'hommes, op. 255, contenant intercalés trois petits airs arabes populaires, paroles de Vᵗᵉ Roger-Lacassagne. Lyon, « Accord Parfait », 1903, gr. in-8°.

— *Aubade champêtre*, chœur pour quatre voix d'hommes, op. 257, paroles de Gabriel Maglione. Lyon, « Accord Parfait », 1903, gr. in-8°.

Martin (abbé Jean-Baptiste), ses publications : *Bibliographie. Le linceul du Christ.* (Extrait de l'*Université catholique*). Lyon, Emmanuel Vitte, s. d., in-8°.

— *La chapelle de la Visitation Sainte-Marie de Bellecour.* Lyon, Emmanuel Vitte, 1903, in-8°.

— *Le chapitre primatial de Lyon*, conférence faite aux facultés catholiques de Lyon le 6 février 1903. Lyon, (M. Paquet), 1903, in-8°.

— et le Dʳ J. Birot, *Notice sur la collection des livres d'heures conservés au trésor de la primatiale de Lyon.* (Extrait du *Bulletin historique et philologique*, 1902). Paris, imp. nat., 1903, in-8°.

Ministère de l'Agriculture. Direction de l'Agriculture. Bureau de la statistique et des subsistances. *Statistique agricole annuelle, 1901.* Paris, imp. nat., 1902, gr. in-8°.

Ministère de l'Instruction publique. *Journal des Savants.* Septembre-décembre 1902.

Prothière (Eugène), sa notice : *Richelieu à Tarare.* (Extrait du *Bulletin de la Société des sciences naturelles et d'enseignement populaire de Tarare*). Charlieu, (Paul Charpin), 1902, in-8°.

Rousset (abbé C.-A), sa notice : (*Les prébendes des églises Saint-Jean, Saint-Etienne et Sainte-Croix en 1759.* Lyon, Emmanuel Vitte, 1903, in-8°.

— *L'écho des familles de Couzon au Mont d'Or.* Janvier 1903.

Signerin (abbé Charles), son ouvrage : *Notre-Dame de Bonson (Loire) et son pélerinage.* Saint-Etienne, (J. Thomas et Cie), 1903, in-12.

Testenoire-Lafayette (C.-P.), son livre : *Histoire de Saint-Etienne.* Nombreuses illustrations exécutées en phototypie ou photogravure sous la direction de Félix Thiollier. Saint-Etienne, (J. Thomas et Cie), 1902, in-4°.

Echanges.

Académie d'antiquités de Stockolm : Kongl. Witterhets historie och antiquitets akademiens manadsblad tjugosjette argangen, med 90 figurer. 1897.

Académie de Mâcon. *Annales.* 3e série, tome VI, année 1901.

Rameau (Mgr), Les comtes héréditaires de Mâcon. — Visite pastorale des archiprêtrés de Charlieu et du Rousset (*suite*).

Académie des sciences, arts et belles-lettres de Dijon. *Mémoires.* IVe série, tome VIII, années 1901-1902.

Chabeuf (Henri), L'art et l'archéologie. — Vernier, Le duché de Bourgogne et les compagnies dans la seconde moitié du XIVe siècle.

Académie des sciences, belles-lettres et arts de Besançon. *Procès-verbaux et Mémoires.* Année 1902.

Gauthier (Jules), Les châteaux et les châtelains domaniaux en Franche-Comté sous les comtes et ducs de Bourgogne (XIIIᵉ-XVᵉ siècles).

Académie des sciences, belles-lettres et arts de Clermont-Ferrand : *Bulletin historique et scientifique de l'Auvergne*, 2ᵉ série, nᵒˢ 6 à 10, juin-décembre 1902 ; nᵒ 1, janvier 1903.

Académie des inscriptions et belles-lettres. *Comptes-rendus des séances de l'année 1902. Bulletin*, mai-octobre 1902.

Audollent (Auguste), Note sur les fouilles du Puy-de-Dôme. (26 juillet-22 août 1901).

Académie de Vaucluse. *Mémoires*. Tome II, 2ᵉ, 3ᵉ et 4ᵉ livraisons, année 1902.

Académie du Var. *Bulletin*. LXXᵉ année, 1902.

Bulletin historique du diocèse de Lyon, 3ᵉ année, nᵒ 18, novembre-décembre 1902 ; 4ᵉ année, nᵒˢ 19 et 20, janvier-avril 1903.

Rousset (abbé C.-A.), Les prébendes des églises Saint-Jean, Saint-Etienne et Sainte-Croix. (*Noms de fondateurs intéressant le Forez : Anne Dauphine ; Amédée, Philippe et Hugues de Talaru ; Dio, prieur de Montverdun ; — de collateurs: Jacques Henrys, de Grézieu ; de la Thuillière de Montbrison ; de Châteaumorand.*

Chambre de commerce de Saint-Etienne : *Condition publique des soies et titrage des soies et autres matières. Lois, décrets, statuts, règlements, décisions, mis à jour le 1ᵉʳ janvier 1903, suivis d'un tableau des bureaux publics officiels de conditionnement et de titrage.*

— — *Relevé des opérations de la condition publique des soies de Saint-Etienne,* années 1901 et 1902.

— Entrepôt réel des douanes. Mouvement des marchandises en entrepôt.

— Résumé de ses travaux pendant l'année 1902.

— Statuts de caisse de crédit agricole mutuel *(projet)*.

Comité de l'art chrétien du diocèse de Nîmes. *Bulletin*, tome VII, n° 46, année 1902.

Commission des arts et monuments historiques de la Charente-Inférieure et Société d'archéologie de Saintes. *Recueil*, tome XVI, 4ᵉ livraison, octobre 1902.

Commission historique du département du Nord. *Bulletin*, tome XXV, année 1901.

Leuridan (Th.), Statistique féodale du département du Nord. La châtellenie de Lille.

Institut de Carthage. *Revue tunisienne*, 9ᵉ et 10ᵉ années, nᵒˢ 36, 37 et 38, octobre 1902 à mars 1903.

Ministère de l'Instruction publique et des Beaux-Arts, *Annuaire des bibliothèques et des archives, pour 1903*.

Ministère de l'Instruction publique et des Beaux-Arts. *Bibliographie des travaux historiques et archéologiques publiés par les Sociétés savantes de la France*, dressée par M. Robert de Lasteyrie. Tome IV, 1ʳᵉ et 2ᵉ livraisons, n° 61848 à 74866, 1902-1903.

— *Bibliothèque d'archéologie africaine. Enquête administrative sur les travaux hydrauliques anciens en Algérie*, publiée par M. Stéphane Gsell, 1902.

— Comité des travaux historiques et scientifiques. *Bulletin archéologique*, 2ᵉ et 3ᵉ livraisons, année 1902

Galle (Léon), Une ancienne chapelle de Savigny en Lyonnais (*planches*) ; — Thiollier (Félix et Noël), L'église de Ternay (Isère) (*planches*).

— — *Bulletin historique et philologique*, nᵒˢ 1 et 2, année 1902.

— — Section des sciences économiques et sociales. *Bulletin. Congrès des Sociétés savantes de 1902 tenu à Paris.*

— Direction des Beaux-Arts. Bureau de l'enseignement et des manufactures nationales. *Réunion des Sociétés des Beaux-Arts des départements, salle de l'hémicycle à l'Ecole nationale des Beaux-Arts, du 1ᵉʳ au 4 avril 1902,*

— — — Comité des Sociétés des Beaux-Arts des départements. *Bulletin*, nᵒ 22, 15 décembre 1902.

— *Inventaire général des richesses d'art de la France : Paris. Monuments religieux et civils,* tome III, 1901 et 1902.

— — *Province. Monuments religieux,* tome III, 1901.

Musée Guimet. *Annales.* Bibliothèque d'études. Tome XIV. *Le rituel du culte divin journalier en Egypte,* par Alexandre Moret, 1902.

— — *Revue de l'histoire des religions.* 23ᵉ année, tome XLVI, nᵒˢ 1, 2 et 3, juillet-décembre 1902.

Revue d'histoire de Lyon. Etudes, documents, bibliographie. Tome I, fascicules 5 et 6, septembre-décembre 1902 ; tome II, fascicule 1 et 2, janvier-avril 1903.

Charlety (S.), Le régime douanier de Lyon.

Revue épigraphique. 15ᵉ année, nᵒ 106, juillet-septembre 1902.

Revue historique, archéologique, littéraire et pitto-resque du Vivarais illustrée, tome X, n⁰ˢ 9 à 12, et tome XI, n⁰ˢ 1 à 4, septembre 1902 à avril 1903.

Semaine religieuse du diocèse de Lyon, 9ᵉ année, n⁰ˢ 43 à 52, 19 septembre-21 novembre 1902 ; et 10ᵉ année, n⁰ˢ 1 à 23, 28 novembre 1902-1ᵉʳ mai 1903.

Société agricole et scientifique de la Haute-Loire. *Mémoires et procès-verbaux*, tome XI, 2ᵉ livraison, 1902.

Société archéologique, scientifique et littéraire de Béziers. *Bulletin*, 3ᵉ série, tome IV, 2ᵉ livraison, 1902.

Société archéologique de Montpellier. *Mémoires*, 2ᵉ série, tome II, 3ᵉ fascicule, 1902.

Société archéologique et historique de la Charente. *Bulletin et mémoires*, années 1901-1902.

Société archéologique et historique de l'Orléanais. *Bulletin*, tome XIII, n⁰ 175, 2ᵉ trimestre 1902.

Société bibliographique et des publications populaires. *Bulletin*, 33ᵉ année, n⁰ˢ 9 à 12 ; et 34ᵉ année, n⁰ˢ 1 à 4 ; septembre 1902-avril 1903.

Société d'agriculture, industrie, sciences, arts et belles-lettres du département de la Loire. *Annales*, 2ᵉ série, tome XXII, 3ᵉ et 4ᵉ livraisons, octobre-décembre 1902.

Tableau général des conspirateurs et personnes suspectes du district d'Armeville, ci-devant Saint-Etienne, dans le domicile desquels les scellés ont été apposés, et de ceux entre les mains desquels les saisies ont été faites. — Evaluation de la fortune des principaux habitants de Saint-Etienne et montant des sommes auxquelles ils avaient été taxés par

Javogues. — Apurement de comptes, par Reverchon, des sommes payées à divers par ordre des représentants du peuple provenant de la taxe révolutionnaire du 10 thermidor an II.

Document relatif au transport en franchise des charbons destinés aux compagnies de colonisation.

Elections nationales de l'an IX. — Liste des notables du département de la Loire élus pour faire partie de la liste de notabilité nationale.

Société d'agriculture, sciences, arts et commerce du Puy. *Bulletin*, 3ᵉ année, nᵒˢ 4 à 6, mai-octobre 1902.

Société d'archéologie lorraine et du musée historique lorrain. *Bulletin*, 2ᵉ année, nᵒˢ 7 à 12, août-décembre, 1902 ; et 3ᵉ année, nᵒˢ 1 à 3, janvier-mars 1903.

— *Mémoires*, tome LII, 4ᵉ série, 2ᵉ volume, 1902.

Boyé (Pierre), Etude historique sur les Hautes-Chaumes des Vosges.

Société de Borda. *Bulletin*, 27ᵉ année, 3ᵉ et 4ᵉ trimestres 1902.

Société d'émulation d'Abbeville. *Bulletin*, nᵒˢ 3 et 4, année 1899; et nᵒˢ 1 à 4, années 1900 à 1902.

— *Mémoires*, 4ᵉ série, tome IV, 2ᵉ partie, 1900.

— — Série in-4°, tome IV. *Géographie historique du département de la Somme*, tome Iᵉʳ, 1902.

Société d'émulation et d'agriculture de l'Ain. *Annales*, 35ᵉ et 36ᵉ années, juillet 1902-mars-1903.

Société d'émulation du Doubs. *Mémoires*, 7ᵉ série, 6ᵉ volume, 1901.

Société départementale d'archéologie et de statistique de la Drôme. *Bulletin*, nᵒˢ 143 à 145, octobre 1902 à avril 1903.

Société de Saint-Jean. *Revue. Notes d'art et d'archéologie*, 14ᵉ année, nᵒˢ 9 à 12, septembre-décembre 1902 ; 15ᵉ année, nᵒˢ 1 à 3, janvier-mars 1903.

Société des Amis de l'Université de Clermont-Ferrand. *Revue d'Auvergne*, 19ᵉ année, nᵒˢ 3, 4 et 5, mai-décembre 1902 ; 20ᵉ année, nᵒ 1, janvier-février 1903.

Société des Amis des sciences et arts de Rochechouart. *Bulletin*, tome XII, nᵒˢ 2 à 5, 1902.

Société des Antiquaires de l'Ouest. *Bulletin*, 2ᵉ série, tome IX, 2ᵉ, 3ᵉ et 4ᵉ trimestres 1902.

Société des archives historiques de la Saintonge et de l'Aunis. *Bulletin-revue de Saintonge et d'Aunis*, XXIIᵉ volume, 6ᵉ livraison, novembre 1902; et XXIIIᵉ volume, 1ʳᵉ livraison, janvier-mars 1903.

Société des Bollandistes. Analecta Bollandiana, tome XXII, fascicule 1, 1903.

Société des lettres, sciences et arts de la Haute-Auvergne. *Revue de la Haute-Auvergne*, 4ᵉ année, 4ᵉ fascicule, 1902.

Société des études historiques. *Revue*, 68ᵉ année, 1902.

Société des sciences et arts du Beaujolais. *Bulletin*, 3ᵉ année, juillet-décembre 1902.

Société des sciences, lettres et arts de Rive-de-Gier. *Bulletin*, nᵒ 5, novembre 1902.

Société des sciences naturelles et d'archéologie de l'Ain. *Bulletin*, nᵒˢ 28 et 29, 3ᵉ et 4ᵉ trimestres 1902.

Société des sciences naturelles et d'enseignement

populaire de Tarare. *Bulletin*, 7ᵉ année, nᵒˢ 7 à 12, et 8ᵉ année, nᵒˢ 1 à 3, juillet 1902 à mars 1903.

Société de statistique des sciences naturelles et des arts industriels du département de l'Isère. *Bulletin*, 4ᵉ série, tome VI, 1902.

Société d'études des Hautes-Alpes. *Bulletin*, 21ᵉ année, 3ᵉ série, 3ᵉ et 4ᵉ trimestres 1902; et 1ᵉʳ trimestre 1903.

Société historique de Compiègne. *Bulletin*, tomes IX et X, 1899-1902.

— *Description des fouilles archéologiques exécutées dans la forêt de Compiègne, sous la direction de M. Albert de Roucy*, par V. Cauchemé. 1ʳᵉ partie contenant : 1° un rapport de M. Albert de Roucy, 2° fouilles de Mont-Berny,

— *Excursions archéologiques de la Société de 1875 à 1900*, tome II, 1901.

— *Procès-verbaux, rapports et communications diverses*, tome préliminaire, 1888-1891 ; et tomes IX et X, 1900-1901.

Société historique et archéologique du Maine. *Revue historique et archéologique du Maine*, tome L, 2ᵉ semestre 1901 ; et tome LI, 1ᵉʳ trimestre 1902.

Société nationale des Antiquaires de France. *Bulletins et Mémoires*, 7ᵉ série, tome Iᵉʳ, *Mémoires*, *1900*.

Stein (Henri), Pierre de Montereau, architecte de l'église abbatiale de Saint-Denis (*planches*).

— *Bulletin*, année 1902.

Société scientifique et littéraire d'Alais. *Revue Cevenole*, janvier-juin 1902.

Université de Lille. *Bulletin*. 2ᵉ série, 6ᵉ année, octobre 1902 ; 3ᵉ série, 7ᵉ année, nᵒ 1, 1903.

Université de Lyon. *Annales*, nouvelle série, *Droit, lettres*, fascicules 9 et 10 : *Au musée de l'Acropole d'Athènes. Etudes sur la sculpture en Attique avant la ruine de l'Acropole lors de l'invasion de Xercès*, par Henri Lechat.

— *Bibliographie critique de l'histoire de Lyon depuis les origines jusqu'en 1789*, par Sébastien Charléty.

Abonnements

Bibliothèque de l'Ecole des Chartes, tome LXIII, 5ᵉ et 6ᵉ livraisons, septembre-décembre 1902.

Bulletin monumental, 65ᵉ et 66ᵉ volumes, nᵒ 1 à 6, années 1901 et 1902, et 67ᵉ volume, nᵒˢ 1 et 2, 1903.

Thiollier (Noël), L'église de Sainte-Foy-Saint-Sulpice (Loire) (*figures*).

Polybiblion. Revue bibliographique universelle. Partie littéraire, 2ᵉ série, tome LVI, 3ᵉ à 6ᵉ livraisons, septembre-décembre 1902 ; et tome LVII, 1ʳᵉ et 2ᵉ livraisons, janvier-février 1903.

Propylaeum ad acta sanctorum novembris, synaxarium ecclesia Constantinopolitana e codice Sirmondiano nunc Berolinensi adjectis synaxariis selectis opera et studia Hippolyte Delahaye, 1902.

Revue archéologique, 3ᵉ série, tome XLI, septembre-décembre 1902 ; et 4ᵉ série, tome Iᵉʳ, janvier-avril 1903.

Déchelette (Joseph), La sépulture de Chassenard et les coins monétaires de Paray-le-Monial.

Revue épigraphique, 25ᵉ année, nᵒˢ 104 à 106, janvier-septembre 1902.

Revue forézienne illustrée, 12ᵉ année, 2ᵉ série, nᵒˢ 57 à 60, octobre-décembre 1902 ; et 13ᵉ année, 2ᵉ série, nᵒˢ 61 à 64, janvier-avril 1903.

Roannais illustré, 7ᵉ série, 6ᵉ livraison, avril 1903.

Acquisitions.

Enlart (Camille), *Manuel d'archéologie française depuis les temps mérovingiens jusqu'à la Renaissance*, première partie, *Architecture. — I. Architecture religieuse*. Paris, Alphonse Picard et fils, 1902, in-8°.

Galle (Léon) et Georges Guigue, *Histoire du Beaujolais, Mémoires de Louvet*, tomes I et II, Lyon, 1903, 2 vol. in-8°.

Petit (Ernest), *Histoire des ducs de Bourgogne de la race capétienne avec des documents inédits et des pièces justificatives* ; tome VIII, *Règne d'Eudes IV.* (suite et fin). Dijon, (Darantière), 1903, in-8°.

Steyert (André), *Armorial général de Lyonnais, Forez, Beaujolais, Franc-Lyonnais et Dombes*, 8ᵉ livraison, ARC-ARO.

Familles citées, intéressant notre région : Ardaillon, Ardont, des Arelles, Arène, Arènes, d'Arènes, Arfeuille, Argental, d'Argenteis, d'Argères, Argis, d'Argy, Arias, Arlempdes, Arlenc, Arlo, Arlos, d'Armezin, Arnaud de Montarcher, Arnost, Arnoud, Arnulphe, Auloux, Arnoult, Arod.

IV

MOUVEMENT DU PERSONNEL

Membres titulaires

M. d'Alverny, garde général des Eaux et Forêts, à Boën-sur-Lignon, reçu le 15 janvier 1903.

M. l'abbé Fabre, vicaire à Aveizieu, reçu le 26 février 1903.

M. l'abbé Joseph Penel, professeur au petit séminaire de Montbrison, reçu le 14 novembre 1902.

M. l'abbé Paul Penel, professeur au petit séminaire de l'Argentière, reçu le 20 mars 1903.

M. Félix Thiollier, ancien membre, ayant manifesté l'intention de reprendre rang parmi les membres de la Société, a été réintégré au nombre des titulaires.

Membres correspondants

M. Odile de Bonand, château de Montaret, par Saint-Menoux (Allier), reçu le 26 février 1903.

M. Eugène Ruffier, conseiller général du Rhône, 30, rue du Plat, à Lyon, reçu le 26 février 1903.

Décès

M. J.-Gabriel Bulliot, président de la Société Eduenne, à Autun, membre honoraire.

M. Etienne Gautier, au château de Reyssins, à Nandax, membre titulaire.

M. Pierre Lachèze, ingénieur civil, à Montbrison, membre titulaire.

M. Claude-Philippe Testenoire-Lafayette, membre fondateur, deuxième président de la Société, membre du conseil d'administration, notaire honoraire, à Saint-Etienne.

Démissionnaires

M. l'abbé Brunner, curé de Saint-Apollinaire, membre titulaire.

M. l'abbé Regeffe, curé de l'Hôpital-sous-Rochefort, membre titulaire.

M. l'abbé Socquet, curé de Saint-Rambert l'Ile-Barbe, membre titulaire.

EXCURSION ARCHÉOLOGIQUE
DE LA
SOCIÉTÉ DE LA DIANA
A OUCHES, POUILLY-LES-NONNAINS,
SAINT-ANDRÉ D'APCHON, SAINT-LÉGER,
VISITE A ROANNE DES
EXPOSITIONS DE PEINTURE MODERNE
ET DE PHOTOGRAPHIE,
LE 1er JUILLET 1897.

COMPTE-RENDU PAR M. E. LERICHE.

« L'excursion annuelle de la Diana aura lieu le jeudi 1er juillet. Elle comprendra la visite d'Ouches, de Pouilly les Nonnains, Saint-André d'Apchon, Saint-Léger, et enfin, à Roanne, de l'Exposition de peinture et de l'Exposition photographique ouverte en ce moment ».

Telle était la circulaire qui, à la date indiquée, réunissait à Roanne vingt-neuf membres de la Société, indépendamment des amis qui avaient bien voulu se joindre à eux.

Avaient répondu à l'appel de la commission d'organisation : MM. Frédéric Baldit, avocat, Bertrand, conservateur du musée départemental de l'Allier, Maurice de Boissieu, Jules Bonnet, avoué, Eleuthère Brassart, comte de Chabannes, Chanellière, architecte, Raoul Chassain de la Plasse, Joseph Déchelette-Despierres, Maurice Dumoulin, professeur au lycée de Roanne, Charles Durel, Louis Favarcq, Joannès Gonon, notaire, Emile Lachmann, compositeur de musique, Ernest Leriche, avoué, Claudius Maillon, avoué, vicomte de Meaux, président de la Diana, Maignan, Elie Morel, Paul Morel, Louis Monery, Emile Orcel, ingénieur, Etienne Pazskowicz, architecte, baron Hector des Périchons, Jean Ramel, abbé Relave, curé de Sury, Thomas Rochigneux, Ennemond Rony, Joseph Rony, Louis Rony, Xavier Rony, André Roux, Philippe Testenoire-Lafayette, abbé Trabucco, Gabriel Verchère, notaire.

Le rendez-vous était donné à la gare de Roanne ; six breaks ou omnibus y attendaient les excursionnistes. A l'arrivée des trains de Saint-Etienne et de Montbrison, les arrivants et les Roannais, leurs hôtes, échangent de rapides saluts ; bravant les menaces d'un ciel bas et nuageux, la caravane se met en route.

Sept kilomètres seulement, en plaine, séparent Roanne du petit bourg d'Ouches. Ils sont rapidement franchis. On laisse à gauche le château d'Origny, vaste bâtisse du XVIII⁴ siècle, sans intérêt archéologique.

Sous une pluie battante, les voitures s'arrêtent à la porte de l'église.

Ouches (*Oschium*) doit à la nature de son territoire son nom qui, d'après Grégoire de Tours, désigne un lieu fertile, *campus tellure fecundum*. C'est une bourgade exclusivement agricole qui compte environ 540 habitants.

IX. — OUCHES, TOUR ET SULLY

(vers 1865).

Dessin de M Leriche, d'après une photographie de M. Stéphane Geoffray

Les maisons s'alignent le long de la route, à droite de laquelle se groupent les deux seuls monuments intéressants: le château et l'église.

L'histoire d'Ouches est calme comme le village lui-même. Au commencement du XIIe siècle, Galmier et Gueffre, frères, reconnaissaient tenir en fief de Guichard de Beaujeu ce qu'ils y possédaient (1) ; plus tard les sires de Beaujeu cédèrent l'hommage de ce fief aux comtes de Forez. Vers la fin du XIVe siècle, il entra par échange dans la famille d'Albon, Gilles d'Albon, 2e fils de Jean d'Albon de Lespinasse, bisaïeul du maréchal de Saint-André, est qualifié de seigneur de Saint-André et d'Ouches, en Roannais ; Marguerite d'Albon Saint-André, sœur et héritière du maréchal, mariée à Arthaud d'Apchon, fit entrer la terre d'Ouches dans la famille de son mari ; au commencement du XVIIe siècle, Henri d'Apchon, un de ses douze enfants, prend les titres de « seigneur de Saint-André, Ouches et Mably en Roannais, seigneur de Montrond, chevalier de l'ordre du Roi, capitaine de cent hommes d'armes, gouverneur de Charlieu et de Paray-le-Monial ». Il eût lui-même postérité ; une de ses descendantes, Charlotte Elisabeth de Saint-André d'Apchon, apporta la seigneurie d'Ouches à Marc Antoine de Saint-Georges, qu'elle épousa en 1697.

Du château où tant de nobles seigneurs se sont succédés, il ne reste que quelques ruines et une grosse tour ronde, d'une épaisseur peu commune ; c'est aujourd'hui la propriété de notre collègue, M.

_____

(1) La Mure, *Hist. des ducs de Bourbon*, t. I, p. 127 note.

Chassain de la Plasse. Les fourrages et les grains y ont remplacé les armes et les « fers à usaige des prisonniers » dont un inventaire de 1565 constate la présence (1).

Le château, comme on peut s'en apercevoir encore, était construit sur une motte dominant la plaine.

La chapelle qui en faisait partie est devenue l'église paroissiale. Elle est placée sous le vocable de Saint-Georges (2). Ogier, en 1856, la signale comme « petite et mesquine ». Elle méritait ces épithètes. Une salle rectangulaire précédait un sanctuaire étroit, voûté en berceau, formant le rez-de-chaussée d'un clocher carré (3) ; le tout était engagé dans les constructions rurales élevées sur les ruines du château. Aujourd'hui, le monument a été dégagé et restauré. Le chœur a été transporté à la place de l'ancienne entrée et c'est sous le clocher, du côté de l'est, que l'église prend accès. La transformation a été des plus heureuses. L'élégante rangée des consoles saillantes qui soutiennent la toiture a pris toute sa valeur et ajoute à l'ensemble de la construction un aspect de légèreté, accusé encore par le voisinage massif de la vieille tour. N'était son crépi d'un blanc aveuglant qui aujourd'hui, sous le ciel bas et pluvieux, lui

---

(1) *Mémoires de la Diana*, t. VII p. 279 et suiv.

(2) V. Présentation à la cure d'Ouche par Dom Jacques Louis Tiran, chamarier du Prieuré de Charlieu, en faveur de François Gras prêtre vicaire de Roanne, 12 février 1771. Expédition originale (*Bibl. de Roanne*, carton VIII, liasse 13).

(3) *Forez pittoresque*, p. 156. Le dessin de F. Thiollier, à la page précédente, reproduit l'aspect du monument vers 1860. On remarque devant la porte de l'église un Sully qui a disparu depuis quelques années.

donne l'air de quelque minaret dépaysé, la nouvelle église nous paraîtrait tout à fait coquette.

Cette restauration fait le plus grand honneur au conseil de fabrique. Elle a été une des dernières œuvres de notre regretté collègue, M. Edouard Jeannez, qui s'y était donné avec amour et qui y a laissé l'empreinte ineffaçable de sa haute intelligence artistique et de la sûreté de son goût.

L'intérieur du monument répond à l'extérieur. Il affecte la forme d'une croix latine ; les deux bras de la croix sont séparés de la nef centrale par une arcade à doubles colonnettes ; à gauche la chapelle de la Vierge, à droite celle du Sacré Cœur. Pas de vitraux prétentieux et criards ; de simples verres, enchassés de plombs et légèrement teintés, laissent tomber de haut une lumière égale et douce ; pas de statues polychrômes et dorées sortant des ateliers de la rue Saint-Sulpice, mais une superbe reproduction d'un des chefs-d'œuvres de notre sculpture forézienne, la Vierge de l'Hôpital-sous-Rochefort ; deux beaux rétables en bois sculpté, dont l'un provient du prieuré de Beaulieu ; au plafond les écussons des Foudras, les derniers seigneurs de la paroisse. Les murs sont simplement blanchis à la chaux ; à gauche de la porte, au-dessus des fonts baptismaux, une précieuse relique du passé : sous un vitrage qui le protège, se détache un fragment de peinture murale représentant l'Adoration des Mages. Les costumes datent cette fresque du XIIIe siècle : la simplicité du dessin, la naïveté des attitudes, le coloris éteint et presque indistinct la font contempler avec un grand charme, et c'est sur ce souvenir des temps abolis que nous quittons l'église.

A ce moment une ondée diluvienne nous accueille et nous force à gagner un abri. Il ne faut pas songer à visiter les restes du château et à y chercher les traces de la « gallerie basse près la salle », de la « gallerie prés le four » où se promenaient en 1650 les notaires chargés d'inventorier le mobilier de Messire Claude de Saint-André, héritier par bénéfice d'inventaire de messire Jacques de Saint-André d'Apchon, son père (1).

L'heure nous presse et, l'averse passée, il faut reprendre les voitures. Ce n'est pas cependant sans avoir fait au cimetière une courte visite et avoir porté à la tombe d'un confrère regretté le souvenir et l'hommage de ses collègues.

La route tourne au nord pour gagner Pouilly-les-Nonnains. De ce côté la plaine s'exhausse ; vue d'en bas, la petite cité clunisienne se présente pittoresquement et semble former un groupe d'une certaine importance. Les origines en sont obscures. Dans la période gallo-romaine, Pouilly était certainement le siège d'une ces *villæ*, centres d'exploitation des

---

(1) Le 22 décembre 1691, « Mᵉ Jaques de Saint-André DApchon, chevalier, seigneur marquis dudict lieu et autres places et Mᵉ Philibert Dapchon aussy chevalier, seigneur conte de Montrond son frère», affermèrent pour cinq années, moyennant le prix annuel de 1250 livres, à Pierre Seguin, voiturier par eau, à demoiselle Thélis Dumoulin, sa femme, et à dame Marguerite Chatelus, veuve de Pierre Thélis Dumoulin, tous de Roanne, la terre et seigneurie « d'Oosches » avec la jouissance de la salle haute du château et des chambres et cabinets joignants (Exp. orig. *Bibl. de Roanne*, carton VIII, liasse 13). L'acte indique qu'il a été passé à Roanne « en la maison d'habitation du seigneur marquis de Saint-André, en présence de Michel de Tour et Pierre Perichon, étudiant en philosophie au collège dudict Roanne ».

grands domaines « où vivaient ensemble des Barba-
« res et des Romains, des vainqueurs et des vaincus,
« des maîtres, des hommes libres, des colons et des
« esclaves (1) ». C'est ce que révèle sa dénomination,
Polliacum, ajoutant au nom du propriétaire le suffixe
ethnique *iacum*, qui lui donne une signification
géographique (2).

L'emplacement était du reste bien choisi, sur la
pente du coteau qui domine le cours du Renaison,
à proximité de la voie romaine de Roanne à Vichy
et au milieu des bois qui couvraient alors la contrée.

Grâce à sa situation heureuse, la ferme devint
hameau, le hameau, village et le village, paroisse
(Aug. Thierry, *Hist. du Tiers Etat*, p. 9). Mais
l'ancienne *villa* n'entre dans l'histoire qu'avec son
prieuré. « L'époque de la fondation de ce couvent,
« son importance, sa vie, tout nous échappe » disait naïvement Ogier en 1856 ; et il ajoutait : « Le
« couvent doit être ancien, à en juger par les bâti-
« ments et surtout par l'église (3) ». Ancien, sans
nul doute, car l'existence en est authentiquement
constatée dès le XIIᵉ siècle.

Au moment de partir pour la Terre Sainte, au
secours de son cousin Amaury II de Lusignan, le
comte de Forez, Guy III, — dit, à cause de son voyage, Guy d'*Outre Mer*, — faisait son testament et
léguait à la prieure et au couvent de Pouilly une
rente de 20 sols forts à prendre sur la cense de

---

(1) Guizot, *Hist. de la civilisation en Gaule*, t. III, p. 113.
(2) Cocheris, *Origine et formation des noms de lieu*, p. 169.
(3) Ogier, *La France par canton, Loire*, arrondissement de
Roanne.

Saint-Just-en-Chevalet (1). Or Guy III mourut à Acre, le 28 novembre 1202 (2).

Le monastère que le pieux comte chargeait, moyennant cette rente, de son anniversaire — fondation confirmée en 1248 par son petit-fils, Guy V (3) — avait été établi très probablement dans la première moitié du siècle précédent par la grande abbaye bourbonnaise de Saint-Menoux (4). L'étude si complète et si documentée que M. Edouard Jeannez y a consacrée dans le *Roannais illustré* (IIe série, 1886, pp. 49-61, 73-77) résume tout ce que l'on en sait et probablement tout ce que l'on en saura jamais, le grand chartrier de l'abbaye ayant été brûlé solennellement, le 13 octobre 1793, pour anéantir les « pièces d'orgueil » qui y étaient conservées (5).

A côté du prieuré était la *ville*. Dans le langage de l'époque, ce mot, souvenir de la villa romaine, désigne plus particulièrement une agglomération rurale dont les principaux membres sont les vilains (6). La *ville* de Pouilly, réunion de colons, était sous la juridiction de la prieure, investie de la justice haute, moyenne et basse, sous réserve de

---

(1) Huillard-Bréholles, *Titres de la maison ducale de Bourbon*, t. Ier, p. 57.

(2) La Mure, *Hist. des ducs de Bourbon*, t. Ier, p. 186.

(3) *Ib.* p. 247, note.

(4) Saint-Menoux (Allier), canton de Souvigny. Il y existait dès le Xe siècle, une abbaye bénédictine de femmes, qui relevait du diocèse de Bourges.

(5) E. *Jeannez, Le prieuré, l'église, la ville et la justice de Pouilly-les-Nonnains, Roannais illustré*, p. 50, note 1.

(6) Babeau, *Le village sous l'ancien régime*, p. 15.

l'exécution corporelle des sentences, réservée au comte de Forez. La prieure avait ses officiers particuliers, châtelain, prévôt, guetteur et tous leurs subalternes.

Il est à croire que les charges de ces officiers ne devaient pas être très lourdes pour leurs titulaires, car la population sur laquelle elles s'exerçaient n'a jamais dû être bien considérable.

Le rôle d'un fouage imposé en 1387 aux habitants du Forez à l'effet de « tenir gens d'armes et chevau-« cheurs pour résister à enemys qui souvent venoyent « audit pais » a permis d'en établir l'importance par comparaison. Le chiffre de l'imposition assise sur Pouilly est moindre que celui de Villeret et de Saint-Rirand (St-Révérien). M. Jeannez pense que la population a dû rester stationnaire pendant tout le moyen âge. La chose est assez vraisemblable ; cependant le document cité par lui à l'appui de son appréciation ne la justifie pas absolument. C'est le rôle d'une aide votée en 1435 par les Etats de Forez réunis à Montbrison. Pouilly est imposé pour XIIII livres II sous, Villeret seulement pour XIII livres VI sous ; il semble donc que, à cette époque, la prééminence ne fût pas en faveur de cette dernière localité ; mais qui nous garantit l'exacte proportionalité de la taxe et la sincérité des bases de répartition?

L'absence de sécurité forçait toute agglomération à se protéger. La vue donnée vers 1450 par Guillaume Revel, dans son *Armorial,* du « chatiau de Poully » semble en faire une véritable forteresse. Une enceinte continue, bordée d'un fossé profond, est flanquée de tours rondes dont on peut compter six, la septième, demandée par la symétrie, étant

masquée par la masse quadrangulaire du donjon ;
au sommet de chacune des tours d'angle flotte la
bannière aux armes de Forez. La *guaite* qui domine
le donjon, coiffé d'un hourd en charpente, est sur
montée des

«...trois fleurs de lys d'or de la Gaule chrétienne».

Ce donjon n'est autre que le clocher de l'église.

De l'édifice auquel il appartenait, il reste aujourd'-
hui peu de chose. Des restaurations et des recons-
tructions successives en ont bouleversé le plan primitif. Le chevet et le transept seuls subsistent avec
le caractère d'un roman dégénéré ; les trois nefs de
l'ancienne ordonnance ont disparu ainsi que la tour
qui surmontait le chœur ; ce chœur est surélevé de
deux marches au-dessus du pavé de la nef principale ; la nef de droite n'existe pas : elle est remplacée par une chapelle carrée qui, antérieurement à la
restauration de 1866, ne communiquait avec le chœur
que par une large baie regardant l'autel de biais.
C'était la chapelle réservée aux Bénédictines qu'un
mur d'une épaisseur peu commune séparait de la
masse des fidèles. Cette lourde construction semble
dater de la fin du XV⁰ siècle, à en croire l'écusson
des d'Albon Curis sculpté sur deux des culs de lampe
qui terminent les nervures de la voûte (1).

------

(1) *De sable à la croix d'or.* Marie d'Albon Curis fût
prieure de Pouilly vers 1477, avant de devenir abbesse de
Saint-Pierre à Lyon. Guillemette d'Albon Saint-André, sa
nièce, lui succéda dans cette charge. V. Jeannez, le *Prieuré
de Pouilly les Nonnains*, dans le *Roannais illustré*, II⁰ série,
p. 53 ; — Steyert, *Armorial général....* v⁰ Albon, p. 77.

M. Jeannez pense que la construction de la chapelle ne
peut remonter qu'au XVI⁰ siècle et que les armes qu'on y
remarque appartiendraient à une autre dame (inconnue) de la
même famille.

Mais l'intérêt du monument se trouve moins dans son architecture que dans ce qui subsiste de sa décoration primitive, dans l'ornementation si riche des piliers du chœur, dans l'originalité des colonnettes, dans le symbolisme curieux des chapiteaux romans.

La notice de M. Edouard Jeannez sert de *Bœdeker* pour cette visite.

De la chapelle des religieuses, on sort directement dans la cour du prieuré. La construction qui porte aujourd'hui ce nom n'était probablement qu'une annexe du couvent. Elle n'offre rien de particulièrement monastique, mais elle présente un aspect d'une véritable élégance avec son double étage de galerie en charpente qui en dessert les différentes pièces. Etait-ce le logement particulier de la prieure ? Etait-ce un bâtiment réservé aux hôtes ? C'est ce qu'il n'est pas facile de décider, les constructions conventuelles ayant complètement disparu. A l'une des extrémités de l'édifice, une tourelle fait saillie ; elle renferme un escalier dont les portes d'entrée sont surmontées l'une, celle de l'extérieur, de l'écusson des d'Albon-Curis, l'autre celle de l'intérieur, des armes des d'Albon Saint-André. La grande famille forézienne donnera donc ainsi le *leit motiv* de l'excursion. Du côté opposé à l'escalier, la chambre qui termine la galerie sert de débarras : elle renferme un amas sans nom d'objets hétéroclites ; en y cherchant un souvenir des anciennes moniales, l'un de nos collègues découvre une lanterne qui, pour ne pas dater du XV\ siècle, n'en constituera pas moins une relique curieuse de la journée.

Au sortir de Pouilly, la route s'élève progressivement jusqu'au bourg de Saint-André : il est onze heures et demie lorsque la société arrive sur la grande place du bourg, devant l'hôtel Pauze où elle doit dîner.

Pendant que se dispose le couvert, tout le monde se dirige vers le château dont la masse imposante, dominant la plaine, a depuis longtemps attiré les regards.

L'ancienne demeure seigneuriale n'a plus ces superbes escaliers à double révolution par lesquels on y accédait autrefois si royalement et dont la lithographie de Noirot (1850) nous montre encore les restes.

C'est aujourd'hui presque à la dérobée que l'on y pénètre. Il faut passer sous une maison particulière et descendre une rampe abrupte qui jette le visiteur au milieu de ce qui fut la cour d'honneur ; de toutes les élégantes constructions qui encadraient cette cour à l'aspect du nord et du couchant, il ne reste que des débris encastrés dans des bâtiments ruraux : ici un médaillon, là un pilastre, plus loin l'arc surbaissé d'une galerie ou un fragment de muraille aux briques émaillées. Il y avait encore des ruines il y a quelque vingt ans, les ruines elles-mêmes ont péri. Des bâtisses informes les ont remplacées.

Du côté du matin, commandant la riche vallée de Renaison, s'élève le vieux château, ou plutôt ce qui en reste ; en 1850, la lithographie de Noirot nous le montre encore flanqué de deux énormes tours, la « tour du costé de midy » et la « tour du costé de bize » ; cette dernière a disparu ; à peine en peut-on connaître l'emplacement à certains renflements

de la muraille dans la maison moderne construite avec ses débris; la tour du midi, au contraire,
se dresse encore, sombre et hautaine, couronnée de
ses machicoulis; elle écrase de sa masse la bâtisse
quadrangulaire élevée au XVIIIe siècle pour loger selon le goût du jour les successeurs du grand maréchal.

Entre cette banale « restauration » et l'informe
construction utilitaire qui remplace la vieille tour
disparue, s'étend la façade de l'ancienne demeure et
c'est une joie pour les yeux que le gai quadrillage
du revêtement, formé par des briques de deux tons,
les unes rouges, les autres d'un noir bleu, rehaussées
de loin en loin par des médaillons de pierre jaune
où le ciseau du sculpteur a semé au hasard tantôt
des têtes de fantaisie, tantôt des portraits d'un réa-
lisme savoureux.

Une tourelle — la seule qui reste — se détache de
la muraille, abritant un escalier intérieur ; l'arc en
accolade de la porte d'entrée et des fenêtres latérales
dénote la fin du XVe siècle. Contre le pied de la
tourelle s'appuie à droite un escalier extérieur à
double rampe, établi au XVIIIe siècle pour donner
accès aux appartements. Une large baie s'ouvrant
sous le palier dessert les cuisines en sous sol. Elles
sont monumentales, ces cuisines, servant aujour-
d'hui de bûchers et de resserres. Elle font rêver de
pantagruéliques festins et d'homériques bombances.

Devant la cheminée dont le manteau abriterait
une famille on voit tourner ces « broches de fer
pour rostir à quinze » dont parlait un inventaire de
1565 (1) ; un bas relief, décorant la retombée de

_____

(1) *Mémoires de la Diana*, t. VII, p. 279 et suiv.

l'une des nervures de la voûte, représente un homme en train de dépouiller un lièvre ; ce lièvre a les proportions d'un chevreuil.

A la suite des cuisines, un puits ingénieusement disposé permet de puiser à la fois et de la cour et du sous-sol.

Toute la partie nord des bâtiments est détruite ; détruite la chapelle qui faisait dépendance du château (1) ; ce n'est que par l'imagination qu'on peut aujourd'hui se représenter ses « belles galleries tant closes qu'ouvertes » qui faisaient en 1606 l'admiration d'Anne d'Urfé (2).

Le propriétaire de Saint-André, notre collègue, M. Gérard, est absent. Mais il a donné ses ordres et toutes les portes s'ouvrent devant la *Diana*.

Il y a toujours un intérêt mélancolique dans la visite de ces vieilles demeures où nos pères ont vécu, aimé, souffert et passé comme nous. Mais les remaniements entrepris au XVIIIᵉ siècle par les marquis de Vichy, héritiers des Saint-André, ont fait perdre à la plus belle résidence du Forez le cachet qu'on voudrait y retrouver. Où est la chambre de monseigneur « par laquelle on va au trésor » et le « buffet de bois de chesne couvrant la porte « dudit trésor, ... qui est de fert dans la muraille « de piarre » ? et la « chambre haulte appelee la « chambre de madame d'Apchon » ? et la « chambre « de M. le cappitaine Monceau » dans laquelle on

---

(1) L'inventaire de 1565 mentionne la chambre « du costé du soir et de l'esglize ».

(2) *Description du païs de Forez*, Aug, Bernard, *les d'Urfé* p. 454.

trouvait en 1565 tout un arsenal ? Ce ne sont plus les contemporains d'Henri II, les héros des guerres de religion qu'évoquent ces salles lambrissées, ces cheminées sans saillie aux trumeaux décorés de peintures galantes, ces hautes fenêtres à linteau cintré, c'est Mlle de Lespinasse, les Philosophes et l'Encyclopédie.

De même, quelle que soit la passion de collectionneur qui anime notre obligeant collègue et qui a réuni entre ses mains tant de curieux souvenirs d'autrefois, on est loin encore de toutes les « superbetés, belles parures, beaux meubles très rares et très *exquis* » qui faisaient de Saint-André la plus riche habitation du Forez. Le maréchal paraît avoir eu un goût particulier pour les tentures : Brantôme mentionne spécialement une tente de tapisserie de la Bataille de Pharsale, achetée, après sa mort, par le maréchal de Vieilleville qui en décora la grande salle du château de Durtal ; on cite encore la belle tenture de David et Goliath ; elle est indiquée dans un inventaire de 1565, avec d'autres tapisseries de Flandre représentant en onze pièces « le Trionfe de Pétal » (les *Triomphes* de Pétrarque), en six pièces « les Turcs, leurs chasses et embarquemens », en huit pièces, l'Arion de Corsole, sans parler de nombreuses verdures et de « pelles » dont le sujet n'est pas indiqué.

Notre érudit et regretté collègue, M. Alphonse Coste, qui paraît n'être pas très sympathique au maréchal, voit dans le motif d'une de ces tentures, l'Arion, une allusion à la faveur dont jouissait le maréchal auprès du Dauphin, en même temps qu'un indice de sa prétention de rattacher son origine à la

famille des dauphins de Viennois (1). Cette supposition malveillante est un peu hasardée ; si le sujet
d'Arion était une allusion, ne serait-ce pas plutôt à
l'amour du maréchal pour les arts ? Il est bien vrai
qu'à un moment donné les d'Albon ont voulu se
rattacher à la famille dauphinoise du même nom ;
mais c'est seulement au XVIIᵉ siècle que cette prétention se manifesta (2). Jacques d'Albon n'avait nul
besoin de se créer une généalogie suspecte ; il était
de bon lignage et sa faveur était trop solidement
assise pour qu'il lui fût nécessaire de l'étayer d'un
blason princier.

Jean d'Albon, son père, d'abord destiné à l'église,
avait renoncé à la carrière ecclésiastique après la
mort d'un frère aîné, décédé sans alliance. Il s'était
élevé par des services distingués aux charges les plus
importantes ; capitaine de cinquante hommes d'armes, il avait fait en 1512 la campagne d'Italie sous
le seigneur de la Trémouille ; en 1521, celle de Navarre, sous l'amiral de Bonnivet ; en 1528, il avait
défendu la Picardie contre les Anglais ; il avait reçu
en 1528 le collier de l'ordre, et la même année avait
prêté serment « en l'hostel commun de Villefranche »
comme bailli de Beaujolois. En 1530, il avait été fait
bailli de Mâcon et sénéchal de Lyon ; enfin, lorsqu'il était mort, le 28 décembre 1549 (3), il était
chevalier d'honneur de la reine (Catherine de Médicis), gentilhomme de la chambre du roi, gouverneur

---

(1) Alph. Coste, *Mémoires de la Diana*, tome VII.

(2) Steyert, *Armorial général*, vᵒ Albon, p. 84.

(3) Moréri dit : août 1550. La première date est donnée par
Péricaud, *Documents pour servir à l'histoire de Lyon*, 2ᵉ
partie, p. 5. C'est Moréri qui se trompe.

X. — PIERRE AUX ARMES DES D'ALBON-SAINT-ANDRÉ
PROVENANT DU CHATEAU DE SAINT-ANDRÉ.
Au Musée de Roanne.

XIII. — p. 18

850

XI. — MÉDAILLON EN PIERRE
PROVENANT DU CHATEAU DE SAINT-ANDRÉ
Au Musée de Roanne.

XIII. — p. 183

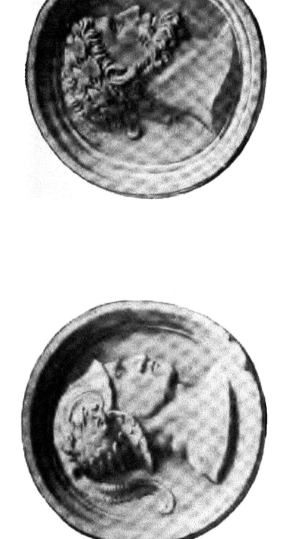

XII et XIII. — CHATEAU DE SAINT-ANDRÉ D'APCHON

Médaillons en pierre, décorant la façade occidentale.

XIV et XV. — CHATEAU DE SAINT-ANDRÉ D'APCHON
Médaillons en pierre, décorant la façade occidentale.

XVI et XVII. — CHATEAU DE SAINT-ANDRÉ D'APCHON
Médaillons en pierre décorant la façade occidentale.

XIII. — p. 186

de Lyon et des provinces de Lyonnois, Forez, Beaujolois, Dombes, Bourbonnois, Haute et Basse Marche et pays de Combrailles, fonctions dans lesquelles son fils lui succéda.

Quant à la faveur personnelle dont jouissait celui-ci, elle avait sa source dans une amitié de jeunesse avec le duc d'Orléans qui devait être plus tard Henri II.

Jean d'Albon, très apprécié du roi François Ier pour sa valeur et sa prudence, avait été pendant quinze ans le gouverneur de ce prince. Le fils du gouverneur et son élève avaient été « nourris ensemble dès leur enfance » (Vieilleville, liv. Ier, ch. 47). Cette circonstance permet de rejeter l'opinion des historiens qui font naître Jacques d'Albon vers 1505 (1). Henri II étant né le 31 mars 1518, l'intimité dont parle Vieilleville ne s'expliquerait guère, s'il y avait eu entre ces deux jeunes gens une différence d'âge de plus de douze ans. Il est donc probable qu'il faut retarder de quelques années la date de la naissance du futur maréchal. Quoi qu'il en soit, la familiarité était si grande entre ces deux compagnons qu'ils partageaient la même chambre. Lorsque le dauphin fut devenu roi, « il n'admettoit « personne en sa chambre du matin et jusqu'à ce « qu'il fût habillé, sinon le jeusne Saint Andrey (2) ».

Cette amitié se manifesta par les marques de la

---

(1) Hoefer, *Biogr. générale*, vo *Saint-André* ; — L. Lalanne, *Dict. historique de la France, eod. vo.* — Le P. Anselme dit : 1510. Moréri ne donne pas de date ; Dézobry l'imite. Une note de M. A Coste (*Ancien Forez*, t. 1, p. 201) ferait naître notre personnage en 1524.

(2) Dépêche de Saint-Mauris, ambassadeur de Charles Quint, dans la *Revue Historique*, t. V, p. 112.

plus insigne faveur. A peine monté sur le trône, le nouveau roi donne à son ami le bâton de maréchal enlevé à l'amiral d'Annebaut (1) ; il introduit Saint-André dans son conseil et en fait son intime confident. Il l'envoie en ambassade auprès du roi d'Angleterre, qu'étonne son faste et que charme sa bonne grâce ; Saint-André rapporte la décoration de la Jarretière et l'amitié personnelle du monarque anglais. Il est le personnage le plus en vue de la cour. Il est entouré lui-même d'une véritable cour de familiers, parents, amis, compatriotes, parasites... qu'il s'attache par ses libéralités : « Apchon, Senneterre, Saint-Forgeux, Saint-Chamond, Talaru, la Roue... suivent cette voile,... flottante en une très large mer de profonde faveur (2) ». Evêchés, abbayes, pensions, gratifications pleuvent abondamment sur eux ; pour eux la justice a toutes les indulgences. Qui appartient au maréchal est assuré de l'impunité (3). Rien ne vient ébranler une faveur qui repose sur l'amitié personnelle du roi et que vien-

---

(1) Et non au maréchal Oudart du Biez, comme dit le P. Anselme.

(2) Vieilleville, livre II, ch. VI. *ed. Michaud, p. 53.*

(3) Brantôme en cite une preuve assez curieuse. Le « jeune Apchon, dict Mouron », ayant eu querelle pendant une partie de chasse au bois de Vincennes avec le baron de Mastas, se battit en duel, séance tenante, contre lui. Mastas « vieux routier d'armes » fit voler l'épée de son adversaire, en lui disant : « Va-t-en, je te pardonne et qu'il n'en soit plus parlé, jeune homme que tu es ». Pendant qu'il remontait à cheval, Apchon ramasse son arme et la lui passe au travers du corps. « Et n'en fust autre chose, parce que Apchon estoit nepveu du mareschal de Sainct André » (Brantôme, *Discours sur les duels*, éd. Jouaust, p. 134). Le seigneur de Bourdeilles tire de cet anecdote une double moralité : 1° qu'il faut se garder de railler les jeunes gens ; 2° que, lorsqu'on a le dessus, il faut réduire son ennemi à l'impuissance.

nent justifier tous les jours les plus brillants services. En 1552, Saint-André commande l'armée en
Champagne; l'année suivante il chasse les Espagnols
de la Picardie ; en 1554, il concourt à la prise de
Mariembourg en ravitaillant la place assiégée; en
1555, il s'empare du Catelet ; en 1557, il combat
à Saint-Quentin sous les ordres du connétable de
Montmorency et il y est fait prisonnier avec son
chef.

Mis en liberté au bout d'un an, il est l'un des
commissaires qui préparent le traité de Cateau-
Cambrésis (1559).

Pendant la paix, son rôle n'est pas moins important que pendant la guerre. Bailli de Beaujolais,
sénéchal de Lyon, gouverneur de Lyonnais, Forez (1),
Beaujolais, Bourbonnais, Haute et Basse Marche et
pays de Combraille, lieutenant du roi en Dauphiné,
il ne se montre au dessous d'aucune des charges
dont il est investi. La mort de son protecteur
Henri II ne le fait pas déchoir. C'est lui qui, au
sacre de Charles IX, remplit les fonctions de grand
maître de France. En 1561, il forme avec Montmorency et François de Guise cette étroite alliance que
l'on a désignée sous le nom de *Triumvirat*. On a
attribué à des vues intéressées son zèle pour la foi
catholique. Rien ne justifie cette supposition ; son
énergie comme homme de guerre suffit à expliquer
la vigueur avec laquelle il combattit les protestants.
N'avait-il pas pour devise : *Nodos virtute resolvo* ?

---

(1) Il fit son entrée à Montbrison en 1550. Nous avons une
communication adressée par le roi aux baillis et aux élus de
Forez, le 3 février 1551, pour le règlement des dépenses de
cette cérémonie.

C'était un Mécène ; il aimait les arts et les encou-
rageait ; nous avons le titre d'une pension qu'il
faisait au poète Mellin de Saint-Gelais ; Guillaume
Paradin, doyen de Beaujeu, lui a dédié son *Histoire
de Savoie* ; on cite parmi ses protégés l'humaniste
Barthélemy Aneau, natif de Bourges, principal du
collège de la Trinité à Lyon et l'un des introducteurs
des doctrines réformées dans la cité Lyonnaise (1). Ne
peut-on supposer avec vraisemblance qu'il s'intéressa
à l'un des pères de la musique française, Clément
Jannequin, dont trois compositions, la *Prinse de
Boulongne* (1544), la *Guerre de Renty* et le *Siège de
Metz* (1559) sont inspirées par des faits d'armes où
le maréchal s'était illustré ? Il se connaissait en
hommes : Vieilleville, qu'il appelait *Monsieur mon
meilleur ami*, a raconté comment il l'avait choisi
pour lieutenant de sa compagnie d'ordonnance, de
préférence à son beau-frère Apchon (2). Papon,
lieutenant général au bailliage de Forez fut son
conseiller et devint grâce à lui maître des requêtes
de la reine Catherine de Médicis.

« Il estoit fort beau et de bonne grâce, dit un de
ses biographes, la parolle belle et l'esprit gentil, et
bon jugement et bonne cervelle » (Brantôme). Trop
épicurien pour être sanguinaire, il ne partageait pas

---

(1) Il avait fait représenter lors de l'entrée du maréchal à
Lyon, le 14 août 1550, « l'*Hystoire d'Androcus* », pour laquelle
il avait reçu du Consulat six écus d'or au soleil (Péricaud,
Notes et documents pour servir à l'Histoire de Lyon, 2ᵉ partie, p. 8). Il fut tué comme huguenot dans une émeute populaire, le 5 juin 1561, jour de la Fête-Dieu (*Ibid.* 3ᵉ partie
p. 5).

(2) *Mémoires de Vieilleville*. Edit. Michaud, l. II, ch. XV,
p. 68.

les mœurs souvent féroces de son époque : « si ne l'avoit-on jamais trouvé cruel », témoigne Brantôme. Mais tous ses contemporains rendent hommage à ses qualités de grand capitaine et à sa brillante valeur. Il « fit fort bien » à Cérisoles ; il se couvrit de gloire au combat de Renty (1554) et Brantôme cite la retraite du Quesnoy, dirigée par lui, comme une des plus belles opérations de guerre de son temps. Dans la chaleur du combat, le général devenait soldat : il se laissait entraîner par son ardeur au delà de toute prudence. Il avait été fait prisonnier une première fois à Saint-Quentin où il fut pris « l'espée sanglante en la main ». Ce fut encore sa témérité qui lui coûta la vie après la bataille de Dreux. Cette mort soulève un petit problème historique qu'il n'est pas sans intérêt d'examiner.

On est au soir de la journée (19 décembre 1562) : Saint-André, qui commande l'aile droite de l'armée royale, dont lui-même, dit-on, a réglé les dispositions, n'a pas été engagé. Tout l'effort du combat a porté sur le centre, où commandait le connétable de Montmorency, fait prisonnier dès neuf heures du matin. Les reîtres du prince de Condé ont enfoncé deux fois les bataillons suisses, et s'amusent à piller croyant la bataille gagnée. A ce moment le duc de Guise, caché avec ses troupes dans un bois, fond sur eux et les disperse. Saint-André, las de son inaction, se joint à M. de Guise et se met à la poursuite des fuyards. Il se trouve bientôt seul en avant avec un petit groupe de cavaliers. Les protestants, voyant la faiblesse numérique de ceux qui les poursuivent, tentent contre cette poignée d'hommes un retour offensif. Le cheval du maréchal s'abat ; lui-même est

fait prisonnier. C'est alors qu'il est tué d'un coup ae
pistolet à la tête par un homme qui avait à se ven-
ger de lui et que Brantôme appelle Aubigny (1).
Quel était cet Aubigny ? Le nom véritable du meur
trier paraît avoir été Perdriel de Bobigny, sieur de
Mézières. C'était, disent les biographes qui se co-
pient l'un l'autre, un seigneur catholique qu'il
avait gravement outragé. Le fait est, à priori, assez
bizarre. Comment se serait-il trouvé, dans l'armée
protestante, un seigneur catholique ?

Que le meurtrier fût un converti de fraîche date,
c'est assez vraisemblable ; mais il était certainement
« de la religion ». Tout l'indique : la vraisemblance
d'abord ; ennemi personnel du maréchal, Bobigny
devait être entré dans le parti contraire ; mais il y
a des témoignages à l'appui. Brantôme, encore qu'il
estropie son nom, le qualifie positivement de capitaine huguenot. Carloix, le rédacteur des *Mémoires*
de Vieilleville, ordinairement bien informé, dit qu'il
revenait d'Allemagne et qu'il commandait un déta-
chement de chevau-légers, ce qui tranche la ques-

(1) Tout d'abord, on ne connut pas la mort de Saint-André.
« Quand au mareschal de Sainct André, l'on ne sçayt encore
s'il est mort ou prins » écrit à la duchesse de Parme Thomas Perrenot, ambassadeur de Charles Quint (Lettre du 21
décembre 1562, dans *Cabinet historique*, 1879, p. 163) ; on
crut ensuite qu'il avait été tué à la poursuite de l'ennemi, et
c'est la version que donne Perrenot à la fin de sa lettre.
Quand les circonstances du meurtre furent connues, on
soupçonna qu'il pouvait y avoir là plus qu'une vengeance
particulière. On accusa Théodore de Bèze, qui se trouvait
alors à l'armée, d'avoir conduit la main de Bobigny (Le
Laboureur. *Les masures de l'abbaye royale de l'Isle-Barbe
les Lyon* Lyon, Claude Galbit, MDCLXV, t. II. Preuves de
noblesse... p. 175).

tion, car le commandement d'une troupe protestante n'eut pas été confié à un catholique.

D'où venait la haine de Bobigny contre Saint-André? Les causes en sont caractéristiques des mœurs du temps.

Saint-André, malgré ses immenses richesses, avait souvent des besoins d'argent ; il avait eu recours au crédit et s'était adressé à un capitaliste de l'époque, Perdriel, greffier de l'Hôtel-de-ville, « homme riche tant en héritages qu'en acquêts (*de Thou*) », qui avait été plusieurs fois sa caution. Ce Perdriel avait un fils. Par reconnaissance ou peut-être seulement par désir d'entretenir les bonnes dispositions de son prêteur, Saint André avait pris ce fils dans sa maison et avait promis « d'en avoir soin ».

Vivant au milieu des gentilshommes qui entouraient le maréchal, le jeune homme, que l'on appelait Bobigny, arriva à se considérer comme leur égal. Nous ne savons sur quelle autorité, M. Forneron (1) suppose même qu'il aspira à la main d'une des nièces du maréchal (2). Quoiqu'il en soit, il eût avec un des parents de Saint-André, Saint-Sernin, une querelle au cours de laquelle celui-ci « l'outragea ». Bobigny en demanda raison. Le cartel fut refusé. L'offensé recourut au maréchal pour obtenir réparation. La réponse fût « qu'il y avait tant de différence entre la condition de l'offensé et celle de M. de Saint-Sernin, qu'il ne pouvait être question de régler l'affaire

---

(1) *Histoire des ducs de Guise*, t. II, 349.

(2) Saint-André avait-il des nièces ? On peut le supposer, car sa sœur Marguerite d'Albon, mariée à Artaud d'Apchon, n'eut pas moins de douze enfants,

par les armes comme il est d'usage entre gentilshommes ». Blessé dans son amour-propre, Bobigny
quitte la maison du maréchal ; il dresse un guet-à-
pens à Saint-Sernin et le tue ; puis il prend la fuite,
passe en Allemagne et probablement se fait huguenot.

On lui fait son procès, on le pend en effigie et
ses biens sont confisqués au profit de Saint-André.

La haine, comme on le voit, n'était pas sans cause.

Saint-André n'avait pas conscience de l'état d'esprit de son ancien serviteur, car il se rendit à lui
et lui donna sa parole en lui promettant rançon. Il
venait de livrer ses armes lorsque survint le prince
de Porcien (Antoine de Croy) qui, reconnaissant le
prisonnier, le réclame à Bobigny, dans la pensée de
l'échanger contre le prince de Condé, auquel pareil
sort était advenu dans la journée. Bobigny refuse ;
ses soldats insistent pour conserver leur prise. A
peine le prince s'est-il éloigné que Bobigny, enflammé de colère, rappelle à son prisonnier tous ses
motifs de haine, le couvre d'injures et lui casse la
tête d'un coup de pistolet en disant : « Le jugement
de Dieu est tombé sur toi ! »

Tel est le récit de Vieilleville.

Selon d'autres, le maréchal, tombé de cheval,
aurait été capturé par un soldat qui le prenait en
croupe pour l'amener au camp, lorsque survint
Bobigny qui, le reconnaissant, et ne pouvant à sa
vue contenir son ressentiment, lui aurait brûlé la
cervelle. C'est cette version qu'ont adoptée Tortorel
et Périssin. Une de leurs planches représentant la
bataille de Dreux, montre au premier plan le maré-

chal montant sur le cheval d'un cavalier huguenot, tandis qu'un autre cavalier, la visière basse, accourt à toute bride et décharge son pistolet sur le prisonnier.

Telle fut la triste fin de cet homme illustre ; il avait eu, parait-il, dès le commencement de la journée le pressentiment qu'elle lui serait fatale et avait exprimé au connétable de Montmorency le regret de n'avoir pas, comme lui, fait ses dévotions.

La mort de Saint-André « enfiella », c'est le mot de Vieilleville, la nouvelle de la victoire. Car si le maréchal avait des ennemis acharnés il avait aussi des amis fidèles.

Mais la cour est un pays où la mémoire n'est pas vivace. Le nom de Saint-André ne tarda pas à s'y perdre ; l'écroulement subit de la fortune du tout puissant favori rappelle à l'esprit tous les lieux communs sur la vanité des choses humaines.

Sa veuve, Marguerite de Lustrac, l'oublia la première ; éprise pour le prince de Condé d'un amour qui, dit-on, ne recula pas devant le crime, elle se ruina pour lui plaire sans arriver à se faire épouser.

Sa fille unique, Catherine, religieuse à Longchamp, mourut jeune, du poison que lui donna sa mère, assurent les biographes.

Ses domaines, revinrent à sa sœur Marguerite et entrèrent par elle dans la maison auvergnate d'Apchon.

Quant aux meubles « très rares et très précieux » qui garnissaient ses châteaux, ils se vendirent aux enchères (probablement après l'inventaire de 1565) ;

ce furent des encans « dont on ne pust guère voir la fin, tant ils durèrent ».

Le souvenir laissé par Jacques d'Albon ne répond pas à ses très réels mérites : l'histoire n'est pas tendre pour les favoris.

De Thou (1) le juge avec l'austérité d'un parlementaire et, si on ose le dire, d'un janséniste avant la lettre :

« C'était, dit-il, un seigneur très brave et d'un esprit élevé, mais volupteux, prodigue et perdu de débauches, qui avait tout mis en usage pour satisfaire ses passions et son luxe ».

Brantôme, plus indulgent, trop indulgent peut-être, donne une note qui semble mieux répondre au sentiment des contemporains :

« Si mon dict sieur le mareschal se montra un vrai Lucullus en luxes, bombances et magnificences, il s'est montré durant les guerres, au camp, aux armées, tout pareil en valeur, en cœur et en réputation de grand cappitaine (2) ».

Si le château est plein du souvenir du maréchal, l'église, que la Diana visite ensuite, ne parle que de ses ancêtres.

Le monument que remplace l'édifice actuel était situé dans l'enceinte du château. On en a un témoignage dans le testament de Hugues de Lespinasse

---

(1) *Histoire universelle* de Jacques Auguste de Thou... traduite sur l'édition latine de Londres (Londres XDCCXXXIV), t. IV.

(2) *Vies des Hommes illustres et grands capitaines françois de son tems.* Londres chez T. Wood et J. Palmer, MDCCXXIX, t. III, p. 178 et suiv.

daté de 1361. Au commencement du XVIᵉ siècle, fut construite l'église qui subsiste encore, mais elle a subi plus d'un remaniement. Une inscription tronquée qui se lit sur le chapiteau d'une des colonnes dans le collatéral gauche, indique que la chapelle à laquelle ce chapiteau appartenait a été construite en 1505 ; l'église paraît dater de la même époque ; quelques années après, elle a été en partie reconstruite pour une cause inconnue ; les clefs de voûte de la nef centrale sont en effet timbrées de l'écusson des d'Albon entouré du collier de Saint-Michel. Or Jean d'Albon fut fait chevalier de l'ordre, d'après Le Laboureur, en 1528. Une nouvelle reconstruction eut lieu vers 1830, elle a été suivie d'une autre en 1863 ; on ne peut que regretter ces « restaurations » inintelligentes qui ont mutilé l'ancien monument et en ont bouleversé l'ordonnance.

Actuellement, l'édifice présente un vaisseau central, aboutissant à une abside polygonale et se terminant du côté opposé par un clocher carré sans issue au dehors ; l'entrée a lieu par les deux collatéraux. La porte de celui de droite est surmontée de quelques débris de l'ancien portail notamment d'une statue de saint André ; une litre funéraire décore l'extérieur des murailles.

Quelque intéressant que soit le monument lui-même, tout s'efface devant les splendides vitraux dont il est orné, vitraux dont l'ensemble constitue une des perles artistiques du Forez.

La maîtresse pièce de cette vitrerie c'est la fenêtre centrale du chœur. Elle représente une Crucifixion ; au-dessous, l'écusson des d'Albon Saint-André : *de sable à la croix d'or à un lambel de trois pendants de gueules.*

De chaque côté de l'écusson, deux donateurs age-nouillés. Celui de droite est revêtu d'un costume ecclésiastique ; ce serait au dire d'Ogier, un d'Albon, abbé de Savigny. Il n'est pas très difficile d'y re-connaître Guy d'Albon, qui fut chanoine comte de Lyon ; quant à l'autre, son identification soulève un problème qui n'est pas complètement résolu. Exa-minons d'abord le personnage : il est revêtu d'un riche manteau d'un coloris éblouissant, à genoux sur un carreau de velours, les mains jointes et le regard attentif; sous la fourrure qui garnit son vête-ment de dessus, s'aperçoivent deux anneaux d'un collier d'or ; les cheveux sont coupés carrément ; le visage, qui est celui d'un homme de cinquante à soixante ans, exprime la bienveillance et la réflexion.

Dans la verrière placée du côté de l'Evangile, un portrait tout semblable d'attitude, d'allure et de cos tume paraît représenter le même personnage ; la principale et presque la seule différence est que sur cette nouvelle image le cou du seigneur agenouillé est entouré du collier de Saint-Michel posé sur le vêtement. Cette fois aucun doute n'est possible. Le donateur est accompagné de son patron, saint Jean-Baptiste. Nous sommes donc en présence de Jean d'Albon, père du maréchal. L'écusson placé dans le registre inférieur au-dessous du personnage est éga-lement orné du collier ; il ne faudrait pas voir là une vanité puérile ; Brantôme nous apprend que les chevaliers de l'Ordre ne devaient jamais en quitter les insignes, fût-ce pour quelques heures. Il est donc tout naturel que leur effigie en soit toujours accom-pagnée.

Mais si le vitrail de gauche représente Jean d'Albon, pourquoi son image se voit elle encore sur la vitre centrale ?

Nous allons le chercher.

Quant à la fenêtre de droite, elle représente sur deux registres, une *Piéta* et une sainte Anne, saint Jean l'Evangéliste et saint Jean-Baptiste. Au-dessous, un écusson parti des armes de Saint-André et de Saint-Nectaire *(d'azur à cinq fusées rangées d'argent).* Ces armes rappellent la mère de Jean d'Albon, Anne de Saint-Nectaire. Il est donc problable que le vitrail auquel elles appartenaient et qui a été détruit représentait cette dame : il est à peu près certain que l'image de son mari devait se trouver aussi dans la décoration du chœur, car c'est lui, Guichard d'Albon, qui selon Le Laboureur, a jeté les fondements de la grandeur de la maison de Saint-André. Or la tradition nous rapporte que, vers, 1820, un orage d'une violence inouïe détruisit une partie des vitraux de l'église et notamment ceux du chevet. On les remplaça aux dépens de ceux des fenêtres latérales. Cela étant, il est peut être permis de risquer une hypothèse qui expliquerait la dualité des images placées aujourd'hui côte à côte.

Dans la vitre du côté de l'Epitre, se trouvaient les portraits de Guichard d'Albon et d'Anne de Saint-Nectaire, sa première femme ; dans la vitre du côté de l'Evangile peut être celle de sa seconde femme, Catherine de Talaru. Le portrait de Jean d'Albon accompagné de la figure de Saint-Jean-Baptiste, portrait dans laquelle le peintre avait reproduit l'image de la verrière centrale, en y ajoutant d'une façon apparente les insignes de la dignité du personnage, appartenait à une chapelle latérale et aurait été placé dans le chœur ensuite de la destruction du vitrail primitif.

Nous donnons la conjecture pour ce qu'elle vaut.

Le vitrail de droite, comme on l'a vu, ne présente pàs de portraits, mais il n'en offre pas moins un véritable intérêt par la richesse des fonds damassés sur lesquels se détachent les personnages.

Quant aux fenêtres des collatéraux, elles ne montrent plus que des fragments de la vitrerie ancienne logés tant bien que mal dans les remplages. Plusieurs de ces débris sont remarquables par leur naturalisme puissant, notamment un saint Christophe auquel un hercule forain a du servir de modèle.

Avant de quitter l'église, il faut signaler le tableau, malheureusement assez détérioré, qui fait face à l'autel majeur, sur la paroi intérieure du clocher. C'est une Madeleine, dont le cadre est aux armes d'un marquis de Saint-Georges.

La chaire, assez élégante, porte la date de 1772.

Midi sonne pendant notre visite et nos estomacs répondent à la voix de l'horloge. Nous nous hâtons vers l'hôtel du *Lion d'or*.

Le dîner, pourquoi ne pas l'avouer? tient habituellement une place notable dans les excursions de la Diana. Faut-il penser que le grand air aiguise l'appétit en même temps que les préoccupations archéologiques imposent une dépense de cérébralité dont la nature exige la récupération? Ne serait-ce pas encore que la table cimente les amitiés et épanouit les cœurs? Tout cela peut-être à la fois. Mais que dire lorsque, comme à Saint-André, un souvenir d'autrefois donne au festin la valeur d'une reconstitution historique et l'importance d'un rit traditionnel ?

M. le vicomte de Meaux, dans un de ces toasts humoristiques dont son éloquence est coutumière, rappelle en effet au dessert que le célèbre maréchal était, au dire de Brantôme, grand amateur de « friandises et délicatesses de viandes tant de chairs que de poissons et autres friands mangers ». Depuis longtemps le château ne connaît plus les bombances d'antan, mais le pays n'a pas perdu le goût des « friands mangers » et n'a pas dégénéré en ressources culinaires.

Appuyons cette assertion d'un document, en consignant ici, témoin fidèle, le menu servi par l'hôtel Pauze :

Hors d'œuvre
Melon muscat,
Jambon du pays
Entrées
Bouchées à la reine,
Canetons aux navets,
Truites sauce mayonnaise,
Salmis de pintades
Haricots à l'anglaise
Rôti
Poulets de grains
Ecrevisses
Bombe glacée
Dessert assorti.

le tout arrosé de l'eau de Saint-Alban et du roi des caves de la région roannaise, le célèbre Bouthérand.

Le café pris, un nouveau coup d'œil au château pendant que s'attellent les voitures. Il est temps de partir : le ciel s'assombrit ; en route pour Saint-Léger.

Notre collègue, M. Chassain de la Plasse, nous en fait les honneurs.

Cette section de la commune de Pouilly-les-Nonnains est située au bord du plateau qui domine le cours du Renaison.

Saint-Léger formait autrefois une commune distincte et une paroisse séparée de Pouilly. La réunion eut lieu en 1824. Depuis lors l'église, abandonnée, tombait en ruines ; la générosité des habitants vient de la faire restaurer et leur persévérante tenacité de la rouvrir au culte. Le sanctuaire est un des plus anciens de la région ; le nom qu'il porte paraît le faire remonter au VIIe siècle, car l'illustre évêque d'Autun fut martyrisé en 678 et son culte devint promptement populaire. Il est authentiquement constaté par une bulle du pape Eugène III, qu'en 1153, la chapelle de Saint Léger (de sancto Leodegario) appartenait à l'abbaye lyonnaise d'Ainay. L'édifice actuel ne date que du XVIIe siècle ; c'est une grande salle rectangulaire sans autre motif architectural qu'une arcade formant l'entrée du chœur. Dans le chœur, un bel autel en bois sculpté, dont nous trouverons à l'exposition de photographie la reproduction par un amateur de la localité, M. Jean Faisant.

Le Forez pittoresque signale l'existence de deux pierres tombales dont les inscriptions sont à peu près effacées. L'une porte le nom de Dumyrat, l'autre celui de Champagny.

Au moment où la Diana quitte Saint-Léger, l'orage qui menaçait depuis le matin éclate brusquement :

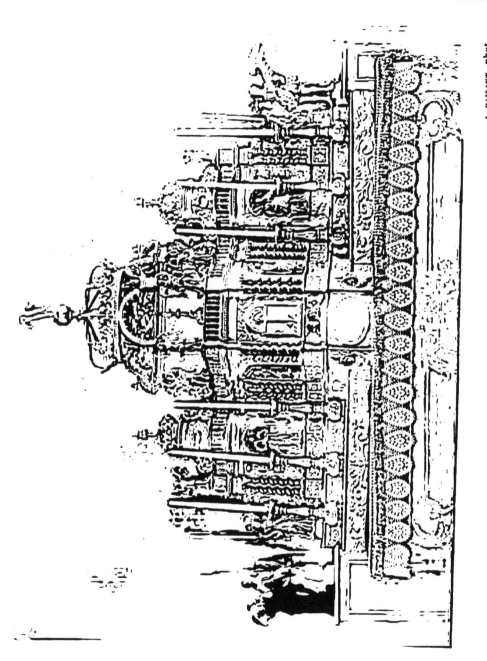

XVIII. — ÉGLISE DE SAINT-LÉGER. — Retable en bois sculpté, peint et doré

XIII — p. 202

des nuages noirs crèvent sur nos têtes et c'est sous un véritable déluge que nous nous entassons dans les voitures. Mais le dicton roannais a raison : « ce qui enrage ne dure pas » ; le ciel ne tarde pas à s'éclaircir ; voici le soleil ; il salue notre entrée à Roanne, faisant étinceler comme des diamants les gouttes d'eau qui tremblent aux feuilles des platancs ; il tient à faire les honneurs de son domaine, l'exposition de photographie.

L'horaire de la journée a malheureusement ses exigences ; l'approche du départ talonne les visiteurs; il faut arpenter rapidement la salle du cours de la République mise à la disposition du *Photo-club roannais* par la société des *Enfants de la Loire*. Le monde entier s'y est donné rendez-vous.

« J'en *vois* qui sont du nord et qui sont du midi ».

A côté des vues du Nil que M. Abby a envoyées du Caire, les scènes anglaises de M. John Chaffin (*Taunton*) et de M. Fred. Marsh (*Henley on Thames*) ; nous sommes en Portugal avec M. Joaquin Basso (*Porto*) ; en Australie, avec M. Brooks Thornley (*Melbourne*) ; en Russie, avec MM. Batoulin (*Samara*) Sohst (*St-Pétersbourg*), de Manteuffel (*Revel*), Solodownicoff (*Moscou*), Golovatchewsky (*Batoum*) ; la Hollande revendique MM. Bispinck (*Amsterdam*), Vries (*Arnheim*) ; l'Espagne, MM. Escacena (*Séville*), Gilman (*Aquilas*), Amenos (*Barcelone*) ; voici des vues de Savoie de M. Selb (*Anvers*), des paysages flamands de M. Boutique (*Douai*), des marines de M. William Norrie (*Fraserburg*) et de M. Brassart (*Nantes*), des études catalanes de M. Bruneau (*Lille*); voici les remarquables agrandissements obtenus par M. Dessendier, un roannais d'adoption ; les intéressantes reproductions industrielles de MM. Geisler (*Raon l'Etape*), Husnik et Hansler (*Prague*), Lackerbauer (*Paris*) ; voici les œuvres des artistes amateurs de la région, Mlle Verchère, Mlle du Peloux, Mme Deveaux, M. Roque, Mme Espinos-Marcel, etc.

On voudrait s'arrêter à chaque pas. A peine peut-on revenir, après une trop rapide vue d'ensemble, aux portraits de M. Jean Lacroix *(Genève)*, aux merveilleux tableaux de M. Boissonnas, un genevois aussi, aux études ingénieusement diversifiées avec un modèle unique de M. Bergon *(Paris)*, aux scènes gracieuses composées par M. Malatier *(Villefranche)*, aux paysages de M. Dubreuil, d'un charme si pénétrant, enfin aux belles photogravures et phototypies qu'expose un artiste dont le nom est cher au Forez, reproductions pittoresques des merveilles de l'art roman, dans lesquelles l'archéologie retrouve ses droits.

L'heure avance et la peinture nous réclame.

Elle est dans ses meubles rue de la Sous-Préfecture ; l'ancienne orangerie qui l'abrite a été habilement disposée pour lui offrir l'espace dont elle a besoin. Ce n'est pas une exposition banale de province, c'est un petit salon parisien que ces quatre salles amoureusement installées par le roannais convaincu, le maître-peintre émérite, l'organisateur entraînant qui s'appelle Emile Noirot. Du beau portrait de Benjamin Constant aux études de Paul Flandrin, des marines de Gagliardini au *Retour du puits* de Firmin Girard, des *Jeunes athéniennes* de Maignan à la *Jeanne d'Arc* de Joy, l'œil se promène charmé. Pas un coin de salle qui n'attire et ne retienne l'attention. Avant tout, les trois œuvres du maître Louis Français, qu'un crêpe endeuille depuis l'ouverture de l'exposition; les pastels de Raffaëlli et de Roll, les paysages auvergnats et foréziens de notre compatriote Beauverie, les études des deux Noirot, si sincères avec des faires si différents, les fleurs de Paul et Henri Biva... Il faudrait tout citer et le *Bulletin* de la Diana deviendrait un catalogue.

Le *manager* artistique de l'exposition, Emile Noirot, et le président du comité d'organisation, le sympathique docteur Rolland, font à la *Diana* les honneurs de leur domaine. Hospitalité dont elle ne profite pas autant qu'elle le voudrait: « Saint-Etienne et Montbrison, en voiture ! » criera dans un instant l'employé du chemin de fer. Force est donc pour les voyageurs de s'arracher aux sensations d'art et de regagner l'embarcadère.

Plus heureux sont les Roannais. Le train ne les réclame pas. Aussi, les adieux échangés, les mains serrées, ils reviennent sur leurs pas et, pour bien finir une journée si heureusement passée, ils rentrent à l'Exposition.

AVRIL — SEPTEMBRE 1903.

BULLETIN DE LA DIANA

I.

PROCÈS-VERBAL DE
L'ASSEMBLÉE GÉNÉRALE DU 10 JUIN 1903.

PRÉSIDENCE DE M. LE VICOMTE DE MEAUX, PRÉSIDENT

La séance est ouverte à deux heures.

Sont présents : MM. Achalme, d'Alverny, Baldit, abbé Bégonnet, de Boissieu, abbé Brosse, Broutin, abbé Buer, Chassain de la Plasse, abbé Chazal, abbé Chevrolat, Coudour, Crépet, J. Déchelette, Desjoyaux, capitaine Didier, abbé Duclos, Dugas de la Catonnière, P. Dupin, Durel, abbé Fabre, abbé Faugier, E. Faure, Ferran, de Fréminville, abbé Gillet, abbé Gouttefangeas, Granger, abbé Grimaud, Jacquet, Lachèze, Lachmann, E. Le Conte, Leriche, abbé Marsanne, vicomte de Meaux, abbé Michaud, Monery, de Montrouge, Morel, abbé P. Penel, docteur Perdu, baron des Périchons, Pichon, abbé Planchet, Populus, abbé Relave, abbé Reure, Rochigneux, J. Rony, L. Rony, E. Rousse, A. Roux, abbé Saignol, de Saint-Genest, Alph. de Saint-Pulgent, J. Thevenet, baron de Vazelhes, abbé Versanne.

Se sont fait excuser : S. E. le Cardinal Coullié, MM. le marquis d'Albon, abbé Bathias, de Bonand, Bourbon, comte de Chabannes, comte de Charpin-Feugerolles, Charvet, C.-N. Desjoyeaux, capitaine de la Forest-Divonne, Galle, H. Gonnard, Jamot, J. Le Conte, abbé Peyrieux, abbé Peyron, abbé Rousset, chanoine Sachet, du Sauzey, abbé Signerin, P. Testenoire-Lafayette, B. Thevenet, F. Thiollier, Vachez.

Comptes.

M. le Trésorier présente ses comptes pour l'année 1902. Ils sont approuvés par l'Assemblée (voir l'annexe n° 1).

M. le Président fait observer que ces comptes, qui terminent la période des six années pour lesquelles sont élus le Bureau et le Conseil d'administration de la Société, présentent le budget en équilibre, sans avance ni déficit ; néanmoins il faut constater que les ressources ordinaires de la Société n'ont pas égalé les dépenses. Si l'on a pu solder les travaux entrepris, c'est d'abord grâce au désintéressement de MM. Brassart et Déchelette qui, pour nous donner *Les peintures murales du Forez*, ont prodigué, sans en tenir compte, non-seulement leur science et leur talent, mais leur temps, et leurs labeurs ; c'est ensuite grâce à la générosité de M. de Boissieu qui a très largement contribué aux frais d'illustration de son importante monographie de Saint-Galmier.

Election du Bureau et du Conseil d'administration.

Le Bureau et le Conseil d'administration élus pour six ans dans l'Assemblée générale du 10 juin 1897 sont arrivés à la fin de leur mandat.

Dans l'intervalle, des vacances irréparables se sont produites, par suite du décès de MM. Vincent Durand, Poidebard et Testenoire-Lafayette ; d'autre part, M. le chanoine Sachet, devenu curé de Sainte-Foy-lès-Lyon et empêché par les exigences de son ministère de se rendre aux séances du Conseil, décline toute candidature.

Il va être procédé par voie d'élection au renouvellement du Bureau et du Conseil.

Selon l'usage établi les sociétaires sont invités à élire d'abord les membres du Bureau.

Votants		56
Majorité absolue		29
MM.		voix
Président :	Vicomte de Meaux. . . .	55
Vice-Président:	Chassain de la Plasse. . .	51
	Eleuthère Brassart	2
	Joseph Déchelette . , . .	2
Secretaire :	Eleuthère Brassart . . .	53
	Chassain de la Plasse. . .	2
	Joseph Rony	1
Trésorier :	Joseph Rony	55

En conséquence le bureau de la Diana pour la période de 1903 à 1909, est ainsi composé :

Président,   M. le Vicomte de Meaux ;

Vice-Président, M. Chassain de la Plasse ;

Secrétaire,   M. Eleuthère Brassart ;

Trésorier,   M. Joseph Rony.

Il est passé à un second scrutin pour la nomination des neuf membres du Conseil d'administration (trois pour chaque arrondissement). Ce scrutin donne les résultats suivants :

Votants	54
Majorité absolue	28

Pour l'arrondissement de Montbrison :

MM.	voix
de Saint-Pulgent	53
l'abbé Reure.	52
Henri Gonnard.	50
l'abbé Relave	3
l'abbé Faugier	2
l'abbé Brosse	1
l'abbé Bégonnet.	1
P. Dupin	1
M. de Boissieu	1
Dugas de la Catonnière	1

Pour l'arrondissement de Roanne :

MM.	voix
Leriche	53
J. Déchelette.	52
Monery	52

Jeannez   1
Guilloud   1

Pour l'arrondissement de Saint Etienne :

MM.   voix

De Boissieu   52
comte de Charpin-Feugerolles.   52
Testenoire-Lafayette   52
Gonnard   3
de Fréminville   1
l'abbé Reure.   1
Noël Thiollier   1
Dugas de la Catonnière   1

D'après ces résultats, sont nommés membres du Conseil d'administration pour l'arrondissement de Montbrison : MM. de Saint-Pulgent, abbé Reure et Gonnard ;

Pour l'arrondissement de Roanne : MM. Leriche, J. Déchelette et Monery ;

. Pour l'arrondissement de Saint-Etienne : MM. de Boissieu, comte de Charpin-Feugerolles et Testenoire-Lafayette.

Allocution du Président.

Après l'élection des membres du Bureau et du Conseil d'administration, le Président s'exprime en ces termes :

« Messieurs,

« En vous remerciant de la confiance peut-être imprudente que vous conservez à mon vieil âge, en vous félicitant de maintenir, à côté de moi, votre

Bureau et votre Conseil, sans apporter à leur composition d'autres changements que ceux qu'il ne dépendait pas de vous d'éviter, laissez-moi jeter un rapide coup d'œil sur la période qui s'achève, joindre au compte-rendu financier qui vient de vous être soumis le compte-rendu de nos gains et de nos pertes d'une autre sorte, ainsi que des travaux et des œuvres de notre Compagnie durant les six années maintenant révolues.

Ah nos pertes ! Il en est d'irréparables ! Les nouveaux confrères que nous accueillons avec un empressement plein d'espérances admettront sans doute que les anciens de la Compagnie ne s'accoutument point à ne plus voir à cette place les Léon de Poncins, Vincent Durand, Testenoire-Lafayette, à ne plus compter parmi nous les Jeannez, de Viry, Poidebard. La mémoire de ces premiers piliers de la Diana ne doit point s'effacer ici. Leur éloge a devant vous été prononcé ou devra l'être. Nous recevrons prochainement le buste de Vincent Durand, maintenant presque achevé. Nous avons rassemblé les portraits de vos précédents présidents ; en attendant que dans nos salles, devenues trop étroites pour nos livres et nos collections, ces portraits obtiennent une place convenable et définitive, vous les voyez provisoirement exposés aujourd'hui. Le dernier que nous ayons reçu, le médaillon qui reproduit la tête régulière et fine, bienveillante et souriante de M. Testenoire-Lafayette est dû à la main habile et fidèle de sa petite-fille, Mlle Thiollier. Il atteste à la fois sa piété filiale et son talent, en même temps que l'attachement héréditaire de sa famille pour la Diana.

D'année en année, la mort n'épargne pas notre Compagnie. A chacune de nos séances nous avons à déplorer, vous le savez, la perte de quelques confrères. Deux encore ont disparu depuis notre dernière réunion, Mme la comtesse de Chambost, M. le comte de la Tour du Pin. Mme de Chambost qui de concert avec son mari avait réparé l'un des manoirs historiques du Forez, le château de Bellegarde, et par ses charités faisait aimer et respecter cette vieille demeure dans tout le voisinage ; M. de la Tour du Pin que son mariage avec une Vougy avait attiré dans notre pays, qui s'était naturalisé Forézien en conduisant au feu un bataillon des mobiles de la Loire, le jour où ils furent mis à l'ordre du jour de l'armée à Beaume-la-Rolande et qui, plus tard, entrait à la Diana comme chez lui, car il y retrouvait son blason.

Depuis 1897, 45 de nos confrères sont morts ; 34 ont donné leur démission, presque tous parce qu'ils s'éloignaient de notre pays, et néanmoins le nombre des membres de la Diana n'a pas diminué. Nous étions 268 en 1897, nous sommes 270 aujourd'hui. Le renom de notre Compagnie s'est répandu et accrédité ; en 1897 nous étions affiliés à 60 sociétés savantes échangeant avec elles nos publications, nous sommes affiliés à 93 aujourd'hui. Notre bibliothèque s'est accrue d'environ 800 volumes et nos archives se sont enrichies d'environ 2000 pièces.

Le catalogue de la bibliothèque, depuis qu'il a été imprimé, n'a pas cessé d'être tenu au courant, au moyen de fiches qui s'accumulent de jour en jour. La place manque à nos livres désormais trop resserrés dans nos vitrines.

Elle manque plus encore aux documents manuscrits qui nous ont été remis. Environ 1200 pièces
ont été classés et inventoriés depuis 1896 par les
soins soit de notre bibliothécaire M. Rochigneux,
soit de M. de Saint-Pulgent. Il en reste encore à
dépouiller environ 10.000 à 11.000 ; mais le défaut
d'espace rend cette opération singulièrement difficile.

De plus la Société a reçu de précieux manuscrits,
les travaux inédits de Vincent Durand. Elle possédait
déjà sur l'histoire du Forez le volumineux recueil
des souvenirs rassemblés par l'avocat Granjon au
début du dix-neuvième siècle et les notes prises par
Pierre Gras durant son cours. Les papiers de
Vincent Durand, ont sans contredit, plus d'intérêt
encore. Ils renferment les observations faites, les
informations recueillies par lui en explorant en tout
sens la petite patrie. Nous en tirerons l'un de nos
prochains volumes.

Il a été fait présent à la Diana de deux ouvrages
importants, l'un dont elle s'est chargé d'achever la
publication, l'autre qu'elle est autorisée à distribuer
parmi ses membres.

Feu M. de Charpin-Feugerolles, ayant entrepris de
publier le Cartulaire de l'Ile Barbe et cette œuvre
étant demeurée inachevée depuis sa mort, sa famille
nous a livré les feuilles déjà imprimées ; nous avons
accepté la tâche d'achever cette publication, voulant
ainsi répondre à l'attente des érudits et tout ensemble honorer la mémoire d'un des hommes à qui
l'histoire du Forez et notre Société de la Diana ont
le plus d'obligations.

Afin de perpétuer parmi nous la mémoire de notre

excellent et savant confrère M. Poidebard, sa veuve nous a donné les exemplaires non encore écoulés du dernier ouvrage qu'il avait publié, *La Correspondance de M. de St-Fonds et du Président Dugas*, où revit la haute bourgeoisie lyonnaise à la veille de la Révolution. Ceux d'entre vous à qui il plaira d'emporter ces deux beaux volumes au lieu d'un jeton de présence les recevront au sortir de notre réunion.

Enfin pour achever la revue de ce que nous avons acquis depuis six ans, je dois vous transporter à Saint-Germain-Laval. La chapelle de Notre-Dame de Laval que la générosité de quelques habitants de Saint-Germain, surtout de la famille Gayet, avait réparée et de concert avec l'archevêché de Lyon confiée à la Diana, vient d'être enrichie de deux vitraux qui en complètent la restauration sobre et et correcte et, puisque je viens de vous parler des portraits de quelques-uns de nos principaux confrères, je vous confierai que vous pourrez reconnaître dans le vitrail de saint Germain la tête de feu M. Gayet et dans le vitrail de saint Irénée la tête de Vincent Durand.

J'arrive maintenant à nos travaux et je dois vous signaler tout d'abord l'importance croissante de notre *Bulletin*, œuvre collective où chacun contribue selon ses goûts et ses facultés, son talent et ses trouvailles et qui, mieux que toute autre publication, entretient et manifeste la vitalité de la Compagnie. Depuis les temps préhistoriques et l'époque gauloise jusqu'aux approches de la Révolution, vous y trouvez les hommes et les choses du Forez, les événements et les monuments, les institutions, les coutumes et jusqu'aux costumes, exhumés, décrits, discutés. Trois œuvres particulièrement remarquables y surnagent, à travers la multiplicité et la variété des notes et des mémoires. C'est d'abord le questionnaire dressé par MM. Vincent Durand et Dumoulin, illustré par M. Gonnard. Il était destiné à solliciter dans chaque commune parmi les instituteurs et les curés des recherches archéologiques. Nous avons reçu moins de réponses que nous ne le souhaitions; quelques-unes cependant ont mérité, des juges choisis parmi vous, des témoignages de satisfaction. Nous savons en outre que, soit dans notre province, soit au dehors, il est plus d'une étude que notre questionnaire a inspirée, sans qu'elle nous ait été communiquée.

Ce qu'il faut signaler encore c'est la monographie de Saint-Germain-Laval et de ses environs par Vincent Durand, travail définitif et qui se placerait sans conteste au premier rang, si la monographie plus étendue de Saint-Galmier et de ses environs par M. de Boissieu ne venait pas de paraître et ne défiait pas toute comparaison.

Ces deux monographies ont été provoquées par nos excursions, l'une antérieure à la période qui nous occupe, l'autre qui remonte à cinq années.

Notre compagnie a continué en effet de faire chaque année une excursion archéologique :

En 1897 à Ouches, Pouilly, St-André-d'Apchon et Roanne.

En 1898 à Saint-Galmier, Saint-Médard, Chevrières et Chazelles-sur-Lyon.

En 1899 au Pertuiset, Cornillon et Aurec.

En 1900 à Salt-en-Donzy, Donzy, Civens, Pouilly lès-Feurs et Feurs.

En 1901 à Saint-Bonnet-le-Château.

En 1902 à Vougy, Briennon, la Bénisson-Dieu.

Elle a continué pareillement de publier à côté de son *Bulletin* des ouvrages de longue haleine:

En 1897, la suite des *Visites pastorales* éditées par M. Déchelette où l'on prend sur le fait et l'on peut suivre à l'extrémité de notre province la vie ecclésiastique vers le terme de l'ancien régime ;

En 1900, *Les peintures murales du Forez* que MM. Déchelette et Brassart ont reproduites ou plutôt ont fait revivre avec autant d'art et d'exactitude que de science et d'application.

Enfin, Messieurs, à côté de ses travaux, la Diana a eu ses fêtes. En 1898 elle a célébré ses noces d'argent avec Vincent Durand, dont trop peu de temps après hélas elle suivait les funérailles.

En 1899 elle a reçu solennement son Président d'honneur, le cardinal Coullié notre archevêque et jamais sans doute, sous son lambris historique, la Diana n'avait vu visite plus mémorable.

Voilà donc, Messieurs, depuis six ans ce qu'a fait, acquis et perdu, comment a vécu et travaillé notre Société. Puisque sa tâche consiste à recueillir et garder les souvenirs du passé, il est bon sans doute qu'elle noublie pas sa propre histoire et vous ne me saurez pas mauvais gré de vous en avoir présenté l'esquisse, durant les années qui terminent le dix-neuvième et commencent le vingtième siècle ».

Excursion annuelle.

M. Déchelette propose que l'excursion prochaine
de la Société se fasse à Néronde, Saint-Alban,
Montcellier, Chenevoux. Cette proposition est adoptée. Sont nommés commissaires : MM. J. Déchelette,
abbé Gillet, E. Leriche, Rochigneux, André Roux,
abbé Sivard, A. Vachez.

L'excursion est fixée au 13 juillet ; toutefois les
commissaires sont autorisés à en changer la date
s'ils le jugent nécessaire.

Dons.

L'Assemblée vote des remerciements :

A M. le comte de Chabannes qui a fait don des
archives de Laubépin ;

A M. Félix Thiollier pour le médaillon en bronze,
représentant M. C.-P. Testenoire Lafayette, doyen
et second fondateur de la Société ; ce médaillon est
l'œuvre de sa fille, Mlle Emma Thiollier.

*Les Emblèmes d'Anne d'Urfé. — Communication de
M. l'abbé Reure.*

La bibliothèque de la ville de Caen possède,
catalogué sous la cote 211, un manuscrit dont le
titre avait piqué ma curiosité : *Emblèmes de Anne,
Comte d'Urfé.* La description sommaire annonçait
encore un portrait de l'auteur, des *Stances* qui
paraissaient être de Loys Papon, enfin un *Discours
sur la vie et meurs de Anne d'Urfé*, daté de Mont-

brison, 20 février 1596. (1) A tout prix, il fallait voir de près et examiner ce volume qui promettait tant de choses.

Par voie administrative, la Société de la Diana a demandé communication du manuscrit de Caen, qui lui a été envoyé pour une durée de quinze jours. Je suis allé à Montbrison l'étudier quelques heures ; mais, en réalité, tout le travail fastidieux du déchiffrement est retombé sur M. E. Brassart, qui a bien voulu apporter à cette affaire un zèle d'autant plus méritoire, qu'il ne semblait pas partager tout-à-fait mon enthousiasme d'*urféiste* quelque peu fanatique !

La lecture du manuscrit présentait des difficultés peu communes. Non pas que ce soit un grimoire ; tout au contraire, Loys Papon, aussi bon scribe que pauvre poète, y a mis sa calligraphie merveilleuse. Mais l'écriture du chanoine a tellement pâli, qu'en bien des endroits on a peine à la distinguer du vélin.

Le manuscrit de Caen est un mince volume en parchemin, couvert d'une mauvaise reliure en velours vert, de 124 sur 84 millimètres, et composé de 38 feuillets. Dans un numérotage récent, on n'en compte que 37, mais le quinzième a été omis par mégarde. Avant le texte, sont trois feuillets de garde. On lit au recto du troisième : « Fait par moy Pierre de Verigny », et au-dessous : « Ce livres apartien à François de Valengny (?), ecuier ». Après le texte, trois autres feuillets de garde ; au

(1) *Catal. des manuscrits des biblioth. publiques de France*, t. XIV (Caen, n° 211)

verso du premier, écrit à l'envers : « Ce livre apartien à Pierre de Verigny, escuier, sieur des Preaux,
de la paroisse de Crammenille (1) 145273 ». Au
recto du troisième : « Ce livre apartien à mademoiselle des Champs, fille de monsieur de la Rivière
le Viquet, à Sainct Sauveur le Viconte » (2).

Si on nous demande par quelle étrange fortune
ce petit volume forézien est venu échouer en Normandie, nous répondrons que nous n'en savons rien.
Cependant la dernière inscription pourrait être un
indice — un bien faible indice — que le manuscrit
a passé par Châteaumorand. Diane de Châteaumorand, pour des raisons qu'il est inutile de rappeler
ici, devait tenir fort peu à garder des souvenirs
d'Anne d'Urfé, son premier mari ; elle a pu donner
le manuscrit à une « demoiselle » Deschamps,
femme de Messire Deschamps, seigneur de Faytière,
en la paroisse de Saint-Martin-d'Estreaux. Ces
Deschamps de Faytière en effet, quoique de très
mince noblesse, entretenaient des relations de bon
voisinage et d'amitié avec la maison de Châteaumorand. On peut supposer que cette demoiselle Deschamps, native de Saint-Sauveur-le-Vicomte en
Normandie, aurait porté le manuscrit dans sa province d'origine, où il serait resté depuis. Mais nous
ne connaissons pas avec assez d'exactitude les alliances des Deschamps de Faytière, et par conséquent
notre conjecture est des plus fragiles, d'autant
qu'il est peu vraisemblable qu'un modeste gentil-

___

(1) Dans le *Dictionnaire des Postes*, on trouve Craménil
(Orne), arrondissement d'Argentan ; — Saint-Aignan-de-Cra-
mesnil (Calvados), arrondissement de Caen ; — Saint-Vincent-
Cramesnil (Seine-Inférieure), arrondissement du Havre.

(2) Chef-lieu de canton du département de la Manche.

homme du Forez soit allé prendre femme en Normandie. Passons donc sans insister.

Le manuscrit, dans sa nouveauté et sa fraîcheur, devait être d'un aspect très agréable. Un beau frontispice armorié, deux jolies pages liminaires, un portrait, des emblêmes enluminés, le portrait et le *Discours* encadrés de filets d'or, les autres pages de rinceaux et ornements variés, en noir et or, les lignes des *Stances* et des *Morales* séparées par des filets dorés, la belle et fine écriture de Papon, tout cet ensemble était aimable et élégant.

On remarquera que le volume est disposé absolument comme un livre imprimé : il n'y manque pas même le titre courant. Et, à ce propos, on peut se demander si le *Discours* au moins n'a pas été imprimé ; car ce morceau, sous certains rapports, est une sorte de justification de la conduite tenue par Anne d'Urfé pendant les troubles de la Ligue. Mais à quoi cette apologie aurait-elle pu servir, si elle ne devait être vue que de quelques parents ou de rares amis ? Elle est d'ailleurs écrite avec des réticences calculées, qui devenaient inutiles, il semble, si elle n'était pas destinée au public. Tant d'opuscules, imprimés en ces temps reculés, ont disparu sans laisser la moindre trace, que pareille mésaventure a bien pu arriver au *Discours*, simple plaquette de quelques pages, exposée à toutes les causes de destruction.

Bien que le nom de Loys Papon ne soit nulle part expressément prononcé, il est certain que l'exécution matérielle du volume, écriture et peinture, est tout entière de sa main ; car sa manière de peindre et son écriture d'une perfection incroyable sont bien connues par d'autres manuscrits (1).

Quant au texte, il résulte de la collaboration d'Anne d'Urfé, de Loys Papon, et peut-être d'un troisième auteur qui aurait composé le *Discours*, s'il n'est pas de Papon ; mais, suivant toutes les vraisemblances, on doit l'attribuer à celui-ci.

Je me garderai de surfaire le prix de notre manuscrit. Il me paraît cependant avoir un intérêt d'art, un intérêt littéraire, et surtout un intérêt historique.

Il s'ouvre par un frontispice, en haut duquel est ce titre : EMBLEMES DE ANNE COMTE D'URFE MARQUIS DE BAGE ETC. Au milieu de la page, sont peintes les armes de la maison d'Urfé, entourées du collier de l'ordre de Saint-Michel, et au-dessous est ce détestable sixain, coupé par la bordure :

De ce nombre premier de l'Ordre de nos Roys

Au veu de Sainct MICHEL, leur Ange tutelaire,

Les antiques URFES, de race militaire,

Furent fays chevaliers, comme nobles Françoys.

Si d'un Ordre recent nous nouveaux Roys heritent,

Leur modernes heros, nos URFES le meritent (2).

Au verso de ce premier feuillet, on lit quatre

---

(1) On peut voir quelques spécimens de l'écriture de Loys Papon, reproduits en *fac-simile* à la fin de ses *Œuvres*. Ces spécimens sont d'ailleurs imparfaits, et ne donnent pas l'idée de la merveilleuse écriture de Loys Papon.

(2) La ponctuation, l'accentuation, l'emploi des majuscules étant ici très arbitraires et sans aucune règle, on n'a pas cru devoir s'y conformer dans les longues citations qui seront faites des vers et de la prose du manuscrit de Caen ; l'accentuation, autant qu'on a pu, a été ramenée à-peu-près à l'usage ordinaire de la fin du XVIe siècle ; mais, au surplus, l'orthographe a été exactement respectée.

XIX. — LES EMBLÈMES D'ANNE D'URFÉ
Manuscrit et enluminures de Louis Papon.
Titre
(Grandeur de l'original)

vers que Loys Papon a signés, avec une petite
pointe de vanité dont nous ne lui tiendrons pas ri-
gueur : *Plus d'esprit que de corps* :

> Lecteur, ne pansse pas qu'aultre que ce MARQUIS
>
> Ait icy mis la main ; car mots, vers et figures
>
> Viennent de son dessein ; le reste des peintures,
>
> De cest art que i'ay seul, pour le servir, acquis.

C'est du Loys Papon, donc ce n'est pas très clair.
Cependant on devine, sans trop de peine, que le
mot de l'emblème, ou la devise, les vers explicatifs
en forme de morale, et l'idée même du dessin allégorique sont l'œuvre propre d'Anne d'Urfé. Mais
Papon donnera un corps visible à cette idée, en peignant la figure qui la mettra sous nos yeux.

Le recto du second feuillet représente une épée
droite enveloppée de branches d'olivier, et surmontée d'une couronne d'épines dans une gloire ; sur
la lame : *En touts les deux*. Symbole expressif d'une
vie qui n'a été ni sans succès militaires, ni sans dé-
boires humiliants ; le quatrain écrit au-dessous, et
que je crois d'Anne d'Urfé, commente cette figure
allégorique avec une amertume tempérée de résignation et d'espérance chrétiennes :

> Puis qu'au trouble et serein, invincible en tous deux,
>
> Au bon heur, au malheur, en la paix et la guerre,
>
> Ie n'eus pour le devoir le loyer en la terre,
>
> Maugré le sort ingrat, ie l'espere des Cieux.

Au verso est peint le portrait d'Anne d'Urfé,
accompagné de ces quatre vers de Papon :

> Bien que ces tretz ne soyent les naïfz de sa face,

Pour n'en pouvoir au vif l'elegance imiter,

A cet air aprochant, tu pourras mediter

Quelle en fust la vertu, la douceur et l'audace.

Audace est peut-être de trop ; car cette figure
maladive et un peu bonasse ne fait guère penser à
un héros. La miniature n'est pas très bonne, elle a
beaucoup souffert, et, d'après l'aveu de Papon lui-
même, elle ne nous donnerait pas une parfaite ressemblance d'Anne d'Urfé. Mais, si on se souvient
qu'on ne connaissait jusque-là aucun portrait d'Anne
d'Urfé, on ne refusera pas quelque valeur à ce
document tout à fait unique (1).

Suivent cinq pages de vers de Loys Papon, précédées de ce titre : *Stances a mon dit Signeur, par
L. P. S T S* ; et je crois pouvoir traduire ainsi ces
cinq initiales : « Loys Papon, son total serviteur ».

Ce que sont ces vers du prieur de Marcilly, ceux-
là peuvent d'avance le conjecturer, qui connaissent
ses ouvrages publiés par M. Yéméniz (2) : des idées
presque toujours communes, quelquefois cependant
originales et même fortes, le tout noyé dans un
pathos ultra-ronsardien, et souvent presque inintel-

---

(1) Loys Papon avait vu (ou peut-être fait lui-même) un
autre portrait d'Anne d'Urfé, portrait pour lequel il écrivit ce
quatrain, imprimé dans les *Œuvres de Loys Papon*, d'après le
ms. franç. 12487 de la Biblioth. nationale :

Ses traits font voir au vif quel estoit le visage

De ce devot Urfé qu'un saint brandon eprit.

Ses faits ont fait paroistre aux guerres son courage,

Sa vie, son bon zelle, et ses vers, son esprit.

(2) *Œuvres du chanoine Loys Papon.* Lyon, L. Perrin,
1857, in-8° — *Supplément aux Œuvres du chanoine Loys
Papon.* Lyon, L. Perrin, 1860, in-8.

ligible. Cette poésie singulière, qui aurait grand besoin d'une glose explicative (1), nous rappelle assez
bien les vers et la prose d'un autre Forézien, Étienne
du Tronchet ; assurément c'est d'un autre style que,
vers le même temps, Honoré d'Urfé écrivait ses belles
Epistres morales. Au demeurant, petite curiosité
littéraire, et supplément inattendu aux œuvres de
Loys Papon, qu'il serait fâcheux de ne pas recueillir. C'est à ce titre que nous croyons devoir imprimer la pièce tout entière.

STANCES
A
MON DIT SIGNEUR
PAR
L. P.   S T S

A vous, noble MARQUIS, tige des URFEIDES,

Non moins ingenieux que braves-heroïdes,

L'uzage et le dessein de l'Emblesme est permis ;

Pour ce que, sans l'emprunt du docte ou du vulgaire,

Vous mesmes les sçavez inventer et parfaire,

Et, sans Sphinx, sonder ce que on y a mis.

Soit sur le Pegazin, soit dessus l'Hypogriphe,

Vous penetrés, d'instinc, le sens du Hyerogliphe,

Sondant les enigmes des misteres ardus ;

Si qu'on ne peint enigme à feinte si aigue,

Ny ambage meslé de Chimere ambigue,

Que vous ne resolvés par vos belles vertus.

---

(1) Elle serait si longue, que j'aime mieux m'en dispenser
absolument. Je noterai seulement cette particularité prosodique
que Papon compte, dans la mesure du vers, une syllabe
muette non élidée à la fin du premier hémistiche.

Vos excelses maieurs, aux braves appertizes
Des vieu-francz Paladins, tymbrés de ces devizes
En cyme-pennonceaux, pavoys, targues, escus,
Ont faict veoir, à l'obiet de celles qu'ilz porterent
Aux antiques combatz, comm'ilz s'i delecterent,
Pour s'illustrer en fin à l'honneur des vaincus.

Les trophés appandus aux temples qu'ilz bastirent,
Les harnois attachez aux palais qu'ilz se firent,
Les chiffres enlacés en leurs meubles auteins
En tesmoignent les veux; et vous, à leur exemple,
Meslant heureusement Mars et Minerve ensemble,
Sçavés par ces portrects figurer les destins.

Dont ce que vous gravez, par ces signifiances,
Les revolutions des neufves influences,
Qui voulurent les gondz de vostre ame esbranler;
A quel saut que fortune ait agité ses roues,
Au lieu de vous tirer du renc de vos heroues,
Les ruzes de ses tretz vous firent signaler.

Car si l'aigle se faict aux chasses essorié
De l'oyzeau qui la sait sa plus proche curée,
Ne treuvant rien de plus prés, ny prest à sa faim,
L'autheur de ce taureau, pour le supplice extresme,
Monstre, lors que DIEU veut, qu'il s'y brusle soy-mesme,
Que qui malbrasse ailheurs, il le souffre à la fin.

L'austruche digerant le fer, de sa coustume,
Par le sage beuvant une ingrate amertume, ,
Semble au rocher esgal, au vere et aux hyvers,
Quant d'un soin veilhe-mort, hors des fumées du monde,
Quittant l'ambition qui roule vagabonde,
Desmis de ses grandeurs, il domte le travers.

Ces Phocions prudentz qué lés peuplés réiettent,
Et ces grandz Scipions cent fois puis se regrettent,
A la confusion des vains brigùe-cités,
Et les Epaminondz ont, de pre-rogative,
Autant en leur vaccant qu'en leur alternative,
Pour ce que la personne orne les dignités.

Viennent donques icy ces poëtes estranges
Qui vous cuydent loüer, apprendre vos loüanges,
Pour de plus d'eloquence aprés les enseigner,
Sans, aux profúzions de paroles fripées,
Au sang arme-civil cramoyzir vos espées,
Faisant comme leurs mots carte et plume saigner.

Pourveu que leurs beau-vérs s'estalent et s'impriment,
Il semble, à les oüyr, qùe leurs pointes escriment
Sur autant de combats que de morts entassés,
Quand, flateurs indiscretz, par escumes frivoles
Peignant les verités en masques d'hyperboles,
Pour en escrìpre trop, n'en escrivent assés.

Vous avés preferé sur ces courses indues
La conserve asseurée aux conquestes ardues,
Pour n'acquerir de front ce qui se perd à dos,
Despozant des lauriers l'ambitieuse chayne
De victoire mortelle, aux coronnes du chesne
Qui, sauve-citoyenne, est propre à leur repos.

Aultre n'est plus que vous aux armes magnanime,
De plus digne valleur, de zelles plus intime,
Plus sage en ses avis, plus mur d'experiment,
Plus devot, à la paix, plus constant, à la guerre,
Plus traictable au devoir ; bref, il n'est, sur la terre,
Qui ait plus d'heur aux deux, d'ame et de iugement.

Vous futes gouverneur sans tache d'avarice,

Grave, doux sans orgueil, severe sans supplice,

Eloquent sans astuce, arbitre sans faveur,

Lent sans oysiveté, prompt sans inquietude,

Industrieux sans art, poëte sans estude,

D'une muse sans fard, d'un stile sans labeur.

MARQVIS, c'est donc à vous de peindre les idées

De vos conceptions, au monde des Caldées,

Et les caracteres comme l'Ægipte faict,

Puisque, les esclayrant de l'ame de vos carmes,

Tres expert en sçavoir et tres vailhant aux armes,

Vous emportés le prix, de parolle et d'effect (1).

Voici enfin les **XXIX** *Emblèmes* d'Anne d'Urfé, dont les *Stances* de Papon n'étaient que la préface. Je n'ai pas besoin de dire que le genre n'était pas nouveau ; au XVIᵉ siècle en particulier, on imprima des recueils tout faits, où devises, figures et légendes se complétaient et s'aidaient (2). Dans les œuvres inédites d'Anne d'Urfé conservées à la Bibliothèque nationale, on trouve des emblèmes plus ou moins heureusement versifiés, mais sans figures (3) ; ici,

---

(1) Les stances de Loys Papon contiennent un assez grand nombre de ces mots composés, d'une facture hardie et très spéciale, qui sont la marque propre de son style. On peut voir sur ce sujet un article de M. Paul Godefroy : *Quelques observations sur les mots composés, à propos des Œuvres poétiques du chanoine Loys Papon* (*Rev. d'hist littér. de la Franee, 8ᵉ année, pp. 657-665*).

(2) Les *Œuvres* de Loys Papon (p. 59 et suiv. du *Discours à Mademoizelle Panfile*) contiennent des *Emblemes et Devises d'amour*, avec des figures et des sixains explicatifs.

(3) Ms. 12487 du fonds franc ; la Diana en possède une copie partielle, faite par A. Bernard.

grâce au pinceau de Loys Papon, la peinture vient au secours de la morale.

Tous ces emblèmes sont conçus sur le même modèle, et comprennent trois parties : le mot ou la sentence, la figure allégorique et la morale (1). Le VIIe, pris au hasard, nous servira d'exemple. En tête du verso d'un feuillet, le mot de l'emblème : *Heureuse est l'amitié que la mort ne separe.* Au-dessous, une miniature représente une tourterelle perchée sur un arbre sans feuilles, au pied duquel une autre tourterelle est étendue morte, les pattes en l'air. En regard de cette page, au recto du feuillet suivant, on lit cette morale :

> La chaste tourtourelle, ayant son mary mort,
> Iamais ne s'apparie, ains plaint et se lamente,
> Et sur ung arbre mort d'ordinaire se plante,
> Pour tesmoigner le deuil qui la presse si fort.
> O bien heureux oyseau, vous estes à loüer,
> Pour loger dedans vous une amitié si rare,
> Qu'il est bien malaysé auiourd'huy d'en treuver
> Quelqu'une parmy nous que la mort ne separe.

Comme on en peut juger, ces vers ne sont pas cornéliens : poésie de grand seigneur oisif, qui tue le temps à rimailler. Mais je préfère encore l'honnête platitude d'Anne d'Urfé, qui du moins est généralement claire, à la rhétorique quintessenciée de Papon.

Quelques-unes des morales sont d'ailleurs un peu mieux tournées. D'Urfé commente, en vers presque

---

(1) Par exception, le **XXIVe** emblème est suivi de trois morales.

passables, cette maxime qu'*Il fait bon travalher alors qu'on a le temps :*

Les petites fourmis, soigneuses menagieres,

Tant que dure l'esté, portent dans leurs tanieres

Le bled, pour leur servir en hyver d'aliment.

Qui enseigne aux humains avoir soigneuse cure

Travailher, quand l'esté de ieunesse leur dure,

Car l'hyver de vieilhesse arrive promptement.

La morale qui accompagnait le XXIXe emblème a été entièrement effacée ou raturée ; le mot de l'emblème : *Probitatis sola quies* (il n'y a de repos que pour l'honnête homme) nous fait conjecturer qu'Anne d'Urfé blasonnait, en termes qui après coup lui ont paru trop vifs ou trop transparents, un de ces tristes personnages dont les intrigues perfides avaient ruiné son crédit auprès du roi.

D'autres emblèmes encore, comme Loys Papon nous en avertit, ont été suggérés à d'Urfé par les déconvenues de sa vie politique, et les ingratitudes — à commencer par celle de Henri IV — qu'il avait rencontrées sur sa route. *C'est moy, mais non pour moy.* Ce que j'entends ainsi : « J'ai de mon mieux travaillé pour ramener le Forez à l'obéissance du roi, après qu'il se fut fait catholique ; c'est moi qui ai semé le blé, mais d'autres ont coupé la moisson ». — D'autres : ces habiles courtisans, ces « caméléons » qui ont changé de couleur, non pas, ainsi que d'Urfé, au moment du devoir, mais au moment du profit :

Par le cameleon, qui change en un moment

De couleur en son corps, sans en garder pas une,

> Se notte ung courtizan changeant legierement,
>
> Sellon qu'il voit tourner la roüe de fortune.

Mais *Il n'est rien de si dur qu'un sage ne digere.* Ce thème un peu mélancolique est symbolisé par une autruche qui tient en son bec un fer à cheval qu'elle va avaler, et expliqué par cette courte morale :

> L'austruche (à ce qu'on dict) a l'estomac si chaud
>
> Qu'il digere le fer. Tout ce qui est contraire
>
> Le sage, il le reçoit, comme venant d'en hault,
>
> Et n'y ha rien si dur qu'enfin il ne digere.

La plupart des sentences sont en français et affectent la forme métrique ; quelques-unes des dernières sont en latin : *Quidquid agas, respice finem* (en toute chose il faut considérer la fin) ; pour symbole, un sot bûcheron sur le point d'être écrasé par l'arbre dont il tranche le pied. Enfin, on peut remarquer que les emblèmes XXIV à XXVIII sont plus encore religieux que moraux. Anne d'Urfé y rappelle l'incertitude de la dernière heure, ou la nécessité de la pénitence. Le XXVIIᵉ, qui représente Jésus sur les bras de sa Mère au pied de la Croix, est moins un emblème qu'une image pieuse accompagnée de sa légende.

La valeur d'art des symboles peints par Loys Papon est assez médiocre. Nul sens de la proportion des parties : voici des fourmis que, à leur taille, on prendrait aisément pour des écrevisses ; la tourterelle est, peu s'en faut, aussi grosse que l'arbre sur lequel elle est perchée. Ces miniatures ne sont pourtant pas sans mérite, si on considère que c'est le travail d'un simple amateur, fait à des heures perdues. Quelques-unes sont même d'une exécution

presque bonne : les *Sireines*, le *Phénix*, la *Rose*,
l'*Autruche* surtout, fièrement campée sur ses échas-
ses, avec un mouvement de tête très naturel. Sans
exagérer le mérite de ces petits tableaux, nous
avons là un essai intéressant d'*illustration* du texte
par l'image.

Le manuscrit se termine parce que j'estime en être
la pièce capitale : un *Discours sur la vie et meurs
de Anne d'Urfé,* très probablement écrit par Loys
Papon.

L'auteur, quel qu'il soit, déclare que cet aperçu
de la vie d'Anne d'Urfé ne sera pas une œuvre de
flatterie : « Je n'y ay voulu supposer, dit-il, une
seule periode de veine adulation ; tant pour sçavoir
de combien il desaprouve les flateurs, que pour
n'avoir onc esté [moy-mesme] de cett'inclination ».

Il sera prudent toutefois de ne pas recevoir sans
réserves cette promesse d'impartialité. Il serait bien
difficile qu'une biographie, composée sous les yeux
d'Anne d'Urfé, par un de ses amis et admirateurs,
ne tournât pas un peu au panégyrique. Mais il est
vrai qu'on n'y voit pas, en effet, de ces outrances
ridicules, telles que tant d'autres s'en seraient per-
mises ; la louange y est d'un ton honnête, et semble
sincère.

Ce morceau est d'un grand intérêt. La forme même, quoique assez incorrecte, m'en paraît originale,
et, en tout cas, fort supérieure à celle des vers de
Papon. Mais, en négligeant ce mérite, après tout
secondaire, un Forézien ne pourra lire ce récit qu'avec
curiosité. On y trouve des faits jusque-là inconnus,
par exemple la part prise par Anne d'Urfé à la

prise de Chàlon, à la levée du siège d'Orléans, etc.;
un tableau de sa vie privée, de ses occupations
poétiques, de ses goûts simples et modestes, de sa
piété sans faste, de sa bonté ; un éloge remarquable
des vertus de Diane de Châteaumorand, et même
de son éloquence et beau parler. En passant, Loys
Papon dit un mot des frères et des sœurs de son
héros. Il juge Honoré d'Urfé en quelques mots qui
en disent long, quand on sait quel rôle Honoré, à
la fin de la Ligue, avait joué dans le Forez : « Honoré,
plein de sçavoir, d'esprit et de courage, mais *agité
de plusieurs contreres fortunes, selon qu'en plusieurs
discours il escrit de soy-mesme* ». Voilà qui est
étrange ! C'est dans ses *Epistres morales* qu'Honoré
d'Urfé parle de ses « contreres fortunes » ; or, la
première édition des *Epistres* est de 1598, et notre
Discours est daté du 20 février 1596. Avant les
Epistres morales, Honoré avait-il donc fait imprimer
un ouvrage dont il ne resterait plus un seul exemplaire ? Singulier problème d'histoire littéraire !

Mais la partie la plus intéressante du *Discours* est
assurément celle où Papon fait allusion aux événements de la Ligue. Je dis qu'il y fait allusion, plutôt
qu'il ne les raconte, à proprement parler, et son
embarras même est digne d'attention. Au moment où
il écrivait ces pages, en février 1596, la Ligue n'était
pas encore complètement éteinte dans le Forez, car
la ville de Montbrison était toujours aux mains des
Nemouristes, et ne fut rendue — ou plutôt achetée
— qu'au mois d'avril suivant. On sent que Loys
Papon cache bien des choses sous des réticences
voulues ; il ne peut encore parler à son aise, et
selon son cœur, de certains personnages du drame ;

il n'ose dire toute sa pensée sur l'ingratitude du roi,
qui s'était si allégrement débarrassé d'un fidèle
serviteur, et des intrigues qui avaient obligé le
gouverneur du Forez à renoncer à sa charge. Mais,
s'il ne satisfait pas tout à fait notre désir de connaître les dessous de ces menées, il en dit assez
pour confirmer ce que j'ai dit ailleurs des causes
qui avaient amené la démission d'Anne d'Urfé (1).

Il ne nous reste plus qu'à donner le texte intégral
du *Discours*, moins sept ou huit lignes qui ont été
intentionnellement rayées dans le manuscrit, et que
nous avons dû remplacer par des points (2).

DISCOURS
SUR LA VIE ET MŒURS DE ANNE D'URFÉ.

Lecteur, es mains duquel ce livre d'Emblemes doit quelquefois arriver, si tu es de ce siecle present que l'on conte
1596 et de mesme langue, tu pourras aisement recognoistre
si ce que i'ay inseré en ce Discours succeint de la vie,
humeur et meurs de ANNE, Conte D'URFE, Marquis de
Bagé, etc., autheur desd. Emblemes, est veritable, pour estre
personne si celebrement recognue, et remarquée en ses
actions, que tu ne le peux ignorer. Ou bien si la fortune de
la reserve de cet'œuvre le porte à quelque posterité, ie te
priray de croire que, bien que ie soys, son serviteur entier,
ie n'y ay voulu supposer une seule periode de veine adulation, tant pour sçavoir de combien (à l'antithese des grands)
il desaprouve les flateurs gnatonizans (3), que pour n'avoir onc
esté de cett'inclination.

---

(1) *Episodes des guerres de la Ligue dans le Forey*. Montbrison, 1901 (Extrait du *Bull. de la Diana*, t. XI, p. 421 et
suiv.).

(2) Le texte est écrit tout d'une pièce ; nous avons cru
devoir le découper en alinéas pour la commodité de la lecture,
et y ajouter quelques notes.

(3) Il faut peut-être lire *gratonizans*.

Et d'apprendre que cet ANNE, ainsi nommé par le grand de Montmorency, Conestable de France, son parent et parain, fust filz de Jacques d'Urfé et de Renée de Tende (1) ; nourry quelques années en Cour pour enfant d'honneur, la plus part avec le Mareschal d'Anville, filz dud. ancien, et maintenant luy mesme Conestable (2), et Honorat, Comte de Tende, son oncle maternel. Qu'en sa jeunesse, l'on ne luy proposa autre estude que celuy des armes, et de l'habitude à la grandeur de son illustre extraction (3). Que neanmoins, parvenu à l'adolescence, il se plust de tant en la lecture des histoires militaires et des meilleurs poëtes de son temps, qu'avec l'heureuse memoire dont il fust doué, il recitoit non seulement le subiect de ce qu'il avoit leu, mais les discours entiers en mesmes termes ; de sorte qu'à ce progrés sans intermission du belliqueux exercice, luy mesme se delecta à la poësie pour en escrire des vers, sonnets et stances amoureuses et d'autre subiect, selon les occasions, avec autant d'heur et de grace que gentilhomme de son aage ; voire d'un tel style poetiq, fluide, que l'on ne l'eust peu juger d'aultre que d'un esprit poetiq, fort advancé en l'estude des bonnes lettres (4).

. . . Marié fort ieune à DIANE, dame de Chasteaumorand. . . plus ieune. La succession de la maison de. . . advente à Renée sa mere par le trespas dud. Conte, son frere. Jacques d'Urfé, son pere, s'estant . . . . . placés des souverainetés de lad. maison . . . . l'admiral de Villars . . . . . Despuis, Anne, faict bailly de ce pays de Forests . . toute antiquité memorable . . . . maison d'URFÉ prit gu . . . . . Françoys de Mandelot . . . la ville de Lyon . . provinces . . . .
. . . .
. . . .

---

(1) Renée de Savoie.

(2) Henri de Montmorency.

(3) Anne d'Urfé dit de lui-même : « Je n'entray jamais en college ni en classe pour estudier, etc » (Cité par A. Bernard, *Les d'Urfé*, p. 93).

(4) Voir la page déjà citée d'A. Bernard, et le curieux témoignage d'Ant. du Verdier (*Biblioth.*, p. 44).

. . . . rema . . .
. . . . cet URFÉ se
treuvant à Lyon, prés de . . de Lorraine, Duc de Mayenne,
fust des premiers qui, pour le pretexte de la religion et le
lien de parentelle, luy promist et feit assistance, estant presque seul de sa qualité aux difficultés de ce comancement ;
l'accompagnant à la saisie de la citadelle de Chalons (1), levée
du siege d'Orleans (2), et autres factions memorables. Revenu
en ce pays avec le Duc de Nemours pour luy servir à l'esta-
blissement en son gouvernement de la ville de Lyon (3) et provinces qui en dependent, il fust esleu, par la plus part de la
noblesse et l'unanime voix de tout le tiers estat de Forestz,
son lieutenant au comendement dud. pays (4) ; non moins
pour n'y avoir, entre les plus approchantz de sa qualité, signeur de plus de . . . que par le zele populaire à ce nom
d'Urfé.

En quel charge, bien que d'un costé l'envie des primats,
de l'autre la division des contraires partys n'ayent cessé ores
de luy renverser les desseins, ores de luy brasser de nouvelles
entreprises sourdes et descouvertes, il ne laissa de s'y com-
porter avec une telle prevoyance et succés de felicité, qu'il
ne luy peurent enlever aucune place de sond. gouvernement,
ny empescher qu'aux quatre premieres années de cette guerre
civile, le trafiq n'y fust libre, et la province plus tranquille
qu'aultre de ce royaume. Ce qui luy suscita l'envie des uns,
et des autres une réputation telle, que l'on imploroit son
ayde. Ainsi qu'il assista de secours aux circonvoyzins, aux
occasions ou il fust requis ; comme de ceux de la ville du
Puy, pour la reprise de leur Espally (5), fort inexpugnable,
auquel il fist veoir la valleur de sa magnanimité et militaire

-----

(1) Châlon-sur-Saône.
(2) En 1589.
(3) Le duc de Nemours entra à Lyon le 22 mai 1589.
(4) Je pense qu'Anne d'Urfé fut, non pas précisément *élu*
par la noblesse et le tiers-état du Forez, mais *désigné* au choix
du duc de Nemours ou du duc de Mayenne.
(5) En mai-juin 1590, et en juillet-août 1591.

experience ; ainsi qu'à ceux de l'Auvergne par deux fois, l'y ayantz appellé (1).

Ce fust l'une des sources de la jalousie qui le deposseda de la place du chasteau de Montbrison, par une ruze inevitable, et stratagesme executé par le Prince en personne (2) (quoy que son parent) avec les plus belles de ses forces, sans consideration de tant de fidelles services qu'il avoit receus dudict URFÉ ; dont l'importance, pour le loyer de l'ingratitude, fust, de finale consequence, la ruyne des affaires dud. Prince (3). Ce qui le fist aller retreuver le duc de Mayenne, pour desgager sa parolle d'entre ses mains ; ainsi qu'à mesme temps la conversion du Roy HENRY quatriesme de l'erreur du Calvinisme en l'Eglise catholicque. URFÉ, se rendant son serviteur ainsi que naturel Françoys, fust par S. Majesté declairé gouverneur aud. pays. Auquel, bien qu'il s'exposa fidellement à tout ce qui pouvoit rapporter quelque advencement pour son service, et à la redemption de sa patrie, neanmoins, pour n'estre assisté de la plus part contredizans, par envie, à son auctorité, et moins secouru de forces requises par ceux de Lyon, il ne luy fust possible, quelque dessain qu'il mit sus, de reduire les villes possedées par ceux de la Ligue, munies de fortes garnizons ; quoy qu'avec ce peu qui se voulust joindre à luy, il les eust reduict à necessité de plusieurs choses requises, les contreignant d'abandonner toutes les autres places pour se rendre en une seule, qui fust la capitale, (4) iusques à la venue du Roy en lad. ville de Lyon (5). Ou URFÉ, après avoir descouvert les ambitieuses brigues de plusieurs aspirants à ce gouvernement, luy rendant conte de sa charge, le luy remit entre les mains :

(1) Il fit une des deux expéditions d'Auvergne dans l'automne de 1590. Je ne connais pas la date précise de l'autre.

(2) Le duc de Nemours. Il prit possession de Montbrison le 2 décembre 1592.

(3) Il fut arrêté à Lyon le 18 septembre 1593, et enfermé à Pierre-Scize.

(4) Montbrison.

(5) Il y arriva le 23 août 1595, et y fit son entrée solennelle le 4 septembre.

aymant mieux ceder à leurs importunités que de la disputer par cette oblique voye. Non autrement que ces grandz capitaines anciens, pour n'allumer les querelles civilles en leur pays, se demetoient volontairement de leur auctoritez, postposans la remise de leur dignités au publique salut.

Dont le Roy, emologant tout ce qui avoit esté ordonné par led. URFÉ, tant pour le respect des finances que de la guerre, et luy assignant quelque partie pour le remboursement des frais qu'il avoit faictz, le fist son conseiller en son Conseil d'Estat ; non moins pour se servir de la sincere fidelité, des avis de son experience et solide iugement, que pour honorer son merite. A quoy neanmoins, pour ne se susciter de plus hautes emulations, et comme respirant au relais de la quiétude, il ne se voulust actuellement obliger.

Ains cett'année, que ie conte 1595, luy ayant atteint l'aage de 40 ans, se retira en sa maison (1) : se pouvant vanter d'avoir manié ces diversités sans tasche de reproche, ains recognu de toutz pour cavallier signalé de maintes belles preuves, d'un invincible courage, d'un iugement exquis et d'honorable experiment, avec beaucoup d'heur en ses dessains et de succés favorable en ses actions, pour y avoir procedé en toute loyale integrité.

Il fust au reste d'un naturel benin, sans animosité, ny avarice particuliere, ayant plustost donné moyen à ceux de sa suitte de s'enrichir, que desiré de s'en prevaloir. D'un cueur zellé à la creinte de Dieu, et religieux observateur de la catholique creances. Bref, non subiect à vice quelconque. Nullement detracteur, ains en toutz et sur touts des-apreuvaat le blaspheme et le mesdire, mesmes de ses ennemis ; inviolable observateur de sa parole et de la pureté de son amitié iurée, sans fiction ny cerimonie : de laquelle, hors les regles du devoir de la civilité, il fust fort peu curieux. Bien dizant en termes non affectés. Escrivant avec plus de fluide proprieté que de recerches de superfluités de langage. Plein de respect à ceux de sa qualité, de concideration aux moindres pour

---

(1) La date exacte de la démission d'Anne d'Urfé est encore inconnue.

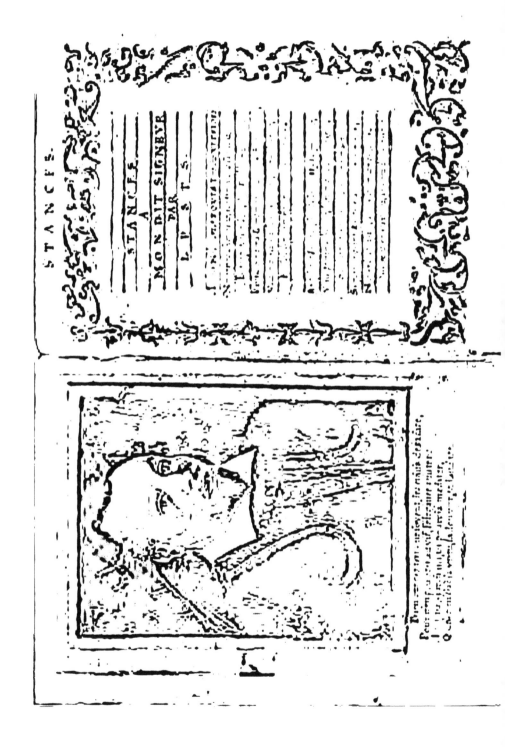

NOPAL

MORAL.

MORAL

HEVREVSE EST L'AMITIE QVE LA MORT
NE SEPARE

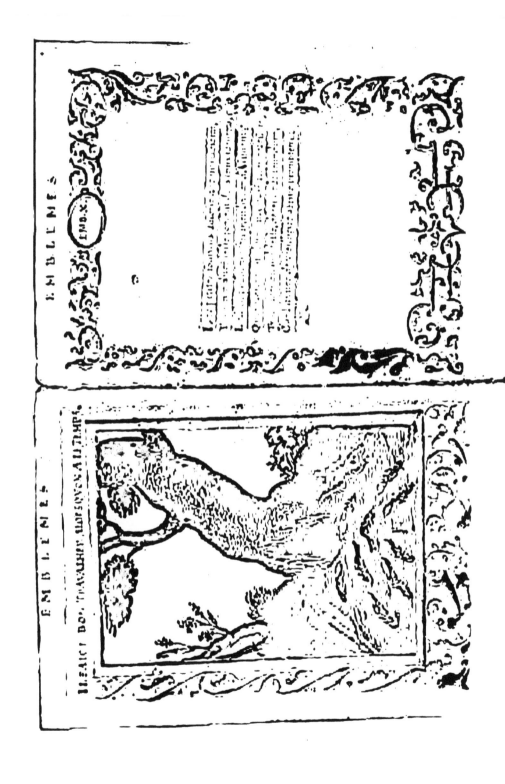

EMBLEMES

LXXII

MORAL

EMBLEME

C'EST L'IMAGE DV COVRTIZAN.

MORAL

Ne vous fiez aux femmes mondaines,
Si auez vous d'vse marri
V'iedez soll parle pays,
Et ast drouee les femmes

VICTOIRAVX BLANDICE DES FEMMES

XXVIII. — LES EMBLÈMES D'ANNE D'URFÉ

Manuscrit et enluminures de Louis Papon. — P. 19 verso ; p. 20 recto.

XIII. — p. 232

(Grandeur de l'original)

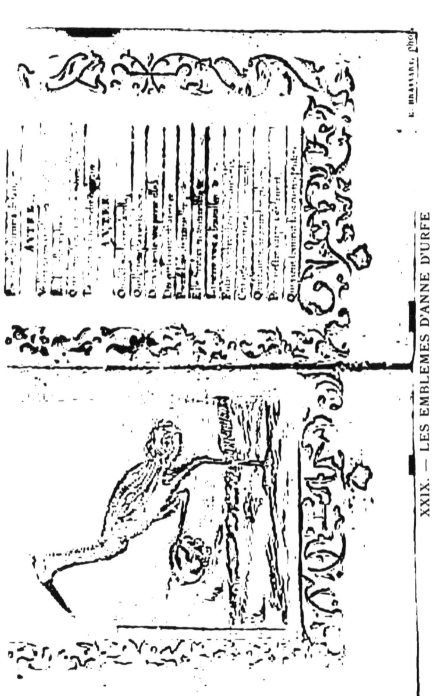

XXIX. — LES EMBLEMES D'ANNE D'URFE

Manuscrit et enluminures de Louis Papon. — P. 27 verso ; p. 28 recto.

(Grandeur de l'original)

les offencer de fait ny de parole, et de loüable humanité aux inferieurs pour leur soulagement, avec une familiarité respectivement favorable.

Et bien qu'il fust de haute tailhe et stature d'apparence remarquable, assés plein, sans outrance ou importunité de disposition, il fust sobre de tout, et si peu difficile ou curieux en appareil de viandes ou friandises, de vins exquis, qu'il a tousiours preferé la frugalité de Pompée aux delices de Luculle ; ieunant d'ordinaire ung iour de la sepmaine, plusieurs en caresme, et au reste de l'année selon la reigle de l'Esglize. Il n'usa non plus de curiosité en ses habits qu'en sa maniere de vivre, bien que la parure non seulement luy fust fort bien seante, ou quelque fois l'ocasion se presentoit, mais faisoit paroistre la plus simple estoffe de sa vesture, de plus de magestée qu'Agesilaus ne sceust faire aux barbares sa cappe lacedemonienne. Tellement que la facilité de son service domestiq fust si paisible, que l'on ne le voioit onc courroucer à ses valetz, et moins les congedier, si eux mesmes ne l'en solicitoient.

Il fust adonné fort à l'exercice de la chasse, des leuvriers et de l'oyseau, y prenant un singulier plaisir, et au promenoir peripatethic, discourant avec quelque amy, ou seul fantaziant en ses conceptions (1).

Il aima et honnora singulierement DIANE, sa femme : comme une perle de son temps, en elegance de perfections desirables aux dames d'honneur, et fluide eloquence, aux discours de toutte vertu.

Il eust pour frere Jacques, surnommé le Pailhard d'Urfé, son puisné, Conte de Chasteauneuf, exelent cavalier, lieutenant du Conte d'Auvergne au gouvernement dud. pays. Christofle, signeur de Bussy (2), tres brave et valeureux gentilhomme, et l'un des plus renommez cappitaines de la milice du Duc de Savoye, son parent. Honoré, plein de sçavoir, d'esprit et de

---

(1) Voir son *Himne de la vie du gentilhomme champestre*, dans le ms. franç. 12487 de la Biblioth. nat.

(2) Mort peu avant le 2 décembre 1597, d'après une requête de sa veuve, conservée aux archives de Châteaumorand.

courage, mais agité de plusieurs contreres fortunes, selon qu'en plusieurs discours il escrit de soy-mesme. Anthoine d'Urfé, miracle de son temps en toutte sciences, comme vray filz ayné de l'Anciclopedie, esleu, à la faveur dud. Marquis d'Urfé, et le respect de son merite, abbé de la Chasedieu et evesque de St Flour ; duquel l'esperance admirable fust retrenchée par le desastre d'une ' mort en la guerre, d'ou, pour la iuvenile magnanimité de son courage, l'on ne le peut divertir (1).

Il eust pour sœurs Madeleine, belle et vertueuse demoyselle, mariée à Parme au seigneur Cavalque (2). Catherine, belle d'esprit et de corps, mariée au seigneur de Beviei (3), gentilhomme de Savoye. Et Loyze, tres belle dame d'ame et de personne en touttes devotes vertus, religieuse de Cusset (4).

Auxquells cet URFÉ ne fust seulement ayné frere, mais vray pere de familhe, de favorable recueil, et d'infailhible recours à leur besoin. Comme, quoy que plus par l'influence de ce siecle qui bande frere contre frere, selon la prediction evangelique, que par aultre animosité, ses freres se vissent en divers et contraires party, il n'a laissé, hors le droict de la guerre, de leur assister particulierement et de les recevoir fraternellement en sa maison.

Ainsi qu'il faict encores à présent en ce repos ou il s'est retiré en une plus tranquille vie ; ou i'estime que, selon son

---

(1) On sait qu'il fut tué sous les murs de Villerêt en Roannais, le 1er octobre 1594. — L'auteur ne dit rien d'un autre frère d'Anne, Claude d'Urfé, d'ailleurs mort enfant.

(2) Le 25 juin 1605, à Châteaumorand, fut passé le contrat de mariage de Pierre Lelong, sieur de Chenillac, avec Eléonore de Cavalque, fille de Paul-Camille et de Madeleine d'Urfé, ladite Eléonore étant en la compagnie d'Honoré d'Urfé, son oncle, et de Diane de Châteaumorand (Arch. de l'Allier, B. 375).

(3) Jean du Planet, seigneur de *Beyviers* en Bresse.

(4) Loys Papon passe sous silence Françoise, Marguerite, Gabrielle et Diane d'Urfé ; mais, en revanche, il nous fait connaître Louise d'Urfé, qui, je crois, n'est citée dans aucune généalogie.

instinc, ne voulant rester oisif, il mettra par escrit quelque œuvres, dont ces presens Emblesmes, la plus part representans les diversités dont il a esté traicte, et les resolutions de son dessein pour l'advenir, sont le prelude ; ayant avant ses troubles faict quelques Hymnes, entre auîtres deux excellentes, l'une des Anges, l'autre du Sainct Sacrement de l'Autel, mis en vers françoys (1), Hierosolime delivrée, non tant sur la traduction du Tasse, qu'enrichie de plusieurs aultres siennes belles et delectables inventions (2).

Et vaquera à ces louables occupations, en paisible seiour, iusques à ce que la necessité recente des personnes de si salutaire importance, faisant recognoistre de combien ilz sont requis au maniment des affaires, le fera recercher pour estre employé. Si tant est qu'ainsi que le vieil capitaine romain, reduict au contantement de l'agriculture, se laissa ramener du soc de la charrue aux fasses de la dictature, nostre URFÉ, invité pour les occasions, pour le ze le publiq, quittant le repos de sa vie privée, se veuilhe rembarquer au service des roys et de leur republique ; ainsi que, selon la devise qu'il porte autour de ses armes de l'espée entournée de rameaux d'olive, coronée de lauriers, il a cet honneur de n'estre moins propre à la justiee d'une paix desirable, qu'expert, brave et genereux au faict de la guerre. Dont encore que, selon l'opinion des plus sages, l'on ne doyve avant l'yssue qui coronne les œuvres louer les faicts et les felicités des hommes de ce monde, pour estre la fortune variable et leur natureil subiect aux mutations ; si est ce que l'heroïque memoire de ce grand Pierre d'Urfé, grand escuyer de France, non moins magnanime et belliqueux qu'un Camille romain, de Claude, son filz, ambassadeur de nos roys aux saincts Peres, non moins illustre et prudent qu'un Fabius, et de Iacqves, leur

---

(1) Ces deux hymnes sont imprimées dans *Le premier livre des hymnes de Messire Anne d'Urfé.* Lyon, P. Rigaud, 1608, petit in-4.

(2) Ant. du Verdier avait vu, au château de la Bastie, « La Hierosolyme, imitée de Torquato Tasso, en Stances françoises, avec arguments et sommaires sur chacun chant » (*Bibliothèque*, éd. de. 1585, p. 44). On ne connaît rien de ce poème.

filz, si noble, vailhant, vertueux, voire autant agréable aux
Françoys que Germaniq aux Romains, et finalement la ferme
habitude que cet URFÉ, leur successeur en touttes ces
loûables parties, a pris tant à leurs vestiges que de sa naturelle inclination, ne nous peut faire douter qu'au reste de
ses iours (que ie souhete estre prosperement continués de
Dieu en tres longue vie), il ne persevere, par mesmes ou
plus dignes actions, en cette celebre reputation, et n'en
finisse le periode en la benediction de l'Eternel, pour s'in-
finir en l'eternelle vie, et sa memoire à la posterité.

A Montbrison, ce xx de fevrier 1596.

*Prébendes et prébendiers de l'église paroissiale de
Sury-le-Comtal. — Communication de M. l'abbé
Relave.*

En France, autrefois, ceux qui possédaient quelque
bien ne manquaient guère de mettre une ligne dans
leur testament à l'effet de s'assurer des prières après
leur mort. Le plus grand nombre se contentaient,
comme font encore les bons chrétiens d'aujourd'hui,
d'imposer à leurs héritiers l'obligation de faire célébrer un nombre déterminé de messes pour le repos
de leur âme. Ceux-là ne fondaient rien, et je n'ai
pas à en parler.

Mais d'autres, plus riches ou plus dévots, fondaient une commission de messes, c'est-à-dire qu'ils
léguaient à la société de prêtres de leur paroisse (ces
sociétés étaient fort multipliées) ou à la communauté
de moines la plus proche une modique rente afin
qu'une ou plusieurs messes plus ou moins solen-
nelles fussent célébrées à perpétuité tous les ans le
jour anniversaire de leur mort ou à certaines fêtes

qu'ils désignaient. Cette rente était assise et hypothéquée sur tel de leurs biens-fonds, et leurs héritiers d'abord, puis à perpétuité le possesseur dudit bien-fonds, avaient la charge de l'acquitter (1).

D'autres encore, faisant mieux, fondaient à perpétuité de la même façon un nombre assez considérable de messes annuelles, par exemple, une par semaine. On conçoit que, pour une fondation de ce genre, la rente léguée dût être d'une certaine importance ; elle représentait d'ordinaire le revenu entier d'un ou de plusieurs biens-fonds ; attribuée à un prêtre déterminé, elle constituait pour lui un « bénéfice » appréciable ; elle prenait alors le nom de *prébende*. Celui qui fondait une prébende en désignait naturellement lui-même le premier bénéficiaire ou prébendier. Et, comme les prébendes n'étaient conférées qu'à vie, il désignait aussi celui de ses héritiers qui aurait après lui, lorsqu'une vacance se produirait, le droit de conférer le bénéfice à un nouveau titulaire. Ce droit de collation, dont le possesseur était appelé collateur ou patron de la prébende, faisait partie des biens qui se transmettaient par héritage, et ainsi parfois, au bout de quelques générations, de fort pauvres gens pouvaient se trouver dispensateurs d'une prébende (2).

Quelques-uns, allant plus loin, fondaient un autel, faisant par testament les frais de son érection dans l'église, lui donnant pour vocable le nom de leur patron, et spécifiant que les messes qu'ils fondaient en même temps y seraient célébrées. Les messes fon-

---

(1) V. *Bull. de la Diana*, VI, p. 67 et suiv.
(2) V. *Bull. de la Diana*, XII, p. 115.

dées dans ces cas-là étaient toujours nombreuses et constituaient largement une prébende.

Les plus riches enfin fondaient une chapelle. Je n'ai pas à exposer par le menu ce que cela signifiait, après les détails que je viens de donner. J'ajouterai seulement que la fondation d'une chapelle n'allait jamais sans impliquer le droit de sépulture pour celui qui la fondait et pour ses successeurs. Dans ces cas-là, les messes fondées étaient célébrées non seulement à un autel dédié au patron du défunt, mais tout auprès du tombeau où reposait son corps (1).

Ces sortes de fondations, où se marque si bien la foi pratique de nos pères, présentaient ce caractère commun qu'elles prétendaient à la perpétuité, ce qui est la grande misère humaine. Elles se sont succédé dans l'église de Sury depuis le haut Moyen âge jusqu'à la Révolution, se multipliant à certaines périodes, (notamment pendant la centaine d'années prospère et féconde entre toutes qui va de 1450 à 1550, entre les dernières dévastations de la guerre de Cent ans et les premières fureurs des guerres de Religion) se faisant plus rares à d'autres, ne s'interrompant

(1) Cette diversité des fondations explique la distinction qui existait avant la Révolution entre les chapelles et les autels, et comment alors un autel n'était point nécessairement dans une chapelle, contrairement à ce qui se fait aujourd'hui. Ces fondations expliquent encore, par leur multiplicité, la quantité invraisemblable de chapelles et d'autels que présentaient autrefois les églises paroissiales. Sans compter l'autel principal, il y avait au XVIIe siècle dans celle de Sury six chapelles et cinq autels, dans celle de Saint-Galmier quatorze chapelles et neuf autels, dans celle de Feurs onze chapelles ou autels, dans celle de Saint-Bonnet-le-Château dix chapelles et neuf autels, — toutes églises importantes de la région qui, pour le dire en passant, remontent également à la première moitié du XVe siècle.

complètement jamais, mais aucune n'a eu cette pérennité de la durée qui était le principal souci des fondateurs.

Elles ont été caduques, comme tout ce qui est de l'homme, et elles l'ont été à toutes les époques. La Révolution a supprimé d'un coup, brutalement, ce qui en restait, mais la force des choses, la simple suite des événements, en avait au cours du temps détruit sans bruit bien davantage. Il n'en demeurait à Sury en 1760, d'après un état qu'on trouvera à la suite de cette étude et qui est conservé aux Archives du Rhône (1), plus que cinq : celles des Souchon, des Morier, des Chaney, des Vaire et des Dufourt.

Il n'en demeurait plus que cinq, et il n'en fût pas demeuré une seule si les prêtres sociétaires de la paroisse s'étaient bornés à jouir des prébendes, et s'ils n'avaient point eu la précaution d'en fonder. Toutes les cinq remontaient en effet à des prêtres sociétaires, et c'est par là, ainsi qu'on va le voir, qu'elles s'étaient trouvées capables de résister à l'action du temps. Car les prêtres sociétaires, quand ils fondaient une prébende, ne manquaient jamais de la fonder en faveur d'un prêtre sociétaire de leurs parents, présent ou à venir. Tout en pourvoyant au soulagement de leur âme et à l'avenir de la Société de prêtres, c'est un legs qu'ils faisaient à un des leurs, et ce dernier voyait dès lors, dans le bénéfice dont il devenait titulaire, une sorte de bien patrimonial, qu'il renouvelait volontiers en vue d'un futur possesseur également de la famille, qu'il accroissait par des

---

(1) Je dois la communication de cette pièce à l'obligeance de mon excellent confrère et ami M. l'abbé Prajoux.

fondations à lui personnelles, dans les mêmes vues
et aux mêmes fins que le premier fondateur. On va
voir la chose en action.

En 1462 il y avait à Sury un prêtre sociétaire
qui s'appelait Michel Souchon. Il fondait cette
année-là une chapelle de Saint-Michel dans l'église
paroissiale, et il la fondait à la condition expresse
que tant qu'il y aurait des prêtres de la famille de
Michel, Jacques et Jean Souchon ses frères, la prébende leur serait réservée ; c'est à leur défaut seulement qu'elle reviendrait aux curé et desserviteurs
de l'église paroissiale (1). Jean Souchon eut à lui
seul deux fils prêtres, Michel et André, — sans
compter un autre membre de la famille, Grégoire
Souchon, qui était reçu prêtre sociétaire en 1493 (2).
Michel, fils de Jean Souchon, était en 1500 prêtre
sociétaire à Sury, et il y détenait la prébende fondée
par son oncle.

Il ne mourut pas sans y ajouter une fondation
personnelle, et c'est ainsi accrue qu'elle passa à son
frère André. Celui-ci avait quitté Sury pour Lyon (3),
où il était prêtre « habitué et bénéficié en la grand

---

(1) Inventaire des titres de la marguillerie de Sury en 1785.
— V. *Bull. de la Diana*, XII, p. 117 et suiv.

(2) Statuts et terrier de la Société de Sury, fos XXI et XXII,
ms.

(3) Il y avait alors à Lyon de nombreux la Veuhe, de Sury,
qui y prospéraient dans le commerce. — V. *Bull. de la Diana*,
XIII, p. 120.

église » (1). Lorsqu'il fit son testament, le dimanche 24 septembre 1536, il ajouta aux fondations précédentes une messe par semaine, en désignant comme chapelain et desserviteur de la fondation nouvelle « vénérable homme Mre Jehan Souchon licencié en droits son cher neveu et héritier universel ».

Celui-ci, qui paraît avoir toujours résidé à Lyon, et qui y est mort chanoine de Saint-Just, ne pouvait manquer de suivre l'exemple de ses deux oncles Michel et André, et de son grand-oncle Michel. Après avoir joui, sa vie durant, de la prébende qu'ils avaient fondée, il y ajoutait à son tour, par son testament en date du 4 août 1572, et il enrichissait d'une quatrième fondation la chapelle de la famille (2).

Ainsi avait été établie en l'église de Sury la prébende des Souchon. Me Claude Souchon, marchand et personnage notable de Sury (3), neveu de Michel et d'André, et héritier de la maison paternelle, était collateur en 1536 de ce qui en était fondé à cette date, et le droit de patronage ou de collation devait revenir après lui aux « héritiers et successeurs de la maison paternelle » (4). Claude Souchon, qui avait épousé Charlotte de la Veuhe, ne laissa que des filles ; l'une d'elles épousa Me Gilbert Greysolon

---

(1) Testament de Mre André Souchon, aux Archives de la Diana, cote 55. L'église ainsi désignée est celle de Saint-Jean. L'appellation s'est perdue pour Lyon, mais elle subsiste encore à Saint-Etienne, où l'église-mère est appelée la Grand église, ou plus familièrement la Grand.

(2) V. *Bull. de la Diana*, XII, p. 110.

(3) V. *Bull. de la Diana*, XIII, p. 121 et 126.

(4) Testament cité.

bourgeois de Saint-Germain-Laval (1), et c'est son petit-fils, Mre Sébastien Greysolon, qui était prébendier des Souchon en 1662 (2). La prébende se trouvait donc encore détenue par un arrière-petit-neveu du fondateur deux cents ans après la fondation (3).

Elle avait eu cependant, par intervalles, des titulaires étrangers à la famille : M^res Jean Lisle prêtre sociétaire et Gaspard de Lassablière curé de Saint-Jean-de-Bonnefonds en 1614 (4), Mre Jean Estieu prêtre sociétaire en 1645 (5). En 1662, elle était pour une partie disputée à Mre Greysolon par deux compétiteurs, M^res Barthélemy Michon curé de Salt-sur-Cozan et François Pillet curé de Saint-Marcellin (6). Après eux M^res Etienne Granjard et Antoine Ravel prêtres sociétaires se la partageaient par moitié, par acte sous seing privé en date du 22 mars 1689 (7). Elle passa ensuite à Mre Jean Bory prêtre sociétaire en 1725 (8); elle était à Mre Marc-Antoine Treffond

---

(1) Carnet Chavanon, aux Archives de la Diana, cote 1290.

(2) Visite pastorale de Mgr Camille de Neuville à Sury-le-Comtal le 13 juin 1662. — Mre Greysolon avait pris possession le 1er octobre 1651 (Inventaire cité).

(3) Le cas n'était évidemment pas particulier à Sury. M. de Boissieu, dans le *Bulletin de la Diana*, XII, p. 253-254, nous montre une prébende des Henrys fondée, entretenue, accrue et possédée *en famille* dans l'église de Saint-Galmier pendant près de deux siècles, tout à fait à la façon de la prébende des Souchon dans celle de Sury.

(4) Visite pastorale de Mgr Denys de Marquemont à Sury-le-Comtal le 10 juillet 1614.

(5) Inventaire cité.

(6) Visite pastorale de 1662.

(7) Inventaire cité.

(8) V. *Bull. de la Diana*, XII, p. 111.

en 1752 (1), et, en 1760, à Mre Léonard Pinand curé de Sury (2).

La prébende des Morier, pour n'avoir pas été au cours du temps consolidée et accrue autant que celle des Souchon, qui demeure la fondation-type, n'en a pas moins été quelque peu renouvelée, elle aussi, postérieurement à sa fondation. Fondée en 1500 par Mre Jean Morier, prêtre-sociétaire, elle était occupée en 1533 par Mre Denys Morier également prêtre sociétaire et neveu du fondateur (3). Celui-ci n'ajouta peut-être rien à la fondation de son oncle, mais un autre prêtre sociétaire Mre Jean Lisle, qui en était prébendier en 1601 (4) et qui devait mourir curé de Sury, y ajouta certainement quelque chose, puisqu'elle prit par la suite le nom de prébende des Morier et de Lisle (5). Elle avait pour titulaires en 1677, simultanément, M^res Barthélemy Devaux et Etienne Granjard (6), puis, de 1686 à 1727, Mre Mathieu Clépier, ensuite Mre Barthélemy Plagnieu (7), enfin en 1760, simultanément, M^res Jacques Devaux et Rambert Clépier (8). Tous ces prébendiers, sans exception, étaient prêtres sociétaires.

---

(1) Terrier du château de Sury par J.-B. Barjon, 1752.

(2) Etat des prébendes en 1760 reproduit ci-après.

(3) Terrier cité.

(4) *Ibid.*

(5) V. *Bull de la Diana*, XII, p. 112. — Dans une pièce informe des Archives de la Diana (cote 963) elle est même appelée tout court prébende des Lisle.

(6) Terrier cité.

(7) *Bull. de la Diana*, XII, p. 112 et suiv.

(8) Etat des prébendes en 1760.

La prébende des Chaney avait été fondée aussi vers l'an 1500, sous le vocable et en l'autel de saint Jean, par Mre Jean Chaney prêtre sociétaire (1), mais son premier titulaire, Mre Claude Chaney, également prêtre sociétaire et neveu du fondateur, la compléta et l'accrut au point que, dans le procès-verbal de la visite pastorale de 1662, il n'est question que de lui. Elle était possédée en 1614 par Mathieu Jacquin qui n'était pas encore prêtre et faisait faire le service par Mre Mathieu Bicieu prêtre sociétaire « auquel il baille, dit le procès-verbal de la visite pastorale de cette année-là, huit livres par an ». (2) Lorsque Mre Mathieu Jacquin, prêtre sociétaire et prébendier des Chaney, mourut en 1656 (3), la prébende passa à Mre Claude Henrys curé de Savignieu (4) qui la garda vingt-deux ans. Il démissionnait le 10 janvier 1678, et, le même jour, « honnête Jean Jacquin laboureur de Sury-le-Comtal patron et collateur de ladite prébende... et Magdeleine Jacquin sa fille donateresse procédant sous l'autorité de Jean Ravel boulanger de Sury son mari » la conféraient à Mre Antoine Ravel (5) prêtre sociétaire, qui ne de-

---

(1) Prise de possession par Mre Jean Bory en 1725. — V. *Bull. de la Diana*, XII, p. 110 et suiv.

(2) Il y avait à dire une messe par semaine.

(3) Registres paroissiaux.

(4) Très probablement un fils du célèbre jurisconsulte, et celui-là même qui possédait en 1658 la prébende des Henrys dans l'église de Saint-Galmier (*Bull. de la Diana*, XII, p. 253).

(5) Archives de la Diana, cote 960. — Antoine Ravel, beau-frère de la « donateresse », était fils de Pierre Ravel marchand. J'ai fait la remarque dans une précédente étude que la Société de prêtres, à Sury, se recrutait, à de très rares exceptions près, parmi les fils de marchands ; mes premières

vait pas la garder moins de quarante-sept ans. A sa mort en 1725, elle passa à Mre Jean Bory prêtre sociétaire (1), qui était encore en 1760 prébendier des Chaney (2).

Toujours au commencement du XVIe siècle, deux prêtres sociétaires, M^res Claude Vaire et Etienne Figas, avaient fondé chacun une prébende. Ces deux fondations, sans doute peu importantes, furent réunies de très bonne heure sous le nom de prébende des Vaire, et comme si vraiment ç'avait été là une règle établie, le premier prébendier en fut Mre Jean Méasson dit Vaire, prêtre sociétaire, fils d'Antoine Méasson et de Marguerite Vaire, encore un neveu du fondateur (3). Elle fut possédée, dans la suite, par M^res Pierre Tissot en 1614 (4), Etienne Granjard et Tristan Bertrand en 1677 (5), Jean-Baptiste Chatain et Barthélemy Plagnieu en 1752 (6), Jean-Baptiste Marcou en 1760 (7), tous prêtres sociétaires.

Des cinq prébendes que j'ai annoncées en commençant et qui figurent seules sur l'Etat de 1760, reste la prébende des Dufourt. Pour celle-ci, les

---

recherches me l'avaient donné à penser : celles que j'ai faites depuis m'en ont absolument convaincu. Je n'ai pas rencontré un seul prêtre sociétaire fils de notaire, et je n'ai rencontré qu'un seul fils de laboureur, Mre J.-B Chatain, reçu dans la Société en 1732. Antoine Ravel était de plus neveu de prêtre sociétaire : on voit par cette étude que le cas était fréquent

(1) Prise de possession citée.

(2) Etat des prébendes en 1760.

(3) Terrier cité. — Mre Jean Méasson possédait la prébende en 1556.

(4) Visite pastorale de 1614.

(5) (6) Terrier cité.

(7) Etat des prébendes en 1760.

Archives de la Diana, vraiment inépuisables, m'ont fourni la plus précieuse des pièces, une expédition authentique, sur parchemin, du testament de son fondateur (1). Ce document va nous faire prendre une fois de plus sur le fait le caractère familial de ces sortes de fondations à Sury. Cette fois ce ne sera point un neveu du fondateur qui sera le premier prébendier, pour la bonne raison que le fondateur n'a pas de neveu, mais s'il n'a pas de neveu il ne désespère point d'en avoir, et il vise expressément le cas dans son testament. En attendant d'ailleurs, il prend des dispositions qui montrent que pour les prêtres sociétaires, au commencement du XVIe siècle, la Société paroissiale était comme une seconde famille, qu'ils aimaient à peine moins que l'autre. Je vais citer les parties essentielles de ce testament, reçu par Me Robinet Chirat notaire de Sury le 3 février 1548.

Mre André Dufourt, prêtre de l'église de Sury, veut être mis et enseveli au vas et tombeau des prêtres de ladite église ; ordonne, le jour de son enterrement, être baillé à chacune luminaire des églises St-André, St-Etienne et Notre-Dame de l'hôpital (2) dudit Sury la somme de trois sols tournois ; fonde une prébende en l'autel et chapelle de Sainte-Catherine d'une messe basse et de l'office de la Vierge Marie tous les jours de samedi à perpétuité ; et donne cette prébende à discrète personne Mre Bertrand Chirat prêtre dudit Sury, et après lui à Mre Pierre Raphaël, puis à Mre Denys

---

(1) Archives de la Diana, cote 50.

(2) Cette mention est à noter. Elle prouve que l'érection au XVIIe siècle de la chapelle et du prieuré de Notre-Dame de la Mercy (V. *Bull. de la Diana*, XI, p. 26) n'a été que la transformation d'un oratoire déjà existant.

Morier, également prêtres dudit Sury. Le prébendier sera tenu de payer tous les ans au prieur de la confrérie de la Fête-Dieu un sol tournois...

Le testateur a une sœur, Bartholomée Dufourt, femme d'Antoine Coste. Après la mort des prébendiers susnommés, la prébende devra être conférée et réservée à un fils de ladite Bartholomée s'il se fait prêtre ; à défaut de quoi, elle choisira tel prêtre que bon lui semblera habitué dans ladite église. Et si le collateur de la prébende la laisse vaquer six mois, le testateur donne le droit de patronage et collation aux luminiers de l'église de Saint-André. — Je ne connais, pour avoir été en possession de la prébende des Dufourt, que M^{res} Tristan Bertrand, prêtre sociétaire, en 1677 (1), Jean-Tristan Reymond, curé de Sury, en 1752 (2), et Antoine Mosnier, prêtre de Sury, en 1760 (3). A cette dernière date, sieur Antoine Pasquier demeurant à Vaugneray en était le collateur, et elle ne représentait plus aucun revenu.

Telle est, autant que j'ai pu la reconstituer, l'histoire des cinq prébendes de l'État de 1760. Cet État, comme tous les documents de ce genre, où les donneurs de renseignements ont intérêt à être inexacts et à dire moins qu'ils ne possèdent, est incomplet. Le terrier du château de Sury, rédigé en 1752, me fournit trois autres noms de prébendes qui ne pouvaient pas avoir complètement disparu

---

(1) (2) Terrier cité.
(3) Etat des prébendes en 1760

dix ans plus tard, celle des **Passioux** ou des **Pital**, celle des **Arent**, et celle d'**Aubin Thomas** (1).

La prébende des **Passioux** avait été fondée antérieurement au XVIe siècle puisque Mre Etienne Pourret, prêtre sociétaire, en était prébendier en 1500 (2). En 1535 elle était possédée simultanément par M^{res} Denys Beycoste et Antoine Brun, prêtres sociétaires tous les deux (3), et c'est probablement après eux que Mre Jean Pital, prêtre sociétaire, en devint titulaire, l'accrut d'une fondation nouvelle, et lui donna son nom. Le 10 août 1606, honnête Gabriel Dancepe de Sury amenait son fils Antoine en prendre possession, et ils étaient reçus par M^{res} Antoine Chomarat curé, et Antoine Ravel prêtre sociétaire. Je cite l'acte. Il nous rappellera entre autres choses que, pour être mis régulièrement en possession d'un bénéfice ecclésiastique, il fallait — et il suffisait — qu'on fût tonsuré (4). « Veu et leu les donation et conférence de lad. prébende, pareillement les lettres de tonsure dud. Antoine Dancepe et aussi led. Gabriel Dancepe a promis et juré de bien faire des-

---

(1) Je mentionnerai ici, pour mémoire, la prébende de N.-D. de la Mercy, qui n'était point établie dans l'église paroissiale. Fondée en 1631 par la veuve de Jacques de la Veuhe, Anne II de Rostaing, et attribuée par elle à Mre Antoine Roncel prêtre sociétaire, elle eut ensuite pour titulaires M^{res} Antoine Descharmes, étranger, en 1651 ; Robert Essertier, prêtre sociétaire, en 1665 ; Hector Mivière, étranger, en 1670 ; Georges Renevier, étranger, en 1676 ; Crépin Guillot, étranger, en 1733-1752 ; enfin J.-B. Marcou, prêtre sociétaire, dans les années qui précédèrent la Révolution.

(2) (3) Terrier cité.

(4) L'avant-dernier prieur de Sury, Mre Majoux de Ferrières, devait en rester là. V. *Bull. de la Diana*, XI, p. 512-513.

servir *in divinis* lad. prébende par sondict fils (1)... »
Ce n'était point ici la précaution inutile, car quand
vint le moment de signer, le père et le fils durent
se récuser tous les deux, le premier parce qu'il
n'avait jamais su, le second parce qu'il ne savait pas
encore écrire. Le nouveau prébendier était un enfant.
Huit ans plus tard, lors de la visite pastorale de
Mgr de Marquemont, il ne sera pas encore prêtre,
et fera faire le service par Mre Pierre Tissot prêtre
sociétaire, au prix de sept livres par an (2). La
prébende des Pital, qui paraît avoir été importante,
n'avait pas moins, en 1677, de quatre titulaires à la
fois : M^res Claude Reynaud, curé de Sury, Etienne
Granjard, Tristan Bertrand et Tristan Cussonnel,
prêtres sociétaires (3). En 1752, Mre Barthélemy
Plagnieu, prêtre sociétaire, était seul prébendier (4).

Le même Barthélemy Plagnieu détenait également
à cette date la prébende des Arent et celle d'Aubin Thomas qui en était le complément. Fondée vers
1530 par Mre Antoine Arent prêtre sociétaire,
la prébende de ce nom était possédée en 1535 par
Mre Antoine Brun (5), en 1579 par Mre Pierre Raphaël (6) prêtres sociétaires, en 1580 par Mre Antoine
Michel dit Ferrières (7) prêtre de Sury résidant à

---

(1) Archives de la Diana, cote 259. Acte reçu Chavanon;
témoins, Philibert Chevalier et Pierre Gérentet clercs du
notaire.

(2) Visite pastorale de 1614. — Antoine Dancepe est mort
curé de la Fouillouse, où il était en 1659 (Reg. par.).

(3) (4) (5) Terrier cité.

(6) (7) Archives de la Diana, cote 943. — Mre Antoine de
Ferrière prêtre de Sury était vicaire de Saint-Jean-en-Grève
en 1584 (Archives de la Diana cote 1289) ; c'est vraisemblablement celui-là.

Paris , en 1614 par Mre Antoine Roncel (1), et en 1677 par Mre Tristan Bertrand prêtres sociétaires (2).

*   *

Voilà donc, avec quelques commissions de messes, tout ce qui restait des nombreuses fondations qui avaient été faites dans l'église de Sury, et par lesquelles pendant plusieurs siècles la Société de prêtres de la paroisse avait prospéré. Qu'étaient devenues les prébendes fondées par les comtes de Forez, par Jeanne de Bourbon en 1400 (3), par Anne Dauphine en 1416 (4) ? Qu'étaient devenues la prébende des Duchettes fondée en 1429 par Jean Duchet clerc juré de la cour de Forez (5), celle des Morel fondée en 1444 (6), celle des Rostaing fondée par Antoine I Rostaing dans les premières années du XVIe siècle (7), et celle encore que Claudine Taillefer, veuve de Gabriel de Tréméolles et dame d'Aubigny, avait fondée en 1589 (8) ?...

Le temps avait fait son œuvre. Le revenu total de la Société de prêtres se réduisait au milieu du XVIIIe siècle à quelques centaines de livres : ce ne pouvait être pour elle que la misère noire, et la Révolution n'allait avoir à démolir que des ruines. Ecoutez ce qu'écrivait à Mgr l'archevêque de Lyon Mre Barthélemy Plagnieu à la date du 31 août 1747. « J'ai reçu une copie d'assignation en date du 22 de

---

(1) Visite pastorale de 1614.
(2) Terrier cité.
(3) La Mure-Chantelauze, III, p. 147.
(4) *Ibid.* p. 179.
(5) (6) Inventaire cité.
(7) Le P. Anselme, *Histoire généalogique etc*, VIII, p. 941.
(8) Inventaire cité.

ce mois d'août à laquelle je n'ai pu satisfaire plus tôt, parce qu'il a fallu du temps pour chercher les titres et pièces que j'ai l'honneur de vous envoyer et que j'aurais présentées moi-même à Votre Grandeur si la crainte d'un long séjour à Lyon et de la dépense que je ne suis pas en état de faire ne m'avait arrêté. Nous avons perdu un procès au Parlement de Paris, qui nous a ruinés. Notre Société étant pauvre, ç'a été à nous particuliers à payer les frais dont la seule exécution est d'environ 1500 livres... » (1). J'ajouterai à ce témoignage peut-être un peu intéressé et partant suspect, que je possède l'inventaire des biens meubles laissés par Mre Rambert Clépier, l'un des derniers prêtres sociétaires, mort en 1764, et que tout dans ce document respire la gêne, pour ne pas dire la pauvreté.

ETAT DES PRÉBENDES FONDÉES EN L'ÉGLISE DE SURY-LE-COMTAL.
(1760)

1o Prébende de Saint André et de Notre-Dame de la Pitié dite des Moriers.
Collateurs : Plaignieu, Devaux et Fr. Blanchard, Marguerite Blanchard Vvc Chavaujon et Jaq. Chavaujon.
Titulaires : Jacob Devaux 1756 et Rambert Clépier 1756.
Revenu : 80 liv.

2o Prébende des Chaneys.
Collateur : la famille Chaney à Montbrison.
Titulaire : Bory desserv. à Sury.
Revenu : 50 liv.

3o Prébende de Saint-Jean-Baptiste dite des Vaires.
Collateurs : Anne Michalon et Chatain.
Titulaire : Jean Marcou.
Revenu : 26 liv.

_____

(1) Archives de la Diana, mss.

4º Prébende de Saint-Michel dite des Souchons.
Collateur : Jean Charet.
Titulaire : Pinand curé de Sury.
Revenu : 3oo liv.

5º Prébende des Dufour sous le vocable de Sainte-Catherine
Collateur : Ant. Pasquier demeurant à Vaugneray.
Titulaire : Ant. Mosnier.
Revenu : ...

(Archives du Rhône, fonds de l'Archevêché, (n. c.).

Budget additionnel *1903* et budget primitif *1904*.

M. le Trésorier donne lecture du budget additionnel pour 1903 et du budget ordinaire pour 1904.
Ces deux budgets mis aux voix sont adoptés à l'u-
nanimité (v. annexes 2 et 3).

Découvertes archéologiques à Roanne. — Communi-cation de M. Joseph Déchelette.

M. Joseph Déchelette fait part à l'assemblée de
découvertes archéologiques dues à de nouveaux ter-
rassements effectués depuis peu à Roanne dans le
quartier de la Livatte, sur l'emplacement de l'ancien
cimetière gallo-romain.

Les fouilles n'étant pas terminées, M. J. Déchelette se réserve d'en publier le compte-rendu complet
dans un prochain fascicule du *Bulletin*.

La séance est levée.

Le Président,
Vicomte DE MEAUX.

Le Secrétaire de la séance,
T. ROCHIGNEUX.

ANNEXE N° 1

COMPTE DE GESTION DE L'EXERCICE 1902.

BUDGET ORDINAIRE.

Recettes.

	Recettes prévues au budget primitif	Recettes à effectuer après vérification	Recettes effectuées	Restes à recouvrer
1. Cotisations à 3o f.	4260 »	4050 »	3960 »	90 »
2. Cotisations à 15 f.	1605 »	1695 »	1650 »	45 »
3. Subvention de la ville de Montbrison	200 »	200 »	200 »	» »
4. Vente de publications éditées par la Société..........	10 »	10 »	10 »	» »
Totaux........	6075 »	5955 »	5820 »	135 »

Dépenses.

	Dépenses prévues au budget primitif	Dépenses à effectuer après vérification	Dépenses effectuées	Restes à payer
1. Traitement du bibliothécaire.......	1200 »	1200 »	1200 »	» »
2. Frais de bureau, ports d'imprimés.	400 »	400 »	400 »	» »
3. Entretien de la salle et de ses annexes............	100 »	84 70	84 70	» »
4. Chauffage........	100 »	69 »	69 »	» »
5. Indemnité au concierge	120 »	120 »	120 »	» »
6. Impressions......	3000 »	3000 »	3000 »	» »
7. Achat de livres, abonnements, reliures............	450 »	102 25	102 25	» »
8. Fouilles et moulages..............	200 »	5 »	5 »	» »
9 Frais d'encaissement...	150 »	109 60	109 60	» »
10 Achat de jetons ..	200 »	200 »	200 »	» »
11 Imprévu	155 »	155 »	140 50	
Totaux........	6075 »	5445 55	5431 05	

BALANCE

Recettes effectuées................ 5.820 »
Dépenses effectuées............... 5.431 05
Excédent de recettes............. 0.388 95

BUDGET ADDITIONNEL

Recettes

	Recettes prévues au budget additionnel	Recettes à effectuer après vérification	Recettes effectuées	Restes à recouvrer
1. Excédent de re-cettes de l'exercice 1901.............	1523 85	1523 85	1523 85	» »
2. Restes à recouvrer sur les cotisations arriérées..........	120 »	195 »	135 »	60 »
3. Restes à recouvrer sur la vente des publications édi-tées par la Société	460 »	228 35	168 35	60 »
4. Intérêts de fonds en dépôt..........	10 »	» »	» »	» »
5. *Contribution de M. de Boissieu aux frais d'illustration du compte-rendu de l'excursion de St-Galmier*	» »	1000 »	1000 »	» »
Totaux	2113 85	2947 20	2827 20	120 »

Dépenses

	Dépenses prévues au budget additionnel	Dépenses à effectuer après vérification	Dépenses effectuées	Restes à payer
1. Restes à payer sur les frais de bureaux	130 »	101 50	101 50	» »
2. Restes à payer sur les frais d'impres-sion..............	2043 40	2844 60	2844 60	» »
3. Réfection du coin de la Société et fa-brication d'une mé-daille..	170 »	169 45	169 45	» »
4. Solde de l'acqui-sition du trésor de Limes............	20 »	» »	» »	20 »
4 Indemnité supplé-mentaire au biblio-thécaire	300 »	300 »	300 »	» »
5. Imprévu	100 »	17 »	17 »	» »
Totaux..........	2763 30	3432 55	3432 35	20 »

BALANCE

Recettes effectuées...............	2827 20
Dépenses effectuées..............	3432 55
Excédent de dépenses	605 35

Résultats généraux de l'exercice 1902

Recettes du budget ordinaire.......	5.820 »	8.647 20
Recettes du budget additionnel	2.827 20	
Dépenses du budget ordinaire......	5.431 05	8.863 60
Dépenses du budget additionnel ...	3.432 55	
Excédent de dépenses à reporter au budget additionnel de 1903............		216 40

ANNEXE N° 2

BUDGET ADDITIONNEL DE 1903

Recettes

1. Restes à recouvrer sur les cotisations arriérées	195 »
2. Restes à recouvrer sur la vente de publications éditées par la Société...................	100 »
3. Intérêts de fonds en dépôt	10 »
TOTAL..................	305 »

Dépenses

1. Excédent de dépenses de l'exercice 1902.... .	216 40
2. Restes à payer sur les achats de jetons.......	184 50
3. Restes à payer sur l'acquisition du trésor de de Limes..............................	20 »
4. Réparations au logement du concierge........	690 35
5. Indemnité supplémentaire au bibliothécaire...	300 »
6. Imprévu	100 »
TOTAL..................	1.461 25

BALANCE

Recettes .... 3o5 »

Dépenses 1.461 25

Excédent de dépenses..... 1.156 25

ANNEXE N° 3

BUDGET ORDINAIRE DE 1904

Recettes

1. Cotisations à 3o francs...................... 3.850 »
2. Cotisations à 15 francs...................... 1.800 »
3. Subvention de la ville de Montbrison .... 200 »
4. Vente de publications éditées par la Société.. 10 »

TOTAL 5.86o

Dépenses

1. Traitement du bibliothécaire .... 1.200 »
2. Frais de bureau et ports d'imprimés .... 400 »
3. Entretien de la salle et de ses annexes....... 100 »
4. Chauffage.................................... 100 »
5. Indemnité au concierge .... 120 »
6. Impressions................................. 3.000 »
7. Achat de livres, abonnements, reliures........ 35o »
8. Fouilles et moulages........................ 100 »
9. Frais d'encaissement .... 140 »
10. Achat de jetons .... 200 »
11. Imprévu .... 15o. »

TOTAL................... 5.86o »

II.

QUELQUES DÉBRIS
DE LA BIBLIOTHÈQUE D'ANTOINE DU VERDIER. —
NOTE DE M. L'ABBÉ REURE.

Antoine du Verdier avait formé à Lyon, dans sa belle résidence de Beauregard qui dominait la ville, une très riche bibliothèque, vantée par Scaliger et Casaubon, et dont il a fait lui-même discrètement l'éloge (1).

Que devint-elle après sa mort (2)? Il est vraisemblable que son fils Claude du Verdier, presque ruiné par un procès malheureux, fut forcé d'en vendre à Lyon la plus grande partie, avant d'aller chercher un refuge au château de Valprivas, où il devait achever dans la gêne une longue vie obscure (3).

Cependant il avait emporté à Valprivas bon nombre des livres amassés par son père, et on croit, à tort ou à raison, qu'ils étaient dans le corps de logis, décoré d'une inscription grecque, qui est à gauche de la cour (4). Ils y restèrent peut-être jusqu'à l'extinction de la famille, au commencement du XVIIIᵉ siècle.

Quoi qu'il en soit, un ami m'avait écrit que les restes de cette bibliothèque avaient été vendus ou

---

(1) Voir ma notice, *Le Bibliographe Antoine du Verdier*, p. 35.

(2) Il mourut à Duerne, le 25 septembre 1600.

(3) *L'Ecrivain Claude du Verdier*, p. 15 et suiv.

(4) Voir le chap. *Valprivas*, dans *Les Peintures murales du Moyen Age et de la Renaissance en Forez*, pp. 57-59.

donnés aux Capucins de Monistrol, et que sans doute on en retrouverait des épaves au petit séminaire, installé dans l'ancien couvent des Capucins.

Le 6 juillet dernier, j'ai donc entrepris un petit pélerinage à Monistrol où, avec une extrême obligeance, on m'a permis de fouiller à mon aise dans la bibliothèque du petit séminaire. Je me proposais : 1º de vérifier si quelques débris de la collection d'Antoine du Verdier avaient passé de Valprivas à Monistrol ; 2º dans ce cas, de voir si je n'aurais pas la chance de mettre la main sur quelqu'un des trois ouvrages d'Antoine du Verdier dont on ne connait plus que le titre (1).

Sur ce dernier point, mes recherches n'ont pas eu le moindre succès. Non seulement je n'ai retrouvé aucun de ces trois écrits, qui paraissent définitivement perdus, mais je n'ai pas même rencontré un seul exemplaire des autres ouvrages de du Verdier.

Sur le premier point, au contraire, mon exploration a été heureuse, et j'ai pu constater qu'un assez grand nombre des livres des du Verdier étaient autrefois arrivés, je ne sais comment, chez les Capucins de Monistrol. Il y aurait peu d'intérêt à en donner ici la liste ; tous sont en latin, et tous du XVIe siècle. J'en ai compté quatorze ou quinze ; mais je ne doute pas que beaucoup d'autres volumes, bien qu'ils soient sans marques de propriété, n'aient la même origine, car ils sont du même

---

(1) *Polixène, tragédie*, Lyon, 1567 ; *Le Mysopolème, ou Discours contre la guerre*, Paris, 1568 ; *Le Compseutique, ou Traicts facétieux*, Lyon, 1584.

siècle, et ne pouvaient pas avoir grand intérêt pour des Capucins.

Les signes de provenance sont variés : *Ex bibliotheca vallisprivatea*, le plus souvent répété ; *Valprivas*, ou *Vauprivas* ; *Ex bibliotheca Verderiana* ; *Ex bibliotheca Antonii Verderii* ; *Du Verdier*. Deux volumes portent la devise bien connue d'Antoine du Verdier : *Tard ennuié de voir* (1). Quelquefois ces marques sont superposées et d'une écriture différente ; la seconde doit être de Claude du Verdier. Celle-ci, en tout cas, ne peut-être que de Claude : *Luriec du Verdier, 1619*, et au-dessous, *Luriec de Valprivas* (2). C'est à lui aussi que j'attribue cette devise : *Major prudentia fato*.

Enfin deux notes nous permettent de surprendre, en quelque sorte, Antoine du Verdier dans la préparation de ses travaux de bibliographie. A la fin de sa *Bibliothèque* française, il a ajouté un *Supplément* à la Bibliothèque latine de Gesner (3), où il a inventorié les livres latins qui avaient échappé à Gesner et à son continuateur Frisius. Or un de nos volumes de Monistrol porte cette mention manuscrite : *Est apud Gesner* ; un autre : *Non est apud Gesner*. Cela voulait dire, je pense : « Déjà catalogué dans Gesner, donc inutile pour mon *Supplément*. — N'est pas dans Gesner, et par conséquent bon pour mon *Supplément* ».

_____

(1) Anagramme de : *Antoine du Verdier.*

(2) Claude du Verdier était seigneur de Luriec, et il a pris plusieurs fois, dans ses petites pièces littéraires, le nom de « Claudius Luriacus » (voir ma notice sur lui, p. 35 et suiv.).

(3) *Supplementum Epitomes Bibliothecae Gesnerianae*, Lyon, 1585, in-f°.

III.

EXCURSION ARCHÉOLOGIQUE A NÉRONDE, SAINT-ALBIN, MONTCELLIER, CHENEVOUX.

Le 20 juillet 1903

Commissaires: MM. J. Déchelette, abbé Gillet, E. Leriche, Rochigneux, A. Roux, abbé Sivard, A. Vachez.

PROGRAMME.

NÉRONDE.

Souvenirs historiques. — Origine du nom de Néronde (*Nigra unda*). — Premiers seigneurs de Néronde. — Artaud de Néronde, fondateur de l'abbaye de Saint-Rigaud (1065). — Hélisiard, seigneur de Néronde (1091). — Cession de la seigneurie de Néronde à Guichard III de Beaujeu par Guillaume le Gras et Herbert de Thizy (1115-1118). — Transmission par le sire de Beaujeu à Guillaume et Artaud le Chauve. — Le fief de Néronde en litige entre le comte de Forez et le sire de Beaujeu — Guerres du commencement du XIII° siècle. — Premier traité de 1210. — Second traité de 1222. — Néronde abandonné aux comtes de Forez. — Néronde sous les comtes de Forez. — Création d'une châtellenie. — Douaire de la comtesse Jeanne de Montfort en 1277. — Jouissance de la seigneurie cédée à Camille Ursin, comte de Maurpello en 1527, par la reine régente, Louise de Savoie. — Néronde après la confiscation du comté de Forez sur le connétable de Bourbon en 1527. — Série des seigneurs engagistes depuis 1543. — Ressort de la justice de Néronde. — Châtelains, prévôts et notaires. — Réunion de la châtellenie de Néronde à celle de Feurs en 1773.

Anciens fiefs de Néronde. — La Ferrière, la Fay, la Noyerie. — Leurs possesseurs aux diverses époques.

Commerce. — Date de la création des foires et des marchés. — Privilèges accordés par les rois de France. — Introduction de l'industrie cotonnière par le curé Desvernay, au milieu du XVIII⁰ siècle.

Archéologie. — Souvenir de l'époqne celtique : la fontaine de la Doy. — Souvenirs de l'époque de la domination romaine : monument épigraphique, monnaies romaines, abraxas du II⁰ siècle. — Porte latérale de l'ancienne église du XVI⁰ siècle. — Restes de l'ancien mùr d'enceinte du XIII⁰ siècle : tours, portes et barbacane. — Le Châtelard, poste d'observation des abords de la place. — Adaptation à l'état actuel des lieux du plan de Guillaume Revel et de celui du P. Martellange. — Ancien château de la Ferrière armoiries des Talaru (XV⁰ siècle). — Le *Châtel*, ancienne résidence des châtelains, où, d'après la tradition, est né le Père Coton. — Maison des Alcanon (XV⁰ siècle). — Maison des Delandine, primitivement des Salemard. — Lieu de l'arrestation d'Antoine-François Delandine en 1793 (v. *Les prisons de Lyon*, p. 21).

Chapelle du cimetière, dédiee à Notre-Dame. — Sa plus ancienne mention dans l'histoire. Charte de l'archevêque Burchard (984). — Epoques diverses de sa construction actuelle : nef et campanile du XII⁰ siècle ; chœur et porte de la façade du XIV⁰ siècle. — Prébendes fondées par les comtes de Forez et les Salemard. — Ses trois inscriptions 1⁰ épitaphe de Titius Messala ; 2⁰ mention de l'inauguration du chœur sous le comte de Forez Jean I⁰ʳ en 1309 ; 3⁰ épitaphe de Guichard Coton, seigneur de Chenevoux (1590). — Restes de peintures dans le chœur, date de leur exécution. — Débris de sculpture sous le porche.

SAINT-ALBIN

Ancien prieuré relevant des chanoines réguliers de Saint-Irénée de Lyon. — Sa chapelle romane du XII⁰ siècle. — Décoration de l'abside et des fenêtres : colonnettes, archivolte et chapiteaux. — Traces de peintures. — Porte d'entrée latérale de style ogival. — Souvenirs historiques. — Liste des prieurs.

MONTCELLIER

Forteresse bâtie par les comtes de Forez, sur les confins du Forez et du Beaujolais. — Date probable de sa construction (fin du XIIᵉ siècle ou commencement du XIIIᵉ siècle). — Sa ressemblance avec plusieurs donjons du XIIᵉ siècle de la vallée de la Loire. — Particularités : tour carrée en saillie sur la masse principale ; porte d'entrée au niveau du 1ᵉʳ étage ; quadrilatère irrégulier, modifié par l'assiette des rochers sur laquelle a été bâti le monument — D'après la tradition, lieu de refuge des moines de Saint-Albin. — Souvenirs historiques. — Légendes qui s'y rattachent.

CHENEVOUX

Souvenirs du château du XIIIᵉ siècle. — Anciens dessins de Martellange. — Plan de la construction du XVIIᵉ siècle. — Reconstruction contemporaine. — Style du monument actuel. — Ancien portrait conservé à Chenevoux. La tradition qui en fait le portrait du P. Coton, est-elle fondée ? Les traits du visage et certains détails du costume permettent-ils de déterminer l'identité du personnage ?

LA CROIX SOLLIER

Double inscription de la base du fût. — Essai de reconstitution. — Dates différentes : XVᵉ et XVIIᵉ siècles. — Souvenirs historiques qu'elle rappelle.

III

MOUVEMENT DE LA BIBLIOTHÈQUE ET DU MUSÉE.

Dons.

Ont été offerts par MM. :

Biron (Joseph), sa notice : *M. Testenoire-Lafayette et la Société d'Agriculture, industrie, sciences, arts et belles-lettres du département de la Loire. Notes et souvenirs. Lecture faite à l'assemblée générale du 6 août 1903.* Saint-Etienne, (J. Thomas et Cie), 1903, in-8°.

Buer (abbé) : *Annales religieuses de Notre-Dame de Valfleury près Saint-Chamond (Loire) — Principales phases du pélerinage séculaire.* Lille, (L. Danel), 1902, placard in-plano.

Chevalier (chanoine Ulysse), ses œuvres : *Bibliothèque liturgique*, tome IV, Repertorium hymnologium, *Catalogue des chants, hymnes, proses, séquences, tropes, en usage dans l'église latine depuis les origines jusqu'à nos jours*, tome II (n°ˢ 9936-22256). (Extrait des Analecta Bollandiana). Louvain, Polleunis et Ceuterick, 1897, in-8°.

— — tome VI, *Ordinaires de l'église cathédrale de Laon (XIIe et XIIIe siècles), suivis de deux mystères liturgiques publiés d'après les manuscrits originaux.* Paris, Alphonse Picard, 1897, in-8°.

— *Autour des origines du suaire de Lirey avec*

documents inédits. Paris, Alphonse Picard et fils, 1903, in-8°.

— *L'abjuration de Jeanne d'Arc au cimetière de Saint-Ouen et l'authenticité de sa formule. Etude critique.* Paris, Alphonse Picard et fils, 1902, gr. in-8°.

— *La renaissance des études liturgiques,* 2ᵉ mémoire. Montpellier, (Gustave Firmin et Montane), 1899, in-8°.

— *Le chanoine Fillet. Bio-bibliographie.* Curriculum vitæ. S. l. n. d. (1902), in-8°.

— — *Le* Repertorium repertorii, *du P. Clément Blume, et les droits de la critique. Lettre au directeur des* Analecta Bollandiana. Bruxelles, (Polleunis et Ceuterick), 1902, in-8°.

— — *Le saint suaire de Turin et le Nouveau Testament.* (Extrait de *la Revue biblique,* tome XI). Paris, Alphonse Picard, 1902, in-8°.

— — *Le saint suaire de Turin. Histoire d'une relique.* S. l. (Paris) n. d., in-8°.

— Bellet (Mgr Charles-Félix) : *L'âge de la vie de saint Martial.* (Extrait de *la Revue des questions historiques,* juillet 1900). Paris, 1900, in-8°.

— — *Bibliographie. Le saint suaire de Lirey-Chambéry-Turin et les défenseurs de son authenticité,* par M. le chanoine Ulysse Chevalier. (Extrait de *la Semaine religieuse de Grenoble* du 13 février 1902). Grenoble, Joseph Baratier, 1902, in-8°.

— — *Le saint suaire de Turin et les textes évangéliques.* Paris, (édition de l'art et de l'autel), 1903, in-8°.

— — *Le saint suaire de Turin*. (Extrait de *la Revue d'histoire ecclésiastique*, IV, n° 1). Paris, A. Picard et fils, 1903, in-8°.

— — *Le saint suaire de Turin, son image positive.* (Extrait de l'*Université catholique*). Paris, Alphonse Picard et fils, 1902, in-8°.

— Daux (abbé Camille), *Tropaire-prosier de l'abbaye de Saint-Martin de Montauriol publié d'après le manuscrit original (XIe-XIIIe siècles)*. Paris, Alphonse Picard et fils, 1901, in-8°.

— Deslandes (chanoine E.), *Ordinaire et coutumier de l'église cathédrale de Bayeux (XIIIe siècle). Compterendu.* Bayeux, (G. Colas), s. d., in-8°.

— Ferotin (dom Marius), *Asprinjius de Béja, son commentaire de l'Apocalypse écrit sous Theudis, roi des Visigoths (531-548), publié pour la première fois d'après le manuscrit unique de l'Université de Copenhague.* Paris, Alphonse Picard, 1900, in-8°.

— Martin (abbé Jean-Baptiste), *Le linceul du Christ, étude critique et historique, par le R. P. dom François Chamard, prieur de l'abbaye de Saint-Martin de Ligugé.* Lyon, (Emmanuel Vitte), s. d. in-8°.

— Perrossier (chanoine Cyprien). Gallia christiana novissima. *Histoire des archevêchés, évêchés et abbayes de France d'après les documents authentiques recueillis dans les registres du Vatican et les archives locales, par feu le chanoine Albanès, membre non résident du Comité des travaux historiques, complétée, annotée et publiée sous les auspices de Mgr Robert, évêque de Marseille, par le chanoine Ulysse Cheva-*

lier, correspondant de l'Institut. Marseille (évêques, prévôts, statuts), avec quarante-quatre sceaux et huit fac-simile. (Extrait de l'*Echo de Notre-Dame de la Garde, semaine religieuse de Marseille*). Marseille, (Dupeyrac), s. d., in-8º.

— M. le chanoine Chevalier, correspondant de *t'Institut. Son œuvre scientifique, sa bio-bibliographie. Souvenir de ses amis pour l'achèvement du répertoire des sources historiques du moyen-âge. Romans, le 14 avril 1903.* Valence, (Jules Céas et fils), 1903, gr. in-8º.

Flachard (abbé), sa notice : *Saint-Domnin, son martyre a-t-il eu lieu à Avrilly*, S. l. n. d., in-12 ;
— Rivalland (abbé H.), *Saint-Domnin et ses compa gnons martyrs.* Fontenay-le-Comte, L.-P. Gouraud, 1888, in-8º ; — les deux ouvrages reliés ensemble et auxquels on a point des lettres de M. V. Durand sur le même sujet.

Fréminville (Joseph de), ses publications : *Rapport de l'archiviste du département à M. le Préfet de la Loire et au conseil général sur la publication de l'Histoire de la Révolution dans le département de la Loire, par M. Brossard.* (Extrait du volume des *Procès-verbaux du conseil général de la Loire*). S. l. (Saint-Etienne, Ménard) n. d. (1903), in-4º.

— *Etat général par fonds des archives départementales de France.* (*Extrait*). *Département de la Loire.* Paris, Alphonse Picard et fils, 1900, in-4º.

— Archives départementales, communales et hospitalières. *Rapport de l'archiviste du département à M. le Préfet de la Loire. Conseil général. Sessions ordinaires d'août 1902 et 1903.* Saint-Etienne, 1902-1903, 2 fascicules in-8°.

Guillaume (Charles), sa notice, *Une calotine inédite retrouvée en Forez* (Extrait de la *Revue Forézienne*). Saint-Etienne, (J. Thomas et Cie), 1903.

Héron de Villefosse (Antoine), sa notice : *Discours prononcé à l'inauguration du buste de G Bulliot, correspondant de l'Institut.* Paris, 1903, in-12.

Jamot (Claudius), son travail : *Inventaire général du Vieux Lyon. Maisons, sculptures, inscriptions.* (Extrait de *la Revue d'Histoire de Lyon*). Lyon, (A. Rey et Cie), 1903, in-8°.

Lachmann (Emile), ses œuvres musicales : *Chant du batelier,* op. 253, barcarolle pour piano seul. Paris, Van de Velde, 1903, in 4°.

— *Chœur des Mutualistes,* op. 260, chœur sans accompagnement, à quatre voix d'hommes, paroles de M. Octave Lafay. Paris, Van de Velde, in-8°.

— Le même, rédaction à deux voix égales, in-8°.

— Le même, pour chant (solo) et piano, in-8°.

— Le même, *hymne-marche,* pour harmonie et fanfare, arrangement A. Carteron, conducteur si bémol et les vingt-huit parties séparées. Paris, Van de Velde, 1903, in-8°.

— *Le secret de Frison,* op. 252, bluette pour piano seul. Paris, Van de Velde, 1902, in-4°.

— *Les colombes,* op 247, bluette pour piano seul. Paris, Van de Velde, 1903, in-4°.

— *Les fileuses,* chœur à quatre vois d'hommes,

op. 259, paroles de M. Etienne Michel. Paris, Van
de Velde, 1903, in-8°.

— *Le vieux mendiant*, chœur à quatre voix d'hommes, op. 258, paroles d'Adrien Marion. Paris, Van
de Velde, 1903, in-8°.

— *Le papillon et l'enfant*, chœur à deux voix égales, avec accompagnement de piano, paroles de M.
Octave Lafay. Paris, V. Lory, 1903, in-8°.

Martin (abbé Jean-Baptiste) : *Une carrière scientifique. Monsieur le Chanoine Ulysse Chevalier*, Lyon,
(Em. Vitte), 1903, in-8°.

Monety (Louis) ; *Gazette des Beaux-Arts. Courrier
européen de l'art et de la curiosité*, 3e période, tomes
XXVI et XXVII, nos des 1er août, 1er octobre, 1er
novembre 1901, 1er janvier et 1er mars 1902.

Benoît (Camille), La peinture française à la fin du XVe
siècle (1480-1501).

Ojardias (Albert), sa notice : *Félix Nourrisson*.
Clermont-Ferrand, (Bellet), s. d., in-8°.

Préfecture de la Loire. *Procès-verbaux des séances
de l'Assemblée provinciale de la Généralité de Lyon
et de sa commission intermédiaire (1787-1790)*,
publiés d'après les manuscrits originaux pour les
Conseils généraux du Rhône et de la Loire, par
Georges Guigue. Trévoux, Jules Jeannin, 1898, in-
8°.

— *Procès-verbaux des séances de la commission
populaire républicaine et du salut public de Rhône et
Loire (30 juin-8 octobre 1793)*, recueillis et publiés
pour les Conseils généraux du Rhône et de la Loire,
par Georges Guigue. Trévoux, Jules Jeannin, 1899,
in-8°.

Relave (abbé Maxime), ses notices revues et complétées : *Sur quelques familles notables de Sury-le-Comtal au moyen-âge.* (Extrait du tome IX du *Bulletin de la Diana*), Montbrison, (Eleuthère Brassart), 1898, in-8°.

— *Notes historiques sur le prieuré, la Société de prêtres et la paroisse de Sury-le-Comtal.* (Extrait du tome XI du *Bulletin de la Diana*), Montbrison, (Eleuthère Brassart), 1899, in-8°.

— Plan teinté du cours du Furens et du Furet, avec leurs usines et biefs de dérivation, dans la traversée et sur le territoire des communes de Tarentaise, Saint-Genest-Malifaux, Planfoy, Rochetaillée et Saint-Etienne, dressé, en 1813, par Allois. Rouleau papier.

Reure (abbé O.), sa notice : *Compte des funérailles de Gilberte d'Estampes* (femme de Jean de Lévis-Châteaumorand), *enterrée à Paris, le 23 juillet 1540, au couvent de Sainte-Claire de l'Ave Maria.* (Extrait du *Bulletin de la Société de l'Histoire de Paris et de l'Ile-de-France*, tome XXX, 1903). Nogent-le-Rotrou, (Daupeley-Gouverneur), s. d., in-8°.

Tézenas du Montcel (P.), son ouvrage : *L'Assemblée du département de Saint-Etienne. Commission intermédiaire, 8 octobre 1787-21 juillet 1790.* Saint-Etienne, (J. Thomas et Cⁱᵉ), 1903, in-8°.

Thiollier (Noël), ses notices bibliographiques: *Les églises romanes de la Haute-Auvergne Vitte, par Ad. de Chalvet de Rochemonteix*, et *Excursion archéologique de la Société de la Diana à Saint-Galmier, Saint-Médard, Chevrières et Chazelles-sur-Lyon*, le

21 juillet 1898, par M. Maurice de Boissieu. Articles découpés dans la *Revue de l'Art chrétien,* année 1903.

Echanges

Académie delphinale. *Bulletin.* 4ᵉ série, tome XVI, 1903.

Académie de Nîmes. *Mémoires.* VIIᵉ série, tomes XXIII à XXV, années 1900 à 1902.

Académie des inscriptions et belles-lettres. *Comptes-rendus des séances de l'année 1903.* Janvier-avril.

Académie des sciences, agriculture, arts et belles lettres d'Aix. *Mémoires,* tome XVIII, 1902.

— *Séance publique,* 1902.

Académie des sciences, belles-lettres et arts de Clermont-Ferrand. *Bulletin historique et scientifique de l'Auvergne,* 2ᵉ série, nᵒˢ 2 à 16, février-mai 1903.

— *Mémoires,* fascicule XV, *Les hôpitaux de Riom,* par le Dʳ Edmond Grasset 1900.

Académie des sciences, belles-lettres et arts de Lyon. *Mémoires,* Sciences et lettres, 3ᵉ série, tome VII, 1903.

Académie de Vaucluse. *Mémoires,* 2ᵉ série, tome III, année 1903.

Chambre de commerce de Saint-Etienne. *Situation générale des industries de la région en 1902.*

Comité de l'art chrétien du diocèse de Nîmes. *Bulletin,* tome VII, nᵒ 47, 1903.

Comité d'histoire ecclésiastique et d'archéologie religieuse des diocèses de Valence, Gap, Grenoble et Viviers. *Bulletin,* n°ˢ 129 à 132, 1ʳᵉ à 4ᵉ livraisons, janvier 1901-mars 1903.

Institut de Carthage. *Revue Tunisienne,* 10ᵉ année, n°ˢ 39 à 42, mai-novembre 1903.

Ministère de l'Instruction publique et des Beaux-Arts. Comité des travaux historiques et scientifiques. *Bulletin archéologique,* 1ʳᵉ livraison, année 1903.

— — *Bulletin historique et philologique,* n°ˢ 3 et 4, année 1902.

— — Section des sciences économiques et sociales. *Bulletin,* 1902.

— Direction des Beaux-Arts. Bureau de l'Enseignement et des manufactures nationales. Comité des Sociétés des Beaux-Arts des départements. *Bulletin,* n°ˢ 23 et 24, juin-septembre 1903.

Musée Guimet. *Annales,* Bibliothèque d'études, tome XI. *Histoire du boudhisme dans l'Inde,* par H. Kern, professeur à l'université de Leyde, traduit du néerlandais par Gédéon Huet, tome II, 1903.

— — — tome XV. *Du caractère religieux de la royauté pharaonique,* par Alexandre Moret, 1902.

— — tome XXX, 3ᵉ partie. *Histoire de Thaïs,* par F. Mau. — *L'exploration des nécropoles de la montagne d'Antinoë, fouilles exécutées en 1901 et 1902,* par Al. Gayet. — *Inscriptions grecques et coptes,* par Seymour de Ricci. — *Symboles asiastiques trouvés à Antinoë (Egypte),* par Emile Guimet. — *Plantes antiques des nécropoles d'Antinoë,* par Ed. Bonnet.

— — Bibliothèque de vulgarisation : Carus (Paul), *L'évangile du Boudha*, traduit de l'anglais, par M. de Milloué, 1902.

— — *Revue de l'histoire des religions,* 24ᵉ année, tome XLVII, nᵒˢ 1 à 3, et tome XLVIII, nᵒ 1, janvier-août 1903.

Revue de l'histoire de Lyon, tome II, fascicules 3 à 5, mai-octobre 1903.

Revue épigraphique, 25ᵉ et 26ᵉ années, tomes IV et V, nᵒˢ 107 et 108, octobre 1902 à mars 1903.

Revue historique, archéologique, littéraire et pittoresque du Vivarais illustré, tome XI, nᵒˢ 5 à 11, mai-octobre 1903.

Semaine religieuse du diocèse de Lyon, 10ᵉ année, nᵒˢ 24 à 52, 8 mai-20 novembre 1903.

Smithsonian institution : Annual report of the board of regents, year ending june 30, 1901.

Société archéologique et historique de l'Orléanais. *Bulletin,* tome XIII, nᵒ 176, 3ᵉ et 4ᵉ trimestres 1902.

Société archéologique de Montpellier. *Mémoires,* 2ᵉ série, tome III, 1ʳᵉ livraison, 1903.

Société archéologique de Tarn-et-Garonne. *Bulletin archéologique et historique,* tome XXIX, 1ᵉʳ à 4ᵉ trimestres 1902.

Société archéologique du Midi de la France, *Bulletin,* nouvelle série, nᵒˢ 29 et 30, 1902-1903.

Société bibliographique et des publications populaires. *Bulletin,* 34ᵉ année, nᵒˢ 5 à 10, mai-novembre 1903.

Société d'agriculture, industrie, sciences, arts et belles-lettres du département de la Loire. *Annales,* 2ᵉ série, tome XXIII, 1ʳᵉ et 2ᵉ livraisons, janvier-juin 1903.

— *Notes et documents pour servir à l'histoire de Saint-Etienne et de sa région.* Saint-Etienne, J. Thomas et Cⁱᵉ, 1903, in-8°.

Société d'archéologie lorraine et du musée historique lorrain, *Bulletin mensuel,* 3ᵉ année, nᵒˢ 4 à 10, avril-octobre 1903.

Société de Borda. *Bulletin,* 28ᵉ année, 1ᵉʳ et 2ᵉ trimestres 1903.

Société d'émulation et d'agriculture de l'Ain. *Annales,* 36ᵉ année, avril-septembre 1903.

Société d'émulation et des Beaux-Arts du Bourbonnais. *Bulletin-revue,* 10ᵉ année, 1902.

Société départementale d'archéologie et de statistique de la Drôme. *Bulletin,* nᵒˢ 146 et 147, juillet-octobre 1903.

Société des Amis de l'Université de Clermont-Ferrand. *Revue d'Auvergne,* 20ᵉ année, nᵒˢ 2 à 4, mai-août 1903.

Société des Amis des sciences de Rochechouart. *Bulletin,* tome XII, n° 6, et tome XIII, n° 1, 1902-1903.

Société des Antiquaires de l'Ouest. *Bulletin,* 2ᵉ série, tome X, 1ᵉʳ et 2ᵉ trimestres 1903.

Société des Antiquaires de Picardie. *Mémoires,* 4ᵉ série, tome IV, 1903.

Société des archives historiques de la Saintonge et de l'Aunis. *Bulletin-revue*, XXIIIᵉ volume, 3ᵉ à 6ᵉ livraisons, mai-septembre 1903.

Société de Saint-Jean. *Notes d'art et d'archéologie*, 15ᵉ année, nᵒˢ 4 à 10, avril-octobre 1903.

Société des Bollandistes. Analecta Bollandiana, tome XXII, fasc. 2 à 4, 1903.

Société des lettres, sciences et arts de la Haute-Auvergne. *Revue de la Haute-Auvergne*, 5ᵉ année, 1ᵉʳ à 3ᵉ fascicules, 1903.

Société des lettres, sciences et arts de l'Aveyron. *Dictionnaire des institutions, mœurs et coutumes du Rouergue*, par H. Affre, ancien archiviste de l'Aveyron, 1903.

Société des sciences naturelles et d'archéologie de l'Ain. *Bulletin*, nᵒˢ 30 et 31, 1ᵉʳ et 2ᵉ trimestres 1903.

Société des sciences naturelles et d'enseignement populaire de Tarare. *Bulletin*, 8ᵉ année, nᵒˢ 4 à 8, 15 avril-15 août 1903.

Société des sciences et arts du Beaujolais. *Bulletin*, 4ᵉ année, nᵒˢ 14 et 15, avril-septembre 1903.

Société d'études des Hautes-Alpes. *Bulletin*, 3ᵉ série, nᵒˢ 6 à 8, 2ᵉ à 4ᵉ trimestres 1903.

Société Eduenne. *Mémoires*, tome XXX, nouvelle série, 1902.

. Société historique de Compiègne. *Description des fouilles archéologiques exécutées dans la forêt de*

Compiègne sous la direction de M. Albert de Roucy, par V. Cauchemé, 2ᵉ partie, 1902.

— *Procès-verbaux, rapports et communications diverses,* tome XI, 1902.

Société historique et archéologique du Maine. *Revue,* tome LII, 2ᵉ semestre 1902, et tome LIII, 1ᵉʳ semestre 1903.

Société philomathique de Paris. *Bulletin,* 9ᵉ série, tome IV, 1901-1902.

Université de Lille. *Bulletin,* 3ᵉ série, 7ᵉ année, nᵒˢ 2, 1903.

Université de Lyon. *Annales.* Faculté des lettres. *Catalogue sommaire du musée de moulages pour l'histoire de l'art antique,* par Henri Lechat, 1903.

Abonnements

Bibliothèque de l'Ecole des Chartes, tome LXIV, 1ʳᵉ à 4ᵉ livraisons. Janvier-août 1903.

— *Table des tomes XLI-LX* (1880-1899).

Bulletin monumental, 67ᵉ volume, nᵒ 3, 1903.

Bulletin historique du diocèse de Lyon, 4ᵉ année, nᵒˢ 21 à 24, mai-décembre 1903.

Revue archéologique, 4ᵉ série, tome Iᵉʳ, mai-juin 1903 et tome II, juillet-octobre 1903.

Revue forézienne illustrée, 13ᵉ année, 2ᵉ série, nᵒˢ 65 à 70, mai-octobre 1903.

Acquisitions

Chevalier (abbé Ulysse), *Répertoire des sources historiques du moyen-âge. Topo-bibliographie*, 6ᶜ fascicule. S-Z. Montbéliard, 1903, in-4°.

Noms de lieux intéressant le Forez : Saint-Bonnet-le-Châ-teau, Saint-Bonnet-le-Coureau, Saint-Chamond, Saint-Denis-sur-Coise, Saint-Etienne-en-Forez, Saint-Etienne-le-Molard, Saint-Georges-en-Cousan, Saint-Germain-Laval, Saint-Haon-le-Châtel, Saint-Héand, Saint-Hilaire-Cusson-la-Valmitte, Saint-Jean des Prés de Montbrison, Saint-Julien-en-Jarez, Saint-Julien-Molin-Molette, Saint-Julien-la-Vêtre, Saint-Just-en-Chevalet, Saint-Marcel-d'Urfé, Saint-Paul-d'Uzore, Saint-Priest-en-Jarez, Saint-Priest-la-Roche, Saint-Rambert-sur-Loire, Saint-Romain-en-Jarez, Saint-Romain-le-Puy, Saint-Sauveur-en-Rue, Saint-Thomas-la-Garde, Saint-Victor-sur-Loire, Sainte-Colombe, Sainte-Croix-en-Jarez, Salt-en-Donzy, Sauvain, Savigneux, Senevas, la Tour-en-Jarez, Urfé, Valbe-noîte, Valfleury, Valprivas, famille de Vinols.

Tézenas du Montcel : *L'Assemblée du département de Saint-Etienne et sa commission intermédiaire* (8 octobre 1787-21 juillet 1790). Saint-Etienne (J. Thomas et Cⁱᵉ), 1903, in-8°.

IV

MOUVEMENT DU PERSONNEL

Membres titulaires

M. l'abbé Peyrieux, chapelain de Fourvières, à Lyon, reçu le 13 mai 1903.

M. Hippolyte David, négociant en soieries, rue Mi-Carême, 6, à Saint-Etienne, reçu le 9 juin 1903.

M. Joseph Dumas, ancien négociant, rue de la République, 11, à Saint-Etienne, reçu le 9 juin 1903.

M. Paul Tézenas du Montcel, avocat, rue de la République, 23, à Saint-Etienne, reçu le 9 juin 1903.

Madame de Bonand, château de Montaret, par Souvigny (Allier), reçue le 10 juin 1903.

M. l'abbé Massardier, curé de Terrenoire, reçu le 15 juin 1903.

M. Julien Delommier, négociant à Feurs, reçu le 23 juillet 1903.

M. André Salleix, licencié en droit, industriel, à Régny, reçu le 21 octobre 1903.

M. l'abbé Barailler, professeur d'histoire au petit séminaire de Montbrison, reçu le 11 novembre 1903.

Membres correspondants

M. Eugène Ruffier, conseiller général du Rhône, rue du Plat, 30, à Lyon, reçu le 9 juin 1903.

M. Albert Boudon, licencié en droit, place du Breuil, au Puy, reçu le 30 juillet 1903.

Membre décédé

M. le comte de la Tour du Pin, au château de Chamarande, à Saint-Germain-l'Espinasse, membre titulaire.

Démissionnaire

M. Richard, ingénieur ordinaire des ponts et chaussées, à Angoulême, membre titulaire.

OCTOBRE — DÉCEMBRE 1903.

BULLETIN DE LA DIANA

I.

PROCÈS-VERBAL DE LA RÉUNION
DU 11 NOVEMBRE 1903

PRÉSIDENCE DE M. LE VICOMTE DE MEAUX, PRÉSIDENT

La séance est ouverte à deux heures.

Sont présents : MM. abbé Bathias, abbé Bégonnet, E. Brassart, abbé Chazal, abbé Chevrolat, baron Dugas de la Catonnière, abbé Faugier, H. Gonnard, Lachmann, Lafay, Leriche, vicomte de Meaux, baron de Meaux, de Montrouge, Morel, Rochigneux, abbé Relave, abbé J. Rey, J. Rony, L. Rony, E. Rousse, A. de Saint-Pulgent, Testenoire-Lafayette, abbé Versanne.

Se sont excusés de ne pouvoir assister à la séance : S. E. le cardinal Coullié, MM. de Bonand, de Boissieu, Bourbon, abbé Buer, comte de Charpin-Feugerolles, Chassain de la Plasse, J. Déchelette, comte R. Palluat de Besset, abbé Reure.

Dons

M. d'Alverny offre à la Société une série fort intéressante de papiers et parchemins s'échelonnant du XIV⁰ au XVI⁰ siècle et concernant une famille de propriétaires cultivateurs les du Mazel, du village de même nom à Saint-Georges-en-Cousan. Ces archives proviennent d'une trouvaille faite vers 1880 en démolissant un vieux bâtiment (1).

M. le Président fait ressortir tout l'intérêt que présentent de pareils documents qui nous font connaître, sous leur vrai jour, la vie de nos pères au moyen âge, et la place importante qu'occupaient dans la hiérarchie civile les familles rurales du Forez.

Grâce à M. l'abbé Rey, les notes et documents recueillis par M. l'abbé Flachard, de Pomeys, notamment sur le culte de saint Martin dans nos régions, ont été donnés à la Diana.

Des remerciements sont votés aux donateurs.

La nécropole gallo-romaine de Roanne. — *Communication de M. Joseph Déchelette.*

M. Leriche, en l'absence de M. Déchelette, donne lecture du mémoire suivant.

J'ai eu l'honneur de vous entretenir l'an dernier des découvertes survenues à Roanne, dans le quartier de la Livatte, lors de la construction du collège Saint-Joseph (2). Quelques mois plus tard sur un autre point de notre cité, de nouvelles trouvailles, contemporaines des précédentes, venaient accroître le nombre des documents que nous possédons sur l'antique *Rodumna* et, grâce au désintéressement de M. Guerry-Dupéray, manufacturier, enrichir notre musée.

(1) Cf. *Bulletin de la Diana*, I, 296.
(2) *Bull. de la Diana*, t. XIII, 1902, p. 46.

Je vous ai fait connaître dans une de nos précédentes séances, les découvertes les plus intéressantes de ces dernières fouilles, motivées par la construction d'un bâtiment dans l'immeuble de M. Guerry, au n° 7 de la rue Benoît Malon (autrefois rue Saint-Jean). Si notre dernier *Bulletin*, ne contenait pas le texte de ma commùnication, c'est parce qu'il m'a paru préférable de la refondre dans une monographie d'ensemble sur la nécropole gallo-romaine d'où proviennent ces objets.

Cette nécropole a été depuis le milieu du siècle dernier et continue à être encore la grande pourvoyeuse de nos collections municipales. Particularité digne de remarque, le local du Musée se trouve précisément à l'extrémité est du cimetière antique, de telle sorte que ces reliques funéraires y demeurent encore dans le voisinage immédiat du champ de repos où elles avaient été déposées, il y a dix-neuf siècles. Recueillies avec une pieuse sollicitude et mises à l'abri des chances inévitables de destruction qui menacent, à l'intérieur des villes, les dépôts confiés à la terre, elles trouvent un asile sûr dans une des salles de notre Musée que leur présence transforme en une sorte de *columbarium*.

Nous devons au géographe Ptolémée de connaître la dénomination de la ville de Roanne à l'époque romaine (1), mais c'est là tout ce que les auteurs anciens nous ont révélé sur ses origines. A cette simple pièce d'état-civil qui dans sa brève rédaction ne saurait suffire à satisfaire notre curiosité, les érudits ont tenté depuis longtemps d'ajouter quel-

(1) Ptolémée, 2, 8, 11.

ques feuillets. Philologues et archéologues y ont travaillé de concert, si du moins il est permis de compter parmi les premiers certains étymologistes de l'ancienne école, assez téméraires pour prétendre découvrir dans les éléments du mot *Rodumna* le secret d'une prétendue origine hellénique. Mais ces jeux d'esprit, où les érudits de jadis s'appliquaient avec ardeur, en y exerçant à l'envi leur imagination, ne sont plus en faveur à l'heure actuelle (1). Personne ne prête-rait la moindre attention a des fantaisies historiques du genre de celle de l'abbé Jolibois, curé de Trévoux, racontant, après La Mure (2), que des Rhodiens, ayant traversé les montagnes qui séparent la Loire de la Saône, établirent un marché ou emporium aux lieux où le premier de ces fleuves commence à porter de grandes embarcations (3). Dans le camp des archéo-logues, à peu près à la même époque, on témoi-gnait d'une égale fécondité d'invention pour la lecture et l'interprétation des textes lapidaires. On

(1) La philologie celtique, si brillamment représentée aujour-d'hui par M. d'Arbois de Jubainville et désormais puissamment aidée par le grand recueil de M. Holder, a rompu avec ces anciens errements. Elle a réussi à placer sur un terrain scienti-fique ces recherches étymologiques. Toutefois, en ce qui concerne l'origine du mot *Rodumna*, il paraît difficile d'ac-cepter l'hypothèse de M. Holder qui traduit ce nom par les mots gaulois signifiant *très profond* (all. *sehr tief*). C'est préci-sément à Roanne que le lit de la Loire s'élargit et que sa profondeur moyenne diminue. L'auteur de l'*Alt-celt. Sprachs-chatz* donne aussi, à côté de cette opinion, celle de M. d'Ar-bois de Jubainville qui rattache Rodumna au radical ligure d'où dériverait le mot Rodanos, Rhodanus (de *rot*, courir ; irlandais *reth*, courir, course; breton, *red*, *retos*, cours d'eau ; latin, *rota*, roue).

(2) *Hist. du Forez*, p. 122 et 123.

(3) Abbé Jolibois, *Recherches sur la colonie grecque de Lyon*, *Revue du Lyonnais*, t. XXV, p. 489.

connaît la sagacité de M. Lapierre, qui, sur une prétendue inscription tombale dont les caractères lui restaient inconnus — lui-même en faisait l'aveu — déchiffrait néanmoins l'épitaphe d'un ambacte, nommé Timer, mort à l'âge de 65 ans. Mais je crois que la lecture non moins imprévue de l'épitaphe d'Aufustus, publiée en 1845 dans le premier catalogue officiel du Musée est à peu près ignorée. Si courte et si banale que fût la rédaction de cette inscription, relatant simplement que les co-affranchis de Quintilis Aufustus lui ont élevé un monument, « un savant épigraphiste roannais », qui ne pouvait être que M. Lapierre, avait lu sans difficulté, après le nom d'Aufustus, la mention du grade et de l'emploi de ce personnage, centurion romain, préposé par Tibère à la garde du pont de la Loire.

Excusez-moi, Messieurs, de rappeler devant une grave assemblée, ces gaietés de l'archéologie roannaise, à l'époque romantique. Vous devrez tout à l'heure excuser encore mon incapacité à agrémenter comme mes prédécesseurs par de brillantes hypothèses l'inventaire des trouvailles de notre cimetière gallo-romain.

L'indigence des restes de monuments antiques sur le sol roannais et aussi malheureusement celle des monuments épigraphiques a été plusieurs fois constatée. Il est vrai que l'on a décoré du nom de thermes les vestiges, aujourd'hui à peine visibles, d'un mur antique, bâti à l'ouest de la rue Mably. Si son origine romaine est bien incontestable, ce dont on ne saurait douter, par contre sa destination primitive semble assez problématique. Je ne vois pas que l'on ait jamais signalé en ce lieu des vestiges d'hypocauste ou de conduites d'eau, qui auraient pu, bien mieux que le tracé semi-circulaire de cette muraille justifier la dénomination proposée. Chaque fois que des travaux de terrassement remuent le sol du quartier de la Livatte, emplacement de la ville antique, on peut constater la simplicité, je dirais même la rusticité de ses habitations. Elles étaient pour la plupart bâties en matériaux légers ; à travers de nombreux débris de tuiles à rebords, les substructions maçonnées font presque entièrement défaut.

L'inscription trouvée en 1820, à la Livatte et qui exerçait à un si haut degré la sagacité des épigraphistes roannais, demeure toujours notre unique trouvaille épigraphique. Tandis que, mieux partagé, *Forum Segusiavorum* a pu grouper une série intéressante de textes lapidaires, nous ne conservons que cette pauvre épitaphe d'un affranchi, auquel ses anciens compagnons de servitude, sans prendre la peine de se nommer, élevèrent une modeste sépulture.

Puisque les textes restent muets sur le passé de Rodumna et que cette cité n'a conservé presque aucun vestige de ses monuments, c'est à travers les débris épars dans le sol de la Livatte et surtout auprès des nombreuses sépultures du quartier Saint-Jean, que nous devons puiser quelques informations.

Telle fut la pensée qui m'inspira il y a dix ans le désir d'explorer certaines portions de ce cimetière. Le Musée, depuis sa fondation, avait reçu du Docteur Coutaret plusieurs objets provenant du jardin de son immeuble, rue Benoît Malon. Il y avait toute apparence que des sondages pratiqués dans les clos adjacents, si restreinte qu'en fût la superficie, ne demeureraient pas stériles. Aidé de l'aimable concours de notre confrère, M. Maurice Dumoulin et assisté de M. Nicolaï, conservateur-adjoint du Musée, j'ai pu fouiller successivement au mois de novembre 1893 les petites cours des maisons Piat (rue de la Berche), Robin et des Paras (rue Benoît Malon). Je dois exprimer mes remercîments aux propriétaires de ces immeubles. MM. Piat et des Paras ont gracieusement consenti à céder le produit intégral des fouilles au Musée, sur la demande de son conservateur. Les objets recueillis dans l'immeuble Robin ont également enrichi les collections municipales.

Tout ce lot a été inventorié dans le dernier catalogue imprimé du Musée. Si la publication de cette notice a été différée jusqu'à ce jour, c'est parce que je comptais pouvoir poursuivre ultérieurement ces premières explorations. Mais aujourd'hui, à la suite des travaux récents de construction, exécutés dans l'immeuble Robin (1), la partie centrale du cimetière antique se trouve presque intégralement fouillée ou bâtie. Il n'y a donc pas lieu d'ajourner davantage le compte rendu des explorations de 1893.

Ainsi que je l'ai dit plus haut, je profiterai de cette occasion pour mentionner certaines découvertes plus anciennes, dans l'immeuble Coutaret, et pour publier les objets recueillis en 1902 chez M. Paul Guerry et donnés par lui à notre Musée.

I. RITES FUNÉRAIRES. — PRINCIPAUX TYPES DE VASES CINÉRAIRES.

Comme dans la plupart des cimetières galloromains, les deux rites de l'incinération et de l'inhumation se trouvent ici juxtaposés. Mais les

(1) Cet immeuble a été acquis par M. Guerry.

incinérations sont de beaucoup les plus nombreuses.
Dans le jardin Robin, à côté de vases cinéraires, j'ai
rencontré une grande fosse, creusée dans le gravier à
1^m15 de profondeur (17 octobre 1893). Le squelette
était exactement orienté de l'est à l'ouest, la tête
regardant l'orient. Les clous d'un cercueil en bois
gisaient auprès des ossements; sur le cadavre avaient
été déposés une série de vases en terre grise légèrement lustrée, soit une tasse et sept assiettes, toutes
retrouvées intactes. Les assiettes et les plats gisaient
horizontalement, sur la poitrine et les jambes du
mort, les uns sur leur fond, les autres renversés.
Par leurs formes et la couleur de la pâte, ces poteries
se rapprochent de celles du mont Beuvray. Elles ne
portent aucune estampille. En dégageant le crâne,
qui malheureusement tomba en poussière, je reconnus
avec surprise une curieuse particularité : sur les
lèvres entr'ouvertes du cadavre, des mains pieuses
avaient glissé le bord d'une petite tasse en terre
grise qui était restée parfaitement en place, mais la
décomposition des chairs avait déterminé une cor-
rosion très caractéristique de l'engobe du vase.
N'était-ce pas là un témoignage matériel, particulièrement expressif, des conceptions religieuses qui
inspiraient aux anciens leurs coutumes funéraires ?
Avec le corps réduit en poussière, l'être humain ne
s'anéantissait pas. Un principe impérissable survivait à la déchéance de la dépouille mortelle. Les
anciens n'en définissaient que confusément la nature.
Suivant le rôle qu'on leur attribuait dans leur commerce avec les vivants, les âmes des morts s'appelaient Mânes, Génies, Lares ou Pénates. Mais quel
que fût exactement le caractère de ces démons
infernaux, ils réclamaient impérieusement des sur-

vivants un tribut d'offrandes et des sacrifices, tant au moment des funérailles qu'aux anniversaires et à certaines dates déterminées.

Pour cela il était nécessaire que l'emplacement de chaque tombe, urne ou cercueil, fût marqué d'un signe extérieur. Les mariniers et les pêcheurs qui constituaient le fond de la population de *Rodumna*, gens de condition précaire, ne pouvaient ériger sur ces modestes tombeaux, ni des monuments architectoniques, comme les somptueux édicules qui bordaient à Lugdunum la voie d'Aquitaine, ni même des stèles ou des cippes. On n'a pas trouvé le moindre débris d'édicule. Peut-être faut-il faire exception pour une construction dont le chanoine de la Mure a décrit les restes dans son *Histoire du Pays de Forez* (p. 124-125) et dans ses *manuscrits* (Mss. *Notes et documents*, t. II, p. 43).

Nous transcrivons ce passage de *l'Histoire du Forez* en le complétant à l'aide de quelques extraits des manuscrits, imprimés entre crochets (1) :

« Une autre antiquité qui subsiste encore près de Roanne, et qui ne dénote pas peu sa vaste étendue, lors qu'elle portait le nom de Rodune, c'est que de l'autre côté de cette ville, au delà de la rivière appelée de *Renezons*, non loin du rivage de la Loire, en un territoire appelé du *Boirat* [dans un domaine appartenant au sieur des Molières, à un demi-quart de lieue de la ville, dans la verchère de la maison

_____

(1) Alphonse Coste a publié ce passage de La Mure dans son *Essai sur l'Hist. de la Ville de Roanne*, p. 28 ; mais, ainsi que nous le fait observer Eleuthère Brassart, sa transcription, bien que placée entre guillemets, et donnée comme un extrait des manuscrits, est composée en partie avec le texte imprimé, en partie avec le manuscrit.

dudit domaine, à deux cents pas de la rivière de Loire et à trois cents pas de celle de Renaison sur l'extrémité de la dite verchère du côté du midi], se voit à fleur de terre une grande pierre [grise] de huit pieds de long et quatre de large, tournée ainsi que va le cours de la Loire, ayant sur son extrémité du côté qui regarde ce fleuve, un filet de marbre blanc, marqueté aussi en plusieurs endroits de petits carreaux de même marbre, assise sur des murs de brique enfoncés en terre et cimentés à la romaine, qui par des ouvertures faites en ovale qu'ils ont tout autour ont donné lieu de fouir dans la voûte qu'ils forment au-dessous de cette pierre à la façon d'un ancien Mausolée, dont encore ont été tirées plusieurs médailles antiques [des premiers empereurs] ».

Mais déjà au commencement du siècle dernier, il ne subsistait rien de cette construction. Si son caractère funéraire pouvait être établi avec certitude il faudrait reporter jusque sur la rive droite du Renaison les limites du cimetière de la rue Saint-Jean.

Au cours de mes fouilles de 1893, j'ai cru reconnaître le procédé usité pour marquer l'emplacement des urnes. Celles-ci étaient, semble-t-il, recouvertes d'un fond d'amphore renversé, c'est-à-dire du culot de ce vase et d'une portion de sa panse cylindrique. Ces moitiés d'amphores se retrouvaient presque toujours à l'état de débris, dans le voisinage immédiat des incinérations.

Je me représente notre cimetière antique, comme un enclos d'où émerge, au-dessus de chaque tombe le fond conique d'une amphore, marquée sans doute de quelque signe distinct. Tout autour sont disposés de petits parterres de fleurs, offrandes chères aux

XXX. — ROANNE, LA NÉCROPOLE GALLO-ROMAINE.
1 et 3, figurines en argile; 2, flacon orné.

morts, à toutes les époques de l'humanité. Aux jours des fêtes funèbres, les parents s'empressent. Ils apportent aux défunts le lait, le vin pur, le miel, les fèves et les autres aliments préférés des Mânes. On soulève l'amphore, on répand les liquides, on dépose les mets, et tout autour du vase indicateur remis en place, on plante, au printemps, de nouvelles fleurs, violettes, lys, myrtes, roses et marjolaines.

Dans les trois jardins que j'ai explorés successivement (immeubles Robin, Piat et des Paras), le sol avait été bien des fois remué par la culture. Comme les urnes gisaient à une faible profondeur, plusieurs se rencontraient à l'état de débris. Les petits vases accessoires avaient été parfois déplacés. Aussi ai-je dû renoncer à dresser un inventaire par tombes des objets recueillis. Presque toujours il était impossible de reconnaître si tel vase trouvé dans le voisinage d'une urne cinéraire, provenait du même enfouissement ou dépendait d'une autre sépulture.

Je donnerai donc la description des principaux objets en les groupant par séries, bien qu'un inventaire par sépultures, lorsqu'il est possible de l'établir, soit infiniment préférable.

2. TYPES DES VASES FUNÉRAIRES (1).

Le vase, en terre cuite commune, ovoïde, non ansé et généralement muni d'un couvercle conique, à bouton, auquel on donnait le nom d'*olla* (fig. 1-4), était le plus ordinairement employé pour recueillir

---

(1) La plupart des dessins qui accompagnent le texte de cet article sont dus à notre obligeant confrère, M. Henri Gonnard, auquel nous tenons à exprimer tous nos remerciements.

sur le bûcher les cendres des morts. Mais de même que les autres récipients indiqués ci-après, les *ollæ*

1, 2. — CIMETIÈRE GALLO-ROMAIN DE ROANNE
Ollæ *ayant servi d'urnes cinéraires.*

étaient d'ailleurs utilisées à divers usages domestiques et non pas appropriées spécialement à une destination funéraire.

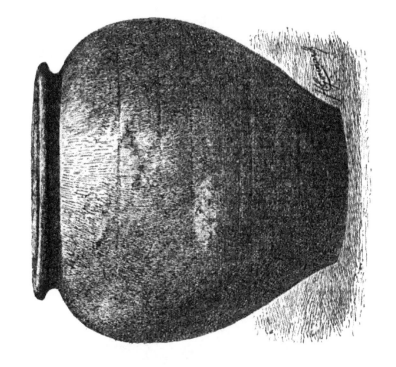

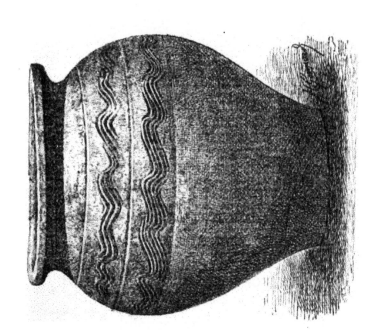

3, 4. — CIMETIÈRE GALLO-ROMAIN DE ROANNE.
Ollæ *ayant servi d'urnes cinéraires.*

A côté de l'*olla*, je peux encore signaler comme types de récipients :

1° Plusieurs bols sphériques ou globulaires, à peintures blanches et zones rouges ou encore entièrement peintes en blanc, avec décor bistre, formant des tracés géométriques (pl. XXXI, 1 et 2, pl. XXXII, pl. XXXIII, 1, 3). Je donnerai plus loin la description de ces vases et des suivants au point de vue technique.

5. — CIMETIÈRE GALLO-ROMAIN DE ROANNE.
Urne cinéraire et son couvercle, pierre calcaire.

2° Un coffret quadrangulaire monolithe en pierre calcaire, élevé sur quatre pieds et surmonté d'un couvercle pyramidal (fig. 5). Chaque face est gravée de deux rainures se coupant en croix de Saint-André. Haut. totale 0ᵐ 28. Je n'ai pas besoin de faire remarquer qu'il faut bien se garder de prendre pour un emblème chrétien ce simple motif d'ornement, très fréquent à l'époque romaine sur les monuments de toute.nature.

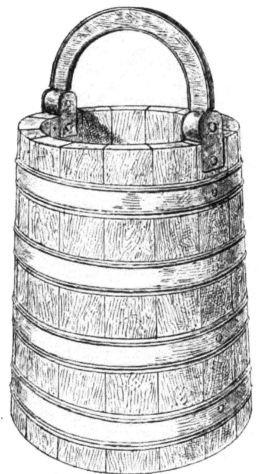

6. — CIMETIÈRE GALLO-ROMAIN DE ROANNE.
Seau en bois ayant servi d'urne cinéraire.

3° Un seau en bois à garniture de bronze, enveloppé d'un cylindre de plomb (fig. 6).

Le seau de bois, cerclé de bandes de métal, se rencontre, à toutes les époques, depuis celle de la Tène, dans les sépultures. On en trouve notamment de nombreux exemplaires reproduits dans l'*Album Caranda*. Les plus anciens proviennent de tombes à incinération de la Tène III (Armentières, pl. 43, Saint-Audebert, pl. 116), de l'époque gallo-romaine (villa d'Ancy, pl. 76) et des temps mérovingiens (Breny, pl. 7 ; Armentières, pl. 14). Les garnitures des seaux gaulois et gallo-romains sont en bronze, comme celles de notre exemplaire ; à l'époque mérovingienne, le fer remplace ordinairement le bronze.

7. — CIMETIÈRE GALLO-ROMAIN DE ROANNE.

Cylindre en plomb qui enveloppait et protégeait le seau, fig. 6.

Le dessin ci-joint, exécuté par M. Bourguin, est une reconstitution ; les douves en bois avaient été naturellement détruites par l'humidité du sol. Mais au fond du cylindre de plomb qui servait d'enveloppe au vaisseau de bois, cylindre semblable à celui que reproduit la figure 7 (diam. 0,17) se trouvaient, avec des débris d'ossements incinérés, les quatre cercles en bronze battu, extrêmement mince, et l'anse massive, en bronze fondu. La hauteur du récipient n'a pu être déterminée que par approximation.

4° Une urne en verre côtelé (pl. xxxvi, 2) ; elle était renfermée dans un coffre en bois.

5° Un **vase** globulaire en terre noire très fine, estampé de zones quadrillées (pl. xxxiv, 1).

6° Une très belle coupe (forme 11) en terre sigillée portant l'estampille du potier *Volus(enus?)* (1) (fig. 11).

7° Il faut en outre mentionner de nombreuses sépultures, où les cendres avaient été déposées dans de simples assiettes, voire même dans des tessons, culots d'amphores, fonds de vases brisés.

J'ai pu constater à plusieurs reprises que ces tessons, encore remplis de cendres et soigneusement recouverts d'un second fragment de vase, se trouvaient bien en place, sans avoir été atteints par les instruments de culture. C'était là le type des sépultures les plus pauvres, tombes d'esclaves ou de misérables artisans, aux Mânes desquels leurs descendants ne pouvaient pas même offrir un vase d'argile entier.

Dans l'urne cinéraire était parfois déposé un petit guttus en verre blanc, ayant sans doute contenu des parfums, et très rarement une monnaie. Malheureusement les pièces que j'ai recueillies étaient toutes rongées par l'humidité et indéterminables.

Examinons maintenant les principales séries d'objets du mobilier funéraire.

3. OBJETS DE BRONZE.

Le métal est de la plus grande rareté dans ces sépultures. Aucun objet d'or ou d'argent ne s'y est rencontré, à ma connaissance. Je n'ai pas recueilli

---

(1) Nous désignons les formes des vases sigillés ornés d'après la classification que nous avons adoptée (*Vases ornés de la Gaule romaine*, t. I, pl. I-V).

moi-même d'ustensiles en bronze. Mais le Dr Coutaret a donné au Musée une petite trousse d'objets de toilette qu'il a trouvés dans une urne cinéraire. C'était là sans doute une sépulture de femme, de condition aisée. La trouvaille comprend six fibules de bronze, d'une parfaite conservation. L'exécution en est très recommandable. Sans égaler la magnifique fibule découverte à la Livatte l'année dernière (1) celles-ci peuvent encore être considérées comme de véritables bijoux. Elles se répartissent en trois types :

a) Fibule émaillée, dont l'arc présente la forme d'un large ruban cintré, se terminant à chacune de ses extrémités par une sorte de bouton allongé (fig. 8).

8. — CIMETIÈRE GALLO-ROMAIN DE ROANNE.
Fibule, bronze émaillé.

L'un de ces appendices loge la charnière de l'ardillon, cintré en sens contraire de l'arc ; l'autre en abrite la pointe. Les bords et les nervures de ce ruban arqué sont finement ciselés d'un guillochis. Sa partie centrale porte un chaton de bronze, rectangulaire, creusé de deux rangs de dents de loup émaillées. On reconnaît des restes d'émail rouge, mais on ne saurait affirmer que le décor fût monochrome.

---

(1) *Bull. de la Diana*, t. XIII, p. 54, pl. IV et *Bull. des Antiq. de France*, 1902, p. 222.

Trois exemplaires appartiennent à ce même type
qui est assez rare dans l'art industriel gallo-romain.
On sait que les fibules émaillées de cette époque sont
plus ordinairement de forme circulaire.

b) Autre type de fibule émaillée, représenté par
un exemplaire. L'arc a la forme d'un losange également creusé d'alvéoles, autrefois remplies d'une
substance vitreuse. Son extrémité, du côté du porte
agrafe affecte la forme d'une tête de reptile, dont
les écailles et les yeux sont ciselés.

c) Fibule à nervure côtelée, se terminant par un
bouton. |Porte-agrafe en forme de plaque, ajouré
d'un trou circulaire.

Le caractère commun de toutes ces fibules, c'est
d'être dépourvues de ressort. L'ardillon joue à l'aide
d'une simple charnière.

A côté des fibules se trouvaient un petit style à
écrire, également en bronze et de la forme classique,
un débris d'épingle ou d'objet similaire, enfin trois
fragments de ressorts de fibules en fer.

9. — CIMETIÈRE GALLO-ROMAIN DE ROANNE.
Fibule, bronze émaillé.

Je reproduis ici une autre fibule anguiforme du
musée de Roanne, dont je ne connais pas la provenance exacte (fig. 9). Mais on peut affirmer que

tous nos petits bronzes, sauf peut-être de rares exception, ont été trouvés à Roanne même ou aux environs. Celle-ci appartient à un type analogue à celui que je viens de décrire ; cependant l'exécution en est plus intéressante. La tête du reptile est adroitement ciselée. Le corps est représenté par l'arc cintré de la fibule, dont le décor émaillé imite la peau écailleuse du serpent.

4. VASES EN TERRE CUITE ET EN VERRE. — FIGURINES D'ARGILE.

Céramique.

Les beaux vases d'argile constituaient le véritable luxe des habitants, de la Gaule romaine, de modeste condition. Ainsi s'explique la grande variété des poteries de cette époque, du moins durant le premier siècle, âge de notre nécropole. La technique gauloise indigène luttait alors contre la concurrence des procédés italiques. Les fabricants de poterie rouge sigillée n'exerçaient pas encore un monopole presque exclusif.

On peut distinguer ici diverses catégories de vases céramiques :

Les vases peints de style gaulois. J'entends par là ces curieux bols à engobe blanc et décoration géométrique, cerclés le plus souvent de deux zones rouges, dont j'ai plusieurs fois déjà décrit les caractères et indiqué la dispersion géographique. Je ne crois pas devoir y revenir, mais je reproduis ici tous ceux, au nombre de neuf, qui proviennent de notre nécropole. Cinq (nos 1, 2, 3, 7, 9) ont été déjà publiés dans la *Revue archéologique* (1895, I, p. 196, pl. V-VI). Les autres sont inédits.

XXXI. — LA NÉCROPOLE GALLO-ROMAINE DE ROANNE.

1, 2. — *Vases peints.*

Décoration brune sur fond blanc.

XXXII. — LA NÉCROPOLE GALLO-ROMAINE DE ROANNE.

Vase peint.

Décoration brune sur fond blanc.

1. *Olla* découverte en 1848 (maison Coutaret) (pl. xxxi, 1). Elle contient des ossements calcinés et un moyen bronze très oxydé, indéterminable. Le motif principal du décor, répété cinq fois, est un ovale inscrivant un fleuron crucifère à pétales aigus. Au-dessous une zone de damiers et de bâtons rompus. Le haut du vase porte une suite de traits obliques d'une extrême ténuité, repliés en crochets au sommet, motif qui se rencontre sur d'autres vases de cette série. Le vase est entier. Il mesure 0^m 17 de diamètre.

2. *Olla* de même forme (même provenance) (pl. xxxi, 2), contenant aussi des cendres et un moyen bronze fruste (1). Très élégante par l'originalité de son décor, cette pièce serait la plus belle de la collection si la peinture ocreuse avait gardé sa vivacité de ton primitive. Toujours ménagés en blanc sur fond brun, les médaillons de la panse sont au nombre de sept et de forme orbiculaire ; des arcs de cercle les subdivisent en quatre segments égaux et symétriques. Ce décor central est encadré, suivant la règle ordinaire, par des galons de perles, des hachures et des damiers. Pièce entière ; diam. 0^m 14.

3. *Olla* de même forme (maison Robin) (pl. xxxii). Fragmentée et incomplète, elle se prête cependant, grâce à la symétrie des ornements, à une restitution certaine. Le haut, reproduit presque identiquement la décoration de la première, mais la panse porte,

---

(1) C'est à tort que dans la *Revue archéologique* j'ai indiqué comme appartenant à Trajan la monnaie renfermée dans ce vase. Elle est trop oxydée en réalité pour se prêter à une détermination.

répété trois fois, une sorte de médaillon ellipsoïdal, au centre duquel se développe un système symétrique de traits ondulés ou repliés en volutes.

4. Grand *guttus*, à panse plus ovoïde, à couverte blanche, encadrée de zones rouges (pl. xxxiv, 2). Les peintures ocreuses ont disparu. Haut. 0^m 24. Il faut rapprocher ce vase et le suivant de celui qui a été trouvé récemment à Lezoux, dans la nécropole Chassagne, et du grand vase de Celles (Cantal) (1).

C'est à Lezoux que ces poteries peintes ont été fabriquées à la fin de l'époque gauloise et au commencement de l'époque romaine. Les vases ovoïdes, dérivent de la forme gauloise, représentée dans la nécropole Chassagne.

5. Petit *guttus* de forme similaire (pl. xxxv, 2). L'ornementation peinte a beaucoup souffert. .On ne distingue plus que les bandes horizontales.

6. Autre *guttus* semblable (fig. 10).

10. — CIMETIÈRE GALLO-ROMAIN DE ROANNE.

Guttus, poterie peinte.

7. Vase à liquides à panse blanche et zones rouges. Le col manque (pl. xxxiii, 2). Haut. 0, 18. Maison Guerry.

8. Bol à panse blanche et zones rouges (pl. xxxiii, 1). Sur la panse, un chevronnage dessiné par des traits

(1) Pagès-Allary, J. Déchelette et A. Lauby, *Le Tumulus de Celles (Cantal)*, dans *L'Anthropologie*, 1903, p. 416.

XXXIII. — ROANNE, LA NÉCROPOLE GALLO-ROMAINE.

1, 2, 3, Vases peints.

XIII. — p. 306.

3

2

1

J. DÉCHELETTE, phot.

XXXIV. — ROANNE, LA NÉCROPOLE GALLO-ROMAINE.

1 et 3, vases ornés à la roulette ; — 2, vase peint, à engobe blanc et zones rouges.

XIII. — p. 306.

minces et parallèles, comme ceux d'une portée musicale. L'intérieur de chaque chevron est rempli de lignes serpentines. Diam. o, 15.

9. Bol de même forme (pl. xxxiii, 4). Le décor se compose d'une seule rangée d'oves ou de médaillons ovoïdes, à double encadrement, avec un petit motif central des plus simples. Nous sommes loin de l'élégante ornementation de quelques-uns des vases décrits ci-dessus. Diam. o, 14. Maison Guerry.

10. Petite tasse qui accompagnait une sépulture d'enfant (pl. xxxv, 5). Son ornementation presque intacte consiste en une sorte de pyramide à degrés, couchée, alternant avec un double chevron, placé dans le même sens. Notre confrère et ami, M. Bertrand, de Moulins, possède un tesson qui reproduit exactement ce curieux motif. Diam. o, o9. Maison des Paras.

Si vous voulez vous rendre compte, Messieurs, de la curieuse extension de cette céramique peinte gauloise dans l'Europe centrale, il vous suffira d'examiner, au Musée de Roanne, à côté de notre belle série de spécimens trouvés sur place, les trois fac-similés que nous devons au musée de Mayence (1). Les originaux ont été découverts dans la région rhénane à Geisenheim, province de Hesse-Nassau, et aux environs de Mayence. Vous constaterez aisément la complète ressemblance de ces trois vases, comme technique et décoration avec nos exemplaires roannais. Dès lors vous ne vous étonnerez pas de

---

(1) Un de ces vases a été publié par Lindenschmit dans le tome I des *Alterthümer unserer heidnischen Vorzeit*, I, VI, 6, 5.

trouver sur les belles planches en couleurs du récent ouvrage de M. Pic, relatif aux antiquités de Stradonic, en Bohême, une abondante série d'échantillons semblables (1).

Ce grand commerce des poteries à travers l'Europe, durant les temps antiques, provoque tout d'abord quelque surprise. On se demande comment on pouvait faire voyager au loin une marchandise aussi fragile et aussi commune, alors que les transports étaient longs, difficiles et coûteux. Et pourtant en ce qui concerne la belle poterie non seulement de l'époque grecque et romaine, mais même des temps protohistoriques, plus on en étudie le développement dans le cours des siècles, plus on est amené à constater que les centres de fabrication de chaque type étaient beaucoup moins nombreux qu'on ne l'avait tout d'abord supposé.

Vases sigillés ornés. J'ai signalé l'abondance relative des beaux vases d'Arezzo dans les habitations du quartier de la Livatte. Le cimetière de la rue de la Berche, de son côté, nous a donné un superbe exemplaire d'un bol de forme arrétine (fig. 11). J'ai eu déjà l'occasion d'en utiliser le témoignage pour la démonstration d'un fait important dans l'histoire des officines gallo-romaines de poteries sigillées (2). En effet, si la forme de ce vase est italique, les types de sa décoration sont incontestablement ruténiques. Je veux dire que les petits animaux figurés sur sa panse

---

(1) Pic, *Cechy na usvitié diéjin*, II, planche (en couleurs) n° XLIX.

(2) *L'Officine de la Graufesenque*, extr. de la *Revue des Études anciennes*, t. V, 1903, p. 37.

ne se retrouvent que sur les produitsdes officines de
la Graufesenque, situées dans la cité des Rutènes.
Mais il y a plus encore : le vase porte une marque

11. — CIMETIÈRE GALLO-ROMAIN DE ROANNE.

Bol sigillé orné, de la Graufesenque.

de potier, en relief parmi les ornements. On lit sur
sa panse le nom de VOLVS. Or on trouve, d'une
part, la marque VOLVS parmi celles de la Graufesenque et de l'autre à Arezzo celles de C.
VOLVSENVS, écrite parfois en abrégé C. VOLVS.
Pour divers motifs qu'il serait trop long d'exposer
ici à nouveau, il y a tout lieu de croire que le fabricant du vase de Roanne est un descendant ou un
affranchi de ce C. VOLVSENVS d'Arezzo, qui,
après avoir émigré d'Italie pour se fixer en Gaule,

après la conquête, aura exploité dans la Narbonnaise l'industrie italique de la céramique sigillée.

Je reproduis également un fragment de bol rouge,
orné, qui mérite les honneurs de la publicité, bien
que les reliefs en soient frustes et mutilés (fig. 12). Il a
été trouvé à Roanne, mais je n'ai pas la certitude complète que ce soit dans le cimetière du quartier Saint-
Jean. C'est un spécimen intéressant de la fabrication
d'Arezzo (forme 11 de M. Dragendorff). Le sujet
des reliefs figurés qui ornent sa panse ne peut
malheureusement être déterminé, par suite de leur
mutilation. Trois personnages drapés paraissent
constituer une scène d'ensemble : à droite, une femme,
tournée de profil à gauche, dont il ne reste que le
buste ; à gauche, deux autres personnages vêtus du
chiton hellénique, se dirigent vers cette femme, à laquelle le plus rapproché adresse la parole. Les deux
derniers personnages semblent, eux aussi, appartenir au sexe féminin.

Lorsqu'on compare le style de ce relief céramique
à celui des produits de la Gaule, on reconnaît
aisément l'infériorité artistique de ces derniers. Les
céramistes d'Arezzo appartenaient à l'école de la
Grèce. On retrouve dans leurs ouvrages ce sentiment
délicat de la mesure et de l'harmonie qui fait défaut
à leurs imitateurs. Sur ce fragment par exemple,
les figures sont réparties en petit nombre tout autour
de la panse. Elles se détachent sur un fond uni qui
met en valeur leurs silhouettes élégantes. A la
Graufesenque et à Lezoux, les fabricants de moules
se plaisaient au contraire à multiplier à profusion
les personnages, les animaux et les encadrements
géométriques. Ils ignoraient totalement que la

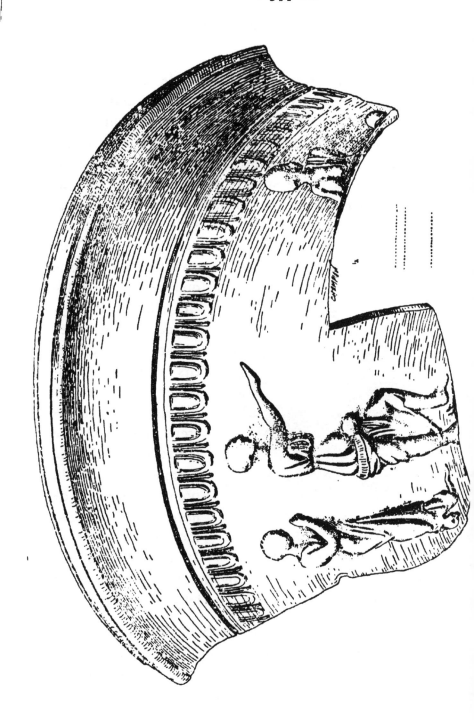

sobriété est une des lois essentielles de l'art ornemental.

Flacons vernissés. Notre nécropole a livré trois
exemplaires de ces vases élégants (*Vases ornés,*
forme 60). La pâte en est fine et de couleur claire.
L'un d'eux (pl. xxx, fig. 2) est recouvert d'une
glaçure vitreuse, de nuance jaunâtre. Un rinceau en
relief orne la partie supérieure de la panse. Sur un
autre flacon, de même forme (fig. 13), les festons
sont remplacés par
des godrons. Dans
un article sur la fabri-
que de Saint-Rémy-
en-Rollat, près Vichy,
j'ai décrit cette inté-
ressante série de pe-
tits vases, si délica-
tement façonnés et
j'ai essayé de démon-
trer qu'ils ont été
fabriqués, pendant la
première moitié du
premier siècle de
notre ère, sur des
modèles italiques (1).
Je ne doute pas que

13. — CIMETIÈRE GALLO-
ROMAIN DE ROANNE.
Flacon vernissé.

ces deux spécimens ne proviennent des officines de
la région de Saint-Rémy et Vichy.

Un autre type de vase de Saint-Rémy s'est rencontré dans l'immeuble Coutaret. C'est une petite

_____

(1) *Rev. archéol.,* 1901, I, p. 360-394.

ampulla à glaçure verdâtre, ornée de demi-cercles côtelés (*Vases ornés*, forme 6ı). Haut. 0ᵐo7.

Assiettes grises. J'ai trouvé çà et là plusieurs débris d'assiettes grises, se rattachant, comme celles de la sépulture à inhumation déjà mentionnée, à la poterie de Bibracte. Un de ces fragments porte la marque ⎡LIMA.⎤ La première lettre est incertaine.
⎣AVOT⎦ On sait que le mot celtique *avot* a le sens du verbe *fecit*. Cette marque paraît inconnue. Sur un autre, à pâte de nuance gris-jaune, on lit la marque OIACOI également mal venue ; sur un menu fragment la marque ▄▄▄▄
LITA.

Assiettes et petits vases en terre rouge sigillée. Recueillis pour la plupart à l'état de débris, ces vases appartiennent par leurs profils aux formes 2ı, 22 et 24 de M. Dragendorff (*Terra sigillata*, pl. II).

Ces formes sont celles du Iᵉʳ siècle. Un fragment porte la marque CENN[ATI].

Vases divers. Je dois signaler encore quelques autres pièces céramiques particulièrement intéressantes :

ı. — Les débris d'un merveilleux petit vase à pâte noire, véritable Sèvres gallo-romain par la finesse et l'extrême ténuité de ses parois. Malgré que sa hauteur soit d'environ dix centimètres, son épaisseur, mesurée, à la panse, n'excède guère celle d'une coquille d'œuf. Je me suis assuré que sur plusieurs points elle n'atteint pas un millimètre. Le vase est soigneusement lustré sur toute sa surface. Bien qu'il soit entièrement uni, sans le moindre ornement, on peut le considérer, au point de vue technique, comme une des curiosités céramiques de notre musée. Grâce

à l'estampille imprimée sous son pied, MATI OF,
nous pouvons connaître le nom de l'ouvrier qui l'a
façonné.

Où était située l'officine de ce Matius? Il faut la
chercher en Gaule et non pas en Italie. Les produits
de Mattius ou Matius dont le nom appartient tout à
la fois à l'onosmatique des Gaulois et à celle des
Latins (1) se classent dans cette grande famille des
vases à pâte noire ou grise qui ne se trouvent guère
qu'en Bretagne et en Gaule, et en particulier dans
les provinces rhénanes, vers le commencement de
l'ère chrétienne.

Il est vrai que ce nom paraît avoir été porté par
plusieurs potiers. Le tome XIII du *Corpus* donne
plusieurs marques MATTI M, MATTI O et MATI
M (2).

Sur les vases italiques on ne rencontre jamais les
sigles OF, MA ou FE qui caractérisent les poteries
de la Gaule. Je ne m'arrêterai pas à ces marques,
car on ne peut avoir la certitude qu'elles appartiennent bien à notre potier.

Je suis au contraire fortement tenté d'attribuer à
ce maître céramiste certains vases anépigraphes
signalés dans quelques collections allemandes par
M. Constantin Koenen (3). Par sa forme, celui qui
est reproduit dans l'ouvrage de cet auteur (p. 72) est
exactement semblable au nôtre. Voici ce qu'écrit M.
Koenen sur ce type de poterie. « Au modèle le plus
achevé de ces vases noirs appartiennent ceux que l'on

---

(1) Holder, *Alt-celtischer Sprachschatz*, v. *Matius* et *Mattius*.
(2) *C. I. L.*, XIII, 10010, 1312.
(3) *Gefaesskunde*, pl. IX, 13.

peut appeler minces comme du papier, *papierdunne*.
Les parois n'ont que deux millimètres d'épaisseur,
la pâte est d'une couleur gris bleu, parfois rouge brune
près des bords. La couverte est d'un noir foncé.
Leur vernis est si brillant et si net que l'on se croirait en présence d'un vase de bronze, façonné au
tour. On en a même trouvé quelques fragments à
Andernach, dans les débris des foyers d'incinération.
Celui qui est figuré provient de Cologne et se trouve
au musée de Bonn. Le musée de Trèves en possède
aussi un exemplaire ». M. Koenen fait ensuite observer que ces vases sont assez abondants en Angleterre
où on les croirait indigènes. Cependant la marque
MATI OF ne se trouve pas dans le tome VII du
Corpus.

De son côté, en fouillant le cimetière de Strée, en
Belgique, M. Van Bastelaer a rencontré les débris
d'un de ces mêmes vases *papierdunne*. Là encore la
forme est tout à fait semblable. « Les parois, observe
l'inventeur, sont minces comme le verre le plus fin.
Cette ténuité de moins d'un millimètre, excessive
pour la terre cuite, est un fait qui mérite la plus
grande attention et en dit plus que de longues pages
sur la perfection de l'art du potier antique (1) ».

J'ai indiqué comme termes de comparaison ces
exemplaires allemands et belges, parce que je n'en
connais pas dans les collections françaises. S'il en
existe d'entiers, il serait surprenant qu'on ne les ait
pas signalés, tant ils retiennent l'attention des per-

---

(1) D.-A. van Bastelaer, *Le cimetière belgo-romano-franc de
Strée*, Mons, 1877, p. 100, pl. IV, 3. Cité dans Koenen, *loc.
cit.*, p. 72.

sonnes les moins familiarisés avec la céramique de l'antiquité. On voit que notre exemplaire roannais a seul le privilège de posséder une estampille, d'ailleurs nettement lisible. Il est possible que quelque jour elle nous permette de découvrir le lieu d'origine de ces vases admirables, dont l'auteur semble avoir voulu rivaliser avec la nature en façonnant de véritables coquilles d'œuf.

Matius aurait pu concourir avec les deux potiers dont on montrait dans un temple d'Erythres, au temps de Pline, deux amphores consacrées *propter tenuitatem*. Elles étaient dues, rapporte le Naturaliste, au défi entre un maître et son élève, à qui ferait en terre le vase le plus mince (*Hist. nat.*, XXXV, 46).

2. — Gobelet de terre·rouge, à engobe noir, irisé d'un reflet métallique (pl. xxxıv). Il est orné de trois zones de guillochis, tracés à la roulette. Sa forme est à peu près cylindrique, mais il repose sur un pied très étroit. Haut. 0,13. Diam. 0,11. Maison Piat.

3. — Belle *olla* en terre noire, légèrement lustrée, d'une pâte fine (pl. xxxıv, 1). La panse est ornée d'une ornementation à la roulette, sorte de réticulation que coupent deux rubans unis. Haut. 0,14. Maison Piat.

4. — Tasse en terre grise, assez fine, sans engobe. Haut. 0, 065. Diam. 0, 115 Au fond, la marque. Cette marque m'est inconnue. Elle s'ajoute | VOSEDV | à la série de celles qui portent le verbe | AVOT | gaulois *avot=fecit*. Le nom du potier, inscrit à la pre-

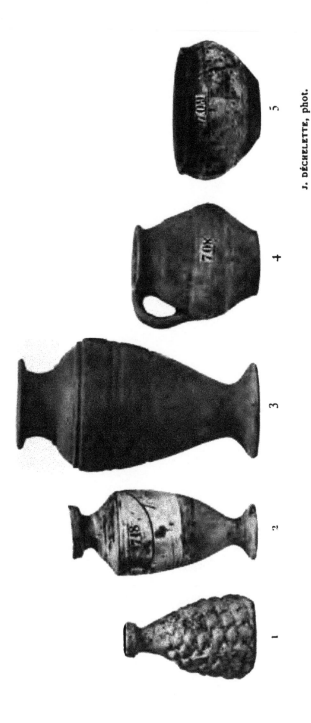

XXXV. — ROANNE, LA NÉCROPOLE GALLO-ROMAINE.
2 et 5, vases peints ; — 1, 3, 4, vases divers.

XIII. — p. 316.

mière ligne, est si mal venu que je ne peux garantir entièrement ma lecture. Maison Robin.

5. — Tasse en terre grise. Haut. 0,06. Larg. 0,075. Maison Robin.

6. — Petite coquelle à trois pieds (pl. XXXVI, 1), Diam. 0,095. Maison Robin.

7. — Petite tasse, non ansée, en terre grise, assez fine. Haut. 0,06. Diam. 0,08. Même provenance.

8. — Petite œnochoé, en terre jaune, ansée, assez fine. Haut. 0,07.

9. — Tasse à deux anses en terre blanchâtre à vernis jaune-verdâtre, ornée d'écots à la barbotine, disposés en losange. Haut. $0,^m06$. Diam. $0,^m09$.

10. — Biberon en terre blanche, turbiniforme, ansé. Haut, 0,06. Diam. 0,08. Maison Robin.

Avec la petite œnochoé, n° 8, et une petite tasse en terre sigillée ce biberon composait le mobilier d'une sépulture d'enfant. On sait que les corps des jeunes enfants, d'après la coutume romaine, n'étaient pas incinérés, ce qui explique l'absence d'urne dans cette sépulture. Celui-ci avait dû être inhumé en même temps que ces menus vases, mais ses os fragiles n'ont laissé aucune trace. Même provenance.

11. — Petit vase à liquides, en terre grossière, ansé, à décor rudimentaire, de tradition gauloise : la partie supérieure porte un rang de lignes verticales et un rang de chevrons tracés dans la pâte avec un instrument de bois à pointe mousse. Haut. 0,08. Même provenance.

12. — Tasse creuse, en terre noire. Sépulture à

inhumation, décrite page 292. — Diam. 0,155. Maison Robin.

13. — Cruche à large panse, ansée, terre grise. Décoration similaire à celle du petit vase n° 11 (fig. 14). Haut. 0,25.

14. — *Olla* en terre grise, ornée de deux rangs de rubans ondulés, tracés au peigne, survivance d'une technique gauloise (fig. 3). Haut. 0,24.

15. — Joli petit vase ollaire, à glaçure vitreuse, jaunâtre.

14. — CIMETIÈRE GALLO-ROMAIN DE ROANNE.
Cruche à anse, terre grise.

16. — *Ampullæ* en terre commune, ansée, à panse ovoïde (fig. 15-18).

17. — *Ampulla* en terre commune, non ansée (fig. 23).

15, 16, 17, 18. — CIMETIÈRE GALLO-ROMAIN DE ROANNE.
Ampullæ *en terrè commune.*

18. — Petits vases ollaires (fig. 22-25).

19. — Petit vase cylindrique⁷(fig. 19).

20. — Assiettes en terre grise (fig. 20).

21. — Vases à liquides en terre grise, de formes

et de technique gauloises (pl. xxxv, 3). La panse est ornée de moulures et de deux rubans ondulés, exécutés au peigne.

22. — Petit vase à parfums en argile blanche. Type en forme de pomme de pin, fabriqué dans les ateliers de la vallée de l'Allier (cf. Tudot, *Figurines gauloises*, pl. 66).

19. — CIMETIÈRE GALLO-ROMAIN DE ROANNE.
Petit vase cylindrique.

23. — Petit vase ansé, en terre grise (pl. xxxv, 4).

Vases en verre. En dehors de quelques petits

20. — CIMETIÈRE GALLO-ROMAIN DE ROANNE
Assiettes en terre grise.

flacons à parfum, de type commun, les uns quadrangulaires (pl. xxxvi, 3, spécimen déposé dans une grande *olla* cinéraire, avec deux ampoules), les autres en forme de tubes à fond hémisphérique ou d'ampoules similaires, je n'ai trouvé qu'un grand vase en verre ; c'est celui qui est figuré sur la planche xxxvi, 2. Brisé en une quantité de morceaux, il a été remonté très habilement par M. Brossard, gardien du musée. Comme je l'ai dit plus haut, il contenait

XXXVI. — ROANNE, LA NÉCROPOLE GALLO-ROMAINE.

1, vase d'argile ; — 2 et 3, vases en verre.

J. DÉCHELETTE, phot.

XIII. — p. 320.

des cendres. Le verre est blanc et translucide, la panse ornée de côtes ou nervures en relief. — Haut. 0,17.

21, 22, 23, 24, 25. — CIMETIÈRE GALLO-ROMAIN DE ROANNE.
Petits vases non ornés.

Une urne semblable, qui n'a pas été donnée au musée, avait été trouvée vers 1873 chez le docteur Coutaret.

Figurines en argile blanche (pl. xxx, 1 et 3).

Ces deux exemplaires, absolument identiques, de la Vénus Anadyomène, type si commun parmi les figurines de la région de l'Allier, se recommandent par leur parfaite conservation. La déesse de la beauté, bien méconnaissable dans ces grossières productions de l'art gallo-romain, est debout sur un socle hémisphéroïdal. Elle est représentée nue, sortant de l'onde, tenant de la main gauche une draperie et, de l'autre, secouant sa chevelure qui retombe sur ses épaules. Haut. 0,175.

Ces deux statuettes proviennent du même moule. Les légères différences de détail que l'on peut observer proviennent de ce que les pièces, en sortant du moule, étaient retouchées à l'ébauchoir.

Je les ai trouvées dans le milieu de l'enclos Robin, à 70 centimètres de profondeur. Détail curieux, elles avaient été placées debout, appliquées l'une contre l'autre, visage contre visage. L'urne cinéraire qu'elles devaient accompagner avait disparu. Il serait bien difficile de méconnaître une intention symbolique de la part du déposant, dans cette offrande des deux figurines et surtout dans la façon dont il les avait disposées. L'explication d'ailleurs, en est facile. On sait qu'un des motifs les plus fréquents, sur les sarcophages de l'époque romaine, est le groupe de l'Amour et de Psyché, se tenant embrassés. Psyché est alors la personnification de l'âme humaine que la mort entraîne aux enfers, en l'arrachant aux bras de l'Amour. Un groupe de deux figures, en argile blanche, fabriqué également dans les officines de l'Allier, dérive de cette représentation (1). Déposé sur un tombeau ou enfoui à côté d'une urne cinéraire, ce groupe exprimait les mêmes conceptions symboliques que les sculptures des sarcophages. Mais si cette double figurine faisait défaut, ne pouvait-on pas y suppléer en juxtaposant deux statuettes ?

D'autres débris d'objets de même nature ont en-

_____

(1) V. A. Blanchet, *Etude sur les figurines en terre cuite de la Gaule romaine*, 1894, p. 127.

core été recueillis soit par le Dr Coutaret, soit par moi. Le Dr Coutaret a donné au Musée deux rhytons en terre cuite, en forme de lion, à vernis verdâtre, plombifère, servant sans doute de vases à parfums, et une figurine d'oiseau, posé sur une grappe de raisin, en argile blanche.

Outre les deux Vénus que je viens de décrire, j'ai encore recueilli dans l'immeuble Robin :

1° Une figurine semblable de Vénus, dont la partie inférieure manque.

2° Deux petits pilastres cannelés (haut. 0,10 et 0,11) et un fragment de pilastre à rinceaux (haut. 0,04), ayant appartenu à un édicule de terre cuite blanche, en forme de niche. Le type de cet édicule qui devait abriter une petite statuette de Vénus est connu par plusieurs spécimens.

Les fouilles dans le terrain Piat ont aussi ramené au jour une autre statuette en argile de Vénus non plus en ronde-bosse mais en haut relief (fig. 26) et divers menus débris similaires.

26. — CIMETIÈRE GALLO-ROMAIN DE ROANNE.

Fragment de statuette de Vénus, terre blanche.

Une queue de poisson en terre cuite blanche ne doit pas être regardée ici comme un emblème chrétien, mais sans doute comme un menu débris d'une figurine représentant l'Amour chevauchant sur un dauphin.

Enfin, au cours des travaux de construction, chez

M. Guerry, on a également recueilli une Vénus
Anadyomène.

On voit par là que l'usage de déposer dans les
sépultures des figurines d'argile était très répandu à
Rodumna, à l'époque du cimetière du quartier
Saint-Jean et, de plus, qu'une large préférence, dans
le choix de ces statuettes, était accordée à la Vénus
Anadyomène.

J'ai parlé de l'époque du cimetière de *Rodumna*.
Pouvons-nous la déterminer avec quelque précision?
Je répondrai brièvement à cette question, ayant
eu déjà l'occasion de développer les arguments qui
tendent à assigner à notre ville gallo-romaine, comme
principale période de prospérité, le premier siècle de
notre ère. Etant donné la rareté des monnaies, qui
ne sont représentées que par deux bronzes de Claude I
et de Domitien et par quelques pièces frustes, c'est à
la céramique qu'il faut avoir recours, comme au plus
sûr des chronomètres. Or, les types céramiques des
sépultures du quartier Saint-Jean, sont, comme il
faut s'y attendre, semblables à ceux des restes d'habitations de la Livatte. Je me suis attaché à démontrer en diverses occasions, que ces types, vases
peints à décor géométrique, vases d'Arezzo, vases de
la Graufesenque et vases de Saint-Rémy, s'échelonnent
durant le premier siècle, sans franchir cette limite.

Sans doute, parmi les types de poterie, il se
trouve quelques spécimens du second siècle, notamment certains menus débris de poterie arverne, mais
ces échantillons, dans notre nécropole de même qu'à
la Livatte, sont très peu nombreux. Or, comme jusqu'à ce jour, soit parmi les restes d'habitation, soit

parmi les sépultures, la période qui s'étend entre le siècle des Antonins et le haut moyen âge n'est que très faiblement représentée, nous avons le droit d'en inférer que l'époque la plus active du passé gallo-romain de Rodumna se place durant le siècle d'Auguste.

On sait qu'à l'époque mérovingienne, le cimetière de Roanne se trouvait au lieu actuel de la place du Château, où sans doute s'élevait déjà une chapelle chrétienne. Plusieurs sarcophages en pierre, dont quelques-uns présentent de grossières sculptures, ont été exhumés de cette petite nécropole. Je tenterai, dans une communication ultérieure, d'en déterminer la date, mais quoi qu'il en soit, comme ils appartiennent aux premiers temps du haut moyen âge, la série chronologique des sépultures roannaises nous met en présence d'un hiatus que des découvertes futures pourront, il est vrai, combler en partie, mais dont on ne saurait présentement méconnaître l'importance.

Sury-le-Comtal. — Ses fours à chaux et les épidémies. — Mortalité et natalité au XVIIe et au XVIIIe siècles. — Communication de M. l'abbé Relave.

M. l'abbé Relave s'exprime ainsi :

C'est une opinion courante en Forez que, au cours d'une épidémie, les officiers du bailliage quittèrent Montbrison pour Sury, et que la justice fut rendue dans cette dernière ville pendant un certain temps. Le fait est rapporté par le chanoine la Mure dans l'*Histoire des ducs de Bourbon* (II, p. 582) et par Augutes

Bernard dans l'*Histoire du Forez* (II, p. 76). Mais les deux auteurs ne s'accordent pas sur la date ; la Mure donne l'année 1522, Bernard l'année 1507 : auquel des deux faut-il croire ? Je n'ai rencontré jusqu'à présent que deux documents sur la question (1), et c'est à la Mure que l'un et l'autre donnent raison.

Voici le premier, que j'extrais des *Mémoires de Barthélemy Puy* (2).

En l'année MV°XXI se print la peste à Montbrison et le chappitre des commandeurs de Roddes se tint audict Montbrison et se retira mon oncle le curé de Verrières vers la Porcherie. Et fut tenue la court ordinaire à Saint-Galmier, Philippe Chastillon juge.

De rechief se print la peste en ladite ville en l'an MV°XXII et nous retirasmes au moys d'aoust à Ville Roy mon oncle et moy. La court ordinaire fut tenue à Sury-le-Comtal. Vital Chalancon juge (p. 9).

Comme on voit, l'épidémie, qui avait commencé en 1521, assez bénignement à ce qu'il semble, puisque Mre Puy, oncle de Barthélemy Puy, se retira seulement à la Porcherie comme dans le quartier le plus sain de la ville, eut l'année suivante un retour offensif où elle fut plus sérieuse, puisque l'oncle et le neveu crurent devoir s'éloigner et aller jusqu'à Ville Roy. La cour quitta la ville les deux fois ; elle alla en 1521 à Saint-Galmier et en 1522 à Sury.

Le second document est un article du *Compte de Noël Du Crozet, trésorier de Forez, pour l'année 1522-1523* (3). Je cite.

---

(1) Je dois le premier à notre jeune et studieux collègue, M. l'abbé Bégonnet, qui s'obstine à garder le silence, et le second à mon vieil ami, M. Rochigneux, l'infatigable archiviste de la Société.

(2) Cabinet de M. le vicomte de Meaux.

(3) Archives de la Diana.

De André Rey prevost de Montbrison néant pour ce qu'il n'a compte pour le dangier de peste qui a esté en sa maison puis naguières, pour ce icy.......... .... néant (p. 23 v°).

A messire Claude Rostaing (1) prebstre de Sury le Contal la somme de cinquante solz tournois a luy tauxez pour les messes par luy dictes et celebrees par devant les officiers de Fourez au lieu de Sury le Contal durant l'espace de deux moys (2) qu'ilz ont demeure audict lieu de Sury pour l'expedicion de la Court, pour le dangier de peste qui estoit à Montbrison ainsi qu'il appert par certifficacion du dernier jour de décembre MVᶜXXII signée Chalancon et Clépier avec quictance le tout cy rendu. Pour ce icy....... l s t. (p. 24 v°).

Cette fois, nous sommes pleinement renseignés, puisque nous savons même combien de temps la cour de Forez a siégé à Sury en 1522.

Je noterai à ce propos que l'épidémie de 1522 n'est mentionnée nulle part, et que la Mure lui-même ne la mentionne que pour relater le fait, très anormal au point de vue de l'ancien droit, de la justice rendue « par territoire emprunté ». Cette épidémie a donc dû être plutôt bénigne, et, en y réfléchissant, l'on comprend que, s'il en avait été autrement, les juges de Montbrison n'auraient point eu l'idée de chercher un refuge à Sury, où le fléau n'aurait pas mis longtemps à les atteindre. Car je crois bien que les vapeurs de la chaux, dont Auguste Bernard a été du reste le premier à parler en 1835, n'étaient pour rien dans cet exode de la justice. L'explication en est beaucoup plus simple.

M. Brassart, dans une communication récente (3),

---

(1) Ce Claude Rostaing prêtre de Sury ne figure pas dans la généalogie des Rostaing donnée par le P. Anselme.

(2) La Mure, scrupuleusement exact, avait dit « pendant quelques mois ».

(3) *Bull. de la Diana*, XIII, p. 57.

a conjecturé d'une façon ingénieuse et en somme fort plausible que le séjour d'Alix de Viennois à Sury en 1299 pouvait bien avoir été dû à une mortalité qui aurait sévi à Montbrison en ce moment. Le choix de Sury en cette occurrence s'explique tout seul. Le comte Jean Ier avait simplement envoyé sa femme, enceinte et près de son terme, faire ses couches dans une de leurs maisons de campagne, dans celle qui l'éloignait le moins, tout en la mettant suffisamment à l'abri. De même, deux siècles plus tard, lorsque la cour de Forez éprouva le besoin de changer d'air pour quelque temps, après avoir une première fois fait choix de Saint-Galmier et s'y être probablement trouvée à l'étroit, choisit l'année suivante Sury qui lui offrait, avec la résidence des anciens comtes, tous les éléments d'une excellente installation. Et le connétable de Bourbon à qui cette résidence appartenait encore (1), dut lui accorder sans peine l'autorisation d'utiliser des bâtiments qu'il n'avait lui-même jamais occupés.

M. du Mesnil n'admet pas plus que moi l'explication d'Auguste Bernard, et il en donne une raison qui serait péremptoire, si elle existait. « Nous ne croyons pas, dit-il, qu'on ait fait de la chaux à Sury à une époque si éloignée : le premier *chauffournier* que citent les registres paroissiaux est Antoine Mathevet qui y vint épouser Marie Vier le 7 mars 1764 (2) ». Il y a dans ces trois lignes presque autant d'inexactitudes que de mots. Outre qu'il serait bien étonnant que Sury ait été bâti sans qu'on y ait

---

(1) Pour peu de temps ; sa trahison est de 1523.
(2) *Bull. de la Diana,* I, p. 462-463.

employé la chaux de Sury, abondante, d'extraction facile et de très bonne qualité, les registres paroissiaux précisément nous apprennent qu'il y avait plus de cent ans, en 1764, que les Vier de Sury étaient chaufourniers de père en fils. Pour être exact, ces registres, qui ne remontent pas au-delà de 1578, mentionnent comme parrain à la date du 26 novembre 1583 « honnête fils Barthélemy Grillier *chaudfournier* ». C'est aujourd'hui, ce n'est point dans les temps passés, qu'il faut constater à Sury l'absence de l'industrie de la chaux. D'une trentaine de fours qui étaient en activité il y a quarante ans, il n'en demeure aujourd'hui qu'un seul, qui encore n'est allumé que par intermittences (1).

Ce qui confirme tout ce que je viens d'exposer, c'est que l'immunité de Sury à l'endroit des épidémies n'a toujours été que très relative. Avant la fin du XVIe siècle, en 1586, la petite ville était plus que décimée par une contagion terrible qui dura du commencement de mai à la fin de décembre. « Et le jour de monsieur Saint Roch, disent les registres paroissiaux, l'on a faict une assemblée pour la pollice. L'on a esleu pour ladite pollice pour faire secourir les pauvres pestiférés Me Jehan Gérentet l'ayné (greffier) et Me Jehan Fournier (notaire royal), Michel Pital (marchand), Claude Hareut (vitrier) beau-filz à Monsieur le Lieutenant (Jehan Myet). Et pour la garde des portes l'on a esleu Anthoyne Martin, Benoît Lhosme, Aubin Blanchet et Benoist Grandgonnet à chascun desquelz tous les jours l'on

_____

(1) Il y en avait encore quatre ou cinq en activité quand je suis arrivé dans la paroisse en 1891.

baille huict sols ». L'assemblée prit incontinent les mesures les plus urgentes. « Le samedy seiziesme août, dit un autre document (1), l'on faict inhibition et défense à tous habitants de ladicte ville de gratter et charrier le fumier des rues loin desdictes rues à peine de l'amende de deux escus — les deux tiers aux pauvres et le tiers aux gardes de ladicte ville, et ce dans deux jours après la publication des présentes ».

Le premier des notables commis à l'assistance des « pauvres pestiférés », Me Jehan Gérentet l'aîné, greffier de Sury, fut lui-même emporté par la contagion, ainsi que sa femme Clauda Chirat. Son frère et héritier, honorable Jehan Gérentet le jeune, dit le capitaine Joust, homme d'armes de la compagnie de M. de Saint-Vidal, demanda le bénéfice d'inventaire, l'obtint de Me Jehan Myet, lieutenant de Sury, à la date du 4 novembre 1586, et l'opération commença le 4 décembre suivant. Mais elle s'interrompit le même jour. « Dans laquelle maison, dit le procès-verbal, n'a été trouvé autre chose que les dits meubles laissés qui n'ont été estimés sur le champ à cause qu'on ne les ose manier pour le danger contagieux, duquel led. défunt et sadite femme seroient décédés, sinon quelque temps après ». On se sépara donc, et l'on ne reprit que le 9 janvier 1587 la besogne interrompue. Encore ne fut-ce pas sans mentionner au procès-verbal que « ladite contagion n'est encore bien assoupie audit Sury » (2).

---

(1) Inventaire des papiers de Me Jehan Gérentet l'aîné, greffier de Sury. — Archives de la Diana, ms.

(2) Ces deux Jehan Gérentet frères étaient avec Me Pierre Gérentet, notaire royal de ...1575 à 1594... les trois enfants

J'ai puisé une partie des renseignements qui précèdent dans les pièces d'un procès Gérentet-Pasquier qui s'est déroulé au cours du XVIIᵉ siècle. Ces mêmes pièces me fournissent une note relative à la Ligue qui me paraît mériter d'être transcrite ici. Comme on faisait rendre compte en 1626 à Mᵉ Pierre Gérentet, notaire royal, de ce qu'avaient rapporté depuis l'année 1586 les biens de Clauda Chirat sa tante, il demande une déduction dans les termes suivants. « Le défendeur dit en premier lieu que du nombre des années, il y en a cinq qui doivent être distinctes, à savoir les cinq des troubles dites calamiteuses, en considération de ce que durant les dites années la ville de. Sury fut continuellement détenue par les partisans de la Ligue (qui) les auroient chassés et privés de la jouissance de leurs biens (1) ». Sury avait donc été occupé militairement, et les soldats y avaient vécu sur l'habitant pendant les cinq années les plus « calamiteuses » de la Ligue, évidemment de 1589 à 1594.

La guerre civile presque immédiatement après la peste, c'était bien des calamités pour la petite ville. Le XVIIᵉ siècle vint heureusement réparer tout cela. Non point cependant autant qu'on pourrait se l'imaginer, car s'il n'y fut plus question de guerre civile, et si les travaux considérables que le marquis de Sourdis Pierre Descoubleau, fils d'Anne II de Ros-

---

de Mᵉ François Gérentet également notaire royal et de Marguerite Boullier (ou Boyer) de St-Marcellin. Jehan Gérentet le jeune (le capitaine Joust) épousa Catherine Tavel veuve de sieur Claude Verney marchand, et fut père de Pierre Gérentet, notaire royal de 1612 à 1630.

(1) Archives de la Diana, ms.

taing, fit exécuter à Sury, en construisant dans l'église la chapelle du château et dans le quartier du Marché l'église de Notre-Dame de la Mercy, surtout en reconstruisant et en transformant magnifiquement l'ancien château fort, y firent fleurir le travail et affluer les artisans (1), les contagions continuèrent au cours du siècle à accomplir leur terrible besogne. Et elles n'avaient même pas besoin d'intervenir. Quand on étudie les registres paroissiaux de ce temps, on est confondu de voir qu'à une natalité absolument extraordinaire correspondait une mortalité qui ne l'était pas moins.

Dans la seconde moitié du XVIIe siècle à Sury, la seule dont je puisse parler, car les registres de la première moitié font en grande partie défaut, si l'on naissait abondamment, on mourait de même. La plupart des familles s'emplissaient d'enfants, mais outre le tribut que le tout premier âge a toujours payé à la mort, ces enfants mouraient fréquemment entre quatre et dix ans, ce qui est aujourd'hui plutôt rare. Les seconds mariages, au lieu d'être l'exception, étaient presque la règle, et on se l'expliquera quand on saura que d'une part les décès par suite de couches étaient fréquents, et que d'autre part il arrivait en moyenne plus d'une fois par an à un enfant de naître après la mort de son père. En somme, on mourait jeune. Et c'est ainsi que sur une population

---

(1) Les registres paroissiaux de 1642, de 1643 et des années suivantes présentent une foule de noms nouveaux, surtout dans la catégorie des marchands, tailleurs d'habits, cordonniers, etc., — parmi lesquels ceux de Germain Baudoin maître-sculpteur de Praslin en Champagne et de son grand disciple Claude Désiré.

de 1500 âmes, c'est le chiffre donné par le procès-
verbal de la visite pastorale de 1662, nous avons,
pour la douzaine d'années qui va de 1668 à 1680,
avec une moyenne de 74 naissances, une moyenne
de 78 décès. L'un et l'autre chiffre représente largement le double de la natalité et de la mortalité
actuelles.

Il faut noter que, sans préjudice des épidémies
générales dont la chronique a parlé, il y avait assez
fréquemment des mortalités locales, dont elle n'a
rien dit. En 1676, année que nous ne savions pas
épidémique, les décès à Sury s'élèvent au chiffre
énorme de 131 qui représente presque le dixième de
la population, et la maladie dut faire un retour offensif après une année de rémittence, car en 1678 l'on
ne compte encore pas moins de 108 décès. Si l'on se
rappelle que, de 1629 à 1632 et de 1640 à 1644, il y
eut des pestes terribles dans tout le Forez, on ne s'étonnera point qu'à Sury, malgré la paix et la prospérité, malgré l'afflux de la population provoqué par
les grands travaux de M. de Sourdis, le chiffre des
habitants se retrouve en 1662 à peine supérieur (quinze cents) à ce qu'il était en 1614 (neuf cents commu-
niants). Et l'on s'étonnera encore moins, si l'on
tient compte de la mortalité notoire de 1694 (à Sury
129 décès), que le chiffre de quinze cents, donné en
1662, soit tombé en 1697 à neuf cent cinquante dans
la réponse de Mre Desforges curé de Sury au questionnaire de M. l'intendant d'Herbigny.

Aucun document ne m'a donné le chiffre de la
population pour le XVIIIe siècle. Mais les registres
paroissiaux y ont absolument la même physionomie
qu'au siècle précédent : de grandes mortalités d'en-

fants, surtout en certaines années qui sont visiblement épidémiques (par exemple 119 décès en 1780),
et une abondance invraisemblable de naissances ;
beaucoup de morts prématurées, et beaucoup de
seconds mariages. En général on se marie jeune, le
jeune homme ne dépassant guère la vingtième année,
parfois n'y étant pas arrivé, et se trouvant assez
souvent plus jeune que sa fiancée. Et si ces mariages
hâtifs sont plus fréquents dans la classe populaire,
chez les laboureurs ou les vignerons, le grand nombre dés enfants, comme les morts prématurées, comme les seconds mariages, se rencontrent dans toutes
les classes indistinctement. On va en juger par un
exemple que je ne choisis pas et qui représente
très exactement la généralité des cas.

Mre Léonard Pinand, curé de Sury de 1760 à 1784,
était le quatrième des treize enfants de Pierre Pinand,
m^e boulanger de Sury, et de Catherine Lyottin.
Il mourait en 1784 à l'âge de cinquante-huit ans ; à
ce moment ses trois aînés étaient morts depuis
longtemps, et des neuf plus jeunes, deux seulement
survivaient : Jeanne mariée à Pierre Décousu marchand boucher (1) et Marie célibataire. Trois de ses
frères avaient fait souche : le premier, Mathieu, m^e
boulanger puis meunier de Sury, mort à trente-six
ans, avait eu dix enfants (2) ; le second, Aubin, aussi
m^e boulanger, mort à quarante-neuf ans, en avait eu

---

(1) Le mariage s'était fait en 1752 ; la mariée avait vingt-un
ans, le marié dix-neuf.

(2) Sa veuve, Suzanne Michalon, se remaria à Jacques
Duché fils de Pierre meunier de Bard et eut encore de lui
quatre enfants. Jacques Duché mourait en 1768, à quarante
ans.

quatre, le troisième, Rambert, également m^e boulanger, mort à trente-six ans, en avait eu huit ; c'était
donc vingt-deux neveux ou nièces dont le plus âgé
n'aurait pas eu plus de trente-huit ans : il en demeurait sept (1). Je répète que je n'ai pas choisi
l'exemple pour la démonstration ; je l'ai pris parce
qu'il était le seul où je fusse certain des chiffres.

J'ai dressé les généalogies des familles les plus
notables de Sury au XVIIe et au XVIIIe siècles ; je
les joins à ce travail : outre les indications peut-être
utiles qu'elles pourront fournir sur quelques noms
et sur quelques origines, elles confirmeront tout ce
que je viens d'avancer. Il faut en effet que, en face
d'une telle natalité, la mortalité ait été bien extraordinaire pour que Sury se soit retrouvé en 1806 avec
dix-neuf cents habitants (2), ce qui n'est guère plus
que le chiffre du XVIIe siècle. Un dernier détail.
Les noms de paysans et de laboureurs se sont en
grande partie conservés à Sury, et quelqu'un qui,
après avoir feuilleté les registres paroissiaux du
XVIIe et du XVIIIe siècles, irait écouter la liste des
morts à la grand'messe se retrouverait en pays de
connaissances: En revanche les noms de marchands
ont à peu près disparu et les noms de notables ont
disparu tout à fait. Croirait-on par exemple qu'il ne
demeure pas la moindre trace, pas le moindre souvenir du notaire Jean-Baptiste Boyron, qui a exercé

---

(1) L'un d'eux, Antoine, fils de Mathieu Pinand et de Suzanne Michalon, était notaire royal de Saint-Marcellin.

(2) Exactement mille huit cent soixante-dix-neuf, d'après le
recensement de 1806 (Duplessy, *Essai statistique sur le département de la Loire*).

pendant trente-sept ans, de 1740 à 1777, et n'a pas eu moins de vingt-sept enfants.

GÉNÉALOGIE DES FAMILLES DE SURY

GERENTET

I. *N*. Gérentet frère de Thomas notaire de Sury en 1563 a pour enfants :

1. François, qui suit ;
2. Rambert ;
3. Thomas ;
4. Catherine mariée à Léonard du Bertrand, maître des Eaux et forêts, seigneur d'Essalois en 1581 ;
5. Jeanne mariée à André Lauraire marchand de Saint-Rambert ;
6. Marguerite mariée à Jean Lauraire marchand de Saint-Rambert ;
7. Benoîte mariée à Aubin Bessonnet notaire de Sury.

II. François Gérentet notaire de Sury teste en 1563, marié à Marguerite Boulier ou Boyer de St-Marcellin a pour enfants :

1. Jehan l'aîné greffier de Sury † 1586 marié à Claude Chirat de Sury † 1586 ;
2. Pierre notaire de Sury † 1594, marié à Marthe Souchon père de Claude 1585 ;
3. Jehan le jeune qui suit.

III. Jehan Gérentet le jeune dit le capitaine Joust homme d'armes de la compagnie de M. de St-Vidal en 1586, marié en 1588 à Catherine Thavel veuve de Claude Verney marchand de Sury, nièce de Claude Faure dit Porte marchand quincaillier à Paris et régent de l'Université de Paris † 1587, probablement petite-fille de Philibert Faure prévôt de Sury en 1501, a pour enfant Pierre qui suit.

IV. Pierre Gérentet né en 1589 notaire de Sury en 1612 † 1630 marié en 1615 à Toussainte Chavanon, fille d'Ennemond, petite-fille de François, notaires de Sury, a pour enfants :

1. Mathieu qui suit ;

2. Catherine mariée à Tristan I *Clépier* (1) marchand de
Sury.

V. Mathieu Gérentet né en 1620 notaire de Sury et juge-
châtelain de Veauchette † 1683, marié à Anne Meton fille
de Claude marchand de Feurs et de Catherine Gérossier †
1704, a pour enfants :

    1. Antoine qui suit ;

    2. Catherine née en 1654 ; 3. Jean 1659 ; 4. Daniel-
    Mathieu 1661 ; 5. Jean 1662, clerc tonsuré et habitué
    en l'église paroissiale de Sury en 1681 ; 6. Marie 1665 ;
    7. Catherine 1667 ; 8. Georges 1668 ; 9. Catherine
    1671.

VI. Antoine Gérentet docteur-médecin de la faculté de Montpellier en 1680 réside en 1688 à Saint-Etienne-de-Furan,
médecin à Montbrison en 1695, conseiller du roi et son
médecin ordinaire à Montbrison en 1697 † 1722, marié en
1686 à Marie *Balton*, a pour enfants :

    1. François qui suit ;

    2. Georges-Marie 1688 ; 3. Catherine 1689 ; 4. Georges 1690 ;
    5. Renée 1691 ; 6. Marie 1695.

VII. François Gérentet né en 1686 docteur médecin à Montbrison † 1772, marié en 1714 à Claudine Duvernay de
Lyon, a pour enfants :

    1. Antoinette-Jeanne 1714 ;... ; Jacques-François avocat de
    Montbrison.

CLÉPIER

I *N*. Clépier, probablement de Montbrison, a pour enfants :

    1. Pierre qui suit ;

    2. Tristan I marchand de Sury † 1654 qui épouse Cathe-
    rine *Gérentet* † 1673 et a pour enfants : a) Jeanne † 1676
    mariée à Jean Delayre chirurgien de Margerie puis de
    Sury en 1666 greffier de Sury en 1671 ; b) Catherine

---

(1) Les noms en italiques sont ceux qui se retrouvent
dans les autres généalogies.

† 1688 mariée en 1667 à Claude Tamisier marchand épicier de Saint-Galmier ; *c)* Georges né en 1653 marchand † 1679 marié en 1675 à Claudine Leblanc de Viverols fille de Damien procureur d'office résidant à Viverols et de Marie *Relogue.*

II. Pierre Clépier marchand de Sury † 1653 marié à Jeanne *Delosme* de Sury a pour enfants :

1. Jérôme I bourgeois de Paris 1665-1670, juge-châtelain de Sury en 1672, notaire de Sury en 1673 † 1689, qui épouse en 1678 Renée *Relogue* † 1692 ;

2. Tristan II qui suit ;

3. Mathieu né en 1646, prêtre-sociétaire de Sury en 1673 † 1728.

III. Tristan II Clépier né en 1642 marchand de Sury † 1720, épouse 1º Françoise Buhet fille de Jean-Baptiste avocat au Parlement et de Toussainte Reymond, sœur de Michel juge-châtelain de Pérignieu en 1672 et procureur en cour royale de Saint-Bonnet-le-Château, † 1676, dont il a :

1. Jérôme qui suit ;

2. Mathieu 1673 ; 3. Jérôme 1675 ;

2º en 1676 Claudine Chevalier fille de Rambert marchand de Sury, † 1731, dont il a :

4. Rambert 1677 marchand de Sury † 1737 qui épouse Anne Thomé fille de Jean-Baptiste chirurgien de Saint-Bonnet-le-Château, et a pour enfant Claudine 1725 mariée en 1750 à Claude-Vital Buer procureur ès cour de Forez à Montbrison fils de feu Gaspard également procureur ès cour de Forez et de vivanté Françoise Javelle ;

5. Marie 1679 † 1754 qui épouse 1º en 1699 Louis Loyaulté fils de Nicolas juge de Saint-Maurice sur Vingenne au diocèse de Langres et de Anne Perriquet, notaire de Sury en 1701, lieutenant de maire en 1703, † 1721 ; 2º en 1737 à Précieu noble Claude *Gayot* conseiller du roi ancien élu en la juridiction de Montbrison, ancien capitaine des grenadiers du régiment de Chalmazel, † 1755 ;

6. Jeanne-Marie 1681 † 1768 qui épouse en 1702 Jacob *Reymond* marchand de Saint Bonnet-le-Château (voir ci-après la généalogie des Reymond).

IV. Jérôme II Clépier ne en 1670 praticien (1) en 1692, procureur de Sury en 1710, procureur de Sury Montsupt Saint Romain et leurs dépendances en 1722, † 1723, marié en 1703 à Nicole Loyauté sœur de Louis, notaire de Sury, † 1721, a pour enfants :

1. Marie en 1704 ; 2. Didière 1709 ; 3. Tristan 1710 ;

4. Rambert qui suit ;

5. Claudine 1713 qui épouse en 1739 Benoît *Dumondé* gendarme ;

6. Marie 1726 qui épouse en 1740 Joseph Andrieu marchand de Saint Bonnet-le-Château.

V. Rambert Clépier né en 1712, praticien en 1733, procureur de Sury en 1740,

1° épouse en 1734 Louise *Reymond* † 1741, dont il a 3 enfants :

Claude en 1735, Laurent en 1738 et Rambert en 1740 ;

2° est clerc tonsuré en 1743, sous-diacre en 1744, prêtre-sociétaire (il est le dernier) en 1745 et meurt le 3 janvier 1764.

DELOSME

I. *N.* Delosme a pour enfants :

1. Benoît qui suit ;

2. Léonard l'aîné chef de la branche montbrisonnaise.

II. Benoît Delosme marchand de Sury marié à Jacqueline Rouchon de Sury a pour enfants :

1. Antoine qui suit ;

2. Antoinette † 1654 mariée à Jean Provenchier marchand de Sury, mère de Georges Provenchier prêtre-sociétaire curé de Magnieu-Hauterive † 1659 ;

3. Léonard né en 1582 luminier (2) de Sury en 1614.

---

(1) Le praticien était un légiste, ou simplement clerc de notaire, ou faisant fonction de procureur postulant.

(2) Marguillier.

III. Antoine Delosme marchand de Sury marié en 1611 à
Catherine Grégoire de Sury a pour enfants :

  1. Mathieu qui suit ;

  2. Jeanne † 1689 qui épouse : 1º Pierre *Clépier* marchand
     de Sury (v. la généalogie des Clépier), 2º Pierre Hugon
     marchand de Sury , 3º en 1656 Pierre Faure mar-
     chand de Sury † 1676, dont elle a en 1659 Jeanne
     Faure qui épouse en 1680 Pierre *Daurelle* praticien
     procureur postulant en la juridiction de Sury fils de
     Pierre juge-châtelain d'Usson et de Pierrette Leroux

IV. Mathieu Delosme notaire de Sury conseiller du roi et
juge-châtelain de Sury en 1665, † 1687, épouse : 1º en 1641
Catherine Ollagnier de Chandieu † 1652 ; 2º Jeanne Pussin
† 1674, dont il a :

  1. Georges qui suit ;

  2. Toussainte née en 1657.

V. Georges Delosme né en 1656 docteur ès droits avocat au
bailliage de Forez juge-châtelain de Sury, Monsupt et
Saint-Romain-le-Puy † 1731, marié à Marguerite de la
Forge fille de Pierre juge-châtelain des juridictions royales
de Donzy et Panissières, † 1714, a pour enfants :

  1. Mathieu en 1681 ; 2. Toussainte 1683 ; 3. Jérôme 1688 ;

  4. Catherine-Sibylle 1689 † 1768 qui épouse en 1737
     noble Jean-Baptiste Bonnefont avocat en Parlement,
     juge-châtelain de Sury en ...1746... fils de Claude aussi
     avocat en Parlement et de Catherine Bourbon, ǂ 1768.

RELOGUE

I. Jehan Relogue de Sury a pour enfants :

  1. Marie qui épouse: 1º Jean Rigodon de Viverols ;
     2º Damien Leblanc procureur d'office résidant à Vive-
     rols ;

  2. François juge-châtelain de Saint-Rambert ;

  3. Jean qui suit ;

  4. Catherine-Laurence mariée à François Pupier conseiller
     et procureur du roi en l'élection de Montbrison ;

5. Louise † 1708 mariée à Guillaume *Pital* notaire de Sury.

II. Jean Relogue notaire et vice-gérant de Sury † 1667 marié à Benoîte Pourrat de Chazelles-sur-Lavieu † 1686 a pour enfants :

   1. Renée † 1692 qui épouse : 1º en 1670 Jérôme *Clépier*, 2º en 1690 Rambert *Dumondé* ;

   2. Benoît né en 1649 notaire et procureur d'office de Sury † 1722 qui épouse en 1671 Marguerite Boyronnet fille de Louis notaire de Saint-Galmier et de Marie-Poncette Pupier (v. la généalogie des Dumondé) † 1728, et a pour enfant Marie-Anne qui épouse Pierre Soret ou Sorel de Montbrison ;

   3. Jean né en 1651 greffier de Sury † 1699 qui épouse en 1674 Marie *Dumondé* † 1720 et a pour enfants : *a)* Etienne 1675 ; *b)* Renée 1678 mariée en 1696 à Mathieu Cussonnel procureur fiscal de Sury ; *c)* François 1679 ; *d)* Marguerite 1681 ; *e)* Marie 1683 ; *f)* Antoine 1684 ; *g)* Marguerite 1685 ; *h)* Louise et Anne jumelles 1687 ; *i)* Benoît 1689 ; *j)* Antoinette 1691 ; *k)* Benoît 1692 ; *l)* Anne 1694 ; *m)* Jeanne-Marie 1696 ;

   4. Marie 1654 ;

   5. François qui suit ;

   6. Marie 1658 ; 7. François 1659 ; 8. Claude 1663.

III. François Relogue né en 1655 marchand de Lyon en 1679 bourgeois de Sury en 1684, praticien et procureur de Sury † 1715 marié en 1683 à Marguerite *Laforest* † 1728 a pour enfants :

   1. Benoîte en 1683 mariée en 1704 à Jean-Baptiste Chosson blanchisseur de peaux de Saint-Galmier ;

   2. Denise 1685 ; 3. Renée 1687 ; 4. Marguerite 1689 ; 5. Georges 1690 ; 6. Marguerite 1694 ;

   7. Marie 1696 † 1763 qui épouse en 1722 François Broniard fils d'Albert bourgeois de Blangy en Artois et de Marguerite Petit, greffier de Sury † 1762 ;

   8. Marguerite 1700 † 1779 qui épouse en 1735 Joseph Mazet fils d'Antoine marchand de Bas-en-Basset et de

Catherine Saulnier, marchand drapier et maître chirurgien de Sury.

DUMONDÉ

I. Etienne Dumondé bourgeois de Sury en 1603 marié à
Marie Fournier veuve d'Etienne Chirat et mère de Geoffroy,
a pour enfants :

   1. *N.* qui suit ;

   2. Jeanne-Marie † 1668.

II. *N.* Dumondé marié à Françoise Lauraire † 1656 a pour
enfants :

   1. Marie † 1702 qui épouse 1° en 1650 Barthélemy Gran-
     jard praticien de Sury (fils de Claude notaire de Sury)
     † 1653 et a de lui Etienne Granjard né en 1652 prêtre-
     societaire en 1679 † 1705 ; 2° en 1657 François Balton
     dit la Jeunesse agent de Madame de Sourdis dame de
     Sury, procureur fiscal de Rivas en 1671, de Sury en
     1673, notaire de Sury en 1677, † 1707, et a de lui *a*) Ma-
     rie Balton 1658 mariée à Antoine *Gérentet*; *b*) Rambert
     1661 ; *c*) Marguerite 1662 ; *d*) Claude 1664; *e*) Jean 1666;

   2. Etienne qui suit ; 3. Antoine.

III. Etienne Dumondé l'un des 200 gendarmes de la garde
du roi Louis XIV demeurant alternativement à Versailles
et à Sury † 1700 marié à Marie-Poncette Pupier fille de
Claude juge-châtelain de Chazelles-sur-Lyon et veuve de
Louis Boyronnet, notaire de Saint-Galmier (v. la généalogie des Relogue) a pour enfants :

   1. Marie 1653 † 1720 mariée en 1674 à Jean *Relogue.*

   2. Françoise 1654 ; 3. Claude 1656 ;

   4. Rambert qui suit ;

   5. François 1659 ; 6. Jeanne 1662 ;

   7. Antoinette 1664 † 1704 qui épouse en 1694 Mathieu
     Pasquier marchand de Sury veuf d'Antoinette Gérentet
     et père d'Antoine Pasquier prêtre-sociétaire en 1708,
     et a de lui *a*) Étienne Pasquier 1694 prêtre-sociétaire
     en 1723, † 1742 ; *b*) Antoine 1696 bourgeois de Vau-
     gneray en 1752 ; *c*) François 1699 † 1726.

8. Antoine 1665 ; 9, 10. Etienne et Etienne jumeaux 1669 ;
11. Catherine-Laurence 1671.

IV. Rambert Dumondé né en 1658 procureur du roi à Sury
en 1691 puis greffier en chef de l'élection de Montbrison
† 1721, épouse 1° en 1690 Renée *Relogue* veuve de Jérôme
Clépier dont il a :

1. Marie-Marguerite en 1692 ;

2°. en 1693 Marie Mauvernay fille de Benoît conseiller
du roi contrôleur au grenier à sel de Saint-Symphorien-
le-Château et de Jeanne Ponthus, et a pour enfants :

2. Etienne 1695 praticien de Sury marié en 1738 à Jeanne
Plagnieu ;

3. Anne 1698 mariée en 1723 à Georges Chavassieu fils
de Damien procureur à Montbrison et de Simone Roüe ;

4. Noble Antoine Dumondé né en 1700 avocat en Parlement conseiller du roi greffier en chef de l'élection
résidant à Montbrison et le plus souvent à Sury † 1777 qu[i]
épouse 1° en 1728 Catherine Lhéritier de la Bâtie † 1770 ;
2° en 1771 Madeleine Pasturel née en 1710 de noble
Claude Pasturel conseiller du roi élu en l'élection de
Forez et de Jeanne *Gayot* (v. la généalogie des Clépier),
† 1772 ; 3° en 1775 Marie-Victoire Aubany née en 1754
de noble Jean-Baptiste Aubany avocat en Parlement
demeurant à Toulon et de feue Marie Posset ;

5. Benoît qui suit ;

6. Mathieu 1704 ; 7. Etienne 1708 ; 8. Jeanne-Geneviève
1710 ; 9. Antoine 1712 ; 10. Antoine-Aimé 1715.

V. Benoît Dumondé né en 1703, gendarme du roi 1721-
1738, alternativement bourgeois de Montbrison et de
Sury, marié en 1736 à Claudine *Clépier* † 1750 a pour
enfants :

1. Etienne-Marie 1738 ;

2. Marie 1740 qui épouse 1° en 1765 Gabriel Rozier notaire de Saint-Marcellin ; 2° en 1785 Jean *Laforest*,
notaire de Sury ;

3. Catherine 1741.

PITAL

I. *N*. Pital de Sury a pour enfants :

   1. Guillaume qui suit :

   2. Antoinette † 1654 qui épouse 1° Benoît Bart écuyer de cuisine de Mme la marquise de Sourdis † 1672, et 2° en 1673 Antoine Mollard, praticien originaire de la ville de Grenoble ayant résidé à Chambles résidant à Saint-Marcellin où il devient ensuite notaire royal ;

   3. Grégoire marchand boucher † 1693 qui épouse 1° Benoîte Allozier de Sury, † 1672, dont il a : *a*) Jean prêtre sociétaire en 1681 † 1685 ; *b*) Marie 1652 ; *c*) Antoinette 1662 mariée en 1693 à Antoine Delayre chirurgien de Saint-Bonnet-le-Château fils de Jacques marchand dudit lieu ; 2° en 1672 Jeanne Verney fille de Thomas maître cordonnier de Sury et de Anne Valenson, † 1715, dont il a : *d*) Laurence 1675 ; *e*) Claude 1679 ; *f*) Rambert 1684.

II. Guillaume Pital notaire, procureur fiscal, vice-gérant de Sury juge châtelain de Rivas † 1683, marié à Louise Relogue † 1708, a pour enfants :

   1. Grégoire qui suit ;

   2. François en 1655 ;

   3. Marie 1664 mariée en 1683 à André de Tournon notaire de Saint-Marcellin.

III. Grégoire Pital né en 1653 notaire et procureur de Sury en 1684 lieutenant de Sury, Saint-Romain, Monsupt et Chenereilles † 1706, marié en 1674 à Charlotte Odet de Sury veuve de Michel Blanchard notaire de Saint-Romain-le-Puy, a pour enfants :

   1. Guillaume 1675 ;

   2. Mathieu qui suit ;

   3. Antoinette 1683.

IV. Mathieu Pital né en 1679 greffier de Rivas et Veauchette notaire de Sury commissaire à terriers † 1710 marié en 1708 à Antoinette Calemard † 1733 fille de Bernard conseiller du roi et premier échevin de Montbrison (laquelle se remarie en 1718 avec noble Philippe-Pierre Dorigny, de Saint-Quentin, commis aux Aides à Sury), a pour enfant Charlotte née en 1709.

DEVAUX

I. Antoine Devaux marié à Catherine Lisle de Sury a pour enfants :

    1. Antoinette † 1673 mariée à Rambert Berthollet marchand de Sury ;

    2. Jacques qui suit ;

    3. Pierre marchand de Précieu en 1663.

II. Jacques Devaux marchand boucher de Sury † 1677, épouse : 1° *N.* Chevalier fille de Rambert marchand de Sury et 2° en 1654 Marie Dumolin de Saint-Rambert † 1687 dont il a :

    1. Rambert né en 1655 ;

    2. Barthélemy 1656 prêtre-sociétaire en 1681 † 1686 ;

    3. Pierre qui suit ;

    4. Guillaume 1660 marchand de Sury puis de Montbrison qui épouse Lucrèce Philippon de Saint-Galmier et a d'elle : *a)* Marie née en 1683 ; *b)* Barthélemy né en 1684 ; *c)* Nicolas marchand de Montbrison en 1727 ;

    5. Pierre 1663 ; 6. Louise 1664 ;

    7. Marie 1667 † 1736 mariée en 1686 à Claude *Plagnieu* chirurgien ;

    8. Marie † 1700 mariée en 1688 à Christophe Blanchard † 1700 greffier de Sury fils de Michel notaire de Saint-Romain-le-Puy et de Charlotte Odet (V. la généalogie des Pital) ;

    9. Rambert 1670 ; 10. Gabriel 1671 ; 11. Catherine 1673 ;

    12. Claudine 1675 † 1707 mariée en 1697 à Benoît Botrand maître tailleur d'habits de Sury.

III. Pierre Devaux né en 1659, marchand chandelier de Sury, capitaine de la bourgeoisie † 1718 marié à Antoinette Péronin fille d'Antoine procureur et certificateur des criées ès cour de Montbrison (qui se remarie en 1722 à Damien

Perret marchand de Saint-Anthême veuf de Claudine Vigouroux et marie en même temps sa fille Jeanne à Pierre Perret fils dudit Damien) a pour enfants :

1. Marie mariée en 1707 à Pierre Soret fils de Simon marchand épicier de Montbrison et de Anne Girotru ;

2. Marie 1688 ; 3. Guillaume 1689 ;

4. Marie 1692 † 1724 mariée en 1722 à Joseph *Daurelle* marchand chandelier de Sury fils de Pierre et de Jeanne *Faure* (qui se remarie en 1725 à Antoinette Calemard 1699 † 1760 fille de Pierre marchand d'Usson) ;

5. Marie 1693 ;

6. Rambert 1694 marchand de Sury † 1731 marié à Marie-Antoinette Pélissier de la Fouillouse ;

7. Marie-Thérèse 1695 ; 8. Jean-Marie 1697 ;

9. Jeanne mariée en 1722 à Pierre Perret de Saint-Anthême dont elle a noble Blaise Perret avocat en Parlement, lieutenant civil et criminel au bailliage de Viverols et aux châtellenies de Baffy et de Montravel en 1781 ;

10. Jacob 1705 prêtre-sociétaire, desservant de Curis annexe de Saint-Germain-au-Mont d'Or en 1749, curé de Boisset et Saint-Priest-en-Rousset en 1752 † 1781 ;

11. Marie 1710 ;

12. Pierre 1711 marchand drapier de Montbrison, échevin et conseiller du roi commandant de la milice bourgeoise de Montbrison en 1749, recteur de l'hôpital et receveur des droits du roi audit Montbrison en 1752 † 1756, marié à Anne Lafond.

PLAGNIEU.

I. Jean Plagnieu chirurgien de Sury † 1665 marié à Madeleine Reynaud fille de Grégoire marchand boucher de Sury, [laquelle se remarie en 1667 à Claude Delachièze de Saint-Bonnet-le-Château chirurgien de Sury † 1687 et a de lui *a)* Marie-Thérèse Delachièze en 1668 qui épouse en 1689 Henri Vivant pharmacien et chirurgien d'Usson fils de Marcellin notaire et procureur dudit lieu et de Marie

Combe ; *b*) Louise 1672 ; *c*) Marie 1674 ; *d*) Gabrielle 1675 ; *e*) Anne 1678 ; *f*) Claudine 1680 ; *g*) Marie 1682] a pour enfants :

1. Marguerite Plagnieu 1654 ; 2. Marie 1655 ;

3. Claude qui suit ;

4. Léon 1659 ; 5. Jeanne 1663 ; 6. Etienne 1665.

II. Claude Plagnieu né en 1657 chirurgien de Sury † 1725, marié en 1686 à Marie *Devaux* † 1736, a pour enfants :

1. Madeleine 1687 ; 2. Marie 1689 ;

3. Barthélemy 1690, prêtre-sociétaire en 1716 † 1756;

4. Tristan 1693 ;

5. Christophe qui suit ;

6. Claudine 1697 ; 7. Marie 1699 ; 8. Christophe 1700 ;

9. Jeanne 1701 mariée en 1738 à Etienne *Dumondé* praticien ;

10. Marie 1703.

III. Christophe Plagnieu né en 1695 maître chirurgien de Sury † 1764, épouse 1° Marie Thevet fille de Pierre notaire de Roche et de Jeanne Pouilloux ; 2° Antoinette Garde, et a pour enfants, de Marie Thevet :

1. Noble Barthélemy-Thomas 1733 avocat en Parlement, notaire de Chamalières en 1781 ;

2. Barthélemy-Christophe 1734 ; 3. Barthélemy 1735 ;

4. François 1736 ; 5. Catherine-Sibylle 1738 ; 6. Louise 1739 ;

7. Jean-Baptiste qui suit ;

8. Catherine 1741 ; 9. Jean-Baptiste 1744.

IV. Jean-Baptiste Plagnieu né en 1740 maître chirurgien-juré de Sury † 1788 marié en 1765 à Agathe Aguiraud de Saint-Galmier a pour enfants :

1. Simon 1767, clerc tonsuré et prébendier des Morier de Lisle et des Arent en 1781, puis marié à Anne Langlois fille d'Antoine maître chirurgien-juré de Sury et de Marie-Barbe Bénévant dudit lieu ;

2. Simone 1770 ; 3. Marie 1772 ; 4. Jeanne 1773 ; 5. Jean 1774 ; 6. Etienne 1776.

LAFOREST

I. *N.* Forest a pour enfants :

    1. Claude marchand résidant à Saint-Sixte ; 2. Antoine qui suit ;

    3. Blaise marchand du lieu de Varesnes paroisse de Saint-Laurent(-en-Solore).

II. Antoine Forest marchand hôte de Sury en 1670 † 1679, marié à Denise Mallard † 1694, a pour enfants :

    1. Marguerite Forest puis Laforest 1663 † 1728 mariée en 1683 à François *Relogue* procureur ;

    2. Geneviève 1664 ;

    3. Georges qui suit ;

    4. Rambert Forest puis Laforest 1667 marchand voiturier, maître cordonnier, hôte de Sury † 1721 marié en 1700 à Catherine Lyottin de Sury veuve de Claude Chesne dudit lieu, a pour enfants: *a)* Georges 1700 marchand voiturier de Sury † 1763, marié à Rose Emonet de la Fouillouse † 1776 ; *b)* Jean 1715 ;

    5. Louise 1670 ; 6. Claude 1672 ; 7. Jérôme 1673 ; 8. François ; 9. Grégoire 1677.

III. Georges Forest qui signe Laforestz en 1682, né en 1665 praticien en 1685, procureur de Sury greffier en chef de Monsupt et Saint-Romain en 1690, † 1731, épouse 1° en 1694 Marguerite Dumas † 1710 dont il a :

    1. Jeanne-Marie mariée en 1719 à Marcellin Vinant chirurgien de Sury né en 1669 d'Henri chirurgien de Sury et de Marie-Thérèse Delachièze (v. la généalogie des Plagnieu) † 1779 ;

    2. Jean-François qui suit ;

    3. Marguerite 1697 ; 4. Jeanne 1698 ;

    5. Benoîte 1701 mariée en 1732 à Marin-Benoît Calemard fils de Jean-Baptiste notaire de Viverols et de Marie Caleyron ;

    6. Jeanne-Marie 1702 ;

    7. Catherine 1704 † 1756 mariée en 1729 à Claude Leroy du diocèse de Noyon bourgeois de Sury, a pour enfant

Marie-Catherine-Charlotte Leroy qui épouse en 1755 Anne-Agathe Chantelauze notaire de Montbrison fils de Claude bourgeois dudit lieu ;

8. Benoît 1706 ;

Et 2º Marguerite Pitet veuve de Jérome Colin bourgeois de Saint-Etienne, † 1731 dont il a :

9. Jean-François 1712 ; 10. Jeanne-Marie 1715 ; 11. Rambert.

IV. Jean-François Laforest né en 1695 notaire et procureur fiscal de Sury en 1723, juge-châtelain de Sury, de Saint-Marcellin et de Saint-Georges-Hauteville, conseiller du roi, maire de Sury, † 1756, épouse 1ᶜ Jeanne-Benoîte Grenier fille de Julien marchand de Saint-Chamond et de Jeanne Bertholon, † 1724, dont il a une fille :

1. Jeanne 1724 mariée en 1745 à Henri Debuisson fils de François garde-magasin de Schlestadt, commis aux Aides de Sury;

2º en 1728 Claudine Lyottin fille de Jean traiteur de Sury et de Laurence Granger de Saint-Just-sur-Loire, dont il a :

2. Antoine 1729 ; 3. Antoinette 1730 ;

4. Jean qui suit ;

5. Georges 1733, prêtre desservant l'annexe de Cleppé en 1760, puis curé de Magnieu-Hauterive, enfin en 1794 retiré à Châtel (1) ;

6. François-Gabriel 1734 ; 7. Marie 1736.

V. Jean Laforest né en 1732 notaire de Sury procureur fiscal de Saint-Georges-Hauteville épouse 1º en 1757 Marie Morel fille de Pierre marchand drapier de Chazelles-sur-Lyon et de Catherine Pupier, et a d'elle :

1. Georges-Léonard 1758 ; 2. Claudine 1759 ; 3. Georges 1760 ; 4. François 1761 ;

5. Marie mariée en 1789 à Antoine Michel négociant de Saint-Etienne ;

2º en 1785 Marie *Dumondé* veuve de Gabriel Rozier notaire de Saint-Marcellin.

---

(1) Fief et château dans la paroisse de Cleppé en Forez.

REYMOND.

I. Laurent Reymond marchand de Saint-Bonnet-le-Château
† 1710 épouse 1° N. dont il a :

1. Marie 1671 † 1739 ;

et 2° Marie Fabrice dont il a :

2. Catherine mariée à Antoine Faure marchand de Saint-
   Rambert ;

3. Jean-Tristan marchand de Saint-Bonnet-le-Château qui
   épouse Anne Gente et a pour enfants : *a*) Laurent marchand épicier de Saint-Bonnet-le-Château ; *b*) Louise
   mariée en 1734 à Rambert *Clépier* praticien de Sury ;

4. Benoît prêtre-sociétaire de Saint-Bonnet-le-Château ;

5. Jacob qui suit ;

6. Marie ;

7. Aimé, père de Jean-Tristan marié à Catherine Neveu.

II. Jacob Reymond marchand de Saint-Bonnet-le-Château puis
de Sury † 1738 marié en 1702 à Jeanne-Marie *Clépier*, a
pour enfants :

1. Jean Tristan prêtre en 1729, curé de Sury en 1732,
   † 1760 ;

2. Claudine ; 3. Benoît 1707 ;

4. Rambert qui suit ;

5. Marie 1709 ; 6. Louis 1710 ;

7. Noble Jean-Tristan Reymond-Dubouchet (1) né en 1711
   avocat au Parlement conseiller du roi au bailliage
   domaine et sénéchaussée de Forez à Montbrison qui
   épouse en 1754 Madeleine Gémier des Périchons fille de
   feu noble Jacques Gémier des Périchons conseiller du
   roi et de vivante Simone Pasturel (v. la généalogie des
   Dumondé), et a pour enfants (*a* Jeanne-Marie-Claudine
   1755 ; *b*) Jean-Tristan 1756 ; *c*) Rambert-Simon 1757 ;
   d) Louis 1759 conseiller au bailliage, marié à Angèle
   Durosier, fusillé à Feurs le 10 février 1794 ; *e*) Marie-

---

(1) Le domaine du Bouchet était sur la paroisse d'Estivareilles.

Anne 1760 ; f) Eléonore-Joseph-Marie 1761 ; g) Madeleine 1762 ; h) Etienne-Marie 1764 ; i) Marie-Anne-
Louise 1766 ; j) Marie 1767 mariée en l'an V à Jean-
Marie Chirat de Montrouge, président du tribunal criminel du département de la Loire, fils de Jean-Ray-
mond Chirat de Montrouge ; k) Marie-Madeleine 1768 ;
l) Jeanne 1772 ;

    8. Pierre 1712 ; 9. Claudine 1717.

III. Noble Rambert Reymond né en 1708 commis aux Aides
en 1729, bourgeois de Montbrison en 1736, de Sury en
1741, conseiller du roi lieutenant civil et criminel de
l'élection de Forez à Montbrison en 1755, † 1757, marié
en 1734 à Catherine Sapin fille de Jérôme maître pharmacien d'Usson et de Claudine Daurelle, † 1764, a pour enfants :

    1. Mathieu-Jacob qui suit ;

    2. Jacob 1737 ;

    3. Jean-Marie 1739 dit de la Goutte puis de la Combe (1)
       prêtre-vicaire de Bouthéon en 1764 puis chanoine-
       chantre de l'église de Montbrison ;

    4. Jean-Tristan 1740 ; 5. Rambert 1741 ;

    6. Marie 1742 mariée en 1760 à Charles-Joseph Cibot
       fils de Léonard bourgeois de Montbrison et de Louise
       Lhéritier de la Bâtie ;

    7. Jean 1744.

IV. Noble Mathieu-Jacob Reymond né en 1736 conseiller du
roi et lieutenant en l'élection, guillotiné à Lyon le 5
décembre 1793, marié à Marie-Mathie Fauvel fille de Geor-
ges-Daniel conseiller du roi greffier en chef de l'élection
de Forez à Montbrison et de Madeleine Ducreux, a pour
enfants :

    1. Jeanne-Marie 1761 mariée en 1786 à Pierre-Georges
       Daurelle notaire d'Usson ;

    2. Catherine 1762 ;

---

(1) Le lieu dit la Goutte est sur la paroisse de Sury ; la
Combe est sur celle de Boisset-Saint-Priest.

3. Madeleine 1763, mariée à Jacques Rüe ;

4. Catherine 1764 ;

5. Antoine 1765 guillotiné à Lyon le même jour que son père, 5 décembre 1793 ;

6. Claudine 1767 ;

7. Georges-Daniel-Noël 1769 ;

8. Jean 1770 ;

9. Catherine 1774 mariée à Simon Rüe.

MOREL

I. Georges Morel probablement de Lavieu où Pierre est greffier de la châtellenie en 1711, et Georges procureur du roi en 1687, frère de Claudine mariée à Jean-Baptiste Couchet notaire de Saint-Anthême, notaire et procureur d'office de Sury en 1722, † 1754, épouse 1º Emerentienne-Marguerite Charmet † 1739 et a pour enfants :

1. Georges qui suit ;

2. Claudine 1723 ;

3. Antoine 1725 ;

4. Gaspard commissaire en droits seigneuriaux résidant à Boën marié en 1767 à Marie Rousset fille de feu Antoine-André mᵉ chirurgien de Boën et de vivante Anne Bussière ;

5. Catherine-Sybille 1728 mariée en 1754 à Jean-Antoine Gontard bourgeois de Sury fils de feu Benoît procureur au Parlement de Grenoble ;

6. Toussainte 1730 ;

2º en 1739 Jeanne Alléon fille de feu Jean-Baptiste de Saint-Etienne et d'Anne Jorette.

II. Georges Morel né en 1719 procureur fiscal de Sury † 1785, épouse 1º en 1756 Antoinette Décousu de Saint-Galmier † 1774 et a d'elle :

1. Gaspard 1761 ;

2º en 1782 Claude-Marie Auclerc de Roanne, et a d'elle :

2. Louise 1782 ; 3. Jean 1784 ; 4. André 1785.

BOYRON.

I. **Jean-Baptiste Boyron** né en 1650 laboureur de Senzieu (Sury), syndic de Sury 1704-1706, † 1710 épouse, 1º Jeanne Martin, de Sury † 1693 et a d'elle :

    1. Etienne laboureur marié en 1694 à Jeanne Jacquet, de Sury ;

    2. Jean vigneron † 1738 marié à Marguerite Fraisse, de Sury † 1732 ;

    3. Jean 1680 laboureur des Massards (Sury) syndic et greffier de Sury en 1710, marié en 1697 à Catherine Desgalles, de Sury ;

    4. Jean le jeune qui suit ;

    2º en 1694 Marie Odet veuve de Mathieu Jacquet, laboureur de Sury, † 1710, et a d'elle :

    5. Jeanne 1694.

II. **Jean Boyron le jeune** né en 1689 laboureur résidant à Saint-Cyprien épouse 1º Catherine Poix de Sury, 2º Madeleine Vier de Sury † 1739 et a pour enfants :

    1. Jean-Marie, sous-diacre de Sury en 1737 ;

    2. Jean-Baptiste qui suit ;

    3. Aubin 1724 ; 4 Jean 1726 ;

    5. Catherine 1730 mariée en 1749 à Jean-Baptiste Châtelard habitant de Saint Cyprien.

III. **Jean-Baptiste Boyron** né en 1717 notaire et procureur de Sury en 1740, † 1777, épouse 1º Jeanne Imbert sœur d'Anne mariée à M. Chapot de Saint Anthême, † 1750, et a d'elle :

    1. Jean-Baptiste ; 2. Anne 1740 ; 3. Jeanne 1743 ; 4. Marie 1745 ; 5. Catherine 1746 ; 6. Rose 1748 ;

    7. Catherine 1749 mariée en 1778 à Christophe Soleymieu praticien de Sury fils de défunts Pierre marchand de Montbrison et de Claudine Moullin ;

    2º en 1751 Suzanne *Daurelle* née en 1730 fille de Joseph praticien puis marchand chandelier de Sury et d'Antoinette Calemard d'Usson, petite-fille de Pierre et de

Jeanne Faure (v. la généalogie des Delosme), et a d'elle :

8. Joseph 1752 ;

9. Catherine 1753 mariée en 1777 à Jean-Baptiste Foujols négociant de Saint-Etienne fils d'Antoine maître chirurgien juré de Saint-Galmier et de Marie Duplain ;

10. Jean-Baptiste 1754 ; 11. Rambert 1755 ; 12. Joseph 1756 ;

13. Jeanne-Marie 1757 ; 14. Joseph 1758 ; 15. Antoinette 1759 ;

16. Marie-Mathie 1760 ; 17. Agnès 1762 ;

18. Rose 1763 mariée en 1781 à Marie-Claude Chossinon receveur de la régie générale des Aides au département de Sury, fils de Pierre-Louis. bourgeois de Tarare et d'Anne Targe ;

19. Jean-Baptiste 1764 ; 20. Louise 1765 ; 21. Catherine 1766 ; 22. Marie 1767 ;

23. Jeanne-Marie 1768 religieuse hospitalière de Sainte-Anne de Montbrison, en religion mère Saint-Romain, arrêtée sous la Terreur, prieure de la communauté en 1823 † 1832 ;

24. Jean-Joseph 1769; 25. Marie-Pierrette 1770; 26. Marie-Josèphe 1773 ; 27. Catherine-Josèphe 1774.

BARJON

I. Etienne Barjon vigneron marchand leydier (1) † 1677 marié à Marguerite Maisonnet de Sury a pour enfants :

1. Léonard, laboureur puis marchand † 1701, marié en 1675 à Marie Michalon de Sury † 1733 ;

2. Jean, qui suit ;

3. Catherine mariée 1° à Pierre Forest 2° à Jean Paccalon laboureurs de Sury ;

4. Tristan 1667 marchand boucher † 1729 qui épouse en 1691 Louise Charpeney, de Sury † 1739 et a d'elle *a*) Marguerite 1692 † 1720 mariée en 1713 à François Broniard greffier de Sury; *b*) Léonard 1694; *c*) Ca-

---

(1) Fermier de la leyde, du droit qui se percevait au marché.

therine 1695 ; *d*) Jean 1697 ; *e*) Mathieu 1701 ; *f*) Antoine 1704 ; *g*) Aubin 1706 praticien puis marchand boucher qui épouse en 1730 Marie Lyottin fille de Jean traiteur (v. la généalogie des Laforest) et a d'elle en 1737 Jean-François notaire de Bas-en-Basset en 1782 ; *h*) Colombe 1707 ; *i*) Marguerite 1709 ; *j*) Louise 1711 ; *k*) François 1714 ; *l*) Jean le jeune 1717 marchand boucher † 1769 marié en 1738 à Marie Lyottin fille de Jean le jeune greffier de Sury et de Marie Blanchard ;

5. Antoine 1670 ; 6. Jeanne 1674.

II. **Jean Barjon** né en 1664 maître cordonnier de Sury † 1732, épouse 1º en 1693 Marie Menu, de Sury, † 1708 et a d'elle :

1. Antoine 1694 procureur de Sury † 1719 marié à Louise Charpeney de Sury ;

2. Marguerite 1696 mariée en 1721 à Pierre Gouillod vigneron ;

3. Jean 1698 ;

et 2º en 1709 Jeanne Pourret fille d'Antoine marchand de Sury et de Marguerite Vier † 1749, et a d'elle :

4. Jean 1709 ; 5. Antoine 1711 ; 6. Jean-Baptiste 1713 ;

7. François 1717 ; 8. Claude 1721 ;

9. Jean-Baptiste, qui suit.

III. **Jean-Baptiste Barjon** né en 1722, praticien en 1743, procureur postulant en 1746, notaire de Sury en 1748, † 1788, épouse 1º en 1748 Marianne Moullin fille de Claude huissier royal audiencier à Montbrison et d'Anne Thévenand, † 1763, et a d'elle :

1. Jean 1751 ; 2. Aubin 1753 ;

3. Hugues qui suit ;

4. Jean-Baptiste 1755 ;

5. Marianne 1758 mariée en 1775 à Pierre Reisonnier, marchand de Montbrison ;

et 2º en 1765 Marie-Françoise Foujols fille d'Antoine maître chirurgien-juré de Saint-Galmier (v. la généalogie des Boyron) † 1774, et a d'elle :

6. Jeanne 1766; 7. Marie 1767; 8. Marie 1768; 9. Marguerite 1771, 10. *N.* 1772 ; 11. Jean 1773.

IV. Hugues Barjon né en 1754 notaire et procureur de Sury en 1779, maire. de Sury en 1791 épouse 1° en 1779 Anne-Marie Foujols sœur de sa belle-mère † 1789 et a d'elle :

1 Antoine 1785 ;

et 2° en 1791 Marie-Françoise Palley fille d'Antoine chirurgien de Saint-Galmier et de Marie Pierrette Foujols.

Le compte d'un consul de Saint-Sauveur-en-Rue pour l'année 1615. — Communication de M. le baron Charles de Meaux.

M. le baron de Meaux prend la parole en ces termes.

Messieurs,

Le document dont je voudrais vous donner une analyse sommaire, avant de le déposer dans les archives de notre Compagnie, concerne une localité dont la Diana s'est fort occupée, et, malheureusement sans grand succès, l'année dernière : Saint-Sauveur-en-Rue.

C'est en effet, comme son titre l'indique, le *« Compte des deniers commungs du lieu de Sainct Sauveur en Rue et autres deniers extraordinaires leveʒ, empromptés fournis et despansés en l'année mil six cent quinʒe par Mᵉ Jehan Mercier consul ladicte année et l'ordonnance et avis des officiers et habitants dudict Sainct Sauveur que ledict Mercier présante pour estre ouy examiné cloʒ et arresté. »*

Vous savez que sous l'Ancien Régime la séparation des pouvoirs était loin d'être rigoureuse. En particulier, la distinction entre ordonnateurs et comptables, fondement de notre organisation administrative et financière, n'était pas aussi nettement établie que de nos jours ; et les consuls, sortes de Maîtres-Jacques municipaux, cumulaient les fonctions très absorbantes, très délicates, parfois assez onéreuses, de maire ou d'adjoint, de receveur municipal, et même de percepteur ; car, indépendamment de la gestion de ce que nous appellerions aujourd'hui les deniers communaux, ils avaient à assurer le recouvrement de taxes perçues au profit de l'Etat telles que les tailles. C'est ce qui ressort clairement du compte du consul Mercier et ce qui en fait d'ailleurs l'intérêt ; car nous y saisissons sur le vif et dans toute sa complexité le fonctionnement de la vie administrative d'une petite ville forézienne au début du XVIIe siècle.

Le compte s'ouvre par cette constatation faite pour consoler ceux d'entre nous qui ont eu à se plaindre des « lenteurs administratives » :

« Le présent compte n'ayant esté finy du vivant dudict Mercier a esté de nouveau présenté par damoiselle Cath. Rochette sa veufve à Mes Guillaume Simon Favier, Jean Granjon dict Vanost consuls du présent lieu le xxviii de may 1629 (1) ».

Il fallut donc attendre 1629 pour apurer la gestion de 1615. Il ne fallut pas moins de quatorze ans pour que le pauvre consul, ou plutôt ses ayant-cause — car le malheureux avait perdu patience dans l'inter

---

(1) F^o 3 recto.

valle et s'en était allé dans un monde meilleur, — obtinssent quitus !

Et cependant il n'y avait pas à chercher bien loin la juridiction chargée de statuer. C'est le juge même de Saint-Sauveur, Jehan Rochette « docteur en droit » qui examine le compte avec « les auditeurs accordés par les parties, en présence de leurs procureurs et desdictes parties (1) » et qui l'arrête en recette à « deux mil cent nonante sept livres trois sols, huict deniers » en dépense à « deux mil vingt cinq livres, seize sols et huict [deniers] ». Ce juge, homme juste mais sévère, passe chacune des allégations du consul au crible d'une inexorable critique : ses annotations figurent encore en marge du compte ; les tentatives de Mercier pour grossir sa dépense sont impitoyablement déjouées par Rochette ; tel article est réduit ; tel autre complètement rejeté ; on dirait d'un mémoire d'entrepreneur réglé par un architecte.

Je vous ai dit que le métier de consul n'était ni une sinécure, ni une prébende. En effet, à peine entré en fonction, dès le 5 janvier 1615, Mercier écrit à Montbrison au procureur Romeyron au sujet d'un procès engagé devant les élus à propos de tailles, entre la ville de Saint-Sauveur et Jean Cozon, procès déjà suivi en 1614 par le prédécesseur de Mercier, Arnaud Mathevon. Romeyron « ayant mandé estre nécessaire faire dresser audict procès articles et escriptures par advocat le présent comptable se seroit exprès transporté à Montbrison le vingt neufviesme jour desdicts moys et an pour faire dresser lesdicts arti cles et escriptures et bailler audict Romeyron la

_____

(1) Fº 42 verso.

somme de quatre livres tournois pour la playdoirie de l'advocat, articles et autres vaccations faictes et à faire en ladicte cause.... »

En marge le juge écrit : « PASSÉ POUR 4 LIVRES ; VEU L'ACQUIT ». Les honoraires ne semblent avoir rien d'excessif en effet si l'on remarque que la livre tournois à cette époque équivalait à 2 fr. 70 suivant Natalis de Wailly, à 2 fr. 08 seulement d'après d'Avenel (1).

Mercier continue :

« Ledict comptable employa troys journées en son voyage et pour la despense à raison de troys livres par jour employ icy la somme de neuf livres. »

(*Note du juge en marge* : PASSÉ POUR 5 LIVRES.)

Mercier poursuit :

« Pour le louaige du cheval qu'il mena à raison de dix sols par jour, trente sols. »

Le juge rejette les trente sols comme « COMPRINS CY DESSUS. »

Enfin Mercier ajoute :

« Pour ses vaccations à rayson par jour de.....

« La somme de....

Et il laisse la somme en blanc, espérant sans doute qu'en ne fixant rien il obtiendra quelque chose. Mais le juge ne se laisse pas toucher par la délicatesse ou l'habileté du procédé et met en marge ce seul mot : NÉANT.

(1) Je me suis étendu précédemment sur cette question de la conversion de la livre en franc, et sur les systèmes proposés à cet égard par N. de Wailly et d'Avenel. Je n'y reviens pas et me permets de renvoyer le lecteur au *Bulletin de la Diana* tome XI, pag. 261 et suiv.

Le premier chapitre de la dépense se poursuit ainsi (f° 13-19) et permet de suivre toutes les péripéties du procès entre la ville et un contribuable récalcitrant, avec voyages à Bourg Argental et à Montbrison, envoi de pièces à Paris, à Lyon etc...

Je ne voudrais pas abuser de votre attention ; et je me borne à énumérer d'autres affaires dont la trace apparaît en recette ou en dépense dans le compte de Mercier : frais et avances à cause des tailles, remboursement de cotes indûment imposées, débours et démarches pour retirer les extraits d'acquisitions faites par la commune. Notons seulement « les réparations faites au collège ; au pont et aux portes de la ville » (f° 20) — ce qui montre que Saint-Sauveur possédait alors des fortifications et un établissement d'instruction dont il pourrait être intéressant de suivre l'histoire. Remarquons que le juge intervient à côté des consuls dans la conduite et le paiement de ces réparations, nouvel exemple de cette confusion des pouvoirs que je signalais en commençant. Et venons tout de suite à un passage de troupes qui fut le gros événement de cette année 1615 : sur les 42 feuillets dont se compose le compte, 17 sont consacrés à cette affaire qui absorba près de moitié des 2097 livres dont Mercier eut le maniement.

« Le quinziesme jour de novembre mil six cent quinze, dit-il, Monseigneur d'Halincourt gouverneur pour le roy de la ville de Lyon pays de Lyonnois Forests et Beaujouloys (1) envoya en garnison en la

_____

(1) Charles de Neuville, marquis de Villeroy né en 1572, fils du duc de Villeroy ministre sous quatre règnes. Durant la vie de son père qui mourut le 22 novembre 1617, il ne porta que le nom de marquis d'Alincourt. Nommé ambassa-

ville et faulxbourgs de Saint-Sauveur vingt quatre
gendarmes de sa compagnie d'ordonnance comman-
dés par le sieur de la Thenodiere mareschal des
lougis de ladicte compagnie avec son ordonnance
desdicts jour et an pourtant mandement exprès aux
officiers et consuls dudict lieu de fournir et advancer
par jour et chacun gendarme, ledict mareschal faisant
pour trois et le fourier et trompette pour ung, deux
quartes de vin huict livres de pain blanc sept livres
de chair bœuf viau et mouton soixante quinze livres
de foing troys ratz d'avoine oultre les utancilles (1)
desquelles choses il estoit mandé qu'il seroit tenu
compte sur les certifficats dudict sieur mareschal
pour en être remboursés à rayson de troys sols pour
quarte de vin nouveau, de six liards pour livre chair
et sept deniers pour livre pain de dix sols pour
quintal foing et de six sols pour raz d'avoyne..... (2).

---

deur auprès du Pape en 1600 par Henri IV, il négocia le
mariage de ce prince avec Marie de Médicis. Envoyé de nouveau
à Rome en 1605, il y était encore lorsque Richelieu alla lui-
même en 1607 solliciter ses bulles à l'évêché de Luçon. Il
revint de Rome en 1608, acheta du duc de Vendôme le gouvernement du Lyonnais en 1610 et le conserva jusqu'à sa mort
en 1642. (Lettres du cardinal de Richelieu, publiées par Avenel
tome I, p. 3-4-57).

(1) *Ustensile.* .. « 3. Ancien terme d'administration militaire.
Droit par les troupes de passage de prendre chez l'habitant
le lit, le pot et place au feu et à la chandelle. L'ustensile
était quelquefois fourni en argent ».

Littré qui donne cette définition aurait pu ajouter que
l'*Ustensile* se nomme aujourd'hui *Billet de logement.* En effet,
l'un et l'autre procurent mêmes prérogatives au soldat, même
droit de rachat en argent à l'imposé.

Le *Dictionnaire de Trévoux* dit que l'*Ustensile*, dans le
sens présent, doit s'employer au singulier seulement.

(2) Fo 4.

Habitants et soldats tombèrent d'accord qu'il était préférable de remplacer ces prestations en nature par des versements en argent ; et l'on convint de convertir ces diverses rations en une allocation de trois livres tournois par homme et par jour, soit, pour les 24 gendarmes, 72 livres par jour.

Pour trouver la somme nécessaire on eut d'abord recours à des cotisations que Mercier qualifie de « volontaires » et qui ne le furent sans doute qu'à moitié ; un rôle fut établi sur lequel figurent une soixantaine de noms avec des souscriptions s'étageant de 25 livres à 10 sols par tête (1).

On réunit ainsi 406 livres. Après quoi, « les nommés au précédant chapitre moyns les aultres habitants de Sainct Sauveur ne pouvant plus fournir argent, et les sommes dudict chapitre précédant... n'ayant esté suffisantes que pour les advances de cinq journées ou environ... pour conserver l'ordre desja estably pour le soullagement desdicts habitants, il fut trouvé bon de faire aultre assemblée en laquelle on délibéreroit des moïens de ne le point pervertir... Le peuple s'estant assemblé en présance des officiers le vingt sixiesme jour de novembre dudict an mil six cent quinze et les voix recolligées, on arresta d'ung commung sentiment » que Mercier et son collègue du Pont emprunteraient pour le compte et sous la garantie des habitants 600 livres (2).

Aussitôt Mercier se mit en route avec du Pont ; il se rendit d'abord à Annonay et là, le 28 novembre, sous la caution d'Antoine Peycelon conseiller

(1) Fo 5.
(2) Foᵒ 7 verso et 8.

du Roi, lieutenant du bailli de Vivarais, d'honorable
Etienne Chappuys et de Jacques Fressinet marchand, il emprunta de Mᵉ Jehan Adam, docteur en
droit, 400 livres à raison de deux sols par livre
d'intérêt, donc à 10 o/o. Et, soit que le taux parût
excessif, soit que la légitimité même du prêt à intérêt n'étant pas admise en principe, toute opération
de ce genre fût regardée comme plus ou moins usu-
raire, on fit ce qu'ont toujours fait et ce que font
encore les usuriers : on incorpora l'intérêt au montant du billet : « la somme de quarante livres, dit
Mercier, fust prinse et adjoustée en l'obligation que
ledit rendant compte et du Pont passèrent le vingt
huitiesme jour desdits moys et an » (1).

Il faut croire que les capitalistes étaient rares à
Annonay. Car Mercier et du Pont ne purent s'y
procurer plus de 400 livres. Pour le reste ils durent
pousser jusqu'à Bourg Argental où ils empruntèrent,
toujours au taux de 10 o/o et par le même procédé,
d'Etienne Chappuys et de Jacques Fressinet, les
deux cents livres qui leur manquaient (2).

Dans l'intervalle, des démarches avaient été faites
à Tournon auprès de Mgr de Tournon, à Lyon
même auprès du gouverneur, pour obtenir le départ
de la troupe (3). Ces démarches furent couronnées
de succès et les gendarmes, au moment où Mercier
revenait d'Annonay, reçurent l'ordre de s'en aller.
La joie fut grande à Saint-Sauveur, si grande, que l'on
ne crut pas devoir donner moins de 7 livres 5 sols —

---

(1) Fᵒ 8 verso.
(2) Fᵒ 9.
(3) Fᵒ 31 et suiv.

presque le double des honoraires de l'avocat dans le procès Cozon — « au soldat des gardes de mondict seigneur d'Halincourt qui fut envoyé pour faire desloger lesdits gendarmes » (1) — dépense visée et intégralement ratifiée par le juge Rochette.

Toutefois à la satisfaction de voir déguerpir les soldats se mêla un léger déboire lorsqu'il fallut compter avec leur chef et lui remettre le solde de ce qui leur était dû. Les métaux précieux étaient beaucoup plus rares à cette époque qu'aujourd'hui ; il y avait pénurie d'espèces monétaires. Obligées par suite de faire flèche de tous bois, les populations se trouvaient amenées à se servir de pièces appartenant à des époques et à des pays souvent très divers, pièces dont le cours était mal établi et prêtait à discussion. C'est ce qui arriva à Mercier.

« Les quatre cent livres, dit-il, qu'on emprompta de M⁢e Adam furent comptées en cinquante sequains vingt-sept pistolles et diverses aultres monnoyes ; les sequains à raison de troys livres dix huict solz et les pistolles de sept livres cinq solz... Le S⁢r de la Thénodière ne voulut recepvoir les sequains qu'a rayson de troys livres quinze solz et les pistolles de sept livres quatre solz tellement qu'il y a eu de perte sur lesdictes espèces huict livres dix sept solz et six deniers que le présent comptable a fourny » (2).

L'assertion doit être exacte ; car le juge Rochette l'admet, comme la gratification accordée au garde de M. d'Halincourt.

----

(1) F⁢o 33 verso.
(2) F⁢o 33, verso.

Restait à obtenir le remboursement des avances ainsi faites pour l'entretien de la troupe. Le 29 décembre 1615, M. d'Halincourt mande « aux sindics du pays de Fourest, Messires André du Merley et Claude Grizollon de payer aux consuls à Saint Sauveur la somme de mil huit livres » (1) montant des fonds remis à M. de la Thénodière (quatorze jours à raison de 72 livres par jour).

Mais les syndics ne s'exécutèrent que le 24 août 1616. Encore Mercier, s'il faut l'en croire, ne parvint-il à encaisser effectivement que 908 livres « pour les considérations ci-apprès » considérations qui ne manquent pas de saveur, surtout si on les rapproche des notes du juge qui les accompagnent :

« Premièrement Mᵉ Gotton, procureur à Montbrison suyvant la charge qui luy avoit esté donnée d'advertir le comptable de l'arrivée de Messieurs les Sindicqs et dire quand il y auroit fondz en la recepte pour nostre remboursement auroit envoyé homme exprès pour ce subject auquel il auroit esté payé quarante solz pour partie du voyage et vaccations, cy . . . . 2 l.

(*Note du juge* : PASSÉ POUR XX SOLS).

« Ledit jour vingt-sixiesme aoust le présent comptable est allé à Montbrison pour recepvoir ledit ramboursemant et y a demeuré pour aller, séjour et retour, cinq journées qui à rayson de troys livres par jour montent à la somme de quinze livres, partant cy . . . . 15 l.

(*Note du juge :* PASSÉ POUR VII LIVRES).

_____

(1) Fᵒ 10 recto.

« Pour le louaige du cheval qu'il a mené à rayson de dix solz par jour monte pour les cinq journées à la somme de deux livres dix sols, partant cy . 2 l 10 s.

(*Note du juge :* PASSÉ POUR XXX SOLS).

« Pour ung fer qu'il a faict mettre au cheval cinq solz, cy. . . . . 5 s.

(*Note du juge :* NÉANT).

« Pour ses vaccations desdictes cinq journées à rayson de troys livres par jour attendu qu'il estoit hors de charge de consulat quinze livres, cy. 15 l.

(*Note du juge :* NÉANT) (1).

« Au notaire qui a reçu la quitance qui fut passée par le comptable avec le scindicq quinze sols, cy . . . . 15 s.

(*Note du juge :* PASSÉ POUR VIII SOLS).

« Pour ung extrait de ladicte quittance au clerc troys solz, cy. . . . . 3 s.

(*Note du juge :* NÉANT).

« Audict Sr Scindicq en considération des voyages et dilligences desquelles il avoit usé pour obtenir assignassion de fondz pour ledict ramboursemant, ainsy qu'il disoit, a esté baillé cinquante livres, cy. . . . . 50 l.

---

(1) Ce n'est pas la seule tentative faite par Mercier pour obtenir une rémunération de ses peines. Fo 35 (verso) il réclame déjà 20 livres 6 sols 3 deniers pour « le collectaige de la somme de 406 livres » (montant du rôle émis pour pourvoir aux premières depenses des gendarmes) « à rayson de 12 deniers pour livre (soit 5 o/o) qui sont taxés par les ordonnances aux collecteurs des deniers royaulx ». Mais le juge n'admet pas cette assimilation entre les cotisations des habitants et les « deniers royaux » ; et il rejette l'allocation sollicitée par Mercier.

(Le juge ne s'élève pas contre le principe de cette singulière rémunération ; il la trouve seulement exagérée et écrit : PASSÉ POUR XVIII LIVRES).

« Au commis de la recepte qui disoit n'avoir encore reçu les deniers sur lesquels le ramboursemant se debvoit prendre et qu'il advansait de ses deniers. Il estoit raisonnable qu'on le recognaisse et aultres raisons qu'il allégoit a esté baillé pour estre plus promptemant expédié pareille somme de cinquante livres, cy. . . . . 5o l.

(Ici encore le juge estime qu'il est « raisonnable », en effet de « reconnaître » les bonnes volontés dont la ville a besoin pour être « promptement expédiée » ; il trouve seulement qu'il ne faut pas les reconnaître avec excès et met en marge : PASSÉ POUR XVIII l.).

« Pour avoir faict faire des besasses de thoille pour plus commodément pourter l'argent dudict remboursemant a payé le comptable six solz, cy.   6 s.

(Note du juge : PASSÉ POUR VI S (1).

Rigoureux pour le comptable, Rochette l'est moins pour « M. le juge de la juridiction de Saint-Sauveur » ; et s'alloue pour ses vacations 8 livres 10 sols (2) ; il traite non moins génér[eu]sement les auditeurs du compte, les procureurs des parties, et finalement déclare la succession Mercier reliquataire de 151 livres 16 sols vis-à-vis de la ville.

Cet arrêté de compte est ratifié non seulement par les consuls alors en exercice tant à Saint-Sauveur qu'à la Rochouse, mais par quarante-deux chefs de

---

(1) F^{os} 36 et 37).
(2) F^o 42.

famille nommément désignés et « plusieurs aultres faisant la plus grande et saine partie des habitants tant de la ville et faulxbourgs dudict Saint-Sauveur que de la paroisse dudict lieu ».

Ce « gouvernement direct du peuple par le peuple » comme nous dirions aujourd'hui, nous l'avons vu fonctionner déjà pour la conclusion de l'emprunt nécessaire à l'entretien de la compagnie de M. d'Halincourt. Nous le voyons s'exercer maintenant pour approuver le compte : il va s'exercer encore pour décider de l'affectation de la somme due par la succession de Mercier. Un créancier de la ville en effet a fait saisir « toutes et chacunes sommes que damoiselle Catherine Rochette veufve de feu Sr Jean Mercier peut debvoir à ladicte communaulté et a faict assigner les consuls pour venir veoir ordonner sur la deslivrance desdicts deniers ou dire causes vallables pour l'empescher, à quoy lesdicts consuls n'ont pouvoir sans au préallable avoir l'advis des habitants auxquels requièrent d'estre enjoinct de donner leurs voix présentement sur le contenu cy dessus. . . . Sur quoy tous lesdicts habitants d'une commune voix en tant que chacun d'eulx peult toucher ont consenti que les deniers dont lad. damoiselle Rochette se trouvera débitrice seront deslivrés au sieur Martin ».

Théorie et pratique du *referendum* se trouvent nettement établies par ce procès verbal qui clôture le compte Mercier et n'en est pas la partie la moins intéressante.

Gaspard Paparin, poète Foréʒien. — Communication de M. le chanoine Reure.

En l'absence de M. le chanoine Reure, il est donné lecture de la note suivante :

Le fonds des manuscrits de la bibliothèque de Lyon contient un petit recueil poétique de 93 feuillets dont l'auteur est certainement un Forézien qui vivait dans la seconde moitié du XVIᵉ siècle. Plusieurs pièces sont adressées à Loys Papon, prieur de Marcilly, à Etienne du Tronchet, à M. Du Puy, de Saint-Galmier. Dans une épître à Anne d'Urfé, il parle de Loys Papon et d'Antoine du Verdier comme des gloires littéraires de sa province. J'ai tout lieu de croire, en attendant un plus ample examen de la question, que cet auteur est Gaspard Paparin. Si la Diana veut bien y consentir, je lui ferai part de mes réflexions sur ce sujet.

La séance est levée.

Le Président,
Vicomte DE MEAUX.

Le Secrétaire,
Eleuthère BRASSART.

II.

MOUVEMENT DE LA BIBLIOTHÈQUE ET DU MUSÉE.

Dons.

Ont été offerts par MM. :

Déchelette (Joseph), ses notices : *Un relief cérami-que de Lezoux emprunté au groupe de Laocoon* (Extrait de la *Revue archéologique*). Paris, Ernest Leroux, 1903, in-8°.

— *L'archéologie préhistorique et les fouilles de Carthage* (Extrait de l'*Anthropologie*). Paris, (L. Marétheux), s. d., in-8°.

— *Poteries de la Tène à décoration géométrique incisée.* (Extrait de la *Revue archéologique*). Paris, Ernest Leroux, 1901, in-8°.

Laurent (abbé Antoine), son ouvrage : *La liberté d'enseignement, aperçu historique. Science et religion, études pour le temps présent,* 3ᵉ édition. Paris, Bloud et Cⁱᵉ, 1904, in-8°.

Nicod (A.), sa notice : *La maison de Fay-Peyraud.* (Extrait de la *Revue littéraire, historique, archéologi-que et pittoresque du Vivarais, illustrée*). Privas, 1903, in-8°.

Reure (abbé), sa publication : *Notes sur le Forez : Lettres de noblesse pour Pierre Vernin ; Lettres des habitants de Montbrison à Catherine de Médicis ;*

Description du Forez par Papire Masson. (Extrait du *Bulletin de la Diana*, tome XIII). Montbrison, (E. Brassart), 1903, in-8°.

Sachet (abbé). Ordo divini officii recitandi pro anno 1903. Lyon, Emmanuel Vitte, 1903, in-8°.

Echanges

Académie des arts, sciences, belles-lettres et agriculture de Mâcon. *Annales*, 3ᵉ série, tome VII, année 1902.

Déchelette (Joseph), Gabriel Bulliot, — Visites pastorales des archiprêtrés de Charlieu et du Rousset en 1744-1746 (suite). — Martin (J.), Nouvelles découvertes de sépultures barbares aux environs de Tournus (*planches*).

Académie des inscriptions et belles-lettres. *Comptes-rendus des séances de l'année 1903*, juillet-octobre.

Académie des sciences, belles-lettres et arts de Besançon. *Procès-verbaux et mémoires*, année 1903.

Académie des sciences, belles-lettres et arts de Clermont-Ferrand. *Bulletin historique et scientifique de l'Auvergne*, 2ᵉ série, nᵒˢ 6 et 7, juin-juillet 1903.

Académie de Vaucluse. *Mémoires*, 2ᵉ série, tome III, 4ᵉ livraison, année 1903.

Académie d'Hippone. *Bulletin*, nᵒ 30, années 1899-1900.

— *Comptes-rendus des réunions*, années 1901-1902.

Bibliothèque municipale et universitaire de Clermont-Ferrand. *Catalogue des livres imprimés et manuscrits de la bibliothèque de la ville de Clermont-Ferrand*, par Ed. Vimont. Tomes I à VI. Clermont-Ferrand, (G. Montlouis), 1878 à 1903, 6 vol. in-8°.

— — Tome VII. *Table alphabétique*. Clermont-Ferrand, (Veysseyre frères), 1891, in-8°.

— *Catalogue des manuscrits de la bibliothèque de Clermont-Ferrand*, par Camille Couderc. Paris E. Plon, Nourrit et Cⁱᵉ, 1890, in-8°.

Chambre de commerce de Saint-Etienne. *Résumé des travaux de la Chambre de commerce suivi d'une table des résumés des travaux pendant les années* 1899, 1900, 1901, 1902 et 1903.

Ministère de l'Instruction publique et des Beaux-Arts. Comité des travaux historiques et scientifiques. *Bulletin archéologique*, année 1903, 2ᵉ livraison.

— — *Bulletin historique et philologique*, année 1903, nᵒˢ 1 et 2.

— Direction des Beaux-Arts. Bureau de l'Enseignement et des manufactures nationales. Comité des Sociétés des Beaux-Arts des départements. *Bulletin*, n° 26, décembre 1903.

— — *Réunion des Sociétés des Beaux-Arts des départements*, 27ᵉ année (2 au 5 juin 1903).

Musée Guimet. *Annales. Revue de l'histoire des religions*, 24ᵉ année, tome XLVIII, nᵒˢ 2 et 3, septembre-décembre 1903.

— Bibliothèque de vulgarisation. *Conférences au musée Guimet, 1899-1901*, par L. de Milloué, 1903.

Revue de l'histoire de Lyon, tome II, fascicule 6, novembre-décembre 1903.

Revue épigraphique, 26ᵉ année, tome V, nᵒ 109, avril 1903.

Revue historique, archéologique, littéraire et pittoresque du Vivarais illustrée, tome XI, nᵒˢ 11 et 12, novembre-décembre 1903.

Semaine religieuse du diocèse de Lyon, 10ᵉ année, nᵒˢ 49 à 52, 6-20 novembre 1903, et 11ᵉ année, nᵒˢ 1 à 5, 27 novembre-27 décembre 1903.

Smithsonian institution. Annual report of the board of regents of the Smithsonian institution showing the operations, expenditures and condition of the institution for the year ending june 30. 1902 et 1903.

Comptes-rendus illustrés de fouilles archéologiques exécutées dans l'Etat d'Arizona.

Société archéologique de Béziers. *Bulletin*, 3ᵉ série, tome V, 1ʳᵉ livraison, 1903.

Société archéologique et historique de la Charente. *Bulletin et Mémoires*, 7ᵉ série, tome III, années 1902-1903.

Société archéologique et historique de l'Orléanais. *Bulletin*, tome XIII, nᵒ 177, 1ᵉʳ trimestre 1903.

Société bibliographique et des publications populaires. *Bulletin*, 34ᵉ année, nᵒ 12, décembre 1903.

Société d'agriculture, industrie, sciences, arts et belles-lettres du département de la Loire. *Annales*, 2ᵉ série, tome XXIII, 3ᵉ et 4ᵉ livraisons, juillet-novembre 1903.

— *Notes et documents pour servir à l'histoire de Saint-Etienne et de sa région*, Saint-Etienne, (J. Thomas et Cⁱᵉ), 1903, in-8ᵒ.

Documents divers du XVIIe siècle, relatifs à la voirie de Saint-Etienne, à une donation au couvent de Sainte-Marie de cette ville, et acte de vente de la baronnie de Rochetaillée par Eléonore de Saulx-Tavannes, épouse de Jacques de Saint-André d'Apchon.

Société d'archéologie lorraine et du musée historique lorrain. *Bulletin mensuel,* 3e année, n°s 11 et 12, novembre-décembre 1903.

— *Mémoires,* tome LIII, 4e série, 3e volume, 1903.

Didier Laurent [Dom E.), Dom Didier de la Cour de la Vallée et la réforme des bénédictins de Lorraine (*Notes historiques sur André Valladier né à Saint-Pal en Forez, abbé de Saint-Arnoul de Metz.*

Société de Borda. *Bulletin,* 28e année, 3e et 4e trimestres 1903.

Société d'émulation du Doubs. *Mémoires,* 7e série, 7e volume, 1903.

Société d'émulation et d'agriculture de l'Ain. *Annales,* 36e année, octobre-décembre 1903.

Société des Amis de l'Université de Clermont-Ferrand. *Revue d'Auvergne,* 20e année, n°s 5 et 6, septembre-décembre 1903.

Mège (Francisque), Les cahiers des bailliages et sénéchaussées d'Auvergne en 1789.

Société des Amis des sciences et arts de Rochechouart. *Bulletin,* tome XIII, n°s 2 à 4, 1903.

Société des Antiquaires de l'Ouest. *Bulletin,* 2e série, tome X, 3e et 4e trimestres 1903.

— *Mémoires,* 2e série, tomes XIII à XXVI, années 1890 à 1902.

Société des Antiquaires de Picardie. *Bulletin*, 2ᵉ et 3ᵉ trimestres 1903.

— *Mémoires* : Durand (Georges), *Monographie de l'église Notre-Dame, cathédrale d'Amiens,* tome II. *Mobilier et accessoires.*

Société des archives historiques de la Saintonge et de l'Aunis. *Bulletin-revue,* XXIIIᵉ volume, 6ᵉ livraison, 1ᵉʳ novembre 1903.

Société de Saint-Jean. *Notes d'art et d'archéologie,* 15ᵉ année, nᵒˢ 11 et 12, novembre-décembre 1903.

Société de secours des amis des sciences. *Compte-rendu du 46ᵉ exercice. 40ᵉ séance publique annuelle tenue le 19 juin 1903 dans l'amphithéâtre Richelieu, à la Sorbonne.*

Société des lettres, sciences et arts de la Haute-Auvergne. *Revue de la Haute-Auvergne,* 5ᵉ année, 4ᵉ fascicule, 1903.

Société des sciences et arts du Beaujolais. *Bulletin,* 4ᵉ année, nᵒ 16, octobre-décembre 1903.

Balloffet (Joseph), L'abbaye royale de Joug-Dieu, près Villefranche.

Société des sciences, lettres et arts de Rive-de-Gier, *Bulletin,* nᵒ 6, décembre 1903.

Société des sciences naturelles et d'archéologie de l'Ain. *Bulletin,* nᵒ 32, 3ᵉ trimestre 1903.

Société des sciences naturelles et d'enseignement populaire de Tarare. *Bulletin,* 8ᵉ année, nᵒˢ 9 à 12, octobre-décembre 1903.

Société d'histoire, d'archéologie et de littérature de l'arrondissement de Beaune. *Mémoires,* années 1901 et 1902.

Société historique et archéologique du Maine. *Revue historique et archéologique,* tome LIV, 2ᵉ trimestre 1903.

Société littéraire, historique et archéologique de Lyon. *Mémoires,* années 1898 à 1902.

Société philomatique de Paris. *Bulletin,* 9ᵉ série, tome V, 1902-1903.

Société nationale des Antiquaires de France. *Bulletin et Mémoires,* 7ᵉ série, tome II, *Mémoires,* 1902.

— Mettensia. IV. *Mémoires et documents.* Fondation Auguste Prost, fascicule I, 1902.

Université de Lille. *Bulletin,* 3ᵉ série, 7ᵉ année, nᵒˢ 3 et 4, 1903.

Université de Lyon. *Annales,* nouvelle série, II. *Droit, Lettres,* fascicule 11, Charlety (Sébastien), *Bibliographie critique de l'histoire de Lyon depuis 1789 jusqu'à nos jours.*

— — — fascicule 12. Renel (Charles), *Cultes militaires de Rome, Les enseignes.*

— — — fascicule 13. *Mélanges, Etudes d'histoire du droit dédiées à M. Charles Appleton, professeur à la faculté de droit de Lyon à l'occasion de son XXVᵉ anniversaire de professorat.*

Abonnements

Bibliothèque de l'Ecole des Chartes, tome LXIV, 5ᵉ et 6ᵉ livraisons, septembre-décembre 1903.

Bulletin historique du diocèse de Lyon, 4ᵉ année, nº 24, novembre-décembre 1903.

Bulletin monumental, 67ᵉ volume, nᵒˢ 4 à 6, 1903.

Déchelette (Joseph), A propos de l'oppidum des Nitiobriges.

Revue archéologique, 4ᵉ série, tome II, novembre-décembre 1903.

Revue forézienne illustrée, 13ᵉ année, 2ᵉ série, nᵒˢ 71 à 72, novembre-décembre 1903.

III.

MOUVEMENT DU PERSONNEL.

Membres titulaires

M. l'abbé Michaud, curé de Saint-Thomas-la-Garde, reçu le 15 juin 1903.

M. Régis Barlet, négociant à Usson-en-Forez, reçu le 23 décembre 1903.

M. le vicomte Edmond de Poncins, à Lailly (Loiret), reçu le 28 décembre 1903.

Membres décédés

M. Joseph Crépet, huissier à Montbrison, membre titulaire.

M. l'abbé Juthie, curé-archiprêtre de Saint-Laurent-de Chamousset, membre titulaire.

Démissionnaires

M. Antony Barrallon, négociant, rue de la République, à Saint-Etienne, membre titulaire.

M. Paul Didier, capitaine au 16ᵉ de ligne, à Saint-Etienne, membre titulaire.

M. l'abbé Peyrard, professeur, rue Sainte-Hélène, 10, à Lyon, membre titulaire.

M. Léon Portier, avocat, rue Michelet, 31, à St-Etienne, membre titulaire.

M. Alexandre Veilleux, notaire à Roanne, membre titulaire.

M. le comte du Peloux de Saint-Romain, à Saint-Romain-la-Chalm, membre titulaire.

TABLE

Les noms imprimés en capitales sont ceux des auteurs des notes ou communications mentionnées dans le *Bulletin*.

FIGURES DANS LE TEXTE.

CIMETIÈRE GALLO-ROMAIN DE ROANNE.

PLANCHES HORS TEXTE.

ERRATA et ADDENDA.

Page 95, note, ligne 2, *donnée* ; lisez *donné.*

— — planche VI, ligne 2 de la légende, *X VIII*ᵉ *siècle* ; lisez
X VIIᵉ siècle.

Page 125, ligne 1, *père* ; lisez *frère.*

Page 132, *Allocution prononcée aux funérailles de M. William
Poidebard,* il y est dit : « William Poidebard naquit à
Saint-Paul-en-Jarez, dans ce doux pays de Forez, pépi-
nière de poètes, d'artistes, d'érudits ».

Il est incontestable que Saint-Paul-en-Jarez n'a jamais
fait partie du Forez, néanmoins W. Poidebard peut être
qualifié de Forézien, à cause des origines de sa famille,
parce qu'il a pris lui-même ce titre dans certaine de ses
œuvres, parce qu'enfin il est d'un usage courant d'appeler
Foréziens tous les habitants du département de la Loire.

BULLETIN

DE

LA DIANA

TOME QUATORZIÈME

1904 — 1905

IMPRIMERIE ÉLEUTHÈRE BRASSART

RUE TUPINERIE, 4

MONTBRISON

1906.

BULLETIN DE LA DIANA.

CONSEIL D'ADMINISTRATION
MEMBRE DE DROIT
M. le MAIRE DE MONTBRISON.

MEMBRES ELUS
POUR L'ARRONDISSEMENT DE MONTBRISON
MM. Alphonse DE SAINT-PULGENT.

L'abbé REURE.

HENRI GONNARD.

POUR L'ARRONDISSEMENT DE ROANNE
MM. ERNEST LERICHE.

JOSEPH DÉCHELETTE.

LOUIS MONERY.

POUR L'ARRONDISSEMENT DE SAINT-ETIENNE
MM. MAURICE DE BOISSIEU.

Comte DE CHARPIN-FEUGEROLLES.

PHILIPPE TESTENOIRE-LAFAYETTE.

Bibliothécaire de la Société : M. THOMAS ROCHIGNEUX.

MEMBRES TITULAIRES (1)

MM.

ACHALME (LÉON), conservateur des hypothèques, Montbrison (11 février 1884).

ALBON (MARQUIS D'), château d'Avauges, par Pontcharra-sur-Turdine (Rhône) (16 octobre 1884).

ALIX (le docteur), médecin-major, au camp de Cervières, Fondouck-Djédid (Tunisie) (15 décembre 1898).

ALVERNY (D'), garde général des Eaux et Forêts, Boën-sur-Lignon (15 janvier 1903).

ANDRIEUX (P), ingénieur-architecte, rue Jacquard, 2, Saint-Etienne (18 mai 1893).

---

(1) La date placée à la suite du nom de chaque sociétaire est celle de son admission dans la Compagnie.

Aux termes de l'article 10 des statuts délibérés en Conseil d'Etat, pour être reçu membre de la Société, il faut être présenté par un des membres et agréé par le Bureau.

MM.

ARLEMPDES (Charles-Emmanuel, baron de Laval d'), château de Salornay, par Hurigny (Saône-et-Loire) (15 mai 1895).

ASTIC (Auguste), notaire, Feurs (20 avril 1895).

AUBERT (l'abbé Ferdinand), curé d'Usson-en-Forez (16 juin 1884).

AUBIGNEU (Antoine d'), Moulins (Allier) (30 septembre 1892).

AVAIZE (Amédée d'), membre de la Société française d'archéologie, rue de la République, 81, Lyon (10 octobre 1872).

BALAY (Ferdinand), notaire, rue de la Paix, 10, Saint-Etienne (2 juillet 1890).

BALAY (Francisque), château de Sourcieux, Chalain-le-Comtal (29 janvier 1891).

BALDIT (Frédéric), avocat, Montbrison (1er janvier 1897).

BARALIER (l'abbé Antoine), professeur d'histoire au Petit Séminaire, Montbrison (21 novembre 1903).

BARLET (Régis), négociant, Usson-en-Forez (23 décembre 1903).

BARTHÉLEMY (Anatole de), membre de l'Institut, du Comité des Travaux historiques et scientifiques et des Sociétés savantes, des Sociétés des Antiquaires de France et de l'Ouest, de la Société française d'archéologie, correspondant de la Société Eduenne, rue d'Anjou-Saint-Honoré, 9, Paris (7 mai 1874).

BARTHOLIN (l'abbé), à Vernaison (Rhône) (24 août 1882).

BASSON (l'abbé), professeur à l'école Bossuet, rue du Luxembourg, 6, Paris (19 décembre 1880).

BATHIAS (l'abbé), curé de Saint-Michel (Loire) par Condrieu (Rhône) (1er avril 1902).

BAUDRIER (Julien), rue Bellecour, 3, Lyon (21 août 1886).

BAUFFREMONT (prince duc de), rue de Grenelle, 87, Paris (27 janvier 1898).

BEAUVERIE (Charles), artiste peintre, Poncins, par Feurs, et 29, rue Gabrielle, Paris (29 septembre 1897).

MM.

BÉGONNET (l'abbé Joseph), vicaire à Saint-Romain-le-Puy (10 juillet 1894).

BERTRAND (Alfred), conservateur du musée départemental, cours de Bercy, 10, Moulins (Allier) (7 février 1887).

BLANC (Antony), banquier, Saint-Bonnet-le-Château (10 octobre 1872).

BOISSIEU (Maurice de), membre de la Société française d'archéologie, correspondant de la Société d'archéologie et de statistique de la Drôme, rue Vaubecour, 12, Lyon et château de la Doue, Saint-Galmier (23 mai 1872).

BONAND (Madame de), château de Montaret, par Souvigny (Allier) et Montbrison (10 juin 1903).

BONJOUR (l'abbé Joseph), supérieur du Petit Séminaire, Verrières (1er octobre 1900).

BONNASSIEUX, notaire, Boën-sur-Lignon (9 octobre 1887).

BONNET (Jules), avoué, rue de la Loire, 23, Saint-Etienne (25 juin 1883).

BOUCHETAL de LA ROCHE (Pétrus), ancien magistrat, Saint-Bonnet-le-Château (10 mai 1882).

BOUCHETAL-LAROCHE (Régis), rue Victor-Hugo, 40, Lyon, et Saint-Bonnet-le-Château (20 février 1900).

BOULIN (Félix), secrétaire de la Chambre de commerce française, New-York (Etats-Unis) (21 août 1886).

BOURGES (Francisque), notaire, Montbrison (17 juin 1902).

BOURNE (Hippolyte), industriel, rue de la Ramousse, Chazelles-sur-Lyon (7 novembre 1900).

BRASSART (Aimé), publiciste, Montbrison (19 novembre 1889).

BRASSART (Eleuthère), imprimeur, membre de la Société française d'archéologie et de la Société Eduenne, correspondant national de la Société des Antiquaires de France, Montbrison (27 mai 1877).

BREBANT (l'abbé Désiré), professeur à Saint-Martin-d'Ainay, Lyon (30 juillet 1902).

MM.

BROSSE (l'abbé Alexis), curé-archiprêtre de Notre-Dame d'Espérance, Montbrison (21 juin 1893).

BROUTIN (Gustave), château des Chassaings, Pouilly-les-Feurs (18 février 1901).

BRUN (l'abbé Jean-François), prêtre retiré, Vernaison (Rhône) (11 septembre 1887).

BUER (l'abbé), curé de Saint-Cyr-les-Vignes, par Bellegarde (6 janvier 1888).

CHABANNES (Henri, comte de), place Bellecour, 30 bis, Lyon, et château de la Tourette, Evaux par l'Arbresle (Rhône) (12 mai 1891).

CHABERT de BOEN (Paul, baron de), membre de la Société de l'Histoire de France et de la Société française d'archéologie, Boën-sur-Lignon (10 octobre 1872).

CHAIZE (Hippolyte), vice-président honoraire du tribunal civil, Montbrison (29 août 1862).

CHAMBRE DES NOTAIRES de l'arrondissement de Montbrison (7 mai 1874).

CHARPIN-FEUGEROLLES (André, comte de), château de Feugerolles, le Chambon-Feugerolles (24 février 1880).

CHARVET (Henri), place Marengo, 5, Saint-Etienne, et château de Vaugirard, Chandieu (10 janvier 1898).

CHASSAIN de la PLASSE (Raoul), membre de la Société française d'archéologie, avocat, Roanne (2 juillet 1877).

CHAUVE (l'abbé Jean-Marie), vicaire à Sainte-Madeleine, Tarare (23 septembre 1898).

CHAYSSAC (Claudius), négociant, Saint-Bonnet-le-Château, (1er août 1901).

CHAZAL (l'abbé), curé d'Écotay-l'Olme (10 juin 1897).

CHEVALARD (Jules du), ancien préfet, château de Vougy, (24 janvier 1901).

CHEVALIER (l'abbé Ulysse), chanoine honoraire, correspondant de l'Institut, de la Société des Antiquaires de France, de la Société littéraire, historique et archéolo-

MM.

gique de Lyon, membre de la Société de l'Histoire de
France et de la Société départementale d'archéologie et
de statistique de la Drôme, membre non résidant du
Comité des travaux historiques et scientifiques, directeur
du Comité d'histoire ecclésiastique et d'archéologie religieuse des diocèses de Valence, Gap, Grenoble et Viviers,
professeur d'histoire ecclésiastique aux Facultés catholiques de Lyon, Romans (Drôme) (18 mai 1881).

CHEVROLAT (l'abbé), supérieur du Petit Séminaire, Montbrison (29 janvier 1891).

COADON (Alexandre), négociant, membre de la Société
française d'archéologie, rue de la Bourse, 5, Saint-Etienne.

CONDAMIN (l'abbé James), docteur en théologie et ès-lettres,
professeur de littérature étrangère à la Faculté catholique
des lettres, chanoine honoraire de Lyon et de Bordeaux,
membre de la Société littéraire, historique et archéologique de Lyon, correspondant national de la Société des
Antiquaires de France, place Bellecour, 26, Lyon (22 novembre 1878).

COSTE (Louis), agent général du Phénix, rue Mi-Carême, 8,
Saint-Etienne (20 novembre 1884).

COSTE (Louis), rue du Plat, 40, Lyon, et les Salles, par
Noirétable (19 juin 1889).

COUDOUR (Étienne), avoué, Montbrison (25 juin 1883).

COULLIÉ (S. É. Mgr. le Cardinal), archevêque de Lyon
(28 octobre 1893).

COURBON (Ferdinand), avoué, rue de la Loire, 14, Saint-
Etienne (18 décembre 1879).

CROZIER (François-Philippe), juge de paix, Montbrison, et
Montoisel, Pralong (29 août 1862).

DAVID (Hippolyte), négociant en soieries, rue Mi-Carême, 6,
Saint-Etienne (9 juin 1903).

DÉAL (l'abbé Joseph), aumônier du Tiers-Ordre, chez M.
Gillier, Saint-Etienne (3 janvier 1895).

MM.

DÉCHELETTE (Eugène), négociant, membre de la Société Eduenne, Roanne (7 février 1884).

DÉCHELETTE (Joseph), conservateur du musée de Roanne, correspondant du Ministère de l'Instruction publique pour les Beaux-Arts et de la Commission des Monuments historiques, inspecteur régional de la Société française d'archéologie, correspondant de la Société archéologique du royaume de Bohême, et de la Société nationale des Antiquaires de France, vice-président de la Société Eduenne, rue de la Sous-Préfecture, 2, Roanne (7 février 1884).

DÉCHELETTE(Mgr Louis-Jean), vicaire général du diocèse, membre de la Société Eduenne, Lyon (27 mai 1880).

DEGRAIX (l'abbé Benoit), curé de Cornillon, par Unieux (2 août 1899).

DELOMMIER (Julien), négociant, Feurs (23 juillet 1903).

DESJOYAUX (Joseph), au Grand-Clos, Cuzieu, par Saint-Galmier, membre de la Société française d'archéologie, conseiller général de la Loire (18 mai 1881).

DESJOYEAUX (Claude-Noel), à la Pareille, rue Marthourey, Saint-Etienne (23 août 1897).

DESVERNAY (Madame la Comtesse Maurice), château de Chenevoux, Néronde (17 juin 1902).

DÈZES (Edouard), président du Tribunal civil, Montbrison (17 avril 1898).

DUCLOS (l'abbé Claude), vicaire à l'Etrat, par Saint-Etienne (3 juin 1902).

DUGAS de la CATONNIÈRE (René, baron), château de la Rey, Saint-Galmier (26 janvier 1882).

DUMAS (Joseph), ancien négociant, rue de la République, 11, Saint-Etienne (9 juin 1903).

DUPIN (Louis), avocat, Montbrison (19 juin 1890).

DUPIN (Pierre), notaire, Montbrison (19 janvier 1890).

DUPRÉ (l'abbé Louis), curé-archiprêtre de Feurs (23 août 1887).

MM.

DURAND (ALBAN), ancien magistrat, Montbrison (12 mai 1891).

DUREL (CHARLES), négociant, Montbrison (30 août 1887).

DUSSER (LOUIS), rue du Colisée, 46, Paris, et Saint-Georges-Hauteville (28 novembre 1882).

EPINAT (l'abbé), curé de Nollieu, par Saint-Germain-Laval (21 août 1886).

EPITALON (JEAN-MARIE), rue Mi-Carême, Saint-Etienne (10 novembre 1884).

FABRE (l'abbé), vicaire à Aveizieu, par Saint-Galmier (26 janvier 1903).

FAISANT (STÉPHANE), industriel, rue Brison, Roanne (12 mai 1887).

FAUGIER (l'abbé ETIENNE), chanoine honoraire de Lyon, curé de Valfleury, par Saint-Chamond (17 mai 1901).

FAURE (EMILE), libraire, Montbrison (5 mai 1892).

FAURE (l'abbé JACQUES), curé de Saint-Laurent-sous-Rochefort (29 novembre 1893).

FAURE (l'abbé PHILIBERT), curé-archiprêtre de Soleymieu (10 mai 1892).

FAUVELLE (l'abbé ADRIEN), professeur à l'institution des Chartreux, Lyon (3 avril 1899).

FERRAN (JEAN), carrossier, Montbrison (22 avril 1893).

FERRATON (l'abbé), à Millery (Rhône) (12 juillet 1880).

FORESTIER (l'abbé AUGUSTE), curé de Saint-Just-sur-Loire (1er juillet 1880).

FORISSIER (HENRI), château de la Pommière, Chalain-le-Comtal (27 mai 1880).

FOUILHOUX (l'abbé JEAN-BAPTISTE), chanoine titulaire, rue neuve des Carmes, 3, Clermont-Ferrand (18 juillet 1889).

FRANÇOIS (le capitaine), officier d'état-major au 105e de ligne, Riom (28 juin 1901).

FRÉMINVILLE (JOSEPH DE LAPOIX DE), archiviste de la Loire,

MM.

correspondant du Comité des Travaux historiques et scientifiques, Saint-Etienne (3o octobre 1891).

GACHET (Marc), avocat, rue du Grand-Moulin, 4, Saint-Etienne (27 août 1881).

GAUTHIER-DUMONT, rue d'Arcole, 5, Saint-Etienne (7 juillet 1890).

GAYET-CHALAND, château de Charmes, par Saint-Donat (Drôme), et rue de Jarente, 18, Lyon (22 février 1900).

GILLET (l'abbé), aumônier, Feurs (19 février 1901).

GONNARD (l'abbé Benoit), curé d'Amions (19 septembre 1893).

GONNARD (Henri), ancien conservateur du Palais des Arts, membre de la Société française d'archéologie, correspondant national de la Société des Antiquaires de France, rue Gambetta, 52, Saint-Etienne (23 mai 1872).

GONON (Emile), avocat, avoué honoraire, rue de la Loire, 14, Saint-Etienne (18 mai 1893).

GONON (Joannès), notaire, Renaison (29 juin 1891).

GOUTORBE (l'abbé), vicaire à St-Germain-Laval (5 juin 1893).

GOUTTEFANGEAS (l'abbé), vicaire à Boën (26 juin 1897).

GRANGER (Pétrus), ancien notaire, rue de la Bourse, 31, Saint-Etienne (23 mai 1872).

GRIMAUD (l'abbé), curé de Saint-Jean-Soleymieu (28 novembre 1899).

GRUBIS (F.), notaire, rue du Général-Foy, 10, Saint-Etienne (20 juillet 1896).

GUILLOUD (Adolphe), avocat, Roanne (6 décembre 1879).

HÉRON de VILLEFOSSE (Antoine), membre de l'Institut et de la Société des Antiquaires de France, conservateur du département de la sculpture grecque et romaine au musée du Louvre, membre du Comité des Travaux historiques et scientifiques, directeur-adjoint à l'Ecole pratique des Hautes-Etudes, rue de Washington, 15, Paris (1er août 1881).

MM.

HUGUET (l'abbé JEAN-BAPTISTE), vicaire à Saint-Bonnet-le-Château (21 octobre 1901).

JACQUES (HENRI), avoué, Roanne (27 février 1888).

JACQUET (CAMILLE), avoué, Montbrison (12 juin 1886).

JARROSSON (l'abbé), vicaire à Notre-Dame-Saint-Vincent, Lyon (20 juin 1897).

JARRY (l'abbé JEAN-BAPTISTE), professeur d'histoire au petit séminaire, Verrières (16 avril 1902).

JAVOGUES (PIERRE), fabricant de produits céramiques, Roanne (22 février 1898).

JEANNEZ (LOUIS), Ouches, par Roanne .(1er janvier 1897).

JORDAN DE SURY (AIMÉ), Sury-le-Comtal (29 août 1862).

JOTILLON (VICTOR), avocat, Roanne (13 mai 1886).

LACHARD (l'abbé), curé de Saint-Clément-les-Places, par Saint-Laurent-de-Chamousset (Rhône) (26 janvier 1892).

LACHAUD (l'abbé SIMON), curé de Loire (Rhône) (14 décembre 1882).

LACHÈZE (LOUIS), Montbrison (29 août 1862).

LACHMANN (EMILE), compositeur de musique, Montbrison (14 février 1886).

LAFAY (OCTAVE), avocat. Montbrison (20 février 1887).

LAFFAY (RÉMY), rue des Marronniers, 2, Lyon (29 août 1894).

LAFOREST-DIVONNE (comte DE), capitaine du recrutement, Roanne (6 février 1901).

LANGLOIS (l'abbé), curé-archiprêtre, Saint-Bonnet-le-Château (27 mai 1877).

LA PLAGNE (AMAURY DE), château de la Tuilière, Montbrison (21 juin 1875).

LA PLAGNE (AMÉDÉE DE), château des Peynots, Saint-Paul-d'Uzore (4 janvier 1901).

LAPRADE (NORBERT DE), Orsan (Gard), et rue Banasterie, 23, Avignon (26 septembre 1884).

MM.

LAPRADE (Paul de), rue Vaubecour, 42, Lyon (26 septembre 1884).

LAPRADE (Victor de), docteur en médecine, rue de Castries, 10, Lyon (16 juin 1884).

LARDERET de FONTANÈS, château de Châtel, Cleppé (6 décembre 1888).

LASTEYRIE (Robert, comte de), membre de l'Institut, secrétaire de la Section d'archéologie du Comité des Travaux historiques et scientifiques, professeur d'archéologie à l'école des Chartes, rue du Pré-aux-Clers, 10 bis, Paris (24 mai 1872).

LE CONTE (Etienne), Montbrison, et château de Champs, Mornand (29 août 1866).

LE CONTE (Jules), château de la Curée, Vivans, par la Pacaudière (1er juin 1874).

LERICHE (Ernest), chemin des Minimes, Sainte-Foy-lès-Lyon (14 mars 1887).

LEVET (Georges), député de la Loire, rue Pasquier, 28, Paris, et Montbrison (5 décembre 1876).

MANIN (l'abbé Jean-Baptiste), chapelain de Fourvières, montée des Anges, 4, Lyon (6 février 1878).

MARNAT (l'abbé Jean-Marie), prêtre retiré, Vernaison (Rhône) (9 mai 1880).

MARNAT (l'abbé Jean-Baptiste), curé d'Allieu (3 janvier 1895).

MARSANNE (l'abbé), curé de Chandieu (20 juin 1886).

MARTIN (l'abbé Jean-Baptiste), membre de la Société littéraire, historique et archéologique de Lyon, place de Fourvières, 2, Lyon (7 février 1897).

MASSARDIER (l'abbé Antoine), curé de Terrenoire (15 juin 1903).

MEAUDRE de SUGNY, château de Sugny, Nervieux, et 21, rue Alphonse Denis, Hyères (Var) (29 août 1862).

MM.

MEAUX (Camille, vicomte de), ancien député, ancien séna-
nateur, ancien ministre, membre de l'Académie de Lyon
et de l'Institut des Provinces, inspecteur de la Société
française d'archéologie, Montbrison et château d'Ecotay-
l'Olme (29 août 1862).

MEAUX (baron Charles de), rue de Courcelles, 16, Paris
(17 février 1897).

MICHAUD (l'abbé Louis), curé de Saint-Thomas-la-Garde
(15 juin 1903).

MONERY (Louis), membre de la Société française d'archéologie, rue de la Sous-Préfecture, 9, Roanne (17 juillet
1883).

MONTGOLFIER (Adrien de), ancien sénateur, ingénieur en
chef des Ponts et Chaussées, directeur des Hauts-Four-
neaux et Forges de la Marine et des Chemins de fer,
Saint-Chamond (29 août 1862).

MONTROUGE (Albert de), rue Saint-Joseph, 17, Lyon et
Montbrison (28 juin 1875).

MOREL (Elie), au Verdier, Ecotay-l'Olme (25 avril 1878).

NESME (l'abbé), prêtre retiré, Vernaison (Rhône) (25 mars 1884).

NEYRAND (Charles), ancien député, membre de la Société
française d'archéologie, Saint-Chamond (11 juillet 1885).

NEYRON (Gabriel), Château-Rose, par Meylieu-Montrond
(10 octobre 1872).

ODIN, docteur en médecine, Saint-Galmier (22 septembre 1897).

OLLAGNIER (l'abbé Charles), chanoine honoraire, curé de
Saint-Pierre-la-Madeleine, Montbrison (7 mai 1874).

ORCEL (Emile), ingénieur à la Compagnie du gaz, rue
Balay, 35, Saint-Etienne (4 juin 1894).

PALLIÈRE (l'abbé), chanoine titulaire, avenue de l'archevêché, 5, Lyon (25 janvier 1902).

PALLUAT de BESSET (Henri, comte), château de la Salle,
Nervieux (19 juin 1890).

MM.

PALLUAT de BESSET (Roger, comte), rue Galilée, 23, Paris, et château de la Salle, Nervieux (19 avril 1900).

PARIS (l'abbé), curé de Marcoux (29 janvier 1891).

PASZKOWICZ (Etienne de), architecte, Roanne (24 mai 1884).

PÉNEL (l'abbé Joseph), Lyon (14 novembre 1902).

PÉNEL (l'abbé Paul), directeur du petit séminaire de Montbrison (20 mars 1903).

PERDU (Léon), docteur en médecine, Montbrison (12 février 1894).

PÉRICHONS (Hector, baron des), château des Périchons, Poncins, par Feurs, et Montbrison (25 avril 1882).

PERRET (Aimé), Ecully (Rhône) (8 août 1897).

PERRET (l'abbé Joseph), professeur au petit séminaire, Montbrison (23 février 1904).

PEYRIEUX (l'abbé), chapelain de Fourvières, Lyon (13 mai 1903).

PEYRON (l'abbé Antoine), curé-archiprêtre de Boën-sur-Lignon (1er juin 1874).

PICARD (l'abbé Louis), curé de Rochetaillée (Rhône) (19 juin 1888).

PICHON (Antoine), négociant, Montbrison (28 mai 1900).

PLANCHET (l'abbé Jacques), vicaire à Notre-Dame, Montbrison (30 janvier 1899).

PLANTIN (l'abbé), rue Auguste-Comte, 11, Lyon (24 octobre 1901).

PLOTTON (l'abbé François), prêtre retiré, Moind (28 août 1887).

POINAT (Jules), membre de la Société française d'archéologie, Saint-Rambert-sur-Loire (7 mai 1874).

POINT, notaire, rue Michelet, 19, Saint-Etienne (27 décembre 1886).

POLIGNAC (duc de), place de la Concorde, 10, Paris, et Houdonville (Eure) (5 février 1897).

MM.

POMÉON (Pierre), imprimeur, place Dorian, Saint-Chamond
(10 juin 1889).

PONCINS (Bernard, comte de), château du Palais, par Feurs
(18 mai 1893).

PONCINS (Edmond, vicomte de), Lailly (Loiret) (28 décembre
1903).

POPULUS, sous-ingénieur des Ponts et Chaussées, Clermont-
Ferrand (17 juin 1888).

PRADIER (Joseph), notaire, Saint-Martin-la-Sauveté
(8 avril 1897).

PRAJOUX (l'abbé Joseph), rue Nationale, 1, le Côteau
(Loire) (31 octobre 1886).

QUIRIELLE (Pierre de), château de Say, Marcilly-le-Pavé
(5 mai 1883).

RAMEL (Elie), banquier, rue des Jardins, 13, Saint-Etienne
(8 décembre 1881).

RAMEL (Jean), quai Saint-Vincent, 26, Lyon (18 mai 1893).

RECORBET (Jean), notaire, Feurs (4 novembre 1899).

RELAVE (l'abbé Maxime), chanoine honoraire de Soissons,
membre de la Société littéraire, historique et archéologique de Lyon, curé de Sury-le-Comtal (26 avril 1879).

RENOUX (l'abbé Joseph), curé de Viplaix (Allier) (3 juillet 1893).

REURE (l'abbé Odon), docteur ès-lettres, professeur à la
Faculté catholique des lettres, chanoine honoraire, aux
Chartreux, Lyon (1er septembre 1891).

REY (l'abbé Jacques), curé de Pomeys, par Saint-Symphorien-
sur-Coise (7 novembre 1892).

REY (l'abbé Laurent), curé de Haute-Rivoire (Rhône)
(14 mai 1894).

REYMONDIER (l'abbé), vicaire, Rive-de-Gier (21 janvier
1888).

ROCHETAILLÉE (Vital, baron de), château de Nantas, Saint-
Jean-Bonnefonds, par Terrenoire (4 août 1864).

MM.

ROCHIGNEUX (Thomas), Montbrison (1er mars 1883).

RONY (Joseph), Montbrison, et les Basties, Lantignié (Rhône) (23 mai 1872).

RONY (Louis), avocat, Montbrison, et Daumois, Allieu (23 mai 1872).

RONY (l'abbé Régis), supérieur de philosophie au grand séminaire, rue Saint-Clément, Nantes (Loire-Inférieure) (13 juillet 1886).

ROUSSE (Ernest), notaire, Montbrison (6 janvier 1894).

ROUSSET (l'abbé Callixte), directeur de l'asile Saint-Léonard, à Couzon au Mont-d'Or (Rhône) (12 avril 1880).

ROUSTAN (Paul), imprimeur, quai du Canal, 1, Roanne (2 juin 1884).

ROUX (André), ancien sous-préfet, château de la Noërie, Néronde (10 octobre 1872).

ROUX (Victor), Nandax, par Vougy 29 août 1862).

SACHET (l'abbé Alphonse), chanoine honoraire, curé de Sainte-Foy-lès-Lyon (7 novembre 1892).

SAIGNOL (Alexandre), ingénieur civil, rue de la Préfecture, 7, Saint-Etienne (18 octobre 1881).

SAIGNOL (l'abbé Laurent), vicaire à Saint-Pierre-la-Madeleine, Montbrison (28 juin 1899).

SAINT-GENEST (Max de), château de la Plagne, Veauche (20 janvier 1895).

SAINT-PULGENT (Alphonse de), Montbrison, et château de Combes, Montverdun (5 décembre 1876).

SAINT-PULGENT (Madame Léon de), Montbrison, et château de Combes, Montverdun (20 février 1887).

SALLEIX (Amédée), licencié en droit, industriel, Régny (21 octobre 1903).

SAUZEY (Eugène du), château de Saint-Vincent, par le Côteau (8 juillet 1874).

SÉON (l'abbé), curé-archiprêtre de Saint-Galmier (26 septembre 1897).

MM.

SERRE (l'abbé Louis), curé de Bellegarde-en-Forez (17 mai 1902).

SIGNERIN (l'abbé Charles), curé-archiprêtre de Saint-Rambert-sur-Loire (16 juillet 1893).

SIVARD (l'abbé), curé de Bussières (14 juin 1886).

STEYERT (André), place Bellecour, 21, Lyon (12 avril 1880).

SUGNY (comte de), ancien député, boulevard Saint-Germain, 234, Paris et château de Genetines, Saint-Romain-d'Urfé (29 août 1862).

TARDIEU (Paul), en religion frère Samuel, Saint-Etienne (26 novembre 1890).

TESTENOIRE-LAFAYETTE (Philippe), membre de la Société française d'archéologie, ancien notaire, rue des Jardins, 28, Saint-Etienne (20 juin 1875).

TÉZENAS du MONTCEL (Paul), avocat, rue de la République, 23, Saint-Etienne (9 juin 1903).

THEVENET (Benoit), architecte, Montbrison (20 janvier 1887).

THEVENET (Joanny), architecte expert, Montbrison (3 janvier 1895).

THIBAUD (Antoine), notaire, Saint-Polgues, par Saint-Germain-Laval (18 juillet 1894).

THIOLLIER (Félix), rue de Grenelle, 27, Paris, et rue de la Bourse, 28, Saint-Etienne (7 juillet 1879).

THIOLLIER (Noel), archiviste-paléographe, rue de la Bourse, 28, Saint-Etienne (5 février 1896).

THIOLLIÈRE de la GARINIÈRE (Remy), Saint-Galmier (23 septembre 1897).

TOURNELLES (Vital, baron des), place Bellecour, Lyon, et château de Crary, par Charolles (Saône-et-Loire) (6 décembre 1888).

TRABUCCO (l'abbé Jules), curé de Fontaines-Saint-Martin (Rhône) (27 mai 1880).

MM.

VALENDRU (l'abbé Noel), curé de Chalain-le-Comtal (20 avril 1901).

VANEL (l'abbé Jean-Baptiste), curé de Saint-Joseph-la-Demi-Lune (13 décembre 1895).

VARAX (Paul de riverieulx de), château de Rochefort, par Amplepuis (Rhône) (24 octobre 1901).

VAZELHES (Étienne, baron de), Montbrison, et Grézieu-le-Fromental (16 février 1878).

VERCHÈRE (Gabriel), notaire, Saint-Germain-Lespinasse (22 juin 1884).

VERRIERE (Marc), avoué, rue de Cadore, Roanne (19 mai 1887).

VERSANNE (l'abbé Jean-Marie), prêtre retiré, Montbrison (7 mai 1874).

VIDAL (Raymond), contrôleur des contributions directes, rue Saint-Savournin, Marseille (13 mars 1890).

VIER (Louis), ancien président de l'Administration des Hospices, membre de la Société française d'archéologie, Saint-Etienne (29 août 1862).

VILLECHAIZE (Just, comte de), Noirétable (6 juin 1889).

VIRIEUX (l'abbé), curé d'Ecully (Rhône) (28 février 1882).

MEMBRES CORRESPONDANTS

BEAUJOLIN (Lucien), docteur en médecine, Saint-Symphorien-sur-Coise (Rhône) (16 octobre 1884).

BONAND (Odile de), château de Montaret, par Souvigny (Allier), et Montbrison (26 février 1903).

BOUDON (Albert), place du Breuil, le Puy (Haute-Loire) (30 juillet 1903).

BOURBON (T.), architecte, place de la Bourse, 2, Lyon (10 juillet 1898).

MM.

CLAVIERES (Raoul de) château de Jarnioux (Rhône) (20 janvier 1895).

DULIER-VIELLARD, agent-voyer départemental en retraite, Lezoux (Puy-de-Dôme) (20 mai 1891).

DUMOULIN (Maurice), route d'Ecquevilly, 59, les Mureaux (Seine-et-Oise) (28 septembre 1888).

FABRE (Paul), docteur en médecine, Commentry (Allier) (14 septembre 1882).

GALLE (Léon), quai de la Pêcherie, 1, Lyon (6 décembre 1886).

GUILHAUME (Charles), receveur des contributions indirectes, Noirétable (28 août 1880).

JAMOT (Claudius), architecte, rue Vaubecour, 27, Lyon (16 juin 1888).

LACROIX (Joseph), avocat, Espalion (Aveyron) (6 février 1900).

LEBLANC (Joseph-Toussaint), juge de paix, Saint-Laurent-de-Chamousset (9 janvier 1891).

LONGEVIALLE (Louis de), rue Sala, 4, Lyon (14 mars 1895).

MARCHÉ (Joseph du), Bourg et Marboz (Ain) (12 juillet 1880)

MARCILLY (Henri de), consul de France, en résidence à Paris (6 novembre 1899).

MATAGRIN (Henri), légiste, Corbelin (Isère) (2 janvier 1890).

NOBLET LA CLAYETTE (marquis de), château de Pluvy, par Saint-Symphorien-sur-Coise (Rhône), et château de la Clayette (Saône-et-Loire) (29 décembre 1897).

QUIRIELLE (Roger de), Montaiguet (Allier) (24 août 1882).

RICHARD (Paul), secrétaire de la société de géographie, chemin de Francheville, 10, Lyon (28 décembre 1895).

ROUSSE (Xavier), ingénieur des arts et manufactures attaché à la Compagnie P.-L.-M., rue de l'Yvette, 6, Paris-Auteuil (22 mars 1898).

MM.

RUFFIER (Eugène), 3o, rue du Plat, Lyon (9 juin 1903).

SACONAY (Johans Dareste de), château de Saconay, par Saint-Symphorien-sur-Coise (Rhône) (29 janvier 1885).

SAINT-VICTOR (Charles de), correspondant de la Société départementale d'archéologie et de statistique de la Drôme, château de Chamousset, Saint-Laurent-de-Chamousset (Rhône) (11 avril 1878).

TEMPIER (D.), archiviste départemental, place Duguesclin, 6, Saint-Brieuc (Côtes-du-Nord) (5 décembre 1876).

VACHEZ (Antoine), avocat à la Cour d'appel, membre de l'Académie et de la Société littéraire, historique et archéologique de Lyon et de la Société française d'archéologie, correspondant national des Antiquaires de France, place Saint-Jean, 2, Lyon (10 juin 1873).

SOCIÉTÉS CORRESPONDANTES

Académie delphinale, Grenoble.

Académie de Mâcon.

Académie de Nîmes.

Académie des Inscriptions et Belles-Lettres, Paris.

Académie des Sciences, Agriculture, Arts et Belles-Lettres Aix-en-Provence.

Académie des Sciences, Arts et Belles-Lettres, Dijon.

Académie des Sciences, Belles-Lettres et Arts, Besançon.

Académie des Sciences, Belles-Lettres et Arts, Clermont-Ferrand.

Académie des Sciences, Belles-Lettres et Arts de Savoie, Chambéry.

Académie des Sciences, Belles-Lettres et Arts, Lyon.

Académie de Vaucluse, Avignon.

Académie du Var, Toulon.

Académie d'Hippone, Bône.

Académie d'Histoire et d'Antiquités, Stockolm.

Archives de la Loire.

Bibliothèque de la Sorbonne, Paris.

Bibliothèque de la ville de Roanne.

Bibliothèque de la ville de Saint-Etienne.

Chambre de Commerce de Saint-Etienne.

Comité de l'Art chrétien du diocèse de Nîmes.

Comité d'Histoire ecclésiastique et d'Archéologie religieuse des diocèses de Valence, Gap, Grenoble et Viviers, Romans.

Commission des Antiquités du département de la Côte d'Or, Dijon.

Commission historique du Nord, Lille.

Institut de Carthage, Tunis.

Ministère de l'Instruction publique et des Beaux-Arts.

Ministère de l'Instruction publique et des Beaux-Arts.

Comité des travaux historiques et scientifiques, Paris.

Direction des Beaux-Arts, bureau de l'Enseignement et des Manufactures nationales, 5, rue de Valois, Paris.

Ministère de l'Instruction publique et des Beaux-Arts, Direction du Musée Guimet, Paris.

Revue de l'histoire de Lyon.

Revue épigraphique.

Revue historique, archéologique, littéraire, illustrée du Vivarais.

Semaine religieuse du diocèse de Lyon.

Smithsonian Institution, Washington.

Société agricole et scientifique de la Haute-Loire, le Puy.

Société archéologique du Midi de la France, Toulouse.

Société archéologique de Tarn-et-Garonne, Montauban.

Société archéologique et historique de la Charente, Angoulême.

Société archéologique et historique de l'Orléanais, Orléans.

Société archéologique, Montpellier.

Société archéologique, scientifique et littéraire, Béziers.

Société bibliographique et des publications populaires, Paris.

Société d'Agriculture, Industrie, Sciences, Arts et Belles-Lettres du département de la Loire, Saint-Etienne.

Société d'Agriculture, Sciences, Arts et Commerce, le Puy.

Société d'Archéologie lorraine et du musée historique lorrain, Nancy.

Société de Borda, Dax.

Société d'Émulation, Abbeville.

Société d'Émulation et d'Agriculture de l'Ain, Bourg.

Société d'Émulation et des Beaux-Arts de l'Allier, Moulins.

Société d'Émulation du Doubs, Besançon.

Société départementale d'archéologie et de statistique de la Drôme, Valence.

Société de Saint-Jean, Paris.

Société des Amis de l'Université, Clermont-Ferrand.

Société des Amis des Sciences et Arts, Rochechouart.

Société des Antiquaires de Normandie, Caën.

Société des Antiquaires de l'Ouest, Poitiers.

Société des Antiquaires de Picardie, Amiens.

Société des Antiquaires du Centre, Bourges.

Société des Archives historiques de la Saintonge et de l'Aunis, Saintes.

Société des Bollandistes, Bruxelles.

Société de secours des amis des Sciences, Paris.

Société des Etudes historiques, Paris.

Société des Lettres, Sciences et Arts de l'Aveyron, Rodez.

Société des Sciences et Arts du Beaujolais, Villefranche-sur-Saône.

Société des Lettres, Sciences et Arts de la Haute-Auvergne, Aurillac.

Société des Lettres, Sciences et Arts, Rive-de-Gier.

Société des Sciences naturelles et d'Archéologie de l'Ain, Bourg.

Societé des Sciences historiques et naturelles, Semur-en-Auxois.

Société des Sciences naturelles et d'enseignement populaire, Tarare.

Société d'Études des Hautes-Alpes, Gap.

Société d'Études scientifiques et archéologiques, Draguignan.

Société d'Histoire, Archéologie et Littérature, Beaune.

Société d'Histoire et d'Archéologie, Châlon-sur-Saône.

Société Eduenne des Lettres, Sciences et Arts, Autun.

Société française d'Archéologie, Caen.

Société Gorini, Bourg.

Société historique, Compiègne.

Société historique et archéologique du Maine, le Mans.

Société littéraire, historique et archéologique, Lyon.

Société nationale des Antiquaires de France, Paris.

Société neuchâteloise de géographie, Neufchâtel.

Société philomatique, Paris.

Société scientifique et littéraire, Alais.

Université de Lyon.

II.

PROCÈS VERBAL DE LA RÉUNION
DU 23 FÉVRIER 1904.

Sont présents : MM. d'Alverny, Baldit, abbé Baraillcr, abbé Bégonnet, E. Brassart, abbé Brosse, abbé Buer, abbé Chevrolat, Crozier, J. Déchelette, baron Dugas de la Catonnière, Durel, H. Gonnard, Jacquet, abbé Lachaud, Lachèze, Lachmann, Lafay, E. Le Conte, vicomte de Meaux, Monery, Morel, docteur Perdu, baron des Périchons, abbé Perret, abbé Relave, abbé Reure, Rochigneux, L. Rony, J. Rony, Alph. de Saint-Pulgent, Testenoire-Lafayette, abbé Versanne.

Ont écrit pour s'excuser de ne pas assister à la réunion : S. E. le cardinal Coullié, MM. de Boissieu, comte de Charpin-Feugerolles, Chassain de la Plasse, C.-N. Desjoyeaux, Jamot, Leriche, chanoine Sachet, abbé Serre.

En ouvrant la séance, M. le Président a parlé en ces termes des membres récemment décédés :

« Depuis notre dernière réunion nous avons encore à déplorer la perte de trois de nos confrères : M. Crépet appartenait depuis plus de vingt ans à notre Société ; il assistait à nos séances avec une assiduité dont nous devons lui savoir gré. M. Gros au contraire était un nouveau venu à Montbrison, un nouveau venu à la Diana. Mais il s'était parmi nous promptement fait des amis, en même temps que dans l'exercice de sa profession de pharmacien il s'était assuré l'estime et la confiance générale et peut-être nous est-il permis de penser qu'en voulant être admis dans notre compagnie, où nous nous étions félicités de l'accueillir, il avait attesté l'attrait que notre pays de Forez inspire à ses habitants de fraîche date, aussi bien qu'à ceux qui y sont enracinés. M. l'abbé Juthie curé de Saint-Laurent-de-Chamousset était un enfant de Verrières, un élève du séminaire de Verrières. Ses souvenirs de famille et tout ensemble sa propre éducation l'attachaient à cet établissement. On comptait sur lui pour en écrire la chronique. Puisse cette chronique se retrouver dans ses papiers ! elle importe singulièrement à l'histoire de la renaissance religieuse en notre pays à la suite de la Révolution, elle en fournirait l'un des plus intéressants chapitres ! »

Excursion pour 1904.

M. le Président dit qu'au mois de juin prochain la Société française d'Archéologie doit tenir au Puy son congrès annuel. Il propose de faire coïncider l'excursion de la Diana avec le Congrès et de lui donner pour but soit le Puy, soit une autre localité de la Haute-Loire, où la Diana pourrait se rencontrer avec la Société française d'Archéologie. De nombreux membres de cette société sont restés en rapport intime avec la Diana depuis le Congrès de Montbrison, en 1885.

Cette proposition mise aux voix est adoptée à l'unanimité.

Sont élus commissaires : MM. Boudon, J. Déchelette, Gonnard, P. Testenoire-Lafayette, N. Thiollier.

Conférence sur Claude Henrys, à la Faculté catholique d'Angers.

M. le Président ajoute : loin de nous, à Angers, un professeur de la Faculté catholique de droit a consacré une de ses conférences à un forézien célèbre, le jurisconsulte Claude Henrys. Le conférencier M. Henry, presque un homonyme, père du lieutenant Henry mort si héroïquement au dernier siège de Pékin, a étudié notre compatriote non pas comme jurisconsulte mais comme théologien. Il a analysé et commenté le rarissime livre de Claude Henrys, *Des mystères de l'Homme Dieu.* Sa conférence est en somme un hommage rendu au Forez et dont nous devons être reconnaissants et fiers.

Sur l'auteur d'un recueil manuscrit de la bibliothèque de Lyon, de la Religieuse Sophie, *ou* Sophie Forestiere, *et de l'*Amour, Mirouer du dévot Chrestien. — *Communication de M. l'abbé Reure.*

En 1617, parut à Lyon un livre portant ce titre curieux :

La Religieuse Sophie, Pour l'entretien des doctes Esprits, consolation des affligez, et exercice spirituel des Solitaires : Contenant douze Iournees, et neuf Tableaux. Avec la Table des Tiltres, qu'on trouvera à la fin du livre. Par l'Ermite Forestier. Dedié aux quatre Euangelistes. A Lyon, Par Claude Morillon,

Imprimeur et Libraire de M. la Duchesse de Mont-
pensier. M. DC. XVII. Avec approbation, et permis-
sion. — In-8 ; 468 pp., y compris le titre et les
pièces liminaires, et, à la fin, 4 ff non chiffrés. Les
attestation, consentement et permission sont du 22
décembre 1616, et rien n'indique que cette édition
ait été précédée d'une autre.

Quatre ans plus tard, l'ouvrage fut réimprimé
avec ce titre un peu rafraîchi :

La Sophie Forestiere, pour l'entretien des doctes
esprits, consolation des affligez, et exercice spirituel
des solitaires. Contenant douze iournées, y ioincts
neuf Tableaux. Par l'Hermite du Mont-Rompu.
Dedié aux Saincts quatre Euangelistes. A Lyon, Par
Vincent de Cœursilly, en ruĕ Tupin. M. DC. XXI.
Avec Approbation et Permission. — In-12 ; 12 ff.
limin. non chiffrés, et 299 pp. L'approbation est du
17 janvier 1621, les consentement et permission,
du 20 janvier 1621. Cette édition a, de plus que la
précédente (pp. 289-299), une longue et importante
lettre adressée à l'Ermite du Mont-Rompu par « un
de ses frères » (1).

Il serait trop long d'analyser ce livre, d'une con-
ception originale, et qui n'est pas sans mérite (2).
L'Ermite forestier, ou l'Ermite du Mont-Rompu se
met lui-même en scène avec l'Ermite champestre,
qui est peut-être le même que l'Ermite du Champ-
Renard. Tous deux devisent longuement, en gens
que rien ne presse ; ils charment et sanctifient les

---

(1) Je suis porté à croire que ce « frère » est un compagnon de solitude.

(2) On peut voir l'*Ancien Forez*, IV, p. 129 et suiv.

loisirs de leur solitude par de savants entretiens sur Dieu, les anges, l'homme, la philosophie, l'astronomie, la botanique, etc. L'auteur a des idées sur tout, beaucoup de lecture, et fait des citations copieuses ; sa prose est d'un tour assez heureux, mais les vers dont il a cru embellir son ouvrage sont détestables, même pour un temps où l'on n'était pas fort difficile.

L'année même où il réimprimait la *Sophie*, Cœursilly publiait encore :

De l'Amour, le Mirouer du devot Chrestien. Dans lequel sont aucunement representees l'extraction, la puissance et les effects du vray amour. Enrichi de mainte belle doctrine des Sages Anciens. A Lyon, Pour Vincent de Cœursilly, en ruë Tupin. M. DC. XXI. Avec Permission (1). — In-12 ; 261 pp., y compris le titre et les liminaires, et 1 f. non chiffré pour un double errata. On trouve au commencement du volume, outre un avis au lecteur et une dédicace sur laquelle je reviendrai, des vers de Pierre Cornu et de François de Peacieu, et à la fin, au v° non chiffré de la p. 261, ce méchant quatrain d'un Forézien :

> Ton livre, du sainct feu nous monstrant le pouuoir,
> La beauté des esprits subiects à ceste flame,
> C'est plustost un tableau que ce n'est un miroir,
> Qui represente au uif la beauté de ton ame.
>
> François de Solleyzel du Clapier, *Escuyer.*

---

(1) Je dois la communication de ce rare volume à M. de Terrebasse, que je serai cependant obligé de combattre plus loin. Il voudra bien m'en excuser, je l'espère.

Cette édition n'est pas d'ailleurs la première, comme on verra plus loin, et il est même probable que le livre, achevé au plus tard en 1586, avait été imprimé bien longtemps avant 1621 ; mais je ne connais aucun exemplaire de l'édition ou des éditions antérieures. Cet ouvrage, tout entier écrit en vers, sauf la dédicace et l'avis au lecteur, est une sorte de traité spirituel de l'amour de Dieu, considéré comme le flambeau de la vie chrétienne. Comme il est soutenu par une ferveur communicative, illustré de comparaisons pittoresques, animé par la satire des vices, il n'est pas trop ennuyeux, malgré l'extrême médiocrité des vers.

Je me propose de démontrer que la *Sophie* et l'*Amour* sont de Gaspard Paparin, né à Cervières, le 14 août 1546, de Jean Paparin et de Claire Geffroy (1), chanoine de Notre-Dame de Montbrison, mort en 1621, selon La Mure (2). Je ferai voir aussi que Gaspard Paparin est l'auteur d'un recueil manuscrit de la bibliothèque de Lyon, sur lequel je vais d'abord donner quelques renseignements.

Ce manuscrit (3) est un petit et mince volume de 53

---

(1) M. Dumoulin, *A travers les vieux livres*, pp. 21-23 (fragment du livre de raison de Jean Paparin).

(2) *Astrée Sainte*, pp. 318-321 (dans la notice sur Pierre Paparin).

(3) Nº 663 du catal. Delandine ; — nº 755 du catal. Molinier-Desvernay. 125 sur 88 millim. ; papier ; rel. en parch. ; écrit. du XVIe ou du commenc. du XVIIe s. Le numérotage des 53 ff. est récent; un f. a été arraché entre ceux qui sont chiffrés 20 et 21. Les 4 ff. de tête n'appartiennent pas au texte, qui ne commence qu'au f. 5, et portent diverses mentions : « Marie Mazet, ce 11e septembre 1703 », et « Delarivollière » ; on lit encore, d'une écriture assez moderne, au rº du f. 50 : « J'aime Mademoiselle Adelaïde Dupuis ».

feuillets, mêlé de prose, de vers et de musique, sans titre général. L'auteur ne nous apprend pas son nom, mais plusieurs pièces sont signées de ses initiales G. P. L'écriture, très nette et très lisible, a un tel air de parenté avec celle de Loys Papon, que notre anonyme et Papon pourraient bien avoir été formés à cette belle calligraphie par le même pédagogue (1). Ma première idée avait été de lire, sous les initiales G. P., le nom de Gilbert Papon, d'autant que lui aussi se piquait un peu de poésie ; mais, pour divers motifs, cette attribution ne serait pas soutenable.

Le recueil a été composé, au moins en partie, dans le dernier tiers du XVIe siècle, car des morceaux sont datés de 1569 et de 1571. Du reste, il n'est pas disposé dans l'ordre chronologique ; les divers morceaux ont été relevés après coup, et rangés selon la fantaisie de l'écrivain. On voit par ses relations qu'il était Forézien ; mais, pour que nous n'en tirions pas vanité, j'avertis tout de suite que ses vers sont très mauvais.

Dans une préface en prose, il nous donne avis que, « ayant faict la plus part de ce qui est dedans ce livre parmi les bouillons ardens de ses jeunes fureurs, au temps qu'il avoit encor en l'esprit la brelue d'erreur et d'ignorance », il ne faudra pas se scandaliser, si on rencontre parfois de « chatouilleuses expressions et inventions folles », qui pourraient offenser les « oreilles virges *(sic)* et delicates, ains considerer que c'est chose qui semble

---

(1) Je rappelle qu'un autre Forézien du même siècle, Etienne du Tronchet, « paignoit fort bien son escriture » (Du Verdier, *Bibliothèque,* éd. de 1585, p. 351).

mendier plus tost commiseration et pitié, d'avoir
fally a escrire de matieres plus serieuses ». En vérité, G. P. exagère ses gaillardises de jeunesse, et,
si on veut bien passer condamnation sur quelques
petites légéretés sans conséquence, on trouvera que
tout est honnête et avouable (1).

Je n'ai pas l'intention de passer en revue, pièce
par pièce, le contenu du volume. On y trouve en
grand nombre, selon la mode du siècle, des anagram-
mes dont je n'essayerai pas de percer le mystère (2) ;
une ode *A trois Pomettes*, une *Fiction poetique*, un
Dementye, une *Responce a un sonnet de des Portes*,
un *Ravissement pour sa Caliope*, des vers sur la
bataille de Lépante, *Sur les calamitez du temps present*,
pour un masque, une *Vision œnigmatique*, très énig-
matique en effet, mais qui cependant m'a paru être
une invective contre les huguenots :

> Par blasphemes estranges,
>
> Vous provoquez le celeste courroux,
>
> Dont les esclatz rejalliront sur vous.

J'arrive à ce qui a plus d'intérêt. Le premier morceau en vers, intitulé : *Songe*, est une petite curiosité montbrisonnaise. G. P. s'est vu en songe, à
Montbrison (3), sur le pont Notre-Dame, au-dessus

---

(1) C'est, je le conjecture, par excès de scrupule que beaucoup de mots ont été biffés dans le manuscrit, et peut-être
aussi qu'un feuillet a été enlevé.

(2) Un exemple suffira : « Anag. pour M. G. C. laquelle demeura longtemps fiancée avant que d'espouser » ; si on aime
les casse-tête, on cherchera le nom de la dame dans le mot
de l'anagramme : *Vierge ne vy fachée.*

(3) G. P. ne le dit pas positivement ; mais, si on réfléchit
que l'auteur est un Forézien et un chanoine de Montbrison,
il me semble qu'on ne peut guère en douter.

d'un « vif torrent » qu'il venge ainsi d'avance des méchantes plaisanteries de la postérité !

> C'estoit lors que le miel d'un sommeil gratieux
> Couler plus doucement se laisse sur noz yeux,
> Quand il me fut advis (o chose merveilleuse)
> Voir au dedans des murs de cette ville heureuse,
> Par le milieu desquelz s'egaye un vif torrent
> Qui murmure sans cesse et le lieu plus beau rend,
> Droit sur l'arc du milieu soubz lequel l'eau s'ecoule,
> Et, fuyant doucement, vers la plaine se roule :
> C'est sur ce pont pierreux que j'avise de front
> L'orme tant ancien et le Temple qui font,
> Par leur plan gracieux et plaisante assiette,
> Qu'en admirant le lieu chacun son œil y jette,
> Dont jadis le pourpris fut a l'honneur reduict
> De celle qui du Monde a le Sauveur produict.
> Par la je vy marcher une trope celeste...

Cette « trope celeste », ce sont les Muses, précédées d'Apollon, et j'ai cru découvrir en cette allégorie une allusion au cénacle des poètes foréziens. Je pense n'avoir pas besoin de déclarer que j'abandonne les vers de G. P. à toutes les rigueurs de la critique.

Deux sonnets intitulés : *L'Abé de Malgouvers* et *L'Abé de Saint Clair* racontent, mais en termes très obscurs, un incident de la vie de l'auteur ; on y apprend du moins qu'il avait fait un voyage en Afrique ou en Orient pour racheter des esclaves chrétiens :

> Tandis que l'aiguillon d'une charité saincte
> N'avoit époinsonné, par monimens divers,

D'aller pour racheter, au bout de l'univers,
Les Chrestiens qui vivoient sous la Moresq crainte, etc.

Voici maintenant des pièces de quelque intérêt
pour l'histoire littéraire du Forez : un sonnet à
Etienne du Tronchet, trois à « M. de Marcily »
(Loys Papon), deux à Pierre Dupuy, curé de Saint-
Galmier, à qui notre poète écrit :

Cher frere en Apollon, mon cher du *Puy*, dont l'ame
S'abreuve heureusement au *puis* Pegasien,
Haste toy, je te prie, haste toy, et t'en vien,
Pour eschauffer noz cueurs de cette saincte flamme.
Nostre *divin Papon*, que Phebus tout enflamme,
Te desire et te veult : viens donq, fay nous ce bien.

On notera cette circonstance, que le premier
sonnet à Loys Papon a été écrit par l'auteur « es
rochers sauvages », dans une solitude où il s'était
retiré.

Anne d'Urfé, quoique bien jeune encore, rimait
déjà des vers ; G. P. explique ce phénomène dans
un sonnet qui finit par une « pointe » inattendue en
l'honneur de Diane de Châteaumorand :

Amy, que reste tu de merveille estonné,
Si ce jeune Seigneur, d'un'aile peu cogneue
Aux nourrissons de Mars, saillit à l'impourveue
Dessus le mont fourchu aux neuf Sœurs ordonné ?

Amy que reste tu de merveille estonné,
Si, chery d'Apollon, il beut de l'onde éleue
Qui flue abondamment dans Parnasse et reflue,
Sentant d'un beau laurier son chef environné ?

De moy, je ne puys tant admirer ce mistere,
Car certes Apollon rien moins ne pouvoit faire

Que de luy départir d'un frere la douceur.

Quoy ! n'estoit il raison qu'il donnast en partage
De ses riches butins le plus cher heritage
A celuy qui avoit pour espouse sa sœur ! (1)

Ce sonnet à Mgr d'Urfé est précédé d'un envoi en prose au même personnage, où sont prononcés les noms de quelques lettrés foréziens : « Monsieur Duvent (2) m'a fait voir les fruictz de voz rares et excellentes vertus (3), desquelles je demeure grandement amy et admirateur, bien qu'en mon sonnet je semble dissimuler cette merveille. Je cognoys assez qu'il n'est pas digne de marcher au rang des vostres, ny de ceux de Messrs de Marcyly et du Verdier » (4). Loys Papon semble avoir été, en ce temps là, le dieu de cette modeste littérature locale.

Vers le milieu de son recueil, G. P. a inséré trois ou quatre lettres à sa parenté, une, entre autres, à « Monsieur son oncle » qui, selon toutes les apparences, est Pierre Paparin, évêque de Gap ; on y voit qu'il tremblait devant les reproches de cet oncle sévère et redouté.

Arrivé au 30e feuillet, et passant brusquement, comme il dit, « de la Philosophie à la Theologie », c'est-à-dire du profane au sacré, il fait amende honorable et chante palinodie, avec une espèce de solen-

---

(1) Equivoque assez claire sur la déesse *Diane*, sœur d'Apollon, et *Diane* de Châteaumorand, femme d'Anne d'Urfé.

(2) Flory du Vent, précepteur et ensuite secrétaire d'Anne d'Urfé. Il y a des vers de sa façon dans les *Diverses Leçons* d'Ant. du Verdier et dans les *Hymnes* d'Anne d'Urfé.

(3) C'est-à-dire les poésies d'Anne d'Urfé.

(4) Loys Papon et Antoine du Verdier.

nité, par ces quatre vers écrits en capitales au milieu
de la page :

> A Dieu desormais je dedie
> L'honneur de mes plus chastes feuz,
> Et, concevant de nouveaux vœuz,
> Je chante la Palinodie.

Suivent quatre pages en prose, où il explique sa
conversion à des idées nouvelles. Les anciens ont
connu trois genres de musique : la phrygienne, aux
accents plaintifs et lamentables, la lydienne, molle,
efféminée et voluptueuse, la dorienne, plus contenue
et plus grave. En sa tumultueuse jeunesse, l'auteur n'a
que trop sacrifié à la musique phrygienne et à la
lydienne, et bien difficilement il s'est décidé à leur
envoyer « le libelle de repudiation ». Mais, averti
par ses poils qui commençaient à grisonner, il s'est
enfin tourné vers la dorienne. Arrière donc la lydienne
avec ses « voluptés chatouilleuses », la phrygienne
avec sa fureur barbare et son délire. Il ne veut plus
goûter que la « jouissance des poemes angeliques,
et les divins enchantemens » d'une musique céleste.

Nous avons des échantillons de cette musique
céleste dans les cantiques pieux qui terminent le
manuscrit : *Theophilie ; De serf libre ; Protestation
a la Magesté Divine de ne l'offenser plus ; A la Vierge
Mere ; Imitation du Cantique des cantiques*, etc. Ils
sont accompagnés de leurs airs notés en lettres, et
malheureusement inaccessibles à mon incompétence :
on y recueillerait peut-être de jolies mélodies de
notre vieux Forez. Quant aux couplets, l'auteur les
a faits en partie lui-même ; d'autres, tirés de poètes
français ou italiens, ont été au moyen d'innocentes

corrections, « par luy changez en quelques paroles, le sens desquelles il a aucunemént reformé, et acommodé à son intention, suyvant le conseil de quelque Sage qu'il ne fault quelquefois que changer un mot en une poesie pour en changer le sens et la substance, et le redresser au sentier de vertu et d'honesteté ».

On remarquera le titre d'une de ces chansons pieuses : *L'amoreux de Sapience à sa Sophie.* Cela ne rappelle-t-il pas la *Religieuse Sophie* ou la *Sophie Forestière*? Mais au reste, que l'auteur du recueil manuscrit soit le même que celui de la *Sophie*, ce n'est pas une simple conjecture, c'est une certitude.

Il est aisé d'en faire la preuve. Nous retrouvons, dans la douzième journée de la *Sophie*, ou « Testament de l'Ermite », et rendus presque dans les mêmes termes, les regrets de l'auteur sur sa jeunesse gaspillée aux vanités du siècle, son repentir et ses excuses sur les « bouillons ardens de ses jeunes fureurs », ses considérations sur les trois musiques des anciens, et sa renonciation à la phrygienne et à la lydienne. Nous retrouvons aussi dans la *Sophie*, et cette fois mot pour mot, la palinodie citée plus haut :

A Dieu desormais je dedie, etc.

Ce point est donc acquis : l'auteur du volume manuscrit de la bibliothèque de Lyon est le même que l'Ermite Forestier, ou l'Ermite du Mont-Rompu, qui a composé la *Religieuse Sophie* ou la *Sophie Forestiere.*

Il faut maintenant faire voir qu'il a écrit aussi l'*Amour, Mirouer du devot Chrestien*, et que G. P., l'auteur unique de tous ces ouvrages, ne peut être que Gaspard Paparin.

L'*Amour* s'ouvre par une dédicace « A Monseigneur le Reverendissime Evesque, Seigneur, et
Compte de Gap », par son « tres humble neveu ».
M. H. de Terrebasse (1) n'eut pas de peine à prouver
que cet évêque de Gap était Pierre Paparin, bien
qu'il fût mort en 1600, vingt et un an avant l'impression (ou plutôt la réimpression) du poème de
l'*Amour* ; car tout ce que cette dédicace nous apprend
s'applique, sans le moindre doute, à Pierre Paparin,
et même on y cite sa *Paraphrase d'octante Psalmes
de David* (2). M. de Terrebasse démontra fort bien
aussi que l'*Amour* avait été écrit entre 1582 et 1586,
c'est-à-dire entre l'impression de la *Paraphrase* et
la rentrée de Pierre Paparin dans sa ville épiscopale.

M. de Terrebasse avait enfin conclu de ses investigations que l'humble neveu de Pierre Paparin était
Claude Paparin, seigneur de Chaumont et de Château-Gaillard en Forez, et de Saint-Didier en Provence, fils de Jacques Paparin et de Marquise Chalancon. Cette déduction est au premier abord très
séduisante ; car on sait que Claude Paparin avait
suivi l'évêque de Gap en Dauphiné, et lié sa fortune
à celle de son oncle ; ce qui s'accorde tout à fait
avec la dédicace de l'*Amour*, où l'auteur nous
apprend qu'il avait quelque temps vécu auprès de
son oncle. M. de Terrebasse ne connaissant ni les
deux éditions de la *Sophie*, ni le manuscrit de Lyon,
et ne pouvant les comparer avec l'*Amour*, rien ne
paraissait plus naturel que la conclusion à laquelle
il s'était arrêté.

---

(1) *Recherches bibliographiques. Un poète forézien au
XVI⁰ siècle*, Lyon, 1884, in-8⁰, 13 p.

(2) Paris, Nic. Chesneau, 1582, in-8.

Toutefois, en y regardant de près, certaines objections auraient pu déjà se présenter à son esprit. Le poète de l'*Amour* quitta Pierre Paparin après la prise de Gap par les huguenots, en 1577, et il ne semble pas que Claude se soit jamais beaucoup éloigné de son oncle. L'auteur a écrit son livre dans la solitude : quelle put être la solitude d'un soldat occupé toute sa vie d'affaires et de combats ? La science ascétique, et surtout le ton tout confit en piété de l'*Amour* conviennent mal à l'existence agitée et au caractère violent de Claude Paparin, qui faisait peu évangéliquement bâtonner un malheureux procureur en pleine rue (1). Ce rude homme de guerre, plus habitué à manier l'arquebuse que la plume du théologien et du mystique, était-il préparé à chanter le « trois fois sainct amour » (2)?

Il est donc bien plus probable, même avant toute preuve positive, que l'auteur de l'*Amour* n'est pas Claude Paparin, mais un autre neveu de l'évêque. Or, en voici un autre en effet, cousin-germain de Claude, et celui-là homme d'église, poète, docte, pieux, ami de la solitude. C'est le chanoine Gaspard Paparin qui, d'après La Mure, « après une longue et exemplaire vie, mourut en opinion de sainteté, l'an mil six cent vingt-un ; il n'avoit voulu aspirer à aucun des bénéfices de son oncle (3), par les mouvements de la piété et de l'humilité qui remplissoient son âme, mais se contentant d'une place de chanoine

(1) Voir la brochure citée de M. de Terrebasse, p. 12.

(2) Voyez de judicieuses réflexions sur ce sujet dans l'*Anc. Forez*, IV, p. 137.

(3) La Mure dit avec plus de précision, dans son *Catalogue d'Illustres*, à la fin de l'article sur Pierre Paparin, que son neveu Gaspard Paparin, par dévotion, *refusa son évêché*.

en ladite église [de Montbrison], il la remplit avec
tant d'édification, soit par sa vie solitaire, soit par
son assiduité au Divin service, soit par sa persévérance en toutes sortes de vertus, qu'il y a laissé sa
mémoire en odeur de suavité et de bénédiction (1) ».

C'est bien le savant et saint homme qui envoyait
des vers à Anne d'Urfé, s'entretenait avec lui de théologie et de haute spiritualité, et à qui celui-ci, dans
son *Hymne de l'abstinence*, donnait un rôle si édifiant :

> Le printemps revenoit, et le flambeau journal
>
> Nous rendoit le beau jour avec la nuict esgal.
>
> Je rencontray pensif le devot Paparin, etc. (2).

Qu'on juge entre les titres de Claude et de Gaspard Paparin, et qu'on voie de quel côté sont les
vraisemblances.

Nous avons dit : avant toute preuve positive.
Mais cette preuve ne manque pas. Dans le même
volume inédit des poésies d'Anne d'Urfé, est un
sonnet « sur le livre de l'Amour divin du sieur Gaspard Paparin », où il est difficile de ne pas reconnaître, sous un titre un peu différent, l'*Amour, Mirouer du devot Chrestien* (3).

Mais l'auteur de l'*Amour* est en même temps l'auteur de la *Religieuse Sophie* ou *Sophie Forestiere* (4).
Il suffit de rapprocher les deux ouvrages pour en

---

(1) L'*Astrée Sainte*, dans la notice sur Pierre Paparin, p.
318-321.

(2) Mscrit 12487 du fonds français de la Biblioth. nationale.
Une copie partielle est à la biblioth. de la Diana.

(3) Il est très possible que l'édition, antérieure à celle de
1621, qu'Anne d'Urfé connaissait, eût en effet pour titre
l'*Amour divin*.

(4) Et par conséquent du recueil manuscrit (voir plus haut).

avoir la preuve (1). L'édition de 1621 de l'*Amour*
est suivie de deux errata imprimés sur le même
feuillet, l'un pour l'*Amour*, l'autre pour la *Sophie
Forestiere* publiée, on s'en souvient, la même année,
dans le même format et par le même libraire. Cela
signifie évidemment que l'éditeur, Vincent de Cœursilly, réunit les deux ouvrages dans le même volume,
à la suite l'un de l'autre ; ce qui donne à croire
qu'ils sont de la même main. Mais, s'il pouvait
rester un doute, il suffirait de lire, à la page 289 de
la *Sophie Forestière*, les premières lignes d'une lettre adressée à l'Ermite du Mont-Rompu : « Jadis (2),
ô bon Hermite, tu mis en avant, *Le mirouer du
devot Chrestien*, cristal assez luisant et beau, dans
lequel se mire encore ta Sophie ».

Résumons cette discussion, un peu aride, je le
crains. Il n'y a qu'un auteur du recueil manuscrit
de Lyon, de la *Religieuse Sophie* ou *Sophie Forestière*, et de l'*Amour, Mirouer du devot Chrestien*.
Cet auteur vivait dans la solitude, était savant et
pieux ; il était neveu de Pierre Paparin, évêque de
Gap ; et bien que, par humilité, il ait voulu nous
cacher son nom, nous savons qu'il avait pour initiales G. P. Il faudrait pousser bien loin les exigences de la critique, pour ne pas reconnaître qu'il ne
peut être que Gaspard Paparin.

---

(1) On trouve dans l'*Amour* les mêmes plaintes et les mêmes regrets que dans la *Sophie* et dans le manuscrit de Lyon,
sur la jeunesse de l'auteur donnée au plaisir et au péché.
Mais une simple rencontre ne serait pas un argument suffisant ; je néglige donc celui-ci.

(2) Ce mot *jadis* donne lieu de croire que la première édition de l'*Amour* était déjà ancienne.

Il resterait à examiner si La Mure (1), parlant de la *Religieuse Sophie* et paraissant n'en pas connaître l'auteur, l'a en effet ignoré ou s'il a fait semblant de l'ignorer, pour respecter jusqu'au bout l'anonymat sous lequel l'humilité du bon chanoine avait tenu à se cacher ; pourquoi Gaspard Paparin a pris le nom d'Ermite forestier, ou d'Ermite du Mont-Rompu ; ce que c'était que l'ermitage où il s'était réfugié, si c'était un désert, ou simplement une modeste retraite dans un site agreste des environs de Montbrison ; si Mont-Rompu n'aurait pas le même sens que Mont-Brisé ou Mont-Brison? Ce sont là des questions secondaires, auxquelles je ne veux pas toucher ici.

Les peintres de la Maison de Bourbon à la fin du XVe siècle. — Communication de M. A. Steyert.

M. Camille Benoît, un roannais, conservateur adjoint au musée du Louvre, a publié dans la *Gazette des beaux-arts* une étude savante sur *La peinture française du XVe siècle.* M. A. Steyert l'a analysée au point de vue forézien et y a joint ses appréciations personnelles. M. Monery donne lecture de ce travail.

Le plus grand nombre des tableaux étudiés sont des portraits, œuvres très remarquables de la vieille école française méconnue jusqu'à ces derniers temps. Parmi ces portraits plusieurs représentent ducs et duchesses de Bourbon dont le domaine féodal comprenait notre province.

Cette communication, que M. Steyert désire compléter, sera ultérieurement publiée.

---

(1) Cité par A. Bernard, *Biographie et bibliographie foréziennes,* p. 77.

La compagnie de Jean de Montrond, en 1569. — Communication de M. le vicomte Edmond de Poncins.

Le secrétaire, au nom de M. Edmond de Poncins absent, donne lecture du document suivant contenu dans un cahier en parchemin de 8 feuillets, mesurant o^m 315 sur o^m 252.

Roolle de la monstre et reveue faicte en armes au camp de Sainct Seignie sur Vingennes (1), le vingt troisiesme jour d'avril mil cinq cens soixante neuf, de trente hommes d'armes et quarante cinq archers du nombre de cinquante lances, fournyes des ordonnances du Roy, estant soubz la charge et conduicte de Monsieur de Montrond dict d'Apchon (2), chevalier de l'ordre dudict Seigneur, leur cappitaine ; sa personne et celles des chefs passez a ladicte monstre y comprises. Icelle monstre faicte pour le quartier d'octobre, novembre et décembre mil cinq cens soixante huict dernier, passe par nous Antoine le Duc sieur de la Rousselière, commissaire, et Albret (sic) Racio, contrerolleur extraordinaire des guerres, commys et depputez a faire ladicte monstre et reveue ; présent et assistant a icelle ledict sieur de Montrond cappitaine. Iceluy roolle servant a l'acquit de (mots grattés), conseiller du Roy et trésorier ordinaire de ses guerres. Suivant lequel, payement en a esté faict par les mains de Estienne de Burelle, commys au payement d'icelle compaignye, aux chef, hommes

---

(1) St-Seine-sur-Vingeanne, canton de Fontaine-Française (Côte-d'Or). E. B.

(2) Jean d'Apchon, seigneur de Montrond, Poncins, Veauche, Rochetaillée, Boisset était fils d'Artaud III et de Marguerite d'Albon, conséquemment neveu du maréchal de St-André. Il se maria en 1573 à Marguerite Gaste dame de Luppé. Il fut tué en 1574 par les religionnaires près de son château de Luppé. Il ne laissa pas de postérité. E. B.

d'armes et archers desquels les noms et surnoms ensuivent. Premièrement,

Chefs présents :

Jehan de Montrond dict d'Apchon, cappitaine, pour son estat et place   V C *livres tournois*

Charles de Chenerolles (*sic*) dict d'Apchon, lieutenant pour son estat et place (1)   II C LXII *l.* X *sols*

Jacques d'Apchon, enseigne, absent et cassé dès le XVe jour de septembre du roolle, en sa place Jacques de Pradines qui estoit guydon de la compaignye, pour son estat et place   II C *l.*

Jehan de Foudrais (2) guidon du roolle par ledict sieur de Montrond le quinziesme septembre mil cinq cens soixante huict ainsi qu'il appert par la certiffication attachée à ce présent roolle pour son estat et place   II C *l.*

Anthoine de Gironde, mareschal des logis pour son estat et place   CXXXVII *l.* X *s.*

Ensemble, XIII C *livres tournois.*

Hommes d'armes du viel roolle :

Claude de la Vaure, sieur de la Mothe pour sa place   C *livres*

Pierre de La Vieux, sieur de Chaugy pour sa place   C *l.*

Jacques de Lare demeurant en Dauphiné   C *l.*

Pierre des Baux, sieur des Baux pour sa place   C *l.*

Arnaud Roger de Montauban pour sa place   C *l.*

Marc de la Roche, sieur dudict lieu pour sa place   C *l.*

Jehan Chassent (3), sieur dudict lieu en Forest   C *l.*

---

(1) Voir plus bas page 46, note 1.

(2) En 1593 on trouve un Jehan de Foudras, sieur de la Tour-Mourlan (Coutouvre), capitaine d'une compagnie de 50 hommes de guerre, en garnison à Charlieu (*Ancien Forez,* 1891-92, p. 309). E. B.

(3) Chassain ?

Phillippes Charlotier, sieur du Mayet et de Montaigne (1), pour sa place   C *l.*

Phillippes de la Porte, sieur dudict lieu pour sa place   C *l.*

Françoys Favier (2) sieur de Croset pour sa place   C *l.*

Anthoine Préciat sieur de la Roche Constant (3)
pour sa place, pareille somme de cent livres   C *l.*

André Malet de Sainct André pour sa place   C *l.*

Georges Durand, du pays de Forest,   C *l.*

Jehan de la Sablière de St-Bonnet (4)   C *l.*

Jehan de Riliac, sieur de la Valla   C *l.*

Jehan de Genetou, sieur dudit lieu,   C *l.*

Hugues de la Bourdelière, sieur dudit,   C *l.*

Jehan Dartelz sieur dudict lieu, pour sa place   C *l.*

Guillaume de Vernay, sieur dudict lieu   C *l.*

Pierre Jaboulay, en Forest   C *l.*

Thomas de Chavances, sieur dudict lieu   C *l.*

---

(1) La seigneurie du Mayet de Montagne appartenait depuis
1546 à la famille de Saulx-Tavannes (A. de la Faige et R. de
la Boutresse, *Les fiefs du Bourbonnais*, p. 87 et 103). — En
1592 on trouve un François de Charlottier homme d'armes de
la compagnie de M. de Cousan demeurant au bourg du Mayet
de Montagne (*Ibidem*, p. 215). E. B.

(2) En 1566, il est fait mention d'un François Favier, sieur
de Puydigon, commune de Montaigu-le-Blain (Allier) (A. de la
Faige et R. de la Boutresse, *Les fiefs du Bourbonnais*, p.
282). E. B. •

(3) La Roche-Constant, commune de Lorhange (Haute-Loire).
E. B.

(4) Probablement Saint-Bonnet-les-Oules. Dans la paroisse
de Sorbiers se trouvait un fief de la Sablière qui a appartenu
à une famille de ce nom, éteinte au milieu du XVIIe
siècle. Ses biens passèrent aux Frotton et aux Ursulines de
St-Etienne (Cf. La Tour-Varan, *Armorial et Généalogies*, p.
423 ; — Testenoire-Lafayette, *Hist. de St-Etienne*, 1902, p.
110). Sablière est aujourd'hui de la commune de la Talau-
dière. E. B.

Loys Faverjeon de Forestz pour sa place	C *l.*
Anthome le Nect de Forestz pour sa place	C *l.*
Pierre de Tremeaulle (1) de Forestz	C *l.*

Ensemble, II M IIII C *livres.*

Aultre homme d'armes qui a este enroolle par ledict sieur de Montrond puys la dernière monstre ayans neantmoinst faict service puis le quinziesme jour de septembre comme appert par la certification dudict sieur de Montrond ; lequel a este payé par forme de don et bienfaict seulement pour ceste foys suivant l'ordonnance du Roy pour ledict quartier.

André Jarrier cassé, en sa place Nicolas Rusticy Lucoys enroolle le XIII° septembre.   C *livres*

Ensemble pour soy, C *l.*

Archers vieux enrollez :

Argnauld des Vaulx de l'Isle auprès d'Avignon	L *livres*
Anthoine de la Brosse (2), sieur de St-Geran	L. *l.*
Pierre de la Brosse (3) dict Sainct-Geran	L *l.*
Gilbert de Grandvel, de Busset en Auvergne	L *l.*
François Torciat (4) sieur dudict lieu	L *l.*
Estienne Marin de Savoye	L *l.*
Jehan de Peroux (5), sieur dudict lieu près Varennes	L *l.*
Gregoire Goubier de Monthoison	L *l.*
Barthélemy Nyeri de Lucques en Italye	L *l.*
Jacques de Lagiere de Sainct Garmier en Foretz	L *l.*

(1) De Treméolles.

(2-3) La famille de la Brosse était possessionnée a Bardinières, commune de Saint-Gerand-le-Puy (Allier). La seigneurie de Saint-Gerand appartenait en 1569 aux d'Avrillon ou aux Chaugy (A. de la Faige et R. de la Boutresse, *Les fiefs du Bourbonnais*, p. 253 et 294). E. B.

(4) Torsiac (Haute-Loire). E. B

(5) Peroux commune de Rongères, canton de Varennes (Allier). E. B.

Jacques de la Bourelière du Pont Saint-Rambert   L *l*

Jehan Cachet du Mayet de Montaigne en Bourbon-
noys   L *l*.

Jehan de Rive de Tima (?) en Bourbonnoys   L *l*.

Jehan Oliphant Lionnoys   L *l*.

Pierre de Paroyes Lionnoys   L *l*.

Anthoine de la Vieux dudict lieu   L *l*.

Guillaume Maca de Tarare   L *l*.

Pierre du Mas sieur du Mas   L *l*.

Françoys de Berthe sieur du Bosc (1)   L *l*.

Gabriel Jominet sieur du Jominet   L *l*.

Hugues Hoilard (?) sieur dudict lieu en Forestz   L *l*.

Jehan Thevenon de Roanne   L *l*.

Jehan de la Salle sieur dudict lieu en Forest   L *l*.

Pierre de la Porte, sieur dudict lieu en Forestz L *l*.

Phillebert de Parcy (*ou* Parey) sieur dudict lieu
en Forest   L *l*.

Geoffroy Servet sieur dudict lieu en Forest   L *l*.

Pierre Forment de Sainct André en Forest   L *l*.

Pierre Masson de Beaujolloys   L *l*.

Jean Meignet de Sainct (*blanc*) en Forest   L *l*.

Jehan de Tournon du pays de Forest   L *l*.

Annemond Martinet de Forest   L *l*.

Simon Curtin (2) de Sainct André en Forest   L *l*.

Francoys Duclos de Forest   L *l*.

Jacques de la Tour de Forest   L *l*.

Jehan de Parigni en Forest   L *l*.

Jehan de Lignières de Sainct André en Roannoys   L *l*.

---

(1) Berthe et 'Bost, commune de Tours (Puy-de-Dôme).
E. B.

(2) Courtin ?

Joachim du Pin de Cusset en Auvergne   L *l.*

Pierre du Pont de Surieu en Forest (1)   L *l.*

Jehan du Perier (2) en Forest   L *l.*

Gilbert de la Brosse, de Sainct Felix en Bourbon-noys (3)   L *l.*

Aultres archers enrollez nouvellement par ledict cappitaine; lesquelz ont faict service depuys le XIIII et XVme de septembre comme appert par certiffication dudict seigneur et payement qui leur a esté ordonné pour forme de don pour ledict quartier suivant l'ordonnance du Roy.

Jehan Neolle absent et casse, en sa place Silve Rustici Lucois en Italie enroolle par ledict sieur de Montrond le XIIIIe jour de septembre   L *l.* .

Pierre de Saincte Marie absent et casse, en sa place Anthoine Verney de Sainct Germain en Forest enroolle comme dessus   L *l.*

Estienne Cordon absent et casse, en sa place Pierre de Sainct Priest en Forest (4) enroolle le XV septembre   L *l.*

---

(1) Très probablement Sury-le-Comtal. D'après des extraits des registres de catholicité de cette paroisse qu'a bien voulu me communiquer notre confrère M. l'abbé Relave, il existait à Sury dans la seconde moitié du XVIe siècle une famille Pont. Un de ses membres, Pierre, qualifié de chirurgien, peut être le même personnage que notre archer Pierre *du* Pont se mariait en 1579. Au nombre de ses enfants, une fille Charlotte, baptisée en 1583, eut pour parrain « messire Charles d'Apchon seigneur de Chenereilles », vraisemblablement l'ancien lieutenant de cette compagnie de Jean d'Apchon. (Cf. plus haut p. 42, note 1). E. B.

(2) Puy du Perier ? E. B.

(3) La Brosse, commune de St-Felix (Allier) E. B.

(4) Pierre de St-Priest ne serait-il pas ce donné de la famille de St-Priest qui assistait son frère Aymar lors du meurtre des d'Augerolles, à Roche-la-Molière, 31 mars 1584 ? (Cf. La Tour-Varan, *Châteaux* II, 416 ; — C.-P. Testenoire-Lafayette, *Aymar d'Urgel*, dans *Bulletin de la Diana*, t. IX, 96). E. B.

Guillaume Boissaulx absent et cassé en sa place Jehan Bobisson de Borbonancy (1) enroolle comme dessus pareille somme de cinquante livres cy   L. l.

Claude Colombier absent et cassé, à sa place Gabriel Guilion de Savoye enroolle comme dessus (2)   **L. l.**

Nous Jehan de Montrond dict d'Apchon, chevallier de l'ordre du Roy et cappitaine de cinquante hommes d'armes des ordonnances dudict seigneur ; Antoine le Duc, sieur de la Rousselière, commissaire ; et Albret (*sic*) Racio, contrerolleur dinaires des guerres, certiffions a Nosseigneurs les gens des comptes du Roy notre sire a Paris et tous autres qu'il appartiendra ce qui s'ensuict, assavoir : Nous cappitaine avoir présenté a cheval et en armes les trente hommes d'armes et quarante cinq archers cy-dessus nommez et escriptz y comprins notre personne, celles de notre lieutenant, enseigne, guidon et mareschal des logis à la monstre qui en a este faicte le XXIII° jour d'avril mil cinq cents soixante neuf. Nous com..issaire susdict les avons veuz visitez par forme de monstre et veue en armes. Desquelz après les avoir trouvez en bon suffisans estat et equipaige et habillement de guerre montez et armez pour faire service au Roy notre dict sire. Au faict d'icelles cappables d'avoir prendre et retenir les estatz, gaiges et soldes a eulz ordonnez par ledict seigneur pour le quartier d'octobre, novembre et décembre mil cinq cens soixante huict. Avons prins et receu le serment en tel cas

---

(1) En tenant compte de la prononciation locale, il faut lire Jean Bobichon de Bourbon-Lancy. Le zézaiement particulier au Charolais s'est conservé intact ; il suffit pour s'en convaincre de causer avec un *emBoucheur* pur sang.   E. B.

(2) La longue liste de noms que nous venons de parcourir a été très probablement dressée sous la dictée même des soldats inspectés. Aussi le greffier, trompé par la mauvaise prononciation des uns, l'accent de terroir des autres, en a estropié la plupart. A ajouter à ces causes d'erreurs, les fausses qualités prises par quelques-uns. Il devient alors fort difficile après quatre siècles de s'y reconnaitre. Aussi bon nombre d'hommes d'arme, qualifiés Foréziens, nous paraissent à première vue tout à fait inconnus.   E. B.

requis et accoustume et ordonne qu'ilz en seront paiez. Et moy contrérolleur susdict d'avoir assiste a ladicte monstre, faict le contrerolle d'icelle et dresse les roolles necessaires pour le faict d'icelle et tous ensemble certiffions qu'en notre présence lesdicts trente hommes d'armes et quarante cinq archers ont este paiez comptant de leurs dicts estats, gaiges et solde dudict quartier d'octobre novembre et décembre mil V c LXVIII a raison de C livres tournois pour chacun hommes d'armes et cinquante livres tournoys pour chacun archer pour leurs places au villaige de Parigny soubz Montréal le X° jour de may mil V c LXIX (1) par es mains de

_____

(1) Parigny-sous-Montréal, Perrigny, commune et canton de Guillon (Yonne).

Il n'est peut-être pas impossible de savoir pour quels raisons le paiement de la compagnie de Jean de Montrond qui aurait dû être effectué après la revue du 23 avril 1569 à St-Seine n'eut lieu que dix-sept jours plus tard le 10 mai à Perrigny, à plus de 100 kilomètres à l'ouest. Il est nécessaire pour cela de se remémorer les événements qui se déroulèrent dans les premiers mois de 1569.

Le 13 mars les protestants furent battus à Jarnac ; aussitôt leur chef, l'amiral de Coligny, appelle à l'aide ses amis, ses alliés, les Allemands. A la fin de mars, Volfang de Bavière, duc des Deux Ponts, part de Saverne à la tête de 7500 reîtres et de 6000 lansquenets se dirigeant vers la Bourgogne. A ce moment se trouvait dans la Bourgogne l'armée royale, moins bien montée en cavalerie que l'armée protestante, mais mieux pourvue d'infanterie, et commandée par le duc d'Aumale. Catherine de Médicis craignant qu'un Guise ne se couvrit de gloire en arrêtant l'invasion de l'armée protestante, fit adjoindre à d'Aumale le duc de Nemours. Ni l'un, ni l'autre ne voulut prendre l'offensive : ce que plusieurs attribuèrent à la jalousie « étant d'opinions qu'il n'est jamais bon de mettre deux chefs pareils à commander en une même charge » (_Vie de Louis duc de Montpensier_, dans Mézeray). L'armée française se contenta de suivre de près l'armée protestante, inquiétant sa marche sans jamais l'attaquer de front ; il n'y eut que des combats d'avant-garde. Le duc des Deux-Ponts parut pendant un moment vouloir passer la Loire vers Roanne, il descendit jusqu'à Beaune. Là, prévenu par des émissaires que la Charité-sur-Loire était insuffisamment défendue et que les Religionnaires y avait des intelligences, il

I. — SCEAU DE JEAN DE MONTROND
apposé à une quittance du 10 mai, 1569.

Ecusson écartelé : au 1er, de (gueules) à la fasce d'(argent), accompagnée de 6 merlettes de (même) qui est Saint-Germain ; au 2e d'(argent), au lion de (sinople) qui est Verd ; au 3e, d'(or) au chef de (vair), au lion de (gueules) brochant qui est Lignères ; au 4e, d'(or) à la bande engrêlée de (sable) qui est de Lavieu-Iseron ; sur le tout, d'(or), semé de fleurs de lys d'(azur) qui est d'Apchon. Autour de l'écu, le collier de Saint-Michel.

XIV, p 49.

Estienne Burelle commys au paiement de la dicte compaignye en l'acquit de Mᵉ Claude Garrault conseiller du Roy et trésorier ordinaire de ses guerres montant et revenant le paiement susdict faict comme dict est comprins en icelluy les estats des chefs lesquelz oultre la presente ont fourny de leurs quictances particullieres pour iceulx estaz à la somme de six cent livres tournoys faict en philippes dalles a quarante quatre solz pieces, deux mille cinq cent livres ; pieces de nelle à 11 sols vi deniers pièce, 11ᵐ (deux mille) livres ; testons, a 11 sols piece, xvᶜ (quinze cents livres) et douzains, cent livres. De laquelle premiere somme de six mil cent livres tous les susdicts hommes d'armes et archers se sont tenus pour contens et bien paiez et en ont respectivement et chacun d'eulx particulierement quicte et quictent lesdicts Milon trésorier susdict et Burelle et tous aultres. En tesmoing de quoy nous avons signé la presente de noz main et scelle du scel de nos armes audict Parigny soubz Mont Real le dixiesme jour de may mil cinq cents soixante neuf.

MONTROND   (*Sceau de Jean de Montrond*) (1).

RACCIO   BURELLE.

---

remonta brusquement au nord-ouest, s'empara sans coup férir de la Charité et de son pont. Ce mouvement fut exécute avec tant de rapidité que le duc d'Anjou qui se trouvait à Gien, surpris par cette audacieuse manœuvre, ne put empêcher à l'armée allemande ni le passage de la Loire, ni celui de la Vienne. Et le 18 juin, les protestants allemands arrivaient à Limoges où ils étaient rejoints par Coligny à la tête des protestants français.

A Limoges, le duc des Deux-Ponts, voulut se debarrasser par un remède empirique de la fièvre qui le travaillait. Pour cela il se livra à une telle *beuverie* qu'il en mourut. Quelques auteurs prétendent qu'il fut empoisonné.

Autre remarque à faire. Michel de Castelnau dit dans ses *Mémoires*, sans donner de dates, que la campagne de 1569 en Bourgogne dura dix-sept jours. C'est exactement le temps qui s'est écoulé entre le 23 avril et le 10 mai.   E. B.

(1) Le sceau plaqué de Jean de Montrond est ovale, il mesure 0ᵐ 029 de hauteur sur 0ᵐ 022 de large. Au centre, écusson aussi ovale, écartelé : au 1ᵉʳ, *de (gueules) à la fasce d'(argent), accompagnée de 6 merlettes de (même)* qui est St-Germain, à cause de la seigneurie de Montrond ; au 2ᵉ,

Dons de pièces d'archives par MM. C. Jacquet et de la Chomette. — Communication de M. E. Brassart.

Messieurs C. Jacquet et de la Chomette ont offert à la Diana deux précieux documents manuscrits. Le secrétaire, M. E. Brassart, pour en faire connaître l'importance, en donne une analyse sommaire.

I.

COMPTE SEZIEME DE.... | | DUCROSET TRESORIER.... | | POUR L'ANNEE FINISSANT .... | | SAINCT JEHAN M Vc XXIII | | PRO THESAURARIO | | NOEL DUCROSET TRESORIER | | M Vc XXII | | FINISSANT | | M Vc XXIII. Tel est le titre d'un volume en parchemin contenant 58 feuillets outre la couverture. Les feuillets mesurent 0m 295 de large sur 0m 310 de hauteur. Les quinze premiers feuillets et la couverture ont été, à un angle, sérieusement entamés par les rats.

C'est en l'année 1523 que le connétable de Bourbon consomma sa trahison, nous sommes donc en présence de la dernière gestion du Forez faite sous le gouvernement du dernier de nos comtes.

Le pouvoir royal en même temps qu'il mettait à prix la

---

d'(argent), au lion de (sinople) qui est Verd, à cause de Chenereilles, Veauche ; au 3e, *d'(or) au chef de (vair) au lion de (gueules) brochant* qui est de Lignères, à cause de Rochetaillée ; au 4e, *d'(or) à la bande engrêlée de (sable)* qui est de Lavieu-Iseron, à cause de Poncins ; sur le tout, *d(or) semé de fleurs de lys d'(azur)* qui est d'Apchon. Autour de l'écu le collier de St-Michel.

Les seigneuries que les quartiers de ce blason évoquent étaient entrées par quatre alliances dans la famille d'Apchon.

E. B.

capture du Connétable (1) fit procéder, dans la crainte d'un complot général, à l'arrestation de fonctionnaires Foréziens. La composition de diverses cachettes monétaires exhumées du sol Montbrisonnais avait donné, en l'absence de récit des historiens, l'éveil sur les mesures prises ; un article du présent compte nous en fournit la preuve (f° 43). Jean du Croset fut appréhendé par deux archers du prévôt de l'hôtel du Roi et conduit à Lyon. Mais, aucune charge n'ayant été relevée contre lui, il fut remis en liberté après une courte détention. Il s'alloue, pour les dépenses que lui ont causé cette arrestation arbitraire, une indemnité de cinquante livres tournois. Le conseiller de la cour des comptes de Moulins, chargé de la vérification, à biflé l'article et a écrit en marge : *Vadat ad regem.*

Les agissements de la Cour envers Charles de Bourbon, ensuite de la mort de sa femme et de sa belle-mère, lui avaient créé une situation financière fort obérée. Il avait été contraint de mettre en gage à Lyon une croix d'or « faicte en façon de Jesus », enrichie de diamants et de perle, sur laquelle il devait 680 livres tournois (f° 26) ; et le compte de 1522 se soldait par un deficit de 4232 livres 13 sols 6 deniers tournois avancés par le trésorier de Forez (f° 25).

Le domaine utile était réduit à peu de chose. Le Parc lès Montbrison avait été donné en jouissance par Anne de France à Monsieur du Puy. Seuls les étangs étaient affermés ; étang Laly, le gourt Disouches .(Chambéon) ; étang de Messilieu (Précieu) ; étang de Feurs ; étangs de Gengolin, la Boleyne, Paillerez ou Paillet (Mornand); étang de Craintillieu; étang du Fay (St-Jean-Bonnefond) ; étang de St-Maurice ; étang d'Usore ; étang Chazeul (Chazay à Sury-le-Comtal) ; fossés de Chambéon ; écluse de St-Victor-sur-Loire (f°s 1 à 3).

Des revenus assez importants étaient fournis par les « grands greffes, tant criminel, balliage civil que d'appeaux de le grand Court de Fourez » ; les greffes des châtellenies comtales, affermes séparément et aux enchères presque toujours à des notaires (f°s 3 à 16).

---

(1) 11 septembre 1523 (*Catalogue des actes de François I*, t. I, n° 1900).

Le grand et le petit scel sont « accensez pour quatre sièges pour le prouffict du Roy nostredit seigneur ». Les quatre sièges sont Montbrison, Feurs, Souternon pour le quartier de Roannais, St-Marcellin pour le quartier de St-Bonnet-le-Château (fos 16 à 17).

En 1306 le comte Jean Ier ordonna que les protocoles de notaire seraient centralisés en la Chancellerie de Forez sitôt après la mort de chaque titulaire (1). C'était une mesure fort sage et qui montrait le soin que prenait le comte de Forez de l'intérêt public. La chancellerie de Forez fut probablement vite encombrée par l'apport de toutes ces minutes notariales, aussi la coutume s'introduisit de les remettre en garde à d'autres notaires (2). Un beau jour l'argentier d'un de nos comtes avisa de se servir de cette mesure pour équilibrer son budget et les protocoles furent vendus aux enchères (3) et le quart du prix d'adjudication « les héritiers des notaires trespassez prenent et lyevent par don et mandement de feu monseigneur le duc Pierre » (fo. 17).

Le nombre des notaires de Forez devait être considérable, car en la seule année 1522-1523, on adjugea aux enchères les protocoles de dix-sept notaires décédés. Or, la moyenne de la mortalité de 25 à 75 ans étant à peu près de 2 pour cent, le calcul donne le chiffre exorbitant de plus de 800 notaires en exercice dans le comté.

Folio 22, « Recepte de ce que les manans et habitans de Chambeon doyvent a feue Madame.... par l'accord et transaction faicts avec eulx par les officiers de Forez touchant les arreraiges de la taille baptisee que lesdicts habitans avoyent des longtemps refuse a paier et en furent condampnes par arretz à Paris... »

Aux folios 23, 24 et 25 est mentionnée la « recepte ... a cause de ce que les prevots et receveurs particulliers dudict comte de Fourez ont deu de cler pour la fin de leurs comp-

---

(1) La Mure, *Hist. des ducs de Bourbon*, I, 332.

(2) Chaverondier, *Invent. des archives de la Loire*, B. 1846.

(3) *Ibid.*, B. 1847.

tes ». « Andre Rey prevot de Montbrison neant pour ce qu'il n'a compte pour le dangier de peste qui a este en sa maison puis naguieres ».

Les fonctionnaires qui émargeaient au budget sont en petit nombre (fos 27-30) ; Gabriel de Lavyeu, seigneur de Cosant, bailli de Fourez ; Vital Chalancon, juge ordinaire ; Claude de Tornon, juge d'appeaux ; Jacques Clépier, procureur général ; Pierre Chatillon, avocat fiscal ; Guillaume Goutes, clerc des comptes, Noel Ducroset, trésorier et controleur des eaux et forêts ; Claude Laurencin, de Lyon, maître d'hôtel ordinaire de feue Madame ; François Paparin et Antoine Gilbert, examinateurs de Forez ; Jacques Victon procureur pour Monseigneur à Lyon ; Anne Pelloux, maître d'hôtel ordinaire de mondit Seigneur ; Jean Forissier « queulx » de feue Madame.

Aux folios 31,53, mention du paiement des rentes pour fondations pieuses, versées aux chanoines et prébendiers de Notre Dame, aux Frères mineurs de Montbrison, etc. « A Jehan Catherin appouticaire de Montbrison la somme de XLVIII livres pour avoir forny le cierge que feu Monseigneur le duc Charles... a ordonne estre ardant jour et nuyt devant l'ymage de Notre Dame d'Espérance en ladicte esglise. Lequel luy a este baille comme au plus revallant ».

Du folio 32 à la fin du volume se trouvent énumérées d'assez fortes depenses occasionnées par la justice criminelle: frais pour l'arrestation des coupables, pour les informations, les voyages quand ils en appellent au parlement de Paris ; car alors le dossier seul n'était pas envoyé à la cour suprême; le coupable comparaissait en personne.

D'ailleurs les rapports entre Montbrison et Paris étaient assurés d'une façon constante par deux messagers qui paraissent avoir fait alternativement et d'une facon régulière tous les mois le voyage ; avoir exécuté les commissions des Montbrisonnais pour les Parisiens et réciproquement Ces deux commisionnaires, se nommaient Pierre doz Giors et Girard de la Porte (fos 32, 33, 34, 35, 36, 37, 40, 46, 47, 50).

« A Bertrand Gontier mareschal de Champdieu la somme de VIII livres x sols a luy tauxez et ordonnez pour avoir abille et clavelle la cloche du donjon de Montbrison, laquelle estoit deffaicte et ne pouvoit sonner pour l'expédicion de la court et aussi estoit en danger de tumber et de se rompre» (fᵒˢ 43 et 44). Pierre Gros de Montbrison le sonneur de cette cloche du donjon touchait L sols pour demi-année de ses gages (fᵒ 45).

La peste qui avait sévi à Montbrison en 1522 avait forcé la cour de Forez à tenir ses audiences pendant deux mois à Sury-le-Comtal ; à cette occasion L sols tournois sont payés à messire Claude Rostaing prêtre de Sury pour les messes par lui célébrées pardevant les officiers de Forez (fᵒ 44).

Ce fut en 1523 que le couvent des Cordeliers de Montbrison fut reformé, soumis à l'etroite observance. L'opération fut faite, ensuite des lettres patentes royales, par le bras séculier ; elle ne fut pas tout à fait pacifique, ainsi que le montre le passage suivant (fᵒ 48). « Et aussi a paie ledict tresorier a Jehan Meyer sergent la somme de xx sols tournois pour avoir garde six jours aux Cordelliers frère Jehan Reynaudini cordellier. Lequel avec ses autres compaignons vindrent prendre par force le couvent des cordelliers de Montbrison de nuyt et rompirent les portes et batirent les cordelliers refformez, lesquels puis nagueres y avoient estez mys par ordonnance du Roy ».

Le parchemin employé à la minute, grosse et double du compte valait 2 sols 6 deniers le feuillet (fᵒ 57).

Noël du Croset, le trésorier de Forez dont nous venons d'analyser rapidement le compte appartenait à une famille habitant Montbrison depuis le XIVᵉ siècle (1). Elle était originaire de la paroisse de Cesay, près St-Germain-Laval, où elle possédait le château et fief du Croset. Cette famille qui a fourni un poète célèbre, Jean du Croset, paraît s'être éteinte au milieu du XVIIᵉ siècle (2). La maison, à Montbrison, de Noël du Croset brûla le jour des Innocents 1518, une heure

---

(1) Gras, *Généalogies Foréziennes*, mss à la Bibliothèque de la Diana.

(2) Cf. sur les du Croset : Chaverondier, *Invent. Luillier* p. 593 et 594 *notes* ; J. Déchelette, *Roannais illustré*, 6ᵉ série, p. 98.

après minuit (1) ; pour l'aider à réparer ce sinistre, Anne de France, comtesse douairière, lui donna 1500 livres payables en cinq annuités (f°. 52). Noël du Croset mourut, à Lyon, le 17 février 1538. Sixte de Platon (2), son neveu, élu de Forez, eut son office de trésorier de Forez. Les charges de contrôleur des eaux et forêts et de capitaine de St-Germain-Laval échurent à Pierre Chatillon, avocat du Forez (3).

II

TERRIER de la rente de Jacques Paparin, licencié ès lois, avocat, bourgeois de Montbrison, puis conseiller du roi et lieutenant particulier au bailliage de Forez, seigneur de Chaulmont, mort après 1583.

Cette rente noble fut unie dès 1590, au fief de Château-Gaillard, Mornand (Loire).

Les réponses sont datées de 1532 à 1632. Il y a réponses à diverses dates pour le même fonds, apparemment à chaque mutation de tenancier. De 1532 à 1583, elles sont reçues au nom de Jacques Paparin ; de 1590 à 1632 au nom de Pierre Paparin seigneur de Chaulmont et de Château-Gaillard.

Les notaires recevants sont au nombre de trente-quatre. En voici la liste par ordre de date : Punctis, Magand, Tournon, Pomet, Gay, Rajas, Faure, Faverjon, Rore, Roux notaire à Feurs, Ducroset, Méjasson, Baudin, Boestier notaire à Chalain-le-Comtal, Ducloux, Tivel, Pugnet, Grand notaire à Saint-Just-en-Chevalet, Bergier, Ennemond, Roddon notaire de N.-D. de Chazelles, Boysson, Clément Parrocel, Charles Jacques, Beraud, Mazel, Peronet (?), de Marcilly, Paucheville, Lombardin, Giry, Fouyn, Boulard (?), Monates. Les notaires, dont la résidence n'est pas indiquée, habitaient Montbrison.

Cette rente se levait sur une multitude de maisons ou

---

(1) *Mémoires*, de Barthélemy Puy (archives de M. le vicomte de Meaux).

(2) Platon, paroisse de St-Sixte, voisine de Cesay, d'où cette famille est originaire.

(3) *Mémoires*, de Barthélemy Puy.

petits fonds détachés, situés à Montbrison et dans les paroisses de Moind, Précieu, Savignieu, Mornand, Poncins et
Feurs.

Montbrison. Maisons et caves au château (le Calvaire); rue de la
Magdeleine, près la porte de ce nom, joignant le rempart, maison où pend l'enseigne du Faucon ; jardin rue Neuve (rue
des Legouvé) ; maisons rue Courdoanerie *alias* Grand Rue
(rue Martin-Bernard) ; rue Mal Conseil (ruette aujourd'hui
sans nom entre les rues Martin-Bernard et du Collège) ; jardin près la porte du château appelée l'Archiprevero (on voit
encore la trace de cette porte au bas de l'escalier du Collège) ;
rue tendant de l'Archiprevero à Saint-André (rue du Collège) ;
maisons rue des Halles *alias* de la Savaterie (partie ouest de
la rue Tupinerie); maisons rue de la Pourcherie « aultrement
et de present (1557) appellée des Escolles et vers le Colliege » ;
maisons au couchant de la rue de Moind, près la porte de ce
nom, joignant le rempart. Vignes à Pierachault, au territoire
doz Bizail. Terres à Lolière, à Furan *alias* Maulpas.

Moing (sic). Vigne sur le Parc du Roy à Rigaud « joignant
au chemin tendant du Gourg Guichard ou de la porte d'Escotay à Moing passant pardessus ledit Parc de bise et quasi
matin »…. « à la ruette ou béal, viol ou foussé par lequel
flue l'eau dudict Parc de vent et matin ». Vignes au territoire de Rigaud *alias* Bretaignes, Bretagne. Vignes au Petit
et au Grand Tussier ; terres et fonds au Grand Tussier joignant… « a la terre de Vital Herbassier papetier dudict Moing »…
« certain viol ou chemin tendant dudict Moing aux mollins
de papier ». Vignes aux territoires de Fondrieu, Bessera,
Pierre Grosse, les Roches. Vignes aux Peurelles *alias* aux
Ars…. « jouxte la terre de Damyen Narriat ladre estant (1557)
en la malladiere d'Ambert, de bise »….. « le chemin venant
de la praherie de Moing au grand chemin tendant de Savignieu audict Moing et a la chappelle de Jacquet appellé le
chemyn Romyeu ou de Roysons de vent et midi ». Vignes
aux territoires de Champ Rozier, Soubz le clochier, du Chaf-
faulx. Terres et jardins a Dallmard, aux Aires. Vignes à Scin-
tignieu, Pailhete, Previer, Goutte de Malle mort. Vignes à la
Brosse… « jouxte le chemin vieulx appelle doz Puys tendant

du pont de la Roche et de Piera Croix à Saint-Thomas-les-Nonains, de matin ». Vigne à Chambefort près du village de Surizet.

Precieu. Terre et chenevier au Bost.

Savignieu. Maisons terres et cheneviers à Cromeyrieu ; prés à Bullieu, territoire de Chambe courte; terres aux Colombons, territoire de l'Aguilheta.

Mornand. Terres et bois aux territoires des Gueytons et de Cossé.

Poncins. Au village de la Varenne, territoires de Seschy « jouxte le chemin appelé de Sainct Estienne » ; pré Chartain, Chardonay, des Viviers, Dessoubz le Mas, loz Vernoz « jouxte le chemin de Chambeon à Cleppé ».

Feurs. Village de la Motte, territoire du Saulzey « jouxte le chemin tendant de Montbrison à Feurs » ; territoire du Gourt.

La présente analyse ne mentionne que les territoires ; l'étude des personnes citées eut été trop longue, quoique très profitable. En effet les filiations les plus curieuses ont été dressées par les notaires recevants non seulement des répondants mais aussi des possesseurs de parcelles limitrophes. En voici des exemples : « ..jouxte... la terre de damoyselle Marguerite Mayole fille et héritière de feu Jehan Mayol dict Sallazard quand vivoyt marchand drapier dudict Montbrison, relaissée de feu Guillaume Nyolly, à présent femme de noble Pierre de Tremeolles escuyer, qui fust desdicts Savyns, ledict chemin entre deux aussi de vent·ou midy » ; ... — ...... « jouxte la terre de dame Toussaincte Terrasse femme du seigneur de Glavenas, habitant au Puy et héritière de feu maistre Estienne Terrasse quand vivoit notaire dudict lieu de Moing, de bise ». Tous ceux qui s'occupent ou s'occuperont des familles de la région Montbrisonnaise au XVI⁰ siècle devront consulter ce document.

Ce terrier forme un registre, papier, relié en basane, les pages mesurent 0ᵐ 295 de hauteur sur 0ᵐ 215 de largeur. Il est folioté de 1 à 426, quelques feuillets blancs ont été coupés, par contre quelques-unes des réponses les plus récentes ont été transcrites sur des feuillets rapportés et non paginés.

Avant la reliure, le terrier Paparin paraît avoir eu 484 feuillets. Les dix-huit feuillets qui furent alors supprimés contenaient quelques réponses éparpillées sur les paroisses de Cleppé, Saint-Laurent-la-Conche, Magnieu-le-Gabion, Saint-Cyr-les-Vignes, Balbigny. Elles sont analysées dans une table en forme de lième, de deux pages, placée en tête du volume.

Substructions découvertes au Palais, près Feurs. — Communication de M. T. Rochigneux.

M. Rochigneux s'exprime ainsi :

Les travaux de terrassement entrepris au commencement de cette année en vue de l'établissement d'une conduite d'égout au château du Palais, près de Feurs, ont amené des découvertes archéologiques d'un réel intérêt. La tranchée ouverte à cet effet, dans la direction est, du centre même de la façade méridionale du château jusqu'à la dépression servant d'émissaire à la pièce d'eau du parc, sur une longueur absolue de 122 mètres et une profondeur atteignant jusqu'à 5 m. 20 au point extrême, a révélé sur son parcours l'existence à des niveaux variables, de substructions et ouvrages anciens paraissant n'avoir, à en juger par la nature des matériaux mis en œuvre et des décombres qui accompagnent les substructions, aucune relation économique, aucun rapport historique direct entre eux. Ce sont d'abord, d'ouest en est, les restes robustes d'un édifice somptueux de l'époque romaine, puis au milieu du parcours de la tranchée une curieuse canalisation d'eau d'une époque indéterminée, et enfin vers l'extrémité orientale du conduit, les substructions, la plupart grossières, d'une construction délimitée par des murs épais et flanquée d'une tour ronde semblant appartenir à la fin du moyen âge.

Les substructions antiques rencontrées en écharpe dans la tranchée paraissent faire partie des divisions intérieures d'un édifice considérable dont les murs extérieurs fort épais, rencontrés au cours d'anciennes plantations affleurent presque le sol en nord et en ouest : ceux-là se poursuivent parallèlement d'est en ouest, sur une assez grande longueur, et se perdent sous des bosquets, ils sont épais de o m. 52, bâtis en matériaux granitiques de petit appareil, réunis par un mortier indestructible de chaux et de brique pilée et sont recouverts d'un seul côté, probablement intérieur, d'un enduit fin de même composition. Distants de 3 m. 50 et rasés à o m. 80 de profondeur du sol actuel et 1 m. 20 au-dessus de l'aire finement bétonnée des salles, lesdits murs ont leur intervalle rempli de briques en quart de cercle, de tuiles à rebords et de matériaux la plupart exotiques et luxueux, appartenant à des bases de colonnes et de pilastres, à des frises, corniches, chapiteaux composites et autres membres d'architecture, enfin et surtout de nombreux fragments de revêtements de colonnes, également en marbres, de diverses provenances, que l'on fixait au noyau du bâti tantôt au moyen d'un goujon en fer, le plus souvent à l'aide d'une chaux fine très adhésive. Ces débris réduits le plus généralement à l'état de petits morceaux, la couche de cendre répandue inégalement sur l'aire du bâtiment, plus encore les restes de bois calcinés trouvés épars dans les décombres, démontrent surabondamment que comme partout ailleurs en Forez, cet édifice a péri par l'incendie et par la destruction systématique, complétée encore par l'émiettement utilitaire et la transformation en chaux des matériaux qui en formaient l'ossature.

Cette première découverte, bien que sommaire, vient confirmer non seulement l'appellation du lieu dit et le bien fondé d'une tradition fort ancienne et toujours très accréditée, mais encore et surtout le témoignage basé sur des trouvailles successives porté il y a bientôt soixante ans par M. l'abbé Roux, le savant historien du *Forum Segusiavorum*, sur la nature et l'importance de l'édifice soupçonné en cet endroit ; ses appréciations judicieuses se contrôlent et semblent se confirmer sur presque tous les points.

La canalisation rencontrée intacte à 3 m. 50 de profondeur au-dessous d'un large dallage infléchi au centre et situé lui-même à près de 2 mètres au-dessus, était constituée par des conduits en forme d'auge taillés dans des blocs assez volumineux de granit grossier d'un mètre et plus de longueur recouverts d'une dalle horizontale de même nature. Le diamètre intérieur du conduit creusé en forme de demi-cercle, mesurait environ 0 m. 30. Cet ouvrage laissait encore fluer, au moment de la découverte, un filet d'excellente eau qui venait se perdre, non loin de la rivière la Loise, dans une dépression insolite, apparemment creusée de main d'homme où M. l'abbé Roux place à tort, je le crains, le théâtre antique de Feurs. On présume que cette canalisation vient d'assez loin en nord, car la terre du Palais et même le territoire de la commune de Civens sont généralement dépourvus de sources d'eau potable.

Les subtructions rencontrées près de l'issue inférieure de l'égout, sur la pente rapide d'une sorte de
vallon orienté du nord au midi, avaient été assises
sur un banc d'argile verte entamée assez profondément sur certains points ; la bâtisse faite peut-être
hâtivement et sans précaution, paraît d'après certains
sondages et l'état approximatif des lieux appartenir
à un édifice de forme polygonale ; si l'on en conclut
par l'appareil toutefois plus soigné de la tour ronde,
retrouvée intacte sur 3 mètres de hauteur, qui la
flanque à l'est, la construction ne saurait remonter
au-delà de la première moitié, peut-être même de la
fin du XVe siècle.

D'ailleurs parmi ces ruines enfouies uniformément
à environ deux mètres de profondeur, sous une couche
de décombres et surtout d'alluvion rapporté, nul détail
sculpté, nulle date inscrite ou blason n'ont été
retrouvés et la végétation arborescente et déjà séculaire
qui croît vigoureuse au-dessus de ces restes semble
garder jalousement leur secret et les défendre contre
toute investigation scientifique. Néanmoins des témoignage historiques déjà anciens mais toutefois
indiscutables ne laissent subsister aucune hésitation
sur l'identification de ces ruines si inopinément
mises au jour : il s'agit à n'en pas douter de l'ancien
château du Palais rasé en 1665 par ordre des
Grands-Jours d'Auvergne en exécution de la condamnation portée pour crimes de droit commun
contre Gilbert de Rivoire, seigneur du Palais.

Il est vivement regrettable que des constatations
si sommaires mais si suggestives n'aient pu raisonnablement être l'objet d'une poursuite méthodique
plus complète : toutefois à notre demande et en sou-

venir de son mari, notre ancien et regretté président, Madame la comtesse de Poncins a bien voulu nous promettre de faire exécuter à bref délai de nouveaux sondages, voire même de nouvelles fouilles autour des murs mis si inopinément au jour ; nous ne doutons pas que ces travaux auxquels on procède en ce moment n'amènent des résultats d'un puissant intérêt.

La reprise partielle des travaux n'a pas amené sur l'emplacement et le voisinage immédiat des substructions antiques, de nouvelles découvertes si ce n'est celle d'énormes bases de colonnes en marbre et d'un fragment de la partie gauche d'une plaque aussi en marbre blanc bordée d'une moulure, portant inscrites en caractères d'une belle facture les lettres ou amorces $\begin{smallmatrix} S & E \\ & R \end{smallmatrix}$ hautes de 0^{m}04.

La mensuration des débris de colonnes exhumées au cours des divers travaux donne 0^{m}51, 0^{m}67, 0^{m}83 et 0^{m}97 de diamètre ; leurs cannelures étaient les unes concaves, les autres convexes ; leurs chapiteaux, avaient été taillés dans le calcaire oolithique.

Bien que sommaires également, les résultats des nouvelles investigations faites sur l'emplacement de l'ancien château ont été plus fructueux, c'est ainsi qu'entr'autres constatations, nous avons pu, grâces aussi aux indications fournies par les diverses essences d'arbres qui ont trouvé, chacune suivant ses préférences, un milieu favorable dans les décombres ou les apports de terre végétale, établir d'une façon à peu près certaine la configuration de la construction sur trois de ses côtés. A l'aspect est s'appuyant sur la tour ronde précédemment découverte, elle présentait un front d'environ 29 mètres 50 et se terminait au nord par une tour carrée à demi engagée ; de ce point à une petite tour ronde en ouest, l'intervalle bâti mesurait 36 mètres 50 ; enfin la façade occidentale, flanquée au midi d'une tour également ronde de 3^{m}50 de diamètre, comptait 35 mètres de développement. Les bâtiments d'habitation et autres s'appuyaient sur l'enceinte extérieure et une cour irrégulière, assez vaste, occupait le centre du château. On accédait à celui-ci par une large porte s'ouvrant en nord, et à la cour intérieure au moyen du passage dallé, de 3 mètres 30 de largeur qui avait été retrouvé lors des premiers travaux. Quant à la canalisation d'eau, établie incontestablement en vue de l'alimentation de la place, il est probable qu'elle devait aboutir à un réservoir intérieur que l'énorme accumulation des terres n'a pu nous permettre de retrouver ; il en est de même de la façade sud du château qui était vraisemblablement délimitée par une ligne brisée et cantonnée, à son point d'intersection, d'une tour commandant le passage de la Loise. (*Constatations de MM. le vicomte Edmond de Poncins, A. de Saint-Pulgent et Rochigneux*, avril 1904).

La séance est levée.

Le Président,
Vicomte DE MEAUX.

Le Secrétaire,
Eleuthère BRASSART.

II.

MOUVEMENT DE LA BIBLIOTHÈQUE ET DU MUSÉE.

Dons.

Ont été offerts par MM. :

Balloffet (Joseph) : *L'abbaye royale de Joug-Dieu, près Villefranche-sur-Saône (1115-1738).* Villefranche, (Blanc et Mercier), 1904, in-8°.

Chapelle (F.), ses ouvrages : *Rapports celtiques de la Bretagne et de la Savoie.* (Nos 275 et 278 du journal *La Lumière*, de février et mars 1904).

— *La kabbale numérique à la Chaise-Dieu.* (Nos 8789 et 8805 du *Stéphanois*, 1904).

Chaudier (Marius), ses dessins : Vue des façades sud et est du château de Virieu à Pélussin. Juillet 1899.

Dessins au crayon — 0m 268 — 0m 185. 2 pièces.

Crozier (François-Philippe) : *Usages locaux du département de la Loire.* Copie des procès-verbaux dressés par les commissions cantonales du département de la Loire pour répondre à une circulaire du Ministre de la Justice du 3 avril 1855 ayant en vue la codification générale des usages locaux.

Manuscrit autographe, in-4°.

Déchelette (Joseph), ses ouvrages : *Les fouilles du Mont-Beuvray.* Paris, A. Picard et fils, 1904, in-8°·

— *Les graffites de la Graufesenque*. Paris, Ernest Leroux, 1904, in-8°.

Gras (L.-J.), sa notice : *Les anciennes corporations de l'industrie du ruban. Conférences à la Société d'études économiques du département de la Loire le 7 janvier 1901.* Saint-Etienne, (J. Thomas et Cie), 1904, in-8°.

Guillemet (abbé C.-L.) ses ouvrages : *Témoignages spiritualistes des plus grands savants du XIXe siècle.* Paris, A. Hatier, 1904, in-12.

— *Procès gagné ou l'œil et les causes finales au dix-neuvième siècle. Appendice au* Proslogium Cluniacense. Aoste, 1904, in-8°.

Henry (Paul), professeur de droit à l'Université catholique d'Angers, son ouvrage : *Le jurisconsulte Claude Henrys, théologien et moraliste.* Angers, Siraudeau, 1904, in-8°.

Héron de Villefosse (Antoine), sa notice : *La statuette d'argent de Saint-Honoré-les-Bains (Nièvre).* Paris, 1904, in-8°.

Lachmann (Emile), ses œuvres musicales : Douze solfèges à deux voix imposés dans les concours de musique. Paris, Victor Lory, s. d., in-8°.

— *La fuite des heures*, op. 264, pour piano. Paris, Ernest Van de Velde, 1904, in-8°.

— *Mon clocher*, chœur d'enfants à trois et deux voix. Paris, Victor Lory, 1904, in-8°.

— *Nid de bruants*, bluette pour piano. Paris, Van de Velde, 1904, in-8°.

— *Sous la charmille*. Bluette pour piano, op. 263. Paris, Van de Velde, 1904, in-4°.

Matagrin (Henri), sa notice : *L'état-civil de la famille de Jussieu*. Charlieu, (Paul Charpin), 1904, in-12.

Rony (Louis) : Paix en ivoire, provenant de la collection de M. Vincent Durand.

Hauteur o^m 110 ; largeur o^m 07 — XVIIe siècle.

Thiollier (Noël) : *Thiers, le Forez et Annonay en 1788*. Saint-Etienne, (J. Thomas et Cie), 1904, in-12.

Echanges

Académie delphinale, *Bulletin*, 4e série, tome XVII, 1903-1904.

Académie de Nîmes, *Mémoires*, 7e série, tome XXVII, 1903.

Académie des inscriptions et belles-lettres. *Comptes-rendus des années 1903 et 1904;* novembre 1903 à juin 1904.

Académie des sciences, belles-lettres et arts de Clermont-Ferrand, *Bulletin historique et scientifique de l'Auvergne*, 2e série, n°s 8 à 10, août-décembre 1903 ; n°s 1 et 2, janvier et février 1904.

Académie des sciences, belles-lettres et arts de Savoie, *Mémoires*, 4e série, tome X, 1902.

Académie de Stockolm: Kongl. Vitterhets, historie och antiquitets akadémiens manadsblad. Tjugosjunde och tjugoattonde argangarna; et trettionde och trettiforsta argangarna ; 1898-1899, 1901-1902.

Académie de Vaucluse, *Mémoires*, 2e série, tome IV, 1re et 2e livraisons, 1904.

Académie du Var, *Bulletin*, 71ᵉ année, 1903.

Chambre de commerce de Saint-Etienne, *Enquête parlementaire sur les industries textiles, Rubannerie; Réponses au questionnaire de l'enquête préparées par la commission de la soie de la Chambre de commerce et approuvées par la Chambre le 4 mars 1904.*

Comité de l'art chrétien du diocèse de Nîmes, *Bulletin*, tome VII, n° 48, 1904.

Institut de Carthage, *Revue tunisienne*, 11ᵉ année, nᵒˢ 43 à 46, janvier-juin 1904.

Ministère de l'Instruction publique et des Beaux-Arts. Comité des travaux historiques et scientifiques, *Bulletin archéologique*, 3ᵉ livraison, 1903.

— — Section des sciences économiques et sociales, *Bulletin*, 1903.

— Congrès des Sociétés savantes, *Discours prononcés à la séance générale du Congrès le samedi 15 avril 1904.*

— Direction des Beaux-Arts, Bureau de l'enseignement et des manufactures nationales, *Bulletin*, n° 26, 21 mai 1904.

Musée Guimet. *Annales. Revue de l'histoire des religions*, 25ᵉ année, XLIX, nᵒˢ 1 à 2, janvier-avril 1904.

— *Conférences.* tome XV, 1ʳᵉ partie, 1904.

— *Le Jubilé, 25ᵉ anniversaire.* 1879-1904, année 1904.

Revue de l'histoire de Lyon, tome III, fascicules 1 et 2, janvier-juin 1904.

Revue épigraphique, tome V, 26ᵉ et 27ᵉ années ; nᵒˢ 110 à 112, mai 1903-mars 1904.

Revue historique, archéologique, littéraire et pittoresque du Vivarais illustré, tome XII, n°s 1 à 10, janvier-juin 1904.

Falgairolle (Prosper), La succession de la maison de Tournon.

Semaine religieuse du diocèse de Lyon, 11e année, n°s 6 à 31, 1er janvier-24 juin 1904.

Société archéologique de Tarn-et-Garonne, *Bulletin,* tome XXXI, 1er à 4e trimestres 1903.

Société archéologique et historique de l'Orléanais, *Bulletin,* tome XIII, n° 178, 2e à 4e trimestres 1903.

Société archéologique du Midi de la France, *Bulletin,* nouvelle série, n°s 31 et 32, 1903-1904.

Société bibliographique et des publications populaires, *Bulletin,* 35e année, n°s 1 à 6, janvier-juin 1904.

Société d'agriculture, industrie, sciences, arts et belles-lettres du département de la Loire, *Annales,* 2e série, tome XXIV, 1re livraison, janvier-mars 1904.

Société d'archéologie lorraine et du musée historique lorrain, *Bulletin mensuel,* 4e année, n°s 1 à 6, Janvier-juin 1904.

Société d'archéologie religieuse et d'histoire ecclésiastique du diocèse de Belley, *Bulletin de la Société Gorini,* 1re année, n°s 1 et 2, janvier-juin 1904.

Société de Borda, *Bulletin,* 29e année, 1er et 2e trimestres 1904.

Société d'émulation du Bourbonnais, *Bulletin,* tome II, 1903.

Société d'émulation et d'agriculture de l'Ain, *Anna les*, 35e année, janvier-juin 1904.

Société des amis de l'Université de Clermont-Fer rand, *Revue d'Auvergne*, 21e année, nos 1 à 3, janvier-juin 1904.

Société départementale d'archéologie et de statistique de la Drôme, *Bulletin*, 148e et 149e livraisons, janvier-juin 1904.

Société des amis des sciences et arts de Roche chouart, *Bulletin*, tome XIII, nos 5 et 6, année 1903.

Société de Saint-Jean, *Notes d'art et d'archéologie*, 16e année, nos 1 à 6, janvier-juin 1904.

Société des Antiquaires de l'Ouest, *Bulletin* et *Mémoires*, tome XXVII, 2e série, 1903.

— *Bulletin*, 2e série, tome X, 1er trimestre 1904.

Société des Antiquaires de Picardie, *Bulletin*, 4e trimestre 1903, et 1er trimestre 1904.

Société des archives historiques de la Saintonge et de l'Aunis, *Bulletin-revue*, XXIVe volume, 1re à 3e livraisons, janvier-juin 1904.

Société des Bollandistes, Analecta Bollandiana, tome XXIII, fascicules I, II et III, 1904.

Société de secours des amis des sciences, *Compterendu du 47e exercice, 41e séance tenue le 19 mai 1904.*

Société des lettres, sciences et arts de la Haute-Auvergne, *Revue de la Haute-Auvergne*, 6e année, 1er fascicule, 1904.

Société des lettres, sciences et arts de l'Aveyron, *Procès-verbaux des séances*, 1903.

Société des sciences et arts du Beaujolais, *Bulletin*, 5ᵉ année, nᵒˢ 17 et 18, janvier-juin 1904.

Société des sciences historiques et naturelles de Semur, *Bulletin*, 1902 et 1903.

Société des sciences naturelles et d'archéologie de l'Ain, *Bulletin*, nᵒ 33, 4ᵉ trimestre 1903.

Société des sciences naturelles et d'enseignement populaire de Tarare, *Bulletin*, 9ᵉ année, nᵒˢ 1 à 4, janvier-avril 1904.

Société d'études des Hautes-Alpes, *Bulletin*, 23ᵉ année, 3ᵉ série, nᵒˢ 9 et 10, 1ᵉʳ et 2ᵉ trimestres 1904.

Société d'histoire et d'archéologie de Châlon-sur-Saône, *Histoire du canton de Sennecey-le-Grand (Saône-et-Loire) et de ses dix-huit communes. Topographie, géologie, organisation religieuse et administrative*, par M. Léopold Niepce, tome III, 1903.

Société Eduenne, *Mémoires*, tome XXXI, nouvelle série, 1903.

Charmasse (A. de), Jacques-Gabriel Bulliot, président de la Société Eduenne, sa vie et son œuvre. — Déchelette (Joseph), Chainette en or attachée à une lance de l'âge du bronze ; — Note sur une bouterolle de fourreau gallo-romain trouvée à Autun.

Société française d'archéologie, *Congrès archéologique de France, LXIXᵉ session, Séances générales tenues à Troyes et Provins en 1902*.

Société littéraire, historique et archéologique de Lyon, *Bulletin trimestriel*, janvier-mars 1904.

Société nationale des Antiquaires de France, *Bulletin*, 1903.

— *Centenaire (1804-1904)*.

Société scientifique et littéraire d'Alais, *Revue cevénole, Bulletin*, IV, 1903, et V, 1er trimestre 1904.

Université de Lille, *Bulletin*, 3e série, 8e année nos 1 à 3, année 1904.

Abonnements

Bibliothèque de l'Ecole des Chartes, tome LXVe, 1re, 2e et 3e livraisons, janvier-juin 1904.

Bulletin historique du diocèse de Lyon, 5e année, nos 25 à 27, janvier-juin 1904.

Bulletin monumental, 68e volume, nos 1 et 2, 1904.

Polybiblion. Revue bibliographique universelle. Partie littéraire. 2e série, tomes XCVII à C, 36e et 37e années ; février 1903 à juin 1904.

Revue archéologique. 4e série, tome III, janvier-juin 1904.

Revue foréʒienne illustrée, 14e année, 2e série, nos 74 à 80, janvier-juin 1904.

Acquisitions

Girerd (Sylvain) : *Les foréʒiens aux colonies*. Saint-Etienne, (J. Thomas et Cie), 1904, in-12.

III

MOUVEMENT DU PERSONNEL

Membres titulaires

M. l'abbé Joseph Penel, professeur au petit séminaire de Montbrison, reçu le 23 février 1904.

M. Camille Briand, propriétaire à Bellegarde, reçu le 6 avril 1904.

M. Paul Bréchignac, architecte, rue d'Arcole, à Saint-Etienne, reçu le 9 mai 1904.

Membre correspondant

M. Joseph Balloffet, négociant, rue d'Alma prolongée, à Villefranche-sur-Saône, reçu le 9 janvier 1904.

Membres décédés

M. l'abbé Grimaud, curé de Saint-Jean-Soleymieux, membre titulaire.

M. Frédéric Gros, pharmacien, à Montbrison, membre titulaire.

JUILLET — SEPTEMBRE 1904.

BULLETIN DE LA DIANA

I.

INAUGURATION
DU BUSTE DE VINCENT DURAND
DANS LA SALLE DE LA DIANA
20 JUIN 1904

A la première séance du conseil qui eut lieu après les funérailles de Vincent Durand, le 6 février 1902, une souscription fut ouverte pour lui élever un buste dans une des salles de la Diana.

Pour mener à bien ce projet, le sculpteur choisi d'un commun accord fut M. E. Millefaut qui déjà, en 1895, avait modelé sur nature un remarquable portrait en médaillon de Vincent Durand.

Grâce aux conditions particulièrement avantageuses que l'artiste voulut bien accorder à la Diana, l'œuvre put être mise en chantier de suite. Elle était terminée aux premiers jours de 1904 et livrée au fondeur.

Aussi le 23 février 1904, le Conseil décidait-il de faire coïncider la date de l'inauguration du buste de Vincent Durand avec celle que choisirait la Société française d'Archéologie pour l'ouverture de son Congrès au Puy, afin de permettre aux amis de notre regretté Secrétaire, étrangers au Forez, d'y assister.

Les travaux du Congrès devant commencer au Puy le mardi 21 juin, le bureau de la Diana fixa au lundi 20 juin l'inauguration du buste de Vincent Durand. Cette date fut acceptée par M. Héron de Villefosse, membre de l'Institut, délégué par la Société des Antiquaires de France et la Société Française d'Archéologie pour les représenter à cette cérémonie.

C'est devant une très nombreuse et brillante assistance, qu'à deux heures précises M. le vicomte de Meaux, Président, assisté de M. Héron de Villefosse ouvrit la séance.

Le buste de Vincent Durand ayant été dépouillé du voile qui le recouvrait aux applaudissements de l'assemblée, M. le vicomte de Meaux prit la parole en ces termes.

Mesdames, Messieurs,

Il y a seize ans, la Société de la Diana, le jour même où elle célébrait le vingt-cinquième anniversaire de sa naissance, offrait à la ville de Montbrison la statue de Victor de Laprade et Vincent Durand était l'un de ceux qui, ayant préparé cette fête, y prenaient le plus de part. La statue était inaugurée au pied des montagnes que Laprade avait chantées, en plein air, en plein soleil, parmi les arbres qu'il aimait et l'Académie française avait délégué l'un de ses membres, un poète, François Coppée, pour rendre hommage au poète du Forez. Aujourd'hui la

E. B.

II. — BUSTE EN BRONZE
DE VINCENT DURAND,
ŒUVRE D' E. MILLEFAUT,

inauguré

dans la salle de la Diana

le 20 juin

1904.

Diana inaugure le buste de Vincent Durand chez elle, à l'ombre du lambris sous lequel il travaillait, au milieu des livres, ses instruments de travail, et c'est encore un membre de l'Institut de France, c'est l'un des maîtres de la science historique en France qui vient rendre hommage à l'érudit Forézien.

Ainsi, sans oser dire comme Honoré d'Urfé que « le pays nommé Forez contient en sa petitesse ce qui est le plus rare au reste des Gaules » (nous ne sommes plus au temps où l'on se vantait avec une telle naïveté), il nous sera permis de constater que ce petit pays reçoit de nos jours en la personne de deux de ses enfants le double laurier de la poésie et de l'érudition.

« Par toi je fus poète » lui disait Laprade. Et songeant aux belles légendes qu'il avait évoquées, aux beaux paysages qu'il avait dépeints, il ajoutait :

> « On t'aimera peut-être,
> O Forez douce terre ».

Par toi je devins érudit, aurait pu dire Vincent Durand. C'était en effet en fouillant ce sol de granit et d'argile, qu'il avait retrouvé la trace des siècles écoulés et des générations disparues. Et songeant à l'histoire qu'il avait creusée il aurait ajouté : On te respectera sans doute, pays honnête et loyal, qui n'as jamais séparé ta cause et ta fortune de la bonne cause et de la fortune de la France.

L'amour de la grande patrie, nourri et réchauffé par l'amour de la petite patrie, était commun en effet à notre poète et à notre historien et ce n'était pas le seul trait par lequel ils se ressemblaient. A travers la diversité des aptitudes et des œuvres, on

reconnaît de même chez l'un et chez l'autre, le dé-
souci des biens vulgaires, le désintéressement, la foi
et les mœurs antiques et, dans la jouissance d'une
renommée inégale, mais pareillement sans reproche,
la simplicité, la modestie.

Il m'est arrivé d'appeler Vincent Durand un Druide.
Ce titre ne lui déplaisait pas. Druide, il l'était avec
M. Bulliot à Bibracte ; mais avec vous Monsieur (1),
le Gaulois devenait Romain, comme le sont devenus
la plupart de nos ancêtres. Avec vous, il recherchait,
il découvrait l'empreinte du peuple rói, cette empreinte que vous avez signalée partout où les armes
et les lois romaines ont atteint, en Afrique, en
Asie comme en Gaule et que vous n'avez pas dédai-
gné d'observer en Forez. Car, nous aimons à nous
le rappeler : ce n'est pas la première fois que Vincent
Durand vous attire à la Diana. Vous l'avez aidé à
déchiffrer l'inscription d'une borne milliaire que
nous conservons ici et, lorsque nous voulons savoir
quels sont et ce que valent les vestiges de Rome en
notre contrée, c'est à vous qu'en ouvrant le grand
ouvrage de M. Félix Thiollier sur le Forez, c'est à
vous que nous nous adressons. Dernièrement enfin,
en souvenir de Vincent Durand sans doute et aussi
d'un Président de la Diana que ne sauraient oublier
aucun de ceux qui l'ont connu (2), vous faisiez accorder
une subvention de l'Etat pour des fouilles à poursuivre à Feurs, la cité romaine par excellence en notre
pays. Le maire de Feurs qui était alors un de nos
confrères (3) s'intéressait à ces fouilles, il avait sollicité

---

(1) M. Héron de Villefosse.
(2) M. le comte Léon de l'oncins.
(3) M. Ory député.

la subvention obtenue par vous et dans le cahier des charges imposé à des entrepreneurs qui devaient creuser des égoûts à travers la ville, il avait stipulé que la Diana serait avertie, dès que se rencontrerait quelque débris antique à conserver. Il faut souhaiter que sous une municipalité nouvelle se perpétuent ces dispositions favorables. Mais quoiqu'il en arrive, une preuve de plus de votre intérêt pour notre pays vient de nous être donnée.

Nous en sommes fiers et parmi les services que Vincent Durand a rendus à la Diana nous lui savons gré, particulièrement en ce jour, d'avoir attiré sur elle votre sympathie.

M. Héron de Villefosse s'exprime ainsi :

Monsieur le Président,

Je vous remercie de votre accueil cordial et bien-veillant ; je suis vivement touché de vos paroles aimables. Je me félicite de me trouver aujourd'hui à vos côtés : fier de l'honneur que vous voulez bien me faire, j'en ressens tout le prix et j'en conserverai un profond souvenir.

Mesdames, Messieurs,

C'est avec un sentiment véritablement pieux que je suis venu me joindre à vous et célébrer avec vous le désintéressement, la bonté, le dévoûment sous toutes ses formes, la générosité, le savoir et le talent. Juste et consolant triomphe de l'esprit ! Une même pen-sée nous guide et nous unit : nous voulons payer une dette intellectuelle en honorant un confrère qui fut à la fois un homme de science et un homme de bien.

A mesure que les années s'accumulent sur nos têtes nous demeurons de plus en plus frappés du caprice qui préside trop souvent à la répartition de la renommée dans le monde. Et parfois, lorsque la mort vient enlever un écrivain de race, un savant distingué, un artiste éminent, nous constatons, un peu tardivement, qu'il n'avait point acquis la notoriété à laquelle il aurait pu prétendre. Le plus souvent ce sont de nobles qualités qui lui ont valu cette dis-grâce, sa modestie, l'indépendance de son caractère, son dédain de la publicité, le désir de vivre tran-quille sans bruit et sans éclat. Mais l'heure de la justice arrive. Et pour ceux qui ont été les témoins quotidiens de son labeur ou les confidents de ses espérances, pour ceux qui ont compris ses idées et admiré ses travaux, un devoir s'impose, celui de proclamer tout ce qu'il a fait de bon et d'utile, d'exposer le but et l'intérêt de son œuvre, de fixer enfin dans l'esprit public la plaee d'honneur que sa mémoire doit occuper. C'est ce que nous nous pro-posons de faire aujourd'hui devant l'image de Vin-cent Durand.

Il y a cinq ans à peine, en 1899, un savant alle-mand du plus haut mérite qui connaît, mieux que personne, les antiquités de notre vieille Gaule, M. le professeur Otto Hirschfeld, écrivait en parlant de notre regretté confrère une phrase simple, d'une admirable concision, résumant à merveille son œuvre scientifique et digne d'être gravée au-dessous de son buste :

VIR· OPTIME· DE· HISTORIA.
PATRIA· MERITVS (1).

---

(1) *Corpus inscriptionum latinarum*, vol. XIII, p. 222.

Personne, Messieurs, n'était plus digne d'un tel éloge ; personne en effet n'a aimé son pays avec plus de tendresse, personne n'a recherché avec plus d'ardeur et de conviction les monuments propres à en éclairer l'histoire ou à en démontrer la grandeur. Et lorsqu'un hommage de ce genre est rendu par un étranger nous sentons plus vivement encore combien il est juste et mérité, nous en éprouvons à bon droit une plus noble fierté.

Trois ans plus tard la Diana était en deuil ; elle pleurait son meilleur serviteur. Comme l'a dit en termes émus l'éminent Président de votre Compagnie elle avait perdu celui qui la personnifiait, celui qui en était l'âme et la vie. Dans un langage d'une haute portée et d'une rare distinction, M. le vicomte de Meaux a fait éloquemment revivre la figure de notre confrère ; il en a tracé un double portrait : à côté de l'érudit et du savant il a révélé l'homme au cœur généreux et sensible, l'ami fidèle et dévoué ; nous nous demandons maintenant ce que nous devons le plus admirer en lui, ou de sa science solide et toujours prête, ou de son cœur aimant et de sa bonté toujours en éveil.

C'est en 1879 qu'il me fut donné de faire la connaissance de Vincent Durand ; je n'ai jamais oublié ces instants trop courts passés avec lui. Je ne pouvais m'arrêter que quelques heures à Montbrison ; il vint au devant de moi avec une bonté touchante, il me fit admirer la Diana dans tous ses détails, il me conduisit à Moind ; au retour nous eûmes encore le temps d'étudier ensemble une inscription très importante qui venait d'être découverte dans les démolitions de la vieille église de Bussy-Albieu. Je le vois encore au moment où le train qui m'emportait se mettait en marche, debout, derrière la balustrade de la gare, me disant au revoir en agitant son chapeau. Sa tête pensive qu'ombrageait de longs cheveux d'argent ressemblait à celle d'un apôtre ; il y avait de la bonté dans son sourire, de la lumière et de la douceur dans son regard. Hélas ! je ne devais plus le revoir, mais cette entrevue rapide avait suffi pour créer entre nous des liens affectueux. A partir de ce jour une correspondance qui fut pour moi une source de jouissances et de profits scientifiques s'établit entre nous. Il écrivait avec une courtoisie exquise, cherchant toujours à faire plaisir ou à donner quelques indications profitables ; sa plume courait sur le papier sans prétention et sans défiance ; il s'exprimait d'une manière simple, familière, quelquefois pittoresque, avec un mélange discret d'esprit et de sentiment. Comme les gens d'autrefois il savait s'intéresser à tout et parler de toutes choses avec la même bonne grâce. Dans cet échange d'idées et de pensées je sentais bien que je recevais la meilleure part. Et je dois lui en conserver une reconnaissance d'autant plus vive. C'est lui qui m'a initié aux antiquités du Forez ; si j'ai osé m'en occuper quelquefois, ce n'est qu'après avoir reçu de lui les conseils les meilleurs et les renseignements les plus sûrs.

Il connaissait si bien votre beau pays ! il en parlait avec une autorité tellement pénétrante, avec des réflexions si neuves, avec des vues si fécondes et si suggestives ! Son activité scientifique s'y est étendue dans tous les sens ; elle augmentait à mesure qu'elle trouvait plus d'occasions de s'exercer. On ne remuait pas une pierre à Moind, à Feurs, à Roanne, à Pommiers, dans tout le territoire des Ségusiaves, sans qu'il accourut pour la voir. Vos belles églises, les fresques qui les décorent, les vieilles cloches qui nous appellent à les visiter, les grands hommes qui ont illustré le Forez, vos châteaux historiques, les œuvres d'art qui en constituaient autrefois la parure, tout le passionnait également. De chacun de ses écrits jaillissait une lumière nouvelle pour votre histoire provinciale.

Si la Providence lui avait accordé de plus longs jours nous aurions sans doute appris par lui quelque chose des découvertes faites à l'oppidum du Crêt Châtelard, découvertes qui jusqu'à présent sont restées à peu près inédites : il avait dirigé l'exploration de cet oppidum avec Auguste Chaverondier. J'espère que ses notes et celles de son collaborateur verront bientôt le jour par les soins d'un de nos plus distingués confrères : une telle publication serait accueillie avec une vive reconnaissance par tous les archéologues. En signalant en 1897 le curieux cadran solaire portatif trouvé, il y a plus de soixante ans, à l'extrémité méridionale du plateau du Crêt-Châtelard, Vincent Durand a fait naître dans nos esprits le désir bien légitime de connaître les autres secrets de ces ruines mystérieuses.

Ne regrettez pas, Messieurs, qu'il soit resté modestement pendant toute sa vie à l'ombre de son clocher, dans sa chère province où la Providence lui avait assigné un rôle qu'il a rempli avec une perfection admirable. Il a été le chevalier servant de la Diana. Il l'a servie longtemps et fidèlement avec l'aimable et très distingué comte de Poncins dont le nom vient sur mes lèvres à côté du sien. C'est en grande partie à leurs efforts que votre savante Compagnie doit son merveilleux développement et l'influence scientifique qu'elle a exercée autour d'elle. Jamais Vincent Durand ne s'est dérobé à sa tâche. On ne saurait trop rappeler combien sa vie fut pleine de mérites : toujours plus préoccupé des autres que de lui-même, abandonnant parfois ses propres recherches pour faciliter celles de ses amis, se chargeant des besognes ingrates, heureux de trouver sans cesse de nouvelles occasions de se dévouer. Le résultat de ses travaux est tel qu'on ne prononcera jamais son nom sans reconnaître les services qu'il a rendus à l'histoire du Forez. Au milieu de vous il a été chef d'école, il a surveillé et dirigé le mouvement des études d'érudition, il a formé des élèves, il a entraîné des vocations hésitantes. Si sa mort vous laisse des regrets profonds elle vous permet de voir clairement tout ce que vous lui devez.

Vous tous, Messieurs, qui êtes venus souvent vous réconforter dans la grande salle de la Diana à la chaleur de son amitié, vous qui avez pu apprécier plus intimement les qualités de son cœur, la pénétration de son esprit, la vivacité de son intelligence et la sûreté de son jugement, vous nous redirez les projets dont il vous entretenait, vous compléterez les travaux qu'il laisse inachevés, vous les publierez à côté de ceux dont il a rempli les bulletins de la Diana depuis trente ans. Quelques-uns d'entre vous doivent peut-être à ses conseils cette satisfaction intime que le travail apporte à l'âme fatiguée, ce repos que l'étude procure toujours au milieu des peines et des misères de l'existence. N'abandonnez jamais vos recherches ; si elles ne sont appréciées d'abord que par quelques initiés, ne vous découragez pas. Petit à petit les conclusions de vos travaux descendent dans les esprits : en y pénétrant elles rectifient sur beaucoup de points essentiels les idées bizarres et parfois grossières que certains hommes se plaisent à propager sur notre histoire nationale ; elles apprennent à aimer de plus en plus notre vieille France dont les malveillants ou les sots parlent seuls sans respect et sans admiration, dont ils affectent d'ignorer le passé comme s'il n'y avait plus sur notre sol de témoins encore vivants de sa gloire et de son impérissable génie !

Je m'excuse, Messieurs, d'avoir pris la parole pour répéter, moins bien que vous assurément, combien la vie de Vincent Durand a été belle et utile ; ce fut une série ininterrompue de bonnes actions et de fructueux exemples.

J'avais besoin de mêler ma voix aux vôtres, afin d'étendre la portée de ma pensée et d'en fortifier l'expression. Il me paraissait nécessaire de déposer devant cet image le souvenir sympathique des confrères qui, retenus loin d'ici, les uns par leur âge, les autres par des devoirs divers, regrettent de n'avoir pu se joindre à nous pour assister à cette touchante cérémonie : ils sont nombreux à Paris, particulièrement à la Société des Antiquaires de France à laquelle notre ami appartenait depuis vingt-huit ans.

Une autre Société dont l'influence bienfaisante s'exerce dans toutes nos provinces, la Société française d'archéologie, m'a confié le mandat spécial de la représenter près de vous aujourd'hui : elle ne saurait oublier le rapport rédigé par Vincent Durand sur le Congrès de Montbrison en 1885, ni l'appui dévoué qu'il prêta constamment à l'œuvre féconde des Congrès archéologiques. Je suis chargé par son directeur, M. Eugène Lefèvre-Pontalis d'apporter ici l'hommage de son respect avec le témoignage de ses regrets. Les membres de la Société française d'archéologie, de cœur avec vous, s'associent sans réserve à votre juste manifestation, partagent votre émotion et tous les sentiments qui vous animent.

M. le Président donne la parole au secrétaire, M. Eleuthère Brassart.

Monsieur le Président, Mesdames, Messieurs,

Aujourd'hui nous fêtons notre cher pays de Forez en la personne d'un de ses enfants, digne de mémoire.

C'est en effet un vrái Forézien, celui dont le bronze nous idéalise les traits. Issu d'une antique lignée de terriens et de notaires, tout imprégné du suc granitique de nos rudes montagnes, il n'en a jamais été déraciné par transplantation au collège ou aux écoles.

Il est resté lui-même, épanouissement, synthèse d'une famille chrétienne et française, dont les membres pendant plusieurs siècles ont eu le culte du beau, du bien : la vertu, le devoir.

Vincent Durand naquit le 9 mai 1831, à Saint-Martin-la-Sauveté, sur le versant méridional de cette vallée de l'Aix si fertile, à toutes les époques, en

hommes éminents : écclésiastiques, prélats ou religieux ; littérateurs ; érudits ; artistes. Son père
Claude-Anne Durand, né à Champoly, était notaire,
sa mère Emilie Chazelle venait de la paroisse d'Allieu. Tous sont bien du même terroir.

Vingt mois après sa naissance, Vincent Durand
perdait son père, et sa mère reprit le chemin de la
maison paternelle, Daumois, où elle et son fils devaient définitivement vivre et mourir.

A la rentrée des classes, en 1839, Madame Durand, femme du plus grand mérite, amena Vincent
à Lyon pour le confier, comme pensionnaire, au collège des Minimes. Il assista des hauteurs de Saint-
Just à la terrible inondation de 1840, et fut victime de l'épidémie qui survint après. Le collège fut
licencié, mais déjà atteint par la fièvre scarlatine, il
fut recueilli dans une maison amie où sa mère vint
en hâte le soigner.

De retour à Daumois, sa convalescence fut interrompue à plusieurs reprises par des rechutes, des
complications, consécutives à cette maladie alors
mal définie. Il faillit être victime des théories de
Broussais : une crise d'albuminurie fut combattue à
l'aide des sangsues par le Purgon local. Néanmoins
il en réchappa, mais il ne fut plus possible de le
mettre en pension. Les leçons de quelques ecclésiastiques, la plupart jeunes séminaristes arrêtés
momentanément dans leurs études, lui permirent
de faire ses classes jusques et y compris la rhétorique.

Il allait atteindre sa dix-neuvième année, pour cou-
ronner son instruction, sur le conseil d'amis compé-
tents, il partit pour Lyon, s'installa avec sa mère dans

un modeste logement du quai de Retz, et suivit au lycée de Lyon le cours de philosophie de l'année 1849-1850. Il eut pour professeur le célèbre abbé Noirot, conserva précieusement toute sa vie ses cahiers de cours, les recommandant dans ses dernières volontés à la Diana héritière de ses papiers.

Vers la fin de l'année scolaire, il passa les examens du baccalauréat, obtint son diplôme avec la note bien. Quelques jours plus tard, à la distribution des prix du lycée, il recevait le second prix de mathématiques et le prix d'histoire naturelle.

Puis tout aussitôt, la mère et le fils regagnèrent la maison de Daumois. Vincent Durand s'y occupa d'agriculture, de voierie, d'administration. En particulier, de création de prairies ; de rectification, de tracé de chemins, occupation où il exerçait plus directement ses sérieuses connaissances des mathématiques.

En 1858, au lendemain du transfert de la préfecture de Montbrison à Saint-Etienne, il publie son premier travail intitulé : *De l'institution d'un siège épiscopal à Montbrison.* Dans cette brochure il expose d'une manière très claire les raisons qui militent en faveur de la division du diocèse de Lyon, les avantages généraux qui en résulteraient et les facilités qu'offre Montbrison pour être le siège du nouvel évêché. Ce travail causa quelque émoi. Vincent Durand revint plus tard sur ce sujet, en 1873, plus documenté, plus précis, et, sans des raisons diplomatiques, son plaidoyer aurait eu gain de cause.

L'année suivante, 1859, il donna à la Société d'agriculture un mémoire, qui fut imprimé, sur la législation des céréales. Travail de longue haleine, bien raisonné qui dénote chez son auteur une grande puissance d'assimilation, travail qui n'a pas vieilli ; puisque le régime de l'échelle mobile pour le droit d'entrée des blés que préconisait Vincent Durand a encore de nombreux partisans.

Vers cette époque se place un petit événement qui décida de la vocation de Vincent Durand. Un voisin de campagne, un vieil ami de la famille, M. J.-M. de Saint-Pulgent faisait exécuter dans sa propriété, par un ingénieur spécialiste, des travaux de nivellement dans le but de créer des drainages alors fort à la mode. M. de Saint-Pulgent pria Vincent Durand de donner un coup de main pour le levé des plans, pour la surveillance des travaux. Les travaux amenèrent la découverte de quelques antiquités notamment d'un tronçon de la vieille voie d'Aquitaine, de Lyon et Feurs à Clermont.

A ce moment, Auguste Chaverondier rédigeait les notes si précieuses dont il a enrichi son appendice à l'*Inventaire des titres du Comté de Forez*, par Jacques Luillier. Il eut vent des trouvailles, entra en relation avec Vincent Durand, fut surpris de la précision des renseignements fournis par ce collaborateur occasionnel.

Et enfin l'engagea fortement à se livrer à l'étude de nos antiquités nationales lui promettant de l'aider de ses conseils, de sa bibliothèque.

L'élève ne tarda pas à égaler et même à dépasser le maître, mais il y prit peine.

Vincent Durand se mit à dépouiller toutes les archives que l'on voulut bien lui confier. Ses relations lui donnèrent l'accès de chartriers privés, inexplorés et très importants. Tout fut analysé ou copié. Ses inventaires analytiques sont des merveilles du genre. Tous conçus avec méthode et clarté. Il y a plus de profit, je crois, à lire une analyse de Vincent Durand qu'à déchiffrer un original, c'est aussi instructif et plus substantiel.

Quand il eut extrait et mis en ordre les textes intéressants d'une multitude de terriers, il se préoccupa d'en faire l'application sur le terrain, de les identifier. Pour cela il dépouilla le cadastre. Il n'y a presque pas de communes des cantons de Boën, Saint-Georges-en-Cousan, Noirétable dont il n'ait pas établi la table des lieux dits intéressants dont la position exacte, géographique, était déterminée sur des cartes dressées à l'aide du plan d'assemblage. C'est un travail original, merveilleux et qui a provoqué l'admiration des rares personnes qui ont pu le voir.

Puis, ainsi documenté, il va sur le terrain, visite les villages, les lieux dits dont il a relevé les noms dans les terriers et le cadastre, fait de véritables enquêtes auprès des habitants sur les antiquités que l'on aurait pu découvrir et, au retour, rédige le compte rendu de ses excursions et les illustre de nombreux croquis. C'est cette partie de son œuvre inédite que la Diana publiera la première.

Devenu aveugle, il ne s'est même pas arrêté. En 1901 il fait constater par un ami qu'il a mené avec lui des découvertes faites sur le parcours de la voie d'Aquitaine et, rentré chez lui, écrit au crayon, à tâton, le procès-verbal de la course.

Chaverondier après avoir pris connaissance du

procès-verbal d'une de ces excursions à laquelle il avait pris part écrivait à Vincent Durand :

« La relation que vous m'avez adressée de notre excursion à Feurs, à Randans, à Saint-Laurent-la Conche, à Marclop et à Montrond est on ne peut plus intéressante. Je l'ai montrée à MM. Testenoire-Lafayette, Smith et de Boissieu fils, de Saint-Chamond, qui vient depuis quelque temps travailler aux archives et tous ces messieurs en ont été charmés.

. . . .

« Quel plaisir d'avoir un compagnon de route comme vous, l'esprit, le pied, la main également alertes ! Quelle moisson de notes et de renseignements nous recueillerions si nous avions le temps de parcourir ainsi tout le Forez à petites journées et en préparant d'avance notre itinéraire quotidien ».

Vincent Durand appliqua dès le début à tous ses travaux la critique d'un esprit merveilleusement judicieux. En voici un exemple :

C'est en 1862, il est archéologue très novice. Dans un voyage à Montbrison, il a l'occasion de voir et de dessiner des bracelets en bronze trouvés à Vinol et conservés aujourd'hui dans le musée de la Diana.

De suite, il fait part à Chaverondier de cette intéressante trouvaille, mais il ne sait encore quel âge assigner à ces objets ; il hésite entre l'époque celtique et l'époque mérovingienne. Cependant il finit par conclure en faveur de l'époque celtique à l'aide du raisonnement suivant d'une irréprochable logique.

Ce qui me porterait à croire nos bracelets celtiques, c'est le style des ornements qui y sont gravés. Ces ornements me semblent appartenir plutôt à un art en voie de formation qu'à un art en décadence. Lorsque les arts du dessin ont été cultivés avec succès pendant une longue période, telle qu'a été celle de l'occupation romaine dans nos contrées, il s'établit des types de convention, de la même manière que les

XIV. — 7.

phrases toutes faites s'introduisent dans la littérature, et la dégénérescence graduelle de ces types marque la décadence de l'art. Rien de pareil dans nos anneaux de bronze : on n'y sent pas l'influence d'un art antérieur et plus avancé, l'exécution est maladroite, mais elle n'a pas la prétention de produire un effet au-dessus de ses moyens. Nulle reproduction d'objets animés, de simples combinaisons de lignes, d'ailleurs de fort bon goût.

En juin 1862, Vincent Durand se fait inscrire parmi les premiers membres de la Diana, sans enthousiasme. Le côté officiel de la société d'alors, fondée et présidée par un ministre, devait porter ombrage à sa nature indépendante. C'est ainsi qu'il l'annonce à son ami Chaverondier.

Je me suis laissé enrégimenter comme tant d'autres dans la Société historique et archéologique du Forez, bien que la cotisation soit un peu forte. — J'ai bien de la peine à croire que les 212 souscripteurs soient longtemps fidèles au drapeau.

De 1862 à 1867, Vincent Durand publie quelques articles archéologiques dans le *Bulletin monumental*. Pendant cette période il est nommé secrétaire général de l'*Union des Sociétés d'Agriculture de la Loire*. *Union* qui n'eut qu'une durée éphémère, dissoute par l'Empire après deux ans d'exercice. A partir de ce moment V. Durand cesse de prendre part aux travaux des associations agricoles.

Pierre Gras fonde, en 1867, la *Revue Forézienne* dont Vincent Durand devient de suite un des meilleurs rédacteurs. Des nombreux articles qu'il y fit insérer de 1867 à 1870, il faut particulièrement signaler la *Confédération de la noblesse du Lyonnais, Forez et Beaujolais*. Le titre est celui de la pièce même, découverte dans les archives du château de Boën. Ce document prouve d'une manière surpre-

nante la largeur de vue, le patriotisme, la modéra-
tion qui animèrent la noblesse et la bourgeoisie de
notre province pendant les temps troublés de la
Ligue.

Un chercheur vulgaire en aurait fait de la copie
pour une revue, sans se préoccuper d'autre chose.
Vincent Durand, au contraire, par un labeur opiniâ-
tre détermine l'âge de la pièce, la classe à la place
précise qu'elle doit occuper et en termine l'annota-
tion par ce magistral jugement sur toute une période
de notre histoire.

Plusieurs écrivains, le froid Anquetil entre autres, trop
préoccupés de ce que j'appellerai l'histoire officielle de la
Ligue, n'ont vu dans les grandes luttes de ce temps que le
résultat d'ambitions égoïstes ou d'un aveugle fanatisme. Trop
souvent, il est vrai, la religion servit de prétexte aux grands
et aux sectaires pour travailler à leurs avantages personnels.
Mais un souffle généreux et puissant se fit sentir aussi dans
toutes les classes de la société française, et beaucoup de nobles
cœurs obéirent à un zèle désintéressé. On a dit des croisades
que toutes avaient échoué et que toutes avaient réussi. La
même réflexion s'applique à la Ligue. Le seul résultat vraiment désirable qu'elle poursuivit fut atteint. La nation très
chrétienne ne subit pas l'humiliation d'obéir à un prince
hérétique. Et la France eut cette bonne fortune que la conversion d'Henri IV permit de concilier, de la manière la
plus heureuse, les droits de la nation avec ceux de l'héritier
naturel de la couronne. Le fidèle et catholique Forez n'avait
jamais désiré autre chose. Il est agréable d'en trouver une
nouvelle preuve dans le document qui sort aujourd'hui de la
poussière des archives, pour rendre témoignage de la foi et
de la loyauté de nos pères.

Nous arrivons à l'année terrible, Vincent Durand
affligé autant que personne des malheurs qui frap-
pent la patrie, travailla avec acharnement pour trom-
per ses angoisses. Aussi une fois le calme revenu,

lorsque la Diana se reconstitua, grâce à M. Testenoire-Lafayette, il en enrichit les publications de
travaux de tout premier ordre qui firent classer de
suite cette Société renaissante dans le meilleur rang.

Et en première ligne il convient de citer ses
recherches sur l'emplacement des villes de notre région,
inscrites sur la table de Peutinger, et sur les routes
qui les desservaient dans l'antiquité.

Les procédés d'investigation de Vincent Durand
sont absolument personnels et hors de pair. A la
recherche de la position que doit occuper *Mediolanum* dont la situation est très mal définie dans la
seule copie qui nous soit parvenue de la table, il
part d'un point certain, incontesté, Lyon. Il détermine d'après les chartes, d'après les terriers, d'après
les itinéraires du moyen âge le passage d'une
route antique se dirigeant sur Roanne. Lorsqu'il est arrivé à un point concordant avec les
mesures de la table il trouve, un peu en dehors du
chemin actuel, un village, Miolan, dont le nom
caractéristique rappelle celui de *Mediolanum* et
philologiquement doit en provenir. Il fait une enquête, des fouilles, et non seulement découvre de
nombreuses traces de l'occupation romaine, mais
même exhume la chaussée de la route antique abandonnée à une époque reculée et dont la moderne
n'est qu'une rectification. Continuant la même route,
que jalonnent et les textes et les débris antiques, il
arrive au port de Roanne après une deuxième étape
dont la longueur correspond d'une façon satisfai-
sante avec les chiffres de la table.

Ce mémoire fit du bruit, étonna. Comme il dé-
rangeait les archéologues dont le siège était fait,

on chercha à le démolir ; non par des arguments sérieux, mais avec des raisons de sentiments. Voilà trente ans que ce mémoire a été livré au public, il n'a pas paru une rectification sérieuse. Tout au contraire, pour ne citer qu'un fait, les poteries italiques, exhumées du sol de Roanne par M. Joseph Déchelette, sont venues affirmer qu'une voie commerciale directe reliait, depuis l'aurore du premier siècle, Lyon à Roanne où la Loire devient navigable.

Le mémoire paru en 1875 sur la station d'*Aquæ Segetæ*, identifiée avec Moind, est aussi documenté, aussi sincère. Les vaines attaques aussi ne lui firent pas défaut.

Seul Chaverondier, dont cependant toutes les idées spéculatives sur la géographie antique de notre région se trouvaient bouleversées, acquiesça complètement aux conclusions de Vincent Durand.

« Le temps n'est pas loin, lui écrit-il, où vous serez proclamé l'Adrien de Valois et le Danville de notre Celtique. »

A partir de 1876 la Société de la Diana publia concuremment avec ses *Mémoires* un *Bulletin* périodique. Ce qui permit à Vincent Durand de signaler et de commenter immédiatement toutes les trouvailles intéressantes faites en Forez, d'élucider certains problèmes d'archéologie et d'histoire. Non seulement ceux concernant l'antiquité celtique ou romaine, mais aussi ceux intéressant le moyen âge dont il avait approfondi l'histoire, les institutions et les mœurs. Les douze premiers volumes de la Diana contiennent près de 150 communications de son érudit secrétaire. Toutes sont des travaux originaux et la plupart, malgré leur concision, représentent le résultat de plusieurs années de recherches.

Quelles obligations la Diana ne doit-elle pas à Vincent Durand : inventaire de sa bibliothèque et de ses archives, règlements administratifs et, par dessus tout, une sollicitude méticuleuse pour rendre irréprochables ses moindres publications ! C'est à lui sans conteste qu'elle doit la notoriété qu'elle peut avoir dans le monde savant.

Aussi dès 1877, Chaverondier pouvait lui écrire sans flatterie, au lendemain du jour où le maréchal de Mac-Mahon, président de la République, l'avait décoré :

« Je ne sais comment vous remercier de l'ovation que vous m'avez faite à l'occasion de ma nomination au grade de chevalier de la Légion d'honneur. J'espère bien ne pas tarder longtemps à prendre ma revanche. Si j'ai rendu quelques services à l'archéologie de notre cher Forez, le plus grand sans contredit a été de contribuer à vous inspirer le goût de ces recherches et à préparer un maître qui s'est déjà révélé par de fortes et savantes études ».

Et il ne travaillait pas pour lui seul ; il était le guide, le conseil de tous ceux qui, en mal d'archéologie, s'adressaient à lui. Voici d'ailleurs en quels termes excellents et fort pittoresques le constatait notre Vice-Président, M. Chassain de la Plasse, dans son toast au banquet du 29 septembre 1897.

« Dès que l'un de nous a fait, ou croit avoir fait quelque découverte, son premier sentiment se traduit par ces mots : Qu'en va penser Vincent Durand ! — Rencontre-t-il un texte difficile à déchiffrer ? Je consulterai Vincent Durand. S'agit-il d'un problème historique, d'une question d'art, de géographie, de linguistique ? Il faudra que j'en parle à Vincent Durand.

« Et sans se soucier du temps qu'on va lui faire perdre, sans pitié pour ses yeux fatigués, on écrit à Vincent Durand qui simplement, sans retard et sans murmure, s'arrache à ses études, interrompt ses travaux pour examiner la difficulté qui lui est soumise. Et quelques jours après, on reçoit de lui une longue lettre, comme il sait les écrire, où, sans aucune arrière-pensée, sans aucune préoccupation personnelle, il précise les points délicats, dissipe les obscurités, fait disparaître les contradictions, et donne la solution des problèmes posés avec une telle netteté, qu'on peut affirmer que, dans l'état des connaissances actuelles, il ne reste plus rien à dire sur la question ».

Et en effet, il n'a pas été publié depuis trente ans un livre sur notre histoire Forézienne sans que Vincent Durand n'y ait largement collaboré.

Parmi les œuvres qu'il a écrites pour obliger des amis, il est je crois nécessaire de signaler son histoire de Charlieu, placée en tête du très beau livre de M. Félix Thiollier, *L'Art roman à Charlieu et en Brionnais*.

Ce n'est qu'une compilation et c'est néanmoins un chef-d'œuvre. Les archives de Charlieu ont été anéanties pendant la Révolution, il n'en reste que quelques dossiers concernant les XVIIe et XVIIIe siècles. Avec patience, Vincent Durand a colligé un peu partout, les chartes, les documents, les moindres bribes se rapportant à l'histoire de ce prieuré célèbre, il les a fait passer au crible de son inexorable critique, les a classés chronologiquement. L'ensemble forme un manuscrit de 289 pages compactes, grand format, qui fourniraient plus de 200 pages d'impression.

C'est ensuite qu'il a rédigé les 25 pages de son *Abrégé de l'histoire de Charlieu*, chapitre définitif de notre histoire provinciale.

Les travaux de Vincent Durand restés manuscrits sont plus importants que ceux imprimés ; mais aucun n'avait atteint à son avis un degré suffisant de perfection pour être livré au public. Aussi recommande-t-il expressément dans son testament à ceux qui en useront ou tenteront de les faire connaître d'indiquer « qu'il s'agit d'une œuvre posthume que l'auteur aurait pu modifier encore avant de la livrer à la publicité ».

La Diana, héritière de ses papiers, en publicra autant qu'elle le pourra : les procès-verbaux d'excursions, les recherches sur le tracé des voies antiques, les chartes de franchises foréziennes, notamment celle de Saint-Bonnet-le-Château, sa traduction, son commentaire, étude complète du droit communal au moyen âge. Mais ce sera l'œuvre de plusieurs générations.

Sur la fin de ses jours, Vincent Durand devint aveugle. Ce fut d'abord l'œil gauche qui s'éteignit puis peu à peu l'œil droit. Au mois de janvier 1900 il ne voyait plus rien. Six mois plus tard, par acquit de conscience, il consentit à consulter un spécialiste, il était trop tard.

Il fut victime de ses préjugés contre la médecine. Il était de l'école de nos montagnards qui malades font venir le médecin, généralement un ami, causent longuement de tout, même de politique, se procurent les remèdes ordonnés, les placent bien en évidence sur un meuble, se gardent d'en avaler et le plus souvent guérissent.

La cécité ne lui fit pas interrompre ses travaux. A l'aide d'un cadre divisé il écrivait au crayon. Dans les tomes XI et XII de notre *Bulletin* sont insérées ses dernières communications qu'il a rédigées par ce moyen. Nombreuses aussi sont les lettres qu'il échangeait avec ses amis.

En mai 1901, Vincent Durand sentit les premiers symptômes d'une maladie de vessie, conséquence de la vie trop sédentaire qu'il était contraint de mener. La médication la mieux ordonnée et suivie ne put avoir raison du mal qui le fit cruellement souffrir. Et le 28 janvier 1902, au moment où l'on croyait à un répit de la maladie, il s'éteignait dans les bras de son vieux domestique qui l'avait soigné avec un zèle et un dévouement admirables.

A ses funérailles se voyaient un prodigieux concours de terriens éplorés, ses administrés, ses amis.

Si Vincent Durand fut un historien un archéologue de premier ordre il fut aussi admirable comme homme privé. Fils modèle il entoura toujours des plus délicates attentions sa mère, femme tout à fait supérieure qui l'avait si soigneusement élevé. Il avait conquis par la dignité de sa vie la respectueuse affection de ses concitoyens qui, malgré sa cécité, le maintinrent jusqu'à sa mort à la tête de la commune d'Allieu.

Quel homme aimable, hospitalier ! Qui de nous n'a pas fait au moins une fois à l'improviste le pélerinage de Daumois, ne s'est pas assis à la table patriarcale de Vincent Durand, n'a pas goûté le petit vin blanc du crû ! Tous ceux-là peuvent dire la cordialité de la réception.

Vincent Durand était un fin lettré, latin et grec lui étaient langues familières comme la sienne. Il charmait les longues veillées d'hiver par la lecture de Virgile et d'Homère. Il possédait assez ces trois langues pour pouvoir y versifier. Quelques années avant sa mort, il étonnait un universitaire de ses amis par une longue poésie grecque, écrite à propos de fouilles au Crêt-Châtelard. Et, quand il devint aveugle, il envoyait en vers latin sa démission de Secrétaire à la Diana, démission qui d'ailleurs ne fut pas acceptée.

Ad Sodales Dianenses.

Ille ergo Durandus, servans secreta Dianæ
Cervix sæpe habitus Turcico Menilio
Qui Barbatus eram, modo Cocles, denique Cæci
Tempore sub pauco nomine notus ero.
Solvete me officio, veteranum mittite honeste.
Nil prodesse potest lumine captus homo.

Il a aussi commis quelques poésies françaises qui ne sont pas sans mérite. Une pièce fort gaie sur les mésaventures des archéologues en voyage a été publiée dans nos *Mémoires*. Au hasard, je peux vous en citer une autre qui montre le tour gaulois de son esprit. C'est l'envoi de son travail sur Miolan à un ami, père de famille.

Le voici mon cher....
Ce Miolan que je promis
De miaulants, grands et mimis,
Cependant vous ne manquez guère.

A vos ordres toujours soumis
Vous trouverez leur petit frère :
Il est propre, a bon caractère,
Ne dis rien, dort comme on l'a mis.

Pour la gaîté, c'est autre chose.

A vos filles, à vos garçons

J'ai peur qu'il n'ait l'air bien morose.

Dans ce cas, sans plus de façons

Vous en pourrez prendre la prose

Pour y peindre leurs écussons.

Vincent Durand ne connut ni l'envie ni la haine, ni même la rancune. Cependant il avait gardé du ressentiment contre un certain monsieur qui l'avait pris comme tête de turc, lui-même vient de le dire. Il avait comploté de lui jouer un tour de sa façon pas bien méchant, il n'aurait pas su faire ; mais qui ne manquait pas d'originalité. Vous allez en juger.

Sur cinq lignes rétrogrades, il avait gravé sur une plaque de marbre en partie brisée ce jugement lapidaire :

MAITRE X... EST UN ETOURNEAU.

Les coupures, les cassures étaient disposées avec tant de science qu'à première vue cela avait tout à fait l'air d'un fragment d'inscription antique.

Des complices en nombre suffisant avaient été mis dans le secret. Tout était prêt pour donner la primeur de la découverte à celui que l'on devait mystifier. Au dernier moment, de peur de causer du chagrin, même à Zoïle, Vincent Durand fit disparaître son inscription.

Vincent Durand qui dans toutes les questions scientifiques faisait preuve d'un esprit doué d'une lucidité, d'une critique transcendante, était d'une indécision extrême pour tout ce qui le touchait personnellement.

De nombreux amis, des parents s'étaient entremis pour le marier. On voit par ses lettres que cette perspective ne lui déplaisait pas. Il trouvait généralement charmantes les jeunes personnes chez lesquelles il était présenté. Mais soit pour une raison, soit pour une autre, il hésitait à donner une suite immédiate au projet ébauché. Et quand tout était rompu, il se plaignait dans des termes d'une naïveté touchante, à faire éclater de rire un primaire, à émouvoir jusqu'aux larmes ceux qui à la longue ont fini par savoir lire.

Un autre épisode de sa vie vous donnera une idée de son indécision, quand il s'agissait de ses intérêts matériels.

C'était en 1863, il avait trente-deux ans, un ami haut placé s'était ingénié à lui procurer une situation honorable et dans ses goûts.

Il l'avait pour ainsi dire fait nommer agent-voyer d'arrondissement. Il restait pour la forme un examen à passer, examen qui n'aurait été qu'un jeu pour Vincent Durand rompu à tous les travaux de géométrie, aussi bon mathématicien que lettré.

Le matin du grand jour, il se lève de bonne heure, fait atteler sa voiture pour se rendre à Montbrison, déjeune, puis croit s'apercevoir à certains symptômes qu'il pourrait bien arriver qu'il soit indisposé. Il fait dételer, s'asseoit à sa table de travail et se replonge dans l'étude de quelque vieille paperasse.

Les vieux terriers, les vieilles chartes, les vieux papiers, les vieilles poteries, voilà sa joie, voilà sa consolation. En effet qu'il lui arrive quelque chagrin, quelques vicissitudes même cruelles, il en fait part à son confident en trois lignes, suivies de trois pages énumérant ses trouvailles.

Il redevenait très pratique, lorsqu'il s'agissait des intérêts d'autrui, intérêts de la Diana, intérêts de ses voisins, de ses concitoyens, débrouillant à honneur et profit les situations les plus compliquées.

Tous ces petits détails de la vie intime de Vincent Durand pourront paraître à quelques-uns superflus et mesquins. Ils sont je crois nécessaires pour montrer dans quelle sphère élevée planait son esprit. Sommet dont il ne daignait descendre quand son intérêt personnel était seul en jeu.

Ce dédain de la matière est la caractéristique d'une grande âme. Celle de Vincent Durand valait son talent. C'était celle d'un patriote, d'un chrétien fervent qui jusqu'à sa mort fit preuve de la foi la plus vive et la plus éclairée.

———————

La séance est suspendue pour quelques instants ; les invités se retirent.

Les membres de la Diana rentrent ensuite en séance pour tenir l'Assemblée générale.

II.

PROCÈS-VERBAL DE L'ASSEMBLÉE GÉNÉRALE DU 20 JUIN 1904.

La séance est ouverte à 3 heures et demie.

Sont présents : MM. Achalme, Baldit, Balloffet, abbé Barailler, Beauverie, abbé Bégonnet, de Bonnand, de Boissieu, E. Brassart, abbé Brosse, Chaize, Chassain de la Plasse, abbé Chevrolat, Coudour, J. Déchelette, Dèzes, baron Dugas de la Catonnière, L. Dupin, P. Dupin, Durel, abbé Fabre, E. Faure, Ferran, de Fréminville, abbé Gillet, abbé Gouttefangeas, Granger, Héron de Villefosse, Jacquet, Jeannez, Jordan de Sury, Lachmann, O. Lafay, Leriche, vicomte de Meaux, abbé Michaud, Monery, de Montrouge, Morel, abbé P. Perret, baron des Périchons, docteur Perdu, Pradier, abbé Reure, abbé Relave, Rochigneux, J. Rony, L. Rony, Rousse, abbé Seignol, de Saint-Pulgent, Testenoire-Lafayette, B. Thevenet, abbé Versanne.

Ont écrit pour s'excuser ne pouvant assister à l'inauguration du buste de Vincent Durand et à l'assemblée générale : S. E. le cardinal Coullié, M. le Préfet de la Loire, M. le Sous-préfet de Montbrison, MM. le marquis d'Albon, d'Alverny, d'Aubignieu, abbé Bathias, Bertrand, Bourbon, Chaudier, Desjoyaux, Gonon, Guilhaume, Jamot. J. Le Conte, Point, abbé Sachet, N. Thiollier.

Invitation de l'Académie de Mâcon à assister aux fêtes de son centenaire en 1905.

M. Lex, archiviste de Saône-et-Loire, délégué de l'Académie de Mâcon, invite, au nom de cette Société, la Diana à prendre part aux fêtes que l'Académie doit organiser, en septembre 1905, à l'occasion du centenaire de sa fondation.

M. le Président prie M. Lex de remercier de sa confraternelle invitation l'Académie de Mâcon et l'assure que la Société de la Diana se fera un honneur d'y répondre.

Comptes.

M. le Trésorier présente le compte pour l'année 1903. Il est approuvé à l'unanimité. (V. annexe 1).

Budget additionnel 1904 et budget primitif 1905.

M. le Président donne lecture du budget additionnel pour 1904 et du budget ordinaire pour 1905. Ces deux budgets mis aux voix sont adoptés à l'unanimité. (V. annexes 2 et 3).

*Services de quarantaine et de bout de l'an célébrés à
Saint-Martin d'Estreaux en 1540, pour l'âme de
Gilberte d'Estampes. — Communication de M.
l'abbé Reure.*

Gilberte d'Estampes, femme de Jean de Lévis,
baron de Châteaumorand, sénéchal d'Auvergne,
mourut à Paris le jeudi 22 juillet 1540, et fut enterrée le lendemain, en grande pompe, au couvent des
religieuses de l'*Ave Maria*. Nous avons publié, au
moins en partie, le compte de ses funérailles dans
le *Bulletin de la Société de l'histoire de Paris et de
l'Ile-de-France* (t. XXX, 1903) (1). A la suite de ce
compte, on en trouve dans le même cahier (2) un
autre qui a pour nous plus d'intérêt : c'est l'état
des dépenses faites pour les services de quarantaine
et de bout de l'an qui furent célébrés pour Gilberte
d'Estampes, dans l'église paroissiale de Saint-Martin
d'Estreaux, les 8 et 9 octobre 1540. Ainsi, ces deux
services se suivirent immédiatement, particularité
déjà assez curieuse ; mais on en remarquera d'autres
dans ce document. Au surplus, il nous semble qu'il
serait difficile de désirer, sous la forme d'une pièce
de comptabilité, une description plus complète des
cérémonies en usage dans une paroisse forézienne,
au milieu du XVIe siècle, pour honorer la mémoire
d'une dame de la haute noblesse.

---

(1) Tirage à part, s. l. n. d., in-8º 9 pp.
(2) Cahier de papier de 42 ff., copie du temps, mais non
signée. Ce document, qui vient des archives de Châteaumorand, est aujourd'hui au château de Léran (Ariège), et nous
a été communiqué par M. le duc de Lévis-Mirepoix.

Les parties et sommes de deniers payées contant par Messire Jehan de Lévis et de Chasteaumorand, chevallier, pour les quarentaine et bout de l'an de feue dame Gilberte d'Estampes, en son vivant femme dudict chevallier, lesdictz quarentaine et bout de l'an faictz en l'église parrochiale de Sainct Martin d'Estraulx, les vendredy et sabmedy huictiesme et neufiesme jours du moys d'octobre l'an mil cinq cens quarente, ainsi qu'il ensuict.

Asçavoir que led. seigneur de Chasteaumorand a payé à Guichard l'Avrilhon, marchant demourant en la ville de Crozet en Rouannoys, pour les draptz de layne frize et fustaine nécessaires pour les paremens de l'église parrochiale dudict Sainct Martin d'Estraulx, aultel du cueur, aultelz des chappelles d'icelle église, chappelle ardant, saincture et bancs estans en icelle, durant lesd. huictiesme et neufiesme jour du moys d'octobre, comme appert par quictance signée Peraud, notaire royal (1), la somme de treize livres tourn. Cy XIII l. tz.

Plus a esté payé contant par ledict seigneur de Chasteaumorand aud. Avrilhon pour l'achapt de cinquante une aulne et demye et demy quart de drap noir au pris de trente deux solz six deniers tourn. l'aulne, la somme de quatre vingtz troys livres dix sept solz neuf deniers obolle pièce tourn., ledict drap pour faire vingt quatre robbes et vingt quatre chapperons de dueil donnez à vingt quatre paouvres qui ont porté lesd. jours de quarentaine et bout de l'an les tourches.

IIIIxx III l. XVII s. IX d ob.

Item plus à François Mosnier, cousturier habitant du bourg de Sainct Martin, a esté payé contant pour la façon desd. vingt quatre robbes et vingt quatre chapperons de dueil pour lesd. vingt quatre paouvres, au pris chacune robe et chapperon de deux solz six den. tourn., la somme de soixante solz tourn. LX s. tz.

Plus, aud. Guichard Avrilhon a esté payé contant pour

(1) Toutes les dépenses sont certifiées par des quittances signées Peraud, notaire à Crozet, Nazarier et Ravyer, notaires à Saint-Martin. Ces indications étant sans intérêt, nous croyons devoir supprimer les suivantes. — On constate dans ce document plusieurs erreurs de compte.

l'achapt de quatre aulnes et ung quart de drapt noir, deux aulnes fustaine noire, et troys quartiers de doubleure blanche à faire une robe, chausses et pourpoinct à Durand du Chemyn, brodeur, pour porter le dueil de lad. feue dame (1), la somme de dix livres dix huict solz. Pour ce, la somme de   X l. XVIII s. t.

Plus, a esté payé contant aud. Durand du Chemyn, pour l'achapt d'un bonnet de dueil et de deux aulnes de fustaine blanche pour doubler son pourpoinct, la somme de trente solz tourn. Cy   XXX s. t.

A Me Jehan de Bourbon, menuisier, à présent demourant en lad. parroisse de Sainct Martin d'Estraulx, a esté payé contant, pour avoir faict de boys une chappelle ardant et icelle posée et assise dans la chappelle de Chasteaumorand en lad. église de Sainct Martin (2), posé et mis des ayz au dessoubz de la ceincture de lad. église pour mettre les cierges, et daventaige faict et fourny quatre chandelliers de boys à mettre ès quatre coings de lad. chappelle ardant, la somme de huict livres tourn. Pour ce, la somme de   VIII l. t.

A Claude Soulchet, mareschal dudict bourg de Sainct Martin, a esté payé contant, pour vingt huict grands clox ou fiches de fer servans à tenir les ayz estans autour de la ceincture, au pris de huict deniers tourn. pièce, la somme de vingt solz tourn. Cy   XX s. t.

A Me Jehan Féchard, painctre habitant de la Palise (sic), a esté payé contant la somme de trente deux livres douze solz tourn. Asçavoir pour douze douzaines escussons faictz d'or vel et argent fin aux armes de lad. feue dame, à raison de quatre solz pièce, XXVII l. XII s. Plus, pour avoir painct et noircy les sainctures de lad. église Sainct Martin et celle de la chappelle de Chasteaumorand dans lad. église. Plus, painct et noircy ladicte chappelle ardant, les quatre grands chandelliers de boys, les ayz on poustz estans à l'entour desd. sainc-

---

(1) Très singulier usage. Durand du Chemin était brodeur à Paris, et on l'avait fait venir tout exprès, il semble, « pour porter le dueil de lad. feue dame ».

(2) Le prix fait de cette intéressante chapelle, bâtie en 1495, a été imprimé dans le *Bull. de la Diana*, t. VI, p. 74.

tures, ensemble les petitz chandelliers servans à poser les cierges et luminaire, davantaige noircy quatre douzaines bastons de torche, collé, attaché et mis les escussons susd. ainsi qu'il estoit ordonné, cent solz tourn. Cy XXXII l. XII s. t.

A Jehan Tallon, marchant apoticquaire demourant à . Molins, a esté payé contant la somme de soixante cinq livres dix huict solz neuf deniers tourn., pour ce qui ensuict. Asçavoir pour six douzaines tourches poysans ensemble soixante et douze livres cyre au pris de six solz tourn. chacune livre, XXI l. XII s. Plus, pour douze douzaines et demy cierges mis sur la chappelle ardant, chacun d'un quarteron de cyre, qui sont vingt huict livres cyre aud. pris, la somme de XI l. II s. Plus, treize douzaines et deux cierges, chacun de demye livre cyre, mis au tour de la nef de lad. église Sainct Martin et chappelle de Chasteaumorand, poysans ensemble soixante huict livres cyre aud. pris, vallans la somme de XX l. VIII s. Plus, douze cierges pour mectre sur les aultelz des chappelles de lad. église, chacun d'une livre, qui sont douze livres cyre audict pris, III l. XII s. Et pour les peines, sallaires et vaccations dud. Tallon et ung serviteur, qui sont venuz de Molins à Chasteaumorand faire les ouvraiges susd. et iceulx mis ès lieux et places ordonnées, que pour le retour aud. Mollins, la somme de IX l. IIII s. Pour ce   LXV l. XVIII s. IX d.

A esté payé par led. seigneur, et par les mains de Me Anthoine Peraud, notaire royal de Crozet, le vendredy huictiesme octobre, à six vingtz sept prebstres qui ont dict et célébré messe led. jour en lad. église de Sainct Martin, à chacun la somme de troys solz tourn., montant ensemble à la somme de dix neuf livres ung solz tourn. A ung cordellier qui a fait la prédication, vingt solz tourn., et à seize cordeliers des couventz du Donjon et de Charlieu, à chacun troys solz pour leur messe, pour ce, la somme de troys livres huict solz. Cy   III l. VIII s. t. (1)

Plus a esté payé, le sabmedy neufiesme jour d'octobre, à six vingt quatre prebstres qui ont dict et célébré messe led.

---

(1) Cette somme ne s'applique qu'à la seconde partie de l'article.

jour en lad. église de Sainct Martin d'Estraulx pour le bout de l'an de lad. feue dame, à chacun troys sols tourn., qui est la somme de dix huict livres douze solz tourn. Cy .... XVIII l. XII s. t.

Plus a esté payé led. jour à ung cordelier qui a faict la prédication, vingt solz, et à seize cordelliers des couventz du Donjon et de Charlieu, à chacun troys solz pour leur messe, pour ce, troys livres huict solz tourn. Pour ce III l. VIII s.

A Messires Anthoine Robin et Loys Popet, prebstres vicaires de lad. église parrochiale de Sainct Martin d'Estraulx, a esté payé par led. seigneur, pour leurs droictz des obsèques et funérailles esd. quarantaine et bout de l'an de lad. feue dame (1) faictz en lad. église lesd. vendredy et sabmedy huict et neufiesme jours du moys d'octobre l'an dessusd., la somme de dix livres tourn. Cy .... X l. t.

A Messires Adrian Dynet (2), Martial Mareschal, Claude Jailhon, Estienne Nazarier, Loys Poupet, Anthoyne Robin, Jacques du Boys, Claude Bertrand et Rémond Mosnier, prebstres, tous demourans aud. Sainct Martin, a esté payé par led. chevallier, seigneur et baron dessus dict. la somme de quarante livres tourn. pour dire chacun jour consecutivement pendant ung an une grande messe et vigilles de mortz à haulte voix pour lad. feue dame. Pour ce X l. t. (3)

Plus, pour une aumosne générale faicte le jour de lad. quarantaine de lad. feue dame, le vendredi huictiesme octobre mil V c et XL, où il fut baillé à ung chacun paouvre venant à icelle douze deniers tourn., la somme de sept vingtz troys livres dix solz tourn. (4). Pour ce VII xx III l. X s.

Plus, a esté payé par led. seigneur de Chateaumorand à Jacques Mesplain, Symon Gaultière, Rémond Bardet, Pierre Ravyer et Jehan Blache, habitans du bourg Sainct Martin

---

(1) On notera que les droits funéraires sont payés aux vicaires et non au curé de la paroisse.

(2) Curé de Saint-Martin.

(3) Lire : XL l. t.

(4) Cela donne, de compte fait, 2870 pauvres qui seraient venus, sans doute de très loin à la ronde, toucher leurs douze deniers !

d'Estraulx, comme appert par leurs quictances, pour despence de chevaulx et serviteurs des gentilshommes, parentz et alliez, venuz à lad. quarentaine et bout de l'an, la somme de trente livres, troys solz huict deniers tourn. Cy

XXX l. III s. VIII d. t. (1).

Requête par Guillaume de Chabannes pour qu'il soit informé contre certains habitants qui avaient attaqué ses soldats campés à Saint-Georges-en-Couzan, 13 septembre 1589 ; — Prix fait donné par Mgr Jacques de Serre, évêque du Puy, à Antoine D'Alegron menuisier de Montbrison, 23 février 1598. — Communication de M. Noël Thiollier.

En l'absence de M. Noël Thiollier, M. T. Rochigneux donne lecture des documents suivants.

I.

13 Septembre 1589. — Requête présentée au Greffier de Boen par Guillaume de Chabannes, maitre de camp de quatre compagnies au service des ducs du Maine et de Nemours, pour qu'il soit informé contre certains habitants ou soldats de Boen, St-Bonnet-le-Courreau, Sauvain, Couzan, Monterboux, St-Just-en-Bas, Palognieu, Marcoux, Roche, Marcilly, et St-Georges-en-Couzan qui avaient attaqué ses soldats campés a St-Georges-en-Couzan.

L'an mil cinq cens quatre vingt et neuf et le treizième jour du moys de septembre par devant moy commis au greffe de

---

(1) Suivent trois articles de dépenses qui ne se rapportent pas aux services funéraires : 5o livres données à Antoinette de Lodde, femme de chambre de la défunte ; 10 livres, pour l'achat d'une robe, à Claude de Lévis, fille illégitime de Jacques de Lévis-Châteaumorand, et sœur naturelle de Jean de Lévis ; enfin 750 livres, pour la fondation de deux messes qui seront célébrées chaque semaine, à perpétuité, dans l'église de Saint-Martin.

la prevosté de Fourestz, s'est presanté noble Guilhaume de Chabanes, M⁰ de camp de quatre compagnies de gens de pied pour le service de Dieu et sa sainte union ; lequel a remonstré, que le dixiesme jour du présent moys, faisant conduire son régiment pour s'en aller en Aulvergne suyvant le mandement qu'il avoyt du Sieur de Randans, gouverneur dudit pays et ayant troys de ses compagnies logées au villaige de Saint Georges-sur-Couzan sans faire aucun désordre ; ledit jour, sur le matin, certains soldatz et autres gens ramassés tant de la ville de Boën, Saint-Bonnet-de-Coraulx, Saulvain, Couzan, Monterboux, Sainct-Just-en-Bas, Pallongnieu, Marcoux, Roche et Marcilly-le-Chastel, ensemble ceulx dud. Sainct-Georges-sur-Couzan, conduictz par ung nommé de le Perier s'estoient avecq armes, sans occasion, rués contre sesd. soldatz, partie d'iceulx blessés et dévarisés, mis en chemise tête et pieds nus, faisant sonner le toquesaint par touttes lesd. parroysses ; et qui pis est en l'absence dud. plaigneur et sans aulcun respect, se seroyent gettés sur son esquipaige ; prins et ravy deux coffres dans lesquels y avoyent grande somme de denier pour la soulde et payement de sesd. soldartz, desquels il avoy délibéré faire faire monstre, entrant dans le pays d'Aulvergne ; quantité de vescelle d'argent, habitz, pièces de velours pour l'habillement de sesd. soldartz et grand nombre d'armes tant de corps et cuirasse, arnoys complets, plastrons, mousquetz, postes, allebardes, pertuisanes et aultres armes propres pour le faict de la guerre, chevaulx et autres meubles à plein spéciffiés par l'inventaire qu'il a sur ce signé, par Vernin commis du greffier de Boën, tous lesquelz meubles et armes il faisoit conduire pour armer et esquiper comme dict est, sesd. trouppes ; prins et mis en pièces sa commission qu'il avoyt de nos seigneurs les ducz du Maine et de Nemours pour la levée et conduicte desd. troupes et tout ce que dessus, avec quarante ou cinquante chevaulx ou jumens qu'il avoyt acheté desd. soldartz ; en ont pourté et mis en déroute sesd. troupes de quoy il se plain et requiert en estre informé pour après s'y pourvoir ainsy qu'il verra ce qui a esté accordé faire, en administrant tesmoingtz, et a led. sieur de Chabanes signé.

Signé CHABANES.

Au dos est écrit : Plaincte pour le cappitaine de Chabanes contre....

Tesmoins un soldat nommé La Roche et autre nommé Verchière de la compagnie de M. de Chateauneuf pour les conclusions (?).

Original, papier, communiqué par M. Convers, de Montfaucon, provenant des archives de M. Favier, de Lyon.

II

Priffaict baillé par Monseigneur du Puy a M⁰ D'Alegron menuisier.

Il a este vendu par M⁰ Anthoine D'Alegron, m⁰ menuyzier demeurant a Montbrison au marché vis à vis de la potence les meubles de boys pour le prix et de la façon qui s'en suict à moy E. du Puy.

Premièrement,

Six chalictz. façon du camp, du boys de noyer avec leurs clavettes et viz, de six pieds de longueur, et quattre de largeur chacun, reservé deux d'iceulx dont l'ung pourra estre moindre et l'aultre plus grand, sellon les mesures que je luy en bailleroy, et fauldra pour l'ung desd. derniers qu'il y ait ung escarré a servir d'impérialle. Le prix de chacun desdictz lictz a huict livres tournois, parce que il les rendra complectz de leur fonds qui ne sera que de boys de sap (*sic*) lad. besogne toute pleyne, réservé aux bords des pantes, aussi y aura quelques moulures pour leur donner grâce, et les piliers desd. lictz seront tournés en guenouilles de la hautteur de six piedz et demi.

Plus s'est obligé ledit M⁰ D'Alegron, de fournir douze portes boys chesne ou noyer, de telle grandeur, longueur et largeur que les fauldra à mon chasteau pour les montées, chambres, salles, cuysine, greniers et aultres pareilles seullement ; lesd. portes de quatre panneaulx en bosse d'ung costé seullement et parées et rabottées unyment de l'aultre, pour le prix chacune d'icelles d'ung escu et demy qui reviennent à dix huict escuz en tout.

S'est aussy obligé le susd. D'Alegron de fournir six tables noyer de quattre piedz de roy de longueur, et deux piedz et demy de roy en largeur, bien faictes et embouttées et se plyantz de la façon que je lui ay proposé, avecq troys chassys bien tournés scavoir : ung de long et deux de travers, par le prix de cent solz pour table, qui revient à dix escuz pour lesd. six. Desquelles toutefoys y a une qui doibt estre de quattre piedz et demy de longueur et au reste, de même façon que les aultres.

Plus m'a vendu led. D'Alegron ung buffet ou dressoir de quattre piedz dans œuvre, boys noyer tout plein et uny, tourné par les quattre pilliers en colonne par le prix de deux escus sol. Toutes lesquelles susdites somes revenant à quarante six escus sol. seront payables scavoir, dix escuz dans la sepmaine présente du plus tard ; et le reste à mesure qu'il livrera ladite besogne, laquelle il s'est pareillement obligé de livrer aud. seigneur, scavoir : à la fin de la présente sepmaine, ung chalict des susdicts, deux portes et une table, et ainsy de sepmaine en sepmaine jusques à ce que toute la susd. besogne soyt entièrement deslivrée aud. seigneur, lequel s'est obligé au payement de la susdite somme, et led. D'Alegron pareillement moyennant icelluy comme dessus, à la livrée et fourniture entière desd. meubles, en présence de nobles hommes les sieurs Guilhaume de Chabannes et Pierre de la Filhe, signés avecque lesd. partyes ce vingt troisiesme febvrier devant midy mil Vc IIIIxx dix huict à Monnistrol ; et moy notaire royal soubzsigné recepvant ; signé : Jacques de Serres evêque du Puy, Faure, présent La Filhe, Allegron ; moy present Chabanes.

Original, papier, archives de M. Favier, à Lyon ; pièce communiquée par M. Convers, de Montfaucon.

Inventaire des richesses d'art contenues dans les églises du Forez. — Communication de M. J. Déchelette.

M. Joseph Déchelette offre à la Diana l'inventaire, qu'il avait entrepris à la demande du ministère de l'Instruction publique, des richesses d'art conservées dans les églises de l'arrondissement de Roanne. L'impression de cet inventaire est abandonnée depuis plusieurs années.

M. Déchelette croit qu'il serait bon que la Société reprenne, pour tout le Forez, cette publication, mais sur un meilleur plan.

Des remerciements sont votés à M. Déchelette, à l'unanimité, et son vœu est adopté.

La Séance est levée.

Le Président,
Vicomte DE MEAUX.

Le Secrétaire,
Eleuthère BRASSART.

ANNEXE N° 1

COMPTE DE GESTION DE L'EXERCICE 1903.

BUDGET ORDINAIRE.

Recettes.

	Recettes prévues au budget primitif	Recettes à effectuer après vérification	Recettes effectuées	Restes à recouvrer
1. Cotisations à 30 fr.	4000 »	4020 »	3960 »	60 »
2. Cotisations à 15 fr.	1650 »	1890 »	1875 »	15 »
3. Subvention de la ville de Montbrison	200 »	200 »	200 »	» »
4. Vente de publications éditées par la Société..........	10 »	50 »	50 »	» »
Totaux........	5860 »	6160 »	6085 »	75 »

Dépenses.

	Dépenses prévues au budget primitif	Dépenses à effectuer après vérification	Dépenses effectuées	Restes à payer
1. Traitement du bibliothécaire.......	1200 »	1200 »	1200 »	» »
2. Frais de bureau, ports d'imprimés.	400 »	571 70	452 50	119 20
3. Entretien de la salle et de ses annexes............	100 »	33 95	33 95	» »
4. Chauffage.......	100 »	58 50	58 50	» »
5. Indemnité au concierge...........	120 »	120 »	120 »	» »
6. Impressions......	3000 »	3567 80	3111 25	456 55
7. Achat de livres, abonnements, reliures............	350 »	297 25	297 25	» »
8. Fouilles et moulages..............	150 »	3 »	3 »	» »
9. Frais d'encaissement...	100 »	169 65	169 65	» »
10. Achat de jetons..	200 »	200 »	200 »	» »
11. Imprévu........	140 »	100 30	100 30	
Totaux........	5860 »	6322 15	5746 40	575 75

BALANCE

Recettes effectuées.............. 6.085 »
Dépenses effectuées............. 5.746 40
Excédent de recettes............ 338 60

BUDGET ADDITIONNEL

Recettes

	Recettes prévues au budget additionnel	Recettes à effectuer après vérification	Recettes effectuées	Restes à recouvrer
1. Restes à recouvrer sur les cotisations arriérées.........	195 »	90 »	60 »	30 »
2. Restes à recouvrer sur la vente des publications éditées par la Société	100 »	100 »	» »	100 »
3. Intérêts de fonds en dépôt.........	10 »	» »		
Totaux.........	305 »	190 »	60 »	130 »

Dépenses

	Dépenses prévues au budget additionnel	Dépenses à effectuer après vérification	Dépenses effectuées	Restes à payer
1. Excédent de dépenses de l'exercice 1902	216 40	216 40	216 40	» »
2. Restes à payer sur les achats de jetons	184 50	184 50	184 50	» »
3. Restes à payer sur l'acquisition du trésor de Limes.....	20 »	20 »	» »	20 »
4. Réparations au logement du concierge...............	690 35	690 35	690 3 5	» »
5. Indemnité supplémentaire au bibliothécaire	300 »	300 »	300 »	
6. Imprévu	100 »	» »	» »	» »
Totaux.........	1511 25	1411 25	1391 25	20 »

III

CATALOGUE DE L'ŒUVRE IMPRIMÉE DE VINCENT DURAND (1)

1858

1. — De l'institution d'un siège épiscopal à Montbrison. *Saint-Etienne, Théolier aîné, in-8o carte.*

1859

2. — Rapport fait à la Société d'Agriculture de Montbrison sur la législation des céréales. (Feuille du cultivateur forézien, 41e année). *Montbrison, Bernard, in-4o, planches.*

1860

3. — Rapport fait à la Société d'Agriculture de Montbrison sur le mode d'exploitation des taillis chêne dans la partie montagneuse de l'arrondissement de Montbrison. *(Ibid., 42e année).*

1861

4. — La Croix de Saint-Martin-la-Sauveté. (Revue du Lyonnais, *t.* XXIII, *page* 396).

1863

5. — Note sur les bracelets présumés celtiques découverts à Vinol, près Montbrison (Loire). (Bulletin monumental, *t.* 29, *pages* 263 *et suiv.*). *Planche.*
— *Tirage à part, in-8o.*

---

(1) Vincent Durand avait entrepris le catalogue de ses écrits imprimés ; nous n'avons eu qu'à le compléter, en en respectant la disposition.

E. B.

1864-1865

6. — Séances générales des trois Sociétés d'Agriculture de la Loire. *Roanne, Sauzon, 4 fascic. in-8°.*

1865

7. — Note sur quelques monuments des environs de Montbrison. (Bulletin monumental, *t.* 31, *p.* 59). *Figures.*

1866

8. — Le Châtel du Châtelard et les forteresses analogues en Forez. (Bulletin monumental, *t.* 32, *p.* 422). *Fig.*

1867

9. — Sur deux cloches du nom de Sauveterre. (Revue Forézienne, *t.* I, *p.* 281).
— *Tirage à part. Saint-Etienne, Théolier, in-8°.*

1868

10. — Confédération de la noblesse de Lyonnais, Forez et Beaujolais, 1576-1577. (Revue Forézienne, *t.* II, *p.* 49).
— *Tirage à part. Saint-Etienne, Théolier, in-8°.*

11. — Quel est le véritable auteur des commentaires sur la loi *Si unquam* ? (*Ibid.*, *p.* 97).

1869

12. Les deux testaments et le tombeau de Jean Papon. (Revue Forézienne, *t.* III, *p.* 1 et 57. *Portrait.*
— *Tirage à part. Saint-Etienne, Chevalier, in-8°.*

13. Assemblées tenues à Montbrison en 1575 et 1576. (*Ibid.*, *p.* 77).

14. — L'Amazone de Chalain d'Uzore. (*Ibid.*, *p.* 241). *Fig.*

15. — Fragment de la vie de saint Jean-Baptiste en vers français, d'après une liève de la rente de Saint-Just-en-Chevalet. (*Ibid.*, *p* 243 *et t.* IV, *p.* 18).

1870

16. — L'église de Sainte-Marie d'Agonges (Allier). (Bulletin monumental, *t.* 36, *p.* 171).

17. — Un registre de famille aux XVIᵉ et XVIIᵉ siècles. (Revue Forézienne, *t.* IV, *p.* 167).

1873

18. — Recherches sur la station gallo-romaine de *Mediolanum* dans la cité des Lyonnais. (Mémoires de la Diana, *t.* I, *p.* 38). *Cartes.*
   — *Tirage à part. Saint-Etienne, Chevalier, 1874, in-8°.*

19. — Documents inédits : 1° Ancien pont de Feurs, 22 août 1433 ; 2° Construction d'un château à Magnieu Hauterive ; 3° Ordre donné par François de Mandelot, 4 mai 1564. (*Ibidem, p.* 111).

20. — Description d'une tessère d'hospitalité trouvée à Jullieu. (*Ibid., p.* 105). *Fig.*

21. — Mémoire sur la création d'un évêché et d'établissements diocésains dans le département de la Loire. *Paris, Paul Dupont, in-8°. Plans.*

1875

22. — *Aquæ Segetæ* et la voie Bolène en Forez. (Mémoires de la Diana, *t.* II, *p.* 103).
   — *Tirage à part. Saint-Etienne, Chevalier, in-8°.*

23. — Lettres d'érection de la terre d'Urfé en comté, mars 1578. (*Ibid., p.* 166).

24. — Fouilles à Feurs. (*Ibid., p.* 186). *Figures.*

1876

25. — Note sur le culte de saint Martin et les lieux qui portent son nom dans le département de la Loire. (Congrès scientifique de France, 42ᵉ session, à Autun, *t.* II, 1878, *p.* 525.

26. — De la véritable situation du *Tractus Rodunensis et*

Alaunorum, mentionné dans la *Notice des dignités de l'Empire.* (Mémoires de la Diana, *t*. III, *p.* 158).

— *Tirage à part. Vienne, Savigné,* 1877, *in-*8°.

27. — Sentence entre Anne de Norry, Jean du Chastel et Guillaume de Lavieu touchant l'héritage de Jean de Norry archevêque de Besançon. (*Ibid., p.* 202). *En collaboration avec M. C.-P. Testenoire-Lafayette.*

28. — *Monographie de la Diana,* par M. H. Gonnard. Compte rendu. (*Ibid., p.* 242).

1878

29. — L. Mandrin à Saint-Bonnet-le-Château. (Mémoires de la Diana, *t.* IV, *p.* 161). *Planche.*

30. — Bulletin archéologique. (*Ibid., p.* 229). *Planches.*

31. — Note sur les stations et voies antiques du pays Éduen. (Mémoires de la Société Éduenne, *Nouvelle série, t.* IV, *p.* 161).

— *Tirage à part. Autun, Dejussieu, in-*8°.

32. — Découverte d'une voie antique à Saint-Martin-la-Sauveté. (Bulletin de la Diana, *t.* I, *p.* 55).

1879

33. — Etude archéologique et historique sur le prieuré de Rosiers. (Mémoires de la Diana, *t.* V, *p.* 299). *Figures et planches. En collaboration avec M. A. Vachez.*

— *Tirage à part. Saint-Etienne, Théolier,* 1880, *in-*8°.

34. — Notes sur Saint-Bonnet-le-Château et lieux circonvoisins, *insérées dans le Rapport de M. W. Poidebard sur l'excursion de la Diana.* (Bulletin de la Diana, *t.* I, *p.* 103. *et suiv.*).

35. — Note sur une prétendue représentation gravée de Jeanne d'Arc. (Bulletin des Antiquaires de France, *p.* 148).

1880

36. — Feurs. Mémoire inédit de l'abbé J.-F. Duguet curé de

Feurs, publié par V. Durand. (Mémoires de la Diana, *t.* VI *entier*).

— *Tirage à part, aux frais de M. J. Duguet. Saint-Etienne, Théolier, in-8°.*

37. — Colonnes itinéraires de Pommiers et de Saint-Martin-la-Sauveté. (Bulletin de la Diana, *t.* I, *p.* 139, 251 ; — Bulletin des Antiquaires de France, *p.* 184).

38. — Fresque de l'ensevelissement du Christ à Saint-Bonnet-le-Château. (Bulletin de la Diana, *t.* I, *p.* 156).

39. — Inscription antique de Bussy. (*Ibid., p.* 163 *et* 252).

40. — Le jeu de Marelles. (*Ibid., p.* 257). *Fig.*

1881

41. — Lettre du conseiller Moissonnier à l'abbé Peyrichon. (Mémoires de la Diana, *t.* VI, *p.* 217).

42. — Compromis, sentence arbitrale et accords entre les seigneurs de Feugerolles et de Malmont, 1312, 1314, 1324 (*Ibidem, p.* 243). *En collaboration avec M. C.-P. Testenoire-Lafayette.*

— *Tirage à part. Saint-Etienne, Théolier,* 1882, *in-8°.*

43. — Colonne itinéraire de Balbigny. (Bulletin de la Diana, *t.* I, *p.* 317).

44. — Etablissement présumé d'Alains dans l'arrondissement de Roanne. (*Ibidem, p.* 325).

45. — Ancienne église de Chalmazel. (Bulletin de la Diana, *t.* II, p. 3). *Fig.*

46. — Ciseaux attribués à Anne de France, duchesse de Bourbon. (*Ibid., p.* 21). *Fig.*

47. — Fouilles de Moind. (*Ibid., p.* 35).

48. — Anciennes cloches de Saint-Marcel et de Saint-Romain d'Urfé. (*Ibid., p.* 45). *Fig.*

49. — Epitaphes du cardinal de Richelieu. (*Ibid., p.* 48).

50. — Le trésor de N.-D. de Montbrison. (Bulletin des Antiquaires de France, *p.* 157).

1882

51. — Inscription de Julius Priscus. (Bulletin de la Diana, t. II, p. 75). *Fig.*

52. — Ordonnance de police rendue par le juge de police de la commanderie de Saint-Jean-des-Prés. (*Ibid., p.* 96).

53. — Inscription à Saint-Germain-Laval et à Saint-Polgues. (*Ibid., p.* 117).

54. — Croix de cimetière avec garniture de lumières à Saint-Didier-sur-Rochefort. (*Ibid., p.* 125). *Fig.*

55. — *Cartulaire des Francs-fiefs du Forez.* Notes pour servir à la table générale des noms de personnes et de lieux. (*Pages* 237 *et suivantes du* Cartulaire des Francs-fiefs, *publié par le comte de Charpin-Feugerolles*).

1883

56. — Invention du tombeau de Sainte Prève à Pommiers. (Bulletin de la Diana, t. II, p. 215). *Fig.*

57. — Deux chartes apocryphes de Guy VI et Jean II de Bourbon, comtes de Forez. (*Ibid., p.* 234). *Carte.*

58. — Les auges sépulcrales d'Amions. — Le gais, arme nationale des Gaulois. (*Ibid., p.* 299).

59. — Charte de franchise de Moind. (*Ibid., p.* 321).

1884

60. — Compte de deux tailles imposées en Forez en 1406. (Bulletin de la Diana, t. II, p. 253).

61. — La grande rose de N.-D. de Montbrison. (*Ibidem, p.* 357).

62. — Vases antiques de bronze trouvés à Limes. (Bulletin de la Diana, t. II, p. 408 *et t.* III, p. 12). *Planche et fig.*

63. — Trésor de vaisselle en bronze argenté, trouvé à Limes. (Bulletin des Antiquaires de France, p. 197).

1885

64. — Devis et prix fait de réparations au château d'Urfé en 1704. (Bulletin de la Diana, t. III, p. 13).

65. — Charte de Marie de Berry relative à la garde du château de Chenereilles, 3 février 1430. (*Ibid.*, *p.* 44).

66. — Anciens retables de l'église de Cezay. (*Ibid.*, *p.* 51).

67. — Dolmen présumé à Luriec. (*Ibid.*, *p.* 62).

68. — Découverte de sarcophages du moyen âge à Saint-Germain-Laval. (*Ibid.*, *p.* 95). *Fig.*

69. — Fouilles sur l'emplacement de l'ancien cimetière de Saint-Clément. (*Ibid.*, *p.* 99). *Fig.*

70. — Charte inédite concernant les églises de Saint-Victor-sur-Loire et du Châtelet, 1145-1147. (*Ibid.*, *p.* 126).

71. — Inscription tumulaire à Chagnon. (*Ibid.*, *p.* 180).

72. — Lettre à propos de *Mediolano* et *Aquis Segete*. (Ancien Forez, *t.* IV, *p.* 302).

73. — Charte de privilèges de Saint-Bonnet-le-Château en langue d'oc, 1270, texte et traduction. (*Dans Langlois et Condamin*, Histoire de Saint-Bonnet-le-Château, *t.* I, *p.* 74).

74. — Bibliographie forézienne sommaire. (Bulletin monumental, *6ᵉ série*, *t.* I, *p.* 224 ; — Congrès archéologique de France, LIIᵉ session, à Montbrison, *p.* 431).
— *Tirage à part. Paris et Caen, H. Champion et Le Blanc-Hardel*, 1885, in-8º.

1886

75. — Note sur saint Domnin, martyr d'Avrillé. (Congrès archéologique de France, LIIᵉ session, à Montbrison, *p.*, 131).

76. — Sur plusieurs tables d'autel à rebords existant en Forez. (*Ibid.*, *p.* 134). *Planche.*
— *Tirage à part. Caen, Le Blanc-Hardel*, in-8º.

77. — *Mediolanum* et *Aquæ Segetæ*. (*Ibid.*, *p.* 166).

78. — Louis Vobis, peintre à Saint-Bonnet-le-Château. (*Ibid.*, *p.* 413).

79. — Rapport sur la 52ᵉ session du Congrès archéologique

de France tenue à Montbrison ne 1865. (Bulletin de la Diana,
t. III, *p.* 195). *En collaboration avec MM. E. Jeanney et
T. Rochigneux.*

— *Tirage à part. Montbrison, Huguet, in-8°.*

80. — Plaque de ceinturon mérovingienne trouvée à Moind.
(*Ibid., p.* 262). *Fig.*

81. — Marché fait pour la construction d'une maison en
1496. (*Ibid., p.* 267).

82. — Sceau découvert à Saint-Just-en-Chevalet. (*Ibid., p.*
295). *Fig.*

83. — Découvertes archéologiques au pied du mont d'Uzore.
— Emplacement présumé de *Fluriacus* et de *Maceriæ.*
(*Ibid., p.* 317).

84. — Les souterrains du Forez. — Les Clusels. (*Ibid., p.*
356).

85. — Inscription de la maîtresse cloche de Saint-Jean-la-
Vêtre. (*Ibid., p.* 359).

1887

86. — Conjectures sur le nom antique d'Essalois et celui de
Montsupt, les *dunum* du Forez. (Bulletin de la Diana,
t. III, *p.* 384).

87. — Eloge funèbre de S. Em. le cardinal Caverot, président
d'honneur de la Diana. (Bulletin de la Diana, *t.* IV, *p.* 1).

88. — Vase trouvé dans un soutérrain à Saint-Julien-la-Vêtre. — Ancienne église de Saint-Julien ; — Madame Hugues.
(*Ibidem, p.* 7).

89. — Registre de la justice seigneuriale de Cousan, 1468.
(*Ibid., p.* 14).

90. — Les armoiries du chanoine J.-M. de la Mure. (Le
Roannais illustré, III⁹ série, *p.* 105).

1888

91. — Statue équestre d'Usson. (Bulletin de la Diana, *t.* IV,
p. 201).

92. — Véritable chiffre inscrit sur la table de Peutinger en regard de l'étape de *Foro Segustavarum* á *Mediolano*. (*Ibid.*, *p.* 211).

93. — Peintures murales découvertes dans l'église N.-D. de Montbrison. — Notes sur cette église tirées des papiers de la Mure. (*Ibid.*, *p.* 227).

94. — La lanterne des Morts et la croix avec appareil de lumières au cimetière de Boën. (*Ibid.*, *p.* 277). *Fig.*

95. — Découverte d'antiquités romaines au Couera, commune de St-Etienne-le-Molard. (*Ibid.*, *p.* 318).

96. — Registre de dépenses de Jean Matorge, luminier de l'église de Trelins, de 1515 à 1518. (*Ibid.*, *p.* 347).

1889

97. — Inauguration de la statue de Victor de Laprade à Montbrison, le 17 juin 1888 (Bulletin de la Diana, *t.* IV, *p.* 369). *Planche. En collaboration avec E. Brassart.*

— *Tirage à part. Montbrison, Huguet, in-8º.*

98. — Cloches de l'église de Clépé (Bulletin de la Diana, *t.* V, *p.* 3).

99. — Le vin de Pâques. (*Ibid.*, *p.* 8).

100. — De l'établissement des étangs dans la plaine du Forez. (*Ibid.*, *p.* 101).

101. — Catalogue de la Bibliothèque de la Diana. — Préface.

102. — Vase de terre cuite en forme de tête de femme, trouvé à Cuzieu (Loire). (Bulletin des Antiquaires de France, *p.* 280).

103. — Le canton de Boën, *monographie.* (*Dans* Le Forez pittoresque et monumental, *p.* 289).

1890

104. — *Le cartulaire de Saint-Chaffre du Monastier,* publié par M. l'abbé Ulysse Chevalier. (Bulletin de la Diana, *t.* V, *p.* 159).

— *Tirage à part. Montbrison, E. Brassart, in-8º.*

105. — Le monastère de l'ordre de Saint-Etienne de Grand-mont à Bussy. (*Ibid., p. 194). Planche.*

— *Tirage à part. Montbrison, E. Brassart, in-8°.*

106. — Le peintre Louis de Bellange. (*Ibid., p. 246).*

107. — Emigrations périodiques des ouvriers foréziens au XVIIᵉ siècle. (*Ibid., p. 283).*

— *Tirage à part. Montbrison, E. Brassart, in-8°.*

108. — Un bâtard supposé de la maison d'Albon, Jean Curtil, curé de Saint-André-en-Roannais. (Le Roannais illustré, Vᵉ *série, p. 99).*

1891

109. — Vase funéraire peint découvert à Allieu. (Bulletin de la Diana, *t.* V, *p.* 349). *Planche.*

— *Tirage à part. Montbrison, E. Brassart in-8°.*

110. — Le Chira-Gros, à Saint-Laurent-Rochefort. (Bulletin de la Diana, *t.* VI, *p.* 28).

111. — *De l'origine des diocèses épiscopaux dans l'ancienne Gaule*, par M. l'abbé Duchesne. — Feurs a-t-il jamais été un évêché ? (*Ibidem, p. 47).*

— *Tirage à part. Montbrison, E. Brassart, in-8°.*

112. — Observations sur la recherche des limites des anciennes cités gauloises. (*Ibid., p. 77).*

— *Tirage à part. Montbrison, E. Brassart, in-8°.*

113. — Origine de la paroisse de Graix. (*Ibid., p. 86).*

— *Tirage à part. Montbrison, E. Brassart in-8°.*

114. — Nécrologie. Auguste Chaverondier. (Journal de Montbrison, 18 *octobre).*

1892

115. — Observations sur le cimetière de Sainte-Agathe à Savignieu. (Bulletin de la Diana, *t.* VI, *p.* 210).

116. — Abrégé de l'histoire de Charlieu. (*Dans* L'art Roman à Charlieu et en Brionnais, *par F. Thiollier).*

— *Tirage à part, revu et augmenté d'une table. Montbrison, E. Brassart, in-4°.*

117. — Roues symboliques avec le monogramme du Christ.
(Bulletin des Antiquaires de France, p. 119).

118. — Origine du Lyonnais-Roannais. (Bulletin de la Diana,
t. VI, p. 237).
— *Tirage à part. Montbrison, E. Brassart, in-8º*.

119. — Le traité de 1173 entre le comte de Forez et l'église
de Lyon. Le château de Reculion. (*Ibid., p.* 303). *Carte*.
— *Réimpression. Montbrison, E. Brassart, 1894, in-8º*.

120. — La comtesse Ascuraa, première femme de Guy III,
comte de Forez. (*Ibid., p.* 352).

121. — Table d'autel à rebords à Saint-Denys-sur-Coise. (*Ibid.,*
p. 359). *Fig*.

122. — Passage de Charles VII à Montbrison en 1434. (*Ibid.,*
p. 362).

123. — Instruction pour le dépouillement préparatoire des
archives de la Diana. (*Ibid., p.* 364).
— *Tirage à part. Montbrison, E. Brassart, 1893, in-8º*.

1893

124. — Mort de S. Em. le Cardinal Foulon. Allocution prononcée à la Diana. (Bulletin de la Diana, t. VII, p. 2).

125. — Aiguerande, communes d'Arfeuilles (Allier) et la limite
de la cité ancienne des Arvernes. (*Ibid., p.* 45).

126. — Tableau votif provenant de l'église de N.-D. de
Laval. (*Ibid., p.* 71).

127. — Voie romaine de Lyon à Clermont. Découverte d'un
tronçon de cette voie sur les communes de Saint-Martin-
la-Sauveté èt de Cezay. (*Ibid., p.* 85).

128. — Antiquités découvertes à Biterne, commune d'Arthun.
(*Ibid., p.* 89).

129. — Les anciennes paroisses de Forez supprimées. (*Ibid.,*
p. 109).
— *Tirage à part. Montbrison, E. Brassart, in-8º*.

130. — Limites des justices de Lavieu et de Chazelles-sur-
Lavieu. (*Ibid., p.* 169).
— *Tirage à part. Montbrison, E. Brassart, 1894, in-8º*.

1894

131. — Lettres patentes de Charles IX pour la fondation du collège de Boen. (Bulletin de la Diana, *t.* VII, *p.* 200).
— *Tirage à part. Montbrison, E. Brassart, in-8°.*

132. — Les mouvements de population déterminés en Forez par les incursions des Sarrasins. (*Ibid., p.* 206).
— *Tirage à part. Montbrison, E. Brassart, in-8°.*

133. — L'architecture médiévale, lettre à M. le comte de Marsy. (Bulletin monumental, *t.* 59, *p.* 20).

134. — Nécrologie. Madame de Pommerol. (Écho de Fourvière, 26 *mai*).

135. — Excursion de la Diana à Saint-Germain-Laval, Aix, Grezolles et Saint-Marcel-d'Urfé, le 18 juillet 1894. (Journal de Montbrison, 22 *juillet*).

136. — Ewiranda et les noms de lieu de la même famille. (Revue archéologique, III° *série, t.* XXIV, *p.* 368).
— *Tirage à part. Paris, E. Leroux, in-8°.*

137. — Observations sur une communication faite à la Diana par M. B. Thevenet. — Les Marturet. (Bulletin de la Diana, *t.* VII, *p.* 322).

138. — Du parti qu'on peut tirer des noms de lieu pour la recherche des sanctuaires du paganisme en Forez. (*Ibid., p.* 347).
— *Tirage à part. Montbrison, E. Brassart, in-8°.*

139. — Compte-rendu des travaux exécutés pour la restauration de l'église de N.-D. de Laval. (*Ibid., p.* 436).

140. — Documents relatifs à l'histoire de Forez contenus dans le V° volume des *Chartes de Cluny*. (Bulletin de la Diana, *t.* VIII, *p.* 34).
— *Tirage à part. Montbrison, E. Brassart, in-8°.*

141. — La question d'*Ariolica*, note insérée dans le *Rapport de l'abbé Reure sur l'excursion archéologique faite par la Diana en 1893*. (*Ibid., p.* 89 à 96). *Planche.*
— *Tirage à part, revu et augmenté. Montbrison, E. Brassart, 1896, in-8°.*

142. — Inauguration de la chapelle de N.-D. de Laval. (*Ibid.*, *p.* 334).

1896

143. — Bague en or du cimetière de Ciply (Hainaut). (Bulletin de la Diana, *t.* IX, *p.* 11). *Fig.*

144. — Puits antique découvert à Allieu. (*Ibid.*, p. 58). *Pl.*

145. — M. le comte Léon de Poncins. Article nécrologique. (Journal de Montbrison, 6 *septembre*).

1897

146. — Des changements réels ou apparents, survenus depuis le X⁰ siècle dans le vocable de certaines églises du Forez. (Bulletin de la Diana, *t.* IX, *p.* 178).

147. — Discours prononcé à l'occasion de l'offre d'un objet d'art faite au secrétaire de la Diana par ses confrères, 29 septembre 1897 (Bulletin de la Diana, *t.* IX, *p.* 320).
— *Tirage à part. Montbrison, E. Brassart, in-4⁰.*

148. — Cadran solaire portatif trouvé au Crêt-Châtelard, commune de St-Marcel de Félines (Loire) : 1⁰ Description, par Vincent Durand ; 2⁰ restitution et mode d'emploi, par le général de la Noë. (Mémoires des Antiquaires de France, *t.* LVII, *p.* 1). *Planches.*
— *Tirage à part. Paris, in-8⁰.*

149. — Le palais royal de *Cambisonum*. (Bulletin de la Diana, *t.* IX, *p.* 337).

150. — Procès-verbal d'élection des consuls de St-Bonnet-le-Château pour les années 1452-1453. (*Ibidem.*, *p.* 378).

151. — Sépultures découvertes à la Garde, commune d'Arthun. (*Ibid.*, *p.* 381).

1898

152. — Note sur la structure de la voie antique de Feurs à Clermont. (Bulletin de la Diana, *t.* X, *p.* 29). *Fig.*

153. — Demande de classement des monuments mégalithiques du Forez. (*Ibidem*, p. 112).

154. — Trois sceaux inédits de la cour de Forez des XIIIe, XVe et XVIe siècles. (*Ibid., p.* 117). *Planche et fig.*
— *Tirage à part. Montbrison, E. Brassart, in-8°.*

155. — Note sur la famille Saramand, *à propos d'un acte de conversion d'alleu en fief. (Ibid., p.* 145).

156. — Voie antique de Lyon et Feurs à Clermont. (*Ibid., p.* 253).

157. — Les monuments mégalithiques. (Journal de Montbrison, 11 *septembre*).

158. — Compte-rendu de l'excursion de la Société de la Diana à Saint-Germain-Laval, Grezolles, Aix et Saint-Marcel d'Urfé. (Bulletin de la Diana, *t.* X, *p.* 289). *Planches et figures.*
— *Tirage à part. Montbrison, E. Brassart,* 1899, *in-8°.*

1899

159. —, L'église d'Allieu. (Bulletin de la Diana, *t.* XI, *p.* 196).

160. — De la déviation de l'axe du plan, constatée dans un grand nombre d'églises anciennes. (*Ibid., p.* 203).

1900

161. — Note sur une table d'autel à rebords, à Balbigny, *insérée dans le Rapport de M. A. Vachez sur l'excursion de la Diana, du* 13 *août* 1905. (Bulletin de la Diana, *t.* XI, *p.* 318). *Fig.*

162. — Le Crêt-Châtelard, conférence faite aux membres de la Diana sur l'emplacement de cette station antique, 13 août 1905, *insérée dans le Rapport de M. A. Vachez sur l'excursion de la Diana. (Ibid., p.* 382). *Plan.*
— *Tirage à part. Montbrison, E. Brassart,* 1901, *in-8°.*

163. — Projet d'un vitrail pour N.-D. de Laval ; choix d'un patron pour la Diana. (*Ibid., p.* 419).

164. — Notre-Dame de Montbrison, étude sur les réparations faites ou à faire dans cette église. (Journal de Montbrison, 22, 29 *avril et* 27 *mai*).

165. — Silex taillé trouvé à Souternon. (Bulletin de la Diana, *t.* XI, *p.* 444).

166. — Poteries du haut moyen âge, découvertes à Saint-Germain-Laval. (*Ibid.*, *p.* 445).

167. — Inscription commémorative de la fondation de la chapelle de l'Ermitage au Crozet, commune de Cezay. (*Ibid.*, *p.* 498)·

168. — Les constructions en pisé. (*Ibid.*, *p.* 514).

1901

169. — *Lugudunum*. (Bulletin de la Diana, *t.* XII, *p.* 63) (1).

---

(1) Le classement définitif des travaux manuscrits, laissés par Vincent Durand, n'étant pas terminé, il n'est pas encore possible d'en donner l'inventaire.

IV.

EXCURSION ARCHÉOLOGIQUE AU PUY
ET A LA CHAISE-DIEU.

Les 22 et 23 juin 1904.

Commissaires : MM. A. Boudon, J. Déchelette, H. Gonnard,
P. Testenoire-Lafayette, N. Thiollier.

PROGRAMME.

LE PUY.

La Cathédrale (XIe et XIIe siècle). Le Porche ; portes en bois sculpté, du XIIe siècle. La porte nord-est de la cathédrale, avec ses anciennes pentures à têtes de bronze. Bas-reliefs gallo-romains encastrés dans le mur du chevet.

Le cloître (XIe ou XIIe siècle). Collection lapidaire. Le nouveau musée d'archéologie chrétienne (bible de Théodulphe, tableaux anciens, ex-voto, vêtements sacerdotaux, pièces d'orfèvrerie locale, etc.).

Peinture murale des *Quatre arts libéraux,* dans l'ancienne salle de la bibliothèque du chapitre (fin du XVe siècle).

Autres dépendances de la cathédrale : chapelle des Morts (XIIe siècle), avec un Crucifiement, peinture murale du XIIIe siècle ; bâtiment des Machicoulis.

Chapelle Saint-Jean (XIe siècle).

Rocher Corneille et statue colossale de *N.-D. de France,* coulée en fonte de fer d'après un modèle de Bonnassieux.

Rocher et chapelle Saint-Michel (Xe et XIe siècle).

Chapelle octogonale d'Aiguilhe, dite temple de Diane (XIIe siècle).

Eglise Saint-Laurent. Monument de Duguesclin.

Porte de Pannessac, reste de l'ancienne enceinte de la ville.

Nombreuses maisons anciennes de diverses époques, avec murs de façade et cours intérieures, ornées de sculptures.

Musée Croʒatier. Collections lapidaires gallo-romaines et médiévales. Tapisseries, meubles et ferronnerie. Tableaux et objets d'art. Dentelles. (Les collections archéologiques du musée du Puy viennent d'être l'objet d'un nouveau classement qui en rehausse l'intérêt).

LA CHAISE-DIEU.

L'église, commencée en 1344. Le jubé. Les boiseries du chœur, XVe s. Les tapisseries, XVIe s. Les tombeaux de Clément VI et de Renaud de Montclar, XIVe s. La danse macabre, XVe s. La tour Clémentine, XIVe s. Le cloître (1378-1417).

La salle de l'Echo et les restes des bâtiments conventuels, XVIIe et XVIIIe siècles.

Maison du moyen âge dans le bas de la ville.

V.

MOUVEMENT DU PERSONNEL.

Membres titulaires

M. Joseph Jacques, cours Gambetta, à Roanne, reçu le 20 juin 1904.

M. Jean Beyssac, quai de l'Archevêché, 15, à Lyon, et château de Chenereilles, par Saint-Marcellin (Loire), reçu le 26 juin 1904.

M. Claudius-Julien Guyot, à Cremorel, Trelins, par Boën, reçu le 3 juillet 1904.

M. Eugène Guyot, à Saint-Germain-Laval, reçu le 3 juillet 1904.

M. Louis Jullien, à Bellevue-la-Mulatière (Rhône), et château de la Bruyère, à Saint-Romain-le-Puy, reçu le 6 septembre 1904.

Membre correspondant

M. Marius Chaudier, architecte, cours Lafayette, 9, à Lyon, reçu le 7 juin 1904.

Membres décédés

M. Dulier-Viellard, agent-voyer départemental en retraite, à Lezoux (Puy-de-Dôme), membre correspondant.

M. Rémy Laffay, ancien notaire, rue des Marronniers, 2, à Lyon, membre titulaire.

M. Jules Poinat, ancien avoué, à Saint-Rambert-sur-Loire, membre titulaire.

M. Xavier Rousse, ingénieur des arts et manufactures attaché à la Compagnie P.-L.-M., rue de l'Yvette, 6, à Paris-Auteuil, membre correspondant.

M. Louis Vier, ancien avoué, ancien président de l'administration des hospices, à Saint-Etienne, membre fondateur.

OCTOBRE — DÉCEMBRE 1904.

BULLETIN DE LA DIANA

I.

PROCÈS-VERBAL DE LA RÉUNION
DU 8 NOVEMBRE 1904.

PRÉSIDENCE DE M. LE VICOMTE DE MEAUX, PRÉSIDENT.

Sont présents : MM. d'Alverny, Baldit, abbé Barailler, abbé Bathias, abbé Bégonnet, abbé Boucharlat, E. Brassart, abbé Buer, abbé Chazal, abbé Chevrolat, J. Déchelette, baron Dugas de la Catonnière, H. Gonnard, abbé Gouttefangeas, Jacquet, Lachmann, O. Lafay, Leriche, abbé Marsanne, vicomte de Meaux, abbé Michaud, de Montrouge, abbé P. Penel, docteur Perdu, baron des Périchons, abbé Perret, abbé Relave, Rochigneux, J. Rony, L. Rony, Alphonse de Saint-Pulgent, abbé Serre, Testenoire-Lafayette.

Ont écrit pour s'excuser de ne pas assister à la réunion : MM. Beauverie, M. de Boissieu, abbé Bonjour, Bourbon, Chassain de la Plasse, Monery, abbé Peyron, abbé Reure, abbé Sachet, N. Thiollier, A. Vachez.

M. le Président ouvre la séance à deux heures. Il s'exprime ainsi :

« Messieurs,

« La liste nécrologique, dont il me faut hélas vous entretenir à chacune de nos séances, est longue aujourd'hui. Depuis notre dernière réunion, nous avons perdu, soit dans le Forez, soit au delà, sept de nos confrères.

Hors du Forez, nous devons tout d'abord un hommage à la mémoire de M. Anatole de Barthélemy. Ce n'est pas à nous ici de passer en revue tous ses travaux et d'apprécier tous ses mérites. Un de ses pairs, son collègue à l'Institut et dans bien d'autres Sociétés savantes, M. Héron de Villefosse a célébré non seulement son érudition vaste et variée, mais aussi son empressement, sa générosité à mettre cette science historique à la disposition de ses émules ou de ses disciples et nous connaissons assez M. de Villefosse, surtout depuis sa récente visite à notre compagnie, pour savoir qu'un tel éloge ne pouvait être décerné par un juge plus compétent. Quant à nous, ce qu'il nous appartient particulièrement de rappeler dans la carrière si bien remplie de M. de Barthélemy, c'est le début. Il y a de cela, si je ne me trompe une soixantaine d'années, son père était préfet de la Loire, en résidence à Montbrison et ce fut lui, de concert avec l'abbé Renon à cette époque vicaire à Notre-Dame d'Espérance, plus tard bénédictin, ce fut lui qui découvrit et signala la salle héraldique alors oubliée, déchue et décrépite, transformée à sa base en dépôt d'épicerie, à son sommet en grenier à foin, la salle de la Diana que M. de Persigny devait restaurer plus tard et où nous siégeons maintenant. M. de Barthélemy ne devait pas oublier la Diana ; en toute occasion nous l'avons trouvé prêt à rendre service à notre Société.

En même temps que lui nous avons perdu :

M. Dulier-Viellard agent-voyer à Lezoux (Puy-de-Dôme). Les vieux liens du Forez avec l'Auvergne l'avaient attiré à la Diana.

M. Laffay ancien notaire à Lyon ; M. Rousse ingénieur à Paris ; leur affiliation à notre Société attestait l'affection que gardent au pays de Forez les Foréziens au cœur bien placé, lorsque les hasards de la vie les en éloignent.

Dans notre pays même nous avons à regretter :

M. l'abbé Grimaud curé de Soleymieux ; il s'était fait connaître parmi nous en soutenant, au sujet de l'origine de sa paroisse une polémique sur laquelle nous n'avons pas à nous prononcer, mais où se manifestait à la fois son attachement pour l'église qui lui était confiée et son respect pour l'antiquité des institutions religieuses.

M. Poinat ancien avoué à Saint-Etienne ; il appartenait à bien d'autres Sociétés foréziennes qu'à la nôtre et partout où on le rencontrait on l'aimait autant qu'on le respectait. Pour notre part, nous gardons encore souvenir de la chanson pleine de gai savoir et de belle humeur qui composée et chantée par lui, a charmé notre course à travers les gorges de la Loire vers Saint-Paul-en-Cornillon. Lorsque le compte-rendu de cette course nous sera donné, j'espère bien que nous y retrouverons la chanson de M. Poinat.

Enfin M. Vier qui vient de s'éteindre presque centenaire appartenait à notre Société depuis sa fondation ; il était l'intime ami de son contemporain, notre second fondateur, M. Testenoire-Lafayette, et semblait lui-même comme un monument de notre histoire forézienne. Car durant le siècle qui vient de se clore, successivement secrétaire du comité des houillères de la Loire, adjoint au maire de sa ville, président du bureau de l'assistance judiciaire, administrateur de la caisse d'épargne et pendant quarante-cinq ans président du conseil des hospices, il n'a pas cessé de prendre part utilement et avec honneur à la vie, aux labeurs, aux œuvres de Saint-Etienne ».

Quelques notes sur le Maréchal de Saint-André. — Communication de M. E. Leriche.

Dans la grande *Histoire de France* que publient les éditeurs Hachette et Cⁱᵉ sous la direction de M. Ernest Lavisse, l'un des collaborateurs de l'éminent académicien, M. H. Lemonnier, a tracé de notre compatriote, le maréchal de Saint-André, un portrait des moins flatteurs. Voici comment il s'exprime :

« Parmi les personnages de second ordre figurait M. de Saint-André, dont les intrigues, les basses ambitions, le luxe, sont très caractéristiques de l'époque. Saint-André s'était signalé à la bataille de

Cérisoles ; il avait du crédit auprès d'Henri II, qui
le choisit pour premier gentilhomme de sa chambre;
il en profita pour obtenir les grandes charges ; il
réussit à faire déposséder Montmorency de son maréchalat et à se le faire attribuer. Brantôme parle de
lui comme d'un seigneur très dépensier ; il vante
l'abondance exquise de sa table, la beauté des meubles rares qu'il aimait à collectionner. Il mentionne
aussi les splendeurs de son château de Valery, dans
le Senonais. Saint-André avait hérité du château de
Tournoël en Auvergne, qu'il fit réédifier presque
entièrement et décorer avec somptuosité, et où
d'ailleurs il s'endetta. Il ne pouvait suffire à ses
prodigalités qu'à force d'exactions sur ses petits vassaux et ses tenanciers, ou de procès iniques, dont
le gain était dû au crédit qu'on lui connaissait et à
la terreur qu'il inspirait dans ce pays d'Auvergne,
qui a toujours été en proie au despotisme féodal.
Il mourut à la bataille de Dreux en 1562, tué froi-
dement à la fin du combat par un gentilhomme
protestant, qui vengeait une longue série d'injustices
odieuses dont son père et lui avaient été victimes.
Saint-André, précisément parce qu'il n'avait ni
scrupules, ni moralité, était un de ces hommes que
de plus puissants redoutent ou dont ils ont besoin.
Dès le règne d'Henri II, il allait jouer partie entre
les Guise et les Montmorency » (1).

Ce passage ne pouvait manquer d'attirer l'attention
d'un forézien, qui avait eu l'occasion récente
d'étudier la figure un peu effacée mais intéressante

---

(1) E. Lavisse, *Histoire de France*, t. V, p. 130 (chapitre
dû à la collaboration de M. Lemonnier).

et, à tout prendre, plutôt sympathique de Jacques d'Albon de Saint-André.

Le personnage est surtout connu grâce au crayon peu bienveillant qu'a tracé de lui Jacques-Auguste de Thou et à l'éloge légèrement compromettant qu'en a fait Brantôme.

Quand on rassemble les témoignages des contemporains, il paraît bien avoir eu, avec des vices qui étaient ceux de son temps, des parties d'homme politique et de grand capitaine; c'est ce qui ne ressort pas du jugement sévère que porte sur son compte M. Lemonnier; ce jugement pourrait paraître néanmoins justifié, si les faits sur lesquels il se fonde devaient être considérés comme établis. Le sont-ils ? Nous nous le sommes demandé et nos recherches, dont nous apportons à la Diana le résultat, nous ont amené à les tenir pour entièrement controuvés. On ne doit aux morts que la justice, mais on la leur doit, même après trois siècles, et l'histoire, suivant la belle maxime de Cicéron, ne saurait ni supporter le faux, ni reculer devant le vrai.

Et d'abord est-il exact que Jacques d'Albon ait enlevé à Montmorency la charge de maréchal de France ?

Le fait semble à priori assez difficile à croire, François Ier étant mort le 31 mars 1547 et Jacques d'Albon ayant été créé maréchal, par Henri II, le 29 avril suivant ; l'intrigue aurait marché bien vite. La difficulté augmente si l'on réfléchit au caractère du personnage qui en aurait été victime ; Anne de Montmorency n'était pas homme à supporter une injustice ou à endurer un affront, encore moins à se laisser dépouiller sans crier. Tous les contemporains sont d'accord sur son compte et voici le portrait que trace de lui M. Lemonnier lui-même : « Il était peu aimé à cause de la brutalité de ses manières ; haut à la main, entier, d'un abord très difficile, il avait la réputation d'un rabroueur. On n'osait guère lui parler, encore moins le contredire.... (1) En outre il passait pour avare et il était convoiteux... » Si peu sympathique qu'il fût, il était en faveur auprès du roi. Ecoutons encore M. Lemonnier étudiant le caractère d'Henri II : « Sa faiblesse éclate dans ses rapports avec Montmorency. Au début de son règne, son père à peine mort, il n'a qu'un souci, rejoindre le connétable, avec qui il s'enferme plusieurs jours à Saint-Germain, comme s'il avait hâte de proclamer le joug qu'il subit ».

Est-il admissible que, tout puissant sur le roi, Montmorency ait pu se laisser arracher sa charge de maréchal pour en voir gratifier un nouveau favori ?

Il y a plus, et l'impossibilité s'accuse à mesure qu'on regarde de plus près.

Anne de Montmorency, créé maréchal le 6 août 1522, après le siège de Mézières, où il s'était illustré, avait, en 1538, échangé le bâton de maréchal contre l'épée de connétable. Or le connétable était le chef des maréchaux ; c'était, après le Roi, le premier personnage du royaume : « Lors que le Roi n'est pas à l'armée », dit l'ambassadeur de Venise, Lippomano, « c'est le connétable qui fait tout en son nom » (cité par Belleval, les *Derniers Valois*,

---

(1) Nous supprimons un passage dans lequel l'auteur appuie son opinion d'un fait matériellement inexact,

Paris, Vivien, 1900, in-8°, p. 98). Dire que le connétable a été dépossédé de son maréchalat paraît être l'équivalent de cette assertion : qu'on aurait enlevé à un général le grade de colonel. M. Lemonnier indique, dans une note, que Montmorency avait gardé son premier titre malgré son élévation à la connétablie. Mais il paraît bien qu'il se méprenne, car il ne cite aucune autorité à l'appui de son dire. Pour en revenir au fait lui-même, il est on ne peu plus nettement démenti par de Thou :

« Ces deux princes » dit-il, « (François de Lorraine, duc d'Aumale et Charles de Lorraine, archevêque de Reims, son frère) avaient obtenu du Roy avant que le connestable fust retourné à la Cour, qu'afin qu'un plus grand nombre de personnes eussent part aux honneurs & que les charges publiques fussent exercées plus dignement, ceux qui avaient plusieurs dignitez fussent obligez d'opter celles qu'ils voudroient garder, et de se défaire des autres. Ainsi le duc d'Aumale esperoit que si Anne de Montmorency qui estoit & connestable et grand maistre de la maison du Roy, quittoit l'une de ces deux charges, le Roy l'en gratifieroit, mais le Roy qui aimoit le connestable & qui l'appeloit son compere, le reçeut à son arrivée avec tant de caresses et tant de bon accueil que le duc d'Aumale pût bien juger de là qu'il ne reussiroit pas en son dessein ; en effet les charges du connestable luy furent toutes conservées. Mais d'Annebaud, qui estoit & admiral et mareschal de France, fut contraint de se deffaire de sa charge de mareschal qui fut aussi tost donnée à Saint André. Il n'y avoit alors que quatre mareschaux de France, Odart de Biez, Jean Caraciol prince de Melfe,

Robert de la March prince de Sedan, qui avoit épousé Françoise de Bresé fille de la duchesse de Valentinois, & le mareschal de Saint-André dont je viens de parler (1) ».

Ainsi il y eut à l'avènement de Henri II une sorte de *loi du cumul* dont le jeu rendit libre une charge attribuée aussitôt à Jacques d'Albon ; mais celui-ci ne paraît avoir dépouillé ni supplanté personne. Ce qu'il y a de remarquable, c'est que Montmorency fut précisément le seul à échapper à la loi commune et que loin de résigner aucune de ses dignités, il conserva entièrement toutes celles dont il était investi.

Cependant il est vrai que, dans une circonstance de sa vie, il fut contraint de faire un sacrifiee : mais là encore Saint-André doit être mis hors de cause. Il s'agit de la charge de grand maître de France dont Montmorency avait été pourvu en 1525, et dont son fils, François, avait la survivance (2).

C'était en 1559, au moment du sacre du jeune roi, François II (18 septembre). « Tandis que l'on estoit à Reims », dit de Thou, « Catherine (de Médicis) fit en sorte par l'entremise d'Odet (de Châtillon) et de Coligni, de persuader au connestable de Montmorency de se deffaire de sa charge de Grand

---

(1) De Thou, *Histoire... des choses arrivées de son temps*, mise en français par P. du Ryer, de l'Académie françoise, conseiller et historiographe du Roy. Paris, chez Augustin Courbé, 1659 in-f° t. I p. 157.

(2) Il avait été fait grand maître en survivance de son père après la prise de Calais (8 janvier 1558). Il s'agissait d'une de ces survivances appelées *reçues*, dans lesquelles le nouveau titulaire était installé en présence du résignant.

Maistre de la maison du Roy, en faveur du duc de Guise qui en faisoit desja les fonctions : & qu'au reste il feroit en cela une chose agréable au Roy, & qui la satisferoit elle mesme. Lorsque les Colignis en eurent parlé au connestable leur oncle (1), il s'en excusa d'abord, et dit que cette charge avoit esté donnée à son fils par un bien-fait du feu Roy, et que ce ne seroit jamais de son consentement que son fils, de la Fortune duquel il devoit avoir du soin fust privé de cet honneur. Mais comme Catherine le pressa d'un costé par des menaces secrettes, & de l'autre par l'esperance que François son fils aisné, à qui le feu Roy avoit déjà donné cette charge, seroit fait mareschal de France, ce qui estoit plus convenable à son âge, il promit qu'il y penseroit et qu'il feroit réponse aussi tost qu'il seroit chez luy. Lorsqu'il fut donc à Chantilly, & qu'il en eût communiqué à ses amis, enfin voyant qu'on en fust venu à la violence, & qu'il estoit de sa reputation qu'il ne semblast pas avoir esté contraint, il conseilla à son fils de recevoir la condition qu'on lui proposoit, & que, quand il auroit esté fait mareschal de France, il remit sa charge de grand Maistre entre les mains du Roy, non pas en faveur du Duc de Guise, afin de faire paraistre que ce n'estoit pas une necessité qui luy eust esté imposée par son adversaire. Il vint donc à Bloys où le Roy estoit alors, et en quittant sa premiere dignité il en receut une autre et fut fait extraordinairement mareschal de France » (2).

---

(1) Odet, cardinal de Châtillon, Gaspard II de Coligny et Henri d'Andelot étaient fils de Louise de Montmorency, sœur du connétable, mariée en 1514 à Gaspard I de Coligny.

(2) De Thou, *Histoire de choses arrivées de son temps*, t. II, p. 15.

C'est aussi ce que dit le P. Anselme (1) « Le Roy François II ayant contraint Anne de Montmorency connestable de France de resigner son office de Grand Maistre pour en pourvoir François de Lorraine, duc de Guise, érigea un estat de mareschal de France en faveur de François de Montmorency, fils aisné dudit Anne (2) ».

Ainsi, examen fait des textes, Jacques d'Albon sort complètement lavé de la vilenie qu'on lui prêtait.

---

(1) *Le Palais de l'honneur*, Paris, Pierre Bessin, 1664, in-8°, p. 274.

(2) François de Montmorency reçut le bâton le 17 novembre 1559. Voici en quels termes la Reine mère l'annonce à son père :

« Lettre à mon compère Monsieur le Conestable. Mon compère, j'é reseu veos letre, l'eune par Monsieur de Monmoransi et l'aultre yer par luy mesme, et entendeu set que lui avès donné charge de me dire, à quoy vous heuse fayst plulxtôt réponse se n'eut aysté que je vous voulès mander tout d'eun trayn set que le Roy mon fils avest fayst pour vostre dict fyls, après avoir veu la procouratyon que m'aviés envoyé pour luy remestre la grant mestrise entre ses mayns, set qu'il a trouvé si bon de l'auneste fason que en navès bausé que yncontynent yl a fayst dépéché la marichausyé à vostre fyls, ynsin que plulx au long y vous pouré mender et a comendé ausi vostre asinasion pour vostre ranson (a), et vous aseure que yl é en très bonne volenté ver vous et veos enfans ; et de ma part je meteré pouyne de la lui fayre tourjeur contyneuer tyeule et vous prie vous en haseurer et que me troverés tourjour preste à fayre plésir à vous et au vostres. Vostre bonne coumère et amye.

CATERINE.

On a du maréchal de Saint-André une lettre du même jour au connétable : il lui fait part du contentement que le Roi et la Reine ont éprouvé en recevant la procuration envoyée par lui et lui annonce qu'aujourd'hui son fils a prêté serment pour le maréchalat.

(a) Il s'agit de la rançon de Montmorency fait prisonnier à la bataille de Saint-Quentin (10 août 1557) et relaché sur parole par les Espagnols.

Est-il vrai, d'autre part, qu'il ait reconstruit le château de Tournoël et s'y soit endetté ? C'est ce qu'affirme M. H. Gomot, dans son *Histoire du château de Tournoël* (Clermont-Ferrand, Montlouis, 1881, p. 87), qui donne des détails circonstanciés sur les réparations entreprises. Mais ce n'est pas dans cet ouvrage sans critique, œuvre d'un politicien plutôt que d'un archéologue, que l'on peut puiser des renseignements certains.

L'auteur donne la mesure de la sûreté de son information quand il cite parmi les possessions du Maréchal « sa demeure de Montrond en Forez,... habitation digne d'un roi » (1). Tout ce qu'il dit des

---

(H. de la Ferrière, *Lettres de Catherine de Médicis*, Paris, Imprimerie nationale, 1880, in 4°, t. Ier, page 128, et note).
Le français italianisé et l'orthographe ultra fantaisiste de Catherine demandent une traduction : Mon compère, j'ai reçu vos lettres, l'une par Monsieur de Montmorency et l'autre hier par lui-même, et entendu ce que vous lui avez donné charge de me dire ; à quoi vous eusse fait plus tôt réponse, si n'eût été que je vous voulais mander tout d'un train ce que le Roi mon fils avait fait pour votre dit fils, après avoir vu la pro- curation que m'aviez envoyée pour lui remettre la grand maîtrise entre ses mains, ce qu'il a trouvé si bon, de l'honnête façon que en avez usé, que incontinent il a fait dépêcher la maréchaussée à votre fils, ainsi que plus au long il vous pourrait mander et a commandé aussi votre assignation pour votre rançon ; et vous assure qu'il est en très bonne volonté envers vous et vos enfants ; et de ma part, je mettrai peine de la lui faire toujours continuer telle et vous prie vous en assurer et que me trouverez toujours prête à faire plaisir à vous et aux vôtres. Votre bonne commère et amie, Caterine.
(1) Montrond appartenait à Arthaud d'Apchon, époux de Marguerite d'Albon, sœur du Maréchal, et lui venait de sa mère Marguerite de Lavieu. Pour faire juger de la valeur historique de l'ouvrage de M. Gomot, il suffira de citer le début de l'introduction :
« Les chroniques de Tournoël résument, autant dans la
« moralité que dans la matérialité des faits qui les constituent,

travaux entrepris par Saint-André et de ses nombreux séjours à Riom paraît du domaine de la fantaisie. En réalité, Jacques d'Albon n'a fait en Auvergne que de très rares apparitions ; peut-être n'a-
t-il jamais habité Tournoël.

Ce château lui venait de sa mère, Charlotte de la
Roche, qui avait épousé Jean d'Albon le 22 janvier
1510, et mourut avant 1519. Un érudit tourangeau,
M. de Clérambault, prépare sur Tournoël un travail qui sera sans doute définitif et pour lequel il a
eu à sa disposition les riches archives de la famille
de Chabrol, propriétaire du domaine depuis le milieu du XVIII⁰ siècle. De ses recherches, dont il a
bien voulu nous communiquer les résultats, il ressort que, si le Maréchal a fait quelques travaux, ils
ont dû être peu importants : les documents n'en
font aucune mention. En revanche, ils relatent à
diverses reprises la présence de Jean d'Albon son père.

Le 12 juillet 1533, par exemple, on voit figurer
dans les comptes du receveur : *Pour dépense « de
mon dit seigneuret de son train* 12 l. 8 s. 6 d. ». Les
embellissements exécutés à Tournoël pendant le
XVIⁱ siècle sont l'œuvre de Jean d'Albon comme le
sont, en Forez, ceux du château de Saint-André.
Très absorbé par ses importantes fonctions de lieutenant à la compagnie du duc de Bourbon (1512),
lieutenant général en Bourgogne (1514), bailli de
Beaujolais (1528) (1) ; bailli de Mâcon et sénéchal de

« l'histoire de cette féodalité fanatique, licencieuse, brutale
« qui tint, durant près de huit siècles, la France asservie ».
(*Histoire du château de Tournoël*, p. 1).

(1) Il prêta serment en cette qualité « à l'hostel commun
de Villefranche » le 9 juin 1628 (Le Laboureur).

Lyon (1530), gouverneur des enfants de France (1532),
lieutenant du roi en Guyenne (1536), gouverneur de
Lyonnais, Forez et Beaujolais, il venait néanmoins
de temps en temps en Auvergne, soit pour ses affaires, soit pour surveiller les réparations qu'il avait
entreprises dans les possessions de sa femme. Il
mourut le 28 décembre 1549. Son fils Jacques eut
encore moins que lui le loisir de résider dans une
province à laquelle aucun lien ne le rattachait plus.
Presque constamment employé aux armées ou retenu
auprès du roi par ses charges de cour, il était éloigné de l'Auvergne par son mariage avec Marguerite
de Lustrac, riche héritière périgourdine (1). Il est
donc certain que ce n'est pas à Tournoël qu'il mérita
par sa magnificence l'admiration de Brantôme et les
critiques de l'austère de Thou.

De même que la reconstruction de Tournoël, il
faut mettre, semble-t-il, au rang des légendes, la
tyrannie féodale qu'il aurait fait peser sur ses vassaux
auvergnats. Les d'Albon, de race forézienne, n'appartenaient pas à cette noblesse rude et violente,
âpre comme la lave de ses montagnes, dont Fléchier
un siècle plus tard, retraçait encore les exactions et
les cruautés. Jean d'Albon, avant d'entrer à la Cour,
avait été d'Eglise. Son fils n'a jamais passé pour dur
et, d'ailleurs, quand on parcourt son *curriculum
vitæ*, on se demande à quel moment de son exis-

(1) M. Gomot a sur ce mariage, qu'il place en 1550 « ou
peut-être un peu avant », une page de la plus violente fantaisie romantique. « Saint-André », dit-il (*Hist. de Tournoël*
p. 86), « n'était plus jeune ». En réalité le mariage est du 27
mai 1544 (Vindry, *Dictionnaire de l'Etat-major français au
XVI⁰ siècle*, p 514) ; Jacques d'Albon, né le 3 mars 1513,
comme on le verra plus loin, avait à peine 31 ans !

tence il aurait pu se trouver en contact un peu prolongé avec les vassaux et les tenanciers de la province.

En 1550, aussitôt après la mort de Jean d'Albon, il lui succède comme gouverneur de Lyonnais, Forez et Beaujolais ; il se trouve en ce moment à la Cour (1) et c'est seulement quelques mois après qu'il prend possession de son gouvernement. Il fait son entrée solennelle à Lyon le 24 août de la même année ; l'année suivante, il est envoyé comme ambassadeur en Angleterre (juillet) ; en 1552, la guerre éclate avec l'Espagne : il est de l'armée de Champagne et, chargé de la défense de Verdun, il en est nommé gouverneur ; de 1553 à 1557, il ne quitte guère la Picardie ; au mois d'octobre 1553, il s'empare de saint Pol et d'Avesnes ; en juin 1554, il investit Mariembourg et dirige la retraite de l'armée devant les forces supérieures de Charles Quint (juillet) ; il se signale au combat de Renty (13 août) ; il prend Cateau-Cambrésis le 2 avril 1559, bat l'ennemi à Germigny (14 juillet) et à Givry (16 juillet) ;

---

(1) Nous devons à l'obligeance de notre collègue M. Joseph Déchelette, communication d'une pièce originale intéressante que nous reproduisons en appendice ; ce sont les lettres patentes par lesquelles le maréchal déléguait une partie de ses pouvoirs à Arthaud d'Apchon, son beau-frère, à la date du 16 février 1550. Il est à remarquer que les d'Apchon étaient de lignée auvergnate et n'avaient pas toujours le caractère accommodant (v. dans Fléchier, *Grands jours d'Auvergne*, l'histoire du prieur de Saint-Germain et celle du comte d'Apchon ; v. aussi dans Brantôme le duel du jeune d'Apchon avec le baron de Mastas). Arthaud d'Apchon aurait-il usé un peu rudement des pouvoirs qui lui étaient conférés ? c'est possible. Mais lui-même ne séjournait guère en Auvergne et un document authentique serait bien nécessaire pour l'incriminer.

il fait, en 1556, une courte apparition dans son gouvernement : le 23 mai, il est à Lyon, logé chez le sénéchal de Gadagne, et il reçoit du Consulat un présent de 1200 écus d'or (Péricaud, *Notes pour servir à l'histoire de Lyon*, IVᵉ pⁱᵉ. p. 22) ; le 10 août 1557, il est pris à la bataille de Saint-Quentin et ne sort de captivité qu'au mois d'octobre 1558, pour négocier la paix qui est signée le 12 mars 1559 (traité de Cateau Cambrésis) ; en 1569, il est à la Cour ou dans son gouvernement (Péricaud, *loc. cit.* p. 36) ; le 6 avril 1561, jour de Pâques, il se trouve à Fontainebleau et il forme avec Anne de Montmorency et François de Guise cette fameuse union à laquelle les protestants donnèrent par ironie le nom de *Triumvirat* (1). Mal vu de la Reine mère qu'il n'avait pas ménagée, il refuse malgré ses injonctions, de quitter la Cour (2). Il prend, au commencement de l'année suivante, le commandement de l'armée qui opérait contre les religionnaires en Poitou et en Berry ; est à la prise de Blois (4 juillet), emporte Poitiers (1ᵉʳ août), défend Corbeil contre le prince de Condé, et périt à la bataille de Dreux (19 décembre 1562).

Il n'est donc pas téméraire d'affirmer qu'en toute sa vie il dût à peine mettre les pieds à Tournoël et

---

(1) « La Reine mère à qui cette union (que nos ennemys appelèrent le Triumvirat) n'estoit pas agréable.. » Le Laboureur.

Disons en passant que le roi de Navarre, Antoine de Bourbon, flottant entre le catholicisme et la réforme, passait pour être le chef de ce nouveau parti (*Mémoires*, de Castelnau, Bruxelles, 1731, in-fᵒ, t. I p. 756) ; en sorte que ces triumvirs étaient quatre.

(2) De Thou, t. IV p. 171.

il n'est que juste de l'absoudre d'y avoir fait régner la terreur.

Faut-il l'absoudre aussi des « odieuses injustices » qui auraient excité la haine de son meurtrier, Bobigny ? Il est certain que l'animosité de celui-ci avait de profondes racines : Saint-André l'avait « outragé » et « jouissait de son bien par confiscation ». Mais Bobigny avait déjà vengé son outrage en assassinant traîtreusement Saint-Sernin, neveu du Maréchal ; il avait été pour ce condamné à mort par contumace et la confiscation avait été prononcée contre lui en réparation de son crime (1). Si la haine était justifiée, au moins, n'est-il pas tout à fait équitable de l'attribuer, aux abus de pouvoir du Maréchal. « Il soutenait » dit M. Lemonnier, « des procès iniques dont le gain était dû au crédit qu'on lui connaissait » : ce point n'est peut-être pas prouvé. On trouve, dans la correspondance de Catherine de Médicis une lettre par laquelle elle sollicite en faveur de Saint-André les conseillers du parlement de Dijon pour un procès qu'il avait en cette cour (4 juillet 1561) ; ce que la reine demande, c'est que la solution se fasse attendre le moins possible : « Je vous ay bien voulu, à sa requeste, escripre la présente et prier de luy faire sur cela plus prompte et briefve expédition de justice que faire ce pourra » (La Ferrière, *Lettres de Catherine de Médicis*, t. I. p. 210). On a vu, en des temps plus normaux, l'intervention gouvernementale s'exercer avec moins de mesure.

Nous avons parlé de la mort du Maréchal. Les circonstances en sont rapportées très différemment

(1) De Thou, *Histoire...*, t. IV, p. 481.

par les contemporains, ce qui montre combien il est difficile d'arriver en histoire à la vérité. Mais des deux versions produites, il en est une qui semble à l'examen devoir être écartée. C'est celle que l'on trouve dans les *Mémoires* de Vieilleville ; Carloix, le rédacteur de ces mémoires, aura confondu deux des incidents de la journée de Dreux, qui n'étaient pas sans analogie, la prise de Montmorency par les reîtres allemands du prince de Condé et celle de Saint-André par les cavaliers protestants. On lit en effet dans les additions de Le Laboureur aux *Mémoires*, de Castelnau (Bruxelles, Léonard, 1731, in-f° t. II p. 72) : « Le Connestable fut en grand danger d'estre tué par les Lanskenets qui entrerent en different à qui l'auroit et il y en avoit quelques uns qui de depit de cette dispute, levoient le pisto-let contre luy, quand Antoine de Croy prince de Porcien y accourut à toute bride. Le connestable ne croyoit pas estre plus en seureté, et craignit quel-que ressentiment de la part de ce seigneur pour quelques differens qu'ils avoient eu ensemble (1) ; d'autant plus qu'il estoit fort violent et qu'il n'es-toit pas maistre de ses premiers mouvemens ; mais il fut en cela plus heureux que le mareschal de S.-André qu'il eut affaire à un ennemy genereux, qui escarta cette canaille à grands coups d'espées pour le dégager. Après cela il luy tendit la main pour le recevoir son prisonnier ; sans lui celer neantmoins que ce n'estoit pas un office qu'il rendit à sa personne, mais un simple respect qu'il devoit

---

(1) Brantôme raconte longuement ces différends dans son *Discours sur les Duels*, éd. de Pène, Paris Jouaust, 1887 p. 236 et suiv.

à sa charge et qu'il ne pouvoit pas souffrir qu'un homme de sa qualité demeurât abandonné à la discrétion et à la mercy de ces coquins ».

Il est bien peu vraisemblable qu'Antoine de Croy, après avoir sauvé Montmorency, ait pu, le même jour et dans des circonstances identiques, intervenir en faveur de Saint-André. D'ailleurs, si l'on consulte le plan scénographique de la bataille de Dreux dans Tortorel et Périssin, on voit que les troupes du connétable faisaient face à celles que commandait le prince de Porcien, tandis que Saint-André se trouvait sur un point tout opposé et à l'autre extrémité du champ de bataille. C'est donc à la version de Brantôme, traduite par les deux artistes qu'il faut définitivement se ranger : Saint-André tombé de cheval, fait prisonnier et désarmé par un cavalier ennemi qui le prend en croupe, pendant que Bobigny survient, le reconnaît et lui casse la tête d'un coup de pistolet. Cela explique qu'on ait, pendant quelque temps « ignoré s'il était mort ou pris » (1).

Le maréchal n'avait pas encore cinquante ans ; il était né, en effet, le 3 mars 1513. Cette date était ignorée jusqu'à ces derniers temps ; les biographes

(1) La Reine mère fut assez facilement consolée de cette perte. Voici en quels termes elle l'annonçait à l'ambassadeur de France en Allemagne, Bernardin Bochetel, évêque de Rennes (dans Castelnau, *Mémoires*, t. II p. 66) : « Et comme telles choses ne se peuvent executer sans perte de beaucoup de gens de bien et ordinairement des meilleurs capitaines, nous y avons perdu à mon grand regret le mareschal de Saint André, Montbron qui est le quatriesme enfant de mon cousin le connestable, les srs de la Brosse, de Beauvais et de Givry, chevaliers de l'Ordre, etc... dont nous avons grande occasion de louer Dieu, pour s'estre une si cruelle bataille passée avec perte de si peu d'hommes principaux ».

faisaient varier la naissance de Jacques d'Albon de 1505 à 1524. C'est à M. Fleury Vindry que revient l'honneur d'avoir fixé ce point. Son *Dictionnaire de l'Etat-major français au XVIᵉ siècle*, véritable travail de bénédictin, est une mine inépuisable de renseignements, pour la plupart inédits. A l'appui de la date qu'il donne, il cite Giuntini. Ce n'est pas une autorité banale. Pas de plus étrange personnage que cet ancien provincial des Carmes de Florence, défroqué et réfugié à Lyon (1), passé au protestantisme, puis revenu à la foi catholique, théologien, astrologue, prêteur sur gages, mort dans l'athéisme en 1590, sans laisser trace des grandes richesses qu'il avait amassées, ce qui ne laissait pas douter qu'il n'eût été emporté par le diable. C'est dans un de ses ouvrages oubliés, le *Speculum astrologiae* que l'érudit lyonnais a découvert le renseignement précis qu'il met au jour (2). De pareilles aubaines n'échoient qu'à ceux qui en sont dignes.

_____

(1) Son arrivée est signalée au mois d'avril 1561 (Péricaud, *Notes chron.*, 5ᵉ partie, p. 5).

(2) Voici le titre exact de ce volumineux in-4°, sorti des presses de Pierre Roussin, et dédié à la Reine mère, Catherine de Médicis.

Speculum astrologiae quod attinet ad judiciariam rationem nativitatum atque annuarum reuolutionum ; cum nonnullis approbatis Astrologorum sententiis, Auctore Francisco Iunctino Florentino, sacræ Theologiæ Doctore, ad publicam vtilitatem studiosorum omnium æditum. — Lugduni. Sumptibus Philippi Tinghi Florentini. M.DLXXIII. Cum privilegio regio.

Le privilège est du 18 juin 1571. Le portrait de l'auteur, gravé sur bois, précède l'ouvrage. Il nous montre un personnage d'assez basse mine, coiffé du bonnet de docteur, représenté, dit la légende qui l'encadre, à l'âge de 51 ans.

Le passage concernant Saint-André est à la page 293. Il figure dans un calendrier où sont notés jour par jour les mouvements des astres et où chaque jour a son éphéméride.

En résumé : 1° il est certain que Jacques d'Albon n'enleva pas le maréchalat au connétable Anne de Montmorency ; 2° il l'est aussi que la reconstruction et les embellissements de Tournoël ne lui sont pas dus ; 3° le silence des documents montre qu'il n'a jamais séjourné en Auvergne, par conséquent il ne faut plus parler de la terreur qu'il aurait inspirée dans ce pays ; 4° il n'est pas établi que la vengeance privée à laquelle il a succombé fût motivée par d'odieuses injustices de sa part.

APPENDICE

Commission de Lieutenant au gouvernement d'Auvergne, Bourbonnais, Forez pour Arthaud d'Apchon, du 16 février 1550.

Jacques Dalbon seigneur de Sainct André, chevalier de l'ordre, Mareschal de France, gouverneur et lieutenant général pour le Roy || ès pays de Lyonnois Forests Beaujeullois, Dombes, Auvergne, Bourbonnois, St-Pierre le Moustier, la Haulte et Basse Marche et Combrailles a tous ceulx qui ces presentes lettres verront || salut. Comme pour les empes-

---

En voici la reproduction textuelle :

Au. nu.	lit. D	dies.	
16	f.	3	♃ Lucida Eridani mane oritur. Dominus Jacobus Sancti Andreæ de Albone Gubernator Lugduni || & Franciæ Mareschalus, nascitur anno 1513. min. 14 post meri || diem. & anno 1562 interfectus fuit in prælio a Retris.

Où naquit Saint-André ? On a pensé que ce pouvait être à Tournoël, son père Jean d'Albon guerroyant en Italie au moment de sa naissance. Il est infiniment plus probable que ce fut au château de Saint-André, résidence ordinaire de ses parents, sise dans une province tranquille « fort saine, en lieu sec, en belle veue, et proche de très bons vignobles ». (Anne d'Urfé, *Description du païs de Forez*).

chemens que nous avons ordinairement pour les affaires dud.
Sʳ prez et autour de sa personne nous ne pourrions conti-
nuellement vacquer aux affaires chacun jour || survenant par
tous les lieux et provinces de notredit gouvernement au
moyen de quoy soit besoing pourveoyr et commectre en
chacun de nosd. gouvernemens Lieutenans ayans soubs nous
l'oeil, charge || et superintendance tant pour les affaires dud.
Seigneur et a ce quils (1) ne soient aulcunement retardez que
pour le soullaigement du peuple Et mesmement esd. pais du
hault et bas Auvergne, Bourbonnois, || St-Pierre le Moustier,
Forestz et Rouanoys de personnaige ydoine, suffizant, cappa-
ble et de la qualite requise ; Scavoir faisons que pour la
bonne et entiere confiance que nous avons en || la personne de
nostre tres cher et tres ame Beaufrere messᵉ Arthaud Dapchon Gentilhomme ordinaire de la chambre du Roy et de ses
sens suffizance loyauté, preudhommye, experience au faict ||
des armes et bonne diligence Icelluy, pour ces causes et
autres a ce nous mouvans, avons commis et ordonne com-
mectons et ordonnons par ces presentes notred. lieutenant
général au gouvernement || desd. pays du hault et bas Auver-
gne, Bourbonnoys, St-Pierre le Moustier, Forestz et Rouanoys,
luy donnant en nostre absence toute et telle charge pouvoir,
auctorité, et commission qu'il || a pleu au Roy nous donner
pour ladministration et gouvernement desd. pais et y faire,
ordonner et pourveoyr tant pour le faict des ban et arriere-
ban qu'aultres choses qui pourront || survenir pour lentretene-
ment de la justice et police desd. pais et aultres occurrences,
tout ainsi que ferions ou faire pourrions si y estions en
personne. Si mandons & || commandons par ces presentes en
vertu du pouvoir a nous donne par led. seigneur, a tous
magistrats, juges, officiers, cappitaines, manans, habitants, et
subjectz d'iceulx pays et provinces, prions et requerons
tous aultres qu'il appartiendra, que nostred. beaufrere, le sʳ
Dapchon, ils facent, souffrent, et laissent joyr plainement
et paisiblement desd. || charge et estat de nostred. lieutenance
esd. pais, et a luy obeyr et entendre en nostre absence de
tous ceulx et ainsi qu'il appartiendra es choses touchans et

(1) *Affaires*, des deux genres au XVIᵉ siècle.

concernans lad. charge et estat || et tout ainsi quilz feroient a nous mesmes, si y estions en personne, sans luy faire ne souffrir estre faict mys ou donne aulcun ennuy ou empeschement au contraire. Et || en tesmoing de ce nous avons signe ces presentes de notre main et faict contresigner et sceller du scel de noz armes. A Bloys le XVIe jour de fevrier lan mil || cinq cens cinquante.

JACQUES DALBON.   *(Trace du sceau, probablement plaqué sur cire rouge).*

Et plus bas : Par commandement de mondict seigneur.

Dutronchet.

La fin de la Société de prêtres de Sury-le-Comtal. — Communication de M. l'abbé Relave.

J'avais toujours pensé que la Société de prêtres de Sury avait été détruite par la Révolution. Je me trompais. Il y avait, en 1789, vingt-cinq ans qu'elle était morte dans la personne de son dernier membre, Mre Rambert Clépier, que l'on enterrait dans la chapelle St-Etienne (du cimetière) exactement le 4 janvier 1764. Elle n'avait point été emportée par aucune catastrophe ; elle avait péri d'inanition.

A la base de tous les établissements humains, fondés par des hommes et fonctionnant par des hommes, se trouve la question d'argent. C'est de l'abondance des fondations de messes et de leur dotation qu'était née, en quelque sorte spontanément, la Société de prêtres de Sury, au commencement du XIVe siècle, aux temps prospères du comte Jean Ier. C'est la même abondance, confirmée par le temps et la pratique, qui avait en 1479 amené cette Société, qui existait alors de fait depuis cent cinquante ans, à se donner une existence de droit par des *Statuts* écrits et approuvés, en vertu desquels le nombre de ses membres était limité à huit. C'est la surabondance des mêmes fondations qui, une quinzaine d'années plus tard, en 1493, avait fait porter de huit à douze le nombre des prêtres sociétaires, car, disait expressément la requête des « consuls manans et parrochians habitants de Sury-le-Comtal » au cardinal archevêque Charles de Bourbon, « ont été faites plusieurs grandes fondations de messes et anniversaires tant par feu Mgr l'archevêque du Puy votre oncle qu'autres plusieurs manans et habitans et parrochians de votre dite église, que sont importables à servir et célébrer à ce petit nombre de prêtres (le curé et les huit sociétaires), dont souventes fois vacquent lesdites messes et anniversaires une grande partie, que n'est pas chose de permettre (1) ». C'est enfin l'insuffisance des mêmes fondations qui, après avoir rendu précaire dès le XVII⁰ siècle l'existence de la Société, devait déterminer sa fin au milieu du XVIII⁰.

Le premier grand coup lui avait été porté par les huguenots. Les huguenots étaient gens pratiques. On a beaucoup parlé de leur acharnement à briser les statues et à jeter au vent les reliques : ils en ont mis peut-être davantage à détruire les titres et terriers des églises, car ils sentaient bien que supprimer ce qui procurait la subsistance aux prêtres, c'était, à un plus ou moins bref délai, supprimer les prêtres eux-mêmes. A Montbrison, ils passèrent deux jours à brûler dans l'église de Notre-Dame les papiers du

(1) Statuts et Terrier de la Société de Sury, ms.

chapitre (1) ; ils trouvèrent naturellement beaucoup
moins à détruire à Sury, mais ils détruisirent cons-
ciencieusement tout ce qu'ils trouvèrent, et ce qui
avait échappé à des Adrets en 1562 n'échappa point
à Pierregourde en 1577. On put sauver les reliques,
on ne sauva pas les papiers. Il fallut une requête
des « curé, prêtres et desserviteurs de l'église paroissiale » à Henri IV en 1607 et des lettres-patentes
que le roi donna en conséquence à la date du 7 mars
1608, pour que les « contrats, terriers, lièves et papiers anciens et modernes (2) » fussent plus ou moins
péniblement — et très incomplètement — reconsti-
tués. Cette reconstitution pallia le mal, mais ne
rendit point à la Société de prêtres son ancienne
prospérité, qui était irrémédiablement atteinte.

Pendant le XVIIᵉ siècle, la Société vécut : c'est
tout ce qu'on peut dire d'elle. Ses membres étaient
au nombre de cinq en 1614 ; à cette date, les vitres
des chapelles de l'église, « rompues » au passage
des huguenots, n'avaient point encore été rétablies,
et tout indique que les prébendes et fondations ne
l'avaient guère été davantage : leur énumération ne
mentionne que des ruines (3). Le XVIIᵉ siècle répara
un peu tout cela, mais la réparation (on ne saurait
l'en blâmer) alla plutôt à l'église qu'à la Société de
prêtres. Jacques de la Veuhe construisit dans l'église
la chapelle qui est encore aujourd'hui la chapelle du
château ; ses successeurs élevèrent à l'entrée du

---

(1) Archives de la Diana, ms. de l'abbé Carra.
(2) Statuts et Terrier cités.
(3) Visite pastorale de Monseigneur de Marquemont, aux
Archives du Rhône.

chœur un jubé sur lequel fut établi un autel de la
Sainte Croix ; ils renouvelèrent les vases sacrés ;
ils donnèrent des cloches ; enfin, ils transformèrent
et firent ériger en prieuré, sous le vocable de Notre-
Dame de la Mercy, l'ancien oratoire de Notre-Dame
de l'hôpital. C'était assurément là beaucoup d'amé-
liorations, et des libéralités fort bien placées. La
dernière, qui créait une nouvelle dignité, celle de
prieur de N.-D. de la Mercy, et une nouvelle fonction, celle de prébendier de la même chapelle, toutes
les deux rétribuées, aurait pu rétablir un peu les
affaires de la Société en dotant deux sociétaires, mais
il n'en fut rien. Le prieur, dont la désignation était
au choix du seigneur de Sury, fut toujours un étranger, et le prébendier, dont la désignation était au
choix du prieur, presque toujours.

En 1662, pour des causes du reste accidentelles
et par le fait de décès multipliés, les sociétaires ne
se trouvaient plus que deux. « Il y a, disait le procès verbal de la visite de Mgr Camille de Neuville,
société en l'église de Sury pour les prestres dud.
lieu qui avec le casuel peut nourrir quatre prestres
et rendre à chacun 300 livres ; présentement ils ne
sont que deux, et le curé a une portion de sociétaire. » Ce chiffre évidemment *minimum* ne tarda pas
à se relever, et à la fin du siècle il était remonté à
sept. Les sociétaires étaient alors M^{res} Tristan Cussonnel, Mathieu Clépier, Antoine Ravel, Etienne
Granjard, Barthélemy Reynaud, François Forest et
Antoine Camu. C'était florissant en apparence, mais
une mesure que le curé Desforges était amené à
prendre en 1699 de concert avec les sociétaires venait
confirmer l'appréciation du procès verbal de la visite

de 1662 relative à l'insuffisance du revenu. Mre Desforges demandait cette année-là à l'autorité ecclésiastique un relèvement des tarifs en faveur des prêtres de Sury. Comme il était personnellement riche et d'un caractère notoirement désintéressé, il ne saurait être suspecté d'avoir fait cette démarche sans une nécessité véritable ; c'était donc que les sociétaires avaient peine à vivre avec les tarifs anciens.

Peu après, la Société prenait pour syndic, avec pleins pouvoirs pour opérer toutes reconstitutions de titres et tous recouvrements, Mre Forest, l'un de ses membres, qui ne craignait pas — qui craignait trop peu — les papiers de justice et les hommes de loi. Par les soins et la diligence du nouveau syndic, chaque année à partir du commencement du siècle, quelques possesseurs de terres plus ou moins anciennement grevées d'une redevance annuelle à l'égard de la Société, durent comparaître pardevant l'un des notaires de Sury, Me Relogue ou Me Loyauté, pour *reconnaître* leur dette ; dans la seule année 1715, il n'en comparut pas moins de cinquante-huit, dont neuf de Saint-Romain-le-Puy, deux de Craintillieu et un de Montbrison. Le recueil de toutes ces *reconnaissances* en comprenait en 1730 cent quarante-six, formant ensemble pour les sociétaires un revenu de sept cent cinquante-cinq livres huit deniers (1). Ajoutée à la dotation des prébendes, cette somme eût été quelque chose, mais de tout temps il a été plus facile de faire reconnaître une dette que de la faire payer.

---

(1) Statuts et Terrier cités.

La Société du reste, dans cette période, avait encore à peu près son recrutement normal. En 1730, cinq des sociétaires de 1700 étaient morts ; un, Mre Camu, était devenu curé de Montverdun (en 1707) ; un dernier survivait, qui était le syndic, Mre Forest. Mais six nouveaux membres étaient entrés dans la Société, M^res Antoine Pasquier et Jean-Baptiste Vier en 1708, Bonnet Forest en 1713, Barthélemy Plagnieu en 1716, Etienne Pasquier en 1723, et Jean-Baptiste Bory en 1725. Il est vrai que Mre Vier avait quitté Sury dès 1713 pour devenir curé de Saint-Cyprien (1), que Mre Bonnet Forest, après avoir desservi avec le titre de vicaire l'annexe de l'Hôpital-le-Grand (2), était mort en 1728, et que Mre Antoine Pasquier venait de se retirer en 1727 au château du Fenoyl en attendant d'aller mourir curé à Souzy. Mais après tous ces départs il y avait encore trois sociétaires résidents, et, dans la même année 1732, la Société qui perdait, il est vrai, Mre François Forest à la fois curé et sociétaire, ne recevait pas moins de trois membres nouveaux, dont les deux premiers, M^res Jean-Baptiste Chatain et Louis Vier, installés le même jour 30 mai, devaient toujours demeurer fidèles à Sury (3). Le troisième, Mre Jacob Devaux, installé en septembre, alla au bout de quelques années desservir l'église de Curis, annexe de Saint-Germain-au-Mont d'Or, pour revenir en 1752 administrer la paroisse de Boisset et Saint-Priest en

---

(1) Il y mourait le 23 février 1748.

(2) L'Hopital-le-Grand était une annexe d'Unias.

(3) Mre Chatain avait fait à Saint-Romain-le-Puy en 1731 l'année de vicariat imposée à tout aspirant sociétaire par Mgr Camille de Neuville en 1678 (Statuts et Terrier cités).

Rousset en qualité de curé. C'eût été là les derniers
sociétaires, si Mᵉ Rambert Clépier praticien et procureur de Sury à ce moment, après s'être marié et
avoir eu trois enfants, n'avait perdu sa femme en
1741, ce qui lui permit de devenir successivement
clerc tonsuré en 1743, sous-diacre en 1744 et prêtre-sociétaire en 1745. C'est lui qui fut le dernier.

Mais avant d'achever mon exposition, j'ai une
remarque à faire. Mʳᵉ Chatain reçu en 1732 était
le premier prêtre de Sury qui ne fût point fils de
marchand ; il était fils et frère de laboureurs. Sans
doute le jeune sociétaire avait, conformément au
droit canonique, justifié au moment d'entrer dans
les ordres sacrés d'un *titre clérical*, c'est-à-dire d'un
patrimoine de deux mille livres, ce qui au denier
vingt représentait cent livres de revenu (1). Il y avait
néanmoins là un signe des temps. D'autant plus que
huit ans plus tard, en 1740, il arrivait également
pour la première fois à un notaire royal de Sury,
Mᵉ Jean-Baptiste Boyron, d'être fils de laboureur et
non point fils de légiste ou au moins de marchand.
Evidemment des circonstances exceptionnelles avaient
dû se rencontrer pour l'un et l'autre cas, mais il est
certain que ces circonstances ne se fussent point
rencontrées cent ans plus tôt. Visiblement, des
temps nouveaux s'annonçaient.

La Société de Sury dura tant que vécurent les sociétaires dont je viens de parler. Mʳᵉ Etienne Pasquier avait quitté Sury dès 1735 pour aller résider

---

(1) Dans cet acte, qui est du 29 juillet 1729, le futur sous-
diacre faisait entrer en ligne de compte le revenu de la prébende des Vaire, dont il était déjà pourvu.

au château de Cucurieu, dans la paroisse de Saint-Cyr-de-Favières (1) ; Mre Louis Vier mourait en 1746, Mre Bory en 1755, Mre Plagnieu en 1756, et lorsque Mre Chatain mourut à son tour en 1760, il ne demeurait plus à Sury qu'un seul et unique sociétaire, qui était Mre Rambert Clépier (2). Est-ce à dire qu'il ne s'y rencontrait plus aucune vocation ecclésiastique ? Nullement. On se faisait prêtre tout comme précédemment, mais on ne se faisait plus prêtre-sociétaire. Dès le commencement du siècle, la Société, on l'a vu, avait déjà peine à vivre avec ses revenus réguliers ; il ne lui manquait, pour l'achever, qu'un bon procès. Naturellement elle l'engagea, et non moins naturellement elle le perdit. J'ai dit tout à l'heure qu'il n'était pas toujours aisé de faire rentrer une créance même reconnue, c'est sans doute le désir d'obtenir un de ces paiements à la fois important et litigieux qui consomma la ruine de la Société. Car Mre Plagnieu pouvait écrire en 1747 à Mgr l'archevêque de Lyon les lignes suivantes : « Nous avons perdu un procès au Parlement de Paris qui nous a ruinés. Notre Société étant pauvre, ç'a été à *nous particuliers* à payer les frais dont la seule exécution est d'environ 1500 livres (3) ». Voilà déjà

---

(1) Il y avait, à proximité du château fort de Cucurieu, une chapelle sous le vocable de Saint-Cyprien avec une prébende d'une certaine importance à la nomination du seigneur du lieu. Etienne Pasquier avait sans doute été pourvu de cette prébende. Aujourd'hui le château est complètement détruit, et il ne demeure de la chapelle que les murs ; elle est devenue un abri pour le fourrage et quelques ustensiles de ferme.

(2) Registres paroissiaux.

(3) Archives de la Diana, ms.

amplement de quoi expliquer qu'on ne se fît plus
prêtre sociétaire à Sury.

Une ordonnance du cardinal de Tencin, du 1er juillet 1749, approuvée par lettres patentes du même mois, enregistrées au parlement le 4 août suivant, va compléter l'explication. Car le mal que signalait la lettre de Jean-Baptiste Plagnieu n'était point particulier à Sury : par tous pays, il est toujours plus ou moins malaisé de faire rentrer une créance, lorsqu'on la réclame à quelqu'un qui n'a pas contracté la dette lui-même, que cette dette lui est venue par héritage, et qu'elle est de plus une redevance d'église. Les Sociétés de prêtres se trouvèrent ainsi dans la nécessité d'intenter des procès, qui, s'ils avaient rarement l'importance de celui que venait de perdre la Société de Sury, n'en étaient pas moins ruineux par leur multiplicité. La rareté croissante des fondations nouvelles, la diminution des revenus anciens, amenaient aussi de fréquentes compétitions entre sociétaires ; j'ai relaté précédemment quelques-uns de ces litiges, qui étaient fort regrettables. Et les plus regrettables de tous, et aussi les plus communs, étaient ceux qui s'élevaient entre les curés et les sociétaires, faisant de ces derniers les rivaux du clergé paroissial, dont ils étaient à l'origine les auxiliaires très utiles. A Sury l'administration de François Forest notamment (1717-1732) en avait été déplorablement remplie, et ils n'avaient point manqué à celle de son successeur (1). L'exposé de motifs de l'ordonnance de 1749 va nous apprendre combien le mal était général dans le diocèse.

---

(1) V. *Bull. de la Diana*, XI, p. 36 et 37 ; XII, p. 117 et 118.

« Vu, disait l'archevêque, le réquisitoire qui nous
a été présenté par notre Promoteur général, contenant que les contestations qui se sont élevées depuis quelques années entre plusieurs prêtres desserviteurs et les curés des paroisses où ils sont
établis, au sujet de différents droits honorifiques et
utiles respectivement prétendus, ne peuvent manquer de scandaliser les fidèles ; que le trouble et la
discorde règnent entre les ministres du sanctuaire,
chargés eux-mêmes par leur état d'inspirer aux peuples la paix, l'union et la subordination ; que des
coopérateurs subsidiaires élevant autel contre autel,
font retentir les tribunaux séculiers de leurs pré-
tentions fausses ou exorbitantes, disputent aux légitimes pasteurs leurs droits les plus incontestables,
en sorte que des établissements utiles dans leur
origine ne sont plus que des occasions de dissen-
sions ; que les règlements provisionnels faits à ce
sujet jusqu'à présent sont demeurés sans exécution
ou ont été un remède trop faible contre un mal si
universel et si invétéré... » (1).

L'archevêque, en conséquence, édictait de nouveaux
règlements, où il prenait hautement parti pour les
curés, « légitimes pasteurs », contre les prêtres desserviteurs, « coopérateurs subsidiaires ». Il statuait
d'abord qu'aucune place de prêtre desserviteur (2)
ne pouvait se résigner ni se permuter (art. I), et fi-

---

(1) *Ordonnance* de S. E. Mgr le cardinal de Tencin, archevêque et comte de Lyon, portant règlement pour les prêtres
desserviteurs établis dans son diocèse. Lyon, 1749, in-4°.

(2) L'acte épiscopal dit à dessein « place de prêtre desserviteur » au lieu de « charge de prêtre sociétaire ».

xait la dotation *maximum* de chacune de ces places (non compris l'honoraire des messes) à la somme de 3oo livres, attribuant le surplus à la fabrique (art. III). Pour que tout prêtre eût sa fonction utile dans le diocèse, « et pour que le service des autres paroisses ne souffrît pas de la multitude arbitraire d'ecclésiastiques qui y étaient admis », il abolissait l'usage « d'en recevoir d'aspirants, d'aggrégés, de non participants, de surnuméraires » (art. II), et il exigeait que tout candidat à la place de prêtre desserviteur eût rempli pendant quatre années (1) dans le diocè-se les fonctions de vicaire (art. V). Mesure plus grave, après avoir rappelé aux prêtres desserviteurs « dits sociétaires » que les sociétés n'avaient point d'existence légale, faute de lettres patentes qui ne leur avaient jamais été accordées, il leur défendait « de prendre le titre de sociétés ou de communautés, et d'exercer aucuns droits dont jouissaient les corps et communautés approuvés dans le Royaume », et leur signifiait qu'ils ne pourraient « avoir ni syndic ni sceau » (art. IV), ordonnant que leurs biens seraient régis et administrés à l'avenir par les marguilliers de l'église paroissiale (art. XIII). Cet article marquait nettement la portée de la nouvelle ordonnance, qui, en paraissant maintenir dans le diocèse des prêtres desserviteurs, supprimait en réalité les sociétés de prêtres.

A Sury, on se soumit à la lettre et à l'esprit de la loi : il y eut encore des vocations sacerdotales, il n'y eut plus de prêtre desserviteur. En devenant

---

(1) L'ordonnance de 1678 n'exigeait qu'un an.

prêtre, on tâchait de se faire pourvoir (1) ou de quelque prébende à Sury, ou de quelque fonction ailleurs. Mre Léonard Pinand fils de sieur ·Pierre Pinand m^e boulanger de Sury et de Catherine Lyottin, prêtre en 1752, était immédiatement nommé vicaire à Chazelles-sur-Lyon, puis devenait curé de Sury en 1760. Mre Jean-Baptiste Marcou, fils de Claude Marcou laboureur (2) et de Jeanne Roux, prêtre en 1756, obtenait bientôt à Sury le prieuré de N.-D. de la Mercy, puis il devenait vicaire de la paroisse, et ne se faisait pourvoir en 1790 de la cure de Craintillieu que pour démissionner au bout de onze jours. Mre Joseph Broniard fils de sieur François Broniard de Blangy-en-Artois greffier de Sury et de Marie Relogue, prêtre en 1757, n'exerça, que je sache, aucune fonction ; peut-être sa santé ne le lui permit-elle pas, car il mourait à 32 ans en 1763. Mre Georges Laforest fils de Me Jean-François Laforest notaire royal et de Claudine Lyottin, prêtre en 1760, commença par desservir avec le titre de vicaire

(1) J'emploie à dessein cette expression, qui attribue aux prêtres de l'ancien régime, dans l'affaire de leur nomination, plus d'initiative que n'en ont les prêtres d'aujourd'hui. Avant la Révolution les dignitaires ecclésiastiques, prieurs, supérieurs de communautés, chanoines, qui nommaient à la plupart des cures du diocèse de Lyon, étaient fort nombreux et leur dignité n'était pas tellement haute qu'il ne fût possible d'agir auprès d'eux. Veut-on savoir de combien de paroisses, sur les sept cent six qui composaient le diocèse dans la seconde moitié du XVIIIe siècle, Mgr l'Archevêque avait le droit de disposer ? De quatre-vingt-dix-neuf, sans plus ; il n'arrivait pas à la centaine (*Mém. de la Diana*, V, p. 120 et suiv.) Quant à la nomination des vicaires, elle appartenait au curé, qui les choisissait et n'avait qu'à les faire approuver.

(2) Ce cas est le seul avec celui de Mre Chatain, dont j'ai parlé plus haut. Mais Mre Marcou ne fut pas sociétaire.

la Celle de Lorme, annexe de Cleppé (1) ; il fut ensuite curé de Magnieu Hauterive, et à la Révolution
il se retira dans son ancienne paroisse de Cleppé,
au château de Châtel (2). Mre Antoine Mosnier, fils
de sieur Pierre Mosnier maître-tailleur d'habits de
Sury originaire de Saint-Bonnet-le-Château et de
Catherine Allard, prêtre également en 1760, des-
servit d'abord, comme vicaire de Mre Devaux, un
compatriote, curé de Saint-Priest et Boisset, l'annexe
de Boisset ; il fut ensuite vicaire de Sury de 1762
à 1765 ; à cette date je perds sa trace. Mre Christophe Bénévant, fils de sieur Jean-Baptiste Bénévant
menuisier de Sury au service de M. de Seynas et de
Catherine Guillot, surtout neveu de Mre Crépin Guillot de Saint-Just-en-Chevalet, prieur de Rochebaron,
intendant au château de Sury de M. de Rochebaron
puis de M. de Seynas et chanoine de Saint-Rambert,
devenait d'emblée et avant même son ordination à la
prêtrise en 1763, chanoine de Saint-Rambert lui-
même à la place de son oncle. Je note enfin pour
mémoire deux enfants de la paroisse qui, fait absolu
ment nouveau dans l'histoire de Sury, se faisaient vers
ce temps non pas prêtres séculiers, mais religieux :
Dom Daurelle, fils de sieur Joseph Daurelle marchand
chandelier de Sury et d'Antoinette Calemard, bénédictin de la congrégation de Saint-Maur, et Dom
Hugues Mazet, fils de sieur Joseph Mazet, de Bas-en-

---

(1) L'ancien village de la Celle est complètement détruit.
Un monticule couvert de broussailles a remplacé la chapelle
dédiée à saint Martin, dont une croix en pierre blanche conserve le souvenir.

(2) Châtel existe encore, et n'a rien perdu de la beauté que
lui attribuaient au XVIIIe siècle les *Almanachs de Lyon*. Il
appartient à M. Larderet de Fontanès maire de Cleppé.

Basset marchand drapier et m⁰ chirurgien de Sury et de Marguerite Relogue, également bénédictin; ce dernier, entré à 16 ans au couvent de Sainte-Allyre à Clermont, alla ensuite à Saint-Hilaire de Poitiers où il demeura jusqu'à la Révolution. C'eût été là, avec les mœurs anciennes, autant ou à peu près de prêtres sociétaires, et la Société de Sury, à la mort de Mʳᵉ Clépier en 1764, au lieu de s'éteindre avec lui, aurait encore compté de cinq à six membres, ce qui, pour Sury où tout a toujours été modeste, était un chiffre très normal.

Mais la Société était éteinte, ses raisons d'être paraissaient avoir disparu, et un esprit un peu réfléchi qui aurait considéré dans la seconde moitié du XVIIIᵉ siècle la situation paroissiale de Sury, n'aurait pu se défendre des pires appréhensions, car il était bien impossible à qui que ce fût de pressentir par quoi pourrait être remplacé un état de choses qui visiblement s'en allait. Et le XIXᵉ siècle est venu, et jamais Sury n'avait prospéré davantage. Lorsque ce siècle a pris fin il y a quatre ans, il ne comptait pas moins de trois mille âmes, ses marchés étaient fréquentés plus que jamais, la vie paroissiale, sans être parfaite de tout point, représentait une moyenne bien acceptable, et vingt-deux de ses enfants, revêtus du sacerdoce, exerçaient le ministère ecclésiastique dans le diocèse de Lyon, — tous prêtres séculiers d'ailleurs, comme aux premiers temps.

Les réparations de l'église de Rosiers-Côtes d'Aurec.
— Communication de M. Noël Thiollier.

M. Testenoire-Lafayette en l'absence de M. Noël
Thiollier, donne lecture de la note suivante :

Par une lettre du 16 juin 1904, M. Fuvel curé de
Rosiers-Côtes d'Aurec avait manifesté à la Diana
son intention d'exécuter quelques restaurations au
chœur de son église et lui avait demandé de désigner un des membres de la société pour l'aider de
ses conseils.

La Diana a bien voulu me charger de ce soin, et,
le 10 août dernier, je me suis rendu à Rosiers en
compagnie de notre confrère M. Paul Bréchignac
architecte à St-Etienne. Nous nous y sommes rencontrés avec M. le maire et M. le curé de Rosiers.

Il est inutile d'indiquer ici le très réel intérêt que
présente l'église de Rosiers ; il suffit de renvoyer à
la description si complète et si remarquable qu'en a
donné M. Vincent Durand (1).

L'intérieur de l'église était recouvert d'un mauvais
crépissage que M. le curé voulait faire disparaître.
Ce travail avait déjà été effectué au chœur, à la
coupole qui recouvre le carré du transept et au cul-

_____

(1) Durand (Vincent) et Vachez (A), *Etude archéologique et
historique sur le prieuré de Rosiers. Mémoires de la Diana*
tome V, p. 301 et suiv. — On trouvera des vues et des dessins
géométraux de cette église dans *L'architecture religieuse à
l'époque romane dans l'ancien diocèse du Puy*, par Noël et
Félix Thiollier. Le Puy 1900, in-f°, p. 137 à 141 et pl. 87 et 88,

de-four de l'abside. Le badigeon de chaux avait été remplacé par une couche de peinture, blanche sur les voûtes et verte avec faux joints noirs sur les doubleaux et les grandes arcades.

Le travail de grattage avait amené la découverte, sur la partie méridionale de la voûte en cul-de-four de l'abside, de fragments d'une peinture ancienne et bien détériorée où M. le curé avait cru reconnaître un évêque tenant une crosse.

Ces peintures avaient été déjà recouvertes d'un nouveau badigeon, et, à notre grand regret il nous a été impossible de juger de leur intérêt artistique ou archéologique. M. le curé et M. le maire m'ont assuré qu'elles n'ont pas été endommagées par les réparations en cours et qu'elles existent sous la nouvelle couche de badigeon.

Nous n'avons pas dissimulé qu'il eut été préférable de laisser les peintures apparentes ainsi que l'appareil en pierres de taille des voûtes recouvrant le carré du transept, le chœur et le cul-de-four de l'abside. Mais il était trop tard.

L'intention de M. le curé était de recouvrir de la même peinture blanche tout l'intérieur de l'église. Nous l'en avons dissuadé et lui avons conseillé de laver simplement à la brosse les murs et la voûte du surplus de l'édifice ainsi que les colonnes engagées de la nef et les colonnettes de l'abside. Il nous a promis qu'il se conformerait à cet avis. Mais depuis notre visite, il nous a écrit qu'il y avait à l'intérieur de l'abside des traces de reprises, et qu'il paraissait impossible de laisser voir l'appareil dans cette partie de l'église.

Les colonnes engagées qui supportent la coupole du transept étaient fendues et criblées de trous ; on a dû les enduire de la même peinture blanche, mais on s'est contenté de nettoyer les colonnettes et les curieux chapiteaux qui soutiennent les arcatures décoratives de l'abside.

En résumé, d'après ce que nous a écrit M. le curé, l'appareil des murs et des voûtes de la nef est actuellement nettoyé et apparent : le transept, le chœur et l'abside sont enduits de peinture blanche.

Nous avons renouvelé à M. le curé un vœu déjà émis par M. Vincent Durand et relatif au curieux bas-relief représentant un évêque. Cette sculpture déposée jusqu'ici dans la nef, au niveau du pavé était exposée aux dégradations. On a dû la transporter dans le bras sud du transept. Elle sera placée à 1^m50 environ au-dessus du sol. Nous avons pu constater que nulle part, dans l'église, elle ne serait en meilleure lumière.

La curieuse clochette suspendue dans le chœur et enlevée par suite des réparations sera remise en place. M. Vincent Durand avait remarqué sur sa tranche une série de dents saillantes, ces dents sont inégales et paraissent cassées. Il nous semble donc plausible de comparer cet intéressant objet à une clochette de même forme qui existait à l'église de Chaspuzac (Haute-Loire) et qui a été transportée depuis peu de temps au musée religieux du Puy. Sur la tranche de cette dernière prend naissance une série de longues griffes fondues avec la cloche, recourbées et convergeant vers un même point : leur but parait être de protéger le battant de la clochette,

Les dents de la cloche de Rosiers auraient été, croyons-nous, le point de départ de griffes analogues cassées après coup.

Congrès des Sociétés savantes en 1905.

M. le Président dépose sur le bureau le programme et le questionnaire du Congrès des Sociétés savantes pour 1905. Ce congrès se tiendra à Alger ; il s'ouvrira le 19 avril.

La Chartreuse de Sainte-Croix-en-Jarez. — Don de M. A. Vachez.

M. le Président donne lecture d'une lettre de M. A. Vachez, président de l'Académie de Lyon, s'excusant de ne pouvoir assister à la séance et annonçant l'envoi de son dernier volume, *La Chartreuse de Sainte-Croix-en-Jarez*. Des remerciements sont votés à M. Vachez.

De l'expression Aqua ardens. — Communication de M. E. Brassart.

M. E. Brassart dit qu'au nombre des pièces justificatives publiées par M. A. Vachez en appendice à son histoire de *La Chartreuse de Sainte-Croix-en-Jarez* se trouve le très précieux testament de Thibaut de Vassalieu.

Parmi les legs à son familier Jehan dit Chagneu, on lit :

Item eidem Johanni omnia instrumenta de stagno

seu plombeo et alia quecumque que habeo ad faciendam aquam ardentem seu alias aquas do, lego.

Si l'on cherche dans le *Glossaire*, de du Cange, la signification des mots *aqua ardens* on trouve : AQUA ARDENS, *Potio abortiva*. Le texte cité par dom Carpentier justifie cette acception ; mais pour le cas qui nous occupe il faut en ajouter une autre : celle d'*eau-de-vie, aigue ardente* en patois Forézien ; c'est incontestablement ici la seule admissible.

De ce fait, le célèbre personnage que fut Thibaud de Vassalieu mort le 12 juillet 1327 devient l'ancêtre des bouilleurs de cru de la vallée du Gier.

Il est encore à remarquer que Thibaud de Vassalieu et Jehan Chagneu ne se contentaient pas de distiller de l'eau-de-vie, mais aussi des simples, *ad faciendam aquam ardentem seu alias aquas*, et cela dans une chartreuse sur les pentes du Pilat. Alors, en lâchant la bride à l'imagination, on arrive à classer ces deux personnages au nombre des chercheurs qui dotèrent les Chartreux des formules de leur élixir et de leur liqueur si célèbres.

La séance est levée.

Le Président,
Vicomte DE MEAUX.

Le secrétaire,
Eleuthère BRASSART.

II

MOUVEMENT DE LA BIBLIOTHÈQUE

Dons

Ont été offerts par MM :

Bourbon (**A.-F.-T.**), architecte : Société centrale des architectes français, *L'Architecture*, journal hebdomadaire, 27ᵉ année, nᵒ 49, 3 décembre 1904.

Eglise de l'Annonciation à Lyon-Vaise, plans, coupe, vues perpectives extérieure et intérieure (architecte T. Bourbon).

Déchelette (Joseph), son ouvrage : *Les vases céramiques ornés de la Gaule romaine (Narbonnaise, Aquitaine et Lyonnaise)*, tomes I et II. Paris, Alphonse Picard et fils, 1904, in-4ᵒ.

Les deux volumes sur la céramique ornée gallo-romaine, qui viennent d'être livrés au monde savant, renferment un travail magistral qui classe d'emblée M. Joseph Déchelette à l'un des premiers rangs de la science archéologique.

Comme méthode et comme critique c'est irréprochable. Voici d'ailleurs le jugement qu'en a porté M. Espérandieu dans la Revue épigraphique *: Cette œuvre « honore au plus haut degré l'érudition française et elle restera, quelles que soient les modifications de détails que lui feront peut-être subir de nouvelles découvertes, l'indispensable recueil de doctrines de quiconque voudra s'occuper sérieusement désormais des céramiques ornées de l'Europe occidentale pendant les trois premiers siècles de notre ère ».*

E. B.

Héron de Villefosse (Antoine), son ouvrage : *Remarques épigraphiques (IX à XI)*. (Extrait des n°s 111, 112 et 113 de la *Revue épigraphique*, année 1904). Paris, Ernest Leroux, s. d., in-12.

Lachmann (Emile), ses œuvres musicales : *Fraternité des peuples*, chœur à quatre voix d'hommes, op. 270, paroles d'Antoine Roule. Paris, V. Lory, s. d., in-4°.

— *La fète des aïeuls*, op. 280, chœur à quatre voix d'hommes, paroles d'Antoine Roule. Lyon, « Accord parfait », s. d., in-4°.

— *Rondel de la vie*, chœur à quatre voix d'hommes, op. 282, paroles d'Etienne Michel. Lyon, « Accord parfait », s. d., in-4°.

Leriche (Ernest), Bornet (Jean) : *L'école libre de demain*. Lyon (A Geneste), 1904, in-8°.

— 1er Congrès national des administrations d'écoles libres tenu à Lyon les 17, 18 et 19 novembre 1904 : *Programme du Congrès, liste des adhérents, comptes rendus in-extenso des séances de commission, texte des vœux, banquet du Congrès, documents annexés*. Lyon (A Geneste), 1904, in-8°.

Thiollier (Noël), sa notice : *Une église du Velay construite suivant le mode poitevin*. (Extrait du *Compte-rendu du LXXe Congrès archéologique de France tenu à Poitiers*). Caën, Henri Delesques, 1904, in-8°.

Echanges

Académie des inscriptions et belles-lettres, *Comptes rendus des séances de l'année 1904*. Juillet-octobre·

Clédat (Jean), Nouvelles recherches à Baouit (Haute-

Egypte), 1903-1904. *Découverte de nombreuses chapelles funéraires décorées de curieuses peintures murales.*

Académie des sciences, belles-lettres et arts de Clermont-Ferrand, *Bulletin historique et scientifique de l'Auvergne,* mars-novembre 1904.

Boudet (Marcellin), Le domaine des Dauphins du Viennois en Auvergne — Le domaine des comtes de Forez en Auvergne.

Académie de Vaucluse : *Sixième centenaire de la naissance de Pétrarque célébré à Vaucluse et Avignon les 16, 17 et 18 juillet 1904.*

Chambre de commerce de Saint-Etienne : *Situation générale des industries de la région en 1903,* Saint-Etienne, (J. Thomas et Cᶦᵉ), 1904, in-4°.

Comité de l'art chrétien du diocèse de Nîmes, *Bulletin,* tome VII, n° 49, 1904.

Institut de Carthage, *Revue tunisienne,* 11ᵉ année, nᵒˢ 47, juillet-septembre 1904.

Ministère de l'Instruction publique et des Beaux-Arts, *Bulletin archéologique,* 2ᵉ livraison, année 1904.

— *Bulletin historique et philologique,* nᵒˢ 1 et 2, année 1904.

Guigue (Georges), Une lettre du cardinal Hugues de Saint-Cher, pour la réformation de l'abbaye de Savigny (4 juin 1248) — Publication du testament de Guillaume de la Palud, archidiacre de Vienne et prévôt de Saint-Thomas de Fourvière (19 juillet-décembre 1243).

— Comité des Sociétés des Beaux-Arts des départements, *Bulletin,* n° 27, 24 octobre 1904.

— — *Réunion des Sociétés des Beaux-Arts des*

départements du 5 au 8 avril 1904, 28ᵉ session,
année 1904.

— Musée Guimet, *Revue de l'histoire des religions*,
25ᵉ année, tome XLIX, n° 3, et tome L, nᵒˢ 1 et 2,
mai-octobre 1904.

Smithsonian Institution. Report of the S. v. national museum under the direction of the Smithsonian Institution for the year ending june 3o, 1902.

Revue de l'histoire de Lyon, tome III, fascicules 3
à 6, juillet-décembre 1904.

Revue épigraphique, 27ᵉ année, tome V, nᵒˢ 113
et 114, avril-septembre 1904.

*Revue historique, archéologique, littéraire et pitto-
resque du Vivarais illustré*, tome XII, nᵒˢ 7 à 10,
juillet-octobre 1904.

Semaine religieuse du diocèse de Lyon, 11ᵉ année,
nᵒˢ 32 à 52, et 12ᵉ année, nᵒˢ 1 à 6, 1ᵉʳ juillet 3o-
décembre 1904.

Société archéologique du Midi de la France, *Bulletin*, nouvelle série, n° 33, 1904.

Société archéologique et historique de la Charente,
Bulletin et Mémoires, 1904. *Tables générales*, dressées
par M. Jules Baillet et M. Jules de la Martinière,
secrétaires de la Société, avec avant-propos par M.
J. Baillet.

Société archéologique et historique de l'Orléanais,
Bulletin, tome XIII, n° 179, 1ᵉʳ et 2ᵉ trimestres
1904.

Société archéologique, scientifique et littéraire de

Béziers, *Bulletin*, 3ᵉ série, tome V, 2ᵉ livraison, volume XXXIV, 1904.

Continuation des visites pastorales de Clément de Bonzy, 1633.

Société bibliographique et des publications populaires, *Bulletin*, 35ᵉ année, nᵒˢ 7 à 12, juillet-décembre 1904.

Société d'agriculture, industrie, sciences, arts et belles-lettres du département de la Loire, *Annales*, 2ᵉ série, tome XXIV, 2ᵉ, 3ᵉ et 4ᵉ livraisons, avril-décembre 1904.

Société d'archéologie lorraine et du musée historique lorrain, *Bulletin mensuel*, 4ᵉ année, nᵒˢ 7 à 12, juillet-août 1904.

Société de Borda, *Bulletin*, 29ᵉ année, 3ᵉ et 4ᵉ trimestres 1904.

Société d'émulation et d'agriculture de l'Ain, *Annales*, 36ᵉ année, juillet-décembre 1904.

Société départementale d'archéologie et de statistique de la Drôme, *Bulletin*, 150ᵉ-151ᵉ livraisons, juillet-octobre 1904.

Société de Saint-Jean, *Notes d'art et d'archéologie*, 16ᵉ année, nᵒˢ 7 à 12, janvier-décembre 1904.

Société des amis de l'Université de Clermont-Ferrand, *Revue d'Auvergne*, 21ᵉ année, nᵒˢ 4 à 6, juillet-décembre 1904.

Société des amis des sciences et arts de Rochechouart, *Bulletin*, tome XIV, nᵒˢ 1 et 2, année 1904.

Société des Antiquaires de l'Ouest, *Bulletin*, 2e série, tome X, 2e, 3e et 4e trimestres 1904.

Société des Antiquaires de Picardie, *Bulletin*, 2e et 3e trimestres 1904.

Société des Antiquaires du Centre, *Mémoires*, XXVIIe volume, 1903.

Société des archives historiques de la Saintonge et de l'Aunis, *Bulletin-revue*, XXIV volume, 4e, 5e et 6e livraisons, juillet-novembre 1904.

Société des Bollandistes, Analecta Bollandiana, tome XXIII, fascicule 4, 1904.

Société des sciences et arts du Beaujolais, *Bulletin*, 6e année, nos 19 et 20, juillet-décembre 1904.

Société des lettres, sciences et arts de la Haute-Auvergne, *Revue de la Haute-Auvergne*, 6e année, 2e, 3e et 4e fascicules, 1904.

Société des sciences historiques et naturelles de Semur, *Bulletin,* années 1902 et 1903.

Société des sciences naturelles et d'archéologie de l'Ain, *Bulletin*, nos 34 et 35, 1er et 2e trimestres 1904.

Société des sciences naturelles et d'enseignement populaire de Tarare, *Bulletin*, 9e année, nos 5 à 11, 15 mai-15 novembre 1904.

Société d'études des Hautes-Alpes, *Bulletin*, 23e année, 3e série, nos 11 et 12, 3e et 4e trimestres 1904.

Société Gorini, *Revue d'histoire ecclésiastique et d'archéologie religieuse*, 1re année, nos 3 et 4, juillet-octobre 1904.

Société littéraire, historique et archéologique de Lyon, *Bulletin*, avril-décembre 1904.

Société nationale des Antiquaires de France, *Bulletin et Mémoires*, 7ᵉ série, tome III, *Mémoires*, 1902.

— Mettensia, IV, *Cartulaire de l'évêché de Metz*, fascicule 2.

Société neuchâteloise de géographie, *Bulletin*, tome XV, 1904.

Abonnements.

Bibliothèque de l'Ecole des Chartes, tome LXV, 4ᵉ livraison, juillet-août 1904.

Bulletin historique du diocèse de Lyon, 5ᵉ année, nᵒˢ 28 à 30, juillet-décembre 1904.

Bulletin monumental, 18ᵉ volume, nᵒˢ 4 à 9, 1904.

Polybiblion. Revue bibliographique universelle. Partie littéraire. 2ᵉ série, tome LXᵉ, CIᵉ de la collection, 1ʳᵉ à 6ᵉ livraisons, juillet-décembre 1904.

Revue archéologique, 4ᵉ série, tome IV, juillet-décembre 1904.

Revue forézienne illustrée, 14ᵉ année, 2ᵉ série, nᵒˢ 81 à 84, juillet-décembre 1904.

Acquisitions.

Faucon (Maurice) : *Notice sur la construction de l'église de la Chaise-Dieu (Haute-Loire), son fondateur, son architecte, ses décorateurs (1344-1352)*, *d'après les documents conservés aux archives du Vatican.* Paris, Alphonse Picard et fils, 1904, in-8°.

Fontanille (Gaston) : *Du Mezenc aux sources de la Loire (Mezenc, Gerbier de Jonc, chartreuse de Bonnefoy, lac d'Issarlès, etc.), histoire et description.* Le Puy-en-Velay, A. Bertaud et fils, 1904, in-8°.

Galley (Jean-Baptiste) : *Saint-Etienne et son district pendant la Révolution,* tome I, Saint-Etienne, 1904, in-8°.

Germa (Bernard), *L'Astrée d'Honoré d'Urfé, sa composition, son influence,* Toulouse, Edouard Privat, Paris, Alphonse Picard et fils, 1904, in-12.

Gras (L.-J.) : *Essai sur l'histoire de la quincaillerie et petite métallurgie (serrurerie, ferronnerie, coutellerie, taillanderie, clouterie, boulonnerie, etc.) à Saint-Etienne et dans la région stéphanoise comparée aux régions concurrentes.* Saint-Etienne, (J. Thomas et Cie), 1904, in-8°.

III.

MOUVEMENT DU PERSONNEL

Membres titulaires.

M. l'abbé Boucharlat, professeur au petit séminaire de Montbrison, reçu le 8 novembre 1904.

M. l'abbé Jean Lafay, professeur au petit séminaire de Montbrison, reçu le 8 novembre 1904.

M. Fleury Vindry, à Francheville (Rhône), reçu le 24 novembre 1904.

M. Jacques Laffay, rue de la Reclusière, à Saint-Chamond, reçu le 1er décembre 1904.

Membres décédés.

M. Alban Durand, ancien magistrat, à Montbrison, membre titulaire.

M. André Steyert, place Bellecour, 21, à Lyon, membre honoraire.

JANVIER — MARS 1905.

BULLETIN DE LA DIANA

I.

PROCÈS-VERBAL DE LA RÉUNION
DU 28 FÉVRIER 1905.

PRÉSIDENCE DE M. LE VICOMTE DE MEAUX, PRÉSIDENT.

Sont présents : MM. d'Alverny, abbé Barailler, abbé Bégonnet, de Boissieu, Mme de Bonand, abbé Boucharlat, E. Brassart, abbé Buer, abbé Chazal, J. Déchelette, baron Dugas de la Catonnière, P. Dupin, H. Gonnard, abbé Gouttefangeas, Jacquet, abbé Lafay, O. Lafay, E. Le Conte, vicomte de Meaux, Morel, Pichon, abbé Relave, Rochigneux, J. Rony, L. Rony, abbé Saignol, de Saint-Pulgent, Testenoire, B. Thevenet, abbé Versanne.

Ont écrit pour s'excuser de ne pas assister à la réunion: MM. Bertrand, Chassain de la Plasse, Jamot, Leriche, abbé Massardier, abbé Peyron, abbé Reure, abbé Sachet, abbé Serre.

XIV. — 13.

A deux heures, M. le Président ouvre la séance.

Messieurs,

« L'histoire et l'archéologie viennent de perdre un de leurs plus capables et laborieux adeptes en notre pays, M. Steyert, et cette perte doit être particulièrement sensible à la Diana, car notre Société était la seule dont ce savant homme avait jamais voulu faire partie ; non pas qu'il la fréquentât, je ne sais depuis quelle époque reculée il avait cessé de venir à Montbrison ; pour ma part je ne l'avais jamais rencontré, j'ai connu sa figure, seulement tout à l'heure, par la photographie, singulièrement expressive et certainement ressemblante tant elle est vivante qui vient de m'être montrée, photographie que tous les membres de la Diana trouveront dans notre prochain bulletin. Enfermé dans son logis à Lyon, M. Steyert y paraissait immuable à peu près comme les vieilles pierres qu'il visitait et interrogeait jadis. Mais de loin, il suivait attentivement et goûtait fort les travaux de la Diana, il leur a rendu témoignage auprès du Congrès archéologique de France, tandisque ce Congrès se tenait ici ; quelques-uns de ses mémoires ont enrichi nos bulletins. Précédemment il avait prêté son concours à la publication de l'Histoire du Forez que M. Régis Chantelauze a tiré des manuscrits de la Mure. Rien de plus important dans ce grand ouvrage que les notes et les éclaircissements dus à M. Steyert. Dans son *Armorial*, les familles foréziennes occupent bonne et large place, livre précieux sous son apparence modeste et qui, vous le savez, fait autorité, car les renseignements qu'il donne reposent sur des documents authentiques soigneusement indiqués. Cependant l'auteur n'en

André STEYERT

8 juillet 1830 — 17 décembre 1904

XIV, p. 188.

était point satisfait, il en avait entrepris une nouvelle édition tout autrement développée et complète, dont le premier volume seul était imprimé déjà ; mais ce premier volume d'un recueil alphabétique qui d'abord n'en avait qu'un seul, ce premier volume s'arrête à la lettre A.

L'*Histoire de Lyon*, œuvre capitale de M. Steyert intéresse aussi tout particulièrement le Forez. Les démêlés de nos comtes avec les archevêques et l'alliance de notre province avec la cité Lyonnaise pour la défense de la foi catholique y sont retracés de main de maître. Je vantais, tout à l'heure, dans l'*Armorial* de notre auteur l'indication des sources. Je regrette au contraire que cette indication fasse défaut dans l'*Histoire de Lyon*. Mais tel est le crédit que M. Steyert s'était assuré quand parut son livre que nul n'hésite à le croire sur parole, son nom seul fait autorité, et sans sortir de cette enceinte, ici-même nous avons eu la preuve que cette autorité est légitime.

Dernièrement un érudit Allemand (1) faisait à travers la France des recherches sur l'antique royaume d'Arles. Comme il visitait la Diana, comme il consultait nos manuscrits, l'*Histoire de Lyon* lui fut montrée ; il ne la connaissait pas, bien qu'il eût visité Lyon et ses bibliothèques ; il alla tout droit à l'objet de ses études : le royaume d'Arles ne doit tenir et ne tient dans les annales lyonnaises qu'une place accessoire, son histoire n'y figure qu'à titre d'épisode, et le savant étranger qui faisait de cette histoire son étude spéciale tout aussitôt déclara qu'il

(1) Le docteur W. Wiederhold, professeur à l'université de Goslar (Hanovre).

ne l'avait trouvée nulle part aussi bien connue, aussi fidèlement résumée. Vous apprécierez, Messieurs, ce témoignage rendu par l'érudition allemande à l'érudition française et recueilli par la Diana. Enfin si les références manquent à l'*Histoire de Lyon*, en revanche les illustrations, les portraits, les images contemporaines des événements y figurent en abondance, accompagnés de brèves légendes, où l'auteur a mis son savoir, en telle sorte que ceux qui lisent ce livre comme il mérite d'être lu parviennent à posséder à fond l'histoire de la ville et de la province, tandis que ceux qui le feuillettent, comme on feuilletterait un album, s'en donnent une teinture non frelatée.

Presque en même temps que M. Steyert, nous avons perdu l'un de nos confrères plus rapproché de nous M. Alban Durand. Il représentait une famille qui fut pendant un siècle et plus l'honneur de notre magistrature forézienne et lui-même, par sa droiture, son désintéressement, son indépendance, son amour du bien, son application au travail, en perpétuait fidèlement les traditions.

Grâce à Dieu, ma tâche aujourd'hui n'est pas uniquement nécrologique.

Je dois remercier les amis nombreux et généreux, presque tous nos confrères, qui ont fait don à la Diana de manuscrits, de brochures et de livres.

M. du Sauzey nous a confié, sous certaines conditions que nous ne manquerons pas de respecter, 300 pièces manuscrites importantes sur la Bâtie d'Urfé, ses seigneurs ou possesseurs du XVe siècle au XIXe.

M. Crozier nous a remis la minute d'une enquête personnelle relative à la codification des usages locaux et à une série de statistiques agricoles décennales à Montbrison.

M. Fleury-Vindry nous a envoyé l'étude publiée par lui sur l'Etat-major Français au XVIᵉ siècle.

Madame la marquise de Monspey, Messieurs de Villefosse, Leriche, Bertrand, Thiollier, Reure nous ont fait hommage de diverses brochures, que vous apprécierez d'autant mieux que la plupart rappellent nos séances et nos excursions les plus intéressantes.

Enfin M. Joseph Déchelette vient d'enrichir notre bibliothèque d'un magnifique ouvrage sorti des presses d'où sortent les travaux de la Diana : *les Vases céramiques de la Gaule Romaine.* En ouvrant ces deux beaux et savants volumes, je me suis souvenu d'une de nos excursions, lorsque M. Déchelette nous conduisait à travers le Musée de Roanne dont il a la garde. Si j'avais passé seul devant une série de vitrines, remplies de vieux .pots cassés, je le confesse, je ne m'y serais guère arrêté. Mais entre les mains de notre confrère, ces pots cassés, avec leurs formes variées leurs dessins et leurs couleurs à demi-effacés, devenaient les témoins de la civilisation et de l'art, de l'industrie et du commerce, de la richesse et du génie de la Gaule et de l'Italie, à l'époque où les deux contrées, les deux races s'étaient rapprochées, mêlées et comme pénétrées l'une l'autre. Grâce à l'ouvrage que nous possédons maintenant, vous pourrez, Messieurs, entreprendre, et d'une façon bien plus complète, le même voyage à travers les siècles écoulés et les générations disparues. Vous aurez un guide avec lequel on ne risque ni de se lasser ni de s'égarer ».

Notes sur Chalmasel et son clergé. — Communication de M. l'abbé A. Peyron.

En l'absence de M. l'abbé Peyron, M. d'Alverny donne lecture du mémoire suivant.

Il est bien regrettable que les prêtres qui ont exercé le ministère paroissial n'aient pas été amenés par goût, par conseil, par ordre même, à tenir un registre pour y consigner les évènements capables d'intéresser dans l'avenir. Si cette mesure avait été prise depuis l'établissement des paroisses, leur histoire serait aujourd'hui toute préparée.

Faute de ces documents, il nous a fallu, pendant nos treize ans de vicariat à Chalmasel, consulter les registres, dépouiller les archives des fabriques et bon nombre de vieilles chartes et papiers de famille, souvent difficiles à déchiffrer.

C'est ainsi que nous avons pu établir la liste des curés de Chalmasel depuis le XIVe siècle, avec quelques lacunes cependant, et des défauts de précision dans les dates, qu'on voudra bien nous pardonner.

Cette liste, présentée toute sèche, ne pouvait offrir qu'un intérêt bien restreint de curiosité locale. Mais les évènements civils, auxquels les clercs sont souvent mêlés comme témoins ou acteurs, ont élargi et plus ou moins généralisé cet intérêt. Il y a donc peut-être quelque utilité à publier ces recherches qui datent déjà de bien loin.

Nous ne saurions oublier d'écrire ici le nom d'Ambroise Jacquet, instituteur privé, puis huissier à Chalmasel où il est mort. D'abord notre maître, il fut ensuite notre ami et collaborateur. Une grande partie des chartes citées sans autre référence ont été lues par lui, dans les archives des familles de Chalmasel ou des environs; et c'est sur l'autorité de ce modeste et consciencieux chercheur que nous pouvons les citer avec pleine assurance. A lui revient une bonne part du mérite de ce travail.

PIERRE DE LA CHAISE, 1325.

Aux archives de la Loire (*Inventaire*, B. 1904, pp. 358 col. 2, et 361 col. 1) on trouve mention de Pierre de la Chaise en 1325 à la tête de l'église de Chalmasel. Son nom qui est celui de plusieurs localités du pays, fait présumer qu'il en était lui-même originaire, comme le plus grand nombre de ceux qui le suivront. Il a le titre de chapelain, *capellanus*, non de curé. On verra plus loin les motifs d'insister sur la différence entre ces deux qualifications.

GIRARD DE BOYSSEL, 1361.

Girardus de Boysello est d'abord qualifié simplement de prêtre, *presbyter*. En 1375, il est appelé curé, et le titre qui le mentionne alors écrit Giraldus, Giraud de Boyssel. Il était natif de Saint-Just-en-Bas, du hameau qui porte encore le nom de Boissel.

Dans les papiers de la maison Verdier, de Grossapt (hameau de Chalmasel) nous avons lu un terrier de 1360 dont voici un extrait :

Matheus Grossapt, homo levans et cubans dicti domini Chalmaselli (c'était alors Jean II de Marcilly), confitetur per juramentum suum se tenere de directo dominio et censiva dicti domini res infra scriptas :... partem suam nemorum Chapollioux; item partem suam calmorum et aliorum nemorum et pasquorum, et aliorum jurium que habet in eisdem ; pro quibus rebus debet singulis annis dicto domino et suis perpetuo sex solidos et novem denarios turron., duos rasos avene et dimidiam gallinam.... solvenda quolibet anno, tempore quo dictus dominus aut sui levabit census suos in mandamento Chalmazelli, monete tunc currentis in balleagio Matisconensi et comitatu Forensi ; item charreyum et manoperam ad bonos usus castri Chalmazelli predicti ; item tailliabilis et complemtabilis secundum bonos usus et consuetudines totius comitatus forensis ; item... cornu teneri toties quoties... merum et mixtum imperium et omnimodam juridictionem... Datum anno domini millesimo tercentesimo sexagesimo.

H. de Poyeto.

Ce terrier porte en tête la copie d'un autre, moins étendu, de 1356. Le copiste en atteste l'authenticité en ces termes :

Ita vidi contineri in terrario Pilosi Chalmazelli ; date in perambulo die martis post festum beati luce evangeliste anno Domini MCCCLVI°.

Si nous avons cité ces terriers qui ne paraissent guère à leur place ici, c'est qu'il en semble ressortir une indication bonne à consigner aussitôt sur l'étymologie du nom : *Chalmasel*. Il dérive de *calma* = chaume. En patois, on dit *Chemesëï* ou *Chamesëï*. C'est le diminutif sous forme masculine, comme *la Chemesollo*, nom d'une localité voisine, est le diminutif sous forme féminine, de *Chemello*. En ce cas, il faudrait écrire Chalmasel et non Chalmazelles, comme le fait aujourd'hui l'administration.

Il faut noter encore qu'une ancienne tradition ne voudrait pas faire remonter Chalmasel, en tant que paroisse, avant cette époque. Antérieurement, ce n'aurait été qu'une chapelle sous le vocable ae *St-Jean-des-Neiges*, annexe de St-Just-en-Bas. Cette tradition est confirmée et ce vocable rappelé par La Mure (Mss, t. II, f° 127 v°.). La construction du château, autorisée en 1231, aurait groupé une agglomération plus considérable et amené l'érection en paroisse. Celle-ci, en 1543, est encore appelée St-Jean-de-Chalmazel (*Contrat de mariage, papiers Doytrand*).

Girard ou Giraud de Boyssel aurait donc été le premier *curé*.

La charte suivante, curieuse à plus d'un titre, du reste, pourra nous aider à comprendre la situation de Chalmasel avant l'érection en paroisse (1214). Nous la reproduisons intégralement.

Rainaudus, Dei gratia prime Lugdunensis ecclesie minister humilis, omnibus in perpetuum. Universitati vestre innotescat quod, cum dubitatio exorta fuisset inter Hugonem Cotum, obedientiarium ecclesie Sancti Justi in Basso et de Chalmazel, et earumdem ecclesiarum capellanos, super jure tam ad obedientiarium quam ad capellanos et sacristas pertinente, confessi sunt coram nobis Petrus, de Sancto Justo in Basso, et (*lac.*) de Chalmazel capellani, quod obedientiarius Sancti Justi in Basso et de Chalmazel habet in eisdem ecclesiis duas partes oblationum et sepulturarum et baptisterii, et tertia est capellani, exceptis precibus et penitentibus et peregrinis que sunt capellani. Carte nuptiarum sunt obedientiarii, pro quibus habet xii denarios. Jura sacristaniarum sunt hec: oblationes puerperarum ; in quolibet defuncto v denarios, exceptis parvulis, in quibus habet unum denarium ; sed si fiat eis cancellum, tunc habet octo denarios ; in nuptiis iii denarios, et reliquias nuptiarum que fiunt in ecclesia ; in festo Sancti Justi i demenc. Bladi ; in Nativitate Domini unam turtam ; in Natali Innocentium oblationem farine ; tempore Pasche oblationem primi baptisterii ; et in festis annalibus i denarium de communi oblatione, videlicet in Natali Domini, in octabis, in Epyphania, in Pascha, in Ascensione Domini, in Pentecosten, in festo omnium Sanctorum, et debet habere messionem per totam parrochiam ; et hec sacristanie pertinent ad obedientiarium. Quicumque fuerit sacrista Sancti Justi in Basso debet obedientiario v solidos annuales ; sacrista vero de Chalmazel non debet obedientiario nisi duos solidos annuales. Ut autem super premissis nullus posteris dubitationis scrupulus relinquatur, nos presentem cartam per alphabetum divisam sigillo nostro cum sigillo ecclesie Sancti Justi fecimus in testimonium roborari. Actum anno Domini M° cc° xiiii° (1).

Saint-Just-en-Bas était donc une grande circonscription ecclésiastique qui outre la paroisse actuelle, commandait aux territoires de Chalmasel, Jensanière, et peut-être aussi de Palogneu. On ne voit d'ailleurs pas figurer encore le titre de curé en 1214. Mais le plus intéressant côté de cette charte est la mention des usages si curieux de cette époque.

Quoiqu'il en soit, Girard de Boyssel, testant en 1375, élit pour lieu de sa sépulture St-Just-en-Bas « in tumulo parentum et predecessorum suorum ». La fabrique de cette église possède encore dans ses archives un terrier de 1484 à 1535, où il est fait mention d'une prébende fondée par Girard de Boyssel et autre Girard Corrier, au profit de Michel Perrin et de sieur Georges Perrin, son neveu, prêtres titulaires de ladite prébende.

Relevons encore dans le testament de Girard de Boyssel deux legs : « monasterio et conventui monalium Leigniaci unum floreum auri semel dedit et legavit. — Item curato de Chalmasel qui pro tempore fuerit, duodecim denarios viennenses reddituales

---

(1) Archives du Rhône — Titres de Saint-Just. — Cf. M.-C. Guigue, *Cartulaire Lyonnais*, t. I, n° 123.

quolibet anno, dedit et legavit ». Et enfin, la mention de biens meubles et immeubles que ce curé possédait « in hospitio quo inhabitat apud Chalmasellum ».

ETIENNE SAPON, 1385.

Il intervient comme témoin et conciliateur entre Julien et Pierre Marchand, du Supt, dans une transaction qui porte : « anno Dni, millesimo ccc^{mo} octuagesimo quinto, presentibus testibus dompno Stephano Saponis curato Chalmaselli... ».

PIERRE CHARPIN, 1407.

Les archives départementales (*Invent*. B. 1886, p. 252) font mention de Pierre Charpin, curé de Chalmasel, dans un acte de 1407. Rien autre ne nous avait fait remarquer son passage.

ANTOINE BÉAL, 1440, 1466.

Il est témoin dans un contrat où nous lisons : « presentibus... discreto viro domino Anthonio Bealis presbitero curato Chalmaselli ». Déjà curé le 26 janvier 1440, il figure encore comme tel en 1466 (*Invent. Arch. départ.*, B. 1895, p. 295, col. 1).

ETIENNE DE L'ORME, 1477.

Une lacune probable entre Antoine Béal et le titulaire suivant de la cure, peut être remplie avec quelques réserves par la mention, relevée dans les papiers d'une famille de Chalmasel, de « Stephanus de Ulmo, presbiter, vicarius de Chalmasel ».

JEAN BOURGOYS, 1480, 1485.

Son nom est écrit, tantôt Bourgeys, tantôt Bourgoys, dans les différents actes où il est appelé comme
témoin. Le plus important de ces actes est une
transaction entre le seigneur de Cousan et un certain nombre d'habitants de Chalmasel. C'était en
1480, sous Jean de Lévis-Cousan. Après avoir abé-
névisé certaines portions des bois d'en Garin (aujour-
d'hui dits de Cousan), des prés des Olmés, et du jas
des Granges, à une vingtaine d'habitants de Chalmasel, il eut à se plaindre de fraudes commises dans
la rédaction de leurs récentes réponses ou reconnaissances, et d'empiètements sur leurs droits primitifs.
Le 7 septembre 1480, il est convenu que les gens
de Chalmasel augmenteront leurs cens et servis
envers Cousan chacun de deux deniers censuels et
reddituels avec directe seigneurie, lods, investizons,
etc. Et de son côté, le seigneur de Cousan renonce
à se dire fraudé, maintient les gens de Chalmasel
dans leur jouissance et autres usages, ratifie les
reconnaissances précédentes. Il est ainsi convenu
que les abénévisataires pourront et devront en tout
temps jouir et se servir, sans contradiction, des bois
désignés, pour tous leurs usages nécessaires pour y
passer avec leurs animaux, pour y scier, lever,
exploiter, vendre, aliéner et transporter leur bois
et les fruits croissant dans ces forêts. Suivent divers
autres stipulations (*Papiers de la famille Verdier,
de Grossapt*).

C'est Jean Bourgoys qui dut lire, en chaire, un
dimanche de 1481, le document suivant, le premier
d'une série de curieux monitoires expédiés par l'official de Lyon, et dont nous avons retrouvé les textes.

Ils sont précieux pour peindre les mœurs de cette époque mêlée de foi, de naïveté et de misères morales.

Lorsqu'une personne avait à se plaindre d'un dommage matériel ou moral, sans en connaître les auteurs, ou sans pouvoir contre eux disposer de preuves juridiques suffisantes, dans l'impuissance de la justice civile, elle s'adressait à l'official diocésain.

L'évêque, après examen des motifs, s'il les jugeait en conscience très graves (Cf. Canons du Concile de Trente, sess. XXV, chap. 3, *De Reform.*), envoyait un monitoire que le curé publiait « coram populo ad divina audienda congregato ». C'était un ordre, sous peine d'interdit puis d'excommunication, aux fidèles qui avaient connaissance des faits de la plainte spécifiés dans le monitoire, d'en dénoncer les auteurs. En étaient dispensés : ceux qui, absents par exemple du lieu de proclamation, étaient légitimement empêchés de connaître le monitoire ; l'auteur du crime et ses complices ; le conseil de la partie et les personnes tenues au secret professionnel ; ceux qui pouvaient redouter de leur révélation un dommage considérable ; enfin les parents et alliés du coupable, jusqu'à ses cousins issus de germains.

Si le monitoire était resté sans résultat, diverses cérémonies expiatoires devaient être faites ; et elles frappaient vivement l'esprit des paroissiens, car le souvenir traditionnel en vivait encore au commencement du XIXᵉ siècle.

Voici donc le premier monitoire connu de Chalmasel, en 1481.

Anthonius Bertrand, decretorum doctor, canonicus Sancti Pauli, miles in ecclesia majori, officialis lugdunensis, capellanis quibus pertinet et aliis ac notariis curie nostre juratis super hoc requirendis, salutem in Domino.

Gravem querimoniam Johannis Sochon, loci de Villa, et Johanne ejus uxoris, videlicet dicte uxoris de auctoritate dicti Johannis ejus viri, quathenus opus fuit ; necnon Margarite et Laurencie, filiarum deffuncti Petri de Viala, parochie et mandamenti Chalmaselli, recepinus.

Continentem in effectu quod nonnulli malefactores, viri sive mulieres, cujuscumque status, gradus et condicionis existentes, Deum solum pre oculis non habentes, non contenti hiis que sua sunt, sed aliena jactura locupletari satagentes, malignoque spiritu imbuti, qui a decem annis citra vel circa retinent et detinent solvereque recusant dictis conquerentibus quamplures summas et quantitates auri, argenti, bladi, siliginis, frumenti et avene, et aliarum rerum et debitorum ; in quibus dicti malefactores tenebantur et debebant dicto Petro de Viala, quondam patri et socero dictorum conquerentium, tam causa seu mutui quam causa affanagii pro sua fabrica tempore quo vivebat, quam etiam aliàs quoquomodo seu seu quacumque causa.

Item illi sive alii malefactores qui a dicto tempore citra, de die sive de nocte, ceperunt et furati fuerunt in domo et in fabrica dictorum conquerentium, sitis in eodem loco de Viala, juxta iter tendens de domo Johannis de Viala ad fontem dicti loci ex borea, cum suis aliis confinibus, quamplura bona et garnimenta mobilia ; furtum, latrocinium et rapinam committendo, et secum, quo voluerunt, deportaverunt seu deportari et capi fecerunt.

Item illi sive alii malefactores qui a dicto tempore retinent, denegant et solvere recusant dicto Johanni Sochon decem solidos turronenses bone monete, quos idem conquerens affanavit cum ipsis malefactoribus ad murandum seu ad masonandum.

Item illi sive alii malefactores qui, etiam ab eodem tempore citra, verterunt et fregerunt levatas et conductos aquarum pratorum eorumdem conquerentium nuncupatorum de les Tenelles et doz Traverses, pro ipsas aquas conducendo et labi faciendo ad sestorium de Malintra situm tam juxta pratum Johannis Man... ex borea, quam juxta pratum Johannis... ex mane, cum suis aliis confinibus.

Item illi sive alii malefactores qui ab eodem tempore citra vel circa, dolose et injuriose percusserunt, verberaverunt et maletractaverunt quamdam equam sive rossinam et alia animalia dictorum conquerentium ; ex quo dicta animalia plura dampna sustinuerunt et adhuc sustinent.

Item illi sive alii malefactores qui, a dicto tempore, ceperunt de die sive de nocte et furati fuerunt ligna viridia et sicca in nemoribus ipsorum conquerentium nuncupatis de la Bonenchy, sitis juxta aquam de Lignion ex borea, et juxta terram Anthonii Boiflaz ex vento, cum suis aliis confinibus, et quo voluerunt, deportaverunt, furtum et rapinam committendo.

Item illi sive alii malefactores, a dicto tempore citra, retinent, denegant tradereque et expedire recusant dicte Margarite, alteri ipsorum conquerentium, unam tunicam seu raupam, et unum capusium, ac certas alias vestes, quas olim deffuncta et tunc vivens Catharina, ejus soror, in fine dierum suorum eidem Margarite dedit, donavit et legavit.

Item illi sive alii malefactores, qui, a festo beati Johannis Baptiste ultimo lapso citra, dictam Laurenciam alteram conquerentem existentem in molendino Johannis de Viala situm juxta aquam de Lignion ex vento, et plateam dicti loci, ex borea et sero, in quo molendino ipsa Laurencia molebat bladum, percusserunt maliciose, injuriose, et de facto, sua ipsa auctoritate, verberaverunt cum certo baculo seu cologny ipsam Laurenciam conquerentem, injuriando et..... o magis male tractendo et vituperando, super ipsorum conquerentium maximum dampnum et dictorum malefactorum animarum periculum.

Quocirca, premissis attentis, ad supplicationem et requestam dictorum conquerentium, vobis et vestrum cuilibet in solidum, tenore presentium committendo mandamus, quathenus auctoritate nostra moneatis publice et in generali in ecclesiis vestris coram [populo] ibidem ad divina audienda congregato, omnes et singulos malefactores predictos, necnon agentes et consentientes, scientesque et non revelantes ; quos nos tenore presentium monemus, ut ipsi, infra octo dies post monitionem hujusmodi, quarum dierum duos pro primo, duos pro secundo, et reliquos quatuor pro tertio et perhemptorio termino eisdem assignetis quibus per presentes assignamus, de premissis maleficiis dictis conquerentibus emendam et satisfactionem faciant condignam, et cum eisdem concordent, adeo quod merito valeant contentari ; et, in casu oppositionis, citatis opponentes perhemptorie coram nobis seu nostro locumtenente ad diem veneris post festum Sancti Bartholomei apostoli proximi venientis, nisi sint causas suarum oppositionum dicturi et allegaturi, ulteriusque facturi et processuri cum dictis conquerentibus via juris ;

Alioquin ipsos malefactores, necnon agentes et consentientes, scientesque et non revelantes, interdicimus ; et si inderdictum hujusmodi per alias octo dies sustinuerunt, ipsos, quos nos ex tunc in hiis scriptis excommunicamus, interdictos et excommunicatos in vestris [ecclesiis] publice nuncietis singulis diebus dominicis et festivis.

Datum sub sigillo curie nostre die xijª mensis Iulii anno Domini millesimo iiijº octuagesimo primo.

ANTOINE DUSSAP, 1492, 1496.

Ce fut lui qui publia au prône, le 13 août 1492, le curieux monitoire dont voici les passages principaux. Il convient d'en remarquer premièrement le préambule, qui fait allusion à la situation du siège archiépiscopal de Lyon, contesté à ce moment entre Hugues de Talaru, archevêque élu (20 septembre 1488), mais non sacré, et le cardinal d'Epinay, en faveur duquel Hugues de Talaru se démit enfin le 23 décembre 1499. Notre titre prouve qu'à cette période litigieuse le diocèse avait été placé suivant la tradition entre les mains de l'évêque d'Autun ; il complète sur un point le récit de la Mure (1).

Johannes.... utriusque juris doctor, ecclesiarum Eduensis et Matisconensis canonicus, pro reverendo in xpo patre et domino domino Anthonio de Cabilone, miseratione divina Eduensi episcopo, habente regimen et administrationem sedis archiepiscopalis lugdunensis, jure Regalie, ipsa sede vacante, cappellanis quibus pertinet.....

Gravem querimoniam nobis factam pro parte Johannis de la Viala, parochie et mandamenti Chalmazelli, et de sua auctoritate et licentia Johannis, sui filii, qui indiget, recepimus, continentem quod nonnulli malefactores.... dicerunt et attestati fuerunt false et dolose, clam et occulte deposuerunt contra rei veritatem, Deum et consensum, quod ipse Johannes filius ceperat et quod ipse furatus fuerat unum scutum auri et alias pecunie summas cum pluribus aliis rebus cuidam Anthonio de Viala... dicentes quod ipse Johannes filius intraverat domum fabrice ipsius Anthonii Viala, in qua ceperat predicta bona...

Item dicti sive alii malefactores qui ab anno citra dicerunt et pervulgaverunt de uno ad alium, clam et occulte, false et dolose, quod Marieta, ejusdem Johannis patris uxor, erat macquarudda, eam sic nominando in ipsius conquerentis et dicte Mariete infamiam et prejudicium.

Item dicti sive alii malefactores qui a dicto tempore citra eumdem conquerentem false et dolose... accusaverunt erga dominum Chalmazelli et suos officiarios, dicendo quod ipse

---

(1) J.-M. de la Mure (*Histoire du diocèse de Lyon*, p. 199), dit que Hugues de Talaru fut élu archevêque de Lyon par le chapitre, le 20 septembre 1480 ; et qu'en cette qualité d'archevêque élu il administra, sans être sacré, le diocèse. Il ressort du titre que nous citons qu'il n'en fut pas toujours ainsi et qu'au moins pendant quelque temps, suivant la tradition ancienne, approuvée dès 1189 par Philippe-Auguste, la régale et administration du diocèse de Lyon, le siège vacant, revinrent à l'évêque d'Autun (Cf. *Ibidem*, 166, 177, 178, 180, 181, 340).

furatus fuerat unum scutum et plures alias res, taliter et adeo... quod ipsum conquerentem ceperint et incarcerarent...

Et adhuc pejus, quod ipse conquerens et ejus uxor dicerant et pervulgaverant quod Laurencia, filia Petri de Viala, dicte parochie, fuerat reperta in castro Chalmazelli, clausa in quadam camera in qua non erant nisi ipsa et unus alius aut duo secum ; licet ipsi nunquam hec dicerint... hoc facientes pro ipsos male ponendo erga eosdem dominum Chalmazelli et suos officiarios, et ipsos destruendo indebite ; et licet ipsi fuerint requisiti ipsos malefactores de veritate dicendo, hoc facere noluerunt : ob quod fuit tractus in causam et multos sustinuit et sustinet sumptus et expensas.

Item dicti sive alii malefactores qui eidem conquerenti celatam et occultam reddereque et restituere nolunt quandam litteram acquestus cujusdam nemoris, vocati de la Bonenchi per suos predecessores acquisiti et sibi conquerenti pertinentis, furtum et rapinam committentes.

Item dicti sive alii malefactores qui a festo pasche eidem conquerenti erenaverunt quemdam suum porcum, taliter quod opportuit eum occidere ante tempus debitum, in ejus prejudicium.

Item illi sive alii malefactores, qui a quatuor annis citra... tempore deffencibili transiverunt [et ?] eorum passagia cum curru et animalibus ligatis et non ligatis, pedesque et eques, eorum passagia sumendo per quoddam suum pratum, situm... juxta iter tendens de la Piecilla au Setour de Malintra, ex borea et traversia, et juxta pratum de Mareschal ex vento, cum suis... licet alibi habeant eorum passagia.... et aquam prati diverterunt et eidem amoverunt diebus quibus uti et gaudere debebat, et fregerunt clausuras ipsius prati, in ipsius conquerentis grande dampnum et prejudicium, dictorumque malefactorum animarum periculum...

Quocirca...

Datum sub sigillo curie nostre die quarta mensis Augusti anno Domini mo iiijo nonagesimo sdo : *Bardet*.

Anno quo retro, et die decima tercia mensis augusti, denunciata fuit presens monicio in ecclesia parochiali Chalmazelli in offertorio magne misse, coram populo ad divina audienda congregato, juxta sui formam et tenorem, per me curatum loci : *A. de Sappo*. — Datum pro copia : *A. Grandis*.

Le 19 décembre 1496, Antoine Dussap figure encore comme témoin dans un acte : « presentibus viro discreto domino Anthonio de Sappo, curato Chalmaselli » (*Papiers Fayard, de Nermont*).

MATHIEU GAYTE, 1507.

C'est le premier membre d'une famille qui fut, à Chalmasel, une pépinière de prêtres. Sous les noms de Gayte, Doytrand et Fenon, ils se succédèrent, d'oncles à neveux, à plus ou moins d'intervalle, pendant trois siècles. Nous en avons connu le dernier représentant, M. Fenon, curé-archiprêtre de St-Georges-en-Couzan, décédé à l'Hôtel-Dieu de Lyon le 25 octobre 1847, et auquel il ne manqua pour se distinguer que d'avoir vécu dans un autre milieu. En les voyant figurer, tantôt comme vicaires, tantôt comme curés, parfois comme prêtres sociétaires, nous sommes autorisés à croire qu'ils étaient élevés, instruits et enfin « poussés » prêtres, comme on dit au pays, les uns par les autres.

A cette époque donc vivait Annet Doytrand, prêtre, de Vaganey, hameau de Chalmasel. Voici son testament, du 16 juin 1517, rédigé à Saint-Georges où peut-être il était allé à cette intention. Cette pièce donne des détails intéressants sur les usages d'alors en ce qui concerne les sépultures :

In Illius nomine qui lumen est de lumine, Nos Philippus Chatillon, jurium licenciatus, judex ordinarius Forensis, universis... etc. Notum facinus quod vir discretus dnus Annetus Doytrand, presbiter loci de Vaganey, parochie Chalmazelli, personaliter constitutus, et sanus et compos mentis et corporis, et animadvertens in sui pectoris gremio quod cujuslibet sapientis interest de rebus et bonis suis, quandiu Racio suam regit mentem, vigetque in eo rectum Racionis judicium, disponere, ne penitus decedat intestatus. Ad Dei omnipotentis... laudem, decus et gloriam, de se et omnibus rebus, juribus, bonis et actionibus suis a Deo sibi collatis, suum condendo testamentum nuncupativum seu suam ultimam voluntatem nuncupativam, ipse predictus dnus Annetus disponit, testatur et ordinat in hunc, qui sequitur, modum et formam.

In primis signaculo venerabile sancte crucis se premuniendo, sic dicendo : In nomine Patris, et Filii, et Spiritus sancti. Amen † Ejus animam, Dei clemencia, precio magno redemptam, altissimo Creatori et nunc et quam primum a suo fuerit egressa corpore, humiliter et devote reddit et recommendat.

Corpori vero suo sepulturam eligit in ecclesia predicta parochiali Chalmazelli in tomba videlicet aliorum presbiterorum filiorum ecclesie dicte parochie, ad quam sepulturam convocari vult curatum seu vicarium et alios presbiteros dicte parochie Chalmazelli, qui teneantur dicta die ibidem divina celebrare officia pro remedio anime dicti testatoris; cuilibet vero dari vult quattuor albos turron., cum refectione prandiali honesta semel.

Item dat et legat dictus testator dictis curato et presbiteris dicte parochie Chalmazelli quattuor libros turon. semel pro una quarantena missarum a die sue sepulture per ipsos presbiteros intensiones et pro remedio et salute ejus anime et suorum parentum et amicorum, predecessorum et successorum, alta voce in dicta ecclesia dicendarum.

Item vult et ordinat idem testator fieri unum returnum in fine dicte quarentene apud Chalmazellum, in quo pariter convocari vult supradictos presbiteros, qui teneantur et debeant divina celebrare officia intencione qua supra ; cuilibet vero dari vult tres albos turon., cum eorum refectione prandiali honesta semel.

Item vult et ordinat idem testator fieri suum returnum in fine anni a die sue sepulture computandi, in quo convocari et presentes esse vult supra nominatos presbiteros, qui teneantur divina celebrare officia intensione quo supra ; cuilibet vero dari vult tres albos turon., cum eorum prandiali refectione honesta semel.

Item dat et legat pro ejus elemosina luminari dicte ecclesie Chalmazelli quinque solidos turon. semel.

Item dat et legat item testator ac jure institucionis relinquit Reverendo in xpo patri et dno dno archiepiscopo et comiti Lugdun. quinque solidos turon. semel, et hoc pro omni jure suo...

Item dat et legat idem testator illi seu illis qui induant corpus suum de indumentis sacerdotalibus die sue sepulture quinque solidos.

Item dat et legat omnibus jus et actionem in ejus bonis habentibus quinque solidos turon. semel...

Et quia heredis institucio caput est et fundamentum tocius boni et equi testamenti... etc.

Actum et datum apud Stum Georgium Cosani. ante fores ecclesie loci, die decima sexta mensis Junii anno dni millesimo quingentesimo decimo septimo, presentibus viris discretis dnis Johanne Crusil, curato de Jullieu... etc : *De Ulmo.*

Le pain et le vin offerts aujourd'hui encore à l'occasion des offices seraient-ils un souvenir du pain et du vin nécessaires au saint sacrifice de la messe, ou bien un reste de *honestum prandiale* dont il est ici question ?

Voici maintenant le testament de Mathieu Gayte (extraits) :

In nomine sanctæ et indivisæ Trinitatis, Patris, et Filii, et Spiritus Sancti. Amen. Nos Johannes Gay, jurium doctor, officialis Lugdunensis, et Philippus Chastillon... notum facimus... Quod coram mandato nostro, videlicet Dno Matheo de Ulmo, presbitero, curiæ officialis Lugdunensis jurato, et Anthonio Grandis... discretus vir Matheus Gayte, presbiter, curatus ecclesiæ parochialis Chalmazelli, necnon honesta mulier Joanna Surgetta... animadvertentes circa fragilem statum nihil esse certius morte, nihilque incertius ipsius mortis hora ; nam juvenes de facili moriuntur et senes diu vivere non possunt ; et quod tutius est diu testatum vivere, quam intestatum ab hoc seculo decedere ; ne penitus decedant intestati, quum presentis vitæ conditio statum habeat instabilem ; ea quæ visibilem habent essentiam, visibiliter tendant ad non esse, exemplaque preteritorum præcavere nos moneant ad futura ; et recordati verborum Sapientis canentis : Quod tam ducibus . quam principibus mors communis habetur ; nullus tam fortis qui [evadeat ?] mortis vincula, et quod semel mori statutum sit ; timentes hoc mortis periculum, nolentes tamen, ut dicunt, intestati nec sine expressione harum, quæ subtus scribuntur, ab seculo decedere, imo illud possentes, volentes evitare, dum tempus habeant...

Item dat semel et legat ipse dominus Matheus Gayte pontibus Leniassy (*de Leigneu*) et de Creuvé (*Creuvé* ou *Culvé*, hameau de Sail-sous-Couzan, et cuilibet ipsorum pontium pro juvando ad dictos pontes muniendos, videlicet duos grossos turronenses... etc.

Fort de ces philosophiques considérants, Mathieu Gayte survécut en effet à son testament. Celui-ci est daté du 6 janvier 1518. Et, si nous avons trouvé mention de son auteur, curé de Chalmasel en 1507, en 1513, 26 janvier (*Papiers Piron*), il signe encore en cette qualité, en 1520, une quittancè des servis dus à la cure par Georges Labbes, de Chancolon (*Papiers Labbes*).

MATHIEU DELORME, 1526.

Ce testament devint l'occasion de graves difficultés pour les héritiers de Mathieu Gayte et Jeanne Surjette, probablement sa domestique. Nous les trouvons relatées dans un monitoire du 5 octobre 1526, qui fut proclamé par Mathieu Delorme, prêtre, vicaire de Chalmazel. Nous inscrivons le nom de celui-ci,

signalant une lacune probable dans la série des
curés, après la mort de Mathieu Gayte.

Johannes Gay, jurium doctor, officialis Lugdunensis, cappellanis quibus pertinet et aliis curie nostre juratis, super hoc
requirendis, salutem in Domino.

Gravem querimoniam nobis factam pro parte Mathei Gayti,
et Anneti, ejus parerii, parochie Chalmazelli, recepimus, continentem in effectu quod nonnulli malefactores, viri sive mulieres, cujuscumque gradus existant, licet ut quondam discretus Dominus Matheus Gayti, quondam presbiter, necnon onesta
mulier Johanna Surgecta loci predicti Chalmazelli, de anno
Domini millesimo quingentesimo decimo octavo et die sexta
mensis jannuarii, ipsi Gayti et Surgecta ambo simul eum con-
sensu suum fecissent testamentum, in quo inter alia eosdem
conquerentes suos heredes fecissent et nominassent ; qui conquerentes, sicut supra heredes, facta funeraria dictorum testa-
torum complevissent prout in dicto testamento continetur ; et
quia ipsi quondam testatores plura debita habuissent tam in
dicto loco Chalmazelli quam alibi ; et eisdem debita fuissent
plures summas tam argenti quam bladi et aliorum debitorum ;
et maxime quia ipsa quondam Johanna tunc vivens posside-
bat plura bona mobilia et domus ustensilia in domo dicti
quondam domini Gayti sita apud Chalmazel juxta chareriam
publicam ex vento, et domum Anthonii Perret ex mane, et
domum Johanne Forneri ex sero..., in qua residebant dicti
testatores ;

...certi malefactores, de die sive de nocte, clam, furtive in
eadem ceperunt et furati fuerunt unum poero (1), duos lectos
plume, plumam lectorum ; furati fuerunt discos, scutellas largas
et mancelatas, lagenas stanni, chammaros (?) et alia bona
usque ad valorem quinque denariorum, tunicas dicte Johanne ;
necnon quidam malefactores detinent plures summas quas
solvere nolunt, lintheamina, mapas, servietas.

Item a duobus annis, in eorum grangia [sita] juxta pratum
de la Vercheri ex mane, et iter tendens de Chalmazel ad cru-

(1) En patois : grande marmite.

cem doz Trez ex sero, furati fuerunt bladum in dampnum et prejudicium.

Preterea (propterea) vobis mandamus... etc.

Datum Lugduni sub sigillo curie nostre die vicesima quinta mensis octobris anno Domini milesimo quingentesimo vicesimo sexto — *Captor.*

Anno et instante quibus retro, et die dominica, que fuit vicesima octava dicti mensis octobris, fuit hec presens monicio publicata et declarata in offertorio magne misse ecclesie parochialis Chalmazelli, coram populo ibidem ad divina audienda congregato, juxta sui formam et tenorem, hec prout retro fieri mandatur, per me vicarium loci : *M. de Ulmo.* — Datum pro copia : *M. de Ulmo.*

PIERRE BOYSSON, 1538, 1571, 1578 (?).

Dans un parchemin chez J.-B. Grange, de Colombettes (St-Just-en-Bas), on lit :

Noble homme Jehan d'Espinasse, châtelain de Cosant, et vénérable personne messire Pierre Boysson, prêtre, curé de Chalmazel, négociateurs et facteurs de nobles et puissants seigneurs Glaude de Cosant, baron dudit lieu, et Loys de Chalmazel, baron d'Escotay, conservateurs de l'hostel Dieu de Champdieu, fondé et doté par feu de bonne mémoire, Maistre Pierre de la Bastie docteur en décrept, prieur commandataire dud. Champdieu...

Faict et passé le 3e jour du mois de février 1538.

Donc, à cette date, Pierre Boysson était curé de Chalmasel. Il était né au Vernay, hameau de St-Didier-sur-Rochefort. Un autre Pierre Boysson, peut-être son parent, était notaire à Chalmasel.

On trouve mention authentique de Pierre Boysson à la cure de Chalmasel par des quittances de 1545, 1553, 1561 deux actes de 1567, 1568, et une quittance de 1571. Mais plusieurs pièces nous apportent une attestation embarrassante : Pierre Boysson a été curé de St-Victor sur Thiers (supra Thiernum) ; et l'une d'elles déclare que la chose était récente en 1571 :

Vir discretus dominus Petrus Boysson, curatus seu Rector Chalmaselli, et nuper Sancti Victoris, Cleromontensis diocesis (*Papiers Mollen*).

Il disparaît de tous les actes depuis février 1571, et sa signature fait place à celle de Mathieu Marchand. Pourtant celui-ci sera dit vicaire en 1577, et ne portera le titre de curé que sur une quittance du 30 janvier 1579.

En 1550, Louis, seigneur de Chalmasel, baron d'Ecotay, seigneur de la Pie en Bresse, Magneu le Gabion, Chozieu et Pralong, et sa femme Mitte de Chevrières, font des fondations « en l'église de Chalmasel en laquelle est leur sépulture et (celle) de leurs prédécesseurs » (*archives de la fabrique de Chalmasel*).

Il est facile d'imaginer les craintes que le curé dut éprouver quand il apprit, quelques années plus tard, que les huguenots avaient fait leur entrée à Saint-Georges-en-Cousan, le 31 octobre 1567. Cette date est consignée dans les registres de cette paroisse : « ce dernier jour d'octobre 1567 fut baptisé..., et ce dit jour, les huguenots arrivare à St-Georges ».

Deux ans plus tard, ces mêmes registres mentionnent la naissance de plusieurs enfants posthumes. De plus, en 1828, M. l'abbé Plagne, en creusant les fondations de sa maison de St-Georges, découvrit une grande quantité d'ossements enfouis pêle-mêle : ce qui fait présumer que vers 1567-1568 il y eut d'horribles massacres. On en possède d'ailleurs d'autres preuves.

On trouve dans les actes capitulaires de St-Jean, à Lyon, liv. 53, f° 317, un mémoire des papiers précieux qui furent mis en garde au château de Chalmasel en 1562, lorsque les calvinistes prirent Lyon. Ce fut probablement Claude de Chalmasel, doyen du chapitre, qui avait cru les mettre en sûreté sur nos montagnes. Il les en fit retirer en 1564, averti peut-être par son frère François de Chalmasel, qui se trouvait à Montbrison, comme capitaine, le 13 juillet 1562, quand le baron des Adrets s'empara de cette ville.

Le nom de Pierre Boysson se trouve encore dans un document intéressant. On trouve dans les minutes des actes de Mathieu Dumollin, notaire à Juël (hameau de Chalmasel) la preuve qu'en 1567 et 1568, il y avait jusqu'à huit prêtres résidant dans cette paroisse. Plusieurs d'entre eux n'étaient-ils pas originaires des environs, et réfugiés là, fuyant les huguenots ? Chalmasel en effet, paraît n'avoir pas souffert directement de leurs attaques. Ces prêtres étaient, outre le curé, Claude Gayte, Mathias Thève, Pierre Fenon, Claude Fenon, Antoine Coudard, Mathieu ... et Mathieu Marchand.

MATHIEU MARCHAND, 1572 (?), 1579 à 1608.

Ce fut ce dernier qui succéda à Pierre Boysson en 1572, et c'est sous son administration que fut construit, en partie par les libéralités de Claude de Chalmazel, le clocher de l'ancienne église.

Claude, frère de François de Chalmasel, fut trente

ans doyen du chapitre des chanoines comtes de Lyon.
L'Archevêque et tout le clergé le députèrent à
l'assemblée générale du clergé de France qui se tint
à Paris en 1595 pour remédier aux abus introduits
par les troubles.

Ce doyen aussi recommandable par sa science que
par sa piété fut, suivant La Mure, un des plus grands
ornements de sa famille. Il avait enrichi le château
de Chalmasel d'un cabinet remarquable en pièces
antiques et curieuses : 1793 a anéanti ce qui en était
resté.

Il s'intéressait vivement à Chalmasel : l'état de
l'église avait fixé son attention et excité sa bienfai-
sance. Il jugea à propos de faire construire un clocher
dont elle était encore dépourvue. Mathieu Marchand
paraît avoir été commis à la surveillance des travaux.

Bien que cette église ait disparu de nos jours pour
faire place à une plus spacieuse (1), nous croyons devoir reproduire les conventions qui furent faites pour
la construction du clocher ancien. Le document est
fort curieux. Les Basset, famille d'architectes (mas-
sons) à laquelle appartenaient le ou les auteurs de
la nef de Châtelneuf et du chœur de Trelins (2), et
dont la signature sur ces beaux morceaux d'art ne
nous apprenait rien de plus que leur nom, étaient
donc Foréziens ; peut-être même étaient-ils originaires de Chalmasel.

Prixfaict du clochier de Chalmazel et aultres, avec quittance,
par le Lumynier.

---

(1) Cf. *Bulletin de la Diana*, t. II, pp. 1 et suivantes, description par Vincent Durand de l'ancienne église démolie en
1881.

(2) Cf. *Bulletin de la Diana*, t. IV, 347 ; t. VII, 267.

Pardevant le Notayre royal juré au Baillage de Fourestz soubsigné et present les temoingts cy apres nommes et escript ; estably en leur personne Pierre Burian, dict Moynieu, lumenier moderne de Chalmazel, d'une part, et Mathieu Basset, masson dud. Chalmazel, d'aultre part, ont faict et passé les obligations, prifet, qui s'ensuict ; c'est que led. luminier moderne, du conseil et advis de Messire Claude de Chalmazel, archidiacre de Lyon, présent et à ce consentant et conseillant, et aussy du consentement de la plus sayne voix des parochiens dud. Chalmazel, que pardevant led. seigneur auraient consentu à ce que sensuict, et des présens de Mre Mathieu Marchand, prêtre et vicaire et de Pierre Piere (?) Mathieu Querat, Estienne Thomas et Claude Johannet, consuls de lad. paroisse ; estans en la salle du chasteau dud. Chalmazel, pardevant led. seigneur, des le jour d'hier, consentant, ont faict, savoir :

Led. lumenier a baillé et par ces présentes baille aud. Basset le prifet du clochier dud. Chalmazel, que de élever et monter les deux prisons (?) dud. clochier, qui se treuveront d'ung costé et d'aultre, et iceux monter jusque à la sommité et audessus les oyes des petites cloches ; le tout en pierres de taille et en carreaux ; et sera tenu faire la couverture dud. clochier en quatre pans ou esgouts, ensemble la galerie dud. clochier ; sera tenu aussy faire, led. Basset, la couverte en gardonne ; fera la turbine (tribune ?) au pied de l'église avec des degrez ; ensemble la solyue estant dans le chœur de lad. église en forme et façon de fogière ; fera aussy ung fenestrage au-dessus de lad. turbine pour y donner jour et clerté du cousté de la galinière en façon de fenestre couchée ; et elargira et agrandira la fenetre du cousté de la bise estant au pied de lad. eglise.

Pour et moyennant la somme de sept vingts livres tournois, payable par led. lumynier, au nom desd. parochiens ; et à leur nom s'est obligé à payer lad. somme aud. Basset, savoir à commencer l'œuvre, la somme de quarante livres tournois, à my-œuvre, quarante livres tournois, et à la fin tout le reste de lad. somme.

Sera tenu led. lumenier fornir la chaux et sable, mapnœuvres et pierres aud. Basset au pied du mur, avec le boys necessaire pour lad. œuvre ;

Et sera tenu led. Basset rendre le mur faict et parachevé dans la St-Jehan Baptiste prochain venant ;

Et sera tenu led. lumenier fornir une corde par monter le[s]d. pierre[s] au clochier ;

Et led. Basset aura et prendra la frachen du boys sy bon luy semble ; car ainsi a esté dict avec promesse, sermans, obligations, soubmissions de promesses et biens à toutes cours, etc. renonçant, etc...

Faict à Chalmazel, en la salle du chateau, le neufviesme jour de setembre l'an mil V^c soixante-dix sept, presens a ce Me Mathieu Marchand, Anthoine Guilhon et Antoine Reynaud, temoingts qui n'ont signé ny lesd. parties, sauf led. Marchand qui a signé, et led. seigneur de Chalmazel a signé.

Expédié est aud Lum[in]ier par moy notaire royal : *Devaux.*

Led. Mathieu Basset por luy et les siens confesse avait heu et receu dud Lum[in]ier present tout le contenu au present prixfaict, dont s'en est contenté et a promit le tenir quitte envers et contre tous de la somme de sept vingts livre$_s$ tournois ; ensemble led. Lum[in]ier quitte led. Basset de l'œuvre...

Faict le quatorzième aoust 1578, présent à ce... *Devaux.*

Rien ne prouve que cette construction, qui dura deux ans, ait été gênée ou interrompue, et nous n'avons trouvé aucune trace du passage des huguenots à Chalmasel. Il est vrai que les registres paroissiaux présentent une lacune et n'enregistrent point de baptêmes depuis le mois de février 1579 jusqu'au même mois de l'année suivante. Mais on peut supposer que Mathieu Marchand était malade ou avait été contraint de quitter momentanément sa paroisse. Le château de Chalmasel et les moyens de résistance que pouvait opposer François, ligueur déterminé, furent sans doute une garantie pour cette paroisse, pendant que Saint-Georges et Saint-Just-en-Bas avaient tant à souffrir.

Peu après le clocher, en 1583, fut érigée la belle croix du cimetière de Chalmasel. Elle porte à sa base le double écusson des Talaru et des Mitte de Chevrières, qu'on retrouve de même au château, datant ainsi à la fois la restauration de celui-ci dans le style renaissance, et les bienfaits des châtelains à leur église.

Les registres de Mathieu Marchand sont fort intéressants. On y lit. par exemple : « Le 1er jour de juillet 1589 fut baptizée X..., et ce jour feut une tempête si véhémente quelle ne pensat rien laysser ici, à Saint-Georges, Saulvaing, Saint Just et beaucoup d'aultres paroysses en Fourets et lyonnais ; et vient d'Auvergne où elle fit beaucoup de maulx et en plusieurs aultres pays ».

A l'occasion des mariages, il était généralement d'usage, sous ce curé, que le lendemain des noces les nouveaux mariés fissent célébrer un service pour les défunts des deux familles : « quant aux frais de l'aumosne et service divin accoustumés faire après les nopces, cela doibt être payé par commung comme il est accoustumé estant lesd. aumone et service faicts en considération des mariez et de leurs parens » (1594). Pensée pieuse et bien naturelle de faire participer les morts et les pauvres aux réjouissances des vivants. Cet usage s'est heureusement conservé dans quelques localités de nos montagnes, par exemple à St-Bonnet-de-Coureaux.

Autre usage : lorsqu'un nouveau marié entrait comme gendre dans une maison, il payait, sans doute avec moins de plaisir et à coup sûr moins de mérite, deux moutons gras que le seigneur exigeait de lui. Ce droit seigneurial était-il le même que les introges ? Voici le texte de trois quittances intéressantes à confronter, relatives à ces droits seigneuriaux :

1. Receu de Noel Jerrye, dict Marchand, laboureur du Sut, pᵉ de Chalmazel, deux moutons por raison de une inveistizon, qu'il a faict en ma court de Chalmazel, des usufruicts a lui donnez par Clauda Marchand, sa femme, a quoy a esté condempné suyvant la coustume localle... Faict huy cinquiesme jor du moys de décembre l'an mil cinq cens soixante huict : *Chalmaʒel.*

2. Nous soubzsignés, officiers de la jurisdiction de Couzan et Boën, quittons et promettons acquitter envers qu'il appartiendra, Jean Murat du Genestey, parroisse de Sainct Just en Bas, des droicts à nous deubs pour estre par luy venu nouveau fillastre dans la maison de François Ponet, laboureur dud. lieu du Genestey, après avoir par led. Murat fait le serement de nouveau tenancier et emphitéote de monseigneur de Couzan, comme aussi s'être enregistré au papier du greffe de lad. jurisdiction. En foy de quoy nous avons signé cette quittance, cejourd'huy huictiesme novembre 1617 : *Poussat* châtelain, *Perrot* procureur d'office, *Charrery* greffier.

3. Je soubzsigné, ayant charge de Monseigneur de Chalmazel, confesse avoir receu de Pierre Ferrand la somme de six livres pour la valleur de deux moutons gras qu'il doibt aud. seigneur pour le droict de nouveau fillastre, d'être entré gendre en la maison de Tollin ; de quoy le promets tenir quitte envers led. seigneur, à la charge de faire enregistrer la présente au greffe dud. Chalmazel et payer les droicts des officiers accoustumés. Huy neufviesme juin 1654 : *A. Mollyn.*

On pourrait relever d'autres quittances semblables à cette dernière en 1669 et 1678. *

Mathieu Marchand était assez souvent parrain, soit seul, soit avec d'autres, comme c'était l'usage encore alors. Il le fut, en particulier, en 1582, d'un certain Mathieu, « fils à Claude Biron, mareschal de la compagnie de monsieur de Guise... Sa marrenne fut damoyselle Catherine d'Orelle de Monistrol... ».

La moyenne des baptêmes était alors de 27 par an, ce qui suppose à Chalmasel une population d'environ 1300 âmes. C'est à peu près le chiffre actuel, bien que les limites du mandement d'alors, sinon de la paroisse, ne fussent pas rigoureusement les mêmes que celles de la commune actuelle.

CLAUDE GAYTE, 1609 à 1627.

Il était, nous l'avons dit, de Chalmasel, et de cette famille où la vocation ecclésiastique semblait héréditaire.

Le 27 septembre 1607, à Lyon, « noble et révérend père en Dieu Mᵉ Claude de Chalmasel, comte et doyen en l'esglise de Lyon, lequel désirant effectuer la fondation d'une messe du St Sacrement de l'autel, qu'il veut faire en l'église paroissiale de Chalmazel, constitua à cet effet pour son mandataire général et spécial Mᵉ Claude Gayte, prêtre de Chalmazel, à présent demeurant à Bart, auquel il donne plein pouvoir et puissance pour et en son nom passer ledit contrat de fondation... ».

En conséquence de cette procuration, le 5 novembre 1607, « Mʳᵉ Claude Gayte, prêtre de Chalmazel, à présent demeurant au prieuré de Bar... » donna et légua aux prêtres et curé de Chalmazel la somme de 300 livres pour acquérir une rente pour dire et célébrer perpétuellement tous les jeudis de chaque semaine une grande messe eucaristielle » (*Papiers de la Rouéry*).

Nous ne savons ni comment ni pourquoi, du

prieuré de Bard, qui nommait à la cure de cette
paroisse, il vint à la cure de Chalmasel, qui était à
la nomination du chapitre de St-Just de Lyon.

Mathieu Marchand avait élevé le clocher de Chalmasel : le premier soin de son successeur fut de le
meubler de cloches.

Cejourd'hui xij* may a esté fondue la grand'cloche de notre
église de Saint Jehan de Chalmazel par M* Loys Mousnier et
Philippe Monier, fils à M* Annet Mousnier de Veveroul (Viverols
en Auvergne), en l'année 1611 : *Gayte*, curé.

Cejourd'hui X houst a este baptisé la seconde cloche de
l'église de Chalmazel, et a esté parrin Messire Christofle de
Charmazel, hermite de la Faye ; et marrine domeselle Lionor
la Lont, domeselle de Genetines, et a heu nom Lionor, par
moi curé : *Gayte* ». (*Extraits des registres paroissiaux*).

Il est surprenant que dans le procès-verbal de la
bénédiction il ne soit fait aucune mention de cloches
plus anciennes. Il est vrai que, le clocher ne datant
que de 1578, on ne voit pas où on aurait pu les
loger. C'est à se demander si les habitants de Chalmasel étaient convoqués aux offices divins « ad cornu
et cridum » comme ils l'étaient « ad guettum et
gardiam castri Chalmazelli ».

PIERRE GAYTE, 1627 à 1632.

C'est encore un membre de la même famille,
Pierre Gayte qui succède à Claude. Un autre Claude
Gayte l'aîné, prêtre de Chalmasel, vivait quelque
temps auparavant, en 1584 et 1592.

Pierre Gayte qui était encore vicaire au mois d'août
1626, est qualifié de curé en 1627 (*Papiers Patural*).
Il signe encore avec cette qualité, le 6 janvier 1628,
comme témoin dans un acte de partage entre plusieurs
habitants du Cros.

Au printemps de l'année 1631, la peste se déclare à Chalmasel. Dès le mois de juin, son extension s'accentue et ses ravages deviennent inquiétants.

Jean Costa, du lieu de chez Côte, « craignant de mourir ab intestat à cause de la malladie contagieuze qui est à présent », teste le 6 juin 1631 (*Papiers de la famille Favard-Bequillon*).

Le bourg est complètement contaminé. Les officiers seigneuriaux siègent en plein air, hors du village :

Judiciellement et par devant nous Jehan Mollin, chastellain de la terre et jurisdiction de Chalmazel, et nous estant transpourté au lieu et plasse appelé la croix de la Fay, proche le bourg dudit Chalmazel, à cause de la maladie contagieuse, dont le bourg dudict Chalmazel et partie de la parroisse sont à present affligez de la malladie de peste, est comparu par devant nous maistre Claude Marchand, procureur d'Estienne Vincent, qui nous a remonstré que led. Vincent auroit esté cy devant descerné tuteur aux enfans et biens de deffuncts Claude Pastural et Anthoinette doz Grand, sa femme ; et par son conseillier Anthoine Vorzey, lequel à cause de lad. malladie contagieuse dont ledict Vorzey et ses domestiques sont à présent affligez, n'auroit pu se présenter...

Faict en jugement le mardy douziesme jour du mois de juin l'an mil six cens trente-ung : *A. de Saint-Vidal*, greffier. (*Papiers Viot, Goubier et Fayard, de Nermont*).

Bientôt, pour tenter d'enrayer la contagion, les différents hameaux eurent défense de communiquer entre eux. La tradition rapporte qu'on disait la messe en plein air sur le puy de Grossapt, éminence visible de presque tous les points de la paroisse. Le prêtre confessait les malades de loin seulement ; précaution bien insuffisante, car Pierre Gayte fut atteint à son tour, et mourut en 1632, on peut le dire, au champ d'honneur.

Les morts, et leur nombre fut grand, ne devaient
pas même faire au centre de la paroisse cette dernière visite où l'on ne prend pas congé. Ils étaient
enterrés, non au cimetière, mais près de leur village. Les habitants de Juël et de Diminasse étaient
ensevelis dans une terre aux environs du puy de
Juël.

Pensant échapper à la contagion, d'autres cher-
chèrent sur les flancs de la grande montagne un
séjour salubre ; on voit encore entre le Supt et les
Couardes, dans un endroit élevé, les traces d'anciens
murs, et la tradition affirme que c'étaient là des
habitations construites par les familles désertant
leur foyer contaminé ou menacé.

Le 11 mars 1632, monsieur l'archepbre accompagné de
mᵣᵉˢ Papon, curé de Saint-Georges, et de Marc Devaux,
curé de Marcoux, sont venus jusques à l'entrée du bourgt
pour faire la visite, et, à cause du dangier, n'ont visitté ladite esglise (*Registres de Claude Dumollin*, *curé*, successeur
de Pierre Gayte).

Les ravages causés par cette épidémie furent terribles. La tradition rapporte que dans telle maison
moururent sept personnes, dans telle autre, deux
seulement restèrent vivantes. La population entière
de certains hameaux fut réduite presque à néant.
Diminasse en particulier aurait été dépeuplé, et
plusieurs maisons, vides, détruites par les héritiers.
Le mal était très contagieux, et pouvait être communiqué par des objets qui avaient touché les malades. Au commencement du XIXᵉ siècle, chez
Patural, à Nermont, on trouva, en creusant des
fondations dans un jardin, des habits qui avaient
été enfouis là après l'épidémie, de peur de perpétuer celle-ci.

Elle cessa dans l'été de 1632.

Cejourd'huy dernier jour du mois de septembre 1632, au
lieu et bourgt de Chalmazel... et pardevant nous Jean Mollin, chastellain,... s'est présenté Mathieu Reynaud le Gris,
lequel nous a dit et demonstré que cy-devant il auroit par
nous esté décerné tuteur aux enfans et biens de feu M⁰
Mathieu Reynaud, et à lui enjoinct de faire inventaire des
facultés mobiliaires, tiltres, papiers et meubles dudict deffunct,
ce qu'il n'auroit pu faire jusqu'à present, accause de l'infection de la malladie contagieuse, mesmement que n'auriez
voulu y travailler plustost, craignant le péril de l'infection
qui estoit pour lors tant dans ledict village de Diminassy
que maison dudit tuteur, et d'aultant que la dicte maison,
meubles et papiers ont estez parfumez par plusieurs et diverses fois.... (Papiers J. M. Charles, de Diminasse).

La peste de 1631-1632 ne fut pas localisée à
Chalmasel. Elle ravagea tous les environs, et l'on
pourrait relever en bien d'autres paroisses des faits
et des traditions analogues. A Sauvain, par exemple,
on dit aussi la messe en plein air :

La chapelle du calvaire (bâtie en 1739), lieu où du temps
de la peste on disoit la Sainte Messe, et où furent enterrés
les pestiférés » (Registres paroissiaux de Sauvain).

A Palognieu, les paroissiens firent vœu de bâtir et
dédier une chapelle à saint Roch ; « puis lequel
vœu a été reconnu que ledit mal contagieux n'a été
si grand en ladite paroisse » ; et en accomplisse-
ment de leur vœu, après en avoir, le dernier jour
d'avril 1632, demandé l'autorisation à l'archevêque
de Lyon, ils l'édifièrent en effet.

CLAUDE DUMOLLIN, 1632 à 1651.

Nous trouvons trace pour la première fois sous
son administration, d'une intéressante fondation
d'aumône par les seigneurs de Chalmasel. Elle était

imposée sur le bail du moulin seigneurial « sis au bourg de Chalmazel, près la planche sur Lignon ». En 1636, Christophe de Chalmasel fait stipuler ou maintenir que le fermier de ce moulin est tenu de faire tous les ans le jour de saint Jean-Baptiste une aumône de pain et de lard ; de payer aux prêtres de Chalmasel leur salaire pour les offices de ce jour et de leur donner à dîner. Cette aumône a été acquittée régulièrement jusqu'à la Révolution. Elle consistait alors en 88 bichets de seigle, distribués aux pauvres sur une liste que présentait le curé de la paroisse, et qui était arrêtée par les officiers de la juridiction seigneuriale.

Cette aumône dut être bien employée, surtout à cette époque malheureuse. La peste n'était pas encore oubliée, et la guerre venait faire sentir ses conséquences qui, pour indirectes, n'en furent pas moins dures.

En 1641, pour travailler aux fortifications de Lyon, chaque paroisse eut ordre d'y envoyer un certain nombre d'ouvriers : Chalmasel fut taxé à 80 hommes *(Papiers de Le Gris, de Diminasse)*.

La même année, il fallut payer 694 livres pour les étapes des gens de guerre passant et repassant dans les provinces de Forez.

En 1642, Chamasel paya 3661 livres, 6 sous, « pour la subsistance des gens de guerre du quartier d'hiver ». *(Papiers J. M. Charles, de Diminasse)*.

ANTOINE DAVAL, 1651 à 1676.

Un cahier de recettes et dépenses de Jean-François Tacaud, luminier en 1664, nous apprend qu'à cette époque on allait en procession fort loin : le lundi des Rogations, à Saint-Georges ; le mardi, à Saint-Just ; le mercredi, à Sauvain ; puis, vers la Pentecôte, à Notre-Dame de l'Hermitage, et au Mont d'Uzore.

ANTOINE FENON-GAYTE, 1676 à 1693.

Antoine Fenon, dit Gayte, né à Juël en 1634, succède au précédent en 1676, et se démet en 1693 en faveur de Joseph Doytrand. Il vivait encore en 1694.

JOSEPH DOYTRAND Ier, 1693 à 1719.

Né en 1662, Joseph Doytrand, premier du nom, fut curé de 1693 à 1719. Il ne mourut qu'en 1724.

La tradition s'est encore conservée du terrible hiver de 1709, qui gela presque entièrement les blés, et amena une misère inouïe. Plusieurs familles se nourrirent d'herbes et de racines ; au Tey, on fit du pain avec des racines de fougère pulvérisées.

Une pièce de procédure porte, en novembre 1709, ces mots « dans ce temps de cherté... ».

Une autre pièce, de mars 1711 : «... la grande cherté en fut la cause : Marie Marchand ne pouvoit vivre d'une somme de 30 l. dans une année aussi malheureuse que fut celle de 1709 ». (*Papiers Loyn*).

JOSEPH DOYTRAND II, 1719 à 1761.

Il succéda en 1719 au précédent, son oncle, et se démit en faveur de son neveu en 1761. Il mourut à la fin de l'année 1771.

JEAN-JOSEPH-MARIE COING, 1761 à 1773.

Neveu et petit neveu de ses deux prédécesseurs, il mourut en exercice au mois de mai 1773.

BENOIT VILLE, 1773 à 1779.

Il acheta le 25 juin 1778, une maison qui devint la « maison curiale » en remplacement de l'ancienne, revendue le 2 août de la même année, 1624 livres. Mais cette nouvelle cure, payée 3000 livres, devait être revendue, à son tour plus tard. La maison qu'habite le curé, de nos jours, est donc au moins le troisième presbytère.

Benoît Ville quitta Chalmasel pour la cure de Saint-Georges, où il mourut en 1793.

CLAUDE GUILLOT, 1779 à 1802.
JACQUES JANVIER, 1802.
ETIENNE BARTHOLIN, 1803 à 1818.

Tandis que les siècles que nous revivions se rapprochaient du nôtre, les notices consacrées aux curés de Chalmasel devaient se faire plus brèves. Nos documents, modestes comme le petit village qui les a fournis, et relatant des faits humbles en soi, n'avaient pour mérite et pour parure que cette poussière des ans. Les en voici trop dépourvus ; et comme, au regard de l'archéologie, un siècle seul reste trop peu de chose, nous arrêtons là cette simple liste, peut-être déjà fastidieuse.

L'exécution à Montbrison du capitaine Yleus et de ses compagnons, mars 1514. — Communication de M. E. Brassart.

Dans le tome III du *Bulletin* de la Diana, pages 175 et 326, notre regretté vice-président, M. le comte de Charpin-Feugerolles, nous apprenait que le Président Baudrier de savante mémoire l'avait consulté sur un certain capitaine *Yleus* qui aurait été pendu à Montbrison avec une partie de sa bande.

Cette exécution était mentionnée dans une pièce de vers latins, composée par Jean Pellisson, de Condrieu, maître d'école à Saint-Chamond, et faisant partie d'un rarissime petit in-4° gothique, sans lieu et sans date d'impression, orné sur le titre de la marque de Gilbert de Villiers. Ce volume contient d'autres pièces en vers latins du même auteur, son épître dédicatoire est datée du 8 des calendes de mai (24 avril) 1517; la marque de Gilbert de Villiers indique qu'il a été imprimé à Lyon.

La pièce de vers en question a été reproduite en entier dans le *Bulletin*.

M. le comte de Charpin Feugerolles ne pouvant satisfaire la curiosité de M. Baudrier crut utile de soumettre à la Diana ce petit problème.

Vincent Durand répondit que ses propres recherches n'avaient abouti à aucun résultat; mais l'allusion faite dans les vers de Pellisson à la mort de Gaston de Foix, tué à la bataille de Ravenne sous les

yeux d'*Yleus,* prouvait que l'année où celui-ci finit
si honorablement ses jours, entre le ciel et la terre,
devait être cherchée entre 1512, date de cette bataille,
et 1517, date probable de la publication de cette
poésie latine.

Quant au Montbrison qui fut le théàtre de l'exécution, c'était vraisemblablement Montbrison, capitale du Forez.

Sur ces données, M. du Mesnil avait émis une
autre opinion dans l'*Ancien Forez* (t. V, p. 1 et suiv.)
Aidé par la vive imagination qui lui était spéciale,
il avait bâti tout un roman. Le capitaine *Yleus*
n'avait jamais existé. Il s'agissait incontestablement
du pape Jules II, l'ennemi irréconciliable de la France,
et l'auteur du poème satyrique de son exécution (en
effigie) avait travesti le nom *Iulius* en *Ileus* pour ne
pas encourir l'excommunication. En résumé, l'œuvre
de Pellisson n'était autre que le récit virgilien d'une
farce de carnaval.

Et à la page 255 (même volume), M. du Mesnil,
après avoir encore pris à parti Vincent Durand,
malmenait rudement *le membre faisant fonction de
secrétaire* et lui disait ainsi son fait, à la troisième
personne : « Nos observations subsisteront donc jusqu'à ce qu'il ait prouvé pour ce brigand et meurtrier
une meilleure attribution ».

Aujourd'hui la preuve indiscutable d'une *meilleure
attribution* peut être produite et il en découle que
Vincent Durand avait raison : ce qui ne surprendra
personne.

Elle se trouve d'abord dans le passage suivant de

J. M. de la Mure, qui avait échappé aux premières recherches (1).

... Ce Duc (Charles III de Bourbon) fut envoyé en ladite province (la Bourgogne) en qualité de Lieutenant Général pour le Roi. Et, étant arrivé à Dijon le 15 novembre de ladite année (1513), il mit des ordres merveilleux pour faire cesser les ravages que faisoient en cette province plusieurs bandes de gens de guerre, qui, se retirant du services, avoient pris le nom de pillards et aventuriers, auxquels il donna la chasse, tant par les troupes qu'il dépêcha sur les principales avenues de Bourgogne que par les lieutenants qu'il donna aux Prévôts des Maréchaux, en chaque bonne ville, pour en faire capture et punition. Et même à Montbrison, un gentilhomme de Gascogne nommé Hallon de Trye, capitaine d'un tas d'aventuriers qui faisoient des vols et ravages étranges en Forez, ayant été arrêté par MM. de Sarre et de Chavagnac, y fut exécuté par jugement du Prévôt des Maréchaux, nommé St-Ouln, assisté de son lieutenant en Forez, nommé Jean Larchier, capitaine et châtelain de la Tour en Jarez. Et cette exécution ayant été faite le 29 mars en ladite ville, en présence de Monsieur de la Palisse, Maréchal de France, ledit seigneur Maréchal accorda que le corps de ce patient fut enterré en terre sainte, dans le cimetière des Cordeliers de Montbrison.

Mention du même événement, mais avec d'autres détails, se lit dans les *Mémoires* de Barthélemy Puy (2). En voici la copie.

Le cappitaine Ylyon. — L'an M vᶜ xii et le premier jour de mars furent amenez prisonniers a Montbrison le cappitaine Ylyon gascon et autres trois qui avoient tue Genebrier de Chazelle. Ledict cappitaine et ung autre furent penduz devant la chappelle de Jaquet lez les lardres (sic) vendredi (blanc) dud. mois et le lendemain au Peuron autres deux. Et Blanchon Sainctoyn prevost des mareschaulx.

---

(1) *Hist. des ducs de Bourbon et des comtes de Forez*, t. II, p. 520 à 522.

(2) Mss. (Archives de M. le vicomte de Meaux).

Les deux documents que nous reproduisons ne sont pas absolument d'accord sur la date de l'événement qu'ils relatent.

D'après la Mure l'exécution d'Hallon de Trye *alias* Ylyon (1) eut lieu le 29 mars 1514. D'après Barthélemy Puy, un vendredi de mars 1513 (1512 a. s.). Les dates des deux récits ne concordent que sur un point : le mois, mars.

Pour l'année (1514), la Mure parait avoir raison. En effet c'est le 15 novembre 1513 que Charles de Bourbon fit son entrée à Dijon comme lieutenant général du roi Louis XII ; c'est de là qu'il organisa les compagnies prévôtales qui débarrassèrent peu à peu le pays des bandes de pillards. Il est à présumer que ces compagnies accomplirent leur salutaire besogne en Forez dans les premiers mois de 1514.

Mais, en 1514, il n'y a pas de vendredi 29 mars : les vendredis de mars, furent les 3, 10, 17, 24, 31. Or le récit de Barthélemy Puy, un contemporain, est précis ; il a laissé en blanc le quantième, mais il a indiqué le jour, un vendredi.

Il faut aussi admettre que la Mure a pu prendre la date du 29 mars dans un registre de sépultures du couvent des Cordeliers où Hallon de Trye avait été inhumé et alors le 29 mars serait la date de ses funérailles (2).

---

(1) *Hallon*, *Ylyon* semblent être le même nom écrit différemment sous la dictée ; ils ont à peu près la même consonnance, car dans notre dialecte languedocien la lettre *h* est, autant que l'*y*, le signe d'une mouillure.

(2) Il est encore à remarquer que, dans son récit, la Mure qualifie Monsieur de la Palisse de maréchal de France ; or cette dignité ne fut octroyée à Jacques II de Chabannes que en 1515, par François I.

Maintenant, à chacun de conclure suivant ses préférences.

Il est peut-être aussi utile de déterminer les lieux où se dressèrent les gibets.

Le capitaine Ylyon fut exécuté « devant la chapelle de Jaquet lez les lardres ». Le territoire des Ladres se trouve sur la commune de Moind au couchant de la route départementale de Montbrison à Ambert, presque à la limite de Montbrison. C'est dans la partie la plus méridionale de ce territoire que se trouve la source d'eau minérale exploitée par la commune de Moind et qui a toujours été dénommée *Source des Ladres*. A la page 56 du présent volume, nous avons publié un article du terrier *Paparin*, daté de 1557, indiquant que la chapelle des Jacquet était à proximité du grand chemin; un autre texte d'un terrier du chapitre de Notre-Dame dit qu'elle était située le long du chemin allant du Parc (aujourd'hui propriété de M. Levet) à la prairie de Moind (1). De la comparaison de ces diverses indications il paraît résulter que la chapelle qui nous occupe s'élevait à proximité si non sur l'emplacement de la Croix que l'on voit à l'intersection de la grande route et du chemin contournant à l'ouest le territoire du Parc, près du stand de la garnison. Comme on le voit par les textes que nous avons cités cette chapelle qui existait en 1557 était détruite dans le premier quart du XVIIᵉ siècle.

---

(1) « ... jouxte le chemin tendant de Montbrison passant sur Charlieu, servant les vignes de soir, l'autre chemin tendant du Parc du Roi, où soulloit être la chapelle des Jacquet, à la prairie de Moind ou à Curraize de vent » (Terrier *Fouyn*, expédié Lassaigne, au profit du chapitre de N.-D. de Montbrison, 1621-1629, fᵒ 58).

Quant au territoire du *Peuron* (1) il est situé au nord de Montbrison joignant la grande route de Boën au point culminant de la première montée.

Naguères on voyait, au bord de la route, extraite d'une vigne limitrophe (propriété Barrieu), une pierre percée d'un trou qui avait servi à fixer le bois du gibet (2).

La séance est levée.

Le Président,
Vicomte DE MEAUX.

Le Secrétaire,
Eleuthère BRASSART.

---

(1) *Peuron* alias *Peoron* alias *Pioron* ; aujourd'hui *les Piorrons.*

(2) Ce dernier renseignement nous a été fourni par notre confrère et ami M. T. Rochigneux.

II.

MOUVEMENT DE LA BIBLIOTHÈQUE

Dons.

Ont été offerts par MM. :

Bertrand (Alfred), sa notice en collaboration avec MM. Tourteau et Raymond de la Barre : *Découverte d'un village gallo-romain dans l'ancienne province du Bourbonnais et actuellement sur la commune de Livry (Nièvre), près du château de Paraize.* Moulins, (Auclaire), s. d., in-8°.

Beyssac (Joseph), ses notices : *Quelques notes sur le prieuré de Saint-Hilaire de Nus au diocèse d'Aoste.* Lyon, (Emmanuel Vitte), 1902, in-8°.

— *La fête de Notre-Dame des Neiges et son fondateur à Lyon.* Lyon, (Vitte), s. d., in-12.

— *Contribution à la généalogie de la famille de Pradier d'Agrain.* Montbrison, (E. Brassart), 1902, in-8°.

— *Marius et Ludovic Perrin, ciseleurs et médailleurs lyonnais.* (Extrait *de la Revue du Lyonnais,* août-octobre 1901). Lyon, (Waltener et Cie), 1901, in-8°.

— *Une famille consulaire de Lyon. Généalogie de J.-B. Lacour, échevin, directeur de la Chambre de Commerce, juge du tribunal de la Conservation, trésorier et recteur de l'Hôpital général de la Charité.* Lyon, (Waltener et Cie), 1902, in-8°.

— *La confrérie des pénitents blancs de Craponne. Liste des recteurs aux XVIIIe et XIXe siècles — Le vœu à saint Roch — Les tapisseries.* Le Puy, (Gustave Mey), 1902, in-8°.

— *Notes pour servir à l'histoire de l'église de Lyon. François Cheuzeville, 1764-1850.* Lyon, (Emmanuel Vitte), 1902, in-8°.

— — *Le bienheureux Louis Allemand, chanoine et custode de l'église, comte de Lyon, abbé de Saint-Pierre-la-Tour, chanoine et précenteur de l'église de Narbonne, évêque de Maguelonne, cardinal du titre de Sainte-Cécile, archevêque d'Arles.* (Extrait de la *Revue du Lyonnais*, novembre et décembre 1899). Lyon, (Waltener et Cie), 1899, in-8°.

— — *Le cloître de Fourvière en 1590.* Lyon, (Emmanuel Vitte), 1904, in-8°.

— — *Les grands prêtres de l'église de Lyon.* (Extrait des *Mémoires de la Société littéraire de Lyon,* année 1903). Lyon, (Waltener et Cie), 1903, in-8°.

— — *Les seigneurs de Villars, chanoines d'honneur de l'église de Lyon.* Lyon, (Waltener et Cie), 1899, in-8°.

— — *Saint Ismidon de Sassenage, chanoine de l'église de .Lyon, évêque de Die.* Lyon, (Emmanuel Vitte), 1900, in-8°.

Broc de Seganges (commandant du) sa notice : *Les Bourbon-Montluçon ont-ils existé ? Etude sur les Bourbons primitifs, avec tableaux généalogiques.* Moulins, (Etienne Auclaire), 1905, in-8°.

Chapelle (F.), sa notice : *Les nombres triangulaires.* S. l. n. d. (1899), in-8°.

Crozier (François-Philippe), Comité central d'études et de vigilance contre le phylloxera : *Compte-rendu des séances du Congrès viticole tenu à Montbrison les 23, 24 et 25 juin 1881*. Montbrison, (A. Huguet), 1882, in-8°.

— Rougier (L.) et Jeannin, professeurs d'agriculture, *Les concours départementaux de greffage de la vigne dans la Loire en 1891 et 1893*. Montbrison, (E. Brassart), 1894, in-8°.

— Ministère de l'Agriculture. *Questionnaire de la statistique agricole décennale de 1892*. Réponses pour le canton de Montbrison dressées par la commission cantonale, rassemblées, complétées et mises en ordre par le donateur, président de ladite commission. Mss. sur questionnaire, in-4°.

— *Statistique agricole décennale des communes du canton de Montbrison de 1882 à 1892*. Tableau synoptique des réponses par commune au questionnaire du ministère. Mise au net du travail définitif de la commission cantonale avec observations à l'appui par le donateur, président de ladite commission. Mss. cahier barlong.

— *Usages agricoles, urbains, industriels et commerciaux de l'arrondissement de Montbrison*. Réponses par canton au questionnaire dressé par le Ministère. Mise au net avec notes et observations à l'appui par le donateur. Mss., 3 cahiers in-4° barlong.

Jamot (Claudius), sa notice : *Compte-rendu du Congrès archéologique du Puy* (à la société académique d'architecture de Lyon), année 1904. Lyon, (Waltener et Cie), 1905, in-8°.

Lachmann (Emile), son œuvre musicale, *Cœur de rose*, chœur pour quatre voix d'hommes, op. 268, paroles de Georges Faure. Lyon, « Accord parfait », s. d., in-8°.

Leistenschneider (abbé), supérieur du petit séminaire de l'Argentière, son ouvrage : *Un petit séminaire du diocèse de Lyon. L'Argentière*. Lyon, (Emmanuel Vitte), 1905, in-8°.

Meaux (vicomte de), ses œuvres : *L'église catholique et la liberté aux Etats-Unis*. Paris, Victor Lecoffre, 1893, in-12.

— *Montalembert*. Paris, Calmann-Lévy, 1897, in-12.

Monspey (marquise de), née de Sinety, son ouvrage : *Notes sur Reneins, les seigneurs de Reneins et leur sépulture dans l'église de Saint-Georges de Reneins*. (Extrait du *Bulletin de la Société des sciences et arts du Beaujolais*). Villefranche, (P. Mercier), 1904, in-8°.

Vindry (Fleury), son ouvrage : *Dictionnaire de l'Etat-major français au XVIe siècle* ; 1re partie, *Gendarmerie*. Paris, 1901, 2 vol. l'un in-4°, l'autre in-8°.

Echanges.

Académie des inscriptions et belles-lettres, *Comptes-rendus des séances de l'année 1904. Bulletin*, novembre-décembre.

Académie des sciences, belles-lettres et arts de

Clermont-Ferrand, *Bulletin historique et scientifique de l'Auvergne*, 2ᵉ série, n° 10, décembre 1904.

— *Mémoires*, 2ᵉ série, fascicule XVI, Pareinty (H.), *Les tourbillons de Descartes et la science moderne*.

— — fascicule XVII, Roux (dʳ Emile), *Epitaphes et inscriptions des principales églises de Clermont-Ferrand d'après les manuscrits de Gaignières*.

— — fascicule XVIII, Mège (Francisque), *La dernière année de la province d'Auvergne. Les élections de 1789*.

Académie de Mâcon, *Annales*, 3ᵉ série, tome VIII, 1903.

Académie des sciences, belles-lettres et arts de Besançon, *Procès-verbaux et Mémoires*, année 1904.

Académie de Vaucluse, *Mémoires*, 2ᵉ série, tome IV, 4ᵉ livraison, année 1904.

Chambre de commerce de Saint-Etienne, *Situation générale des industries de la région en 1904*. Saint-Etienne, (J. Thomas et Cⁱᵉ), 1904, in-4°.

Comité de l'art chrétien du diocèse de Nîmes, *Bulletin*, tome VII, n° 50, 1905.

Institut de Carthage, *Revue tunisienne*, 12ᵉ et 13ᵉ années, nᵒˢ 48 à 50, novembre 1904-mars 1905.

Ministère de l'Instruction publique et des Beaux-Arts, Comité des travaux historiques et scientifiques, section des sciences économiques et sociales, *Bulletin*, année 1903.

— Musée Guimet, Bibliothèque d'études, *Annales*,

tome XVI, *Le culte et les fêtes d'Adonis-Thammouz dans l'Orient antique*, par Charles Vellay.

— — — Tome XVII, *Le Népal, étude historique d'un royaume hindou*, par Sylvain Lévy, tome Ier.

— — Bibliothèque de vulgarisation, tome XVI, *Conférences faites au musée Guimet en 1903-1904* par MM. G. Lafaye, Philippe Berger, Sylvain Lévy, D. Menant, 2e partie.

— — — *Revue de l'histoire des religions*, 25e année, tome L, n° 3, novembre-décembre 1904.

Revue de l'histoire de Lyon, tome IV, fascicules 1 et 2, janvier-avril 1905.

Revue épigraphique, 27e année, tome V, n°s 113 et 114, avril-septembre 1904.

Revue historique, archéologique, littéraire et pittoresque du Vivarais illustré, tome XII, n°s 11 et 12, novembre-décembre 1904; tome XIII, n°s 1 à 4, 'janvier-avril 1905.

Semaine religieuse du diocèse de Lyon, 12e année, n°s 7 à 18, 6 janvier-27 mars 1905.

Société archéologique et historique de la Charente, *Bulletins et Mémoires*, 71e série, tome VI, années 1903-1904.

Société bibliographique et des publications populaires, *Bulletin*, 36e année, n°s 1 à 3, janvier-mars 1905.

Société agricole et scientifique de la Haute-Loire, *Mémoires et procès-verbaux*, tome XII, 1902-1903.

Société d'archéologie lorraine et du musée historique lorrain, *Bulletin mensuel*, 5ᵉ année, nᵒˢ 1 à 3, janvier-avril 1905.

Société d'émulation du Bourbonnais, *Bulletin*, tome XII, 1904.

Quirielle (Roger de), Sur la frontière bourbonnaise-forézienne, Saint-Martin d'Estreaux, Saint-Pierre-Laval, Montaiguet et la Palisse.

Société départementale d'archéologie et de statistique de la Drôme, *Bulletin*, 152ᵉ-153ᵉ livraisons, janvier-avril 1905.

Société de Saint-Jean, *Notes d'art et d'archéologie*, 17ᵉ année, nᵒˢ 1 et 2, janvier-février 1905.

Société des amis de l'Université de Clermont. *Revue d'Auvergne et Bulletin de l'Université*, 22ᵉ année, nᵒ 1, janvier-février 1905.

Société des archives historiques de la Saintonge et de l'Aunis, *Bulletin-revue*, XXVᵉ volume, 1ʳᵉ et 2ᵉ livraisons, janvier-mars 1905.

Société des Bollandistes, Analecta Bollandiana, tome XXIV, fascicule 1, 1905.

Société des lettres, sciences et arts de la Haute-Auvergne, *Revue de la Haute-Auvergne*, 7ᵉ année, 1ᵉʳ fascicule, 1905.

Société des sciences, lettres et arts de Rive-de-Gier, *Bulletin*, nᵒ 7, décembre 1904.

Société des sciences naturelles et d'archéologie de l'Ain, *Bulletin*, nᵒˢ 36 et 37, 3ᵉ et 4ᵉ trimestres 1904.

Société d'études des Hautes-Alpes, *Bulletin*, 24ᵉ année, 3ᵉ série, nᵒ 13, 1ᵉʳ trimestre 1905.

Société Gorini, *Bulletin Revue d'histoire ecclésias-tique et d'archéologie religieuse*, 1re et 2e années, n°s 5 et 6, octobre 1904-avril 1905.

Société historique et archéologique du Maine, *Revue*, tome LV et LVI, 1er et 2e semestres 1904.

Société française d'archéologie, Congrès archéolo-gique de France, 70e session, *Séances générales tenues à Poitiers en 1903*.

Société nationale des Antiquaires de France, *Bul-letin*, 1904.

Abonnements.

Bibliothèque de l'Ecole des Chartes, tome LXV, 5e et 6e livraisons, septembre-décembre 1904.

Bulletin historique du diocèse de Lyon, 6e année, n°s 31 et 32, janvier-avril 1905.

Polybiblion. Revue bibliographique universelle. Partie littéraire, 2e série, tome LXIe, 1re à 4e livrai-sons, janvier-avril 1905.

Revue archéologique, 4e série, tome V, janvier-avril 1905.

Revue forézienne et vellave illustrée, 15e année, 2e série, n°s 85 à 88, janvier-avril 1905.

Acquisitions

Besançon (Dr Abel) et Longin (Emile), *Registres consulaires de la ville de Villefranche (Rhône)*, Ier volume, 1398-1489, publié d'après les documents originaux. Villefranche-sur-Saône, Claude Ruban, 1905, in-8°.

III.

MOUVEMENT DU PERSONNEL

Membres titulaires

M. le comte Enguerrand de Thy de Milly, château de Berzé-le-Châtel, par Solagny (Saône-et-Loire), reçu le 15 avril 1905.

Membre décédé

M. Jules du Chevalard, au château de Vougy, membre titulaire.

———

AVRIL — JUIN 1905.

BULLETIN DE LA DIANA

I.

PROCÈS VERBAL
DE L'ASSEMBLÉE GÉNÉRALE DU
30 MAI 1905

PRÉSIDENCE DE M. LE VICOMTE DE MEAUX, PRÉSIDENT.

La séance est ouverte à 2 heures.

Sont présents : MM. Achalme, d'Alverny, Baldit, abbé Barailler, Beauverie, abbé Bégonnet, Beyssac, de Boissieu, Mᵐᵉ de Bonand, de Bonand, abbé Boucharlat, E. Brassart, abbé Brosse, Broutin, Chassain de la Plasse, Coudour, abbé Duclos, baron Dugas de la Catonnière, E. Faure, Ferran, H. Gonnard, Granger, Guilhaume, Lachmann, O. Lafay, Leriche, de Longevialle, vicomte de Meaux, Monery, de Montrouge, Morel, abbé Penel, baron des Périchons, abbé Perret, Pichon, abbé Planchet, abbé Relave, abbé Reure, Rochigneux, J. Rony, Rousse,

de Saint-Genest, de Saint-Pulgent, abbé **Serre**,
Testenoire, **B. Thevenet**, abbé Versanne.

Ont écrit pour s'excuser de ne pouvoir assister à
l'Assemblée générale : **MM.** Balloffet, abbé **Buer**,
abbé **Condamin, J.** Déchelette, abbé **Faugier,
J.** Gonon, Point, **L.** Rony, abbé Sachet, du Sauzey,
N. Thiollier, Vachez, abbé Virieux.

En ouvrant la séance, **M.** le vicomte de Meaux,
président s'est exprimé ainsi :

« Messieurs,

« Depuis notre dernière réunion, nous avons
encore perdu deux membres de la Diana : **M. Jules**
du Chevalard, **M.** Ferdinand Courbon, deux foréziens qui faisaient honneur au Forez et que l'amour
héréditaire, actif et fidèle de la petite patrie rattachait à notre Société, mais dont la vie s'est consu-
mée dans d'autres labeurs que nos études historiques : celle de **M.** du Chevalard dans les emplois
administratifs et les luttes politiques ; celle de **M.**
Courbon, dans les travaux et les luttes du barreau.
Aussi convenait-il d'apprécier et de célébrer ailleurs
qu'ici leur mérite. Sur la tombe de **M.** du Chevalard,
son plus vieil ami, son compagnon d'armes a rappelé sa carrière, tandis que le maire de son village
attestait le bien qu'il avait fait dans sa retraite. Sur
la tombe de **M.** Courbon, ses confrères, ses émules
n'ont pas manqué non plus de signaler la place qu'il
avait prise parmi les plus habiles avocats, parmi les
plus dévoués citoyens de Saint-Etienne. Pour honorer
maintenant la mémoire de l'un et de l'autre, qu'il
me soit donc permis de me référer aux hommages
émus et sincères qui leur ont été déjà rendus ».

Comptes.

M. le trésorier présente le compte de l'année 1904. Il est approuvé à l'unanimité. (V. annexe 1).

Budget additionnel 1905 et budget primitif 1906.

M. le Président donne lecture du budget additionnel pour 1905 et du budget ordinaire pour 1906. Ces deux budgets mis aux voix sont adoptés sans observation, à l'unanimité. (V. annexes 2 et 3).

Excursion pour 1905.

M. le Président invite l'Assemblée à désigner la localité du Forez qui recevra cette année la visite de la Diana.

Depuis quelques années une excursion dans la partie basse du canton de Pélussin a été proposée ; mais les trains des diverses lignes de chemin de fer qu'il faut emprunter correspondent mal. Il est donc nécessaire d'y consacrer deux journées consécutives et de coucher en route. Le meilleur point de concentration, de départ, paraît être Vienne.

Une autre excursion, beaucoup moins compliquée, pourrait se faire, en une petite journée, à Rochefort et lieux circonvoisins.

A la majorité, l'Assemblée choisit l'excursion à Rochefort, Saint-Laurent et l'Hôpital ; elle élit, commissaires, MM. E. Brassart, abbé Faure, C. Jacquet, T. Rochigneux, L. Rony.

*Notes sur la dynastie littéraire des Dupuy. — Com-
munication de M. l'abbé Reure.*

Je dois au compte-rendu de M. Maurice de Boissieu sur l'excursion de la Diana à Saint-Galmier (1),
la première idée de ces modestes notes. M. de Boissieu a naturellement rencontré sur sa route le nom
des Dupuy, originaires de Saint-Galmier, longtemps
châtelains de cette petite ville, et qui, une fois trans-
plantés à Paris, devaient s'élever si haut, les uns
par leur éloquence, les autres par leur érudition.
J'ai pensé, à ce propos, qu'il ne serait pas sans intérêt d'exhumer quelques souvenirs sur la dynastie
littéraire des Dupuy.

On peut remarquer qu'un grand nombre de nos
auteurs foréziens forment de petits groupes fami-
liaux : ainsi les Robertet, les d'Urfé, les Paparin,
les du Verdier, les Papon, les Palerne, les Masson,
les Chapelon, les Duguet, et plus près de nous, les
Richard de Laprade, les Montaigne de Poncins, etc.

On trouve, dans la maison Dupuy, une dynastie
littéraire du même genre, mais celle-ci singulièrement touffue. Je ne veux pas dire que tous les Dupuy dont je vais parler aient été des écrivains : plusieurs se sont contentés d'adresser quelques vers à
leurs amis ; d'autres, plus sages encore peut-être,
n'ont même rien écrit du tout, bien qu'ils fussent

---

(1) *Excursion archéologique de la Diana à Saint-Galmier*,
dans le *Bulletin de la Diana*, t. XII.

très capables, il semble, de le faire avec honneur et succès. Mais tous ont été plus ou moins mêlés à la vie littéraire, et enfin les remarquables aptitudes intellectuelles de la race ont trouvé leur expression définitive dans la branche illustre qui s'établit à Paris.

Une dynastie suppose d'abord une filiation bien assurée. Malheureusement nous ne connaissons que la généalogie imprimée dans les *Mémoires de Michel de Marolles* (1), abbé de Villeloin, issu par sa mère des Dupuy de Saint-Galmier (2), et il s'en faut qu'elle soit digne d'une confiance absolue. On la retrouve, avec de très légères différences, une date ajoutée çà et là, dans un recueil manuscrit de documents formé sur leur maison par les deux frères Pierre et Jacques Dupuy (3). On peut donc la considérer comme la généalogie traditionnelle de la famille.

---

(1) Paris, Sommaville, 1651, in-f°. Voir, p. 404 et suiv. : « Généalogie des Dupuy, au païs de Forets, d'où je suis sorti à cause de Magdelaine Dupuy ».

(2) Michel de Marolles était fils de Claude de Marolles et d'Agathe de Châtillon ; celle-ci fille de Noël de Châtillon et de Jeanne de la Veühe ; Jeanne, fille de Jean-Baptiste de la Veühe et de Madeleine Dupuy, fille à son tour de Geoffroy Dupuy et de Françoise Trunel (*Ibid.*, p. 321).

(3) Bibl. nationale. Manuscrits. *Collection Dupuy*, vol. 638. J'ai vu encore, dans le vol. 548 des *Dossiers Bleus* du Cab. des Titres, plusieurs généalogies de la famille Dupuy, mais toujours semblables, sauf de petites variantes, à celle de l'abbé Marolles. (Cf. le *Nouveau d'Hozier*, vol. 276). — M. d'Avaize a bien voulu me communiquer la généalogie qu'il a dressée de la maison Dupuy, très précieuse pour diverses branches, surtout pour celle de Marcigny et Semur ; mais, en ce qui concerne les anciens Dupuy de Saint-Galmier, elle reproduit, à peu de chose près, celle qui est insérée dans les *Mémoires* de Marolles.

J'ai dit qu'elle était loin pourtant de mériter une aveugle confiance. Les Dupuy, aussi bien que le bon abbé de Villeloin, n'ont pas résisté à la tentation d'enrichir le catalogue de leurs ancêtres de noms qui ne devaient pas y figurer. Par exemple, ils y mettent hardiment François Dupuy, ou plutôt Dupuis, général de l'Ordre des Chartreux au commencement du XVIe siècle, et auteur d'une *Catena aurea* qui eut de nombreuses éditions. François Dupuis est un Forézien authentique, il est vrai, mais d'une autre famille, et qui portait des armes différentes (1). Je le regrette d'autant plus que, s'il eût été en effet de la race des Dupuy de Saint-Galmier, j'y aurais trouvé l'occasion d'enrichir ces pages d'un charmant portrait. Les Dupuy de la branche parisienne, bien que leur grande situation, leur valeur personnelle et leur caractère dussent les mettre au-dessus des petites vanités d'origine, n'en étaient pas exempts. Dans le même recueil de documents que je viens de mentionner, on lit une note de Pierre Dupuy sur le cardinal « Imbert Du Puys », qu'il a bien l'air de vouloir rattacher à sa maison (2). Les preuves présentées, pour son entrée dans l'ordre de Malte, par Nicolas Dupuy, frère de Pierre et de Jacques (3), nous offrent de singulières fantaisies. Nicolas s'y donne pour fils de Claude Dupuy, con-

---

(1) Il y a quelques variantes sur les armes des Dupuy de Saint-Galmier. Elles sont ainsi blasonnées au f. 87 du vol. 638 de la *Collection Dupuy*, constitué, comme je viens de le dire, par Pierre et Jacques Dupuy : « Dupuy en Forests, *d'or à la bande de sable chargée de 3 roses d'argent, au chef d'azur chargé de 3 estoiles d'or* ».

(2) *Collection Dupuy*, vol. 638, f. 109.

(3) Bibliot. nationale. Cab. des Titres, *Dossiers Bleus*, vol. 548.

seiller au parlement de Paris, et *seigneur de Saint-Germain-Laval*; petit-fils de l'avocat Clément Dupuy, aussi *seigneur de Saint-Germain-Laval*; arrière-petit fils de Geoffroy Dupuy, *gouverneur* de la ville de Saint-Galmier en Forez et de Françoise *de* Trunel. Ces innocentes supercheries n'ajoutaient pas grand' chose à la renommée solide de la famille.

Cependant la généalogie des Dupuy, parfaitement connue pour la branche qui se fixa à Paris, paraît assez sûre aussi, pour les Dupuy qui restèrent en Forez, à partir de Geoffroy Dupuy, bourgeois de Saint-Galmier. D'après l'abbé de Marolles, sa femme Françoise Trunel lui donna onze enfants, dont trois au moins, quatre peut-être, appartiennent à mon sujet.

Pierre Dupuy, prieur d'Estivareilles, curé de Saint-Galmier et chanoine de Notre-Dame de Montbrison, fut un des adeptes fervents de la petite société forézienne dont Loys Papon était l'oracle (1) : gens relativement instruits, cultivés, occupés de vers, de philosophie, de théologie, d'antiquités, touchant à tout, mêlant tout dans leur naïve ardeur. Pierre Dupuy était poète à ses heures perdues ; Gaspard Paparin, encore épris, en ce temps-là, de goûts profanes qu'il devait pleurer plus tard comme un gros péché, lui adressait de mauvais sonnets, et c'était là son vrai péché. En voici un, entre autres, que certes je ne cite pas à cause de sa valeur, mais comme témoignage de la camaraderie littéraire de bons pro-

---

(1) Voir ma brochure : *Gaspard Paparin, poète forézien.* Montbrison, 1904, in-8o, et *Bulletin de la Diana*, t. XIV, p. 25 et suiv.

vinciaux qui s'essayent à charmer leurs loisirs. Evidemment Pierre Dupuy venait d'accepter la charge de curé de Saint-Galmier, quand son ami Paparin lui envoya ces vers :

Phébus, dans le berceau sacrant ta fantaisie,
Te choisit pour sauver ses honneurs et son loz (1) ;
Dans ta bouche dès lors il a le miel enclos
Qui verse une sucrée et douce poésie.

Or un nouveau Phébus ha ton ame saisie,
Ce soleil de justice, et embrazant tes os
Comme à son nourrisson, te veult charger le doz
D'un habit pastoral et holette choisye.

Tu ne desdaigneras la garde d'un troupeau ;
Ton Appollon jadis, quittant le Ciel si beau,
Se rendit bien pasteur sur la rive d'Aphrise.

Pour ce tu ne lairras la lyre, ny les vers,
Parnasse, ny les Sœurs, ni les beaux lauriers vertz,
Prenant d'un tropelet (2) cette charge en l'Eglise (3).

C'est ainsi qu'en ce temps-là, on associait le profane et le sacré, Apollon et le Saint-Esprit, sans étonner ni scandaliser personne.

Etienne du Tronchet, lorsqu'il était à Montbrison ou dans son domaine de Saint-Georges-Hauteville, se mêlait volontiers à la docte compagnie. Un jour, il envoyait à Pierre Dupuy six vieilles médailles, et il ajoutait : « J'ay encore deux médailles figurées de l'équité de la justice et de la fidélité des amis. Elles sont merveilleusement antiques, mais si effacées

---

(1) Sa gloire.
(2) Petit troupeau.
(3) Mss. 663 (Catal. Delandine) de la biblioth. de Lyon).

et rouillées, que le Capitaine (1) ne s'en est voulu empescher... Si la fortune en peut faire tomber d'autres
en mes mains, pour donner secours à voz contente-
ments, je ne faudray de les vous envoyer » (2).

Etienne Charpin, presque un Forézien, qui du
moins résidait quelquefois à Saint-Galmier (3), dédia
à Pierre Dupuy, en 1559, son édition de la *Lettre
de saint Eucher à Valérien* (4), à laquelle il avait
joint un poème de Juvencus découvert par Antoine
de Talaru dans un manuscrit abandonné et à demi
rongé. Un apprend par cette dédicace, d'un tour
original, que Pierre Dupuy avait écrit un abrégé
historique de l'ancien et du nouveau testament (5) ;
mais il n'y a pas d'apparence qu'il ait été imprimé.

Je remarque en passant qu'on lit encore, en tête
du même ouvrage édité par Etienne Charpin, une
pièce de vers latins écrite par un anonyme en
l'honneur de Hugues Dupuy, probablement oncle de
Pierre, et en tout cas de la même famille. Ce morceau ingénieux, sinon d'un goût bien raffiné, roule
sur une comparaison subtile entre la source de
Fontfort, à Saint-Galmier (*puteus*), « vomissant sans
interruption ses eaux salutaires pour la santé des

---

(1) Très probablement Jacques Dupuy, capitaine de Saint-
Galmier.

(2) *Lettres missives et familières d'Estienne du Tronchet*
(1re édition, Paris, Breyer, 1568, in-4o). Lettre 122.

(3) Le *Dialogus Divi Chrysostomi de Sacerdotio* (Lugduni,
1554, in-fo) est précédé d'une dédicace d'Et. Charpin, datée
« E. Baldomeriano nostro oppido, vi idus Aug. 1554 ».

(4) *Divi Eucherii Episcopi Lugdunensis ad Valerianum co-
gnatum Epistola Parænetica...* S. l. n. d., (Lyon, 1559) in-fo.

(5) « Utriusque testamenti facta celebriora dexteritate omnino exquisita exacte complexus es ».

hommes », et Hugues Dupuy (*Hugo a Puteo*), savant
juriste, qui sans cesse fait jaillir de son esprit le
torrent de sa science des lois pour l'utilité de ses
clients !

Du Tronchet était aussi en commerce épistolaire
avec un des frères de Pierre, Messire Jacques Dupuy,
capitaine et châtelain de Saint-Galmier ; il lui re-
commandait des affaires privées (1). Nous avons déjà
vu que Jacques s'entendait aux médailles, et col-
lectionnait celles qui paraissaient avoir quelque intérêt. Jacques Dupuy était un homme fort érudit
pour son temps, d'une intelligence ouverte et d'une
curiosité éveillée, ayant des lumières de tout, et,
sans écrire lui-même, encourageant les jeunes littérateurs. En 1558, Gilbert Damalis, un Bourbonnais
que je ne sais quelles circonstances avaient amené
dans le Forez, lui dédia un poème moral traduit ou
plutôt imité de l'italien, *Le procès des trois frères* (2),
« livre non moins utile que délectable, et contenant
mainte bonne érudition ». Il est inutile ici d'analyser
cette œuvre assez singulière ; il suffit de dire que
Damalis, inconnu, sans appui, remercie Jacques
Dupuy d'avoir aidé ses modestes débuts :

> Ma pauvre Muse, encore jeune et tendre,
>
> Sans vous n'osoit encores entreprendre
>
> De sortir hors et nager par le monde,
>
> Craignant son flot et sa dangereuse onde ;
>
> Mais vous estant son appui et support,
>
> Pourra venir, Dieu merci, à bon port.

---

(1) *Lettres missives et familières* (lettre 98).
(2) Lyon, Maurice Roy et Loys Pesnot, 1558, in-8°. — La
dédicace est datée de Montbrison, 11 mai 1558.

Bien autrement intéressante est la dédicace à Jacques Dupuy que, précisément la même année 1558, Jean Surrelh, médecin à Saint-Galmier, mettait en tête de son *Apologie des Médecins contre les calomnies et grands abus de certains Apothicaires* (1). Cet opuscule, auquel un certain Pierre Brailler, se disant apothicaire à Lyon, répondit par des *Articulations sur l'Apologie de Iean Surrelh* (2), pleines d'une verve grossière, se rattache à une querelle entre Messieurs les médecins et les apothicaires ; les uns et les autres le prirent de fort haut avec leurs adversaires. L'exposé de cette querelle serait une digression un peu longue, et c'est assez, pour le moment, de citer une partie de la dédicace de Surrelh : « Ayant receu de vous, mon très honnoré seigneur, un petit livret contenant deux traitez, l'un de Braillier, inscript *les abus*, l'autre de Lisset Benancio (3), me suis mis à lire le premier ; à la lecture duquel ay trouvé non pas les abus des médecins (ce qu'il promet), mais un malédic ouvrage, formé par malvouloir sur l'enclume de faulseté, le tout par ignorance... Ie me suis mis, après avoir veu le premier, à lire celuy de Benancio, qui est de pareil aloy, et ledit Benancio homme cupide de mal dire, et tous deux ignares, et, comme il appert, gens agitez de

---

(1) Lyon, 1558, in-8°, 28 ff. ch. J'ai vu ce livre rarissime à la Biblioth. nationale. La dédicace « A Monseigneur, Monsieur Iaques du Puy, capitaine et chatelain de S. Galmier » est datée de Saint-Galmier, 10 mai 1558.

(2) Lyon, 1558, in-8°, 63 pp.

(3) Les deux ouvrages de Lisset Benancio et de Pierre Brailler, dont il me paraît inutile de transcrire ici le titre, avaient été imprimés ensemble à Lyon, par Michel Jove, en 1557, in-16.

tous vens, et mal contens de leurs estats... A vous [je dédie ce livre], comme à celuy qui est expert en toutes choses, et versé en toutes autres sciences tant humaines que divines, tant et si heureusement que, si on vous oyt parler d'une science, semble à voir que seulement soyez exercité en icelle, combien que ayez une grande et admirable cognoissance de toutes les autres ; et ce par un singulier dessein de Dieu, lequel vous a donné, et généralement à toute la race des du Puy, la latitude d'esprit, laquelle demandoit Salomon. Certainement c'est chose digne d'admiration, voir un homme civil ne faisant pas profession des lettres, avoir si grande cognoissance des choses, qu'il fait honte mesmes aux professeurs desdites sciences... »

Il est bien probable que Jean Surrelh, homme de peu en somme, étranger au pays (1), avait besoin de la protection de Mgr le châtelain de la ville où il exerçait précairement sa profession. Pourtant, même en faisant très large la part de l'exagération naturelle à un panégyriste, cet éloge de Jacques Dupuy, et des qualités d'esprit particulières à la race n'est-il pas remarquable, et ne fait-il pas en quelque sorte pressentir la prochaine gloire de la famille ?

Cette gloire, non plus enfermée dans les bornes d'une lointaine province, mais se produisant sur un plus vaste théâtre, commence avec Clément Dupuy, avocat au parlement de Paris, frère de Pierre et de Jacques. Il mourut à Paris le 22 août 1554, à 48 ans,

---

(1) On voit, par la réplique de Brailler, que Surrelh n'était pas Forézien, mais « descendu des hautes montagnes d'Auvergne ».

dans toute la force de son talent, sans avoir pu prendre, comme il s'y était engagé, la défense du président d'Oppède, accusé d'avoir fait massacrer les Vaudois de Cabrières et Mérindol. Son éloquence a été célébrée par Des Gorris, Denis Lambin, Antoine Loisel et plusieurs autres (1). On lira sans doute avec plaisir ce qu'un de ses compatriotes, Papire Masson, en a dit au commencement de l'éloge de Claude Dupuy (2). « Dans une ville du Forez qui a pris son nom de l'église consacrée à saint Galmier, ville sise sur une colline, d'où on voit à peu de distance le fleuve de Loire, et à ses pieds la plaine, naquit Clément Dupuy, d'une noble famille. S'étant ensuite attaché au parlement de Paris en qualité d'avocat, bien qu'il fût d'une faible santé, et n'eût pas la vigueur de poitrine nécessaire à la parole publique, il excella cependant dans sa profession jusqu'à sa mort, par son habileté consommée dans la science du droit civil. Il laissa pour héritier de son génie Claude, son fils aîné, etc. » (3).

Nous connaissons aussi cinq épitaphes imprimées de Clément Dupuy, en vers français, en prose latine et en vers latins, en grec et même en hébreu (4) !

_____

(1) Voir : *Tumulus Clementis Puteani*, aux pp. 3o3-3 14 de *Petri Puteani Vita*, Lutetiæ, 1652, petit in-4o. — *Epistolæ clarorum virorum*, Lugduni, 1561, in-8o (p. 371). — *Divers opuscules tirez des Mémoires de M. Antoine Loisel*, Paris, 1653, in-4o pp. 5o5, 5o8, 519).

(2) Dans *Petri Puteani Vita* (pp. 227-231). Cet éloge est en latin ; nous traduisons littéralement ce passage.

(3) On lit des vers latins d'un autre Forézien, Jean Girinet, adressés à Clément Dupuy, en tête des *Commentaires* de Jean Papon sur la coutume du Bourbonnais (Lyon, de Tournes, 155o, in-fo).

(4) Un feuillet impr. en placard in-4o, s. l. n. d.

C'était alors la mode d'honorer le souvenir des hommes illustres par un grand étalage d'érudition, où trouvait son compte la vanité des vivants au moins autant que la mémoire des morts. Qu'on me permette de citer encore l'épitaphe en vers français. Je la donne comme un document, non comme une page littéraire ; c'est toute mon excuse, et du moins cette pauvre poésie prouvera que les « muses » parisiennes ne s'élevaient pas toujours au-dessus des muses de province :

A ton berceau plusieurs foys assistèrent
Iustice, Foy, et Pithon et Clémence ;
Chascunne d'euz de leur (sic) dons te feërent,
Et au nom d'euz dist le dieu d'éloquence :
Croy, mon enfant, croy en perfection.
Pour tous ces dons, tu seras en estime
Entre les grands de ta profession.
Mais, las ! tu es, en ce commun abisme,
Trop tost ravi de nostre commun iour.
Pleure, Pithon, et Clémence, et Mercure,
Iustice et Foy, pleure ta nourriture
Qui a trop peu faict icy de séiour.

Il est vraisemblable qu'on doit compter aussi, au nombre des enfants de Geoffroy Dupuy et de Françoise Trunel, un « Loys du Pui, Forésien » (1), qui a fait un sonnet sur la *Prosopographie* d'Antoi-

---

(1) Selon l'abbé de Marolles, Louis Dupuy, fils de Geoffroy, et chef de la branche de Marcigny, est né en 1526 ; d'après la généalogie manuscrite de M. d'Avaize, il fut marié trois fois, et mourut le 12 juin 1609. Mais Marolles nomme un autre Louis, fils de Jacques, et qui aurait succédé à la charge de châtelain de Saint-Galmier.

ne du Verdier (1). J'ai déjà cité tant de mauvaises rimes, que je n'ose plus tenter la patience du lecteur, bien qu'à vrai dire celles de Loys Dupuy vaillent un peu mieux. Il déclare que l'ouvrage de du Verdier, en un certain sens, est supérieur à ceux d'Homère et de Tite-Live; car l'un n'a chanté que les « Grégeois », l'autre n'a raconté que les actions des Romains, mais Antoine du Verdier, dont le cadre embrasse toute l'histoire, est « le sonneur de l'universel monde ».

Pour en finir avec la branche de Saint-Galmier (2), il n'y a plus qu'à nommer le Père Claude-Archange Dupuy, capucin, fils de Jacques Dupuy (3) et de Catherine de Villars. Nous traduisons son article dans la *Bibliothèque* de Bernard de Bologne (4) : « Archange Dupuy, de la province lyonnaise, né dans la ville de Saint-Galmier en Forez, homme

---

(1) *La Prosopographie, ou Description des personnages insignes*. Lyon Ant. Gryphius, 1573, in-4°. — Le sonnet de Dupuy est à la fin du volume.

(2) A laquelle toutefois il faut joindre probablement Etienne Dupuy, qui a son éloge imprimé : *Justa Puteani memoriæ*. s. l. n. d., in-8°. Il porte à la Bibl. nation. la cote Ln 27, 6854 ; mais on n'a pu le trouver sur les rayons. quand je l'ai demandé en septembre 1904. Je ne puis donc affirmer que ce personnage est le même qu'Etienne Dupuy, conseiller au parlement de Paris, fils de Hugues Dupuy et d'Antoinette de Chastelus, dont parle Marolles. — N'oublions pas Geoffroy Dupuy, Forézien (Gaufridus du Puy, Forestanus), conseiller au parlement de Rouen, mort en 1544. On peut voir des vers sur lui dans Le Chandelier, *Eloges en vers latins des présidents et conseillers du parlement de Rouen...*. Rouen, 1905, in-8°.

(3) Fils lui-même de l'autre Jacques Dupuy dont il est parlé plus haut.

(4) *Bibliotheca Scriptorum Ordinis Minorum S. Francisci Capuccinorum*. Venetiis, 1747, in-f° (au mot *Archangelus*).

puissant en œuvres et en parole, remarquable prédicateur, et prélat très distingué par son zèle, sa prudence, sa discrétion, et son incroyable humanité envers tous. Il administra pendant vingt ans environ, avec un grand accroissement de la régulière observance, les provinces de Lyon et de Toulouse (1). Il mourut en l'an 1625. Il est enterré à Toulouse dans notre couvent, avec son frère François Dupuy, homme docte et éloquent hérault de la parole de Dieu. Archange Dupuy a écrit beaucoup d'ouvrages, mais nous ne connaissons que ceux qui suivent : 1. *Historia B. Mariæ Virginis de Gros nuncupatæ prope Agathopolim, cujus Imago miraculosa in nostra ecclesia a populis maxima veneratione colitur* (Lyon, Muguet, 1616, in-8°). — 2. *Responsio solidissima ad motiva conversionis cujusdam Christophori Guegnard Gallosequani ad religionem calvinisticam* (Lyon, Muguet, 1620) (2). — 3. *Commentaria in libro Job*, restés inédits ».

Nous revenons aux Dupuy de Paris, mais nous devrons nous contenter d'observations sommaires, parce que la tige, désormais déracinée du sol forézien, ne s'y rattache plus que par ses origines.

De l'avocat Clément Dupuy et de Philippe Poncet naquirent le jésuite Clément Dupuy et Claude Dupuy. Le Père Clément Dupuy, mort à Bordeaux le 16 avril 1598, plusieurs fois provincial, tient une place considérable dans l'histoire de son Ordre. Son

---

(1) L'abbé de Marolles dit qu'il fut quatre fois provincial.

(2) Il est probable que ces deux ouvrages, dont le titre est donné en latin par Bernard de Bologne, ont été réellement imprimés en français. Je n'ai pu retrouver ni l'un ni l'autre.

Discours apologétique en faveur de la Compagnie de Jésus a été imprimé par le Père Prat (1).

Claude Dupuy, conseiller au Parlement de Paris, mort en cette ville le 1er décembre 1594, à 48 ans, comme son père, n'a rien écrit, du moins à ma connaissance. Mais sa mémoire a été consacrée par tant d'hommages, de discours funèbres, d'éloges en prose et en vers (2), que je ne puis l'oublier ; d'autant que, son père étant né à Saint-Galmier, Claude Dupuy est encore une espèce de demi-Forézien. Loisel l'appelle un « grand homme de lettre, et d'intégrité en sa charge », et Cujas a dit de lui qu'il était *disciplina omni instructissimus, et ingenio prudentiaque acutissimus.* On a déjà remarqué que Papire Masson fut un de ses panégyristes (3) ; et puisque mon but est principalement de rappeler quelques souvenirs de l'histoire littéraire du Forez, je note aussi que Claude du Verdier, faisant ses études à Paris en 1581, lui avait envoyé, pour ses étrennes, une des épigrammes de son *Peripetasis* (4).

Claude Dupuy a inscrit de sa main, sur un des

---

(1) *Recherches sur la Compagnie de Jésus en France du temps du Père Coton* (t. V, pp. 11-51).

(2) *V. Amplissimi Claudii Puteani Tumulus.* Parisiis, 1607, in-4°, 75 pp. — *V. C. Cl. Puteani memoriæ* (par Scévole de Sainte-Marthe). S. l. n. d., petit in-8°, 2 ff. non ch. — *Ara divis manibus V. Cl. Claudii Puteani* (par Scriverius). S. l. n. d., plac. in-f°. — *Les Eloges des hommes savans, tirez de l'Histoire de M. de Thou,* par Anthelme Teissier. Leyde, 1715, 4 vol. in-12 (t. IV, pp. 192-196). — Vol. 638 de la *Collection Dupuy* (f. 119 et suiv.). — Etc.

(3) Voir plus haut.

(4) *Claudii Verderii Peripetasis.* Parisiis, M. Prevost, 1581, in-8° (p. 135 : « Ad Dominum du Puy. Calendis Ianuariis »).

feuillets de garde d'une bible française, la date de la naissance et du baptême de ses dix enfants : « En ce court document, dit M. Flament, sont rassemblés les noms de tout ce que la magistrature et la haute bourgeoisie française comptaient d'illustrations à la fin du XVIᵉ siècle et au commencement du XVIIᵉ » (1). Ce mémorial de famille va du 1ᵉʳ février 1578 au 14 juillet 1594.

Trois des enfants de Claude Dupuy ont laissé un nom : Dom Christophe Dupuy, procureur général des Chartreux, mort à la Chartreuse de Rome en 1654, éditeur du *Perroniana* ; Pierre Dupuy, conseiller du roi en ses conseils, mort à Paris le 16 décembre 1651 (2) ; Jacques Dupuy, aumônier du roi, prieur de Saint-Sauveur en Brie, mort le 17 novembre 1656. Pierre et Jacques surtout, tous deux gardes de la bibliothèque du roi, sont très connus, soit par l'immense collection manuscrite que leurs patientes recherches ont formée, soit par leurs ouvrages, dont la plupart sont encore estimés, soit par cette touchante fraternité de goûts, d'études, de travail en commun, qui ne permet plus de séparer « les frères Dupuy ». Mais nous nous éloignons de plus en plus du berceau forézien de la race, et je ne puis, pour ce motif, m'arrêter sur ces deux illustres érudits.

---

(1) *Une Bible de la famille Dupuy* (dans la *Biblioth. de l'Ecole des Chartes*, t. LXII, p. 720). — On retrouve le même document, copié par Pierre, et augmenté de quelques additions par Jacques, dans le vol. 638 de la *Collection Dupuy*, f. 177.

(2) Voir sur Pierre, le plus célèbre des Dupuy : *Petri Puteani... Elogium*. S. l. n. d., in-4°. — *Viri eximii Petri Puteani... Vita. Cura Nicolai Rigaltii*. Lutetiæ, Cramoisy, 1652, petit in-4°. — Etc.

Cependant les derniers Dupuy parisiens conservaient des attaches avec leur province d'origine. Je pourrais donner divers témoignages de ce souvenir pieux gardé au pays des ancêtres ; un m'a paru digne d'être rappelé.

Le 10 février 1647, Madeleine du Peloux, que La Tour Varan appelle « une des femmes les plus accomplies de son temps », épousa en secondes noces Gaspard de Capponi, baron de Feugerolles et de Roche-la-Molière. Madeleine était fille de Nicolas du Peloux, gouverneur du Haut-Vivarais, et de Catherine Dupuy, de la branche de Saint-Galmier (1). Le cousinage entre les Dupuy de Paris et les Dupuy du Forez commençait à être un peu éloigné (2), mais cette parenté déjà assez lointaine avait été rajeunie par une correspondance dont on retrouve des débris à la Bibliothèque nationale (3). On y voit en particulier que les deux frères Pierre et Jacques Dupuy avaient, en 1650, rendu de grands services

---

(1) Voir : La Tour Varan, *Chroniques des châteaux et des abbayes*. Saint-Etienne, 1854-1857, 2 vol. in-8° (t. Ier, pp. 429 et suiv.). — La comtesse de Charpin-Feugerolles, *Notice hist. sur le chât. de Feugerolles*. Lyon, 1878, in-8°, (pp. 123 et suiv).

(2) Quelques mots sont nécessaires pour faire comprendre la parenté de Madeleine du Peloux avec Pierre et Jacques Dupuy. De Geoffroy Dupuy et de Françoise Trunel est né : Jacques Dupuy, marié à Claire de Chalencon, d'où — Jacques Dupuy, marié à Catherine de Villars, d'où — Catherine Dupuy, qui épousa Nicolas du Peloux, d'où — Madeleine du Peloux.

D'autre part, des mêmes Geoffroy Dupuy et Françoise Trunel est né : Clément Dupuy, marié à Philippe Poncet, d'où — Claude Dupuy, marié à Claude Sanguin, d'où — Pierre et Jacques Dupuy.

(3) Manuscrits de la *Collection Dupuy*, vol. 790, *passim*. Les deux lettres citées plus loin sont aux ff. 66 et 68.

à **M.** et à Mme de Capponi-Feugerolles, à l'occasion d'un procès d'où dépendait en grande partie leur fortune (1). Cette circonstance avait comme renouvelé une vieille parenté presque oubliée. Aussi quand Pierre Dupuy mourut à Paris, le 16 décembre 1651, son frère Jacques ne manqua pas de faire part de la triste nouvelle à **M.** et Mme de Feugerolles. **Tous deux répondirent du château de Roche-la-Molière.**

La lettre du baron est d'un tour extraordinaire, pour ne rien dire de plus, écrite avec un emportement de douleur qu'on croirait peu sincère, s'il ne valait mieux peut-être y reconnaître l'inexpérience d'un gentilhomme peu familiarisé avec l'exactitude et les nuances du langage. Quoi qu'il en soit, voici ce curieux échantillon de style épistolaire :

« Je suis perclus de tous mes sens, et incapable de vous faire paroistre la grandeur de deuil après l'effroyable perte, que nous avons tous faict, de l'original des gens de bien et d'honneur, du parangon des perfections et des vertus, et du roy des amis ; je me perds dans l'exès de ma douleur, et vous jure, Monsieur, qu'après un si funeste coup, je n'ay plus d'attache en ce monde que pour votre très chère personne, et celles de vos plus proches ; c'est en vous que je puis treuver et reccouvrer ma perte, en vous considérant comme légitime successeur de touttes ses vertus. Je me diray heureux en mon mal'heur, si vous me continuès l'honneur de votre affection que je vous supplie de m'accorder, si vous voullès que je vive... — Votre très humble et très obéissant serviteur. Feugerolles. — A Roche, le 27ᵉ xbre 1651 ».

La lettre de Mme de Feugerolles, du lendemain 28 décembre, est belle, si on veut bien seulement excuser certaines formes pardonnables à une femme

---

(1) La Tour Varan parle de graves démêlés d'intérêts entre les Capponi et J.-B. du Fournel, sieur du Roure, démêlés qui furent l'origine d'implacables inimitiés.

qui vivait au fond de la province. Elle écrit à Jacques
Dupuy :

« Je peux vous dire avec vérité que la douleur que je sens
de l'incomparable perte que nous avons fait est esgalle à
celle qu'on doit à la mort d'un père ; je considérois aussy
bien monsieur vostre frère comme le père de mon repos, et
avois pour luy autant de respect et d'amour que si j'usse eu
l'honneur d'estre sa fille. Je croys que c'est trop peu rendre
à sa mémoire que de luy donner des regrets et des larmes
le reste de ma vie ; il faut des siècles entiers pour pleurer
dignement un si grand personnage. Monsieur, je ne suis
capable de consolation que dans la seule pensée que j'ay que
vous estes un second luy mesme en toutes choses ; je supplie
très humblement le ciel de nous conserver longues années
vostre chère personne, et qu'il me fasse naistre les occasions
de vous rendre mes très humbles services, pour mériter
quelque jour l'honneur de vostre amitié. — Vostre très humble et très obéissante nièce (1) et servante. M. DU PELOUX.

Un rameau de la famille Dupuy s'était implanté
à Roanne et dans la région voisine. A ce rameau
appartient, selon M. O. de Viry (2), noble Denis
Dupuy, sieur de Chantoisel, procureur fiscal au
bailliage ducal de Roanne, mort le 2 octobre 1692 (3).
Grand ami de Pierre Gontier, on trouve des vers
latins de sa façon dans les *Exercitationes* du médecin roannais (4). Un autre Dupuy de la même lignée,
l'abbé Dupuy de Farges, a fait imprimer, de 1750 à

---

(1) On peut voir, par une des notes précédentes, que Madeleine était plus éloignée d'un degré de la souche commune ;
c'est probablement pour cela qu'elle se dit la *nièce* de Jacques Dupuy.

(2) *Notice hist. sur Pierre Gontier.* Roanne, 1863, in-8°.

(3) Généalogie manuscrite communiquée par M. d'Avaize ;
il était fils de Claude Dupuy et de Marie Berthet.

(4) Dix vers signés « Dionysius Dupuy Roannæus », dans
les liminaires des *Exercitationes hygiasticae.* Lyon, Jullieron,
1668, in-4°.

1759, des thèses de théologie dont je n'ai pu jusque là découvrir une description précise.

Enfin la branche des Dupuy de Marcigny et de Semur en Brionnais, qui subsiste encore en la personne de M. le baron de Semur (1), a donné le docteur Jean Dupuy, « connu par son savoir et ses rares expériences, médecin du duc de Nivernois et de la princesse Marie, sa fille, depuis reine de Pologne » (2), et le Père Daniel Dupuy, recollet, prédicateur qui eut de la réputation au XVIIᵉ siècle, probablement auteur d'un sonnet signé « P. D. Dupuy », inséré dans les *Entretiens de Philermie*, du Père Chérubin de Marcigny (3). Un autre Dupuy, lieutenant au bailliage de Semur, a laissé, sur l'histoire de cette petite ville, des *Mémoires* qui, je crois, n'ont pas été imprimés (4).

Bien que cette notice soit incomplète, j'en ai dit assez, il me semble, pour faire voir que nos Dupuy étaient doués d'aptitudes littéraires peu communes; et si les plus célèbres d'entr'eux, en particulier Pierre et Jacques Dupuy, sont nés loin du Forez, c'est encore pour Saint-Galmier un honneur d'avoir été le berceau de la famille.

---

(1) Le 18 juillet 1904, M. le baron Dupuy de Semur a épousé Mlle Gabrielle-Marie-Odette de Cosnac (d'Avaize).

(2) Michel de Marolles, *Mémoires*. — D'après la généalogie établie par M. d'Avaize, il fut baptisé à Marcigny, le 8 novembre 1586, et épousa, le 20 novembre 1619, Etiennette Brisson, de Nevers.

(3) Lyon, Candy, 1641, in-12. L'ouvrage est dédié à « Philermie », qui pourrait bien être Françoise de Nérestang, abbesse de la Bénisson-Dieu.

(4) Ils sont mentionnés dans Lelong, *Biblioth. histor. de la France*, éd. Fevret de Fontette, sous le n° 35993.

L'Hermite de la Faye. — *Communication de M.
E. Brassart.*

Parmi les principaux personnages de la cour du
bon duc de Bourbon Louis II, se trouvait Guillaume
de Montrevel, plutôt connu par son surnom, l'Hermite de la Faye ; Jean de Châteaumorand, dans sa
Chronique, ne l'appelle jamais autrement. Ce surnom
d'ermite lui avait été donné très probablement par
plaisanterie ; car c'était, comme le fait observer
A. Steyert, l'un des grands coureurs d'aventure de son
temps.

Dès sa première jeunesse, l'Hermite *alias* Lermite
de la Faye était parti guerroyer au loin et son suzerain en 1363 lui réclamait en vain l'hommage de
son fief de la Faye (1) ; tellement qu'il en vint à le
faire saisir. En 1374, pendant quelques heures de
paix, certains gentilshommes au service du duc de
Bourbon, las de leur inaction, partirent en Prusse
prêter aide et assistance aux chevaliers Teutoniques.
Ils y trouvèrent l'Hermite qui les y avait précédés.

Au retour d'interminables chevauchées (1381),
Louis de Montboissier lui restitua sa seigneurie de
la Faye avec augmentation de fief, à cause des services qu'il lui avait rendus ainsi qu'au duc de Berry.

Louis II de Bourbon nomma l'Hermite son cham-
bellan et non seulement l'emmena avec lui dans toutes
ses expéditions ; mais encore l'employa à des ambas-

---

(1) La Faye, fief en la châtellenie d'Aubusson, aujourd'hui
commune d'Olmet (Puy-de-Dôme).

sades lointaines et délicates, même à reformer ses finances. Et telle était son estime pour lui qu'il l'institua en mourant l'un de ses exécuteurs testamentaires.

C'était même un lettré, probablement à la manière de Jean de Chateaumorand son contemporain : les Archives nationales possèdent quelques-uns des rapports diplomatiques qu'il a adressés, au cours de ses missions, au duc de Bourbon son maître.

En somme, il fut si célèbre que son sobriquet passa à ses descendants, même en ligne collatérale, de génération en génération, pendant plus de deux siècles. Nous ne connaissons pas d'autres exemples d'un fait similaire ; aussi avons-nous cru intéressant de dresser l'état des divers personnages qui ont porté comme un titre de gloire le surnom d'Hermite de la Faye.

I. — Guillaume de Montrevel, qualifié l'Hermite de la Faye, eut quatre enfants : 1º Jean qui épousa le 12 mars 1406 Jeanne Gaillonnet ; 2º Louis, appelé du vivant de son père, le Petit Hermite, familier et officier de la cour de Bourbon ; 3º Philippe, mariée à Antoine de Montchenu ; 4º Béatrix, mariée à Guillaume Boullié du Chariol qui suit.

Les deux frères de Montrevel testèrent au profit l'un de l'autre en 1415, avec substitution en faveur de leurs sœurs, ils paraissent être morts, avant 1417, sans postérité.

II. — Par substitution, le titre d'Hermite de la Faye revint à Guillaume III Boullié du Chariol qui avait épousé, vers 1407, Béatrix de

Montrevel, il mourut vers 1428 laissant entre autres enfants : Guillaume IV du Chariol, Jean qui suit, Bernard.

III. — Jean Boullié du Chariol dit l'Hermite de la Faye épousa le 12 avril 1449 Alice de Lastit, d'où un fils qui suit.

IV. — Jean II Boullié, l'Hermite de la Faye, baron des Etables et de Mézenc, se maria le 30 novembre 1493 avec Péronnelle de Langeac. Ils eurent pour héritière une fille qui épousa Jean de Calard.

V. — Jean de Calard seigneur de Fressonnet et du Mas, l'un des cent gentilshommes de la chambre du Roi, épousa le 25 mai 1516 Philiberte Boullié de la Faye et recueillit dans l'héritage de son beau-père le titre d'Hermite de la Faye. De ce mariage naquit un fils qui suit.

VI. — Christophe de Calard porta le titre d'Hermite de la Faye ; il se maria le 6 avril 1532 avec Anne de Montmorin, d'où un fils qui suit.

VII. — Antoine de Calard, marié le 3 octobre 1592 à Jeanne de la Fayette n'eût qu'une fille, Péronnelle, qui fut la première femme de Claude de Talaru-Chalmasel. Antoine de Calard par son testament du 11 octobre 1603 institua pour son héritier universel Mre Christophe de Talaru son petit-fils, à condition de porter « le nom et armes et escusson de Calard avec la qualité d'Hermite seigneur de la Faye ».

VIII. — Christophe de Talaru, seigneur de Chalmasel, baron d'Ecotay, qui mourut dans la
seconde moitié du XVIIe s., fut le dernier
personnage qui, à notre reconnaissance, prit
le titre d'Hermite de la Faye (1).

La séance est levée.

Le Président,

Vicomte DE MEAUX.

Le Secrétaire,

Eleuthère BRASSART.

_____

(1) Cf. J.-M. de la Mure, *Hist. des ducs de Bourbon et des
comtes de Forez* ; — *La chronique du bon duc Loys de Bourbon* ; — Huillard Bréholles et Lecoy de la Marche, *Invent.
des titres de la maison ducale de Bourbon* ; — Chabrol, *Coutumes locales de la haute et basse Auvergne*, t. IV ; — Dom
Bétencourt, *Noms féodaux* ; — Barban, *Recueil d'hommages.
aveux et dénombrements de fiefs relevant du comté de Forez*,
dans *Mémoires* de la Diana, t. VIII ; — Truchard du Molin,
La baronnie de Mézenc ; — *Invent. des archives de la maison
de Talaru*, ms., copie à la Diana.

ANNEXE N° 1

COMPTE DE GESTION DE L'EXERCICE 1904.
BUDGET ORDINAIRE.

Recettes.

	Recettes prévues au budget primitif	Recettes à effectuer après vérification	Recettes effectuées	Restes à recouvrer
1. Cotisations à 30 fr.	3850 »	3990 »	3930 »	60 »
2. Cotisations à 15 fr.	1800 »	1800 »	1800 »	» »
3. Subvention de la ville de Montbrison	200 »	200 »	200 »	» »
4. Vente de publications éditées par la Société..........	10 »	321 75	321 75	» »
Totaux........	5860 »	6311 75	6251 75	60 »

Dépenses.

	Dépenses prévues au budget primitif	Dépenses à effectuer après vérification	Dépenses effectuées	Restes à payer
1. Traitement du bibliothécaire.......	1200 »	1200 »	1200 »	» »
2. Frais de bureau, ports d'imprimés.	400 »	350 30	350 30	» »
3. Entretien de la salle et de ses annexes.............	100 »	51 15	51 15	» »
4. Chauffage........	100 »	45 25	45 25	» »
5. Indemnité au concierge	120 »	120 »	120 »	» »
6. Impressions......	3000 »	1046 40	1046 40	» »
7. Achat de livres, abonnements, reliures.............	350 »	254 70	254 70	» »
8. Fouilles et moulages...............	100 »	32 75	32 75	» »
9. Frais d'encaissement...	140 »	157 45	157 45	» »
10. Achat de jetons..	200 »	200 »	» »	200 »
11. Imprévu........	150 »	127 15	127 15	
Totaux........	5860 »	3585 15	3385 15	200 »

BALANCE

Recettes effectuées................	6.251 75
Dépenses effectuées..............	3.385 15
Excédent de recettes............	2.866 60

BUDGET ADDITIONNEL

Recettes

	Recettes prévues au budget additionnel	Recettes à effectuer après vérification	Recettes effectuées	Restes à recouvrer
1. Cotisation d'un membre perpétuel	300 »	300 »	300 »	» »
2. Restes à recouvrer sur les cotisations arriérées.........	105 »	» »	» »	» »
3. Restes à recouvrer sur la vente des publications éditées par la Société	100 »	100 »	» »	100 »
4. Intérêts de fonds en dépôt.........	5 »	31 85	31 85	» »
5. Subvention spéciale de l'Etat....	» »	400 »	400 »	» »
Totaux.........	510 »	831 85	731 85	130 »

Dépenses

	Dépenses prévues au budget additionnel	Dépenses à effectuer après vérification	Dépenses effectuées	Restes à payer
1. Excédent de dépenses de l'exercice 1903.........	992 65	992 65	992 65	» »
2. Restes à payer sur les frais d'impression............	456 55	456 55	456 55	» »
3. Restes à payer sur les frais du bureau.	119 20	130 50	119 20	11 30
4. Indemnité supplémentaire au bibliothécaire.........	300 »	300 »	300 »	» »
Totaux.........	1868 40	1879 70	1868 40	11 30

BALANCE

Recettes effectuées............... 731 85

Dépenses effectuées.............. 1868 40

Excédent de dépenses 1136 55

Résultats généraux de l'exercice 1904

Recettes du budget ordinaire....... 6.251 75 } 6.983 60
Recettes du budget additionnel.... 731 85 }

Dépenses du budget ordinaire...... 3.385 15 } 5.253 55
Dépenses du budget additionnel ... 1.868 40 }

Excédent de recettes à reporter au budget additionnel de 1905.................... 1.730 05

ANNEXE N° 2

BUDGET ADDITIONNEL DE 1905.

Recettes

1. Excédent de recettes de l'exercice 1904...... 1.730 05

2. Restes à recouvrer sur les cotisations arriérées 60 »

3. Restes à recouvrer sur la vente de publications éditées par la Société.................... 100 »

4. Intérêts de fonds en dépôt .... 10 »

TOTAL.................... 1.900 05

Dépenses

1. Restes à payer sur les frais de bureau...... . 11 30

2. Solde de l'acquisition des jetons............. 389 30

3. Indemnité supplémentaire au bibliothécaire... 300 »

4. Frais d'impression 899 45

5. Réserve d'amortissement.................... 300 »

TOTAL.................... 1.900 05

BALANCE

Recettes 1.900 05

Dépenses 1.900 05

Excédent..... » »

ANNEXE N° 3

BUDGET ORDINAIRE DE 1906

Recettes

1. Cotisations à 30 francs .... 3.850 »
2. Cotisations à 15 francs .... 1.800 »
3. Subvention de la ville de Montbrison .... 200 »
4. Vente de publications éditées par la Société.. 10 »

TOTAL .... 5.860 »

Dépenses

1. Traitement du bibliothécaire .... 1.200 »
2. Frais de bureau et ports d'imprimés .... 400 »
3. Entretien de la salle et de ses annexes...... 100 »
4. Chauffage................................... 100 »
5. Indemnité au concierge .... 120 »
6. Impressions................................ 3.000 »
7. Achat de livres, abonnements, reliures....... 350 »
8. Fouilles et moulages....................... 100 »
9. Frais d'encaissement .... 140 »
10. Achat de jetons .... 200 »
11. Imprévu .... 150 »

TOTAL................... 5.860 »

II

EXCURSION ARCHÉOLOGIQUE A ROCHEFORT, SAINT-LAURENT-EN-SOLORE ET L'HOPITAL-SOUS-ROCHEFORT.

Le 28 août 1905

Commissaires : MM. abbé Faure, C. Jacquet, T. Rochigneux, L. Rony, Eleuthère Brassart.

PROGRAMME.

ROCHEFORT.

La route qui y mène est, depuis l'Hôpital-sous-Rochefort, *une des voies antiques de Feurs à Clermont ;* elle se détachait de la voie principale à Naconne. Au sortir de la plaine, elle touchait Boën, Leignieu et traversait l'Hôpital-sous-Rochefort. Cette voie paraît s'être dirigée sur Thiers par le Mas de Saint-Didier-sur-Rochefort, l'Endrevis, la Pau, Rambaud et Montguerlhe. Très fréquentée pendant tout le moyen âge, elle était, dès le XVII⁰ siècle, jalonnée par des relais de poste.

Croix des Rameaux d'où il est facile de voir les positions occupées par *Solore* et *Château-Vieux* près desquelles les excursionnistes passeront sans pouvoir y aborder, faute de temps et de chemins praticables.

Rochefort, château cité pour la première fois en 1173 dans le traité entre le comte de Forez et l'Eglise de Lyon, rasé en 1596, lors de la pacification, sous Henri IV. Seule la porte d'entrée à l'ouest, quoique fortement minée, a résisté à la démolition. Eglise, paroissiale jusqu'à la Révolution, réunie à Saint-Laurent depuis le rétablissement du culte ; nef et chœur du XII⁰ siècle ; le portail, les deux chapelles latérales, le clocher paraissent être du XVIIᵉ siècle. A remarquer dans le chœur un curieux pavage à compartiment en bois et briques rouges. Ancien, artistique et très précieux mobilier qui, grâce à la pauvreté des habitants sans ressources pour l'échanger contre une plus moderne, nous est parvenu dans son intégrité.

CHATEAU-VIEUX.

Château-Vieux, position fortifiée, au bord d'une muraille de rochers à pic d'une prodigieuse hauteur, inaccessible, sauf par une arrête que coupent deux fossés. En soir, une aiguille de rocher porte a son sommet une guette. Entre le fort et la guette, dans les taillis, emplacements des maisons d'un village abandonné que traversait un chemin grossièrement pavé.

D'après la tradition on y voyait naguère (?) les traces de scellement d'anneaux en fer qui servaient à attacher les bateaux voguant sur le lac du Forez. Que signifie ce mythe que l'on retrouve dans diverses localités du Forez, même a plus de 1200 mètres d'altitude, dans la montagne de Chalmasel ?

Au-dessous de Château-Vieux et au midi, *Cheƶ Tavel*, autre lieu abandonné. De l'autre côté du valon, territoire de *Château Bernard* sur un mamelon dont les pentes sont couvertes d'un éboulis de moellons pouvant provenir de la destruction d'un ouvrage de main d'homme.

SOLORE

Solore, chef-lieu de l'*ager Solobrensis*, division territoriale citée dans de nombreuses chartes du Xᵉ siècle, château sur une colline isolée au milieu du vallon où se cache Saint-Laurent. Il ne reste de cette place que quelques pans de murs informes ; mais leur construction en mortier très dur, mélangé de briques pilées, les nombreux debris de tuiles à rebords que l'on y rencontre permettent de la regarder comme appartenant au Bas-Empire ou à l'époque Mérovingienne. Au-dessous du rempart, au levant, les défoncements pour plantation de vignes ont fait découvrir quelques sépultures qui paraissent être franques ou burgondes.

SAINT-LAURENT.

Saint-Laurent-en-Solore ou *sous-Rochefort*. L'église est datée, commencée en 1470, elle était terminée en 1496. Deux portes, l'une à l'ouest, l'autre au midi d'un dessin ferme et élégant. Maitre-autel en bois doré, XVIII⁴ siècle, un des plus beaux du Forez, orné de statuettes remarquables. Statue de sainte Anne de la fin du XV⁴ siècle.

En dehors de l'église, au milieu de l'ancien cimetière, haute croix en grès, ornée d'une *Piété* et de nombreuses statuettes. C'est une œuvre du XVI⁴ siècle dans un état de conservation aujourd'hui très rare.

Plusieurs vieilles maisons de St-Laurent méritent l'attention des artistes.

L'HOPITAL-SOUS-ROCHEFORT.

Petit bourg fortifié dans la première moitié du XV⁴ siècle. Le mur d'enceinte est encore en grande partie visible et a conservé ses deux portes principales, l'une à l'ouest, l'autre à l'est ; cette dernière est particulièrement bien conservée.

Au midi du bourg, mais compris dans l'enceinte, prieuré de bénédictins, relevant de la Chaise-Dieu. Edifié au XII⁴ siècle, il fut en majeure partie reconstruit au XV⁴ siècle. Plusieurs cheminées portent les armes du prieur Mastin de la Merlée qui vivait à la fin du XV⁴ siècle ; l'une d'elles a été transportée à Anzon.

Eglise du XII⁴ siècle. Portail principal en arc brisé surmonté d'un campanile à quatre baies plein cintre. La nef était primitivement couverte d'une voûte en berceau s'appuyant sur les grands arcs appliqués latéralement aux murailles ; pour une cause inconnue, elle fut remplacée par une autre en croisee d'ogives, vers 1485, aux frais du prieur Mastin de la Merlée. Coupole barlongue sur laquelle fut édifié un corps de garde au XV⁴ siècle, lors de la fortification du bourg et de la mise en état de défense de l'église. Ce corps de garde devint au XVII⁰ siècle le clocher actuel.

Cette église est construite en majeure partie avec des matériaux de grand appareil provenant d'un monument romain ; quelques pierres portent des trous de scellements. On remarque aussi de nombreux socles de cippes funéraires creusés d'un trou circulaire.

Divers objets du culte dignes d'attirer l'attention notamment une très remarquable statue de la Vierge du commencement de la Renaissance, classé comme monument historique.

Sur une place, un cippe antique, marqué de l'ascia, supporte une croix de fer.

Maisons en pisé, du XVI⁰ siècle, ayant encore gardé d'élégantes ouvertures en chêne qui primitivement étaient garnies de volets sculptés dont une collection privée conserve des spécimens.

III

MOUVEMENT DE LA BIBLIOTHÈQUE
ET DU MUSÉE.

Dons

Ont été offerts par MM :

Anonyme : *Instruction sur le jubilé de l'église paroissiale de Saint-Jean de Lyon à l'occasion du concours de la Fête-Dieu avec celle de la Nativité de Saint-Jean-Baptiste qui arrive le 24 juin de cette année 1734.* Lyon, Pierre Valfray, 1734, in-12.

— Cholet (baron Fortuné de), *Madame, Nantes, Blaye, Paris.* Paris, L.-F. Hivert, Dentu, 1833, in-8°.

— Custine (Comte Robert de), *Les Bourbons de Goritz et les Bourbons d'Espagne.* Paris, Ladvocat, 1839, in-8°.

— Eckart, *Recherches historiques et critiques sur Versailles. Biographie sommaire des personnes illustres, célèbres, remarquables, etc, nées dans cette ville, suivies d'une notice concernant l'ancienne cour de justice de la maison de nos rois.* Versailles, Dufaure, 1834, in-8°.

Chevalier (le chanoine Ulysse), ses œuvres : *Bibliothèque liturgique*, tome V, 4ᵉ livraison, *Autour des origines du suaire de Lirey, avec documents inédits.* Paris, Alphonse Picard et fils, 1903, in-8°.

— — — Tome VII, *Sacramentaire et martyrologe de l'abbaye de Saint-Rémy. Martyrologe, calendrier, ordinaire et prosaire de la métropole de Reims (VIIIe-XIIIe siècles) publiés d'après les manuscrits de Paris, Londres, Reims et Assise.* Paris, Alphonse Picard, 1900, in-8°.

— — — Tome VIII, *Ordinaire et coutumier de l'église cathédrale de Bayeux (XIIIe siècle) publiés d'après les manuscrits originaux.* Paris, Alphonse Picard et fils, 1902, in-8°.

— — — Tome X, Repertorium hymnologium, *Catalogue des chants, hymnes, proses, séquences, tropes en usage dans l'église latine depuis les origines jusqu'à nos jours;* tome III. A-Z, n°s 22257-34827. (Extrait des Analecta Bollandiana), Louvain, (Polleunis et Ceuterick), 1904, in-8°.

— *Cartulaire de l'abbaye de Saint-Barnard de Romans,* 1re partie (817-1093). Romans, 1898, in-4°.

— *Documents historiques inédits sur le Dauphiné,* 8e livraison, *Vie et miracles de la bienheureuse Philippe de Chantemilan, documents du XVe siècle publiés d'après le manuscrit de M. Chaper avec une introduction.* Paris, Alphonse Picard, 1894, in-8°.

— *Jeanne d'Arc. Bio-bibliographie.* Valence, 1905, pet. in-4°.

— en collaboration avec le chanoine J.-H. Albanès, Gallia Christiana novissima. *Histoire des archevéchés, évéchés et abbayes de France, accompagnée des documents authentiques recueillis dans les registres du Vatican et les archives locales.* Tome Ier, *Aix, Apt.*

Fréjus, Gap, Riez et Sisteron. Montbéliard, 1899, in-4°.

— — *Marseille (évêques, prévots, statuts).* Valence, (A. de Chaléon), 1899, in-4°.

— — *Arles (archevêques, conciles, prévôts, statuts).* Valence, (A. de Chaléon), 1900, in-4°.

— Bellet (Mgr Charles-Félix), *L'œuvre scientifique de M. le chanoine Ulysse Chevalier. Hommage et souvenir de ses amis.* (Extrait de la *Semaine religieuse de Grenoble).* Grenoble (Joseph Baratier), 1903, in-8°.

— — *Le saint Suaire de Turin.* (Extrait de la *Revue d'histoire ecclesiastique,* IV, n° 2). Paris, A Picard et fils, 1903, in-8°.

. — Deslandes (chanoine E.), *Ordinaire et coutumier de l'église cathédrale de Bayeux (XIIIᵉ siècle).* Bayeux, (G. Colas), s. d., in-8°.

— Perrossier (chanoine Cyprien), Gallia christiana novissima, *Histoire des archevéchés, évéchés et abbayes de France,* etc... *Bibliographie.* (Extrait de l'*Echo de N.-D. de la Garde, semaine religieuse de Marseille).* Marseille, (Dupeyrac), s. d., in-8°.

Crozier (Philippe) : Sentence contre Jean Girin, laboureur de Chalain-d'Uzore, au profit de Jean de Lévis, père et administrateur des biens d'Ylaire de Lévis sa fille, et de Sybille Verdier, sa femme, au sujet de troubles apportés par ledit Girin à la jouissance par les consorts Lévis d'un pré dit le pré Précieu, sis aux Boissonnées, paroisse dudit Chalain d'Uzore, 26 août 1581.

Expédition authentique. Parchemin de 4 feuillets, l'un blanc.

— Vente de terres et étang sis aux Boissonnées près Chalain d'Uzore, passée par Pierre de Citron, sieur de Beaucieu, au profit d'Ylaire de Lévis veuve de Jacques Perrin, sieur de la Corée, les Thevenets, Villechaize, reçu Granjon, not. royal, le 27 août 1615.

Expédition authentique. Parchemin de 4 feuillets.

Doesz (Mme Madeleine): Faugier (chanoine Etienne), *Panégyrique du bienheureux curé d'Ars prononcé à Ars le 5 juin 1905 à l'occasion du pèlerinage du canton de Rive-de-Gier.* Rive-de-Gier, Bruyère frères, 1905, in-8°.

— Annoyme, *Album historique. Pèlerinage de Notre-Dame de Valfleury. 1er septembre 1901, dirigé par les prêtres de la mission.* S. l. n. d., in-16.

Faugier (chanoine Etienne): abbé Salesse, *Histoire du pèlerinage et du sanctuaire de Notre-Dame de Valfleury au diocèse de Lyon.* Lyon, (E. Paris, Philippona et Cie), s. d., in-12.

Grellet de la Deyte (Emmanuel): Longevialle (Maurice de), *Un chapitre de plus au mérite des femmes. Souvenir de la Terreur à Lyon en 1793.* Le Puy, 1905, in-12.

Jaubert (D.), son ouvrage : *Gestes de Provence.* Paris, Albert Fontemoing, 1905, in-12.

Lachmann (Emile), ses œuvres musicales : *Menuet du Roi,* op. 186, arrangé pour estudiantina ; 1re mandoline, 2e mandoline, mandole, guitare et piano-

conducteur, par Raoul Chassain de la Plasse. Lyon,
« Accord parfait », 1905, in-8°.

— La partition manuscrite de ce même arrangement pour estudiantina. In-4° oblong.

— Vingt solfèges (de 21 à 40) à deux voies égales.
Ténors et basses pour épreuves de lecture à vue des
concours de musique. Deux exemplaires. Lyon,
« Accord parfait », s. d., in-8°.

Laire (H. de), comte d'Espagny : Protocoles du
notaire *Garonis*, de Saint-Haon-le-Châtel, 1526-
1530.

Registre manuscrit, sans couverture, de 298 feuillets in-4°.

Martin (abbé Jean-Baptiste), ses ouvrages : *Conciles
et bullaire du diocèse de Lyon, des origines à la
réunion du Lyonnais à la France en 1312. Thèse
pour le doctorat de l'Université de Lyon. Mention
lettres.* Lyon, Emmanuel Vitte, 1905, in-8°.

— *L'église de Lyon au XIVe siècle.* Lyon, Emmanuel Vitte, 1905, in-8°.

Meaux (vicomte de), son ouvrage : *Souvenirs politiques, 1871-1877.* Paris, Plon, Nourrit et Cie, 1905,
in-8°.

Monery (Louis) : *Exposition des primitifs français
au palais du Louvre (pavillon de Marsan) et à la
Bibliothèque nationale. Catalogue*, par MM. Henri
Bouchot, Léopold Delisle, J.-J. Guiffrey, Frantz-
Marcou, Henri Martin, Paul Vitry, avec préface
de Georges Lafenestre. Paris, 1904, in-8°.

— Limagne (A), *Souvigny, son histoire, son ab-*
XIV. — 20.

baye, son église (Extrait du *Mois littéraire et pitto-resque*). Paris, P. Ferron-Vrau, s. d., gr. in-8°.

Nesme (abbé): *Règlemens et ordonnances faites par Mgr. l'illustrissime et révérendissime archevêque et comte de Lyon, primat de France, commandeur des ordres du Roy et son lieutenant général au gouver-nement de Lyonnois, Forestz et Beaujolois, imprimé de nouveau selon l'ordre des matières, avec quelques arrêts et déclarations concernant la jurisdiction ecclé-siastique.* Lyon, Antoine Jullieron, 1687, in-12.

Neyron (Gabriel): Buste du pape Pie VII.
Albâtre. Hauteur o m. 58 c.

Reure (abbé), ses notices : *Gaspard Paparin, poète forézien.* (Extrait du tome XIV du *Bulletin de la Diana*). Montbrison, (Eleuthère Brassart), 1904, in-8°.

— *Les emblèmes de Anne d'Urfé avec des stances de Loys Papon et un discours sur la vie d'Anne d'Urfé.* (Extrait du *Bulletin de la Diana*, tome XIII). Lyon, Louis Brun, s. d. (1904), in-8°.

— *Services de quarantaine et de bout de l'an célé-brés à Saint-Martin-d'Estreaux en 1540 pour l'âme de Gilberte d'Etampes,* (Extrait du *Bulletin de la Diana*, tome XIV). S. l. n. d. Montbrison, (Eleuthère Brassart), 1904, in-8°.

— [Alleon Dulac], *Mélanges d'histoire naturelle.* Tomes I et II. Lyon, Benoît Duplain, 1763, 2 vol. in-12.

— Boissieu (le R. P. de), *Le saint Evangile de Jésus-Christ, expliqué en méditations pour chaque jour de l'année selon l'ordre de l'Eglise, augmenté de méditations pour les fêtes de Notre-Dame et pour la fête et neuvaine de saint François-Xavier*, tomes I, II, III et IV. Lyon, Jacquenod père et Rusand, 1767, 4 vol. in-12.

— Daubenton, *Extrait de l'Instruction pour les bergers et les propriétaires de troupeaux*. Feurs. Magnein, an III, in-12.

— Delarue (F.), *Traité élémentaire de réthorique française à l'usage des collèges et spécialement des pensionnats de demoiselles et des établissements où l'on ne s'occupe que d'études françaises*. Saint-Etienne, Delarue, 1836, in-12.

— Dubois (Paul), *Discours prononcé, au nom de l'Académie des Beaux-Arts de l'Institut de France, aux funérailles de M. Bonnassieux, membre de l'Académie, le lundi 6 juin 1892*. Paris, Firmin Didot, s. d. (1892), in-4º.

— Flachat (Jean-Claude), *Observations sur le commerce et sur les arts d'une partie de l'Europe, de l'Asie, de l'Afrique et même des Indes orientales*, tome Iᵉʳ. Lyon, Jacquenod père et Rusand, 1766, in-12.

— Janin (Jules), *Choix de poésies contemporaines, André Chénier, de Lamartine, Casimir Delavigne, Charles Nodier, Madame Tastu, Mademoiselle Delphine Gay, Madame Desbordes-Valmore, Jules Lefèvre, Alfred de Vigny, précédées d'une histoire de la poésie moderne*. Paris, Méquignon, Havard et Bricou, 1829, in-12.

— Lisfranc (J.), *Des rétrécissements de l'urèthre, thèse soutenue le 24 février 1824 au concours de l'agrégation (section de chirurgie), près la faculté de médecine de Paris.* Traduction du latin avec des notes par J.-B. Vésignié et J.-B. Ricard. Paris, Béchet jeune, 1824, in-8°.

— Saint-Etienne (Ville de), *Rapport sur la reconstruction de l'Hôtel-Dieu de Saint-Etienne, présenté à la commission d'étude par une délégation composée de MM. Girodet, maire, Simonnet, Lamaizière, Fleury et Chavanis, rapporteur.* Saint-Etienne, J. Pichon, 1889, in-8°.

— Soleysel (de), *Le parfait mareschal qui enseigne à connoistre la beauté, la bonté et les défauts des chevaux, les signes et les causes des maladies, les moyens de les prévenir, leur guérison et le bon ou mauvais usage de la purgation et de la saignée.* 1re et 2e parties, reliées en un seul volume. Liège, François Broncard, 1708, in-4°.

— Thiollière (J.-C.), *Diversités littéraires, historiques et philosophiques.* Saint-Etienne, Boyer, 1791, in-8°.

— Vingtrinier (Aimé), *Notice nécrologique sur Léon Boitel.* (Extrait de la *Revue du Lyonnais,* 1er septembre 1855). Lyon (Aimé Vingtrinier), s. d. (1855), in-8°.

Ribier (Dr Louis de), son ouvrage : *Charlus-Champagnac et ses seigneurs.* Paris, H. Champion ; Riom, Ulysse Jouvet, 1902, gr. in-8°.

Saint-Pulgent (Alphonse de) : *Les amours des Dieux. Recueil de compositions dessinées par Girodet et lithographiées par MM. Aubry, Le Comte, Châ-*

*tillon, Connis, Coupin de la Couprie, Dassy, Dejuis-
me, Delorme, Laucresson, Monanteuil et Pannetier
ses élèves, avec un texte explicatif par P. A. Coupin.*
Paris, Engelmann et Cie, 1826, gr. in-f°.

Thiollier (Noël), sa notice : *La porte romane en
bois sculpté de l'église de Blesle (Haute-Loire).* (Extrait du *Bulletin monumental,* année 1905). Caën,
Henri Delesques, 1905, in-8°.

Thomas (le P.) [abbé Jean-Baptiste Sapy], de
Saint-Etienne, son ouvrage : *Une illustration du
XIXe siècle, J.-J.-L. Bargès, docteur en théologie,
ancien professeur d'hébreu à la Sorbonne, doyen honoraire de la faculté de théologie de Paris, chevalier
de la Légion d'Honneur, officier de l'Instruction
publique, chanoine honoraire de Paris et de Marseille,*
etc. Bourg-de-Péage, librairie séraphique, 1905,
in-8°.

Echanges.

Académie de Nîmes, *Mémoires,* VIIe série, tome
XXVII, année 1904.

Académie des inscriptions et belles-lettres, *Compte-
rendu des séances de l'année 1905; Bulletin,* janvier-
juin.

Académie des sciences, arts et belles-lettres de
Dijon, *Mémoires,* IVe année, tome IX, années 1903-
1904.

Académie des sciences, belles-lettres et arts de
Clermont-Ferrand, *Bulletin historique et scientifique*

de l'Auvergne, 2ᵉ série, nᵒˢ 1 à 4, janvier-avril 1905.

— Boudet (Marcellin), Le domaine des dauphins de Viennois en Auvergne.

Académie des sciences, belles-lettres et arts de Lyon, *Mémoires, sciences et lettres*, 3ᵉ série, tome VIII, année 1905.

Académie de Vaucluse, *Mémoires*, 2ᵉ série, tome V, 1ʳᵉ livraison, année 1905.

Académie du Var, *Bulletin*, tome LXXII, année 1904.

Institut de Carthage, *Revue tunisienne*, 12ᵉ année, nᵒ 51, mai 1905.

Ministère de l'Instruction publique et des Beaux-Arts, *Bulletin archéologique*, 1ʳᵉ et 3ᵉ livraisons, année 1904.

— Comité des travaux historiques et scientifiques, *Liste des membres titulaires, honoraires et non résidents du Comité, des membres des commissions qui s'y rattachent et de la Commission des documents économiques de la Révolution française, des correspondants honoraires et des correspondants du Ministère de l'Instruction publique et des Sociétés savantes de Paris et des départements.* Paris, imp. nat., 1905, in-8ᵒ.

— Congrès des sociétés savantes à Alger, *Discours prononcés à la séance générale du Congrès, le mercredi 26 avril 1905, par M. Héron de Villefosse, de l'Institut, membre du Comité des travaux historiques et scientifiques, conservateur du musée du Louvre, par M. Stéphane Gsell, correspondant de l'Institut,*

*professeur à l'école préparatoire à l'enseignement su-
périeur des lettres d'Alger, inspecteur des antiquités
de l'Algérie, et par M. Bienvenu-Martin, ministre de
l'Instruction publique, des Beaux-Arts et des Cultes.*
Paris, imp. nat., 1905, in-8°.

Revue de l'histoire de Lyon, tome IV, fascicule III,
mai-juin 1905.

Revue épigraphique, 28ᵉ année, tome V, nᵒˢ 115 et
116, septembre 1904-mars 1905.

*Revue historique, archéologique, littéraire et pitto-
resque du Vivarais, illustrée,* tome XIII, n° 5 à 9,
mai-août 1905.

Semaine religieuse du diocèse de Lyon, nᵒˢ 19 à 35,
13 janvier-21 juillet 1905.

Smithsonian institution. Annual report of the
board of regents of the Smithsonian institution
showing the operations, expenditures and condition
of the institution for the year ending juen, 30 1903.
Report of the U. S. National museum.

Société archéologique de Tarn-et-Garonne, *Bulletin archéologique et historique,* tome XXXII, 1ᵉʳ à
4ᵉ trimestres 1904.

Société archéologique et historique de l'Orléanais,
Mémoires, tome XXIX, année 1905.

— *Bulletin,* tome XIII, n° 180, 3ᵉ et 4ᵉ trimestres
1904.

Société bibliographique et des publications populaires, *Bulletin,* 36ᵉ année, nᵒˢ 4 à 7, avril-juillet 1905.

Société d'agriculture, industrie, sciences, lettres et

arts du département de la Loire, *Annales*, tome **XXV**, 2ᵉ livraison, avril-juin 1905.

Société d'archéologie lorraine et du musée historique lorrain, *Bulletin mensuel*, 5ᵉ année, nᵒˢ 5 à 7, mai-juillet 1905.

Société de Borda, *Bulletin*, 30ᵉ année, 1ᵉʳ et 2ᵉ trimestres 1905.

Société d'émulation du Doubs, *Mémoires*, VIIᵉ série, 8ᵉ volume, 1903-1904.

Société d'émulation et d'agriculture de l'Ain, *Annales*, 38ᵉ année, janvier-mars 1905.

Société départementale d'archéologie et de statistique de la Drôme, *Bulletin*, 154ᵉ livraison, juillet 1905.

Société de Saint-Jean, *Notes d'art et d'archéologie*, 17ᵉ année, nᵒˢ 3 à 7, mars-août 1905.

Société des amis de l'Université de Clermont-Ferrand, *Revue d'Auvergne et Bulletin de l'Université*, 22ᵉ année, 3ᵉ livraison, mai-juin 1905.

Société des amis des sciences et arts de Rochechouart, *Bulletin*, tome XIV, nᵒ 3, 1905.

Société des Antiquaires de l'Ouest, *Bulletin et Mémoires*, tome XXVIII, année 1904.

Société des Antiquaires de Picardie, *Bulletin*, 4ᵉ trimestre 1904 et 1ᵉʳ et 2ᵉ trimestres 1905.

Société des archives historiques de la Saintonge et de l'Aunis, *Bulletin-revue*, 25ᵉ vol., 3ᵉ, 4ᵉ et 5ᵉ livraisons, mai-septembre 1905.

Société des Bollandistes, Analecta Bollandiana, tome XXIV, fascicules 2 et 3, 1905.

Société des lettres, sciences et arts de la Haute-Auvergne, *Revue de la Haute-Auvergne,* 7ᵉ année, 2ᵉ fascicule 1905.

Société des sciences et arts du Beaujolais, *Bulletin,* 6ᵉ année, nᵒˢ 21 et 22, janvier-juin 1905.

Société des sciences naturelles et d'archéologie de l'Ain, *Bulletin,* nᵒ 38, 1ᵉʳ trimestre 1905.

Société d'études des Hautes-Alpés, *Bulletin,* 24ᵉ année, 3ᵉ série, nᵒ 14, 2ᵉ trimestre 1905.

Société d'études économiques du département de la Loire, *Bulletin,* nᵒ 1, mars 1905.

Société d'histoire, d'archéologie et de littérature de l'arrondissement de Beaune, *Mémoires,* tome XXVIII, année 1903.

Société d'histoire et d'archéologie de Châlon-sur-Saône, *Mémoires,* 2ᵉ série, tome Iᵉʳ, 1ʳᵉ partie, 1905.

Société éduenne, *Mémoires,* nouvelle série, tome XXXII, 1904.

Société Gorini, *Bulletin,* 2ᵉ année, nᵒ 7, juillet 1905.

Société littéraire, historique et archéologique de Lyon, *Bulletin,* janvier-mars 1905.

Société nationale des Antiquaires de France, *Bulletin et mémoires, Mémoires,* 1903.

Société philomatique de Paris, *Bulletin,* 9ᵉ série, tome VI, 1904.

Société scientifique et littéraire d'Alais, *Revue cevenole*, VI, 2ᵉ semestre 1904.

Université de Lyon, *Annales*, nouvelle série II, *Droits, lettres*, fascicule XIV, *Pythagoras de Rhégion*, par Henri Lachat, 1905.

Abonnements

Bibliothèque de l'Ecole des Chartes, tome LXVI, 1ʳᵉ à 4ᵉ livraisons, janvier-août 1905.

Bulletin historique du diocèse de Lyon, 7ᵉ année, nᵒˢ 33 et 34, mai-août 1905.

Bulletin monumental, 68ᵉ volume, nᵒˢ 4 à 6, 1904 ; et 69ᵉ volume, nᵒˢ 1 à 4, 1905.

Polybiblion, Revue bibliographique universelle, partie littéraire, 2ᵉ série, tome LXIᵉ, 5ᵉ et 6ᵉ livraisons, et tome LXII, 1ʳᵉ et 2ᵉ livraisons, mai-août 1905.

Revue archéologique, 4ᵉ série, tome V, mai-août 1905.

Revue forézienne illustrée, 15ᵉ année, 2ᵉ série, nᵒˢ 89 à 91, mai-juillet 1905.

Acquisitions

Béraud (Noël) et Gaston Jourda de Vaux, *Le Puy en Velay, vues pittoresques, documents archéologiques*. Le Puy, (photolithographie A. Canard), s. d. (1904), in-fᵒ.

Petit (Ernest), *Histoire des ducs de Bourgogne de*

la race Capétienne avec des documents inédits et des pièces justificatives. Règne de Philippe de Rouvre, *1349-1361; La Bourgogne sous le roi Jean II, 1361-1363*, tome IX et dernier. Dijon, (Darantière), 1905, in-8°.

[Valence de Minardière (Isidore de)], *Notice et documents généalogiques sur la famille de Valence de Minardière.* Paris, Schlesinger, 1883, in-4°.

IV

MOUVEMENT DU PERSONNEL

Membres titulaires

M. Pérot, à Prétieux, reçu le 26 juillet 1905.

M. l'abbé Jean-Baptiste Sapy, rue Foriel-Saint-Victor, à Valence, reçu le 26 juillet 1905.

M. Louis Méhier, juge au tribunal civil, de Montbrison, reçu le 28 août 1905.

JUILLET — DÉCEMBRE 1905.

BULLETIN DE LA DIANA

I.

PROCÈS-VERBAL DE LA RÉUNION
DU 9 NOVEMBRE 1905

PRÉSIDENCE DE M. LE VICOMTE DE MEAUX, PRÉSIDENT.

Sont présents : MM. d'Alverny, de Boissieu, abbé Bonjour, abbé Boucharlat, E. Brassart, abbé Chazal, Coudour, Crozier, J. Déchelette, baron Dugas de la Catonnière, H. Gonnard, abbé Gouttefangeas, Jacquet, abbé Lafay, vicomte de Meaux, de Montrouge, comte R. Palluat de Besset, baron des Périchons, abbé Perret, abbé Planchet, abbé Relave, Rochigneux,J. Rony, L. Rony, Testenoire-Lafayette, abbé Versanne.

Ont écrit pour s'excuser de ne pas assister à la réunion : MM. abbé Buer, Bourbon, comte de Charpin-Feugerolles, Chassain de la Plasse, Leriche, abbé Massardier, Monery, A. de Saint-Pulgent.

*Apothicaires et Médecins. — La querelle de Pierre
Brailler et de Jean Surrelh. — Communication de
M. l'abbé Reure.*

Dans une récente communication faite à la Diana (1),
nous avons parlé incidemment d'une querelle entre
médecins et apothicaires : c'est le grave sujet sur
lequel nous allons revenir, en peu de mots d'ailleurs,
et sans appuyer plus qu'il ne convient. Dieu nous
garde d'étaler ici les récriminations réciproques et
les lourdes injures de ces Messieurs hérissés de suf-
fisance et de pédantisme. Mais les hostilités ont
mis en scène un médecin qui exerçait sa profession
à Saint-Galmier, un médecin qui se mêlait d'écrire ;
c'est assez peut-être pour retenir pendant quelques
minutes l'attention d'un lecteur forézien.

En 1553, paraissait à Tours un petit volume qui
portait ce titre belliqueux : *Declaration des abuʒ et
tromperies que font les Apothicaires, fort utile et necessaire à un chacun studieux et curieux de sa santé,
composé par Maistre Lisset Benancio* (2).

Lisset Benancio est évidemment un nom de fantaisie ; mais qui donc s'est masqué sous ce pseudonyme? On a nommé Symphorien Champier (mort
depuis longtemps), Thomas Lespleigney, un certain

---

(1) *Notes sur la dynastie littéraire des Dupuy,* plus haut,
dans ce *Bulletin,* p. 244 et suiv. — Tirage à part, Montbrison,
1905, in-8°, 19 p.

(2) Tours, Matthieu Chercelé (ou Guillaume Bourgej, 1553,
petit in-8°.

Antoine Belise (1) ; mais si on veut bien remarquer que *Lisset Benancio* est justement l'anagramme de *Sebastien Colin*, médecin à Fontenay-le-Comte, et qui a signé d'autres livres de son véritable nom, il ne restera guère de doute sur l'auteur de la *Déclaration*.

Ce point, du reste, nous importe assez peu. En 1557, l'ouvrage reparut à Rouen, chez Thomas Maillard ; la même année, il fut encore réimprimé à Lyon, par Michel Jove (2), qui donna en même temps la réplique de Pierre Brailler, se disant apothicaire à Lyon. Brailler (copiant presque le titre du factum de Benancio) intitula le sien : *Declaration des abus et ignorances des Medecins, œuvre tresutile et profitable à un chacun studieux et curieux de sa santé, composé par Pierre Braillier, Marchand Apotiquaire de Lyon : Pour response contre Lisset Benancio, Medecin* (3). Le livre est dédié à un grand personnage (4) que son nom rattache étroitement au Forez, Claude Gouffier, seigneur de Boisy, grand écuyer de France ; « Monseigneur, lui dit Brailler, par iceluy [livre] cognoistrez que certain Médecin satyrique, sous un nom emprunté, et forgé nouvellement (ainsi qu'il peult sembler y avisant de près), s'est légère-

---

(1) Brunet, *Manuel du Libraire*, t. Ier, col. 768.

(2) In-16, 68 ff. non chiffrés.

(3) A Lyon, Par Michel Iove. S. d. [1557], in-16, 146 pp. et un f. non ch., qui contient des vers à l'auteur. — La *Biographie lyonnaise* de Breghot du Lut et Péricaud mentionne Pierre Brailler comme un personnage réel ; d'autres ont pensé que c'était aussi un pseudonyme. En tout cas, l'attribution de l'ouvrage à Bernard Palissy a peu de vraisemblance, bien qu'il ait été plusieurs fois réimprimé dans ses œuvres.

(4) Cette dédicace est datée de Lyon, 1er janvier 1557 (1558, n. st.).

ment ingéré à blasmer et vilipender l'estat de la Pharmatie, auquel Dieu m'a appellé, estat certes non moins utile et nécessaire que le sien, du quel s'il a abusé, il ne sen suit pas qu'il doive croire que les Apoticaires abusent du leur ». Brailler convient qu'il y a en effet des apothicaires « impéritz et imprudens », mais c'est ordinairement la faute des médecins eux-mêmes, etc.

La guerre en était là, et probablement en serait restée là, si les deux livres de Lisset Benancio et de Pierre Brailler n'étaient tombés entre les mains de Jacques Dupuy qui, au fond de sa petite ville de Saint-Galmier, se tenait à l'affût des nouveautés littéraires. Il prêta les deux pamphlets à Jean Surrelh, pour lors médecin à Saint-Galmier. Le bon Surrelh ne perdit pas son temps, tailla sa bonne plume, et, sans épargner les épigrammes à Lisset Benancio, réfuta aussi les dires de Brailler, dans un opuscule qu'il lança sous ce titre : *Apologie des Medecins contre Les calomnies et grands Abus de certains Apothicaires, Par Jean Surrelh, Medecin* (1).

Chose singulière, Antoine du Verdier, un Forézien, et si au courant des productions des presses lyonnaises, ne mentionne pas, dans sa *Bibliothèque*, l'*Apologie* de Jean Surrelh, bien qu'il ait connu la réponse de Pierre Brailler. On n'oubliera pas que ces livrets de circonstance faisaient bien peu de bruit ; après avoir été lus par quelques curieux, ils disparaissaient de la circulation : heureux s'il en

(1) Lyon, sans nom de libraire, 1558, in-8o, 28 ff. chiffrés, y compris les ff. lim., qui contiennent le titre, et la dédicace à Jacques Dupuy.

restait un ou deux exemplaires pour la félicité des bibliophiles futurs ! J'ai cité ailleurs l'intéressante dédicace de Pierre Surrelh à Jacques Dupuy, où il fait un éloge si remarquable de la « latitude d'esprit » de « toute la race des du Puy ». Il suffit d'ajouter que le mince volume de Surrelh bafoue, avec une verve parfois assez heureuse et qui n'est pas sans esprit, l'ignorance et les bévues des apothicaires.

Surrelh avait paru faire le procès à la corporation des apothicaires en général, plutôt qu'à Pierre Brailler ; mais, dans la dédicace, il n'avait pu se tenir de blasonner le livre de Brailler; il l'avait irrévencieusement qualifié un « maledic ouvrage, forgé par mal-vouloir sur l'enclume de faulseté ». Enfin, confondant dans le même dédain Benancio et Brailler, il les traitait tous deux de « gens ignares, agitez de tous vens, et mal contens de leurs estats ».

La vengeance de Brailler ne se fit pas attendre, et, quelques semaines après, parurent : *Les Articulations de Pierre Brallier, Apothicaire de Lyon, sur l'Apologie de Iean Surrelh, Medecin à S. Galmier (1).* En tête est une espèce d'introduction, où Brailler prend un ton goguenard contre celui qu'il juge un infime adversaire : « Des nouvelles, Messieurs, des nouvelles bonnes et belles. Tout est gaigné, tout est sauvé. L'honeur des Médecins ignorans est restabli, et remis par un (qui dirai-je), par un Hercules vengeur de maux, ou plutost par un Escarbot nouvellement sorty du fumier, pour entreprendre la ven-

---

(1) A Lyon, sans nom de libraire, 1558, in-8°, 63 pp., y compris le titre. A la fin sont huit méchants vers contre « Jan Surrelh ».

geance du Lièvre contre le Lyon. Par un Iean Surrelh, seur et seul vindicateur des Médecins ignorans,
contre moy Pierre Brallier, Apothicaire de Lyon,
par cy devant respondant à un incertain Benancio
Lisset. Contre lequel Benancio, Surrelh aussi se
contrebande, tant est seur et asseuré de ses forces,
estimant peu le triomphe et la victoire de l'un,
s'il ne coinoint les deux champions, pour tous deux
les rendre macts, veincus et outrez par une brave
Apologie, nouvellement et à grande instance imprimée ».

Brailler attaque Jean Surrelh sur la qualité de
médecin dont il s'est paré au titre de son libelle.
D'après lui, Surrelh n'est pas un vrai médecin, un
médecin titré, diplômé, pourvu de toutes ses licen-
ces ; « et ne fut onq, ains est maistre d'escholle à
sainct Galmier, descendu des hautes montagnes
dAuvergne. où il a veu, par exemples de couple
d'iverse en nature, se faire de petits asnes grands
mulets, et venu estre trainebalay à la Font-fort ; de
laquelle estant aluminé, a songé à estre illuminé, et
à un instant devenu médecin ». Donc son titre est
faux, archi-faux, « car non médecin, mais des bonnes lettres professeur à escorche-cul de la langue
françoise ».

On peut juger, par ces extraits, de l'urbanité
charmante et de l'atticisme de Brailler ! Il est aussi
fort scandalisé que Surrelh ait osé dédier cette
pauvreté à Jacques Dupuy, « homme méritant dédi-
cation de chose meilleure et plus honnorable, et
lequel, je croy, ne prendra pas grand plaisir à telles
flatteries parasitiques », ni à ces pesantes sottises.

Je me garderai bien de suivre une à une les *Articulations* de Pierre Brailler. Sa méthode est de dépecer l'*Apologie* de Surrelh, d'en détacher des passages, et de les malmener avec une violence grossière et outrageuse.

Telle fut la grande querelle de Brailler et de Surrelh, qui dut tout au plus, je pense, amuser un instant les bonnes gens de Saint-Galmier, et fut oubliée le lendemain.

Ornements flamboyants des époques gauloise et romaine. — Communication de M. J. Déchelette.

En 1885, M. Vincent Durand a signalé à notre Société et a publié dans son *Bulletin* (III, p. 99 et suiv.) d'intéressantes découvertes funéraires qui venaient de se produire sur l'emplacement de l'ancien cimetière de Saint-Clément, commune de Montverdun. Le défoncement d'un champ avait mis à découvert des sépultures à incinération et à inhumation de diverses époques, depuis la période gallo-romaine jusqu'au moyen âge. Divers objets faisant partie de ces trouvailles ont été reproduits dans l'article de Vincent Durand, notamment un ornement de bronze sur lequel je crois devoir revenir, car il me semble digne de fixer l'attention. Il s'agit d'une plaque circulaire d'un diamètre de 15 centimètres, sortie « des couches profondes du cimetière ». « Elle porte, écrit notre regretté secrétaire, exécutée au repoussé, une décoration d'un caractère assez barbare ; des trous qui durent être originairement au nombre de six,

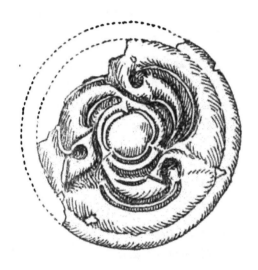

1. — PLAQUE D'ORNEMENT
de *Style flamboyant*,
trouvée dans le cimetière de Saint-Clément,
commune de Montverdun (Loire).

Époque gallo-romaine.

disposés deux à deux, montrent que cette plaque était fixée sur du bois ou sur du cuir par des clous. Le centre conserve des traces de soudure ayant servi à fixer une pièce aujourd'hui perdue : aurions-nous affaire à l'*umbo* d'un bouclier ou à une pièce de harnachement d'un cheval ?

Ce petit objet aparu à juste titre intéressant à André Steyert, qui l'a reproduit dans le tome II de sa *Nouvelle Histoire de Lyon* (p. 221, fig. 212), en le classant parmi les antiquités mérovingiennes, alors que Vincent Durand n'avait exprimé aucune opinion sur l'âge probable de la trouvaille.

Au témoignage du maître ouvrier qui a dirigé le défoncement, « à l'endroit où la plaque en question a été recueillie, gisait un squelette qui avait à son côté un grand couteau » (Vincent Durand, *Ibid.*, p. 108). Mais la plaque appartenait-elle au même dépôt funéraire que cette sépulture, vraisemblablement burgonde ou franque, comme paraît l'indiquer la présence d'un couteau de grande dimension ? Il est permis d'en douter, puisque les fouilles n'ont pas été méthodiques et que dans le cimetière de Montverdun « les antiquités gallo-romaines se superposent ou plutôt se mêlent intimément à de nombreuses sépultures chrétiennes d'une époque reculée » (V. Durand, *Ibid.*, p. 105).

Je suis convaincu, quant à moi, qu'il faut sans hésiter reporter l'ornement de bronze de Montverdun à l'époque gallo-romaine. Ce n'est point simplement pour redresser ce que je crois être une légère inexactitude dans le substanciel ouvrage de l'historien lyonnais que je reviens sur ce petit objet. C'est avant tout pour le rapprocher de certaines pièces de même style et insister sur l'intérêt de ces comparaisons au point de vue de l'histoire de l'art décoratif.

C'est un fait actuellement reconnu que le style dit *flamboyant* et caractérisé par un tracé ornemental à lignes sinueuses, où la courbe s'oppose à la contre-courbe, s'est épanoui à deux reprises dans l'Europe occidentale, tout d'abord à l'époque gauloise, plus tard à l'époque gothique vers la fin du XIVᵉ siècle.

C'est dans les Iles Britanniques que nous pouvons étudier dans tout son épanouissement le *celtique flamboyant*. Quelques figures seront à cet égard plus instructives que de longues descriptions, d'autant plus que cette ornementation, par le caractère capricieux et fantaisiste de ses lignes sinueuses, ne se laisse point aisément décrire.

La pièce la plus curieuse, parmi les créations de l'art flamboyant proto-historique, est, à mon avis,

2. — ANSE DE VASE
EN BRONZE,
de *Style celtique flamboyant*,
trouvée en Angleterre dans
le comté de Merioneth.

Époque gauloise.

un manche en bronze de vase en bois, à garniture métallique, trouvé en Angleterre, à Trawsfynydd, Merionethshire, et conservé au musée de Liverpool. Comme ce vase est, je crois, peu connu des archéologues du continent, il ne sera pas inutile de le signaler ici. C'est une sorte de petit baquet de bois que recouvre sur toute sa surface une enveloppe mince en métal. Il est muni d'une seule anse, dont notre dessin, emprunté à une notice de M. Romilly Allen, représente la face principale. Cette anse est en bronze fondu. Ses ajours présentent une telle similitude avec les remplages flamboyants du quinzième siècle que beaucoup d'archéologues se tromperaient encore sur la date de sa fabrication. Il est tout à fait intéressant, d'ailleurs, d'apprendre de M. Romilly Allen que le vase de Trawsfynydd était encore classé comme *mediaeval* dans un catalogue du musée de Liverpool, rédigé en 1850.

Il serait facile de multiplier les exemples, d'autant plus que depuis l'an dernier deux nouveaux ouvrages ont été publiés en Angleterre sur la période dite du *Late Celtic* et que l'un et l'autre renferment des documents nouveaux pour l'étude de cet art gaulois (1). En France, nous en avons des spécimens d'ailleurs assez nombreux, mais chez nous l'art indigène a été étouffé dès les débuts de l'ère chrétienne par la diffusion de l'art classique qu'ont introduit les Romains. Les Bretons insulaires, moins accessibles aux influences gréco-romaines, en raison de leur situation géographique, ont su conserver plus longtemps à leurs produits industriels leur caractère local et original.

La petite rondelle de Montverdun, si modeste que soit son décor, se range parmi les ornements de style gaulois flamboyant. Vincent Durand était parfaitement autorisé à qualifier son ornementation de « barbare » et André Steyert excusable de l'attribuer à l'ère mérovingienne, car cette ornementation s'écarte entièrement de la tradition classique. M. Steyert a commis la même erreur que le rédacteur du catalogue du musée de Liverpool pour l'anse en bronze de Trawsfynydd. De telles erreurs sont instructives,

---

(1) Romilly Allen, *Celtic art in pagan and christian times*, Londres, 1904. — Read et Smith, *A Guide to the antiquities of the early iron age in the British Museum*, Londres, 1905.

et témoignent hautement des affinités étranges qui, à plusieurs siècles de distance, unissent les produits de l'art celtique aux monuments de l'art chrétien. Il resterait à expliquer l'origine de ces affinités. Quelques historiens de l'art admettent la co-existence en Europe de deux « grandes écoles artistiques » nettement distinctes et occupant l'une et l'autre une zone géographique propre. A l'école méridionale appartient l'art figuré, la représentation fidèle et naturaliste des êtres animés. A l'école du Nord, le style héraldique, et le décor purement ornemental. L'histoire de l'art dans l'Europe centrale et notamment en France met en lumière les phases de la lutte perpétuelle engagée entre ces deux éléments. Thèse séduisante, qui poussée jusqu'à ses dernières applications, permettrait de considérer à certains égards le *modern style*, malgré ses affinités japonaises, comme un retour offensif du tempérament nordique contre la tradition classique.

Je ne saurais, Messieurs, m'engager dans l'examen de questions aussi complexes à propos de la modeste rondelle de Montverdun. Je reviens à ce petit objet en vous communiquant encore, avant de clore cette note, certains ornements ou fibules de style similaire trouvés en Allemagne et appartenant à l'époque romaine (1). Vous y

_____

(1) Lindenschmit, *Die Alterthümer unserer heidnischen Vorzeit*, III, cahier VII, pl. 5. Voici l'indication des provenances de ces quatre petits bronzes : Fig. 3, fibule, trouvée dans une sépulture romaine à Regensbourg ; fig. 4, plaque de garniture, tombe romaine à Alsheim (Hesse rhénane) ; fig. 6, boucle, lieu de provenance inconnu, en Bavière ; fig. 5, garniture, trouvée à Dorsheim (Hesse rhénane).

remarquerez, comme sur le petit bronze forézien,

le motif typique formé d'une courte tige cintrée portant à chaque extrémité

3.

4.

5.

6.

3, 4, 5, 6. — BOUCLES ET FIBULES EN BRONZE
de *Style celtique flamboyant*,
trouvées dans la région de Mayence.
Époque gallo-romaine.

une sorte de pavillon de cor, enfin sur le bronze allemand n° 5 la division ternaire du décor, adoptée de préférence par les artistes gaulois.

Telles sont les analogies qui permettent de classer à l'époque romaine le bronze de style celtique du cimetière de Montverdun.

P. S. Au moment où je corrige les dernières épreuves de cette note, je reçois le dernier fascicule du *Bulletin Monumental*, contenant un article de M. Enlart sur les origines du style gothique flamboyant. Singulière coïncidence, M. Enlart établi que les Iles Britanniques auraient été le berceau de ce style. Il semblera sans doute à nos lecteurs que l'anse de Trawsfynydd et les autres bronzes flamboyants du *Late Celtic* anglais doivent donc de plus en plus retenir l'attention des historiens de l'art.

31 mai 1906.

Une petite inscription forézienne à Leniecq. — Communication de M. d'Alverny.

Notre Société relèvera sans doute avec plaisir une inscription encore inédite. Elle est située, il est vrai, presque au bout du monde, j'entends du monde forézien, à Léniecq, commune de Merle, canton de Saint-Bonnet-le-Château. Si nul archéologue ne l'a lue, c'est peut-être que la maison, autour de laquelle on tourne à droite en venant de Saint-Bonnet et longeant le village pour se rendre au cimetière, n'appartient pas au groupe des habitations étagées autour de l'église, dans les ruines du vieux château. Ce groupe principal attire immédiatement l'attention du visiteur, et sans doute trop exclusivement.

Il s'agit d'un linteau en accolade, d'un seul morceau de granit, qui surmonte une porte simple, aujourd'hui celle de l'étable. La maison, dans son ensemble, paraît de l'époque (1551) notée par deux fois sur la pierre. On remarque, à côté, une fenêtre à croisillon, çà et là, diverses moulures en médiocre état. Au contraire, la conservation de ce linteau, voué à si humble office, est excellente. Les lettres en relief, taillées avec assez de soin, sont à fleur de coin, si l'on osait ainsi dire.

Rien de plus facile à lire pour un épigraphiste averti. Ne l'étant point, j'apporte à la Diana la collaboration de M. Bondurand, archiviste du Gard, et le remercie ici de l'aide qu'il a prêtée à son cousin un peu embarrassé.

L'écusson porte :

MDLI — A. M. (*Ave Maria*) **— I.H.S.** (*Jesus hominum salvator*) — date, et monogrammes religieux bien connus. On retrouve ceux-ci, et disposés de la même façon dans un écu, sur plusieurs autres maisons de la même région ; par exemple, en deux hameaux de Saint-Nizier-de-Fornas, avec des dates diverses. C'est un motif ornemental, et une manifestation pieuse, classiques.

L'inscription se lit :

1551. C[on]FIT L' IVER, ALES EN MAY. VITAL M.

Confit l'hiver, allez en Mai ! En ces termes d'une harmonieuse concision, auxquels l'archaïsme du premier mot donne, pour nous, une très expressive drôlerie, le maître de la demeure transpose à sa façon le proverbe : Après la pluie, le beau temps. Il apostrophe le passant : Fini, enterré l'hiver, profitez du printemps.

C'est grand'sagesse, et de tour bien français. Nous allons regretter de ne savoir qu'une lettre du nom de Vital M***. Pourtant lui, ne s'est guère soucié de nous l'écrire tout au long ; un chiffre pieux lui parut mieux placé. Acceptons la leçon de cette humble pierre.

Hache en pierre polie découverte à Précieu. — Communication de M. E. Brassart.

M. E. Brassart dépose sur le bureau une superbe hache en pierre polie offerte à la Diana par M. Perrot, de Précieu, notre confrère.

Cette hache qui mesure 0^m 250 de longueur et que la phototypie ci-jointe nous dispensera de décrire longuement, est à double tranchant et est percée au centre d'une douille pour l'emmanchement. Elle est en roche métamorphique de couleur marron foncé, admirablement taillée et polie. Elle est brisée, mais les deux morceaux se rejoignent exactement. Elle paraît avoir subi, sur un de ses côtés, un feu violent et c'est peut-être à cette circonstance qu'est due sa cassure.

Cette hache provient d'une sablière située au lieu dit *la Baluse*, au nord du cimetière actuel de Précieu. Ce territoire renferme des sépultures par ustion du Ier siècle de notre ère ; notre *Bulletin* (IX, 68) en a précédemment décrit quelques-unes.

Dans son livre sur *Les Ages de la Pierre* (1), John Evans, après avoir énuméré les contrées de l'Europe qui ont fourni des haches perforées et polies, constate que les plus belles, les plus élégantes de forme, proviennent de la France. La découverte de Précieu vient confirmer cette observation.

Existe-t-il à Précieu une relation quelconque des

_____

(1) Traduction par E. Barbier, Paris, 1878, page 181.

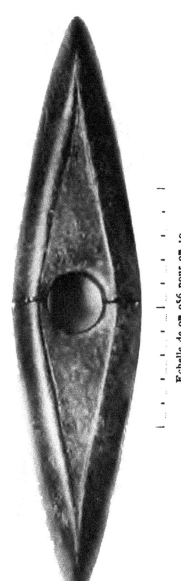

Echelle de 0ᵐ 056 pour 0ᵐ 10

IV. — HACHE EN PIERRE POLIE
percée d'un trou d'emmanchement,
trouvée, en 1895, à Precieu (Loire).
Musée de la Diana.

XIV, p. 306.

sépultures à la hache : on ne saurait le dire ; car celle-ci a été recueillie par des ouvriers qui n'ont pas pu ou voulu fournir aucun détail sur les circonstances de la découverte.

Sur la proposition du Président, des remerciements sont votés, à l'unanimité, à M. Perrot.

Découverte de peintures murales dans l'église d'Epercieu. — Communication de M. T. Rochigneux.

Le secrétaire fait circuler des croquis donnant une idée assez exacte des peintures d'Epercieu ; ils lui ont été confiés par M. Beauverie et sont l'œuvre de M. Jean Delomier, le jeune fils d'un de nos confrères.

M. Rochigneux ajoute les renseignements suivants :

Dans le courant de septembre dernier au cours de travaux urgents de restauration entrepris dans l'église d'Epercieu près de Feurs, des ouvriers plâtriers en enlevant le badigeon des murailles ont fait une intéressante découverte. Nous avons été avisés de cet événement par M. l'abbé Machon, curé de la paroisse, et c'est en l'aimable compagnie de M. Recorbet, notaire, que nous avons pu faire les constatations sommaires dont voici le résumé :

Les peintures en question détruites par places et d'autre part endommagées par plusieurs crépissages ou enduits modernes superposés, garnissent tout l'espace compris entre l'extrados de l'arc triomphal et l'intrados de l'arc doubleau supportant la voûte de la grande nef (1).

Au sommet de la composition, le Saint-Esprit, sous la forme d'une colombe, plane entre le Père Éternel assis, coiffé de la tiare et soutenant la boule du monde, à gauche, et le Christ, dont la figuration a presque entièrement disparu, à droite.

La partie principale au-dessous, représente l'enfer peuplé d'une légion de damnés grimaçants, de femmes notamment, ainsi que de nombreux démons : au centre saint Michel armé d'une croix à longue tige repousse les réprouvés et garde l'entrée de l'abîme.

Dans l'écoinçon de gauche, le seul intact, est figuré le spectre de la Mort avec, en main, la faux traditionnelle ; sur un philactère qui semble sortir de sa bouche on lit ces mots suggestifs : REDDE RATIONEM, en capitales romaines.

Ces peintures sur crépi pourraient bien avoir été éxécutées à la fresque à en juger par certaine partie agathisée ; elles sont d'une très médiocre facture, mais à distance et par un bon éclairage, elles produisent un certain effet.

Il est possible de fixer la date de cette décoration à la première moitié du XVIIe siècle, grâce au costume de certain personnage dont la silhouette a été épargnée dans les dégradations de la partie droite.

Nous avons également constaté dans le chœur l'existence de peintures fort défraîchies mais d'une toute autre époque, probablement du XVIIIe siècle

---

(1) Dimensions : largeur 4 m. 40, hauteur 3 mètres.

finissant, qui simulent de grandes architectures classiques : aussi n'en aurions-nous point parlé si nous
n'avions remarqué sous une de ces arcades peintes,
et faisant face à la fenêtre ogivale du midi, la figure
naïvement traitée de saint Paulin de Nole, un des
patrons de l'église, représenté, comme il convient,
sous l'aspect d'un enfant.

Quelles que soient les réserves que l'on puisse
faire sur le mérite artistique du *Jugement dernier*
d'Epercieu, il n'en est pas moins vrai qu'il constitue un spécimen rare d'une décoration de cette nature au XVIIᵉ siècle ; à ce titre ces peintures auraient
mérité d'être conservées sans restauration aucune,
dans l'état où nous les avons trouvées !

Presque isolée au milieu d'une plaine aux lointains
horizons et dans un site assez monotone qu'égayent seulement
cà et là quelques bouquets d'arbres de toutes essences, l'église
d'Epercieu se présente elle-même sous un aspect saisissant
d'abandon et de pauvreté qu'elle tire peut-être de sa longue
sujétion du prieuré non moins pauvre de Randan. Elle se
composait à l'origine d'un chœur carré plus ou moins reconstruit ou remanié vers la fin du XVᵉ siècle et d'une nef
unique longue seulement de deux travées paraissant de la fin
du XIIᵉ siècle. Cette dernière partie de l'édifice, la seule à
peu près intacte, a sa voûte relativement élevée, en berceau
ogival, portée sur des doubleaux carrés reposant sur des
piliers actuellement cruciformes et sans bases, couronnés
d'impostes unilatéraux.

Successivement deux chapelles voûtées sur nervures pris-
matiques, la dernière moins bien construite, furent ajoutées
au XVᵉ ou XVIᵉ siècle sur le flanc nord de l'édifice, puis
au XVIIIᵉ siècle si ce n'est plus tard, la grande nef fut
allongée d'une travée et des collatéraux de même longueur,
mais de largeur inégale, furent accolés à la nef, l'un de toutes
pièces sur le côté sud, l'autre à travers et au delà des chapelles de l'aspect nord, enfin, plus récemment encore, une

chapelle de la Vierge, d'assez grande dimension, fut établie
en saillie sur le collatéral droit. Ces agrandissements suc-
cessifs témoignent d'une grande pauvreté de matériaux et
d'un manque absolu de règle et de goût dans la construction.
L'aspect extérieur est fort simple et sans aucun contrefort.

Le clocher, massif et du style déplorable en faveur chez
nous dans le deuxième quart du XIXᵉ siècle, s'élève en hors
d'œuvre contre le mur du chevet : il renferme deux cloches
dont l'une appelée *Sauveterre* comme en témoigne son inscription, date de 1579 ; l'autre, vraisemblablement, extraite du
clocher de Saint-Paul d'Epercieu bien avant sa disparition
dans les eaux de la Loire en 1846 et très probablement lors
de la réunion de cette dernière paroisse à celle d'Epercieu
en 1802, date de 1711 et a eu pour parrain et marraine
Abraham de Thélis, seigneur de Chambost, Clépé et Saint-
Paul et dame Marguerite du Bost de Boisvair.

La façade actuelle de l'église se compose d'un mur plat
sans saillie aucune terminé par un pignon obtus et deux
demi-pignons inégaux. La porte ancienne surmontée d'un
oculus circulaire et replacée sans soin au centre de la façade
accuse le XVIᵉ siècle.

Cette église est un des rares et derniers survivants des
édifices religieux bâtis en pays ouvert le long des rives de la
Loire qui gardent ou gardèrent, la plupart jusqu'à nos jours,
le caractère de pauvreté architectonique et décorative spéciale
à cette région.

A quelques mètres en midi de l'église, des ruines fort
solides ont été utilisées pour l'habitation d'un modeste cultivateur : dans leur construction, aux angles et aux rares
ouvertures anciennes, entre de la pierre calcaire jaune appa-
reillée provenant des carrières des environs de Charlieu ; un
fossé encore en eau mais en partie comblé, circonscrit cette
maison à l'est et au midi ; c'est tout ce qui reste de l'ancien
château d'Epercieu !

Une bulle relative au prieuré de Sury au XVe siècle. — Communication de M. l'abbé Relave.

En 1468, le pape Paul II disposait du prieuré de Sury par la bulle suivante.

Dilectis filiis Abbati monasterii Doe Aniciensis diocesis, et Valentino Chati canonico aniciensi, ac Officiali aniciensi.

Cum itaque, sicut accepimus, prioratus Suriaci ordinis Sancti Benedicti Lugdunensis diocesis, quem quondam Guillermus Seguini, presbyter, Apostolicæ Sedis notarius, olim sibi tunc certo modo vacantem auctoritate apostolicâ commendatum, in hujusmodi commendam, dum viveret, obtinebat, per obitum ipsius Guillermi, qui extra romanam curiam diem clausit extremum, hujusmodi cessante commenda, eo quo ante commendam ipsam vacaverat modo, vacare noscatur ad prœsens ;

*   *

A nos chers fils l'Abbé du monastère de Doe (1) au diocèse du Puy, Valentin *Chati* chanoine du Puy, et l'Official du Puy.

Attendu que, par le rapport qui nous en a été fait, nous avons connaissance que le prieuré de Sury, de l'ordre de Saint-Benoît, au diocèse de Lyon, dont Guillaume Seguin, prêtre, notaire du Siège Apostolique, avait obtenu, lors d'une vacance précédente certaine et dûment constatée, la commende de l'autorité apostolique, et qu'il possédait à titre viager, est devenu, la commende cessant par le décès dudit Guillaume qui a terminé son dernier jour hors de la curie romaine, vacant présentement de la même manière qu'il l'était antérieurement à ladite commende ;

_____

(1) *Doe, Doa,* aujourd'hui *Doue,* abbaye de Prémontrés très florissante au moyen âge, ruinée au moment des guerres de religion, et réunie à la mense épiscopale du Puy au XVIIIe siècle. Son église, quelques fragments mutilés du cloître et une vieille tour carrée existent encore dans la commune de Saint-Germain-Laprade, canton du Puy, département de la Haute-Loire.

Ac dilectus filius Oliverius Chauderii, rector parochialis ecclesiæ Sancti Boniti de Sancto Bonito castri, dictæ diocesis, cupiat in monasterio Insulæ Barbaræ, ordinis et diocesis predictorum, una cum dilectis filiis illius Abbate et conventu, sub regulari habitu, virtutum domino famulari ;

Nos, cupientes eumdem Oliverium qui, ut asserit, dictam parochialem ecclesiam inter cætera obtinet, et venerabilis fratris nostri Johannis episcopi Aniciensis capellanus continuus commensalis existit apud nos... multipliciter commendatum, in hujusmodi suo laudabili proposito confovere, sibique, ut decentius valeat sustentari de alicujus subventionis auxilio, proinde ac, premissorum intuitu, gratiam facere specialem, ipsumque a quibusvis excommunicationis... pœnis, quoad presentium consequendum effectum duntaxat harum serie absolventes ;

... mandamus quatenus vos, vel duo, aut unus vestrûm prioratum predictum, qui conventualis non est, et a dicto monasterio dependet et per illius monachos gubernari con-

* *

Attendu d'autre part que notre cher fils Olivier Chaudier, recteur de l'église paroissiale de Saint-Bonnet à Saint-Bonnet-le-Château dudit diocèse, désire entrer au monastère de l'Ile-Barbe des susdits ordre et diocèse, afin d'y servir sous la règle le Seigneur des vertus, avec nos chers fils l'Abbé et les religieux de ce monastère ;

Nous, désirant confirmer dans son louable dessein ledit Olivier qui détient, suivant sa déclaration, ladite église paroissiale entre autres bénéfices, qui de plus est chapelain et commensal habituel de notre vénérable frère Jean [de Bourbon], évêque du Puy, désirant donc lui faire, en considération de ce qui vient d'être dit, une faveur spéciale, afin qu'il puisse pourvoir plus convenablement à son entretien au moyen d'une certaine subvention, et l'absolvant de toutes les peines canoniques qu'il pourrait encourir quant aux conséquences des présentes lettres ;

Ordonnons que vous, ou deux ensemble, ou l'un de vous confère ledit prieuré qui n'est pas conventuel mais qui dépend dudit monastère et a toujours été administré par ses religieux (la charge d'âmes y incombant à un vicaire à vie),

suevit, cuique cura per perpetuum vicarium exerceri solita
iminet (sic) animarum, et ad quem quis per electionem non
assumitur, cujusque et annexorum suorum fructus... centum
et viginti libras turonenses ex valore annuo non excedunt,
ut ipse Oliverius asserit, quomodocumque vacet, (etsi tanto
tempore vacaverit quod ejus collatio, juxta Lateranensis sta-
tuta concilii, ad Sedem predictam legitime devoluta, ipseque
prioratus dispositioni apostolicæ specialiter vel generaliter
reservatus existat, et super eo inter aliquos lis, cujus statum
presentibus haberi volumus pro expresso, pendeat indecisa,)
dummodo, tempore date presentium, non sit in eo alicui specialiter jus quesitum, cum annexis predictis ac omnibus juribus et pertinenciis suis prefato Oliverio, per eum, usque ad
unum mensem post assecutionem dicti prioratus pacificæ
possessionis computandum, cum dicta parochiali ecclesia ac
aliis beneficiis ecclesiasticis cum cura et sine cura, quæ etiam
ex quibusvis apostolicis dispensationibus obtinet, ac in quibus et ad quæ jus sibi quomodolibet competit, quæ omnia,
illorumque ac dictæ parochialis ecclesiæ veros valores annuos,

* *

qui d'ailleurs n'est point sujet à l'élection et ne produit pas,
suivant la déclaration dudit Olivier, plus de cent vingt livres
tournois de revenu annuel, de quelque façon qu'il soit vacant, (bien qu'il soit demeuré vacant assez longtemps pour
que sa collation, d'après les statuts du concile de Latran,
puisse être légitimement dévolue audit siège apostolique et
ledit prieuré réservé à sa disposition, bien que d'autre part
il soit entre divers l'objet d'un litige encore pendant et non
terminé, litige que nous entendons expressément terminer
par les présentes), à la seule condition que, à la date des
présentes, personne ne fasse valoir sur lui un droit particulier, avec ses annexes susdites et ses appartenances, audit
Olivier, afin qu'il le détienne, régisse et administre en commende d'abord par une possession pacifique d'un mois ainsi
que ladite église paroissiale et tous autres bénéfices ecclésiastiques avec ou sans charge d'âmes qu'il détient aussi en
vertu de certaines dispenses apostoliques et sur lesquels il a
un droit d'origine quelconque, avec leurs vrais revenus an-
nuels, y compris ceux de ladite église paroissiale, et nous

(ac hujusmodi dispensationum tenores presentibus pro expressis haberi volumus) tenendum, regendum, et gubernandum commendare.

Et nihilominus, infra dictum mensem, eumdem Oliverium si sit ydoneus et aliud canonicum non obsistat, in dicto monasterio in monachum et in fratrem recipere, seu recipi facere, sibique regularem habitum juxta ipsius monasterii consuetudinem exhibere, necnon ab eo regularem professionem per monachos dicti monasterii emitti solitam, si illam in manibus vestris sponte emittere voluerit, recipere et admittere, et demum præfato Oliverio... prioratum ipsum conferre et assignare, auctoritate nostra curetis, ita quod, hujusmodi durante commenda, debitis et consuetis dicti prioratus supportatis oneribus, de residuis illius fructibus... disponere et ordinare libere et licite valeat, sicuti veri ipsius prioratus priores qui fuerunt pro tempore de illis disponere et ordinare potuerunt seu etiam debuerunt, alienatione tamen quorumcumque bonorum... sub pœnis in quadam per nos desuper edita constitutione contentis, sibi penitus interdicta ; inducentes eumdem Oliverium vel procuratorem suum ejus nomine

*   *

·confirmons expressément par les présentes la teneur de toutes ces dispenses.

Néanmoins, au cours dudit mois, si ledit Olivier a les aptitudes requises et sauf empêchement canonique, nous voulons que vous preniez soin de le recevoir ou de le faire recevoir dans ledit monastère en qualité de religieux et de frère, de l'admettre à vivre suivant la règle accoutumée dans ledit monastère, et à faire, s'il veut de son plein gré la faire entre vos mains, la profession religieuse des moines dudit monastère, et enfin, de conférer et assigner définitivement audit Olivier, de notre autorité, ledit prieuré, de telle sorte que, tant que durera cette commende, en supportant les charges dues et accoutumées dudit prieuré, il puisse librement et licitement disposer du surplus de ses fruits, comme les prieurs légitimes dudit prieuré en ont pu et aussi en ont dû disposer et ordonner, l'aliénation toutefois de n'importe lesquels desdits biens lui étant absolument interdite sous les peines énumérées dans une Constitution que nous avons précédemment

in corporalem possessionem prioratus..., et defendentes inductum, amoto exinde quolibet illicito detentore, ac facientes Oliverium vel pro eo procuratorem ad prioratum, ut est moris, admitti, sibique de illius et annexorum fructibus integre responderi, non obstantibus...

Volumus autem quod si dictus Oliverius infra prædictum mensem habitum non susceperit et professionem expresse non emiserit, ex tunc lapso eodem mense commenda sibi præsentium vigore facta, sit nulla, dictusque prioratus vacare censeatur eo ipso, necnon quod ipse Oliverius post emissionem professionis hujusmodi omnia et singula beneficia sæcularia supradicta omnino dimittere teneatur.

Datum Romæ apud S. Petrum anno 1468, pridiè idus octobris, anno V (1)

* *

édictée (2) ; mettant ledit Olivier ou pour lui son fondé de pouvoirs en la possession corporelle du prieuré, et l'y garantissant contre toute détention illicite, faisant qu'Olivier ou en sa place son fondé de pouvoirs soit possessionné du prieuré comme il est d'usage, et que les fruits dudit prieuré et de ses annexes lui soient intégralement attribués, nonosbtant...

Toutefois, nous voulons que si ledit Olivier n'a pas au cours dudit mois pris l'habit et fait expressément profession, le laps de ce mois étant écoulé, la commende qui lui est faite par la force des présentes soit nulle, et que ledit prieuré soit censé vaquer par là même, et aussi que ledit Olivier soit tenu, aussitôt après avoir fait profession, de renoncer complètement à tous et chacun des bénéfices séculiers susdits.

Donné à Rome près de Saint-Pierre, l'an 1468, le 14 octobre, en la Vᵉ année de Notre Pontificat.

---

(1) Archives du Vatican, *Introitus et exitus*, tom. 530, fᵒˢ 11-13. — Je dois la communication de cette pièce à l'obligeance de M. l'abbé Richard, chapelain de Saint-Louis-des-Français à Rome.

(2) L'aliénation, par les prieurs, de biens qu'ils ne possédaient qu'à titre viager, était un abus fréquent au moyen âge. La Constitution de Paul II put diminuer le mal, mais elle ne le supprima pas. — V. *Bull. de la Diana*, XIII, p. 127.

Le premier paragraphe de l'acte pontifical vise le
fait de la vacance et le déclare certain avec un véritable luxe de formules et de répétitions. Le prieur
précédent, Guillaume Seguin, qui avait été pourvu
de la commende au cours d'une vacance tout à fait
certaine causée elle aussi par la mort du prédécesseur, venait de mourir, et la commende, qu'il
possédait à titre viager, avait pris fin par sa mort.
Cette dernière formule, qui paraît une redondance,
n'en est pas une, car les commendes, bien qu'elles
fussent essentiellement à titre viager, ne prenaient
pas toujours fin par la mort de leur titulaire. Ce
dernier avait à sa disposition, pour éluder la loi et
se donner lui-même un successeur, le procédé com-
mode et sûr de la *résignation*. Il lui fallait, il est
vrai, renoncer dans ce cas au bénéfice de son vivant,
mais il obtenait aisément du successeur qu'il s'était
choisi une pension compensatrice ; il lui fallait de
plus l'acquiescement de la cour de Rome, mais, à
ma connaissance, la cour de Rome acquiesçait toujours : elle y voyait deux avantages, celui d'exercer,
d'étendre même en quelque sorte sa juridiction, et
celui de percevoir un droit (1).

La suite du document nous montre Paul II plein

---

(1) Ce double avantage ne se rencontrait pas dans le cas
présent, car tout nouveau titulaire du prieuré de Sury, après
sa nomination par l'abbé de l'Ile-Barbe, devait obtenir des
bulles de Rome et payer l'annate pour leur expédition. Mais
quand il s'agissait par exemple de la cure, dont la nomination était au prieur, si le curé était nommé par ce dernier,
des provisions délivrées par l'archevêché de Lyon suffisaient
et Rome n'avait pas à intervenir ; tandis que, s'il obtenait la
cure par résignation, Rome intervenait nécessairement, et
donnait des lettres dont, suivant un usage invariable, l'expédition était payée.

d'estime et de sollicitude pour la vie monastique. Mre Olivier Chaudier, chapelain et commensal de l'évêque du Puy Jean de Bourbon, curé de Saint-Bonnet-le-Château depuis un an ou deux (1), a manifesté le désir d'entrer au monastère de l'Ile-Barbe pour y vivre sous la règle de saint Benoît. Le pape approuve hautement cette intention et accorde avec empressement le prieuré de Sury à ce prêtre séculier qui désire se faire moine. L'abbé de l'Ile-Barbe a laissé ce prieuré vaquer un certain temps, et d'après les statuts du concile de Latran, le Saint-Siège pourrait maintenant en revendiquer la collation, d'autre part la possession de ce bénéfice est l'objet d'un litige encore pendant, mais le pape passe outre, et, visiblement, il le fait volontiers. Toutefois le précautionneux pontife entend que l'entrée en religion soit sérieuse et la résidence au monastère fidèlement gardée. Dans le délai d'un mois à partir de la prise de possession du prieuré, Olivier Chaudier devra faire profession à l'Ile-Barbe : le pape l'y oblige sous peine de la nullité de la commende. Durant cet intervalle, il conservera tous ses autres bénéfices, mais, aussitôt sa profession faite, il devra y renoncer pour ne garder que le seul prieuré de Sury. En somme le pape tient rigoureusement la main à deux points importants de la discipline ecclésiastique : il veut que les religieux gardent la résidence, et il ne veut pas qu'un même titulaire détienne plusieurs bénéfices.

Au milieu de ces sévérités, la bulle de Paul II

---

(1) Il avait été pourvu de ce bénéfice par Jean de Bourbon qui, en qualité de prieur de Saint-Rambert, en était collateur.

n'exige en aucune façon que le prieur de Sury
réside dans son prieuré. Au contraire, elle pose en
principe qu'il n'y réside pas. « Le prieuré de Sury,
dit-elle, n'est pas conventuel (1), il dépend du monastère de l'Ile-Barbe, il a toujours été gouverné
par des religieux de ce monastère, et c'est un vicaire
à vie (*vicarius perpetuus*) qui y a charge d'âmes ».
Ainsi se trouve expliqué un dédoublement inexpli-
cable au premier abord, et comment Sury, au
spirituel, fut jusqu'à la Révolution régi par deux
dignitaires, un prieur qui percevait la dîme, et un
curé qui, moyennant une rétribution du prieur,
exerçait le ministère pastoral. A l'origine, le comte
de Forez partant pour la croisade avait remis entre
les mains de l'abbé de l'Ile-Barbe l'église paroissiale de Sury et ses revenus, dont le principal était
naturellement la dîme, et l'abbé y avait dépêché un
de ses religieux pour y faire les fonctions requises.
Les choses se passèrent ainsi pendant un temps
plus ou moins long, mais, un beau jour, un pape
soucieux de l'intégrité de la vie monastique, fit
défense expresse aux moines de vivre hors de leur
couvent. A partir de là le religieux choisi par l'abbé
garda la résidence à l'Ile-Barbe et fut représenté à
Sury par un fondé de pouvoirs auquel il attribua
une portion convenable (*portio congrua*) de la dîme,
qu'il continua de percevoir. Ce religieux conserva
le titre de prieur, que ses prédécesseurs avaient

---

(1) « Un prieur est dict conventuel, quand il a avecque
luy trois ou quatre freres qui chantent toutes les heures à
notes, comme grand messe, matines... » (*Gr. coustum. de
France*, liv. III, p. 289). Il n'y eut en effet jamais rien de
pareil à Sury.

porté comme étant le seul qui convînt à des moines, et son fondé de pouvoirs, qui avait réellement charge d'âmes, prit celui de curé.

Une dernière question se pose, délicate et assez importante, qui est celle de savoir à qui dans ce cas allait la dîme, au religieux personnellement, ou à la communauté. Dans l'état présent de la discipline ecclésiastique, la réponse ne serait pas douteuse : la dîme servirait à grossir la bourse commune. Autrefois, c'était le contraire, elle demeurait la propriété privée du religieux. La bulle de Paul II, décidément riche en enseignements, le dit de la façon la plus expresse. « Désireux que nous sommes de confirmer ledit Olivier dans son louable dessein, et afin qu'il puisse s'entretenir d'une façon plus convenable (*ut decentius valeat sustentari*) au moyen d'une certaine subvention, nous vous mandons de le mettre en possession dudit prieuré... dont le revenu annuel ne dépasse pas cent vingt livres tournois, suivant la déclaration d'Olivier lui-même. » Il est assez difficile d'évaluer cette somme en monnaie actuelle, mais c'était certainement une rente annuelle et viagère d'au moins un millier de francs qui s'offrait au futur moine de l'Ile-Barbe pour l'encourager à faire vœu de pauvreté.

Toutefois, comme il lui fallait pour cela renoncer à sa cure de Saint-Bonnet-le-Château, il n'y trouva pas son compte, et j'incline à croire qu'il n'accepta pas. Très certainement d'abord, il ne renonça pas à sa cure, car il était encore curé de Saint-Bonnet vingt-sept ans plus tard, en 1495 (1) ; d'autre part,

---

(1) *Histoire de Saint-Bonnet-le-Château*, par deux prêtres du diocèse de Lyon, II, p. 4 et suiv.

il ne conserva pas le prieuré de Sury, si tant est
qu'il en ait pris possession, car en 1479 c'est son
protecteur Jean de Bourbon qui est prieur de Sury
et qui donne en cette qualité des statuts à la Société
de prêtres du lieu ; un seul point, dans tout ce
qu'on sait de lui, correspond à la teneur de l'acte
pontifical : il a pu résider à l'Ile-Barbe, car il n'a
pas résidé à Saint-Bonnet. Les consciencieux auteurs
de l'*Histoire de Saint-Bonnet-le-Château* ne l'y ont
rencontré qu'une fois, en 1467, un an avant la bulle.
Le 29 septembre de cette année-là, Olivier Chaudier curé de Saint-Bonnet reçoit Jean *de Rippis*
sous-diacre au droit de porter le surplis dans l'é-
glise paroissiale (1).

De là, il est mentionné dans un acte de 1476 qui
n'implique en aucune façon sa présence, car on y dit
simplement que c'est sur sa requête et celle des
prêtres desserviteurs que les terriers de l'église ont
été renouvelés, et il y est mentionné sous le nom
d'Olivier *Chaudéal*, ce qui suffirait à indiquer qu'il
n'était pas présent (2). Enfin, un acte de 1489 implique
nettement son absence, car la fondation d'un *légat* (3)
par Olivier *Chaudeau* (c'est la troisième forme de son
nom) y est faite par Vital Paucheville vicaire et *fondé
de pouvoirs* dudit seigneur curé (*vicario et procuratore
dicti dni· curati*) (4). Les actes conservés ont été rares
pour cette période ; à partir de 1490 ils se mettent à
abonder, et jusqu'en 1495 Olivier Chaudier, toujours

---

(1) *Hist. de Saint-Bonnet-le-Château*, I, p. 272.
(2) *Ibid.*, p. 275.
(3) Sur ce genre de fondation, v. *ibid.*, p. 281.
(4) *Ibid.*, p. 282.

curé, est régulièrement absent (1). Son fondé de pouvoirs (*procurator*) est alors André Célarier. Car il a toujours eu un fondé de pouvoirs: c'était, au commencement, André Bonnefoy, *procurator specialis et assistens viri discreti dni Oliverii Chauderii, curati Sⁱ Bⁱ* (2), qui n'était pas vicaire, puis ç'a été successivement Vital Paucheville et André Célarier, qui ont cumulé cette fonction avec le vicariat.

En somme, tout donne à penser qu'Olivier Chaudier n'accepta pas le prieuré de Sury dès qu'il ne lui était offert qu'en échange de la cure de Saint-Bonnet-le-Château, mais il dut persister dans son intention de se faire moine à l'Ile-Barbe, et obtenir de conserver dans ce nouvel état sa cure, bien qu'elle fût un bénéfice séculier (3). Ce sont là au moins des conjectures plausibles. J'en ajouterai une dernière, relative au lieu d'origine d'Olivier Chaudier, qui n'était certainement pas de Saint-Bonnet-le-Château, car si sa famille y eût résidé, son nom y eût été connu des notaires, et il ne se fût pas transformé successivement sous leur plume en Chaudéal et en Chaudeau. En face de ces transformations, je me suis demandé si Olivier Chaudier ne faisait pas qu'une seule et même personne avec un clerc du diocèse de Châlon (Châlon-sur-Saône) qui avait servi d'intermédiaire en 1455 entre Guillaume Seguin,

---

(1) *Ibid.*, II, p. 4 et suiv.

(2) *Ibid.*, p. 273.

(3) Au fait, le prieuré de Sury, bénéfice dit régulier, et la cure de Saint-Bonnet-le-Château, bénéfice dit séculier, consistaient également en une paroisse à desservir, avec le droit d'en percevoir les fruits, seulement Sury avait à son origine été attribué à une abbaye, et Saint-Bonnet ne se trouvait pas dans ce cas.

alors nouveau prieur de Sury-le-Comtal et Magnieu-Hauterive, et la Chambre apostolique pour le paiement de l'annate, et qui figure dans les archives du Vatican sous le nom d'Olivier *Chaudet*. Le prénom — plutôt rare — est le même ; l'âge concorde, car un clerc de 1455 a bien pu être pourvu d'une cure en 1467 ; il n'y a que la terminaison du nom qui diffère, mais comme nous l'avons vue modifiée déjà à deux reprises, il me semble que l'on peut admettre comme possible qu'elle l'ait été une troisième fois.

Statuette en bronze découverte. à Feurs. — Communication de M. le vicomte Edmond de Poncins.

En l'absence de M. Edmond de Poncins, M. Rochigneux donne lecture de la communication suivante.

Pendant les fouilles qui furent faites à Feurs en juin 1905 pour l'installation des égouts, une pelletée de terre fit rouler sur les déblais une petite statuette. Un homme la ramasse, un autre la regarde et la rejette sur les déblais en disant : « Ce n'est rien ». Un enfant reprend cette statuette et l'emporte chez lui, elle m'est communiquée et pendant ce temps le bruit court que l'on a trouvé une statue. La mairie la réclame et je la fais remettre à l'administration pour laquelle sa dimension excessivement réduite est un peu une déception, la légende avait déjà voulu qu'elle fut grande. Puis, fort obligeamment, elle m'est prêtée à nouveau pour l'étudier.

mouvements que le jeu des muscles accompagne tellement qu'à lui seul il suffirait à les faire deviner, tout, jusqu'au dessin du mollet et à l'appui du talon qui sent vraiment le poids du corps qu'il supporte, est d'une justesse d'observation et d'exécution absolument impeccable. Mais que peut être ce personnage qui n'est pas un Hercule, bien que la peau de lionne en suggère l'idée, ni un Bacchus, bien qu'il tienne un récipient à boisson à la main ?

Quand on a la bonne fortune de pouvoir poser une question de ce genre à un homme comme M. Héron de Villefosse il suffit de quelques minutes pour être sur la voie des recherches, sous le charme de son accueil, et lorsqu'il pousse l'amabilité jusqu'à mettre à votre disposition les documents nécessaires à un travail on ne peut que le remercier et en profiter.

La petite statuette rejetée en disant « ce n'est rien » est une rareté, un problème, c'est peut-être un DISPATER : la divinité celtique.

Dans le sixième livre de la *Guerre des Gaules* qui traite de la religion celtique, César dit :

« Les Gaulois se vantent d'être issus de Dispater ; c'est une tradition qu'ils tiennent des druides. C'est pour cette raison qu'ils mesurent le temps par le nombre des nuits et non par celui des jours. Ils calculent les dates de naissances, ainsi que le commencement des mois et des années, en choisissant la nuit pour point de départ ».

« La science moderne a prouvé, ou au moins rendu très vraisemblable, que les images gallo-romaines d'un dieu debout, tenant souvent un vase

d'une main et une hampe terminée par un maillet
de l'autre, sont celles du dieu père de la race celtique, que César qualifiait de Dispater ». *(Description
du musée de Saint-Germain-en-Laye*, par Salomon
Reinach).

Trente-deux figurines conservées au Musée de
Saint-Germain représentent ce Dieu ; seule celle du
musée de Beaune a ses attributs intacts. Elle fut
découverte à Premeaux près de Beaune.

« Le dieu est barbu ; il porte de longs cheveux
qui sont surmontés d'une grosse touffe au-dessus du
front. Son vêtement se compose d'un justaucorps
à manches, peut-être la *caracalla* gauloise qui est
fendu de haut en bas sur le devant et serré à la
taille par une ceinture saillante nouée en larges
boucles. Les jambes sont chaussées de braies, qui
se rattachent aux chaussures. Ces caractères sont
communs à plusieurs figurines de cette série...... Un
détail caractéristique de celle de Premeaux, c'est la
présence, sur les vêtements d'ornements incisés en
forme de croix de Saint-André ; il y en a cinq sur
le devant et deux au revers. Les deux attributs du
dieu, le vase en forme d'olla et le maillet à longue
hampe, se sont conservés l'un et l'autre ; la pointe
inférieure de la hampe s'insère dans une petite cavité
de la base » (1).

La série des figurines de Dispater que nous trouvons dans la description du musée de Saint-Germain sont pour la plupart vêtues d'étoffes. La pose
est presque toujours la même : main droite tendue
et portant un vase, main gauche élevée et tenant

---

(1) *Cat. du Musée de Saint-Germain.*

évidemment une hampe, corps reposant sur une jambe, habituellement la jampe droite, et la jambe gauche légèrement repliée, le pied touchant terre par les orteils... Elles sont de petites dimensions variant de 27 centimètres de hauteur à quatre seulement, toujours le dieu est chevelu et barbu. Les provenances sont multiples (Niège en Valais, mais plus habituellement la Côte d'Or, le Jura, la vallée du Rhône, jusqu'à la Provence). Le musée de Lyon en possède plusieurs, le regretté Steyert donne même dans son *Histoire de Lyon* une reproduction d'un Dispater à vêtement orné de croix.

La *Gazette archéologique*, la *Revue épigraphique*, comme le *Catalogue du musée de Saint-Germain*, donnent les échanges de vues et d'appréciations auxquelles les statuettes de Dispater ont donné lieu. Elles renvoient aussi le lecteur à de nombreux articles publiés par les savants les plus à même de nous éclairer sur cette divinité. Mais les opinions diffèrent, et, en somme, il plane sur elles une obscurité que je ne suis malheureusement pas capable de seulement chercher à éclaircir.

Tout d'abord est-ce le Dispater de César ? le Dispater premier ancêtre de la nation gauloise dans l'esprit des contemporains de Jules César ? Aucune inscription n'est encore venue pour l'affirmer de façon indiscutable, car la seule inscription qui ait jamais été trouvée d'un autel inscrit à Dispater, AERECVR[ae] ET DITI PATRI, trouvaille faite à Salzbach près de Carlsruhe, accompagne une sculpture dans laquelle Dispater n'a ni le sceptre, ni le vase et semble donc condamner l'identification supposée du Dispater de César avec le dieu au maillet et au vase.

En 1895 à Saarburg (Meurthe), on trouve un autel sculpté et inscrit (Michaelis, p. 154 et fig. 18) « sur lequel sont représentés un dieu et une déesse, debout tous les deux, le dieu barbu, tête nue, vêtu de la tunique et du manteau, chaussé de bottines, et tenant de la main gauche élevée le maillet-sceptre et de la droite abaissée le vase ollaire ..... L'inscription gravée sur le haut de la stèle est ainsi conçue : *Deo Sucello Nantosvelte, Bellausus, Masse filius, v. s. l. m.* ». M. Michaelis, rappelant que Sucellus est un dieu déjà connu par des inscriptions trouvées au nombre, jusqu'à présent, de quatre (Vienne, Yverdun, Mayence, York en Angleterre), mais sans représentation, est porté à considérer ce dieu comme étant sûrement celui des statuettes gauloises aux seuls attributs du maillet et du vase (1).

Voilà donc Dispater remis en doute et remplacé par Sucellus.

Mais, « en Narbonnaise notamment dans la vallée du Rhône, et même sur celle des rives du fleuve qui, au nord de la Narbonnaise, formait la limite méridionale de la Belgique romaine, Silvain avait pour principal attribut sauf peu d'exceptions (Nîmes, Orange) un maillet à manche court (Saint-Rémy, Arles, La Coste, Saint-Saturnin d'Apt, Nages, Villeneuve-lès-Avignon, Lurs, Vaison, le Rasteau, Valence, Vienne, Uriage, Belley) très semblable à celui dont se servent encore actuellement nos ton-

---

(1) *Revue épigraphique.*

neliers, et le plus souvent accompagné (Venasque, Saint-Gilles, Nîmes, Saint-Romain-de-Malgarde) d'un vase rond en forme d'olla, généralement sans anse, remplacé une fois (le Rasteau) par une syrinx, une autre fois (Belley) par une serpe ; et sur la plupart des autels où se voit ce maillet, seul ou avec le vase, le dieu quoique non représenté, est expressément désigné par des inscriptions à son nom (Arles, La Coste, Saint-Saturnin d'Apt, Venasque, Nages, Villeneuve-lès-Avignon, Lurs, Saint-Romain-de-Malgarde, Vienne : *Silvano*; *Deo Silvano*. Il n'y a donc pas place pour le doute sur le dieu auquel se rapportent ces attributs : le maillet à court manche, le vase, la serpe, la syrinx, même lorsqu'il n'est pas nommé, est incontestablement Silvain, non pas peut-être le Silvain des profondes et sombres forêts de la Gaule, mais un Silvain d'origine italique, gaulois par le maillet, italien par la syrinx ; à la fois dieu forestier et pastoral...... Le vase, particulièrement propre à contenir, soit le lait tiré des brebis (*Silvano lactifero* sur des inscriptions), soit le miel découvert dans les arbres creux de la forêt, ne convient pas moins bien à Silvain dieu pasteur, qu'à Silvain, dieu boccager....... Enfin le maillet très sûrement étranger aux bas-reliefs en Italie, pouvait servir au Silvain de la Province romaine, à enfoncer en terre les pieux marquants les limites des propriétés, car il était aussi *tutor finium*, ou comme berger (*custodi pecudifero*) les fiches de bois fixant au sol les pieds des étais par lesquels sont assujetties les unes aux autres les claies du parc habité la nuit par le bétail ; ou bien pouvait encore être l'outil employé pour la fabrication très répandue dans les Alpes,

et jusque dans la Gaule du sud est, des tonneaux
de bois en remplacement des outres pour le transport du vin et de l'huile » (1).

M. Allmer nous explique dans la suite de cet
article qu'en dehors de la Narbonnaise le maillet à
manche court fait graduellement place à un maillet
à manche plus allongé qui devient une canne, puis
un long sceptre, terminé en forme de maillet dépassant la tête du dieu, lorsqu'il repose par son extrémité inférieure sur le sol, et devient ainsi d'instrument professionnel une marque de dignité...

Nous voici donc édifiés : la statuette qui nous
occupe est celle du dieu Sucellus ou celle du dieu
Silvanus.

Mais voilà bien encore autre chose ! C'est la statuette de Vienne. Au premier coup d'œil que le lecteur voudra bien donner sur le décalque ci-joint,
relevé dans la *Gazette archéologique* de 1887, il ne
peut manquer d'être frappé de la parfaite et complète ressemblance entre la statue qui est représentée et celle qui nous occupe. C'est la même pose
identiquement, le même dieu barbu, la même peau
qui recouvre sa tête, s'attache sur la poitrine par les
pattes de devant, couvre le dos, revient sous le bras
gauche et retombe par-dessus ce bras relevé, en
passant par-dessus *d'avant en arrière*. Seule la dimension diffère mais il n'y a pas de doute c'est le
même dieu. Cette statue est accompagnée d'un bizarre ornement qui a été trouvé à côté et qui grâce
à l'amorce de la tige existant dans le piédestal a permis de reconstituer le modèle dessiné ici. Qu'est

(1) *Revue épigraphique.*

cet ornement ? soyons heureux de ne pas avoir à le discuter, car la question a déjà occasionné bien des controverses, on n'a pas expliqué ce que signifient ces barillets en auréole derrière la tête du dieu, c'est de lui seul que nous nous occupons et si nous prenons pour conclure la phrase même de l'auteur du *Catalogue raisonné du musée de Saint-Germain*, « ce dieu, portant la peau d'un fauve comme Hercule et nu comme lui, ne se rattache à la série des Dispater que par le singulier groupe de maillets placé derrière lui. C'est une représentation encore unique, mais dont il devait exister des répliques à Vienne même.... »

Il ressort nettement de tout ceci que notre petite statue est du plus grand intérêt car elle est la réplique de celle de Vienne. Isolée comme nous la trouvons, manquant de tout attribut placé peut-être autrefois à côté d'elle, on est forcément réduit à un doute extrême à son égard. Les seuls attributs que nous voyons, sont le vase ollaire et la peau de lion ou mieux de lionne : ceux-là sont indiscutables ; ensuite un attribut que nous *supposons* d'après la pose du bras gauche : perche, hampe, lance, manche de maillet, canne ? La certitude est la présence d'un objet de forme allongée servant d'appui sur le sol, le doute est : quel est au juste cet objet? Or nous devons conclure d'après ce qui est indiscutable. Les différentes statues indiscutables de Sucellus ou Silvanus, ont bien des attribus analogues à ceux en face desquels nous nous trouvons, mais le dieu est vêtu, il ne porte pas la peau de lion. Le seul type de Dispater indiscutable, celui avec inscription dont nous avons parlé plus haut, n'a pas les attributs de notre statuette. Seule la statue de Vienne est identique à la nôtre comme attributs car elle a au moins tous ceux de notre statuette et rien ne prouve que ceux qui font défaut à la nôtre pour en être la réplique complète et absolue n'aient pas été à côté d'elle, puisque ces mêmes attributs sont non pas adhérents à la statue de Vienne mais placés à côté d'elle. La similitude, je dirais presque l'identité, de pose, d'attache de la peau de fauve sur les épaules du dieu est indiscutable. Il faut donc après le savant auteur du *Catalogue raisonné du musée de Saint-Germain* nommer notre statuette : un Hercule se rattachant à la série des Dispater.

Maintenant je demanderai la permission de signaler que certaines des statuettes connues semblent vouloir indiquer qu'il pourrait y avoir eu une sorte de confusion locale entre les différentes représentations de ces différents dieux, comme si la statuette qui pour telle région est uniquement Sucellus avait pu, dans une autre région voisine, être prise comme représentant Silvanus et vice versa. Et, comme si l'idée de la statue vêtue de peau de fauve, qui à première vue évoque bien l'idée d'une représentation d'Hercule, ne devait pas être forcément l'évocation d'Hercule, nous trouvons des statuettes à la fois vêtues d'étoffes et de peau de fauve :

Celle découverte à Saint-Paul-Trois-Châteaux (Drôme) qui est au musée d'Avignon dans laquelle « le dieu gaulois est assimilé à Hercule », nous dit le *Catalague raisonné du musée de Saint-Germain;*

Celle découverte à Aix en Provence et acquise par Napoléon en 1868 ;

Un moulage d'une statuette inconnue acheté à un mouleur de la rue Guenegaud.

La statuette de Lillebonne (Seine-Inférieure) et encore plusieurs autres.

Il est donc impossible de se prononcer nettement en faveur de tel dieu plutôt que de tel autre. Et si nous rattachons notre statuette à la série des Dispater il semble impossible de faire plus et de dire avec certitude que c'est là Hercule, Silvanus, Sucellus, ou, avec M. Gaidoz, Taranis c'est-à-dire Thor, c'est-à-dire Donar. Ou, avec M. Bertrand, Teutatès, etc., etc.

Quoi qu'il arrive et quelles que soient les découvertes futures venant éclairer la question, il nous a semblé que cette jolie et curieuse statuette méritait d'être conservée en double et nous avons confié son moulage aux soins si habiles de M. Falize qui a bien voulu en tirer la reproduction en bronze que j'offre au musée de la Diana.

Donation faite par Louis XII à la maladrerie de Parigny. — Communication de M. l'abbé Prajoux.

Il est donné lecture par le secrétaire d'une note de M. l'abbé Prajoux concernant la fondation au commencement du XVIᵉ siècle d'une léproserie à Parigny et de sa dotation par le roi Louis XII.

Ce travail sera imprimé dans un prochain *Bulletin*.

La séance est levée.

Le Président,
Vicomte DE MEAUX.

Le Secrétaire,
Eleuthère BRASSART.

II.

MOUVEMENT DE LA BIBLIOTHÈQUE ET DU MUSÉE.

Dons.

Ont été offerts par MM. :

Bertrand (Alfred), conservateur du musée de Moulins, sa notice : *Relation des fouilles faites à Chantenay (Nièvre) en 1903, par MM. de la Barre et Bertrand.* (Extrait du *Bulletin de la Société d'émulation du Bourbonnais*). Moulins, (Etienne Auclaire), 1906, in-8°.

Bonjour (abbé), supérieur du petit Séminaire de Verrières, sa notice : *Centenaire du petit séminaire de Verrières, 1804-05-1904-05, et triduum en l'honneur du curé d'Ars. Compte-rendu des fêtes et de la réunion générale des anciens maîtres et élèves, 11, 12 et 13 juin 1905.* Montbrison, (Eleuthère Brassart), 1905, in-8°.

Boucharlat (abbé André), son ouvrage : *Les élections épiscopales sous les Mérovingiens.* Paris, Alphonse Picard et fils, 1904, in-8°.

Boudet (Marcellin), sa notice : *Le domaine des dauphins de Viennois et des comtes de Forez en Auvergne, 1303-1349.* Clermont-Ferrand, Louis Bellet, 1905, in-8°.

Condamin (chanoine James), sa publication :

Notice sur la crypte de l'église Saint-Nizier à Lyon.
Lyon, Emmanuel Vitte, 1906, in-8°.

Crozier (Philippe) : Bossu (Antonia), *Au fil de
l'eau*, poésies. Paris, F. Clerget, 1898, in-8°.

— — *Œuvres posthumes.* Paris, 1901, in-8°.

— Dissard, *Un maître d'école au XVIIᵉ siècle à
Saint-Haon-le-Châtel (Loire).* Roanne, (Abel Chorgnon), 1880, in-8°.

— Senne (Jules), *La dernière république ou Paris
et le département de Saône-et-Loire pendant la Révolution de 1848.* Paris, Garnier frères ; Châlon-sur-
Saône, L. Boyer, 1860, in-8°.

D. (commandant), son ouvrage : *L'objectif de nos
flottes, la guerre commerciale.* Paris, R. Chapelot et
Cⁱᵉ, 1905, in-8°.

Déchelette (Joseph), sa notice : *Marques de potiers
trouvées à Narbonne. Observations.* (Extrait du *Bulletin archéologique*, 1905). Paris, imp. nat., 1905, in-
8°.

Gras (L.-J.), son ouvrage : *L'année forézienne,
1905, 11ᵉ année.* (Extrait du *Mémorial de la Loire*,
1ᵉʳ janvier 1906). Saint-Etienne, (J. Thomas et Cⁱᵉ),
1906, in-8°.

Lachmann (Emile), ses œuvres musicales : *Après
l'orage*, chœur à quatre voix d'hommes, paroles de
Ludovic Jousserand. Lyon, « Accord parfait », s. d.,
in-4°.

— *Les pâtres de Sauvain*, op. 266, chœur pour
quatre voix d'hommes, paroles d'André Roule. Lyon,
« Accord parfait », s. d., in-8°.

Reure (chanoine), sa notice : *Notes sur la dynastie littéraire des Dupuy.* (Extrait du *Bulletin de la Diana,* tome XIV). Montbrison, (Eleuthère Brassart), 1905, in-8°.

— Duguet (abbé), *Explication de l'histoire de Joseph selon les divers sens que les Saints Pères y ont apperçu avec une dissertation préliminaire sur les sens figurés de l'Ecriture.* S. l., 1728, in-8°.

— — *Explication des qualités ou des caractères que Saint Paul donne à la charité.* Amsterdam, Henri van der Haghen, 1727, in-12.

— — *Explication de l'ouvrage des six jours.* Nouvelle édition augmentée du second sens du psaume III et d'une table des matières. Paris, François Babuty, 1740, in-12.

— — *Explication du mystère de la Passion de Notre Seigneur Jésus-Christ suivant la concorde. Jésus Crucifié contenant les blasphèmes des passants et les saintes femmes.* Amsterdam, Van der Haghen, 1731, in-12.

— — *Explication littérale de l'œuvre des six jours, mêlée de réflexions morales,* avec préface d'Asfeld. Bruxelles, François Foppens, 1731, in-12.

— — *Règles pour l'intelligence des saintes Ecritures,* avec préface d'Asfeld. Paris, Jacques Estienne, 1716, in-12.

— — *Traité des scrupules, de leurs causes, de leurs espèces, de leurs suites dangereuses, de leurs remèdes généraux et particuliers.* Paris, Jacques Estienne, 1718, in-12.

— Lamy (le R. P. Bernard), *Entretiens sur les sciences dans lesquels on apprend comme l'on doit étu-*

dier les sciences et s'en servir pour se faire l'esprit juste et le cœur droit. Lyon, Jacques Certe, 1724, in-12.

Roux (J.-A.-Cl.), professeur aux facultés catholiques de Lyon, ses ouvrages : *Etudes géologiques sur les monts Lyonnais* ; 3ᵉ suite et fin. (Extrait des *Annales de la Société linnéenne de Lyon*, tomes XLIII et XLVIII, 1896 et 1901). Lyon, (Alexandre Rey), 1896-1901, 2 fascicules in-8°.

— *Notice bibliographique sur plus de deux cents manuscrits inédits ou peu connus concernant pour la plupart l'histoire naturelle de la région lyonnaise.* Lyon, (A Rey et Cie), 1906, in-8°.

— Ducrost (abbé), *Coup d'œil général sur l'époque néolithique. (*Extrait de *la Controverse et le Contemporain).* Lyon, Vitte et Perrussel, 1886, in-8°.

— — *De l'évolution.* (Extrait de *la Controverse et le Contemporain*). Lyon, Vitte et Perrussel, 1884, in-8°.

Saint-Pulgent (Alphonse de) : Fréminville (Edme de la Poix de), *Dictionnaire ou traité de la police générale des villes, bourgs, paroisses et seigneuries de la campagne.* Paris, Gissey, 1758, in-8°.

Thomas (A), sa notice : *Nouveaux documents inédits pour servir à la biographie de Pierre de Nesson.* (Extrait de *la Romania*, tome XXXIV). Paris, 1905, in-8°.

Travers (Emile) : Société des Antiquaires de Normandie, *Bulletin*, tome XIV, années 1886-1887. Caën, Henri Delesques, 1888, in-8°.

Vachez (Antoine), ses notices : *Compte-rendu des*

travaux de l'Académie des sciences, belles-lettres et arts de Lyon pendant l'année 1905, lu dans la séance publique du 19 décembre 1905. Lyon, (A Rey), 1906, in-8°.

— *La Chartreuse de Sainte-Croix en Jarez. Appendice.* Lyon, (A. Rey et Cie), s. d. (1905), in-8°.

Echanges

Académie des inscriptions et belles-lettres, *Comptes-rendus des séances de l'année 1905, Bulletin,* juillet-décembre 1905.

Académie des sciences, belles-lettres et arts de Besançon, *Procès-verbaux et mémoires,* année 1905.

Académie des sciences, belles-lettres et arts de Clermont-Ferrand, *Bulletin historique et scientifique de l'Auvergne,* 2ᵉ série, nᵒˢ 5 à 8, mai-août 1905.

Académie de Vaucluse, *Mémoires,* 2ᵉ série, tome V, 2ᵉ à 4ᵉ livraisons, année 1905.

Comité de l'art chrétien du diocèse de Nîmes, *Bulletin,* tome VIII, nᵒ 52, 1905.

Commission archéologique du département du Nord, *Bulletin,* tome XXVI, année 1904.

Institut de Carthage, *Revue tunisienne,* 12ᵉ année, nᵒˢ 52 à 54, juillet-novembre 1905.

Ministère de l'Instruction publique et des Beaux-Arts, *Bibliographie des travaux historiques et archéologiques publiés par les sociétés savantes de la France,* par M. Robert de Lasteyrie avec la collaboration de

M. Alexandre Vidier, bibliothécaire à la Bibliothèque nationale, tome IV, 4ᵉ livraison, nᵒ 80354 à 83818.

— *Bibliographie générale des travaux historiques et archéologiques publiés par les sociétés savantes de la France,* par les mêmes, années 1902-1903.

— Comité des travaux historiques et scientifiques, *Bulletin archéologique,* 2ᵉ livraison, année 1905.

— — *Bulletin historique et philologique,* nᵒˢ 1 et 2, année 1905.

— Section des sciences économiques et sociales, *Bulletin,* année 1904.

— *Congrès des sociétés savantes tenu à Paris en 1905.*

— *Inventaire général des richesses d'art de la France. Province. Monuments civils,* tome VII, 1905.

— *Journal des savants,* 3ᵉ année, nouvelle série, nᵒˢ 1 à 12, janvier-décembre 1905.

Revue de l'histoire de Lyon, tome IV, fascicules 4 à 6, juillet-décembre 1905.

Revue historique, archéologique, littéraire et pittoresque du Vivarais, illustrée, tome XIII, nᵒˢ 9 à 12, septembre-décembre 1905,

Semaine religieuse du diocèse de Lyon, 12ᵉ année, nᵒˢ 36 à 53, 28 juillet-24 novembre 1903 ; 13ᵉ année, nᵒˢ 1 à 5, 1ᵉʳ au 29 décembre 1905.

Société archéologique, scientifique et littéraire de Béziers, *Bulletin,* 3ᵉ série, tome VI, 1ʳᵉ livraison, 1905.

Société archéologique et historique de l'Orléanais,

Bulletin, tome XIV, n°s 181 et 182, 1er, 2e et 3e trimestres 1905.

Société archéologique du Midi de la France, *Bulletin,* nouvelle série, tomes XXXIV et XXXV, séances du 29 novembre 1904 au 18 juillet 1905.

Cartaillac (Emile), Analyse de l'ouvrage de M. Déchelette, Les vases céramiques ornés de la Gaule romaine.

Société bibliographique et des publications populaires, *Bulletin,* 36e année, n°s 8 à 12, août-décembre 1905.

Société d'agriculture, industrie, sciences, arts et belles-lettres du département de la Loire, *Annales,* 2e série, tome XXV, 3e et 4e livraisons, juillet-décembre 1905.

Thiollier (Félix), Sculptures foréziennes des seizième, dix-septième et dix-huitième siècles.

Société d'archéologie lorraine et du musée historique lorrain, *Bulletin mensuel,* n°s 8 à 12, août-décembre 1905.

Société de Borda, *Bulletin,* 30e année, 3e et 4e trimestres 1905.

Société d'émulation d'Abbeville, *Bulletin trimestriel,* années 1903 à 1905.

— *Mémoires,* tome XXI, 4e série, tome V, 1re partie, 1904.

— *Table générale des publications de la Société,* 1797-1904.

Société d'émulation du Bourbonnais, *Bulletin,* tome XIII, 1905.

Société d'émulation et d'agriculture de l'Ain, *Annales*, 38ᵉ année, avril-décembre 1905.

Société départementale d'archéologie et de statistique de la Drôme, *Bulletin*, 155ᵉ livraison, octobre 1905.

Société de Saint-Jean, *Notes d'art et d'archéologie*, *Revue*, 17ᵉ année, nᵒˢ 8 à 12, septembre-décembre 1905.

Société des amis de l'Université de Clermont-Ferrand, *Revue d'Auvergne* et *Bulletin de l'Université*, 22ᵉ année, 4ᵉ à 6ᵉ livraisons, juillet-décembre 1905.

Société des amis des sciences et arts de Rochechouart, *Bulletin*, tome XIV, nᵒˢ 4 à 6, 1905.

Société des Antiquaires de l'Ouest, *Bulletin*, 2ᵉ série, tome X, juillet-septembre 1905.

Société des Antiquaires de Picardie, *Album archéologique*, 14ᵉ fascicule, *La Picardie à l'Exposition des primitifs français*, 1905.

— Fondation Edmond Soyez, *La Picardie historique et monumentale ; Arrondissement d'Abbeville, cantons de Saint-Valéry, de Nouvion et d'Allencourt, Notices*, 1905.

Société des Antiquaires du Centre, *Mémoires*, XVIIIᵉ volume, année 1904.

Société des archives historiques de la Saintonge et de l'Aunis, *Bulletin-revue*, XXVᵉ volume, 6ᵉ livraison, novembre 1905.

Société des Bollandistes, Analecta Bollandiana, tome XXIV, fascicule IV, 1905.

Société des études historiques, *Revue*, 70e année, 1905.

Société des lettres, sciences et arts de la Haute-Auvergne, *Revue de la Haute Auvergne*, 7e année, 3e et 4e fascicules 1905.

Société des sciences et arts du Beaujolais, *Bulletin*, 6e année, nos 23 et 24, juillet-décembre 1905.

Société des ciences naturelles et d'archéologie de l'Ain, *Bulletin*, nos 39 à 41, 2e et 3e trimestres 1905.

Société des sciences naturelles et d'enseignement populaire de Tarare, *Bulletin*, 10e année, nos 1 à 12, janvier-décembre 1904 ; 11e année, nos 1 à 3, janvier-décembre 1905.

Société de statistique des sciences naturelles et des arts industriels du département de l'Isère, *Bulletin*, 4e série, tome VIII, 1905.

Société d'études des Hautes-Alpes, *Bulletin*, 24e année, 3e série, nos 15 et 16, 3e et 4e trimestres 1905.

Société Eduenne, *Mémoires*, nouvelle série, tome XXXIII, 1905.

Société française d'archéologie, *Congrès archéologique de France, LXXe session tenue au Puy en 1904.*

Société Gorini, *Bulletin*, 2e année, n° 8, octobre 1905.

Société littéraire, historique et archéologique de Lyon, *Bulletin*, avril-décembre 1905.

Université de Lyon, *Annales*, nouvelle série, II, *Droit, Lettres*, fascicule 15, *Sophocle, Etude sur les ressorts dramatiques de son théâtre et la composition de ses tragédies*, par F. Allègre, 1905.

Abonnements

Bibliothèque de l'Ecole des Chartes, tome LXVI, 5ᵉ et 6ᵉ livraisons, septembre-décembre 1905.

Bulletin historique du diocèse de Lyon, 6ᵉ année, nᵒˢ 35 et 36, septembre-décembre 1905.

Bulletin monumental, 69ᵉ volume, nᵒˢ 5 et 6, 1905.

Polybiblion. Revue bibliographique universelle. Partie littéraire. 2ᵉ série, tome LXII, 3ᵉ à 6ᵉ livraisons, septembre-décembre 1905.

Revue archéologique, 4ᵉ série, tome VI, septembre-décembre 1905.

Revue forézienne illustrée, 15ᵉ année, 2ᵉ série, nᵒˢ 92 à 96, avril-décembre 1905.

Acquisitions.

Bégule (Lucien), *Les incrustations décoratives des cathédrales de Lyon et de Vienne. Recherches sur une décoration d'origine orientale et sur son développement dans l'art occidental du moyen-âge.* Lyon, (A. Rey et Cⁱᵉ); Paris, A. Picard et fils, 1905, in-4°.

Chorgnon (Abel), *Roanne pendant l'invasion (1814-1815)*. Roanne, Antoine Darcon, 1905, in-8°.

Patères en bronze découvertes en 1892 au lieu dit le Grand Pré, commune de Bard. (V. *Bulletin de la Diana*, tome VI, p. 358.

III.

MOUVEMENT DU PERSONNEL

Membre titulaire.

M. Auguste Cholat, à Veauche, reçu le 9 novembre 1905.

Membres décédés.

M. Francisque Bourge, notaire à Montbrison, membre titulaire.

M. Alexandre Saignol, ingénieur civil, 7, rue de la Préfecture, Saint-Etienne.

Démissionnaires.

M. le docteur Alix, médecin militaire, au camp de Cervière, le Fondouk-Djedid (Tunisie), membre titulaire.

M. Camille Briand, à Bellegarde, membre titulaire.

M. Emile Gonon, 14, rue de la Loire, à Saint-Etienne, membre titulaire.

M. Aimé Perret, à Ecully, membre titulaire.

M. l'abbé Plantin, ancien professeur à Lyon, membre titulaire.

M. le docteur Beaujolin, à Saint-Symphorien-sur-Coise, membre correspondant.

TABLE

Les noms imprimés en capitales sont ceux des auteurs des notes et communications mentionnées dans le *Bulletin*.